近代熊本における国家と教育

上河　一之

熊本出版文化会館

近代熊本における国家と教育／目次

第一部　論文

第二部　覚え書き・資料紹介

第三部　近代熊本教育の展開

近代熊本における国家と教育

第一部　論文

熊本英学校

はじめに

「親愛なるベルさん

……ここ熊本は九州最大の都会です。若い頃、東京とボストンで共に勉学の日日を送った友人の蔵原博士がこの地において立派な学校を経営しており、ちょうど教師を探していたので、一方では同君の客分として、また他方では彼の援助者としてここ熊本にやって参りました。熊本の学校は、大阪の学校に比べて経営はしっかりしており、強い信仰心をもったスタッフが揃っております。私は若い時からここの校長の気心をよく知っているので、二度と欺かれることはありますまい。学校は独立したキリスト教学校で、一二〇人の生徒たちがおり、先月来五〇余人も増加したほどです。熊本にはまたアメリカン・ボードの伝道所もあり、宣教師の皆さんとはもううまくやっております。隣人ともうちとけた関係を結んでおり、ここ文化果つる田舎の土地にあっても、アメリカ的好遇と同様なもてなしをうけたことは、大変愉快なことでした。

私たち夫婦ともども、静かな田舎風家屋で、クリスチャン一家と共に暮しています。庭は広く、亜熱帯植物がたくさん咲きみだれています。若竹が伸びるのを観察することはほんとうに興味あることです。時としてそれは一日に一〇インチも伸びます。朝、私の背丈けほどの若竹が、次の日の朝は、私が手を伸ばしてやっと届くほどの成長ぶりです。私たちはまた蚕をも飼っています。家の周囲は一面桑畑です。今は茶摘みの季節、ツツジやシャクナゲも花をつけています。自然は正純な活気と美しさに満ちており、人間のみがだらしなく、深い罪を背負っているように思えます。……[1]」

内村鑑三は、一八九三年（明治二六）四月から七月までの短い期間、生涯最後の学校教師生活を熊本で送った。アメリカ留学中一時下宿生活を共にした蔵原惟郭に招かれてのことであった。蔵原は、明治二〇年代に存続したキリスト教主義を標榜する熊本英学校の校長として学校運営の任務についていたのである。

冒頭の手紙は、内村が熊本に来て間もなく、アメリカの友人ベル（David E. Bell）にあてた手紙の一節である。これから推測する内村の熊本での生活は、物的にも人的にも恵まれた環境にあったようである。そしてここで彼は『求安録』という彼にとっては二番目の著作の草稿をしたためたのであった。

以下、近代日本の代表的キリスト者である内村鑑三も教鞭を執った熊本英学校について、この学校で生きた人物像をも含めて、できるだけその輪郭を明確にしていきたい。

一　熊本英学校前史

1　大江義塾への思慕

一八六六年（明治一九）九月、大江義塾は、「今般校長徳富猪一郎儀東京へ寄寓致シ候ニ付、向後閉校致候[2]」との新聞広告文を掲げて、満五年にも満たない短い歴史を閉じた。

この年三月には、初代文部大臣森有礼による帝国大学令が公布されていた。そしてその第一条には「帝国大学ハ国家ノ須要ニ応スル学術技芸ヲ教授し、及其蘊奥ヲ攻究スルヲ以テ目的トス」とうたい、大学の教育目的にいたるまで国家が関与、規定するという、いわゆる国家主義教育の原理を公示した。以降近代日本の教育は、森のこの路線を基本にして進むことになるが、森文教政策の出発のこの年、その教育内容において、自由民権的色彩を濃くした一私塾が閉鎖されていく状況は、けだし歴史の趨勢でもあった。

大江義塾が閉鎖されると、徳富をはじめ、義塾を支えた主要なメンバーは、熊本を後にして上京した。熊本の若き青年たちに国権思想に対比すべき民権思想の近代性を覚醒させたであろう大江義塾は、蘇峰徳富猪一郎の上京とともに、かつて存在したものへの思慕の対象へと変質していった。当時の新聞は、大江義塾記念会が、熊本において、あるいは義塾分校の所在地鹿児島県宮之城においてたびたび開催されていることを報じている。徳富猪一郎の従兄にあたる徳永規矩《のりかね》は、その記念会の模様をつぎように描写している。

「明治二十年春三月、旧大江義塾の記念会を熊本に行ふ。見渡せば去年の夏まで幾多の青年等が、楽園として業を励み修めたる義塾の家も、今は解れて其処此処に礎石の跡を留め、曾て払暁霜を蹈んで彼等が竹刀を闘わしたる前庭も、半ば拓かれて耕地と為り、主なき桃は時知り顔に咲を呈し、車蓋に似たる樫の木は尚ほ旧時の色を改めず、黄金の毛氈を延べたる如き満目の菜花は、緑りの天鵝絨《びろうど》を布けるに似たる一望の麦圃に相聯り、天使の楽を奏するかと疑はるゝ雲雀の声は、颪に乗り雲に入りて妙音十里に流れ来る、茫々たる託麻の原、漠々たる阿蘇の煙、龍山の翠、金峰の霞、皆是我等が旧知の友ならざるなし。会する者二百余人、乃ち義塾の誕生日たる三月十九日以て爰に頗る壮快なる紀念の会を営みつ。斯くて彼等は恰も牧者なき羊の如く、其夕刻より悄々として各々散り〳〵に別れ去りぬ(3)」

この文学的表現に満ちた文章は、徳永の『逆境の恩寵』から引用したものである。この書は明治後期から大正期にかけて、キリスト教文学として当時ベスト・セラーになるほどの名声を博したという。徳永の履歴を素描すれば、彼は西南戦争時上京して慶応義塾に入り、慶応中退後横浜のジョン・バラについて英語を学び、熊本に帰郷後は若き蘇峰らと交わって自由民権思想に興味を示し、当時の地方有力新聞である『熊本新聞』の主筆として活躍したのであった。

徳永は、前の引用文に続いて、つぎのようにも書いている。

「斯に於て予は万感禁ずる能はず、慨然として意を決し、自ら己を省るに遑《いとま》あらず、一、二の同志を語らひて基督教の主義に由り、一の学校を熊本大江の竹林中に設立せり。(4)」

ここで徳永がその設立に関係した学校が熊本英学校に発展するのだが、いまこの英学校の前史をなす熊本英語学会についてまず説明しなければならない。

2　熊本英語学会の発足

第五高等中学校の、当時としては豪華な赤レンガのしゃれた建物が完成したのは、一八八九年（明治二二）のことであった。場所は熊本県飽田郡黒髪村といい、周囲には見るべき建築物とてない寒村であった。この黒髪村で校舎建築の槌音がひびきはじめる頃、この地から二キロと離れていない、現在の熊本市藤崎宮の近くに、プロテスタント系キリスト教会の講義所があって、ここでは、大江義塾閉塾後間もない頃から英語教育を意図する集会が定期的に開かれるようになった。これを熊本英語学会と称する。学会の設立経緯とその性格については、当時の新聞記事が参考になると思われるので掲げておきたい。

正則熊本英語学会（広告）

五月　日届済　五月廿日開会

学問ノ必要ナル敢テ贅言ヲ用ヒズシテ世人既ニ之ヲ知ル矣。然レドモ唯其完全善良ナル講習所ナキヲ苦ム而巳。偶々博学ニシテ道徳高キ米国教師オ・エチ・ギューリキ先生ノ来熊ニ会フ。即チ咨ルニ此事ヲ以テス。先生嘉納自ラ奮ツテ之レニ当ラン事ヲ諾シ、且ツ書ヲ馳セテ大学博士ヲ其国ニ招聘セン事ヲ許サル。於斯西京同志社卒業生奥亀太郎氏同山田健三郎氏同五年生西山亀次郎氏ト謀リ、更ニ諸先覚ノ賛ケヲ得、此ニ一ノ学会ヲ設ケ□《不明》ニ共ニ学ブ所ヲ講究セント欲ス。而シテ只完全ニシテ且ツ善良ナルハ敢テ世間流布セル土音混合ノ英学ト称スル者ノ比ニ非ルナリ。加之更ニ邦学ノ一科ヲ設ケ専ラ和漢必用ノ書ヲ講究シ、以テ幼学ノ便ニ供ス。今ヤ諸氏既ニ来熊セラル故ニ五月二十日ヲ期シ、茲ニ将ニ開会セントス。世ノ有志ノ士夫レ速カニ来リ会セヨ。固ヨリ来ラント欲スルノ人ハ開会以前ト雖モ敢テ辞セサル所ナリ。其詳カナルヲ知ラント欲セハ請フ之ヲ学会規則ニ問へ。

熊本県託麻郡大江村四百六十四番地

明治二十年五月

熊本英語学会幹事　徳永規矩

浜田康喜(5)

正則英語とは、この期では外人教師による英語教育課程、あるいは外人教師による教授法をモデルとする英語教育法をさす。直接外国人を教師としているから「世間流布セル土音混合ノ英学ト称スル者ノ比ニ非ル」英語教授を用意しているとは、なかなか意気軒昂な広告文である。アメリカ人教師オ・エチ・ギューリキ（ギュリック・O. H. Gulic）は、キリスト教布教団体であるアメリカン・ボードに所属する日本では著名な宣教師で、わが国最初のキリスト教関係定期刊行物『七一雑報』の発行に携わったこともあり、熊本にはかなり長期にわたって滞在してキリスト教の布教に従事した。熊本女学校の竹崎順子、また竹崎亡きあと同女学校経営に従事した福田令寿《よしのぶ》は彼から洗礼を受けたという。

さて熊本英語学会は、五月二〇日に発会予定であったが、実際には六月一一日開会式を挙行した。そしてその模様はつぎのように伝えられている。

「十一日午前九時三十分開会、其順序は第一に同会幹事浜田康喜氏の聖書朗読並に祈祷、第二に同会員十四名の演舌祝文、第三に同会幹事徳永規矩氏の学会設立の旨趣、第四に同会講師ギュリキ氏の演説終て十五分間休憩、第五に客員メソディスト教会総代山田、倉園両氏の演説、監督教会青年会総代中島氏の演説、組合教会青年会総代鎌田氏の祝文、本山研修会員菊池氏外二氏の祝文其他余田末人氏外数氏の演説祝文、第六に該会員五名の演説祝文、第七に会長奥亀太郎氏の演説及び祈祷を以て会を閉じ、会長より饗応あり。此日来会者組合監督美以の三教会員及び青年会員其他新聞記者等都合二百二十余人なり。午後三時頃より一同水前寺の庭園に於て盛んなる運動会を開き、午後五時三十分散会されし。尤も此日の司会者は徳永規矩、山田健三郎の両氏にてありたり。(6)」

熊本英語学会の発会式席上において、徳永規則が朗読したという設立趣意書は現存していないので、その内容を知ることはできないが、会長に選出された奥亀太郎は組合教会の牧師であったし、その学会がキリスト教布教活動の機能を積極的にもっていたことは明確である。かくして出発した学会であったが、そのすべりだしは順調であった。発会後四か月経過した段階で学会は、「本会員の儀既に満足に及び候に付き、会則に随ひ本日限り入会を謝絶す(7)」とする内容の広告を新聞に掲げるほどであった。そしてこの年一二月には、学会を大江村から西外坪井町へ移した。諸規則をさらに整備して募集生徒も増員し、「第二読本以上ヲ読ミ得ル者」以上の学力を有する者は入会試験を受ける資格がある、としている。

しかし時間の経過とともに、学会の経営は、必ずしも順風満帆というわけではなかったようだ。徳永規矩はそのことについて「既に生徒も八〇を超へ、教員も五人迄具備《そろい》しが、維持資金の一条に至りては又如何ともするを得ず、遂に已むこと能はずして俸給不足に不満を唱ふる一、二の教員を解傭」[8]したと述べている。

明けて一八八八年（明治二一）一月一四日、熊本英語学会は、熊本区草葉町の組合教会講義所で新年を祝う会合をもった。この時点では、初代奥会長に替って、海老名弾正[9]が二代目会長に就任していた。そしてこの会合には「来会者は殆んど数百人の多きに昇り、外国人も男女九名の出席」[10]があったという。この新聞記事が正確なものだとすれば、これはまた前記徳永の歎きとは様変りの雰囲気であった。蘆花徳富健次郎は「明治二〇年九月海老名弾正の熊本来住は、肥後の耶蘇教復興の峰火でありました。」[11]と書いているから、この記述を信用すれば、海老名弾正が熊本へ来たことによる学会活動への刺激は、大きな意味をもつこととなった。

3　熊本女学会と女子教育

熊本英語学会が男性を対象にして発足した同じ時期に、女性の教養を目的とした熊本女学会が誕生した。徳富蘆花によると、この女学会は、徳永規矩夫妻が住んでいたとされる熊本区建町の、ある家の二階を教場として発足し、規矩が漢学を教え、その妻歌子が英語を担当したという。[12]蘆花によると女学会の発足は一八八七年（明治二〇）五月二三日であった。

熊本女学会はその後生徒数も増え、また内容的にも充実していったように思われる。新聞がこの女学会のことを記事にしたのは、その年の一一月のことであった。

「此度区内井川渕町に於て県下有志の諸氏熊本女学会なるものを設け、修身、家政、英学、漢学、数学、裁縫、編物等教習さるゝ由、教師にはギュリキ夫人、クラーク夫人及び日本教師男女数名にして来る十二月一日を以て其開会式を執行さるゝと言ふ」[13]

蘆花が指摘しているように、名目的な女学会の誕生は五月であった。しかし学習所らしい内容を備えるためにはさらに日月の経過が必要であった。事実漸くその歳の暮れ近くになって、場所も変え、教育内容も整備した段階で、新聞は熊本女学会の発足を予告したのであった。そして一二月一日、熊本女学会は正式に発足した。発会式の模様はつぎの通りであった。

「先日来開会のうわさありし女学会は去る一日区内草葉町なる基督教講義所に於て開会式を執行せしよしにて、来賓には内外紳士貴女百余名にて席上海老名、河田、泉田、奥、其他諸氏の祝詞演説などあり、終て茶菓の饗応ありて午後四時過ぎ一同退散せられし由。昨日の紫溟新報に『方今女子の教育は将時に耶蘇教の手中に落ちんとす、彼の神仏二教の徒は耶蘇教に降参するを嫌ひ、何ぞ大切なる婦人を彼れの手に渡すや、果して其（女子教育）の熱意なくんば何ぞ速に其宗旨を棄て、耶蘇教の軍門に降参し、愈々之を足に陥りたる十字架を其の頭に戴かざるや』と極論せられたるが、以て時勢と洞察すべきなり。(14)」

すでに述べたように、熊本女学会の発足に当って、英語学会と同様徳永規矩、それに妻の歌子が重要な役割を果しているが、当時の女性の教養、教育の重要性を指摘し、女学会創設に当って直接の契機を提起したもう一人の女性がいたことを記しておかなければならない。この女性とは徳富兄弟の母久子であった。

「今を去ること数年前、託麻の一隅に大江義塾の額はるゝや、県下の青年にして苟も進取の気象あるものは陸続笈を負ふて義塾に投せり。義塾の創立者は徳富猪一郎君、猪一郎君の北堂其名を久子と呼び、天志温雅にして思慮俗輩に起つ。特に気英で節高きを以て隠然一郷の誉望を荷へり。久子君恒に慨歎して云へらく、義塾は小なりと雖も以て聊か県下の英士を陶冶するに足る。只恨くは女子教育の未た其緒に就かさるなどをと。君の此志を蓄ふるや、年已に久し矣。茲に明治十九年の夏一夕友人両輩を招き、膝を前めて陳々相談す。談熟し、議決し、永年の宿志今や恰も其端を開かんとす。時に徳富氏家を傾けて卒然東都に移る。久子君亦従ふ焉。(15)」

この資料を前提にすれば、熊本女学会の発足に当っての徳富久子の存在は重要である。久子は蘇峰と共に熊本を後にして上京するのだが、特に友人の不破つる子に女子教育の実現を懇願したという。再び蘆花の筆を借りて女学会発足事情を見ればつぎの通りとなる。

「現に妹矢嶋楫子も桜井女学校校長をつとめています。京都、大阪、神戸、長崎などには耶蘇教の女学校があります。然し熊本にはそれがありません。熊本に是非女学校を興したい、耶蘇教主義の女学校を興したい、と久子は思い込んで居ました。丁度東京からの米国の女子教育家メエリイ・ライオンの伝が送って来ました。それを読ませて聞き、久子はいよ〳〵其決心を固めました。……久子は姉の順子や、不破つる子、下村房子、相愛社の頭株有馬源内の母まつ子などと相談して有志者を説き、計画もほゞ緒に就く際になって、久子の一家は突然東京に移住する事になりました。東京移住は久子にも喜ばしい事でしたが、折角企画した女学校の未だ孵《かえ》らぬ内に往って了ふ事は、残念でなりませぬ。久子は後事を懇に同志の人々に殊に不破つる子に託し、上京の暇乞をかねて諸有志を訪ふて新に生るべき女学校の為の寄附何くれと頼み置き、心を残して熊本を立ちました。(16)」

さて女学会の規模、生徒数についての正確な資料はない。ただ一八八八年（明治二一）四月には寄宿舎を設け、教場も、二、三の学会関係者の家を開放して分散教育を行い、生徒数は五〇名を超えたという。かなりの繁盛ぶりである。教育課程も正確を記し難いが、倫理、文章、歴史、地理、算術、理化学、音楽、体操、礼式、育児、家政、和洋の裁縫を教授している。形式的には当時の学校教育と比して損色ない学科構成である。教授陣についても確実な資料はないが、ただ英語学会と同様、アメリカの在熊宣教師またはその関係者が教授陣の一翼になっていることは事実である。当時これらの宣教師と実際に接触した経験をもつ福田令寿によると、すでに記したO・H・ギュリックをはじめ、シドニー・ギュリック（Sydney Gulick）、ジュリア・ギュリック（Julia Gulick）、S・A・クラーク（S. A. Clark）といった人たちが熊本において布教活動に従事していたという。そしてこれらの人たちはギュリック一門として、姻戚関係にあったとされている。

熊本女学会の実際の教育を伝える直接資料はないが、同女学会の新年開学式の模様を伝えるエピソードがある。一八八八年一月の開学式において、クラーク（前記のS・A・クラークとは別人）と呼ばれる一米国女性が、女子教育の重要性について演説した。そして彼女の英語を、海老名弾正の妻みや子が通訳したという。クラークの演説は聴衆に大きな感銘を与えたのであった。彼女は、アメリカにおける女子大学の名門マウント・ホリヨーク（Mount Holyork Female Seminary）を卒業し、後年になって同大学の教授に名を連ねた経験の持ち主であって、女子教育に専念するならば、自国で働いて欲しいと懇願されたのを断わって日本に来たというのであった。

すでに指摘したように徳富蘆花は、この頃女子教育の必要性が強調されだしたことを記して「丁度東京から米国の女子教育家メエリイ・ライオン（メアリー・ライアン　筆者注）の伝が送って来ました」と述べている。ライアンの名声は当時の教育界ではかなり有名であったらしい。マウント・ホリヨークという女子大学は、このメアリー・ライアン（Mary Lyon）の創立になるところの合衆国最古の女子教育機関であった。

ところでクラークというアメリカ女性の演説を通訳したとされる海老名みや子であるが、彼女は、熊本が生んだ幕末の開明的思想家横井小楠の息女である。彼女は、過ぎし日の熊本洋学校において外人教師ジェーンスから教えをうけた二人の女性のうちの一人であった。そしてさらに京都同志社において、新島襄の薫陶をうけた、教養豊かな女性であった。

以上のような人物の織りなす英学的雰囲気において、熊本における女子教育は芽生え、それはやがて本格的に生長する時期を迎えることとなる。熊本女学会は、その後熊本英学校附属女学校、熊本女学校、大江高等女学校と校名を変更し、現在は大江高等学校（現在は、開新高校に統合）として、建学の精神を守りながら存続し続けているのである。

二　熊本英学校における英学

1　教育課程にみる英学

熊本英語学会を母胎とする私立熊本英学校の設置認可は、一八八八年（明治二一）四月であった。校長は海老名弾正、設立責任者浜田康喜、位置は熊本区西外坪井町一〇六番地である。組織の充実を計り、施設も拡張して、独立した学校経営を意図したのであるから、熊本英学校はまず校舎を建設しなければならなかった。現在、熊本市大江、市内電車の車庫への引込線のあたりに、熊本英学校跡を示す小さな標木が建っている。当時ここに英学校の新築校舎が一面の桑畠の中に目立った存在として姿を現わしたのは、その年秋のことであった。「熊本英学校創立始末」には、当時の様子をつぎのように記している。

「吾人が宿志たる私立学校を建設するの気運漸く将に熟せんとするを察したりき。其期の漸く熟するや、吾人相謀て地を大江村旧演武場にトし、先つ一棟を新築せんことを経営す。然りと雖とも吾人固より貧困、資本の以て建築に充るなく、以て台地を購ふへきなし。而して何人に向て叫はんか、吾人が平昔の主義目的が世俗と同からさるか上に、県下の気運未た容易に吾人に許るすに扶助の力を以てせす、吾人は実に憾軻慷概措く能はざりき。乃ち意を決して曰く、若し吾人にして一片赤誠の熱腸あらは何事かならさらん、請ふ之を同感の士に訴えんと。乃ち片岡太造氏を球磨人吉に訪ひ之を計る。氏大に吾人の徴（微か）志を賛す。オ・エッチ・ギュリッキ、浜田康喜、井上友次郎の三氏を賛す。是に於てか遂に新築の計画一決し、工を二十一年五月に起して、七月上旬に就る。白睡皓然として託麻の原頭に巍立す。吾人か今日の寄宿舎是なり。吾人が大江村裡竹影深き所において学会を創めてより、託麻原頭の新校舎に移転するに至るまで、茲に一年有半、今や漸く解紛排難吾人が最初の宿望を達すへきの時代に到着したるなり。水進まんと欲して先づ廻流す、吾人が以往二□《不明》限の境涯は実に是れ進まんと欲して廻流したる時代なりしなり。明治廿一年九月十一日、熊本英学校新築開校の式を挙行す。」[1]

学校創設にあたっては、京都同志社の新島襄も、精神的、経済的に援助を惜しまなかった。[2] キリスト教主義学校の経営者としての連帯感と、熊本洋学校閉鎖後の同志社との深い関係を思えば当然のことであった。

さて熊本英学校はつぎのように教育目的を掲げている。

　小学科程ヲ卒業セシ学力ヲ有スルモノヲ入学セシメ正則英語ヲ以テ普通学科ヲ教授シ旁ラ普通和漢文ヲ授ケ後来各専門学科ヲ修得シ得ルノ資格ヲ養成セシム[3]

ここで明らかなように、英学校は正則英語をうたっているので、教育課程中英語学習に多くの時間を割いたのは当然であった。学則によると、第一学年では一週三〇時間の授業時間中その三分の一に当る一〇時間を英語学習にあて、第二学年では二五時間中一〇時間を、第三学年では第一、二学期は第二学年と同じであるが、第三学期になれば一五時間に増し、第四、五学年では一週の授業時間は二〇時間以下に減じたが、そのうち英語には第三学年三学期と同じく一五時間を課している。

英語以外の教科目については正確を期することはできないが、動物学、植物学、物理学、化学、地質学、天文学などが教授されているらしく、教科書は全部アメリカから取り寄せたという。その中には、ガノウ（Gannot）の物理学、パーレー（P. Parley）の万国史、サレー（Suley）の心理学、グレイ（A. Gray）の植物学、スペンサー（H. Spencer）の社会学、トドハンター（I. Todhunter）の幾何学、セヴォン（W. S. Jevons）の論理学などがあった。

福田令寿は明治六年現在の熊本県下益城郡松橋に生まれ、県下医学、教育、社会福祉の各分野にわたる指導者として、長寿百歳の生涯を生き貫いた人物であるが、彼はまた一面原水爆禁止運動の先頭に立つなど平和運動に深い関心を示した。終生変わらぬ清潔、純正ともいうべき生活理念はキリスト教徒としての人間愛にその基礎を求めなければならないと思われるが、彼はまた生徒として若い日に送った熊本英語学会、同英学校に関する教育史的証言を残している。極端に少ない英学校関係の史料の中で福田の語りは貴重である。

「新発足の英語学会では西洋人が直接英語を教えるそうだ、発音なんか非常に正しいそうだ、というような話を聞いて、自分も行ってみようかという気になった」。[4] 福田は、以降五年間の学生生活を英語学会・英学校で送り、卒業と同時にイギリスのエジンバラ大学医学部に留学するのだが、英学校における教育について、教科書は全部アメリカから取り寄せたこと、文学関係はもちろん、数学、理科も英語の教科書を用いて「正則英語」の看板通りの実態であったことを証言し、学習方法などについてつぎのように述べている。

「授業時間以外は予習、復習です。これは非常に力を入れたものです。なにしろ教科書がことごとく英語だから、教科の内容がむづかしいのではなく、説明を読むことで骨が折れたわけです。……辞書と首っぴきで一日に何百語という単語をくって、訳をつけるということが、おおごとでしたね。……

一年の時はまず読本で英語の力を養って、その次には地理学の本一冊に終日うちかかり、何か月も、あるいは一年近くも、それ一冊にうちかかってやる。それが済んだら歴史、そのあとが植物なら植物、動物なら動物という具合に、一時には、一科ずつやって一期間、毎日その科目だけ一生懸命にやったものです。それは、内容の植物学を学ぶというのももちろんだが、それをやりながら英語を覚えていく、あるいはむしろ、英語を覚えるために植物学を方便として学んでおるというようなやり方でした。

試験といえばこれは毎日が試験です。明日はここまでやるということが、ちゃんと決めてありますから、そこを予習してこなくて質問に答えられなければ非常に恥をかくわけです。[5]」

熊本英学校は五年制の中等教育機関であった。高学年になると政治学、心理学、社会学なども教育課程に加えた。また英会話はアメリカ人宣教師が担当し、卒業時には不十分ながら日常生活には不自由ない会話力が身についた、と福田は証言している。

2 『九州文学』と英学

熊本英学校は校友会雑誌を発行し続けた。開校当初は『萬丈之気焔』と題され、本の体裁は執筆者の手書きであって、さしずめ同志の回覧雑誌といったものであったらしい。約二年にわたり二〇冊近い冊数が発行されたという。徳富蘆花の初期の文章が学生達の人気を博したとされているが、今日この手書きの雑誌は存在しない。続いて印刷製本になる『文海思藻』が学校内の同好会組織である講文会から発行された。この雑誌は明治二二年六月の第一号より全部で二六冊を数える。

「マシュ、アルノルド（Mattew Arnold　筆者注）曰く社会に存在する思想を知るは文学を修むる者の目的なりと、吾人が心事亦た此れに外ならざるなり、且つ夫れ吾人は社会の思想を知了するに止まらず更に進んで高尚なる文学上の理想界を開拓せんことを欲する者なり[6]」

これは『文海思藻』発刊の辞の一部であるが、ここで明らかなように、その編集方法は文学に限らず、政治、社会など多方面にわたる作品を揚げている。第七号の目次をみると、「家族の幸福」「現今青年学生社会を通観して吾人の胸中を感動するものは果して如何」「英雄の感情」「社会に関する青年学生の責任」「学校境遇論」などの文字がみえる。いまその内容の一部を紹介してみたい。

東肥生という寄稿者の「学校境遇論」は、内容的にいえば教育環境論の類であるが、著明な教育思想家であり実践家であったペスタロッチ紹介にあたり、つぎのように述べている。

「一千七百九十八年スタンズに於テ一校を建つ。幾くならすして仏軍の為に焚かる。乱後再ひ校を興す。生徒八十人を得たり。ヘスタロヂー其門人を見ること恰も慈母の愛子に於るか如し。白日我子弟の為に全く吾力の及ふ所を盡したり。吾眼は常に彼等の眼に注ぎ、吾手は常に彼等の手に接し、吾涙は常に彼等の顔に向って灑き出し、吾笑語は常に彼等の笑語と共に発し、彼等の食する所のものは則ち我食する所なり、彼等の飲む所は則ち我嗜む所なり、我彼等の外に復た一友を有せすと。嗚呼其学生に及ほす感化豈偶然ならんや。其絶高絶美の境遇を造り慈愛親誼の中に学生を薫陶したる其餘波滔々全欧に漂うて杇（朽か）腐の学風を革命したる事、豈偶然ならんや。嗟実に凡師弟の関係は正に斯の如きものなる乎哉。(7)」

ペスタロッチ著『隠者の夕暮・シュタンツだより』の中に、「彼等の食べ物は私の食物であり、彼等の飲み物は私の飲み物であった。私は何ものも有たなかった。私は私の周囲に家庭も有たず、友もなく、召使もなく、ただ彼等だけを有っていた。彼等が達者な時も私は彼等の中にゐたが、彼等が病気の時も私は彼等の傍にゐた。彼は彼等の真中にはいつて寝た(8)」とする一文があり、引用文中傍線の部分はこの原著の部分を参考にしているに相違ないと思われる。ペスタロッチ教育思想は、明治一〇年代初頭、アメリカへの日本人留学生によって紹介されたとされている。以降ペスタロッチの事蹟に関してはさまざまな形で紹介され、その人物像がわが国教育界に定着するのであろうが、『文海思藻』記載のこの事例は、明治中期におけるペスタロッチ紹介の実例を示すものとして興味深い。

一八九二年（明治二五）秋『文海思藻』は『九州文学』と改題した。そして翌年一一月『青年』と改題するまでの約一年間、毎月発刊し続けられた。特に明治二六年一月には、定期三一号の外に付録一冊を上梓して、熊本洋学校における外人教師ジェーズの特集追懐号としている。この付録号は、熊本洋学校関係者の主要な人材が執筆しており、ジェーンズならびに熊本バンド関係の基礎資料として重要な文献となっている。

『九州文学』は『文海思藻』に比べて、相対的により高い論調と、編集における構成上の巧みさを示して、一層内容的に充実したものとなった。各号それぞれ投稿される内容によって編集にも片寄りがみられるのは当然であるが、大体において巻頭言、論説、文藻、評論、寄書、学術、投書、雑録によって構成され、一種の総合雑誌の体裁をもっているとしてよいだろう。一読すれば、論題の豊富さ、内容の構成において、中等教育機関の校友会雑誌の域ははるかに突き抜けていると思われる。(9) 当時の学校長は、就任して間もない蔵原惟郭であり、七年半にわたるアメリカ、イギリスにおける留学生活を経験したばかりの時期であって、その豊富な英学的教養を秘めての積極的、意欲的な学校経営の心意気が、『九州文学』の内容的充実となって現われているとみなければならないだろう。事実彼は、現存している一〇冊のうち、署名入りの寄稿として四編を掲げているに過ぎないが、ほとんど各号にわたる巻頭論文は、その文体、論述の大きさからいって彼の執筆に間違いないと推定されている。この意味から『九州文学』は、学校再建の意欲にもえる蔵原の存在感を強く意識させるものとなっている。例えば「道義学史」は蔵原が全巻を通して連載した力作である。その書き出しを記すればつぎの通りである。

「(道義学) とは Ethic or Moral Science 品格に関する学科にして智に関するものに非ず、昔は之を Science of Conduct（行為の学）又は Rules of diary life（人生の法則）などと称せり、今日に於ては人は至善 Ultimate good or Supreme good を以て目的とし、之を講究する学を道義学と言ふ。(10)」

今日の倫理学史ともいうべき内容である。当時道義学という呼称が一般的であったか識らないが、蔵原はこの啓蒙的論文の中で、プラトンの国家論、ソクラテス、アリストテレスの倫理学、カント、スピノザの倫理説を紹介し、また愛の倫理学説的解釈にも触れて、雑誌の品位を高めているようにも思われる。

『九州文学』の「文藻」欄は、文学に関する論文より構成されている。そこにはチャールズ・ディケンズ、ビクトル・ユーゴーに関するものをはじめ数編の文学論が展開されているが、ここでは「テニソンの『イン・メモリアル』を読む」と題する一文を、文学欄の雰囲気を紹介する意味で、若干引用しておきたい。

「……『イン・メモリアム』は実に其最愛の朋友が至情をえて此可燐の青年を愛惜せる断腸の言葉なり。故に吾れ今此哀調悲詞の間よりテニソンの信念及び懐疑を描き出さんとするに於て、怜かなる批判眼を以て解剖的に之を分析する事を欲せず、寧ろ満胸の同情を以て彼の至情に同化せられたる敬虔なる読者として彼の信念及懐疑を尋ねんと欲するなり。

……テニソンの人生に於けるの観念及び彼の宗教上に於けるの理想は、其一生の大著たる此詩に於て発表せられたり……。」[11]

島崎藤村の『桜の実の熟する時』には、明治学院において開かれた第二回夏期学校のことが述べられている。この夏期学校とは、キリスト教青年会の主催で、キリスト教主義の学校の生徒、および教会の青年たちを対象にして、キリスト教布教を目的とする講演会のことを指す。藤村——小説では捨吉と呼ばれる——は、この夏期学校で、元良勇次郎、植村正久、押川方義、海老名弾正、大西祝、徳富蘇峰といった当時の著名なキリスト者の姿をかいま見ることによって或種の感慨をもつのであるが、藤村のこの情景描写はこの小説のはじめの方に現われて、読者に深い印象を与える。時期は明治二三年の夏のことである。

『九州文学』二七号には、これと趣きを同じくする第一回九州夏期学校の記事が記載されている。すなわち九州のキリスト者は、明治二五年八月三日より一二日までの一〇日間、熊本県阿蘇郡長陽村垂玉温泉においてこの夏期学校を開催したのであった。この記事によれば「集まる者大凡そ百五〇余名、皆なこれ九州各地の有為多望の青年諸士にてありし。……又来校せられし諸士の学校を記載すれば長崎鎮西学館、活水女学校及び東山学院、第五高等中学校、同医学校、柳川橘陰学館、熊本英学校其他慶応義塾、東京専門学校、西京同志社等の諸学校にして、各地方学校教師の来校せる者凡そ三十余名、女生の来校せるもの九名もありたり」[12]と記している。この記事内容から推測すれば当時とすればかなり盛会といわねばならない。いまこの夏期学校における講演の題目を列挙すればつぎの通りである。この題目によってわれわれは当時のキリスト者の文化的関心、要求する教養の内容をある程度推測することができるように思う。

木村七十郎（牧師）「困難に於ける青年」「日本古史評論」
シドニー・ギュリキ（宣教師）「人間」
浮田和民（同志社教員）「超然的宗教」「立憲国に於ける教育の方針」
大儀見元一郎（東山学院長）「旧約の聖期」
小崎弘道（同志社学校長）「聖書と信仰の基礎」「奇蹟論」
蔵原惟郭（熊本英学校長）「個人と国家」「絶対論」「有神証拠論」
佐久間信恭（第五高等中学校長）「文学論」「英文学史」「英語研究法」「セキスヒヤー伝」

夏期学校はキリスト教勢の拡張を意図する催しであるから宗教論が第一でなければならないが、教育論、文学論特に英文学史などもあって興味深い。

『九州文学』にはその他「教育の自由」「社会圧制論」といった高い社会意識に支えられた論文もある。また「信教の自由」「教育家の責任」「高橋井上両氏の快戦」は、当時の教育勅語不敬事件、キリスト教弾圧事件をテーマにしたキリスト教擁議論である。「山田翁を追悼するの辞」は、山田武甫（熊本における自由民権論の指導者）への追悼文であって、熊本英学校が、党派的には民権を主張する側に立っていることを証明し、国権党（正確には紫溟学会）の子弟養成機関的性格をもつ済々黌と対立関係にあったことを示している。[13]

以上この雑誌の内容について断片的に紹介を試みた。これで小論の題目である『九州文学』と英学」に応えたとは思わないが、全体を通読するならば、やはり英学的雰囲気を充分にそなえた雑誌であることは間違いないだろう。雑誌の質についても「当時中央で出版されていた雑誌と比べても、少しも恥ずかしくない堂々たる雑誌である」[14]とする評価も信じてよいだろうと思う。

3　奥村禎次郎不敬事件

内村鑑三が、第一高等中学校に授与された教育勅語、とくにその勅語にある天皇の「親署」に対して、深く敬礼をしなかったことが批判され、結果的に同校教員の地位を奪われた事件を内村鑑三不敬事件とよぶ。教育勅語が公布された翌年の、一八九一年（明治二四）一月に提起されたこの事件は、内村の名声とともに広く知られている。ところがこの事件と類を同じくする不敬事件が、熊本英学校においても発生しているのである。内村事件ほど有名ではないが、教育勅語体制の確立期の事件としては、内村事件に劣らない意味をもっている。事件の概略はつぎの通りである。

事件発生は内村事件一年後の明治二五年一月であり、政治的には衆議院第二回臨時総選挙が実施された時期であった。この選挙は、内相品川弥二郎による民党撲滅のための選挙大干渉を伴ったものとして、選挙史上特筆さるべき不詳事件が全国的に続発したことで著名である。熊本にあっても国権党と民党が対立し熾烈な選挙戦を展開した。この選挙戦が行なわれている過程で、熊本英学校では、新校長として蔵原惟郭が、校長代理であった柏木義円と交替するための校長就任式を挙行したのであった。

奥村禎次郎という人物は、大江義塾を卒え京都同志社に学んだ青年で、当時熊本英学校の若きクリスチャン教師であった。この奥村が、蔵原新校長就任式席上教員を代表して祝辞を述べ、さらに英学校の教育にふれてつぎのように述べたという。

「本校々育の方針は日本主義に非ず亜細亜主義に非ず又た欧米主義にもあらず乃ち世界の人物を作る博愛世界主義なり故に我々の眼中には国家なく外人なし況んや校長をや況んや今日の来賓をや予輩は只だ人類の一部として之を見るのみ。[15]」

右の文中、「日本主義に非ず」、「我々の眼中には国家なく」などの言葉がとりあげられ、当時国家主義風潮が高まっているなかで国権党系の『九州日日新聞』が舌禍事件として問題化するに及び、熊本英学校は世論の強い批判を甘受せざるをえない状況となった。当時の熊本県知事松平正直は、熊本英学校に命じて、奥村禎次郎の解雇を迫り、結果的には知事命令が貫徹されることになるのだが、このことを奥村禎次郎不敬事件、あるいは熊本英学校事件とよぶ。奥村の発言内容が、当時の国家主義教育の定着を強力に推進している公権力の教育意思に批判的であり、教育勅語、したがって天皇制教育の内実に不敬だというのであった。

「予ハ思フ日本臣民ハ　勅語ニ生レ勅語ニ死シ　勅語ニ因テ進ミ　勅語ニ因テ動クべキモノナリト、故ニ一挙手一投足ノ間モ悉ク　勅語ノ支配ヲ受ケン事ヲ切望スルモノナリ、是豈ニ予一己ノ希望ノミニ止マランヤ、我日本国是ハ実ニ爰ニ在リテ存スルニアラズヤ……夫レ教育上ニ於ケル命令ハ職権上教員等ニ向テ之ヲ訓諭スルニ躊躇セザルべシ」[16]

これは熊本県知事松平正直が、教育勅語の趣旨徹底を計るため、県下学校長を召集して演説した内容の一部である。このような教育的環境において、奥村禎次郎が発言したとされる「眼中に国家なく」という言葉が、時の公権力の忌諱に触れないわけはない。熊本英学校は私立学校であり、知事は私立学校の人事に直接介入することは法的にはできない。そして事実徳富蘇峰の『国民の友』などは松平知事の越権行為を強く批判したのであるが、それにもかかわらず松平知事は奥村を解雇すべしと英学校に直接命令した。英学校は直ちに文部大臣に問い合わせるなどの努力を試みるが、事態を打開するに至らず奥村を解雇してしまう。熊本英学校は知事命令受け入れの理由をつぎのようにいう。

「不羈独立の私立学校として立憲政治下に生息する自由人民として平素信任する忠実なる教員をば此の理由不分明なる処置に服して解雇するものにあらざるなり然り而して吾人が之を為す所以のものは実に知事の職権を重んじ其の命令を奉ずるのみ……吾人惟へらく法律は政府の施行する所知事は天皇陛下の信任し玉ふ所故に日本臣民としては一度も国家の法律を破らず其職権を重んじ命令を奉ぜざるべからず……此命令を奉するが為めに涙を呑んで多年教員として信任し兄弟として親愛する奥村氏を解雇するに至れるは実に痛心の至りに堪えずと雖も確信の在る処国民義務の存する所私情の以て左右する所にあらず此命令を奉するが為に数年来協力提携せる数名の同志と暫く相別るゝに至る是れ実に吾人の不幸なりと雖も精神の異なる所快然相去るは丈夫の本色なり……」(17)

奥村を解雇せよとする知事命令に対する英学校の苦悩と、国家権力に対する英学校の考えがここに示されて興味深い。すなわち、奥村解雇の法的根拠が知事によってまだ示されていない段階で同僚奥村を辞職させることは情においてしのびないことであるが、しかし知事は天皇が信任するものであり、故にその職権を尊重して知事が発する命令は無批判に受け入れなければならない、というのであった。これはまさに天皇制教育の浸透過程における規範的事例を示しているといってよい。

また引用文の後半に示されるように、熊本英学校は、知事命令を受けて意見が二分し、命令受諾派と拒否派に分裂する。英学校体制派は知事命令を受諾することによって学校の命脈を維持していきたいとし、その代表者は、就任間もない蔵原惟郭であった。一方知事命令拒否派は新しく東亜学館と称する学校を新設し、そして自説の貫徹を計るのであるが、この派の代表人物は柏木義円であった。かくて一八九二年（明治二五）四月熊本英学校は分裂の止むなきに至ったのである。しかし両校は二年後の明治二七年三月、ふたたび合併して九州私学校と称し、それも長く続かずさらに二年後の明治二九年七月、廃校となって約一〇年間の命脈に終止符を打つこととなるのである。

熊本英学校において奥村事件が提起された明治二五年の夏には、この事件と基本的には同じ性質のキリスト教弾圧事件が二件熊本県内で発生している。その一つは、キリスト教徒の一子弟が、学校において天皇の「聖影」に向って意識的に扇子を投げあげたとされ、この挙動が大きくとりあげられて不敬事件にまで発展した、八代南部高等小学校不敬事件である。そして他の一件は、キリスト教徒の子弟が、学校の指導による棄教勧告を拒否して、結果的には退校処分になった山鹿高等小学校生徒退校事件である。

教育勅語公布直後、当時の文部大臣芳川顕正の依頼をうけて『勅語衍義』を出版し、教育勅語理念の定着に大きく貢献した哲学者井上哲次郎は、『教育と宗教の衝突』なる一冊を上梓して冒頭につぎのように書いている。

「余は久しく教育と宗教との関係に就いて、一種の意見を抱き居りしも、其事の極めて重大なるが為め、敢て妄に之れを叙述することを好まざりき然るに或時教育時論の記者余を訪ひ、現に熊本県に於て教育と宗教と衝突を来せるか、抑々勅語の主意は耶蘇教と相合はざるものにや、如何にと問われたれば、余は最早平生懐抱する所を隠蔽すること能はず、少しく其要点を談話せり」(18)

井上は続けて不敬事件の事例を列挙し、その事例の中には奥村事件、八代、山鹿両高等小学校事件について詳しく紹介している。そしてこの引用文において、われわれは、井上がこの著作を刊行した動機として熊本における事件についての意見を教育時論の記者から問われたことを挙げていることから、熊本における三つの不敬事件、キリスト教弾圧事件は、井上の執筆動機そのものであったと推測できる。指摘するまでもなく井上の『教育と宗教の衝突』は、この期の日本近代思想史において、教育宗教衝突論争という重要な論争史の、嚆矢的、また記念碑的位置を与えられている著作である。そしてまた、教育宗教衝突論争における柏木義円の厳しく且つ適格な井上批判の展開をみるならば、明治中期以降の天皇制絶対主義教育確立期における熊本が果した役割、同時に熊本英学校の日本近代教育史上の位置は、重要な研究素材を提供するものといわなければならない。

三　蔵原惟郭と熊本英学校

1　外遊と英学的教養

蔵原惟郭は、わずか一〇年の命脈で終った熊本英学校の、後半約五年間校長を勤め、したがって英学校の幕引きを行った人物である。

すでに述べたように、その蔵原には英学校の校長就任直前まで約七年半におよぶ米英外遊の経歴がある。彼の英学的教養をたどってみよう。

蔵原惟郭（一八六一＝文久元―一九四九＝昭和二四）は、肥後国阿蘇郡黒川村西村（現阿蘇町）に生まれた。一八七五年（明治八）熊本洋学校に入学し、翌年、洋学校生徒たちによるキリスト教立国宣言書たる「花岡山奉教趣意書」に署名した。この洋学校閉鎖があって、九月、いわゆる熊本バンドの一員として同志社英学校に入学、新島襄の教えに接したが、八二年（明治一五）九月まで在学した後帰郷した。同志社を離れた理由は病気のためとされているが、一説には宣教師と意見を異にしたことによるともいわれている。新島は別れに臨み、「唯々一言以テ呈セントスル所ハ他ナシ、君ノ性ヲ矯ムルニアリ。君ノ性タル過激ニシテ恰モ烈火噴水ノ如シ。君ニシテ之ニ加フルニ沈思熟慮ヲ以テセサレハ他日事ヲ為スノ日ニ於テ或ハ大ニ誤ル所あらんか」(1)と諭したという。蔵原の同志社学生時代の面目躍如たるものがある。

在熊本二年、八四年（明治一七）六月渡米、以降九一年（明治二四）暮れまで約七年数か月アメリカ、イギリスにおいて留学生活を送る。以下この期の履歴を挙げればつぎの通りである。

八四年八月――八五年五月　アメリカ・ボストン大学校付属スクール・オフ・ヲントン・アンド・アルトに在籍、能弁学、英文学を学び、一方でボストン府立図書館特別研究室において人類学、社会学を研究した。

八五年七月――八六年七月　メーン州バンゴウ専門学校に在籍、英文学、ギリシャ語、ヘブライ語、宗教史、哲学、倫理学を学ぶ。同時にそれぞれの修学証書を受領した。

八六年九月――八七年九月　マサチューセッツ州アンドワル校に在籍、ギリシャ語、ヘブライ語、宗教史、宗教哲学、倫理学を専攻し修業証書を受領した。

八七年一〇月――八九年四月　ニューヨーク州オボルン大学校に在籍、宗教哲学、比較宗教学、ギリシャ語、哲学、倫理学を専攻、在学中二五八ドルの学費を受給、全学科卒業証書（神学士相当）を授与される。

八九年六月――九〇年六月　ニューヨーク州市立大学校専門学部において哲学歴史科博士候補となって在籍、哲学博士規定の全学科試験に合格、九〇年（明治二三）六月哲学博士号（Ph. D）証書を受領、また在籍中は学費六〇〇ドルを受領した。この間オボルン、アンドワル大学の招聘をうけ、仏教涅槃論の講演会を開いた。

九〇年七月――九一年九月　イギリス国立エジンバラ大学に在籍、文学科神学科専門部の最高年級に編入されて、ロボルト・フリトン博士、ヤンベル・フレゾル文学部長に師事し、ギリシャ哲学、倫理学、宗教哲学を研究、九一年

（明治二四）九月修業証書を受領した。八四年六月渡米してより七年を過ぎるアメリカ、イギリスの外国生活であった。そしてこの年一二月帰国、翌年一月に熊本英学校長に就任するのであった(2)。

以上の学歴が示すように、蔵原の教養は英学的としかいいようのない環境において形成されたのである。しかしこのように豊かな英学的雰囲気の中に青年時代を送ったことは事実であるが、文化の摂取には、さまざまな個人的特性があるだろう。この点について内村鑑三が蔵原を評した言葉がある。蔵原は帰国するや否や、東京小石川に内村を訪ね、旧交を暖めるのであるが、内村は「文通を絶つ茲に六年然るに再会するや絶えず坐を共にせし肉身の如し」と喜び、ただちにつぎのような文を書いている。

「氏は五州の塵を蹈破りしと同時に野人の風は太平洋の東岸に置去て一種純粋なる君子となりて帰国せり　然れどもドクトル蔵原は阿蘇山中の産にして米国の製にあらず氏の脳中には「ボストン」「エジンバラ」の哲学あるも其心臓は芙蓉千古の雪なり氏孤客となりて五州に遊ぶも外人一度我蜻蛉州《あきつしま》を蔑視するあれば立どころに叱辱して此を厳責するの勇気を有す　今や此の君子此の勇者故山に帰り日本的の基督教と基督教的の日本とを顕出せんと欲す　芙蓉為めに動くべし蘇峰為めに一層の高を加へん　日本国猶望多し　氏常に余につげて曰ふ君は猶太人《ユダヤ》にして徴《しるし》を求む　余は希臘人《ギリシャ》にして理論を求むと　猶太人の頑愚時に時勢を顧みざるの弊あり　希臘人の怜悧時に徴を疎《うと》んずるの懼れあり　爾来共に相応援し共に誤り勿《なか》らんことを願ふ　君請ふ之を諾せよ(3)」

「脳中にはボストン、エヂンバラの哲学あるも、其心臓は芙蓉千古の雪なり」の内村の言は、蔵原の言動を評して正に適切な言葉であるように思われる。彼は豊富な英学的教養を直接日常的にひけらかすことを避け、ひたすら日本的、東洋的文化理解の手段として利用するもののごとくである。

2　蔵原の学校経営

蔵原が、医学界で著明な北里柴三郎の妹終子と結婚するのは、一八九三年（明治二六）彼三二歳、英学校長に就任してやっとその職務を本格的に手がけようとする頃であった。留学先から乞われて着任したのであるから、若き蔵原の学校経営の抱負は大きくふくらんでいたに相違ない。そしてまた蔵原を迎える英学校も、彼に期待するもの絶大なるものがあったろう。当時生徒として蔵原を迎えた福田令寿はつぎのように述べている。

「明治二十四年の暮、待ちに待っておった蔵原さんが校長として来るというので、英学校では大変な喜びでした。いよいよ到着するというところになりますと、学校の外に向かっても大いに自慢をしたものです。なにしろ、西洋の方で十年も勉強しておって、哲学博士の学位をとった人が来るというのですから、英学校関係の人々は、もうこれでえらい勢力を得たような気になって、この機に乗じて、大いに校運を発展させよう、なんて盛んに言っておった。[4]」

しかしこのような雰囲気は、蔵原の校長就任式で提起された奥村禎次郎不敬事件で一変されざるをえないのだが、またその逆に状況が厳しくなればなる程それに応じた対応が必要になってくる。学校の校友会雑誌『文海思藻』を『九州文学』と改題し、「九州文学何する者ぞ、九州山河の粋を掬し、九州歴史の長流を追ひ、九州人士の特質を発揮し、所謂九州を代表せる生ける文学の源泉たらんことを期する者なり[5]」と改題理由を述べているのも、蔵原の学校経営への意気込みを示すものであったと考えられる。

「虚学の弊今日に於て極まる。吾人は大に実学を唱道するの必要を感ず。形而下有形界の学問必ずしも実にあらず、虚学此の裡にあり矣、形而上精神界の学問必ずしも虚学にあらず、実学此の裡に存す矣、……思ふに今日の学

問界に於て、尤も大なる痛弊は学問の大綱領、大根本を握取せざるに在り、却ち実学の大根本に達せざるに在り。」(6)

これは『九州文学』第二九号中「実学」と題する小論の一部である。論旨に特筆すべき内容はないが、蔵原の若き日の英学的教養から必然的に流れ出る学問観がうかがえると思う。学校教育の責任者として蔵原は、英学校における教育の指針を示すに当り、その内容を「実学」に求めたのであった。「夫れ学問の要は応用に存す、応用の働きは時を知り、勢を覚り、場所を察するに由りて来る、場所を察せずんば応用の実施す処なく、勢を覚らずんば応用の法考ふる処なく、時を知らずんば応用の道始むる処なし、故に真正実学の士は、時を知りて始むる所以の道を講じ、道を覚りて法に及び、法を考へて実を行ふ、呈れ応用の順序にして学問の要是れに存す(7)」と続けている。実学が、現実生活との乖離を厳しく否定することにおいて、己れの概念を鮮明にするものであれば、蔵原が応用——時、勢、場所——の重要性を指摘することはまた当然であろう。

当時英学校は分裂しており、反体制側は東亜学館なる学校を別に経営していて、熊本英学校の経営は、経済的に厳しい状況にあったと思われる。それにもかかわらず、学校の施設の充実、拡張策を世間に提示することは学校運営上必要なことであった。熊本英学校はこのことについてつぎのように学校拡張方針を示している。

その一は、従来通り普通科を重視し、書籍、器械を充実して、学校整理拡張の第一目標とすること。その二は、普通科を修むるに英学を用いないで就学させ、または小学校教員への希望者が増加している現状にかんがみ正則英語の看板を降して学校経営に当ること。その三は、現状では正規の高等教育である専門課程をおくことは難かしいが、これの実現を目指し、その準備としてまず文学部、理財部、哲学部（心理学、倫理学、教育学）の三部を設け、そしてこれら三つの方策を実現させて学校拡張を計りたいというのであった。このうち英学校が実際に、正則英語を外したかどうか、資料がないので不明である。また、文学部、理財部、哲学部が実際設置されたかどうか、これまた明らかではない。しかし「本校は高等普通学科を教授し、後来各専門学を習修し得るの資格を養成するを以て目的とし、別に哲学専修科を設けて哲学倫理学の講究に便ならしむ」[8]とする英学校校則があり、哲学専修科は実際動きだしているようでもある。福田令寿は、蔵原からスペンサーの社会学を半年間教わったことを述べたのち、「哲学の講義は正規の授業ではなく、課外講演のようにしてやられたんです。やっぱり蔵原さんは哲学が非常にお得意だったもんだから、何の話をしておってもすぐに哲学の方へ話が移っていきました」[9]と述べている。蔵原は、外国でつちかった知識、英学的教養を、熊本英学校の生徒を前にして、熱弁をもって講じたようである。

熊本英学校は、建学の精神にキリスト教主義を標榜する学校であった。しかし国家主義教育が強化されるこの頃の英学校は、「修身は勅語の深意を奉体し、基督教倫理の大則に基き」教授することを公言しなければならない教育的環境にあった。奥村禎次郎不敬事件は、蔵原が直接体験したところであり、また内村鑑三は蔵原が直接英学校に招聘して、短期間であったとはいえ生徒の教育に当らせたほどの関係にあった。蔵原は、直接には内村不敬事件には触れていないが、両不敬事件の背景をなすところの、天皇制教育確立期の教育状況には重大な関心を払わざるをえなかったのである。その関心は、『九州文学』誌上の「個人と国家」の中に表現されている。この論文は、九州夏期学校において講演したものの速記であるが、近代国家の中において、日を追って高揚する国家主義思想を前にして、個人存在のあり様、その尊厳性をキリスト教的立場において論じたものである。蔵原は学校長として学校運営の責任者であり、この関係から直接的に当時の国家主義風潮に対する批判を避け、身辺に発生した内村、奥村両不敬事件に関する自己の考えを表明することによって、間接的に、そして穏やかに国家主義を批判したのであった。[10]

一八九四年（明治二七）一月、熊本英学校と宣教師たちの関係が悪化し、学校側は、宣教師を教師として受け入れることを拒否し、アメリカン・ボードが宣教師のために構内にたてた建物より立ち退くことを要求した、いわゆる熊本事件[11]が発生した。これを期としてミッション・ステーションは解散し、宣教師は熊本を去って、英学校のキリスト教教育は大きく後退したのであった。このこともまた当時の国家主義風潮がもたらしたもので、校長蔵原としては学校経営上最も心痛すべきことであったろうと推測される。日清戦争をはさむこの期に、英学的成長を発揮しての理想的学校経営は、蔵原にとって非常な困難なことであった。彼はやがて熊本を去り、一時岐阜にて中学校長を短期間務めるのであるが、ここも間もなく辞して上京し、帝国教育会幹事に就任、併せて早稲田、慶応などの講師をも兼任する中で、むしろ政治家としての準備行動を開始するのである。

3　その思想的特性

評論家桜井純一は、蔵原惟郭の履歴にふれて、彼が変転多き人生をたどる中で彼をその内側から突き動かしていたものは、その幼き日熊本バンドの名称の由来たる花岡山での「奉教趣意書」の署名からくる啓示、――この啓示に帰因する理想主義ではないかと指摘して、「制限選挙法のもと、票にもならぬ大衆行動に力を入れている惟郭の姿を思い浮かべると、その大筋において、妥協を知らぬ彼の理想主義が、彼を孤独な一匹狼的存在に仕立てあげていったのではないかと思っている」(12)という風に述べている。このような意味での理想主義が蔵原の思想に一本筋金のごとく貫いていて、それが彼の思想的特性になっているとする桜井の指摘に啓発されて、以下蔵原の生きざまについて若干の説明を加えてみたい。

蔵原は、一八九八年（明治三一）憲政党本部幹事になったことを皮切りとして政治家に転身し、一九〇八年（明治四一）から一五年（大正四）まで衆議院議員として議席を有した。この間彼は、赤チョッキ姿の特異の服装で衆目を集め、時の権力に屈することなく、政界では多数党にくみせず絶えず孤塁を守って戦ったのであった。

「私ハ文部大臣ニ一言勧告スルノデアル、文部大臣ハ速ニ進ンデ国定教科書制度ヲ大英断ヲ以テ廃止スルガ宜シイ、而シテ此教科書ノ編成ハ学者ノ自由ノ働キニ任セテ成ルベク其良イ所ノ著述、良イ所ノ教科書が世ニ多ク出ツルコトヲ奨励スルノ方針ヲ取ッテ而シテ文部省ハ種々ナル教員会議若クハ教育会議若クハ高等教育会議等ノ所謂協賛ヲ経テ、而シテ最後ニ国民ノ希望ニ副ヒ、国民ノ将来ノ目的ヲ達スルニ於テ有効ニシテ完全ナル殆ド今日日本ノ知識ト力を以テ為シ得ル限リニ於テ、完全ニ理想ニ近イモノヲ裁可シテ而シテ是ヨリ先キ其教科書ノ選択ハ教員——学校教員若クハ教育会議ノ自由ナル選択ニ任セルト云フ方法ヲ取ラレンコトヲ希望スルノデアル、是ハ私ノ最終ノ希望デアル。[13]」

ここにみるように、蔵原の教科書に関する意見は、国家教科書制度に疑問を投げかけ、執筆の自由を認め、教科書の選択は教員自身かまたは教育会議に任せるという今日でも十分傾聴に価する論議を展開しているのである。この引用文は第二五議会における「小学校教科用図書ニ関スル建議案」についての彼の演説の一部であるが、その他「普通選挙ニ関スル法律案」に対する賛成演説、「シーメンス事件ニ関スル発言」などいろいろの発言記録がある。そしてこれらの演説の中に一貫して流れているものは、「一種強力な個性、独立不羈の思想、具体的にいえば、選挙民目当てや人気取りの演説など一切しない、いつも心は院外の一般大衆に開いていて、それに向かって発言している」と評されている。[14]

蔵原は、一九一五年（大正四）以降衆議院選挙に落選を重ねてやがて政界を引退するのであるが、その後大正中期に盛んになる労働組合運動に加担したり、また立憲労働義会なる普選運動をも目的の一部とする団体を組織するなどして現実社会と関わっていく。

政治活動から労働運動へと傾斜していく中で蔵原は、いわゆる一五年戦争にわが国が突入した年の昭和六年、『中央公論』の求めに応じて「我が児を誇る」なる一文を書いた。この中で彼はつぎのように述べている。

「私は公人としての生涯の出発を、徹底せる自由思想家として始めた。私の畢生の目的は真理の追求である。自由思想の旗の下に、私は藩閥官僚其他あらゆる当時の反動的諸勢力と抗争した。政界に馳駆し、又、諸種の社会事業の為に奔走したのも、畢竟はみなこの真理の実現の為の努力であったに過ぎぬ。[15]」

年齢七〇に達せんとするとき、彼が、畢生の目的は真理の追求であり、また過去を顧みて徹底せる自由思想家として歩いてきたと公言するあたり、彼の精神の活達さに驚かざるをえない。そして事実政治活動はもとより社会諸活動において、彼は正に独自の道を歩いてきたのであった。そして続けて蔵原は、自己の思想形成と現在の心境について説明する。すなわち自分は、若い頃英米の大学に遊んで哲学を学んだが、その学ぶ所は当時の主潮であったヘーゲル、スピノザ等の観念論哲学であった。自分の自由思想の根幹は、これら近世の哲学によって育成されたものである。しかし最近、トルストイ、ツルゲネフ、ゴリキーのごときロシヤ文学に親しんだが、かつて哲学を学んだ者としては、文学よりむしろ思想そのものに関心が移るのは避けがたかった。

「それから一転してマルクス主義の哲学的研究を志し、更に転じてこれまで全く関心を離れてゐた最近半世紀の自然科学思想の発展に眼を注ぐに至って、遂に豁然として数十年来懐抱せる観念論哲学の迷妄を脱し、スピノザ、ヘーゲル等の輪奐の結構を具へた大思想体系も尽く皆一の空中楼閣に過ぎさることを知ったのである。……マルクス、エンゲルスの哲学的唯物論、階級闘争社会変革過程の理論、資本主義経済の分析は何れも輓近半世紀の科学思想に基き、確固たる自然社会の現実に根ざし、その現実の発展の法則たる弁証法を以て研究の方法として居る。ヘーゲルの観念論は亡びたが、その方法たる弁証法はマルクス、エンゲルスに於て全く新しき光彩を放つことになった。歴史発展の理法はこの学説によってはじめて明かとなり、現実社会の動き、向ふ所は昭然として掌を指すが如くに示された。その不抜の理論的内容と、その明晰なる実践的方策と、――それがまことに他のあらゆるブルジョア的学説の及びもつかぬ高所に在ることを知って、七十の老人は飜然マルクシストとして××して×らざるに至ったのだ。」[16]（××は伏せ字）

説明するまでもなく、蔵原はここに至ってマルキストとしての自己をはばかることなく宣言したのである。指摘したいことは、齢七〇にも近づけば人間は、一般的には、穏やかな感情の中で余生をおくりたいと考えるのが通常と思えるのだが、満州事変が勃発せんとする時期での誰はばかることなきこの公言である。そしてその精神にひそむ自由な思考基盤である。明治期に思想形成の基盤をつちかい、大正期に活発な社会的活動を展開し、昭和初年に至ってなお自己の信条に大幅な修正を加えて生きようとする、骨太のこの人間の生きざまをどのように評価すべきであろうか。

「私は既に私の児が、この現代に於ける唯一の×××思想を己の思想とし、その学説の更に正しき発展（彼はマルクス主義を芸術論の領域に発展せしめることに腐心しつゝある）と、その学説の教ふる所の××的実践とに一身を捧げてゐることを知った。私が彼の所信の枉くべからざることを知ったのみならず、寧ろかゝる児を持ったことを誇りとするに至った。[17]」

ここに記している蔵原が誇りとする人物は、文芸評論家であり左翼の文化運動指導者蔵原惟人である。惟郭は子息惟人の影響によってマルキストになったことを告白し、「たゞ悔む所は、私が次男惟人の如き児を、なほせめて二三人も儲けて置かなかったことである」[18]と、手放しで子息の存在を誇り、その思想と実践に心からの共感を示すのであった。

桜井純一は、ブルジョア民主主義とプロレタリア民主主義の二つの民主主義を想定し、両者の相関関係と断絶、そのたたかいの伝承と発展という関係を明確にすることによって日本近代史における思想的脈絡をたどろうとするのだが、この課題に立向うにあたって桜井は、「この二つの民主主義の関係を、親子関係で捉えうるとすれば、こんな都合のいいことはない」[19]といって、蔵原惟郭、惟人の研究の意義を指摘している。そして桜井は、明治、大正のデモクラシー思想の一つの担い手として、蔵原惟郭の思想と生きざまに注目しているのである。

四　柏木義円の批判精神

1　不敬事件と柏木の態度

柏木義円《かしわぎぎえん》（一八六〇＝万延元―一九三八＝昭和一三）は、越後国（新潟県）三島郡与板の浄土真宗西光寺に生まれた。新潟師範学校から東京師範学校に転じ、七八年（明治一一）小学部師範科を卒業、小学校教師を経験したのち八〇年京都同志社英学校に入学、途中経済的貧しさから一時教職についたが、八九年（明治二二）同志社普通学校普通科を卒業した。この間新島襄から精神的に深い影響をうけたとされている。卒業後は同志社予備校主任となり、数学、作文を担当し、九〇年（明治二三）一〇月、教育勅語が公布されたその月熊本に移住し、熊本英学校校長代理となった。在熊本一年四か月、英学校における奥村禎次郎不敬事件に遭遇し、直ちに熊本を去って京都に帰り、同志社予備校主任に復帰、『同志社文学』誌上で教育宗教衝突論争に積極的に参加し、井上哲次郎所論を厳しく批判した。九七年（明治三〇）同志社を去り、同時に群馬県安中教会の牧師となった。以降一九三八年（昭和一三）死に至るまで、人生の大半を、この安中で、教会の発展とキリスト教布教にささげた。

柏木義円は、安中在住中に『上毛教界月報』という小刷子を、ほとんど死の直前まで発刊し続け、精力的に投稿して、キリスト教的人間観に基づいて、天皇制教育批判、日本軍隊批判、植民地主義批判、非戦論を展開した。

今日柏木について、「臣民教育とキリスト教人間観との関係を日本プロテスタントの中では、最も厳密、かつ良心的に分析し、一貫した抵抗を生涯を通じて行った」[(1)]人物、との評価がある。また、「キリスト教徒の立場から社会変革の必要を説き、社会主義を一貫して擁護した」[(2)]人物、「一貫不惑の非戦主義キリスト者として、明治、大正、昭和の三代を生きた日本近代思想史上稀有な人」[(3)]物であるとする評価もある。いずれの評価も、柏木の批判精神を高くうたいあげているように思われる。筆者もこれらの先行研究に大きな示唆をえて、柏木の生きざまに大きな関心を寄せている。

しかし一方「柏木義円の研究は、専門家のあいだでかなり進められているが、まだ完全な段階ではなく、今後に残された重要な研究課題となっている」[4]という、柏木研究の現状分析もあって、柏木の思想、その生きざまに関しての全面的な照射はいまだなされていないとも考えられる。筆者は柏木研究において、若き日の思想形成期に彼が遭遇した、奥村禎次郎不敬事件の体験を重視しなければならないと考えている。教育における公権力の介入が直接にみられる熊本英学校奥村事件において、柏木の行動と批判的言辞は際立っているように思われる。柏木の井上哲次郎批判はもとより、日本軍隊批判、非戦論の展開も、恐らく奥村事件の体験がなかったならば、このような鋭さを示さなかっただろうと考えている。

さて奥村禎次郎不敬事件において、奥村を解雇すべしとする知事命令に対して熊本英学校は、つぎのような「教員解雇御命令に付伺」を知事に送付した。

一、奥村禎次郎解雇の理由は何等の点に存し候哉若くは本月十一日本校長就任式に於て為したる演説を以て勅語に違反したるものと認められたる儀に候哉

一、右命令は如何の法令に準拠せられたるものに候哉[5]

これに対して松平熊本県知事は、奥村を解雇すべき旨英学校に命令したのは、「教員に不適当と認めし儀にして右伺に対しては別に指令するの限にあらず」[6]と回答し、英学校の伺いに対してその理由提示を避ける姿勢をとった。すなわち知事は、英学校が意図したであろう教育論争、法律論争を回避したのである。そして熊本英学校は、結果的に奥村を解雇する態度をとった。柏木はこの学校側がとった態度を厳しく批判するのである。まず柏木のこの点に関する言辞をみてみたい。「余は不羈独立なる私立学校教員解雇の命令に断然承服すること能はざる者なり」[7]として、その理由として柏木はつぎの三点を挙げるのである。

(一)「日本革新を以て自任する不羈独立の私立学校として断じて之を受けくる事能はざるなり。」[8]もし奥村の演説が教

育勅語の旨趣に反するものとして、知事がこの命令を下したのであるならば、「是れ一個の私意を以て聖意深厚悠遠なる勅語の旨趣を曲解し、恣に人の思想言論の自由を妨げ、教育界の神聖を蹂躙する者なり」(9)としなければならない。ここで柏木が思想、言論の自由の侵害の立場において知事命令をとらえている点に注目したい。また教員に不適当といった曖昧な理由で命令を発したとするならば、それは「俗吏の私立学校に干渉する事」を許すことであって、不羈独立、元気ある私立学校の存在を望むことが不可能になるという。だから「勅語を濫用して我教育界を蹂躙せんとする儕輩の膽を破り、私立学校の不羈独立を軽んずる俗吏の惑を覚まさんが為に、断じて此命令に服せさらん」(10)とする者である、というのであった。

(二)「我国人の最も短所とす可きは、自家の権利の神聖を重せさる事に在り、曖昧なる命令に容易に服従する、豈立憲政下に生息する不羈独立を重する自由人民の行為ならんや。」(11)権利意識の強調は、柏木思想の中核をなすもののように思われる。続けて柏木はいう。理由が明確にならないまま、知事命令を受けるか受けないかは、自由なる人民の権利に関係するものであって、特に日本の立憲政体の体面に関するものである。「立憲政下には不羈独立権利を重する硬骨男子なかる可らす、吾人は不羈独立の権利を重するが故に、断して此命令に服せさらんとする者なり。」(12)

(三)「私立学校の命脈は、実に社員教員生徒互に相信任し、義を以て相結び苦楽相共にする所に在り。」(13)然るに知事権力に向って、抗争すべき権利と理由とを有しながら、不明確な雰囲気の中で英学校が教員解雇を決定するとは何事であるか。また続けて柏木はつぎのようにもいう。「争ふ可き権利と理由とありて、上知事に向って之を為さず反て下信任す可き教員に向て、不当にも解雇の処置を為す、是れ義挙か、是れ正を踏んで懼れさる者か、嗚呼是れ不羈独立正を踏んで懼れずと公言する学校の精神なるか、果して是れ小事、殉死するの価値なきか、平素公言せし精神を実行すると否との判する所、是れ小事なるか大事なるか、一言の為に死し以て言責を重する、是れ義烈なる丈夫の精神に非すや。」(14)

明治中期の不敬事件は、教育勅語をシンボルとする国家主義と個人主義の相剋という側面をもつが、柏木は、このことについても論及しなければならなかった。彼は、個人、国家、宇宙の関係について触れ、「個人軽ければ国家亦軽し、国家は必ず個人の尊厳を認めざる可らず」[15]「国家に同化する所なき個人は国家に生存することを得ず。宇内に同化せざるの鎖国退守主義は第廿世紀の天地に国家を維持するの道に非るなり」[16]と、キリスト教的世界観に立って三者の調和的存在を説明し、続けて国家と個人についてつぎのように述べている。

「要之するに私心を去て公道に就き、身を献して国家に殉ずるの覚悟なきものは、これ個人の神聖を重するものに非るなり。個人を以て国家の機械視し、敢て国家の権限を濫用して個人の神聖を蔑如し、之を無にするの挙動あらば、これ国家自を毀つなり。吾人は国家を重んじて個人を重んじ個人を重んじて国家を重んずるの精神を発揮せんことを欲するなり。[17]」

「唯国家の人ならしめんことを期して宇内の人たるを思はず、家族中の人たるを思はず、甚しきは個人の神聖を蔑如するものあり。此の如きを以て国家教育主義と為すものあらば、吾人は正しく其正面の敵なり。若し個人主義と唱へて国家を破壊するものあらばこれ亦吾人は正面の敵たるなり。[18]」

ここにみるように柏木の論理は整合性を踏まえて展開されているが、熊本英学校を包む状況は、柏木を頂点とする知事命令拒否派に極めて厳しいものであった。柏木は中央に向って、「今や知事と保守者流と相結托し、我校を斃さんと致居候は明かなる事に御座候、保守の妖雲天日を掩ふ熊本県下に在て、真理の光を現はすこと、今日遽かに期す可からず」[19]と現状を分析し、この事件はキリスト教私立学校の消長に関する重大問題と考えているので、天下の公論を呼び起し、全国有志の勢力を連合して大反対運動を展開してくれるよう訴えたのであった。しかし歴史は、柏木の期待を無視して進行していった。

奥村禎次郎不敬事件は、柏木にとって終生忘却できない事件であった。死の二年前、彼はつぎのように回想している。

「苟くも平素主義主張を唱ふる学校が其主張の為に斃るゝは亦可ならずやと決心し、万一の場合には大に天下の公論に訴へんとて、熊本新聞社主草野門平氏の家を梁山泊と為し、私が其采配を振り、那須義質氏、大迫真之氏等が之を補佐された。折りしも、松方内閣は民党と衝突して議会を解散し、内務大臣品川弥二郎氏は暴力干渉をなして選挙に至る所に血を見、当時民党候補者山田武甫氏応援の為に来熊せられて居た徳富蘇峰氏の如きは頗る私等を援助された。然るに海老名氏は……金峰山（熊本南郊の山）が破裂するぞとて何か諷する所あり、斯くて蔵原校長は自ら見て不当とする奥村教員解雇の命令を奉じて竜頭蛇尾に終り、私等同志は総辞職した。是に於てか、保守党は固より我校の敵、唯僅かに味方たりし進歩党の信用をも失ふに至って、学校は益々悲運に陥り、宣教師を絶ち、基督教主義を止めて以て校運を維がんとしたが、これも畢竟其甲斐なく、其後一年にして終に自ら廃校するに至った。『死すべき時に死せざれば死にまさる耻あり』とは此事か。これ私が海老名先生と意見を異にした始めであった。[20]」

柏木のこの回想は、奥村禎次郎不敬事件の社会的背景と、事件当時の英学校の雰囲気を、短かい文章の中で適確に描写しているように思われる。

2　教育宗教衝突論争と柏木

内村鑑三、奥村禎次郎不敬事件を契機として、キリスト教徒対国権論者との対立は激化し、今日この両者間での論争は、教育宗教衝突論争として、明治中期の重要なイデオロギー闘争の質を形成している。

この教育宗教衝突論争において、キリスト教徒批判の代表者は井上哲次郎であった。そして彼のキリスト教徒批判の主な論点はつぎの通りであった。


㈠キリスト教は非国家主義であって、国家主義たる教育勅語の精神に反するものである。

㈡キリスト教は未来を重んじ現世を軽んずる傾向があるから、キリスト教徒は非現実的である。

㈢キリスト教の博愛は無差別的であり、教育勅語の博愛は、まず自己の親から始まり、他人の親におよぶ差別的愛である。

㈣キリスト教は教育勅語の精髄たる忠孝を重視しない平等主義である。[21]

井上のこの所論に対して、キリスト教徒はそれぞれ反駁するのであるが、柏木の井上批判の特徴は、井上所論の非合理性、非科学性を指摘することから始まっている。

「氏は果して何等の論拠に由りて、此の帰結を得たるか。氏の先づ此の帰結に達せんとして引用せし事実は、大概ね仏教新聞に非れば基督教に対し毒筆を弄する九州日々の類に記載せられしものに過ぎざるなり。此等の事実果して氏の断言の根拠と為すに足るか。現に氏が仏教第十号より引用せし我が同志社が天長節に祝意を表せず、加之祝意を表したる生徒は之を罰したりとの記事は、全く無根の事実なり。其の他山鹿高等小学校生徒退校事件、熊本英学校奥村禎二郎氏解雇事件八代尋常小学校聖影打撃の如き、氏の引用せし所と吾人の親しく見聞せし所と事実大に異なるものあり。氏は何ぞ九州自由、国民新聞、特に熊本に於て中立の地位に立て実業家の機関を以て任ずる熊本新聞の記する所を顧みざるや。内村氏の事亦事実相違の廉多しと聞く。氏は、耶蘇教徒を、忠考を忌嫌し外人の庇陰に由り愛国の念を失ふたる陋劣漢と断ぜり。之を為す果して能く哲学者の本領を守り、公平に事実の審査を為し、以て此の帰結を得られしか。抑自家の妄想を助けん為め、自家同臭の新聞雑誌の記事に援を籍られしものか。」[22]

柏木の井上哲次郎批判は、以上のようにその所論の非科学性を突くことに始まるが、また井上が展開したキリスト教と国家、現世、博愛、忠孝の各領域についても、それぞれ反論を示している。しかしここでは、キリスト教は無国家主義であって、教育勅語の国家主義精神に反するとする井上の批判に対する、柏木の反論のみについて述べたい。

柏木はいう。井上は、キリストは国家についてただカイザルに返すべしと言ったに過ぎず、その他はほとんど国家に就いて言及したことはない、キリスト教は無国家主義である、一方教育勅語は国家主義に立脚している、故にキリスト教は勅語の趣旨に合致しない、と。さらばあえて問いたい。

「基督教は何を以て無国家主義なるや。基督、嘗て国家に就て説き玉ひし事なきを以て無国家主義と為すか。然らば敢て問はん、国家の為に経倫を立つるもの若し一言の家族に事に及ぶなくんば、博士は直ちに之を以て無家族主義とせらるゝや。基督は、皇天の意志を顕章して宇内人類の為めに其の普通の大道を発揮し玉うなり。上下数千年を貫き、邦国の異同を問わず、君主々義の国家にも民主々義の国家にも通用する道徳の大本を建設し玉ふなり。敬神愛人の二大主義中何の処にか無国家主義ある。神の摂理を重んずるもの其の摂理中なる国家を重んぜずと為すか。人を愛するもの其の人の集合体なる国家を愛せずと為すか。」[23]

柏木にとって国家とは、人を愛する者の集合体にすぎない。そしてキリストは政体の異同を問わずあらゆる国に適合する道徳の大本を示したのである。天皇は国家の元首であり、政治上最高至上の立場にある。だから「君も天を敬し、臣民も天を敬し、同情同感を以て相治め相事へば、国家如何に安全なる可きか」[24]ということになるのだ。また柏木はつぎのようにもいう。

「吾人は立憲君主国の通誼として、政治上に於ては君主は最上至高にして神聖なるものと承認するものなり。然れども、学問上倫理上に迄其の権威を及ぼし敢て倫理の主義を断定する如き、決して立憲君主の意に非ずとするものなり。[25]」

「我天皇陛下は国家の元首なり、故に其の国民的の道徳を訓示し玉ひしなり。基督は世界の人類の為に大道を立て玉ふなり、故に専ら人の心に敬神愛人の誠意を打立てんと為し玉ひしなり。陛下若し、基督の説き玉ひし如き詔勅を発し玉はば、是れ越なり、非立憲的行為なり。[26]」

われわれはすでに柏木が社会や政治について発言するとき、明治憲法を意識して、立憲政体、立憲君主国なる言葉をたびたび使用していることを識っている。このことは、明治憲法体制が立憲制を内容的に否定していく方向で動いている現状に対しての、皮肉を含んだ柏木独自の論調ではないかと思う。そのことはともかく、彼は倫理上の権威と、政治上の権威と区別することによって、井上哲次郎の論理に立向っているのである。天皇は「学術界の大王」でも、「宗教界の法皇」でもない。天皇は政治的元首であるに過ぎない。この天皇が公布した教育勅語は、したがってつぎのような性格のものであらねばならない。

「陛下の詔勅は、決して敢て宗教学術の範囲に踏み込み、倫理の原理の是非曲直を判定し、其の物議を鎮静するが如き非立憲的の行為を為すに非ざるなり。唯儒教の精神を以ても仏教の精神を以ても、基督教にても無神論にても実利主義にても、国民として共に由りて行ふ可き普通共有の道徳の実践を望み玉ひしに過ぎざるなり。決して判定し玉ひしに非ざるなり。[27]」

柏木の勅語に対する認識は、右のように「普通共有の道徳」を示したものに過ぎないものであったが、しかし教育勅語は、その後教育はもとより、思想、言論界において、その質を「判定」する基準として機能したことは指摘するまでもない。柏木が論争の過程において、教育宗教衝突は「彼の一種の徒の妄想中に在る勅語と基督教の衝突」に過ぎないとして、「特に帝国大学教授文学博士に向てすら之を要するとは、実に教育社会の名誉に非ざるのみならず、帝国大学の名折れと謂ざるを得ざるなり」[28]と論破し、この論争が本質をそれて展開されていることを指摘しても、日本の近代は、柏木など少数者の正論に傾ける耳をもたず、以降ますます強化されていく国権論、国家主義風調の中に、柏木に代表される当時のキリスト教徒の声は解消されていったのである。

3　非戦論・社会主義

『非戦の思想』の著者である伊谷隆一は、「地味な一教界新聞に掲げ続けられた柏木義円の〃非戦の思想〃は、まだ省みられることが少ない。堺・幸徳、内村らの中央にあっての名声の陰にかくれて、柏木の泥くさい、精巧ではないが骨太な感じのする思想の営みは当時も今も忘れ去られている」[29]と記し、牧界の一隅で、大衆にまみれながら一貫して非戦論を展開した柏木の思想の近代性を大きく評価しなければならないと指摘している。そしてまた伊谷は、日本最初の『資本論』翻訳者高畠素之の最初に読んだ英訳版『資本論』は、柏木がすでに読んでいたものを高畠に貸し与えたものであったらしいことを述べたのち、「このように柏木の社会主義研究の歴史は非常に古いものであり、生涯その必要を説き続けた人でもあった」[30]とも書いている。非戦思想と社会主義は柏木思想にとって、二つの重要な要素となっているようである。

一貫して非戦論を唱えたとされる柏木であるが、それは日露戦争以後であり、日清戦争時はむしろ義戦論を展開している。この意味では内村鑑三の思想の軌跡と似かよったものがある。日清戦争突入直後柏木は、「東洋文明の道途に立塞て野蛮の陋風を担保するものは、彼れ清国に非ずして誰ぞや。清国の東洋の雄威を振ふは是れ東洋文明に一大打撃を与るものなり」[31]と、その清国観を明らかにし、続けて、「誰れか坐して平和を唱るものぞ。不義の存する所、野蛮の在る所、此に果して真成の平和あり得るか。之を除くに非ざれば、早晩必ず一大爆裂あらざるを得ず。造化の鞭撻は必ず之を為すなり。是れ必至の勢なるなり」[32]と述べて、世界一統、万国平和のため文明普及のため、この戦争は義戦だというのであった。しかし柏木は日清戦争において、戦争そのものを積極的に主張したわけではない。「平和は人の欲する所にして戦争は人の恐るゝ所」と述べ、東洋の平和を得るためのやむをえないものと認識するのである。

日露戦争期になると柏木は盛んに戦争について論じ、非戦主義を鮮明にする。「非戦主義者」なる小論ではクエカー教徒の非戦論を紹介し、トルストイの主張を論じ、ドイツ、フランスの社会主義政党の非戦論にふれたのち、つぎのように述べている。

「人道と正義とは国家以下だなぞと謬信する所謂愛国者が、如何して正義人道の観念を鼓吹して徳益を成就するの教育が出来やう。此の如き愛国者に由て教育せらるゝ国に在て、其道徳教育の振はないのは寧ろ当然である。今日の如き時には、非戦論は不人望で、所謂識者は之を迂濶と笑ひ、戦争狂者は之を迫害するのであらうが、此の如く身を挺して時世に先て高く理想を掲げ示す者が無ければ、社会は決して前進しないのである。」[33]

ここには牧者としての柏木の、警世者らしい非戦論の重要性の指摘がある。

しかし柏木が、徹底した非戦論を唱えるようになるのは第一次世界大戦の時からである、とされている。[34]

「戦争の為めには幾百万の人間が理性も良心も殺し、そして全く生きた殺人器械となりて牛馬の如く駆使せられて斃るゝに何故に覚めたる良心と理性とを以て生きた神の子として平和の為無抵抗主義の為めに殉する者未だ鮮きや。戦争の為めに斃るゝ者は愛国の憂士として賞讃せられ、平和主義の為めに殉ずる者は臆病なる非国民として罵辱せらるゝと雖も、人の国の為めに人々相屠て死するよりも神の国の為め平和の為めに死するは遙に高貴に非ずや。世界の宗教家は斯主義の為めに殉ずるの覚悟を以て断然たる態度を以て非戦論を唱道す可きなり。」(35)

柏木の非戦主義は、たえず社会の現実問題に積極的に係っていく姿勢に支えられているとされ、ここに柏木のそれの特徴があると指摘される。そのことは結局、社会主義理論への接近という形で表現される。「精神なき経綸、経綸なき精神、共に未だ以て其目的を達す可らず。吾人は此方面に於ても亦社会主義と基督教とが相抱擁して世界より戦争の罪悪を根絶し去らんことを欲するなり」(36)とする言葉は、柏木の非戦論が社会主義思想に接続していることを明らかにしている。

「畢竟現今の資本主義は旧経済学の原理の上に建設せられたるものにて、旧経済学は、即ち自由なる生存競争……、優勝劣敗、弱肉強食、適種生存の事実の上に打立てられたるものにて候。……去れば強者は自然搾取し得る限り搾取し、其結果分配の甚しき不均衡を生じ……弱者は群を為して失業の憂目を見るの悲惨なる結果をも相生じ候。之に反して、社会主義は相互扶助の原理の上にたつものと存候。吾人は、基督の精神に依て社会主義の改革も遂行も行はれんことを切に希望するものにて候。」(37)

このようにして柏木は、資本主義機構における資本家による労働者への搾取の必然性などに関して理解を示して、社会主義体制への移行を期待しているようである。そして続けて、世間では階級闘争が危険思想から生じてくるものであるかのごとく理解されているが、これは誤解である。今日の労働組合法についてみても、資本家階級は大挙連合して事に当っておるのであるから、労働者階級が結合を強めるのは当然のことである。このように資本家、労働者の両階級が存在する以上、階級闘争の激化は自然の勢というものである。もし社会主義の社会に相成らば、搾取の主体、客体が無くなるのであるから、階級闘争などはしたがって消滅するだろう、と社会主義社会を展望している。

柏木義円における社会主義を論ずるに当り、物質と精神、哲学的唯物論と社会主義唯物史観の問題など記述しなければならないし、事実柏木はある程度このことについて言及しているが割愛せざるをえない。ただ柏木がキリスト教と社会主義の関係を「基督教なき社会主義は魂なき躰で、社会主義を通して表現せざる基督教は躰なき魂である」[38]とも云っていることのみ記しておきたい。

内村鑑三もまたキリスト者として非戦論を唱え、一時期社会主義への親近感を示したことがあった。しかし柏木が、すでに述べたように、社会科学的に社会主義に接近して非戦論、社会主義を唱道したことと比較して、内村の場合は、「その思想と行動の展開の要因はあくまで、信仰による内面性にあった。そこに主観的な決断の鋭さ、強さはあっても、客観的、とくに社会科学的な認識と判断ともいえるものはなかったのではないだろうか」[39]とする見解がある。両者の思想構造の相異点を適切に指摘しているように思われる。

注

一　熊本英学校前史

(1) 内村鑑三のベル宛書簡（英文）『内村鑑三全集36』岩波書店　一九八三年　三七頁。
(2) 花立三郎『大江義塾』ぺりかん社　昭和五七年　七七頁。
(3) 徳永規矩遺稿『逆境の恩寵』警醒社書店　明治三七年　一五頁。
(4) 同一六頁。
(5) 『熊本新聞』　明治二〇年五月一一日。
(6) 同　明治二〇年六月一四日。
(7) 同　明治二〇年一〇月一日。

(8)前掲『逆境の恩寵』一四頁。
(9)熊本バンドの一員、組合教会に属する日本の代表的キリスト者、その思想は「国家主義的」「日本的」といわれた。一八五六年(安政三)―一九三七年(昭和一二)。
(10)『熊本新聞』明治二一年一月五日。
(11)『竹崎順子』『蘆花全集』第一五巻　新潮社　昭和四年　二一六頁。
(12)同二一五頁。
(13)『熊本新聞』明治二〇年一一月二九日。
(14)同　明治二〇年一二月四日。
(15)同「熊本女学校来歴」明治二三年一月一五日。
(16)前掲『竹崎順子』二一四頁。

二　熊本英学校における英学

(1)『熊本新聞』明治二二年一月一四・一五日。
(2)新島より海老名宛明治二一年三月二七日付手紙には、「貴兄御企の私学校皇張の為め、少々に候得ども先金五拾圓都合致候」などの一文がある。渡瀬常吉『海老名弾正先生』龍吟社　昭和一三年　一八四頁。
(3)熊本県教育会編『熊本県教育史』中巻　昭和六年　三二四頁。
(4)『百年史の証言―福田令寿氏と語る―』熊本日日新聞社編　一九七一年　三六頁。
(5)同四二―四三頁。
(6)『文海思藻』第五号　明治二三年一月三一日　なお『文海思藻』は二六冊中四冊(第五~第八号)が現存している。
(7)同第七号　三〇頁。
(8)『隠者の夕暮・シュタンツだより』岩波文庫　昭和一八年　五六頁。
(9)桜井純一は『九州文学』の意義について「そのころのプロテスタンティズムが果たした日本の近代的思想発展への寄与というなかで検討しなおし、正しく評価され、位置づけられなければならないと私は思っており、日本近代教育史研究の一課題でもあると考えている」と述べている。「明治・大正デモクラシーの一系譜(1)」『現代と思想』No18所収　青木書店　一九七四年　一八三頁。
(10)『九州文学』二七号　明治二五年九月　四八―四九頁。

(11)同三六号　明治二六年七月　一七頁。
(12)同二七号　二四頁。
(13)済々黌についての研究には本山幸彦「国権主義運動と教育活動」がある。副題に「熊本の紫溟会と済々黌の関係をめぐって」とあり、学校の党派性格を分析している。『近代日本の政治と教育』所収　ミネルヴァ書房　一九七二年。
(14)(9)に同じ。
(15)『九州日日新聞』明治二五年一月一二日。
(16)「教育勅語に関する松平知事の演説」前掲『熊本県教育史』中巻　七〇頁。
(17)「命令と奉ずるの理由」『九州日日新聞』明治二五年二月一六日。
(18)井上哲次郎『教育ト宗教ノ衝突』本郷出版社　復刻版(初版明治二六年)昭和五七年　一頁。

三　蔵原惟郭と熊本英学校

(1)蔵原惟人「蔵原惟郭のこと――対談父を語る、ききて桜井純一――」『現代と思想』No6　青木書店　一九七一年　一六二頁。
(2)この年譜作製にあたっては、蔵原惟郭の直孫蔵原清人氏ならびに同三雪夫人の御教示による未定稿「蔵原惟郭略歴」を参照した。
(3)『内村鑑三全集1』岩波書店　一九八一年　二二〇頁。
(4)『百年史の証言』七〇頁。
(5)「文海思藻の成長」『九州文学』二七号所収　明治二五年九月　一頁。
(6)「実学」『九州文学』二九号　明治二五年一一月　六―七頁。
(7)同七頁。
(8)「校則の要領」パンフレット『熊本英学校及び熊本女学校』所収　明治二五年八月。
(9)前掲『百年史の証言』一一八頁。
(10)田中良一は蔵原の「個人と国家」について、「これは蔵原が米欧留学による成果の一部を窺い知る好資料である」とも評価している。「蔵原惟郭と市原盛宏」『熊本バンド研究』所収　みすず書房　昭和四〇年　三九二頁。
(11)土田昭夫「明治期における日本組合教会の独立運動」参照　『日本プロテスタント教会の成立と展開』所収　日本基督教団出版局　一九七五年　一二四頁。
(12)桜井純一「明治・大正デモクラシーの一系譜(1)」『現代と思想』No18所収　青木書店　一九七四年　一九二頁　なお蔵原に関するこ

の論文が五回で連載中止となり、未完成で終っていることが惜しまれる。
(13)「小学校教科用図書ニ関スル建議案」に関する蔵原の演説、前掲『現代と思想』No16所収 一七七頁。
(14)前掲「蔵原惟郭のこと」一五三頁。
(15)「我が児を誇る」前掲『現代と思想』No6 一七九頁『中央公論』昭和六年一〇月号記載のもの。
(16)(17)同一八〇頁。
(18)同一八二頁。
(19)前掲「明治・大正デモクラシーの一系譜(1)」一九三頁。

四 柏木義円の批判精神

(1)武田清子「柏木義円の臣民教育批判」『人間の相剋』所収 弘文堂 昭和四二年 二三五頁。
(2)山田洸『日本社会主義の倫理思想』青木書店 一九八一年 九四頁。
(3)伊谷隆一『柏木義円集』第一巻 一九七〇年 四七五頁。
(4)林達夫「柏木義円研究の現状と課題」歴史科学協議会編集『歴史評論』一九八三年一〇月号。
(5)(6)『九州日日新聞』明治二五年二月三日。
(7)〜(14)柏木義円「吾人の心事を開陳して男女両学校諸氏に告別す」『女学雑誌』第三〇七号所収 明治二五年三月。
(15)〜(18)柏木義円「惑を弁じて我党の主義を明にす」『国教』第一〇号所収 熊本国教雑誌社 明治二五年五月。
(19)柏木義円「開書」『女学雑誌』第三〇四号所収 明治二五年二月。
(20)柏木義円「海老名先生と私」前掲『柏木義円集』第二巻 二九三頁。
(21)伊谷隆一『非戦の思想』紀伊国屋新書 一九六七年 八〇頁。
(22)柏木義円「再び井上哲次郎氏に質す」前掲『柏木義円集』第一巻 三〇頁。
(23)柏木義円「勅語と基督教」(井上博士の意見を評す)同二六頁。
(24)柏木義円「勅語と基督教」同二四頁。
(25)同二五頁。
(26)(27)(23)に同じ。
(28)柏木義円「教育宗教の衝突」同 三五頁。

(29)(30) 前掲『非戦の思想』一三一頁。
(31)(32) 柏木義円「再び戦争と平和を論じ併せて宣教師諸君に一言す」前掲『柏木義円集』第一巻 六二頁。
(33) 柏木義円「非戦主義者」同一六五頁。
(34) 前掲山田洸『日本社会主義の倫理思想』八三頁。
(35) 柏木義円「戦争に対する吾人の態度」前掲『柏木義円集』第一巻 三三二頁―三三三頁。
(36) 柏木義円「尊敬すべき露西亜人」同 一八二頁。
(37) 柏木義円「基督教と社会主義」同第二巻 二四二頁。
(38) 柏木義円「世界の二大思想」同 一九頁。
(39) 笠原芳光「柏木義円の内村鑑三批判」同志社大学人文科学研究所編『キリスト教社会問題研究』第一三号所収 一九六八年三月 一三四頁。

熊本における教育と宗教との衝突

一　熊本における教育と宗教との衝突（一）
―奥村事件を中心にして―

1、はじめに

明治期における日本型観念論哲学の確立者[1]といわれる井上哲次郎は、明治二六年（一八九三）四月、『教育と宗教の衝突』という小冊子を刊行した。これはキリスト教に関する時事問題についての論考であるが、同時にキリスト教批判の論点をまとめたものとしては彼の代表的著作であるといわれている。彼は明治二三年一〇月、時あたかも教育勅語の公布と時を同じくして、七年間に及ぶドイツ留学を了えて帰国し、直ちに帝国大学文科大学教授に就任、翌二四年九月、文部大臣芳川顕正の依頼により『勅語衍義』[2]を出版した。これは幾十万部という売れゆきを示したといわれ、教育勅語理念の浸透過程の研究では、極めて重要な文献の一つに挙げられるものである。『教育と宗教の衝突』は、この『勅語衍義』と軌を同じくするものであり、この二著を通して彼は国家主義論者、国権主義論者としての自己の位置を確立し、この立場からキリスト教の教義と当時のキリスト信徒を批判して、天皇制教育の強力な推進者としての姿をあらわにし、同時に体制側イデオローグとして言論界の第一人者となった。

井上のキリスト教批判を契機として、これより数年間、大西祝の表現を借りれば「キリスト教と国家教育との衝突」論争が、「教育と宗教とを含めた国家全体における保守主義と進歩主義との衝突」(3)論争が展開されてゆく。

さて井上は『教育と宗教の衝突』を次のような書き出しではじめている。


余は久しく教育と宗教との関係に就いて一種の意見を抱き居りしも、其事の極めて重大なるが為め、敢て妄に之れを叙述することを好まざりき、然るに或時教育時論の記者余を訪ひ、現に熊本県に於て教育と宗教と衝突を来せるが、抑々勅語の主意は耶蘇教と相合はざるものにや、如何にと問はれたれば、余は最早平生懐抱する処を隠蔽すること能はず、少しく其要点を談話せり、然るに記者は其談話の大意を教育時論第二百七十二号に載せられたり、是に於てか耶蘇教徒は頗る之れが為めに激昂せしものと見え、其機関たる諸雑誌に於て余が意見を批難し、中には随分人身攻撃をもなせり、横井時雄氏は六合雑誌第百廿五号に「徳育に関する時論と基督教」と題せる文を掲載し、主として余が談話の主意を弁駁し、(略)同志社文学第六十号に「勅語と基督教」と題せる文を掲げて又余が意見を批難し、間々罵詈の語を交へ、人身攻撃に類するものありて、自ら宗教家なりと誇る者の口吻に似ざるなり。(4)


右の引用文から推測すれば、井上をしてこの著作を書かしめた直接の動機は、「現に熊本県に於て教育と宗教と衝突を来せる」事件ということになる。この著作が、明治二〇年代における国家主義、国権主義とキリスト教衝突論争の記念碑的性格をもっていることを考えれば、熊本でおきた一連のこの種事件は、それなりのあるべき評価がなされなければならないと思われる。この小論の標題を「熊本における教育と宗教との衝突」としたゆえんである。

さて井上は著作の中で、熊本でおきた衝突事件を三件列挙している。その第一は、明治二五年八月二九日付の『日本新聞』からの引用であるとして次のように記している。

肥後八代の某小学校生徒何某は、第一教場に掲げ奉れる聖影に向ひナンダと云ひ様扇子にて打落しければ、教師は早速呼寄せ其所因を糺したるに、傲然として日く、我が信ずる伝道師は、神より外に尊い者なしと申し聞けたるが故に、之れを打落したるのみと、忽ち地方の一大紛擾となり、遂に其生徒に退校を命じたるよし(5)

さらに続けて、この事件は「内村氏が不敬事件と全く其本源を同うするものなり」と述べ、内村鑑三不敬事件に類するものが、全国的に派生していることの例証の一つに挙げているのである。

第二に、資料としては当時の取調回報があるとして、山鹿高等小学校生徒退校の件を記している。この事件は、熊本県知事松平正直が明治二五年六月、「小学校教員に禁示すべき者二、一は政党政社に関することなり、二は耶蘇教を信ずることなり、耶蘇教は外国の教なり、決して信ずべきものに非ず、小学校教員は宜しく去年頒布し玉へる勅語に殉ずべし、若し耶蘇教を信ずるものあらば猶予なく処分すべし」との行政命令を出した直後起ったものであるとして、大要次のようにいう。同校高年生徒四人が基督教を信じ、校内で生徒を勧誘して授業を妨げるを以て、校長はこれを諭し、さらに「事の間違を生ぜん事を恐れ、其父兄に直接して右の趣を述べたるに、三人の父兄は其説に同意して、生徒に諭したるも、一人の父兄は遂に校長の説を容れず、生徒も依然校内に於て誘導をなし居り、教師に於て勅語の聖旨を講述するも更に耳に入れず、之が為め何となく他の生徒にも影響を及ぼし、一般に教師の説話を耳にせざるの風を生じ、取締上にも関し、学校整理を欠くの一端ともなる次第にて、何分其儘に看過し難きより」(6)やむを得ず右一人の生徒に退校を命じたと。そして更に、松平知事の言明と山鹿高等小学校生徒退校事件が起るにおよんで、植村正久、本多庸一外八名の当時のキリスト教指導者が、信教の自由の侵害事件として広く世人に訴える目的で、各新聞に公開状を送った事実を報じている。井上はここで、明治憲法第二十八条「日本臣民ハ安寧秩序ヲ妨ケス及臣民タルノ義務ニ背カサル限ニ於テ信教ノ自由ヲ有ス」との条文を引用し、山鹿高等小学校生徒退校事件は憲法の定める制限条項に抵触するものであるとして、校長の処置を当然のこととして是認し論をすすめるのである。

第三に、熊本英学校でおきた奥村禎次郎の解雇事件を『九州日日新聞』をつかって紹介し、次のように述べている。

余は未だ奥村禎次郎が果して耶蘇教徒なるや否やを知らずと雖も、其演説の主意は、全く耶蘇教徒の懐抱する所なり、然るに耶蘇教徒が妄に之れを公言せざるは、或は其位置を失ふの恐あるが為め、或は其人望を失ふの恐あるが為めなり、若し一朝此の如き恐なき事とならば、耶蘇教徒は忽ち異口同音に其非国家主義を吐露せん、假令ひ今日までは耶蘇教徒が勅語に反し、公然是非国家主義を吐露せざるも、其挙動に現はれたるの形迹は、已に余が初めに叙述したるが如く、決して復た蔽ふべからざるなり。(7)

井上が、キリスト教徒奥村禎次郎が非国家主義的言辞を吐露し教育勅語理念を否定したものとして俎上に乗せるこの事件を、われわれは「奥村事件」または「熊本英学校事件」(8)とよんでいる。この事件についてのみ簡単な素描を試みるならば、奥村事件は、熊本という田舎の一私立学校で起きた無名キリスト教教師の解雇事件ということにとどまることなく、事件発生の社会構造、政治状況に思いを致すとき、この事件のもつ意義は、熊本という地域社会の特殊条件を超えて、近代日本社会成立史に重要な研究課題を提起するものであると考えられるのである。そしてその内容に関しては、この小論全体で解明するより外にない。

周知のように、キリスト教ないしそれにともなう外来文化受容の立場から云えば、明治初頭以来、熊本は厚い歴史の層をもっている。日本プロテスタント三大潮流の一つに数えられている熊本バンドの結盟は、明治九年の熊本の社会がもった先駆的な異質文化許容の宣言でもあった。一月三〇日未明、熊本市郊外花岡山上での結盟にあたり、三五名からなる若き俊秀たちが署名した「奉教趣意書」は、日本「神の国」化宣言であり、キリスト教立国宣言書でもあった(9)。指摘するまでもないことであるが、この結盟の温床は熊本洋学校であり、若き俊秀たちの魂をゆさぶり、キリスト教に対する開眼をなさしめたのはアメリカ人L・L・ジェーンズである。そしてこの結盟の中から横井時雄、海老名弾正、浮田和民、金森通倫、市原盛宏、下村孝太郎、山崎為徳、蔵原惟郭、そして直接結盟には参加していないが小崎弘道といった、キリスト教界の有力な指導者が輩出しているである。彼等は熊本でキリスト教を識り、さらにジェーンズ去りし後は京都同志社で新島襄と出会って神学研究に磨きをかけ、明治一〇年代後半以降、日本におけるプロテスタントの指導者層を形成して全国各地で教勢の拡張に従事していた。かくて彼等は、井上を含む国家主義者がキリスト教を批判するに及んで、何らかの形で対決せざるを得ず、事実横井時雄をはじめこのうちの数名は積極的に、この衝突論争に参加しているのである。このように考えれば、教育と宗教との衝突論争における熊本の位置は、無視できない意味をもつものとしなければならない。

奥村事件の舞台である熊本英学校は、熊本洋学校の再興という意義をもっている。同時にまた民権私塾といわれる徳富猪一郎の大江義塾の教育的伝統を継承した私立学校でもあった。奥村禎次郎も大江義塾を了えて同志社に学び、そして英学校で教鞭をとっていた。校長には海老名弾正が就任して学校を実質的に造りあげ、彼が転ずるに及んでそのあとを蔵原惟郭が継いでいる。されば奥村事件における国家主義者の、具体的にいえば熊本国権党の攻撃に対する熊本英学校の対決の仕方は、ある意味では日本プロテスタントの国家主義に対する対決の質そのものを示しているといっても過言ではないであろう。

さらに奥村事件で私が興味をもつのは、非戦論者柏木義円が登場していることである。武田清子は、「明治時代における臣民教育の鋳型による人間形成と切り結ぶ歩みの中で、特に、日本のプロテスタントがどこまでそのたたかいをいどみえたか。この問題を追及するために、臣民教育とキリスト教人間観との関係を日本のプロテスタントの中では、最も厳密、かつ、良心的に分析し、一貫した抵抗を生涯を通じて行った人として柏木義円をとり上げ、彼の臣民教育の批判をあとづけ、その思想の構造を見きわめたいと思う」(10)と述べて、「柏木義円の臣民教育批判」という優れた論文を書いている。さらにまた他の論文で、「教育勅語が渙発され、天皇の臣民としての忠孝倫理が強調されようとする時にあたって植村、柏木らによる良心の権威、良心の自由に関する断乎たる発言は、臣民的人間観とその点においてこそ相矛盾し、妥協を許さないキリスト者の人間観の宣言として、プロテスタント史上看過されてはならないことだと思う」[11]として、教育勅語理念の浸透過程における植村正久、柏木義円の思想的研究意義を強調している。

奥村事件における柏木義円の批判的言論と行動の対象は、熊本国権党のみに限定されないで、容赦なく彼をとりまく同僚としてのキリスト者にも向けられていく。それは武田がいうように妥協を許さない厳しさを示している。事実柏木をはじめとする同志の抵抗が欠如していたと仮定するならば、奥村事件は時間的にはもっと短かく、そして簡単に片がついてしまって、この種研究対象たるの資格を失っていただろうと思われる。柏木は熊本英学校が分裂した直後、同志社に帰って、『同志社文学』[12]を拠点として井上哲次郎と激しく論争を展開する。すでに掲げた井上の『教育と宗教の衝突』の最初の引用文の中に、「同志社文学第六十号に『勅語と基督教』[13]と題せる文を掲げて又余が意見を批難し云々」とあるのは、柏木義円を指しているのである。

私は、柏木の批判精神の形成の契機に、奥村事件での彼の体験を強調しなければならないと考えている。逆にいうならば、奥村事件は、柏木義円という明治精神史上稀有な正統派キリスト者を誕生せしめたのである。

さて、仮説設定に厳密な検討を欠いたまま、そして十分な資料収集の努力を怠っていることを自覚しながら、まず奥村事件の経緯について述べることから論考をすすめたい。ついで熊本英学校の性格を明治中期熊本における政党活動と教育構造の中で分析し、柏木義円における批判精神の形成と、彼の教育・宗教の衝突論争などを論述の柱にすえたいと考えている。

2、奥村事件・その背景と経緯

奥村事件とは、熊本英学校において、教師でありキリスト教徒であった奥村禎次郎が非国家主義的言辞を吐露し、教育勅語の理念を否定したものとして俎上にのせられ、結果的には知事命令によって解雇されるに至った、熊本における教育勅語不敬事件である。

明治二〇年代の近代史を特徴づけるこの種事件は全国的に派生しており、なかんずくその中では、内村鑑三のそれが最も著名であろう。いわゆる内村不敬事件とは、明治二四年一月九日、東京第一高等中学校における天皇署名入りの教育勅語拝読式の際、同校嘱託教師であった内村鑑三が、その教育勅語に拝礼を拒否したということで問題となり、遂に教員の地位を負われるという事件である。当時この事件は、仏教の『令知会雑誌』などに誇張されて報道され世に大きなセンセイションを巻きおこし、これを契機として井上哲次郎を筆頭に、国家主義者、仏教徒によるキリスト教への攻撃がはじまったという。[1]すなわちここでいう教育と宗教との衝突論争が激化する契機をなす事件であったのである。

熊本における奥村事件は、内村不敬事件より一年後におこる。内村の場合は、学校当局からの辞職勧告はあったにしても、井上哲次郎をはじめとする国家主義者などの批判的言辞、いわば世論に抗しきれず身を引いたというのが実情であるが、奥村の場合は、権力すなわち知事命令によって解雇される訳であって、状況はもっと厳しさを増しているように思える。この厳しさは、もちろんこの一年間の国家主義的風潮の著しい進捗という史実によってもたらされたものであることは否定できないが、しかしこれだけでは理解できないことである。熊本という地域社会がもつ地理的辺地性、あるいは文化的特殊性等によって規定される社会の構造的特質が、この場合重要である。

「政争県」という地方社会の規定概念がある。そのニューアンスにいささか非近代性の臭を内包しながら、政党間の激しい抗争によってその社会構造が推移していく県だ、ということであろう。熊本は政争県である、とよく云われる。しかし政争県であると規定するからには、地域社会の比較史的考察が前提になるはずである。この点に関して文献的考察を怠っているいま何とも云えないのであるが、奥村事件が提起される時期は、資料として当時の新聞を重視する限り、保守国権党と熊本自由党との間には、異常に激しい政争が渦を巻いていることを感じない訳にはいかない。

生等従来自由党の処同党は卑屈陰険譎詐曖昧偽称民党たる事を看破し大中至正天下の公道に基き国権党に加盟し

必至の力を振て奸党撲滅に着手す此段天下の同胞に告ぐ。

二十五年一月七日

山鹿郡八幡村大字下吉田　某他四二名

これは一月一三日付『九州日日新聞』からとった資料であるが周知のように同紙は当時圧倒的に優位にたつ国権党の政党機関紙である。このことから表現は著しく誇張されているのは当然であるが、このような集団移党広告が連日多数掲載されているのである。しかもこの現象はこの時期のみに限らず、各種選挙期を中心に各新聞紙面を飾っている。

さて奥村事件の背景であるが、実は衆議院第二回臨時総選挙が絡んでいることを指摘しておかなければならない。この選挙は、松方内閣の内相品川弥二郎による民党撲滅のための選挙大干渉事件をともなったものとして、日本近代選挙史上特筆さるべきものであった。特に土佐、佐賀での官憲を利用しての激しい選挙干渉は空前絶後の刻印を残している。熊本においても相当激しく、この選挙の過程で死者二、負傷者三十数名を出したという。(2) このことは選挙後の自由党の機関紙『九州自由新聞』をみると、数十日間にわたって死者ならびに負傷者への義捐金募集記事が連日掲載されていて、反対党を攻撃非難する過激な言辞と共に、選挙戦がいかに過熱したものであったかを証明しているように思われる。

嗚呼我党は何ぞ此の如く不幸なる哉機関九州自由新聞は誤りて明治政府の忌諱に触れ其発行を停止せられたり茲に三周余日爾して今又本社発行民党第一号は治安に妨害あるものと認められ昨夜午後九時左の如き厳命に遭遇せり

民党発行人　長塩亥太郎

明治二十五年二月一日発行民党第一号は治安を妨害するものと認め自今発行停止の旨其筋より達ありたるに付

此旨相達す
但第一号以下未配布の分発売頒布を禁せさる依て此旨各発売所並発売人へも通達すべし
明治二十五年二月六日
熊本県知事　松平正直
嗚呼我が党は何ぞ此の如く不幸なる歟第一機関も其発行を停止せられ第二機関の民党も亦た此の如き厳命を蒙るに至れり、然れども今更ら悔ゆるも詮なき事なれば唯た運を天に任せて解停の恩命に接するを待つの外なし読者願くば本社の不幸を憐れみ他日解停の恩命に接するの日を待ちて更に倍旧の愛顧を垂れよ
熊本市米屋町一丁目九番地　民党社
明治二十五年二月七日(3)

当時の民党派すなわち自由党の政党機関紙は『九州自由新聞』である。年表によると同紙は一月一五日発行停止処分に付され、二月一三日に発停処分解除となっている。二月一五日が選挙日であるから、選挙運動期間中は「明治政府の忌諱に触れ」て発禁処分を受けていることになる。品川選挙干渉の事実はこのような形で、政党活動の中軸的な手段である機関紙発行停止処分として露骨に表現されているのである。しかも『九州自由新聞』発行停止処分をうけて後次善策としてとられた『民党』発刊も、当然のことながら僅か七日間の運命で発禁となっていることは、前述の資料で明らかである。

このような社会的背景をみないと、奥村事件は単なるキリスト教徒弾圧事件として片づけられることになる。したがって奥村事件とは、松方内閣の露骨な民党撲滅政策を背景として、熊本国権党が極めて意図的にひき起した選挙戦遂行のための手段であり、教育問題が政争の具として利用される典型的な事例であるといってよいだろう。

さて、この選挙に臨むに当り、国権党が「我が同志に告ぐるの檄」という、選挙戦突入の檄文を発表して志気を煽っ

たのは一月一〇日であった。参考までに檄文の一部を掲げたい。

噫噫我か一市一五郡に盤りて、忠愛性と為し、義烈神と為し、国の為めに家を忘れ、民の為に身を献ずるの同志者諸君、今の議会既に解散せられて、第二期撰挙の時将に至らんとす、是れ当に諸君の奮然蹶然して大に其素養の勢力を振ひ、其素錬の技倆を顕すべきの秋にあらずや。

偽称民党の言動、急激にして着実ならず、其外公正を装ふて其内私典を営み、其口国利民福を唱へて其実国を弱め民を害することは、天下の明に知る所なり。実業者之を悪み、中立者之を厭い、凡そ天下の秩序を愛し着実を好み、真正に国利民福を冀ふの志士仁人は、皆な其破壊乱暴の言動を排斥せさるなし、其天下の民心を失ふや知るへきなり、假令ひ甘言を逞ふし、香餌を投して以て民心を篭絡せんとするも、誰か敢て之に欺かるゝ者あらんや、彼等は民党に非ずして民敵なり、今日に当て之を攻撃駆逐するは、実に天下の大勢に順応する所以なり、斉人云へるあり、智恵ありと雖勢に乗ずるに若かすと、偽称民党を征伐する、豈今日の時勢より好きあらんや、我県下の同志は、宜く此の時勢の順風に乗じ、奔帆雪濤を截るの快速を以て、大に彼の醜むへき反対党を蹂躙砕破せさるべからす(4)

このような社会的雰囲気の中で、一月一一日熊本英学校は蔵原惟郭新校長の就任式を挙行した。式典の模様は次のように伝えられている。この記事を起点として奥村事件は展開する。

託麻郡大江村熊本英学校に於ては予記の如く昨日午前十一時同校々堂に於て校長蔵原維郭氏の就任式を執行せり式場の次第は先づ賛美歌の声に連れ生徒総代泉某起て一場の演説を為し次に田中賢道氏の報告、渡瀬某、同校宣教師シドニー・ギュリキ、教員総代奥村某等の演説、教員大迫真之氏の学校現状報告及び海老名旧校長、蔵原新校長等順次一場の演説了って茶菓の饗応あり余興として同生徒の旗取競争、フートボール等を催ふせり来賓は重もに自由党員に多く嘉悦自由党撰挙総裁を始め、高木、草野等市内の基督信者は勿論山鹿郡城北学館教員武藤修一氏外数名宇土高等小学校長等にして県庁より藤崎属、郡役所より管郡書記、同郡警察署より堀署長其の他忠愛、熊本、自由、日日の四新聞記者等なりし。(5)

右引用文の中「来賓は重もに自由党員に多く」という表現が、熊本英学校の党派的性格を物語っている。若干説明すると、嘉悦自由党撰挙総裁とは、かつて横井小楠の有力な門下生であった嘉悦氏房を指し、当時は民権派の首領として選挙の総責任者として動いている。田中賢道は、その生涯において思想的に大きな振幅を示す人物ではあるが、植木学校に学び相愛社に入り、そして明治二三年八月の立憲自由党創立に当っては、地元民権派を代表して出席、福島の河野広中、土佐の片岡健吉らと共に党運営の中核となって活躍した人物である。また城北学館は、二四年創立されたばかりの新しい学校であったが、山鹿地方の民権派学校であった。このようにみてくれば英学校は、反国権的雰囲気を濃厚にもっていることが明らかとなる。強いて云えば、この段階での民権派の拠城であったともいえ、選挙戦遂行の手段として国権党が英学校攻撃に着目するのは、反民権派としては至極当然のなりゆきであった。

かくて「教員総代奥村某の演説」は、つぎのような表現で告発されることとなる。

　孰れか是孰れか非

　昨日熊本英学校長就任式の席上「本校の現状表白」なる一小紙を来賓一同に配布したるが其の中本校の特色と云へる項の一節に曰く

　蓋し学生をして公共に竭し愛国の念を励し云々思ふに此主義此精神は凝て邦家将来の元気となり立憲日本帝国の柱礎なる可きを信じ云々

而して同日教員奥村禎次郎氏は同校教員総代として左の如き演説を為せり
本校々育の方針は日本主義に非ず亜細亜主義に非ず又た欧米主義にもあらず及ち世界の人物を作る博愛世界主義なり故に我々の眼中には国家なく外人なし況んや校長をや況んや今日の来賓をや予輩は只だ人類の一部として之を見るのみ云々
此演説中心ある来賓は皆気色を損し続々退場する者あり之を見兼ねてや耶蘇教熱心者某氏の如きは大声を発し簡単々々と叫び他の来賓に聞へざる様注意せしも遂に其の甲斐なかりし前項「本校の現状表白」中の一節が同校教育主義の本領なりとせば予輩敢て間然する所なきも後項奥村氏が教員総代としての演説は疑ひなき能はず前者是か後者非か記して同校教育の方針を問はん⑹。

今日奥村事件を「奥村禎次郎眼中無国家事件」とよぶのは、右引用の、本校々育以下の記事に由来する。しかしこの表現通りの言葉を奥村が発言したかどうか。それを確かめる術はないが、この時期の社会的背景を考えるとき、国権党の作為が働いていることは十分に推測されることである。この記事を契機として『九州日日新聞』は、文字通り執拗に、連日奥村発言告発のキャンペーンを張ることになる。

一三日付の同紙は「熊本英学校の教育主義を質問す」と題して、就任式終了後県側を代表して出席した藤崎属が、英学校教育の趣旨は果して奥村演説の通りであると理解してよろしいか、と確かめたのに対して、蔵原新校長が、個人主義教育は本校の教育目的に添はない、この点に関しては他日協議の上返答したい、と答えた旨を報じ、さらに次のように記している。

果して右等の演説は同校の教育主義を表示せし者なりとせば宗教と教育を混同して一切差別なからしめ其弊遂に教育の統一を破り他日万一政党主義の学校を設立せんと願ひ出る者あるも禁すべからさるに至るの恐れなきにあ

らず故に蔵原氏の答にして該演説の非なるを弁せば則ち止む若し然ずして其反対に出づるか又たは曖昧の間に付し去らんとするときは其帯ふる此職務上より飽まで之を正さんとの決意を抱き目下蔵原氏の返答を待ち居れりと云ふ事もとより一学校の上に関するが如き其熊本教育社会に及ほすの影響決して少なりとせず吾人もまた目を刮して之を見耳を傾けて之を聴かん

この記事がでて以降、蔵原校長の県庁出頭、奥村禎次郎をはじめ英学校職員による九州日日新聞社への記事訂正申入れなど、慌しい空気が英学校を包む中で、熊本県知事松平正直は次のような解雇命令を英学校に発した。

私立熊本英学校設立主　浜田康喜

貴校教員奥村禎次郎は解雇すべし
右命令す
明治二十五年一月二十五日

熊本県知事　松平正直⑦

これに対して、熊本英学校は直ちに次のような伺書を提出した。

教員解雇御命令に付伺
本月二十五日付を以て熊本英学校教員奥村禎次郎解雇すべき旨命令書を発せられ候処右に付左の件々相伺申候
一、奥村禎次郎解雇の理由は何等の点に存し候哉若くは本月十一日本校長就任式に於て為したる演説を以て勅語に違反したるものと認められたる儀に候哉

一、右命令は如何の法令に準拠せられたるものに候哉

右明白なる御指令を得度此段相伺候也

明治二十五年一月二十七日

熊本英学校主　浜田康喜

熊本県知事　松平正直殿[8]

右の伺書にみるように、英学校はまず奥村発言が教育勅語理念に抵触しているかどうか、すなわち権力が「抵触している」との見解をだせば、理論闘争の展開が期待できる、との状況判断に立っている。第二は当然のことであるが、知事命令の法的根拠を問うことによって反論姿勢を示しているのである。しかし英学校のこのような認識は、結果的には全く甘いといわねばならなかった。知事の、伺書に対する回答は、次のように簡単なものであった。

私立熊本英学校設置主　浜田康喜

本月二十七日付伺其校教員奥村禎次郎を解雇すべき旨命令せしは教員に不適当と認めし儀にして右伺に対しては別に指令するの限にあらず

明治二十五年一月二十九日

熊本県知事　松平正直[9]

ここにおいて、英学校が意図した教育論争、法律論争は、「別に指令するの限にあらず」という一句によって、完全に粉砕されることになった。したがって、英学校がとった局面打解策は、次の三点に集約されることになる。

その第一は、直接には九州日日新聞社を名誉棄損罪で告訴することによって、間接的に権力を批判することであっ

た。同紙は、「裁判所の召喚を待ち徐ろに是非を公廷に争ふべし天下の志士仁人幸に目を刮して此事の顚末を視よ」と記し、また「若し裁判の始末を以て真に奥村の演説は不敬のものにあらざるを確め得、且つ善く社会の人心を安じ得べくば吾人の大に喜ぶ所なれども、或は恐る事の全く之れが反対に出でんことを呵々」[10]といった余裕ある表現で記事にしている。結果的に云えば、裁判によって違法性を明らかにするというこの打解策は、判決をみる前にこの事件そのものが一応の解決をみることになる。

第二の打解策は、知事の解雇命令の法的見解を文部大臣に問うこと、というよりはむしろ局面打解のため文部大臣に知事解雇命令の撤回措置を陳情しようという方策であった。このことについて、英学校生徒として、実際学校の動きを視ている福田令寿は、次のように証言している。

さあ大騒動です。知事の命令に従うか、従わないかということで、議論沸騰ですね。とにかく学校としては、渡瀬常吉を代表として上京させ、都合がよければ文部大臣に合って、「こういう命令が来ておるけれども、奥村のあの演説は、新校長を迎えてこれを祝する意味の演説であって、何も思想的に深い意味はない。しかも奥村教員は学校としては信頼しておる人だから、これを解雇するに忍びない」という陳情をしようということで、まァ、なけなしの金を集めて、渡瀬を上京させたんです[11]。

渡瀬と当時の文部大臣大木喬任との会談内容については、教育学者あるいは教育行政家として著名な沢柳政太郎が書き残している。貴重な資料と思うので、全文を記載したい。

熊本英和学校教員解傭事件ハ一時或ル新聞ニ現ワレ一ノ問題トナリシ事実ニ関シ世間ニ流布スル所区々ニシテ一ナラス

而シテ此事件ニ附帯シテ起リタル文部大臣大木伯ト該校ノ陳情委員某トノ談話ニツキ新聞紙ニ報スル所モ亦区々ナルガ如シ

爰ニ前号ノ羅馬字雑誌ニ於テ文学士浪々生ハ敢テ大木喬任君ニ質スト題シ大木伯ガ陳情委員某ニ対シ勅語ノ本義ト博愛主義トハ両立シ得ヘカラサルニアラサルハ勿論ナレトモ英和学校ノ如キ高等中学校ト殆ト程度ヲ同シクスル学校ノ教員ハ国家的ナラサルヘカラスト云ワレタリトシテ蝶々論説セラレタリ是甚事実ヲ失フモノニシテ或ル新聞ノ誤報ヲ信セラレタルニ因由スルモノナラン

大木伯ガ陳情委員某ト談話ノ際ハ予現ニ其席ニアリテ該談話ニ就キ能ク之ヲ詳ニセリ故ニ其顚末ヲ詳記スレバ浪々生ノ疑問ハ直チニ氷解セラルベシ

去ル頃ナリシ(日ハ記憶セス時ハ午前十時頃)予ハ公用ノ為大木伯ノ官舎ニ至レリ伯ハ直チニ応接所ニ来ルベシト命セラレタリ時ニ伯ハ一員ト対席セラル乃予ニ向テ曰ク是熊本県英和学校陳情委員某氏ナリ子能ク予ガ某氏ト談話スルヲ聴カレヨト又某氏ニ向テ曰ク是秘書官沢柳氏ナリ子ガ言ワント欲スル所敢テ憚ルアルナカレ於是某氏ハ一礼ヲ述謹諾セラレタリ某氏叙カニ曰ク熊本県英和学校開校式ノ際奥村某演説ノ件ニツキ云々ト陳述セラルルノ際伯曰ク奥村某演説ニ附帯シ熊本県知事ヨリ其解傭ヲ命シタルヨシナルガ子ハ右了解ノ事アリトシテ過日文部省ニ出頭セラレ文部ノ意見ヲ聞カレタルニ文部吏員ハ知事ノ処分不当ニアラサルヲ対ヘタルヨシ承知シ居レリ即文部吏員ノ対ハ余ノ意見ニシテ別ニ異ナル所ナシ子モシ此対ニツキ不服ノ件アリトシテ某ニ其解釈ヲ求メラルルガ如キアラバ余ハ断シテ答ヘサルベシ如何トナレバ余ガ諸方ニ命令スル事一ナラス二ナラス然ルニ余ニ向テ直チニ弁解ヲ求メ余亦一々是レニ答フルトセバ是レモ日足ラス且余直チニ之ニ弁解スルノ義務ノ存スルナシ子尚疑団《ママ》ノアルアラバ又其吏員ニツキ之ヲ問ハルルハ格別ナリ　某氏曰ク是レ決シテ然ラス今閣下ニ面謁ヲ請所以ノモノハ唯当時ノ事情ヲ陳述スルニ止ルノミ伯曰然ラバ余之ヲ聴カン子細ニ陳述セラルベシ於是某氏ハ伯ニ向イ英和学校開校式顚末トシテ縷々之陳述セラレ継テ曰ク奥村某ノ演説ハ博愛衆ニ及ボスコトヲ敷衍シタルモノニシテ亜西《ママ》細人

モ欧巴《ママ》羅人モ又アフリカアメリカノ土人モ共ニ区別スルコトナク愛セサルベカラス吾々ノ眼中ニハ校長モナク賓客モナク教員モナク生徒モナク一視同仁唯博ク愛セサルヘカラストノ主意ヲ述タルモノニシテ眼中ニ国家ナシ等ノ言ヲナシタルコトナシ然ルニ或ル新聞ニ眼中国家ナシト述タル事ヲ記裁《ママ》アリシガ是レモ既ニ取消シトナリタルニ拘ハラス熊本県知事ハ奥村某ノ解雇ヲ命シラレタリ若シ是レ等事情ノ相違ヨリシテ解雇トナリシナラバ遺憾ナルヲ以テ同知事ニ其理由ノ説明ヲ求メタルニ知事之ヲ与ヘラレサリシ故ニ其事情ヲ閣下ニ向テ陳述スルモノナリト　伯曰奥村某ノ解雇ハ実行セシヤ某曰未タシ　伯曰余ハ其席ニ在ラザレバ奥村某ガ眼中国家ナシト云ワレシヤ云ワレサリシヤ之ヲ知ルニ由ナキヲ以テ子ノ片言ニ拠リ直チニ是レナシト判スルヲ得ス而シテ之ヲ判スルノ必要ヲ感セサルナリ余ハ職権上ヨリ説明セサルコトハ前已ニ述ヘタルガ如シ又熊本県知事ノ処分ニツキ為ニ之ヲ弁スルニアラス但子ノ為ニ一言セサルベカラサルモノアリ抑奥村某ガ演説ハ今子ノ陳述セラルル如ク単ニ博愛主義ヲ敷衍シタル迠ニ止ルモノトナスモ余ハ教員ニ不適当ナリト云ワサルヲ得ス如此論スレバ人ハ或ハ云ハン余ヲ以テ刻《ママ》論ヲナスモノナリト是決シテ然カラス教員ハ毎々生徒ヲ訓示スルニ於テ其注意ヲ怠ルベカラス苟モ之ヲ怠ラバ定責ヲ免ルベケンヤ

博愛ノ一点ヨリ見レバ世界ノ人彼我ノ別ナク開明人モ未開人モ内国人モ外国人モ毫モ隔ル所ナク相愛シ相敬シ相親シムヘキハ理ノ当然ニシテ予亦甚同意スル所ナリ然レドモ青年ノ生徒ニ対シ博愛ノ尊ムベキヲ述ルトキハ亦必ス一方ニ国家ノ忘ルベカラサルユヘンノ事ヲ示ササルベカラス単ニ博愛ノ一辺ヲノミ説テ国家ノ重ンスベキユエンノ事ニ及ハサル時ハ聴者ノ誤解ヲ来サン事ヲ醸ササルナキヲ保セス故ニ躬教員トナリ子弟ヲ教訓スルモノニ在リハテ是等コノ義理ハ素リ領知シアルベキ事ナルニ奥村某ハ単ニ博愛主義ヲ演シナガラ一方ニ国家ノ忘ルベカラサルヲ示ササルハ教員タルモノノ注意ヲ怠リタルモノナリ已ニ教員タルモノノ注意ヲ欠キタルモノトセバ不適当ノ教員ト云ワサルヲ得ス但小学校及等種学校ノ教員ヲ合セ数者ノ教員中或ハ此注意ヲ欠クモノアルモ知ルベカラス余ハ之ヲ探リ求メテ悉ク其職ヲ解カシムベシトハ論及セス然レドモ如此ノ問題トナリ現レ来ラバ余ハ之ヲ不適

当ナリト云ニ躊躕《ママ》セサルナリ殊ニ子ハ熊本英和学校ハ高等中学校ノ程度ト相等シト云ワレタリ如此高等ナル教員ニシテ此注意ヲ怠リタレバタトヒ県知事ノ命令ナキモ其教員ヲ解雇セラルベキハ至当ナラン況ヤ県知事ノ命令アルニ於テヲヤ且子ハ前ニ解雇ヲ実行セスト云ワレタリト何ソ夫レ通ニスルヤ速カニ帰リテ実行スル事ニ勉メラルベシト　時ニ某氏ハ同意ヲ表シ将ニ起ントス伯又曰子亦日本人ナリ何種ノ学校タルニ拘ラス日本国民タルノ義ヲ忘ルベカラサル事肝要ナリト某氏ハ唯々トテ去ラレタル

大木文部大臣カ英和学校陳情委員氏ニ対シ談話ノ次第右ノ如シ固リ博愛主義ト国家主義トハ教育範囲内ニ併立セスト云ワレタルコトナク国家主義ハ高等中学校ノ如キ高等学校ニ限ルモノト云ワレタルコトアラス世間報道ノ誤リ往々如此ノ類少ナカラス文部大臣ガ某氏ト閒談ニ際シ予ヲシテ故ラニ其席ニ在ラシメラレタルハ蓋シ慮ル所アリテノ事カ浪々生ニシテ若シ其事実ヲ知リタランニハ復タ蝶論ハナカリシナラン予テ事実ヲ記スルニ憚カラサル事爾カリ[12]。

渡瀬常吉と大木喬任の会談がいつ行なわれたか、日取りははっきりしない。また沢柳政太郎がこの文を書いた日付も不明である。渡瀬はこの会談の前すでに文部省を訪れて、一応の文部省の意向を打診していることが明らかである。沢柳は、この文を書く目的を、「文学士浪々生」の誤解を解くためとしている。しかしこれはあくまでも表面的な理由づけである。何故なら、沢柳がこの文の書出しで述べている通り、奥村禎次郎解雇命令の事実は広く新聞各紙がとりあげ、同時に、大木・渡瀬の会談内容もさまざまな角度から報道されており、当時この事件は、いわば全国的規模でジャーナリズムを賑わしていたのである。かかる状況を背景にして、沢柳は大臣秘書官という地位から、この問題に対して、文部行政の最高責任者の見解を表明せざるを得なくなり、この一文をしたためたというのが真意であろう。

右の文で大木は云う。「（教員が）生徒ニ対シ博愛ノ尊ムベキコトヲ述ルトキハ亦必ス一方ニ国家ノ忘ルベカラサルユヘンノ事ヲ示ササルヘカラス」と。しかし問題の焦点は、博愛の尊重を教師が生徒に説くとき、なにゆえに、「亦必ス一方ニ国家ノ忘ルベカラサルユヘンノ事」をつけ加えねばならないのか、ということであった。大木の言葉の中には、この「なにゆえ」の理由の提示が欠落している。また渡瀬もそれを追求していない。両者の問答はこの論理の不整合を超えて成立している。だから教育行政最高の権威が、「子亦日本人ナリ何種ノ学校タルニ拘ラス日本国民タルノ義ヲ忘ルベカラサル事肝要ナリ」と諭したとき、九州の一私立学校の田舎教師渡瀬常吉は、「唯々」たる態度で退去しなければならなかった。

沢柳がいうように、教育行政の立場からは「博愛主義ト国家主義トハ教育範囲内ニ併立セス」とは絶対に言明できないが故に、論理的不整合を意識しながら敢て熊本県知事の処分を擁護せざるを得ない文部当局の態度が、この文を貫徹しているのである。歴史叙述に推測は無意味であるが、大木の相手が渡瀬ではなくて、柏木義円であったとするならば、両者の会談は、あるいはまた別の方向に流れ、論争としての性格を整えていたかもしれないと思われる。しかしながら熊本英学校には、柏木を学校代表として上京させるような雰囲気はなかった。

かくて英学校が求めた活路打開の第二の方策は「世論も呼び起こさなかった」(13)し、また政府からも直接指令に接することはなかった。結果的にはかえってマイナス要因を残すのみとなったのである。

第三の方策は、全国のキリスト教徒との紐帯を利用して、全国的規模で問題を提起することであった。柏木義円が書いている書簡を記載しておきたい。

乍失礼唐突呈一書候、我熊本英学校は頑僻最も甚しく、陰険人を排擠するに最も巧なる敵国の中に在て、幸ひ主の御恩恵に頼り、生徒の学校を愛する極て厚く、外人の輔助あるに非ず、内有志家の冀賛あるに非ざるも、校員一同何事にも犠牲的の精神を以て、同心戮力致来候哉、百難蝟集の中を切抜て、校運漸く隆盛に趣き、我校の信用次第に相増し申候、然るに一昨年海老名弾正兄上京、伝道の局面に当られ候哉、其後任として蔵原惟郭氏を蘇国より聘することと相成、我校生徒の氏を信頼するの深き、衣を売り、書を鬻で、五百円程の金円を募集し氏を相迎へ申候、氏愈々来校せられ、一月十一日を以て、校長就任式執行致候、然るに其節生徒総代泉某氏の演説に、吾人は個人主義なり、基督教主義なり、とありて、臨会の県吏之を聞咎め、別室に社員を召き、個人主義と云ふことを県官として聞棄に為し難しと判断し、又教員奥村氏が教員総代として、祝詞を述べ、其中に博愛の精神を説き、亜細亜とか、欧羅巴とか、国々の隔てなしと云ふ様なる意味ありしを捕促し来り、当地保守派の機関たる九州日々新聞は、当日奥村氏が、本校教育の方針は、日本主義に非ず、亜細亜主義に非ず、欧米主義にも非ず、乃ち世界の人物を作る博愛世界主義なり、故に我々の眼中には、国家なく外人なし、況んや校長をや、今日の来賓をや、余輩は唯人類の一部として之を見るのみ云々とありしと記し、其後社説に於て国家なしと云ひしを国家蔑如したるものと曲解し、勅語に背戻したり、大不敬乱臣賊子なりなど、我校を侮辱仕候、加之当県庁は、我蔵原氏を召換し、種々尋問する所有之、我校に於ても我教育主義の為め、棄て置き難き事と存じ、一方には日日新聞を誹毀として之を法廷に訴え、一方には天下の公論に訴へんと覚悟仕候て、それぞれ着手致候処、本県知事は卒然我校に、奥村氏を解雇すべしと命令仕候、依て我校は其理由を伺ひ、同氏の演説は違勅と認められ候と質し置候、固より違勅と認めしが其理由なるも、天下の公論を憚りて、明白に違勅と指令し得るや否や、刮目して相待居候、若し違勅と指令致候はゞ、これ天下公論の忽にす可らざる儀と存候、我校の覚悟は、理由分明ならざる限りは、特に違勅と指令致候はゞ断然其命を奉ぜざる積りに御座候、されば県庁は必ず、我校を解散致候は必然と存候、嗚呼事此に至れば、愛する生徒諸氏、積年犠牲の功は一朝にして水泡に属し可申、之を憶へば社員教員多年の苦心空しく相成、実に断腸の至に候得共、不得止儀に御座候、吾人軟骨なりと雖も、此膝屈す可らざるの気節は有之候、然れども主は満腔敬神の念を堪へて、而して反て不敬虔の徒に、神を瀆すと罵られ、之が為に斃れ玉へり、吾人聊か愛国の念ありて、偽善の徒に、乱臣賊子と罵らるゝも、亦是れ吾人の分のみ、若し事我校に関するのみに候はゞ、幸に主を信して、膝を屈するの忍辱は学び居候、然れども、今回此膝一たび屈せば、我神聖なる主義を屈する儀に御座候、真理を違勅と宣告せられて甘ずる事に相成候、偽善者の為に、我党教育の主義を挫折せらるれば、如何にしても忍び難き儀に御座候、今や知事と保守者流と相結托し、我校を斃さんと致居候は明かなる事に御座候、保守の妖雲天日を掩ふ、熊本県下に在て、真理の光を現はすこと、今日遽かに期す可からず、今日の事頼む所は、天下の公論のみ、国家の問題政治の問題を論ぜしに非すして、唯博愛の点より論ぜしもの、語句を捕促して違勅と云ひ、斯る事の為に、知事たるもの、直に私立学校に手を容るゝ義に候はゞ、私立学校たるもの実に危険の境遇に立つものと可申、実に今回の事たる、教育上の一大問題に候へ者、是非共日本全国の大問題と仕度、今や我校の現状は、奥村氏は当局者の命令を重ずる為め、謹慎授業を中止致居、其他二三の教員は専ら此回の事に当り居候得共、学校内部の方は、生徒諸子激昂の情を制し、此際一層平日の科業に精励仕、互に相助けて、一科も休まざる様に致居候、実に今回の事たる基督教私立学校の消長に関する大問題と存候へば、何卒天下有志の勢力を聨合して、大運動致度不堪希望候、雖然名望なく地位なき、微力なる不肖等、固より精力のあらん限り尽す覚悟に候得共、是非有力者の御運動を望まざるを得ず、主義の為め国家の為め、生等の微衷御洞察被下候、聊か哀心を按て御依頼申上候、嗚呼至誠の事業今や空く偽善者の為に国家に不忠と呼ばれ、乱臣賊子の名を負はせられて、蹂躙せられんとす、唯衷心慰むる所のものは、正義公道の必勝と、天下公論のあるのみに御座候、早々敬白

一月三十一日

肥後託麻郡大江村熊本英学校内　柏木義円

植村正久様

巖本善治様

追伸仕候　勅語は教育家唯国民として心得可事を語らせ玉ひしのみにして、道徳主義を確定し玉ひし訳には無之と存居候、然るに勅語出てゝ始て道徳主義定りたり、教育上には儒教主義、何々の倫理主義など、他の主義を用ゆ可らざる如く唱ふるもの教育雑誌等に往々相見へ、此の如き思想滔々として行はれ居候様に相見へ候、且又

個人主義は、勅語に違反するなどの誤想も随分有之、此の如き事は論ずるに足らざる事に候へ共、地方教育者には、斯る誤想頗る多く、今回の事の如く、此事行政官の実行に現れ来て、教育界の自由を蹂躙するに至らば、大に天下の弊害と存候得者、大都に在て斯る事を論ずるは大人気なきの嫌ひも可有之候得共、時事上より、学問上より、大論を御発表被可下度偏に奉希上候、今や当地方の如き、勅語濫用の弊甚しく、此に藉て思想の自由を圧するのみならず、有夫姦あれば、勅語に違背せりと記し、人の外国に在て母の死期に後れば勅語に違背せりと云ふ、実に勅語を濆すものと可申、此事亦御論明、政府の注意を御喚起被成下度候
時宜に由ては私立学校聯合の運動致ても是非我党の主義を押立置申度曩に内村君の事件と云ひ、今復此事在り、今にして十分押さえ置かざれば不可なり云々(14)

植村正久と『女学雑誌』の巖本善次あての、この柏木の書簡は、奥村事件の本質への洞察と活路打開への方法論の具体的提示において、最も重視されなければならない資料であると思われる。柏木はいう。もし体制が奥村発言を違勅として処分指令を出すならば、断然その命令を拒否する積りである。されば県庁は必ず英学校の解散を迫るであろう。解散になれば、積年の我々の努力は一朝にして水泡に帰すことになるが、しかしやむを得ないことである。なぜなら、今そのことを忘れて知事命令に属することは、「神聖なる主義を屈する儀」となり、「真理を違勅と宣告せられて甘ずる事」に相成るからである。勅語は、国民として心得るべき事を語ったのみであって、道徳主義を確定した訳ではない。個人主義が勅語に違反するなどとは単なる誤想であって、論ずるにも足らないことである。しかしかかる状況を黙認すれば「思想の自由」が圧せられることになる。以上が柏木のこの事件に対する見方であった。柏木の不退転の決意が横溢している書面である。したがって、活路打解の方法は、今や知事と保守党が結託して英学校を倒さんとしている事が明らかである状況にかんがみ、「今日の事頼む所は、天下の公論」を待つのみである。「実に今回の事たる基督教私立学校の消長に関する大問題と存候へば、何卒天下有志の勢力を聯合して、大運動致度」希望してや

まない。そして政府の注意を喚起しなければならない、というのであった[15]。

柏木の以上のようなキリスト教徒連帯の要請にも拘わらず、客観情勢は柏木の期待に応え得るものではなかった。その論証として、『同志社文学』からの引用文を記しておこう。

熊本の近事に就て

熊本に一私立学校あり熊本英学校と称す、嘗て大言を吐て意気昂然、予輩亦常に人によりて幾分の期望（希）を同校に存したる日久し、然かも未だ今回の如き大運動の嘗て一たびも起りたるを聞かざりしなり、主義の為め正義の為め全心を発揮して奮闘せんとは卿の広告なりき隠然居を西南に占め進んで私立学校の光彩を天下に発表すべしとは卿平素の抱負たりしにあらずや、而かして予輩は喜ぶ、今日に於て其広告の無責任の語たらざりしを知るを得、満腔の熱気を吐て卿の憤戦を喜ぶ、彼少壮血気の勇に耽りて徒に軽躁の笑を天下に買ふは、固より吾人の望む所にあらず、然れども法律の許す限り、正義の肯んずる限り思ひ切りて戦へ、思ふに此件、唯に英学校一个の利害に止まらざる也、私立学校全体の運命此一事によりて非常の影響を受くる固に云ふを要せず、殊に基督教大主義の基礎を有する幾多私立学校の光彩、此運動の結果によりて滅却せらるると否とを生ず、嗚呼、自由主義の極端保守主義と相打ち相突くに至る者亦自然の理勢のみ、予輩は茲に吾党諸子の意気凛然たるを要求す。

熊本英学校に対する行政官の処置に就ては天下既に公論あるべし予輩は今其事の是非を言はざるべし、唯だ彼の機乗ずべしとして奇怪の運動を為さんとせる保守派の人々に対し頗る遺憾に堪へざる者あり、国権派人士の愛国心に充てる事、其党の名称を見て知るを得べし何ぞ必ずしも此回の運動を待て知らんや、されば万一卿等にして自家の愛国心を他に知らしめんが為め此運動を為す者とせば畢竟之れ無益の労のみ、蓋し人既に卿等の愛国忠君を識ればなり、若し卿等にして彼の主義を嫌忌するの余、此運動を為す者とせば畢竟之れ公平を失したる者なり、男児らしくなき者なり、予輩は卿を知る、卿等豈に斯の如き劣情あらんや、然らば何が為めに爾かく絶叫するぞ、熊本英学校は一个の私立学校のみ、而して其校の教員が一个人として吐きたる語を捕へて恰も鬼神の荒れ出したるを撃ち取らんとするが如き大騒動を現ずる者、予輩は真とに其心事を解するに苦む、若し英学校教員にして真に不敬不忠捨て置くべからざる言語を発したりとせば可也、唯だ事の行き違よりして茲に至るは嘆息の外なし、吁、熊本国権党の諸子、卿等真とに勃々たる愛国心有之哉、若し有之とせば之を発揮するの途他に少しとせざるなり、国君の為め全身を殺さんとす豈に他の壮大なる行途なきを苦まん、請ふ抑へんとして抑ゆべからざる衷情の熱火を貯へ他日の北欧大怪物の飛び来るを待て。卿の胆心を示す実に其時代にあり。

偶々熊本の近事を聞き湧き来る感慨殆んど量なし、今回の出来事は決して一部の徒の唱導する如き不敬事にあらざるは熊本に於ける新聞紙及び英学校の証明に徴して瞭然たり、されば予輩は英学校の大運動を激賛し反対者の男児気なきを惜むと雖ども之れと共に進んで吾邦基督教徒全体に対し大に望む所なき能はず、他にあらず、「基督教徒に愛国心なし」てふ怪語をして空しく消へ去らしめん事之れなり、予輩は今殊更らに愛国を説き忠君を論じて世の偽善者に傚はざるべし、否な徒らに言ふも其実なき時は毫末の益なければなり唯だ実を有せん事を自家に望み他に望まんのみ、然れども尚吾邦基督教徒に向て殊更らに之れを云はんとするに至りし者何等の残念ぞ。思ふに基督教徒にして誰か愛国の志念なき者あらんや然かも世人をして往々誤解に陥り怪語を吐かしむる事あるに至ては必ず其由て来る所なからざるを得ず、彼の熱涙溢れんとする者、十字架清く滴るの血を見て身奮然たる者、俗事俗世を罵るの余、動もすれば、極端に奔り反対者の議論を見て益々反動し遂に遂に一国の君主に敵し秩序を破壊せんとするの点にまで進み到る事あるは近世欧州史の確証する所基督教徒の長所盖し茲にありと云はん乎否な予輩は之を認めて其大短所と断ず。十九世理論の世界、斯から迷信的挙動の決して起るなきを信じ得べしと雖ども時に空漠なる思想に駆られ一国の習慣制式を破らんとする者に至ては今尚ほ之れあるべし、予輩は吾邦に於て此怪事のあるや否やを知らず唯だ心より之れなからん事を熱望するのみ。敢て吾邦の基督信徒に望む、殊に教界の先導者に望む「カイザルの物はカイザルに帰せ」てふ公平なる見識をして自家の胸裡より脱出せしむる忽れ、此大見識、至平至当なる思考に向て徒らに冷言を発ち迷信の極に陥る者、真信仰家の喜ぶ所にあらざるべし。一時の感情に激せられ不覚の行為を現じ所謂愛国者の痛罵尚ほ忍ぶべし其自个を軽んじ識見を陋にし意外の辺に飛揚するに至ては吾国家正に如何なるべき、真信仰家其達見を抱持して実行的愛国者とならずんば吾国徒らに軽浮者の為め所謂愛国者の為め東に動かされ西に転ぜられ国民の安心何の日にか得らるべき、予輩は其の進歩発達の決して吾国を見舞はざるを信ず、今日は徒らに「愛国」の言を冷笑するの時代にあらず、又軽々しく之れを叫ぶの時代にあらず唯だ能く之れを実行すべきの時也、反動し冷罵し「基督教徒に愛国心なし」の評語を得て尚ほ冷然満足するは非常人に非らざれば冷血死物と異なるなし、知らず数万の信徒何等の覚悟ありや。(16)

改めて指摘するまでもないことであるが、京都同志社と熊本英学校は、熊本バンドの結盟以来深い連がりがあり、宗派的にも同じく組合教会に属し、またこの時代は熊本英学校の教授陣の主体は同志社から来熊しており、この意味では英学校は、同志社の分身的性格をもっていた。蔵原惟郭は、英国エジンバラから招かれて英学校に赴任する途中、まず母校同志社に立寄って一場の演説をしている。(17) また海老名弾正は、二三年一〇月に英学校を辞して後は、京都の組合教会伝道会社長の地位にあり、この時期は足しげく京都、熊本間を往復している。柏木義円、奥村禎次郎の両名は、明治二〇年『同志社文学』創刊以来、柏木は同志社予備校主任として、奥村は学生として共に投稿仲間であった。両名はこの雑誌を通して青年時代の思想と知識を磨いていた。そして柏木は奥村事件結着後直ちに同志社に帰って同じ地位につき、同時に『同志社文学』の編集責任者となって、井上哲次郎批判の健筆を振うことになる。このような両校の関係を考えれば、熊本英学校の動きについての情報は、同志社でも逐一入手されていたであろうし、また論議されてもいたであろう。逆に同志社の意向は英学校にも直截に反映していたであろうと思われる。あくまでも推測であるが、社説的性格をもつこの「熊本の近事に就て」の執筆者は、この頃同誌に数多く寄稿している浮田和民、宮川経輝、市原盛宏、あるいは小崎弘道といった熊本関係者の中の一人ではあるまいか。しかしこれについては確定した論証をもっている訳ではない。

さてここでは、「カイザルの物はカイザルに帰せ」という聖書の一句が、この文全体の基調になっている。この場合のみでなく、この期キリスト教徒弾圧事件では、この一句が国家主義者側においても、キリスト者側にもよく利用される言葉である。またここには「実行的愛国者」という概念が使われている。今の時代はいたずらに「愛国」の言を冷笑する時代ではない、「唯だ能く之れを実行すべきの時」である。「基督教徒に愛国心なし」との評語を得て、猶満足するキリスト教徒は「非常人にあらざれば、冷血死物」と異なるところなし。かくて英学校が提起している博愛精神との関係については全く論考がなく、柏木が提唱するキリスト者の大同団結に全く応えるところがない。しかしこの資料は、二〇年初頭のいわゆるリバイバル時代を過ぎた二五年段階でのキリスト者の時代認識を、あるいは象徴的に表現しているとみなければならない。つけ加えていうならば、「実行的愛国者」という概念は、熊本バンド結盟者の今後の生き方を規定しているように思える。そしてこのことを抜きにして熊本バンドの史的意義を論じることはできないことだと思う。

ここで県内の動き、就中『九州日日新聞』の報道について若干記しておきたい。知事による奥村解雇命令が英学校に伝えられた後、同紙の告発は、いよいよ激しさを増している。二月三日の同紙は、「何ぞ進一歩の命令を下さざる」と題して次のように述べている。


教育界には決して混濁邪僻の教育者を容れず若し不都合の教育者あらば当局者は其職権の及ぶ限りに従ふて断乎強硬の手段を執りて之を教育界の外に駆逐すべし熊本県知事が奥村某を以て教員に不適当なりとなし解雇の命令を下せしは大に其処置の当を得たるものと云ふへし之れにあらざれば何とて教育界の紀綱を振ふを得んや然れども奥村某が曩日の演説は某一己の演説にあらずして実に教員総代の演説なりと聞く果して然らば県庁は何ぞ進みて全体の教員に向ふて解雇の命を下さゞりしや言少しく過酷の感なきにあらされども吾人は理に於て然らざるを

得ずと信ずるなり。

また同紙は県内郡部の教員集団が、知事の解雇命令を受けない英学校に対して、英学校潰すべしの動きを示していることを、誇張的表現で報じている。すなわちこの中には「阿蘇郡十一小学校教育連合会」「菊池郡私立教育会」などの名称があるが、これらの教員団体が如何なるものであったか詳かにしない。英学校を攻撃するに当って、同紙は「寄書」という見出しで投書を頻繁に利用しているが、阿蘇の場合は「熊本英学校の罪を鳴して我教育家諸君に檄す」[18]、菊池の場合は「日本全国の教育者諸君に訴ふ」[19]と題して、かなり長文の寄稿を載せているのである。

二月一〇日付には、「聞く所に拠れば其筋にては該校の命令を奉せざるが為め已むを得ず断固閉校の命を下さんとするの議を決したる由なれば遠からず之を発するならんと云ふ」と記し、さらに続けて

私立熊本英学校教員奥村禎次郎は解雇すべき旨命令相成候に付直に処分の上届出候様取計ふべし右訓令す

との訓令通知が、郡長より英学校所在地大江村長あて発せられた、と報じている。

このような雰囲気の中で英学校では、知事命令の諾否をめぐって論議が重さねられた。福田令寿は次のように語っている。

英学校は、先生も生徒も真っ二つに割れました。教会も二派に分かれました。校長の蔵原さんなどは、ああいう激烈な議論をやる人ではあったけれど、官の命ずるところは従順であるべし、という意見で、私なんかむしろその方に従った方でした。

これに対して、知事の命令といえども、人間のやることは神の命令ではないから、どこまでも反対すべきだ、

と強硬に主張して譲らなかったのが柏木さんでした。こういうところにも、生涯非戦論で通した柏木さんの、一徹な人柄が現われておりますね。柏木さんに同調した者も相当おりました。むしろ最初は奥村を擁護する意見が多かったでしょう。

学校でも教会でも、毎日集会を開いて、ケンケンゴウゴウの議論ですね。学校の外からも、実学党の先輩たちがやってきたりして、これは、けしかける方ですね。とにかく大変な騒動でした。

蔵原さんなんか、だいぶ熱血を燃やして、演説をやりましたね。まあ熱弁というのはああいうもんでしょうか。本当に汗を流して、机をたたいてやったんです。あんまりたたくもんだから、テーブルクロスがだんだん前の方へずっていって、いまにもすべり落ちそうになり、見ていてヒヤヒヤすることがたびたびありましたね。(20)

かくて英学校は、学校分裂という致命的な結末を迎えることになった。知事命令受諾派と拒否派の割合は、大体六対四であったという。立場を変えていえば、奥村発言を告発して一カ月の後、熊本国権党の意図は、ほどんどその目的を達成したのである。

分裂後両派はそれぞれの立場で声明書を公表している。二月一二日付の『熊本新聞』に記載されているという(21)、柏木義円を中心とする命令拒否派の声明文の一部は次の通りである。

吾人の心事を明にす

然るに英学校々長社員教師の一部及び生徒諸氏の多数は曰く命令を発したる理由の当否は暫措き知事の職権を以て発したる命令は命令として重んぜざる可らず是れ国民として受べき当然の義務なるなり宜しく先づ此命令を奉し而後其の理由を求め不当と信する所は飽まで其不当を鳴すへし我輩先つ此の命令を受け然る後正々堂々大に其是非曲直を明にせんことを欲するなりと、吾人は諸氏を信ず吾人は諸氏の其の信する所を守るを重んす然れども吾人の見る所は正確にして俯仰天地に耻ちずと信ずる者なり吾人は此事は主義ある男子の為さゞる可らさる責任なりと信ずるなり吾人は此精神元気を日本に発揮せんことを欲する者なり於是乎両者到底相容れさるなり吾人は断して命令に服する能はさるなり雖然主義に由て分合するは男子の本色諸氏は諸氏の意見に由りて学校の方面に立ち吾人は吾人の主義に由て快然袂を振て去る此際一片感情相傷むるなく互に心事公明磊落なり吾人は今や不幸にして主義を異にして相別るゝも平素相信するの精神は一なり尚ほ将来天下の為に正義の気焔を吐き魔軍を払ふに於て必す相合する所ある可きを信するなり。

以上のような一文を残して、知事命令拒否派は熊本英学校を離れていった。田中賢道、浜田康喜、井上友次郎、草野門平、桧前捨次郎、奈須義質、奥村禎次郎、高瀬敏徳、片山与太郎、園田安馬、白石保真、木庭利器三、大迫真之、浜田虎、柏木義円などがこの派に属した。柏木はこの後直ちに京都の同志社に帰って、同志社予備校主任に復職している。他は託麻郡大江村四百六十四番地に、東亜学館なる名称で、新たに学校を創立して初志貫徹をはかるのである。

一方蔵原校長をはじめ学校体制側は、二月一五日の第二回臨時総選挙投票日の三日前、すなわち明治二五年二月一二日、次のような声明書を公表して、同時に知事の奥村禎次郎への解雇命令を受諾する旨通報したのである。

命令を奉ずるの理由

吾人が茲に県知事の命令を奉じて教員奥村禎次郎氏を解雇するの理由一にして足らず吾人不肖と雖も平生国家の犠牲を以て自任し主義を以て起ち主義を以て斃れんことを期するもの此の際豈に一片私情に因て左右せらるゝものならんや事此に到りて断然此の処置を為す所以のものは良心に質して以て正当なりと確信するものあればなり吾人は固より此の命令の何の理由たるを知らず故に不羈独立の私立学校として立憲政治下に生息する自由人民として平素信任する忠実なる教員をば此の理由不分明なる処置に服して解雇するものにあらざるなり然り而して吾

人が此を為す所以のものは実に知事の職権を重んじて其の命令を奉ずるのみ若し夫れ其理由の是非曲直に到りては徹頭徹尾此の確信を守り正義の大道に照し甃るも猶之を明にするの決心ありて存す

吾人は固より利害に由て正邪を判するものに非ず若し夫れ本校今回の処置を察すれば其命令を拒絶するは不利にして是れを奉するは利なるべしと雖とも吾人は決して此の利害の点よりして此命令を奉するものに非らざるなり況んや英学校は唯た其外体たる形骸に非さるをや盖し之を奉する所以のものは偏に職権を職権として重んじ命令を命令として敬するを以てなり且つ之を以て正当なる順序なりと信して正義公道に合するを確信するが故なり

然るに吾人と意見を異にするの諸氏は曰く知事にして假令之を命令するの職権ありとするも其の命令にして不正其の理由にして不明ならんには正を蹈んで懼るゝなく宣しく是れを拒絶すべしと是れ其の意見の別るゝ要点にして到底相一致する能はざる所以なり吾人惟へらく法律は政府の施行する所知事は天皇陛下の信任し玉ふ所故に日本臣民としては一毛も国家の法律を破らず其職権を重んじ命令を奉せざるべからず然れども皇天の健児真理の義兵としては堅然断然其理由を質し其当否を問ざるべからず故に先つ其命令を奉じ而して後正々堂々是れを新聞雑誌上に論じ是れを輿論に訴へ以て公平なる天下の判断を仰ぐも未だ以て遅しとせず否な寧ろ正当なる順序なるなり之れ吾人が国法に対しては其命令を奉じ真理に由ては我が主義を貫徹せんとする所以なり吾人の信ずる処既に斯くの如く吾人の精神既に斯くの如し豈に区々の私情に齷齪として断乎たる処置に出でざるを得んや是れ吾人が国民たるの義務を守りて断然此に知事の命令を奉ずるの理由なり

此命令を奉するが為に涙を呑んで多年教員として信任し兄弟として親愛する奥村氏を解雇するに至れるは実に痛心の至りに堪えずと雖も確信の在る処国民義務の存する所私情の以て左右する所にあらず此命令を奉するが為に数年来協力提携せる数名の同志と暫く相別るゝに至る是れ実に吾人の不幸なりと雖も精神の異なる所快然相去るは丈夫の本色なり吾人亦諸氏を止むに由なし然りと雖も国家の為に尽すの赤誠に至りては毫も其差異なきを信す涙を以て別れ涙を以て各々其信する所を守る此際一片感情相傷むるなく互の心事公明磊落なり茲に聊命令を奉す

る理由の要点を記して吾人の精神を明にす。(22)

熊本英学校

改めて指摘するまでもないことだが、切支丹禁制高札撤廃後僅か三年にして、熊本洋学校でジェーンズの教育を受けた若き俊秀三五名は、日本プロテスタント史上三大バンドの一つに数えられる熊本バンドを結盟し、「奉教趣意書」を高らかに読みあげ、燃えるがごとき神への信仰と愛国への団結を誓ったのであった。「余輩嘗テ西教ヲ学ブニ頗ル悟ル所アリ。爾後之ヲ読ムニ益々感発シ感戴措カズ」なる字句から始まる「奉教趣意書」は、「苟モ報国ノ志ヲ抱ク者ハ宜シク感発興起シ、生命ヲ塵芥ニ比シ、以テ西教ノ公明正大ナルヲ解明スベシ」と決意を示し、さらに次の三点を確認するのであった。

一、凡ソ此ノ道ニ入ル者ハ互ニ兄弟ノ好ヲ結ビ百事相戒メ相規シ悪ヲ去リ善ニ移リ以テ実行ヲ奏スベシ

一、一度此ノ道ニ入リテ実行ヲ奏スル能ハザル者ハ是レ上帝ヲ欺クナリ、是レ心ヲ欺クナリ、如此者ハ必ズ上帝ノ遣罰ヲ蒙ル

一、方今皇国ノ人民多ク西教ヲ拒ム、故ニ我徒一人此ノ道ニ背クトキハ衆ノ謗ヲ招クノミナラズ終ニ吾徒ノ志願ヲシテ遂ゲザラシムルニ至ル、勤メザルベケンヤ、欽マザルベケンヤ

海老名弾正にしても蔵原惟郭にしても、右の字句を心の奥深く刻みこんで、若き日のあふれんばかりの情熱の中で署名したのであった。あれから一六年、青年の情熱は歴史の非情に打ち消され、「教を奉ずる宣言書」は「知事命令を奉ずる声明書」に変質されざるを得なくなったのである。

「法律は政府の施行する所知事は天皇陛下の信任し玉う所故に日本臣民としては一毫も国家の法律を破らず其職権

を重んじ命令を奉ぜざるべからず」の句の中に、熊本バンドで育ったキリスト者の国家権力観が凝縮されている。そしてそれは、熊本バンドで育ったキリスト者のその後の生き方とキリスト教思想の質的性格の中核をなすものであった。この意味において私は、「命令を奉ずる理由」なる一文を、「奉教趣意書」との対比において重要視しなければならないと考えている。

しかしながら、また一方において重視しなければならないのは、柏木義円と、彼と行動を共にして英学校を離れていったキリスト者達の存在であった。「吾人の見る所は正確にして俯仰天地に耻ちずと信ずる者なり吾人は此事は主義ある男子の為さゞる可らざる責任なりと信ずるなり吾人は此精神元気を日本に発揮せんことを欲する者なり」の言葉の中には、たとえこの立場に立った者が少数派であったにしても、あるべきキリスト者の信条に生きる決意がこめられていて、この事件の史的意義を高めているのである。

柏木は別れに臨み、かなり長文の告別の書を残している。当時の彼の心情を理解する意味でその冒頭の部分を記しておきたい。

吾人の心事を開陳して男女両学校諸氏に告別す

余は幸にして平生の素志に循て、今回の進退を決するを得たり、諸君と別るゝに於ては更に一片の遺憾なきなり、唯不幸にして余の大義とする所は反て是れ諸君の眇視する所なるは、余の如何にしても安せざる所なり、諸君は諸君の信じ玉う所ある可し、然れども余は諸君と共に一年有余講習せし所が、徒らに空言に属し終りしかを思へば、余は如何にしても安んずる事能はさるなり、余は聊か確認する所あり、諸君をして余の大義と確認する所の誤謬なるを知らしめ能はさる間は将来両学校如何に栄ゆるも、其義気凛然たる学校なる事は之を信ずる能はざるなり、余の信ずると信ぜざると諸君に於て何かあらん、然れども余の衷情を披く時は、如何にしても両学校の大義を誤りしものに非らすと確認して之に安んずる事能はざるなり、別れに臨んで此言を為す、万々諸君に対して無礼なるを知る、然れども是れ余の真情なり、別に臨んで真情を吐露す、是れ余の諸君を信じて平生に負かざらんと期する所、唯余の所見と真情とを直情傾倒して、幸ひに諸君の清覧を瀆すを得ば、諸君数千言の贈辞に優りて余の満足する所なり。[23]

以上の経過を経て熊本英学校は、蔵原惟郭校長を中心に新体制で再出発することとなった。学校機関紙であった『文海思藻』も、やがて『九州文学』と改題された。またかつてアメリカの地において、蔵原と同宿した経験をもつ内村鑑三が、奥村事件と軌を一にする教育勅語不敬事件によって第一高等中学校を追われ、その後学校破りの異名を恣ままにする過程で、明治二六年四月から約四カ月教壇に立ったのは、この新しく体制を整た英学校においてであった。彼は熊本の地で、「余は如何にして基督信徒となりし乎」の草稿に筆を染めているのである。また来熊直前の三月には、「文学博士井上哲次郎君に呈する公開状」を久しく沈黙を破って公表している。井上が『教育と宗教の衝突』を刊行するのは二六年四月であるから、内村はこの種論争の最も激しい時期を熊本で送っていることになる。[24]

東亜学館については、現在のところ基本的資料を発見できないままでいる。「本館愈々認可済となり創立に関する万般の準備全く相整ひ地を託麻原渡鹿練兵場の近傍静閑の処にトし広く生徒を募集して来る二十五日より開館せんとす」[25]と新聞広告があることから、英学校分裂直後創立準備にかかり、四月から正式開校したものと思われる。これもまた未発見であるが、学校機関紙『大江』[26]を発行しており、英学校を模倣したものであろう。設立主は井上友次郎である。

その後両校は再度合併して、明治二七年三月、九州私学校と改称し、二九年七月一八日廃校されている。柏木が云うように私立学校の命脈は、「実に社員教員生徒互に相信任し、我を以て相結び、苦楽相共にする」ところにあり、そしてまた「一個の私意を以て、聖意深厚悠遠なる、勅語の旨を曲解し、恣に人の思想言論の自由を妨げ、教育界の神聖を蹂躙する」知事命令を受入れた後の英学校、すなわち奥村事件後の熊本英学校は、私立学校存立の意義を形骸化する方向に進んでいったと評価せざるを得ないだろう。あるいは奥村事件は、熊本英学校創立精神の実質的解体をもたらしたと評価できないであろうか。

さて熊本県知事松平正直は、事件直後次のような内訓を各都市に発して、監視体制の強化を計った。

熊本英学校々長就任式の儀に付臨時教育会を開き彼是論議候もの有之哉に相聞候処右は其旨趣の如何に係らず自己の職務を欠き彼此奔走致候ては甚だ不都合に有之且つ同校の儀に付ては既に処分相済み候のみならず今後とも若し不都合の儀有之候はゞ監督上の職権を以て取締相成候は勿論の儀に付心得違の者無之様取締相成度為念此段申達候也(27)

さらに七月一二日付『九州日日新聞』は「昨日松平知事は、高麗門長国寺において、町村長、町村会議員教員有志家を招いて一一日次のように演説した」として、次の記事を記載している。

勅語と討死　教育の大方針大方嚮は那の点にあるやは諸君の既に知る所にして諸君は只だ聖明なる天皇陛下の大勅に則り以て子弟を教養することに怠るべからず苟も勅語に悖れる個人とか自由教育主義とかを主張さるあるは予は断乎として之れが処分を為すべきのみ諸君能く勅語の趣旨を奉戴し造次顛沛も敢て怠るなく宗教に習はず個人を尊はず真正なる日本国民の資格を有すべき忠良の人物を造り出さんことに熱心し結局此の勅語と討死する精神覚悟なかる可らざるなり

かくて松平県政は、熊本国権党の強力な支援を背景にして、学校教育からキリスト教徒追放の施策を本格化していくことになる。山鹿地方は熊本における民権運動の一方の拠点であるが、ここで起る山鹿高等小学校基督教徒弾圧事件は、右の知事演説が行なわれた直後起っており、町村制の実施とも複雑にからみあって、教育と地方行政の史的展開に新たな問題を提供するものである。この点についてはまた稿を更めたいと考えている。

さて、日本近代史上教育と宗教の衝突論争が起るのは、すでに述べたように明治二六年を頂点とするのであるが、熊本地方においては、当地の二大新聞である『九州日日新聞』と『九州自由新聞』との間で展開されている。すなわち熊本国権党と熊本自由党との間の論争なのである。

是れ今日の難問題にしてまた将来の大紛争を起さんとするの大案なり之れに就き文学博士井上哲次郎氏は過般教育時論記者の問ひに対し耶蘇教は勅語の趣旨と相調和する能はさることを明言したり、其談話の顚末は既に掲げて過日の本紙上に在り爾来耶蘇教徒本多庸一、伊勢時雄の諸氏は其機関雑誌に於て頻りに井上博士の説を弁駁して其所信の宗教を保護したるが井上博士も亦之を見て黙視すべからずとなし去十五日発兌の『教育時論』に於て「教育と宗教の衝突」と題し堂々論出したり其説頗る長くしてまだ完結に至らずと雖も博士が一肩をぬぎ向ふ針巻きとなりて大に論争を試んとするの色あるや見るべし宗教々育との関係なる問題は更に一大波乱を捲き起したり耶蘇教徒はまた必ず此一大勁敵に向ふて逃避せざるべし吾人は此の面白き論争を見ん而して井上博士の説は時を俟ちて本紙に転載することあらん

これは二六年一月二一日付『九州日日新聞』の記事である。熊本国権党は、このような形でこの論争に強い関心を示し、予告通り井上の「教育と宗教の衝突」全文を附録に編集している。そしてまた

排基督教論、是れ吾人か満肛の熱血を灑きたるものに非すと雖も、亦邪妄なる宗教を排斥し、駆逐するの端緒として、駆魔の筆を呵して平生の意見を表白したる者也、其論未だ完了せすと雖も、彼の基督教徒たるもの、豈吾

人の所説に対して晏然たるを得んや、想ふに其れ必ず憤然蹶起、以て吾人に応戦する所あらんかとして、『九州自由新聞』に論争をよびかけている。「排基督教論」は四月七日から六回にわたって、社説の形で同紙面を埋めており、またこれをうけた『九州自由新聞』は、四月二二日から五回にわたって、「九州日々記者の排基督教論を駁す」と題して、東亜学館の奈須義質が反論を展開しているのである。

二　熊本における教育と宗教との衝突（二）
―八代南部高等小学校不敬事件について―

1、はじめに

明治二五年（一八九二）、キリスト教的教育を標榜する熊本英学校において提起された教育勅語不敬事件としての奥村事件については、前に事件発生の政治社会的背景を考察する中でその経緯を明らかにした。その節触れておいたように、同年後半の熊本には、奥村事件と軌を同じくする著名な不敬事件が他に二件発生しており、ここではその中の一つである八代南部高等小学校不敬事件について記しておきたい。資料的制約のため、記述は当時の新聞記事の引用の域を出ないが、熊本におけるこの期一連のキリスト教ないしキリスト教徒排撃という史的側面のもつ近代史的意味を総括する前提として、筆者にとっては必要な基礎的作業の意味をもつものである。

八代南部高等小学校不敬事件とは、明治二五年六月、同校在学の一生徒が、天皇「聖影」安置室において戯れに扇子を投げ上げ、この行為が天皇を冒瀆する不敬事件に相当するものであるとして問題化した学校騒擾事件である。牧歌的田園風景をくり拡げる熊本県南部八代地方の一初等教育機関で、まさに児童の稚戯といってよいほどの些細な行動をめぐる教育状況をとりあげることに一種のためらいを感じないでもないが、しかしこの状況の背景には天皇制教育確立期における特異なイデオロギー的雰囲気があり、これら教育を変質させていく社会的緊張関係に照明を当てることは、この事件発生の素因が一児童の稚戯という些細なものであったとしても、無視しえない論題を提示しているように思われる。

この期熊本におけるキリスト教主義教育を積極的に批判攻撃することによって己れの教育主義の性格を明白にし、天皇制教育、教育勅語理念の定着化を地方的に下から支える強力な推進母胎としての体質を示したのは、保守的政治結社熊本国権党[1]であった。そして国権党は、当時の知事松平正直の公権力の行使を自在に保証する地方的政治団体として、政敵熊本自由党とは比較にならない程の強力な政治的実践力を発揮していたのであった。このことは奥村事件の社会的背景を特色づけた衆議院第二回臨時総選挙において、全県下八議席のうち七議席を国権党が占めた事実によっても端的に示されるのである。

教育に関する史的展望において、教育それ自体が己れの自律性によって変化していく事例を挙げることはまことに困難なことである。すでに述べたように、キリスト教主義教育の学校からの放逐を象徴的に示した奥村事件は、熊本国権党がその政治理念を貫徹する際の手段として教育問題を利用した典型的な事例であった。換言すれば、教育は政争の具として有効に機能する性格を常に内在せしめているのである。

周知のように、衆議院第二回臨時総選挙は内相品川弥二郎の選挙干渉による史上屈指の激しい選挙戦であったにかかわらず、全国的には民党の勝利に帰した。熊本では既述したように民党派すなわち自由党は惨敗したが、このような全国的政治趨勢の中で、熊本自由党は選挙干渉告発を直接の理由として、松平知事の罷免を求める陳情書を中央に提出する動きを示した。この陳情書は次の五項目を提示することによって罷免請求の理由としているのである。

一、知事が総選挙に干渉し県下良民の休戚を顧みざりし事。二、県下の実業教育及び会社商店等に干渉し民党を排し国権党を愛する事。三、県官郡吏と雖公平無私の者は民党に関係ありとして之を動かし国権党に縁故ある者は取る事。四、警部巡査の如き民党に関係ある者は採用せず国権党に関係ある者を採用する事。五、各学校教員に対しても同様の方針を取り教育界を撹乱する事。(2)

いまこれら各項目について詳論することはできないが、これに対して熊本国権党は「闢邪」と題する小論を機関紙に発表して知事擁護の立場を明確にしており、注目すべきは教育問題がこの論争の中で大きな比重を占めていることである。

松平知事が県下各学校教員に対し、其職権の範囲内に於て勇断する所ありしは事実なり。然れども是れ知事の教育上に於ける固有の主義を発揮応用せし者にして毫も政党的の観念に出でしに非ず。知事は常に教育の勅語を遵奉して、之れが趣旨の貫徹を務むるに汲々たり。其嘗て県下各郡を巡視するや、到る所に其精神を発表し、以て教育当局者を励ましたるを見て知るべし。故に勅語の趣旨に基きて国家的観念を培養せんことを務むるの教育者は、知事の精神に合するの人なり。而して之れに反して個人主義に心酔し、以て勅語を蔑ろにするか如きの教育者は、知事の本旨に背く者なり。

右は「闢邪」の一部引用であるが、知事と国権党との連帯性が余すところなく表現されて興味深い。同時に国権党の強力な支持をうけて、知事が各郡下学校を巡回し教育勅語理念の浸透政策に積極的な役割を演じていることが明白である。知事松平正直は福井藩士の出身で、幕末福井藩が招いた横井小楠の教えを受けたと伝えられている。(3)新潟県参事、宮城県権令を務めたのち明治二四年四月熊本県知事として来熊、二九年一一月内務次官として転出するまで在任した。すなわち教育勅語公布直後の天皇制教育の定着期に在熊して、内務官僚的体質を存分に発揮したのであった。

熊本英学校における若きキリスト者であり教師であった奥村禎次郎が、熊本国権党の作為によって告発され、松平知事の法理論を無視した私立学校教師への解雇命令によって熊本英学校から放逐された奥村事件は、明治二〇年代の国家主義教育確立期の重要な転期を示すものであった。そして同様の傾向は以下述べる八代不敬事件と、これと同じ時期に提起される山鹿高等小学校不敬事件とによって一層方向性を明確にしていく。後者については他日を期して詳論したいと考えている。

2、八代南部高等小学校不敬事件の概要

明治中期の天皇制教育確立期における、極めて重要視された学校行事として、天皇聖影ならびに教育勅語謄本の奉戴式がある。目的の遂行を儀式の形式性で補完する典型的事例である。

熊本で天皇聖影が最初に配布されたのは明治二二年一月であって、配布先は熊本師範学校であった。(4) その後同年一二月一九日、文部省総務局長から次のような通知があって、高等小学校への公布が日程にのぼった。

聖上並皇后宮御写真之儀是迄道庁府県立学校等へハ夫々拝戴相成来候処自今高等小学校へモ申立ニヨリ下附可相成筈ニ有之候就テハ右拝戴方申立相成候ニハ先以他ノ模範トモナルベキ優等ノ学校ヲ撰ミ当省ヲ経テ申立相成可然候将又右拝戴ノ上ハ決シテ不敬ノ儀無之様御注意相成候ハ勿論ニ候間此儀ハ豫テ御含置相成度此段及通知候也(5)

右通達に対して、県は翌二三年三月二四日宮内省あて高等小学校二二校分の下賜を上申し、同時に文部省総務局長あてに「二十二ノ高等小学校ハ成績実況等格別ノ優劣無之若シ強テ区別シ幾部分ノ学校而已ニ拝戴方取計候テハ自余ノ学校ニ於テハ恩遇ノ不洽ヲ憾候虞モ有之旁以一般（二十二校）へ被下渡候様致度云々」(6)として全学校への公布方を申請した。この申請に対して七月には聖影が到着し、これをうけて県庁では八月一日と九月一日とに分けて拝戴式を挙げている。この聖影はさらに各郡に配布され、郡庁を通じて各学校あて「下賜」されていくのであるが、八代南部高等小学校における聖影奉戴式の模様は次のようであった。

去る二日（明治二三年九月）午前七時高等八代南部小学校生徒凡四百名は校内遊歩場に整例し直に隊伍を組み教員の引率にて聖影奉迎の為め八代葦北郡役所に向け出発したり此日市中は早朝より拝観の人出多く往来織るが如し又役所より南部校に達する御通路筋には戸毎に旭旗を掲け旗影翩々昇る旭と相映し高等校には校内に大国旗を交叉し「フラフ竿」頭よりは三方ピラミット形に数百の球燈と五色の小旗とを吊したり門前拝観の人は小山を築き門内には郡中各尋常小学校教員生徒及簡易科教員各村長有志者等無慮千数百名校門より玄関に至る両側に整列したり此時沢村警部は騎馬にて真先に高等校教生は携銃にて聖影の前後を護衛し聖影は唐櫃に納め奉りて四人の生徒之を舁き松田郡書記は郡長の代理として供奉し午前九時着御ありたり聖輿玄関前を御通行あらせらるや高等生は捧け銃の礼を行ひ敬意を表し他は皆脱帽一同に敬礼せり聖影は玄関より直に講堂に入れ奉り予設の壇上に掲け奉れり式場には警部郡書記各村長教員有志者両側に列侍し高等生四百余名は正面に整列したり此時服部校長は進んて一同に敬礼を命し今度特別を以て聖影を下賜せられし理由を演へ又生徒に向ひ国体の有難き皇恩の優渥なるを説き諸子は実に将来国家を継続するの要素なれは益々尊王愛国の念を発起《ママ》し進んて国家の柱石とならざる可らずと演へ次て本県知事よりの諭達を朗読して退く依て古閑訓導生徒に代り場の中央に進み答辞を演たり此時劉喨たる風琴の音と共に生徒一同は君が代の唱歌を奏す経て松田郡書記警部各村長教員有志者は順次に聖壇面近に進んで一々拝礼す於是高等生一同は又三種の神器なる歌を奏して閉式したり此日尋常校生徒は多数にして一同に式場に列する能はさるを以て式後数回に拝礼し全く終を告けたるは正午頃なりしと

諭　示

今般特旨を以て畏くも大厳至尊なる　両聖上の真影を下し賜ひ歳時盛節に当て恭く奉拝の式を御前に奉行する栄を得せしめ給ふ実に是皇沢遠を忽にし給はさるの明徴にして臣子の常に感戴すへきの盛事なり伏惟るに本邦は皇統一系万世不易君臣の義に重ねるには父子の親を以てし宇内各国與に比すへき無きの国体なるは古来の歴史に由て明なり吾人の祖先が此歴史に由て発したる衷情の誠は貴貞の節と為て是亦代々史乗に戴せたり我国の国体か

如此特殊の性質あると吾人の祖先が顕はしたる忠貞の節とに対して吾々日本国人は深く之を心に銘して此国人たるの責を尽さゝるへからす況や斯の優渥なる聖旨在学の青年児童を以て　両聖上膝下の赤子と看そなわし給ふに於てをや生徒たる者宜く此大御意を奉体して朝夕尽忠報国の義を忘るゝこと勿るへし　聖鑑上に在す謹て茲に告知す

明治二三年八月一日

熊本県知事従四位勲三等　　富岡敬明(7)

右知事諭示は知事自ら筆を執って白帛に浄書し、県下二二校の高等小学校に配布したという。実に聖影奉戴式は当時の一大重要学校行事であって、右の引用はこの事情をつぶさに伝えて余りあるように思われる。

さて八代南部高等小学校における不敬事件は、右のような状況において「下賜」された天皇聖影の安置室で、一生徒が扇子を投げあげたという実に些細な行動をめぐって展開されるのである。生徒の行動自体は実に他愛ないものであって、特にとりあげらるべき性質のものではないが、ただ場所が聖影安置室であったという理由で、しかもこの生徒がキリスト教徒を成員にもつ家庭で育っているという理由で、事は誇大に伝えられ不敬事件として取沙汰されるに到るのである。

熊本でこのことを最初にとりあげたのは、熊本市内に発行所をもつ仏教雑誌『国教』であった。『国教』一四号は次のような表現でこの事件を報じているという(8)。

八代南部高等小学校に一生徒の基督教信者あり、彼れは畏多くも　天皇、皇后両陛下の聖影を安置し奉つる一室に至り……、嗚呼畏多くも暴逆にも、臣子の分として為さんと思ふだに身ふるひをなす、不敬大不敬にも持ちたる扇子を以て丁々発止、遂に聖影を床下に打下せり、之を見るや忠心全身に充ちたる三四の生徒、赫如として怒り、勃然として躍り立ち、其不敬を攻め、其不法を罵り、怒気制止するに由なく、遂に之を教員某に訴へたり、聞くや否や熱心の某燄ゆるが如く怒り起ち、衆生徒の面前に於て臣子の分を説き、以て彼の暴逆生に退校を命じ、之を国外に放逐すべしと大喝し、我校に斯る生徒を生ず是れ果して何等の原因に依って然るかと非憤し、衆生を警戒して遂に彼の一生徒に退校を命じたり、暴逆なる生徒は平然として答へて曰く、我伝道師は常に云へり、人は平等なり、帝王も吾人も神の前に於ては同一なり、我宗を信ぜざる者は是れ我仇人なりと思へと、既に我宗敵なりとすれば我れ豈に之れに向って叩頭三拝するを要せんやと、然り而して同地の伝道師は翌日彼の教員某に向って、我信徒は何が故に国外に放逐せらるゝものなるやとの反問を起し、以て徹頭徹尾此暴逆事件を正当となすものゝ如く、飽くまで彼の一生徒を保護したり云々

前に奥村事件を述べた際、著名な国家主義者井上哲次郎が、その著『教育と宗教の衝突』にもこの事件を当時の不敬事件の一つとして例挙していることに触れておいたが、井上が『日本新聞』を参照としたという記述内容も右引用文と酷似していることから、恐らく『国教』掲載文が種本となってこの事件が全国的に流布されていると考えられる。しかし後述するようにこの記述は非常に誇張されて伝えられているように思はれる。事実は生徒が意識的に聖影めがけて扇を投げ、聖影を打落した事実も、退学処分に付されたこともないのである。奥村事件において知事の公権力と、同僚としての熊本英学校首脳部に徹底した批判を投げかけ、同志社復帰後井上哲次郎と厳しく対決した柏木義円が、「氏（井上）は果して何等の根拠に由りて、此の帰結を得たるか。氏の先づ此の帰結に達せんとして引用せし事実は、大概ね仏教新聞に非れば基督教に対して毒筆を弄する九州日日の類に記載せられしものに過ぎざるなり。此等の事実果して氏の断言の根拠と為すに足るか」[9]と井上哲次郎所論の資料批判を事件当事者の強味から告発するとき、この種不敬事件のもつ誇張された性格を適切に表現しているように思われる。八代不敬事件も全く軌を一にして報道されているのである。

八代不敬事件の経過を、より正確に伝えていると考えられる資料を記載しておきたい。

校舎の構造　校舎都合三棟内二棟は南面二重になりて敷地の北部に在り他の一棟は昨夏増築の新舎にして其西側に在り其階上を講堂に充つ

講堂の装置　広さ縦十五間横三間半其南半を第四年生の教場に充て南壁に黒板を掛け教師台を据へ教師机を置き一列十脚宛三列の生徒机を備ふ其余皆空場にして西北隅に聖影を安置せり

安置所の装置　講堂西北の三角極隅凡半坪許の所に高三尺幅二尺五寸許の開戸にして錠なり只簡単なる掛け金を篏め内に聖影箱を入るべき戸棚様のものを据へ当時聖影箱は菊の御紋付きたる晒布の袋布の袋覆ひをなしたる侭其上に奉置ありたり故に其高凡五尺其前に唐縮緬製五色の幔幕凡幅五尺一丈位のものを西壁より北壁に向ひ筋違へに高く張り其下端板床を距ること凡二尺余ありたり

不敬の当日　六月下旬は八代地方日夜西南の風暴く雨亦強く海岸は為に多少の害ありし位にて不敬の当日廿三日も稍強風にして生徒は舎外の遊歩をなす能はず何れも教場廊下に散遊せり而して第四年級（六十余名）は訓導西塔晃氏の受持にして同日第壱時課（午前八時乃至九時）と第二時課（九時乃至十時）との間なる放課時間中（九時乃至九時十分）数多の同級生同教場内に居残りて思ひ〳〵の遊戯を為し或は推《ママ》し合ひ或は叫びて戯れ居れり

市野外四名の目撃　同級生市野喜久次、滝本茂、星子藤時の三名は東側列生徒机の級（安置所を距ること凡八九間）に立ち居たりしが同級生蓑田元卓なる者其席（西側列中の中間に当れる生徒机の右坐）より突然身を起して安置所に向ひつか〳〵として幔幕内に蹈み込み右手に携へたる扇子を以て菊の御紋付晒布にて覆はれたる聖影箱の前面上綾の中央を一撃し（当時幔幕は西風の為めに吹き上けられ東方に翻り明瞭に元卓の所為を見ることを得たり）忽ち踵を反して又つか〳〵と西側列と中央列との間を歩み教師台の下より折れて梯子を下れり此時同級藤本熊次は中央列生徒机教師台の方より四番目の右坐なる自席に在りしが何か一撃の音を聞き直に其場所を見れば元卓が安置所幔幕内より余々《ママ》扇子を持て歩み来るを認め自ら歩を起して元卓に近つき殆んど生徒机の尽きる所に行会ひ何故に安置所に行きしやを問ひしに元卓は暫次躊躇の姿を呈し雀を追はんが為め安置所に行けりと答へたり滝本も亦梯子を下りて元卓に詰問せしに前同様の答を云ひ張れり又滝本は元卓が扇子を以て聖影箱を撃ちし前何かぐず〱唱へしを聞けりと云ふ

匿名投書　斯くて其日は其侭にて已みたるが現に見咎めし四名の生徒を斯かる不敬を働きしものを実際見聞しながら黙々に附し置く訳にも行かざるべしとて廿九日に至り同級生川崎軍記なる者と申し合せ例に依り同人をして元卓が不敬を働きし顛末を記したる匿名書（因に記す匿名投書は故上田久雄氏同校訓導たりし時生徒中不良の行為ありて之を教師に報するときは匿名投書して被報者の受怨を免るべしと教へ置れし故此例あり）を認めしめ同教場内教師机の上に載せ置きたり

西塔訓導の詮議並訓誨　西塔訓導は机上の投書を見て大に驚き四年級一同着席の上之れが詮議をなせしに川崎は自ら認書者たるを述へ市野外四名は共に不敬動作実際の目撃を述へたれとも元卓は矢張り雀を追ふたる迄なりと云ひ張るを以て其詮議結局に至らざりしが同氏は最と憤慨したる体にて日本国民の本分を縷々説明し若しか丶る不敬を働きしものあらば国外に放逐すへき逆賊なりと厳重に戒めたり

蓑田父兄出校　元卓は詮議の当日家に帰りて其顛末を訴へ西塔訓導は自分を逆賊なりと宣せられしと告ければ其父兄大に忿り七月一日兄蓑田元貞氏出校西塔訓導に向ひて激論に及ひしが西塔訓導はこれは元卓の間違へなるべきを弁して帰しけれども元卓は早や其日より昇校せざりしなり

校長の判決並申告　校長服部友規氏は西塔訓導の話により市野外四名と元卓とを召び双方の申し立てを聞きたる上元卓の言ひ開きを事実となし其平素厳禁し置きたる聖影安置所に蹈込み雀鳥を追ひたる段不敬の所為に付後改心の実蹟顕はる迄昇校を停止し充分懲戒せざる可らざる旨を組合長小田戒三氏に申達せられたり

組合長の処分　七月七日附を以て組合長より左の処分ありたり

八代南部高等小学校生徒
蓑田元卓

右者学校長より厳重なる訓諭を加へある御真影安置所の場所に至り本年六月廿三日戯に雀鳥を追立たるは不敬の所為にして平素の不注意より生することに付改心の実蹟顕はるゝ迄昇校を差止む
右及御通知候也
明治廿五年七月七日

八代郡南部十一ヶ町村学校組合長
小田戒三 ㊞

蓑田恭道殿

校長と四名　七月七日頃の由にて第一次課業時間中第四年級丈けは休課の上校長は市野外四名に向ひ元卓事件は教員を始めとし生徒一同に至るまで同人改心の蹟を認むる迄昇校を差止め厳戒致し置きたれば汝等宣しきやと問はれしに四名は元卓は聖影に対して不敬を働きしものなれば定めて学校丈けの処分に止まらざるべしと思ひ居たりしが今校長の話によりて校内の処分にて相済むことと考へ夫れは学校丈けで相済むとならば生等何ぞ彼是申すことあらんやと答へ校長は尚辞を続きて総体聖影に対する法律は重き由なれども学校内の事柄は法律のみに従ふ訳に至らずと云々の意味にて暫時種々の談話ありて事務室を出てられたりといふ

西塔訓導と四名　斯くて校長退室の後西塔訓導は四名に向ひ予は汝等の云ふ所を実なりと信ず云々と簡単の談話ありたる処に放課時間来りしかば四名は其侭退出せりと云ふ

蓑田父兄の懲戒　元卓の父恭道氏は痛く元卓の不将を懲らし昇校停止の後は格別門外にも出さしめず日夜自宅に於て大に謹慎せしめたり

昇校解停　八月五日(停止より解停迄満一ヶ月間)組合長校長協議の上蓑田元卓改心の実蹟顕はれたるものと認め仝

組合長より解停の旨を通知せり然れとも当時同校は八月二日より十六日迄十五日間夏期休業中に付十七日開校の日昇校せり

校長と四年生　開校の当日校長第四年級全体に向ひ元卓改心の実跡を認めたるにより本日より昇校を許せし旨を述へられたり然れども同級生中往々元卓の改心は最早見へたるにや初先生は教員生徒一同より改心の実蹟を認る迄との話なりしに自分等の目には未だ見えざる様なり或は先生達計りの目のみ見へしものにやと呟やくものありしと云ふ

四名の詰問　九月末頃四名は九州日日新聞記事校長談話中四名と元卓と軋鑠誣構云々のことに付校長に詰問せし処校長は左様のことを話せしことなし然れども此れは最初汝等を事務室に召びし折話す筈なりしが未た言はざりし凡そ罪の疑はしきは軽く処分せし云々と答へられたりとぞ

四名の素性　市野喜久次、藤本熊次の父は国権党にして喜久次熊次は共に郁水舎に縁故あり星子藤時の父は自由党にして藤時は八代青年会に縁故あり滝本茂の父は僧侶にして父子共に不偏不党の人物なりと云ふ

蓑田の素性　元卓の父恭道氏は多年八代町区長を勤め性質温和悪事を嫌ひ区内衆望あり兄元卓は元と阿蘇郡役所の雇在職の頃は頗ぶる不行状なりしも後耶蘇教を信じて品行を慎みし由にて目下は行状端正専ら信教に熱心なり元卓は校長教員一同の認むる処も一般の認むる処も心術行状共に悪しく亦た頗る信教に熱心なりといふ

四名と蓑田との関係　平素の交際尋常にして共に種々の遊戯をなし未だ一度も互に喧嘩口論等をなせしことなし就中滝本茂は其家屋蓑田に近接せるを以て互に出入往来尤も親密なり又星子藤時は此一件に就ては決して交際の軋鑠又は政党の為に云ひしものにあらず若し政党を以てせは自家と蓑田の家とは共に自由主義なり何ぞ誣構することをなすへき然れとも予は事実は事実として話すのみと語りしと云ふ

不敬事件と教育界　教育社会の感情は一般に冷淡なる方にや十月二日同郡麦島尋常小学校に於て八代郡南部教育会を開きし折も一人としては此件に就き発言質問等あるものなし只服部友規氏（同会頭）新聞雑誌の此件を誤報す

るを縷陳せし迄なりとぞ

不敬事件と一般の感情　一般の有志者等に於ても此件を公開し其是非を公衆に訴へ相当の処分を望むと云ふが如きこと少なきが如し或は其不敬を憤り或は其誤謬を弁する等種々区々なり(10)

右は山鹿郡国家教育会の「八代南部高等小学校不敬事件顚末」の一部である。同教育会は、この事件が報道されるや取調委員を八代に派遣して、一〇月八日より一二日まで当地において調査に従事させ右報告書を作成しているのである。この教育会の成立動機なり性格なりについては詳にしないが、奥村事件では「菊池郡教育会に賛同して吾人の意見を述ぶ」(11)という声明書を公表しており、その中で「吾人は熊本英学校の所謂博愛世界主義の教育たるを証明し、又其基督教理を以て教育の方針となせることを確認するに至れり。彼の所謂基督教の倫理は我国の倫理に非ざるなり。又彼の無君無父の教旨は勅語の聖旨に悖戻するものなり。而して彼等は基督教の倫理に基くといひ、また勅語の深意を奉体すると云ふ。彼妖教を以て神州神祖元来の遺訓、万古不易の勅語に混同せんとす。何ぞ甚だ無礼なる、何ぞ甚だ悖逆なる、吾人神州の教育者は皷を鳴らして之を改めざるべからず。之を改め、之を撃ち、教育界にある此の如き不潔の分子を除去するに勉めざるへからす」と述べて、己れを規定する教育観をあらわにしながらキリスト教教育を激しく批判しているのである。この教育会といい、菊池のそれといい、この期には他にも地方各地に教育会が組織されているが、いずれにしても政治色を強くもった教員団体のようである。おそらく山鹿、菊池両教育会は理念的には国家主義教育の地方における推進母胎として機能し、党派的には国権党と結び付いた団体であることは間違いないと思われる。しかしながら、学校騒擾が起る毎に委員を派遣し、あるいは意見陳述を行なうことの中に、当時の教育の政治性、イデオロギー的性格をみなければならない。

それにしても、八代に関しては、山鹿郡国家教育会の初期目的を裏切ったような結果をしか得られなかったようである。推測するに、奥村事件によって国権党によるキリスト教排撃の実質的効果は実証ずみであり、これを背景として松平知事の教育現場からのキリスト教放逐政策が具体的日程にのぼる段階であってみれば、一少年による雀鳥との遊戯が禁断の聖域で提起されたとしても、事件そのものを誇大に宣告する必要もなかったものと考える方がより適切であるかもしれない。はからずも『国教』の報道より、正確度においてはより信頼性のあるこの事件への展望を残しておく結果となった。

山鹿郡国家教育会と同じく、『九州日日新聞』も八代に特派員を派遣して事件の究明にあたっている。山鹿より若干早く九月二五日である。(12)この不敬事件が六月にすでに提起され七月には当該生徒の処分も決定しているというのに、九月下旬から一〇月にかけて事件究明の調査に動きだす背景には一つの必然性があった。奥村事件が衆議院第二回臨時総選挙の渦中に発生していることと趣きを同じくして、一〇月二四、五両日は県会議員半数改選の投票日となっており、これとの絡みあいで野党攻撃の手段として、キリスト教排撃のキャンペーンは時期的な有効性を充分期待できたのであった。まことに教育は、政治目的実現の手段として変遷せざるを得ない側面を濃厚に示している。この半数改選の結果は全県的には国権党側の大きな前進を示すことになるが、八代、葦北、球磨では全議席を熊本自由党が独占してようやく面目を保ち、八代以南は反体制的政治勢力を依然温存し続けることができたのであった。すなわち県会議員全議席四四中、国権党三二、自由党一一、中立一の政党分野となり、自由党一一のうち八代三、球磨三、葦北二を除けば、山鹿、託麻、上益城各一となっている。

『九州日日新聞』が「耶蘇教徒の大不敬事件」と題して八代事件についてのキャンペーンを張るのは九月下旬である。四回にわたる連載の最終記事で次のようにいっている。

元来八代地方より葦北に掛けては県下にて最も耶蘇教信徒の多き所にて青壮年中には前大江義塾にて徳富猪一郎氏の教育を受けたる者及ひ西京の同志社にて修業したる者数多ありて一体に耶蘇教主義の空気を呼吸する者其大部分を占め八代青年会と云へるもの丶如き此派の青壮年より組織したるものにして朝夕新約全書を繙き日常に天

帝を唱ふるの徒より成り立ちたる団体なり、蓑田元卓の如き即ち八代青年会に属するものにて南部高等小学校内には之れと同臭味の生徒尠からず此等の輩は常に耶蘇教の事を物語り往々聖書を懐にして昇校することさえある由にて、陛下の御真影を拜する式日抔には間々欠席し種々不敬の語を吐きしことありと、今回の不敬事件に就き本人の実兄蓑田元貞なるものが高等校に到りて関係教師西塔晃氏に激論したるときの如きは八代町若手の中にて最も熱心なる耶蘇教信徒として又最も熱心なる自由党派として聞へたる中川朋一（曾て長崎の耶蘇教学校カブリ校に入校）なる者八代青年会員数十名を率ひ高等校の裏門まで推《ママ》し寄せ来り事に依っては腕力にでも訴へん勢なりしが此中には日本臣民としては云ふを憚かる不敬の語を吐くものありたり(13)

右にいう八代より葦北にかけての地方で、キリスト教の布教状況が如何ようなものであったが詳にしないが、明治二〇年九月六日には海老名弾正、沢田義武、大森富次郎等がキリスト教演奏会を開いており、「八代紺屋町定席に就て開かれし基督教演舌会には聴衆無量三百余名にて格別喧しきこともなく併し間には石を投げて朝鮮流の進撃をなしたるものあり」(14)とその日の模様が報ぜられていることなどから考えると、かなり強いキリスト教布教状況にあったことは推測される。八代青年会についても記述する資料をもたないが、伝記『海老名弾正先生』を書いた渡瀬常吉がこの会の会員として活躍していたことは事実であり、また明治二三年一二月一四日に開かれている「肥後連合青年会」総会(15)では、その開会の趣旨を、奥村事件で柏木義円の右腕となって活発に動いた大迫真之が述べていることなどから、『九州日日新聞』がいうように、当時県下各地に結成されている青年会が、キリスト教的紐帯による体質をもっているか、ないしは革新的性格をもっていることは確かである。徳富猪一郎主宰の大江義塾に学ぶ青年がこの地から多数排出されていることは、徳富が葦北出身であることにも原因があろう。とに角八代以南における反国権党的雰囲気は、明治二五年段階では、国権党からは一名の県会議員をもだせない民党的色彩を濃厚に持っていたのである。されば八代南部高等小学校におけるこの事件が、直接天皇の写真を冒瀆するという世論を沸騰させやすい要素を持っていたにかかわらず、相対的に奥村事件のごとく激しい政争の具となりえなかった理由はこのような政党的分布状況によるともいえる。このような事情においてか、国権党の機関誌『九州日日新聞』は、一〇月から一一月にかけて、連日ともいってよいほど反対党攻撃を根底に意図しながら、キリスト教排撃の記事を記載している。いまこの新聞記事から、八代不敬事件をめぐる論調を中心にして、当時のキリスト教排撃を焦点とする教育の実相をみていきたい。

抑も我国維新以来、百事草創に属して諸政容易に緒に就かず、廟堂の方針殆と旦暮に変転するの観なきに非ざりしは、世人の深く慨歎せし所なり。就中教育の方針に至りては、文部の当局其人を変する毎に必ず変転する所ありて、殆と天下の教育者をして其向ふ所を知らざらしめしは、実に数年前までの事なりとす。幸ひにして故森文部大臣の一度ひ就任せし以来、其方針漸く一に帰し、尋て勅語の煥発せらるゝありて、万世の標準全く確定し、亦た毫も疑を須ひさるに至れり。今日に於て国是の一定する者を挙くるときは、孰か教育界に踰ゆる者あらんや。我国固有の道徳を修めて之を発揮し、国体を尊ひ忠孝を重して、以て臣民の義務を尽すは、勅語の趣旨を奉戴する所以なり。而して勅語の趣旨を奉戴して之れが貫徹を務むるは、天下教育者の責任なり。宣なるかな、今や天下の教育者は皆な争ふて此の国是を尚ひ、以て孜々其教鞭を奮ふて其心血を勅語の趣旨を貫徹するに注くこと。而るに此時に当りて此国是に反対し、或は勅語を批難し、或は聖影を敬して之を遠けんと欲するが如き、誰か教育界の国敵に非ずと云ふを得んや。思ふに数年前天下教育の方針未だ一定せざるの時に在りては、彼らの偏僻の説定めて人心を動かし、社会を迷はすに足るものなきに非ざりしなるべきも、今や教育の方針既に確定し、天下の人心殆と一に帰す。彼らにして之れに反対せんとするときは宣しく天下の教育者を敵とせざるべからず。[16]

右の引用文からも伺えるごとく、明治一九年の森有礼による一連の学校令公布による国家主義教育理念の浸透政策は、熊本国権党の教育理念と質的に全く矛盾することなく、特に教育勅語公布以降国権党の政党エゴイズムを内包し、むしろそれをむきだしにしながら、極めて露骨な形で地方的定着性を示しているように思われる。右引用文中の「聖影を敬して之れを遠けん」とは、八代事件が提起されるに及んで、キリスト教を擁護する熊本自由党機関誌『九州自由新聞』の論調の一部であって、同新聞は「児童をして頻繁聖影に接近せしむるときは却て至尊を軽じ奉るの傾向を生ず、聖影の奉安は虚飾的の政策なり、勤王心を養成する所以にあらず」[17]と述べて、学校における聖影奉置廃止論を展開することによって己れの教育主義を表明している。ただその論調は天皇制そのものの批判に迫るといった鋭さはもたず、児童をして直接聖影に接しめることは不敬事件発生の原因になるので、却て天皇尊崇を軽視する結果を招来しかねないという婉曲的批判に終始しているのである。

しかしながらこの期高潮するキリスト教批判的雰囲気の中で、『九州自由新聞』は「聖影を拝する偶像的礼拝なり、猶ほ古代蛮民の猫を信仰し牛に神事するに異ならず」[18]として、天皇聖影拝礼が偶像崇拝であるとのキリスト教のもつ核心的部分に迫る態度で批判に応えようとする姿勢をも示している。これに対する国権党の反批判は次のようなものであった。

偶像拝跪に反対するは耶蘇教徒の意見なり、耶蘇教国に在りては天主の外、一の拝すべき者なし、故に耶蘇的の眼光を以て見るときは、聖影を拝するを以て道に合せずと為すならん、唯だ我国に於ては天主なる者の拝すべきなし、臣民の最も尊敬愛慕するは実に天皇陛下なり、而して之を拝するは敬礼の至れるのみ、而るに耶蘇教の精神を以て我国の典礼を議せんとす是れ内村鑑三の輿論に排斥せられたる所以、(自由)記者の眼識また基督教に浸淫す、其暴論内村の嘗て第一高等中学に於て云ふ所に異らさる宣矣と雖も抑も亦た妄ならずや、吾人が称して教育界の国敵と為す益々至当なるを知る。聖影尊拝は偶像迷信に非す、唯陛下を尊崇敬愛するの情溢れて、聖影を尊拝せさるを得さるに至るのみ、然れとも児童の心は単純にして未た世情に通せず假令ひ其精神至尊を敬愛するの種子を胚胎すると雖、之を教へされば之を尊崇することを知らず況んや之を尊崇するの礼典に於てをや、今学校に於て聖影を尊拜せしむるは一般児童の至尊を敬愛するの精神を開発し其固有の性情に戻らさる尊崇の礼典を仕附くるのみ、何ぞ之れに強ゆるに偶像迷信を以てするならんや、然るに彼れ記者此児童の性情を涵養するの事に対して漫りに耶蘇的の眼光より之を非難し、甚だしきは論を古代蛮民猫を拝し牛に事ゆるの卑俗に取る世に悪魔外道なるものありとせば吾人は自由記者を以て之れが巨魁となさゝるべからず、他日日本の典礼を破壊し日本の美風を戕賊するものは必ず記者の一類なり吾人豈に道の為め国の為め大に駆逐せさるへけんや[19]

ここにキリスト教を擁護する自由党が、偶像崇拝論を提示したことによって、両陣営の対立論争は頂点に達したような印象をうける。国権党は一層語気を強めて「誅奸斬賊論」と題する反駁文を五回にわたって連載し、「上に在りて其職に尽すことなく徒に其禄を盗む者は之を奸と云ひ、下に在りて僻説を逞ふし邪論を主張する者は之を賊と云ふ、奸賊の徒誅斬せざれば、勅語の光輝決して四表に遍照せず」[20]と註釈を加えて、知事職権によるキリスト教（徒）撲滅の実行を松平知事に迫るのであった。そしてさらに「至誠至真唯だ聖勅と死生進退して教化を熙め、徳育を盛にし以て其効果を顯して聖旨に奉答するは、独り之を地方官のみに望ますして、宣しく文部大臣を責めさるべからず」[21]として、中央行政当局にも迫る姿勢をも示すのであった。

三　熊本における教育と宗教との衝突（三）
―山鹿高等小学校生徒退校事件について―

1、はじめに

一八九二（明治二五）年九月三〇日、当時の日本プロテスタントを代表するキリスト者植村正久をはじめ一〇名の連署をもって、キリスト教徒圧迫に関する抗議文が公表された。その全文は次の通りである。

公　開　状

某等此処に基督教徒有志を代表し我帝国憲法第廿八条に明示せる信教自由を擁護せんが為めに此書を我立法者と有司とに呈し併せて我公衆に訴ふ

第一　本年六月中旬熊本県飽田郡横手村長国寺に於て熊本県知事松平正直氏は町村長町村会長を集めて演説して曰く小学校教員に禁止すべきもの二、一は政党政社に関することなり、二は耶蘇教を信ずることなり耶蘇教は外国の教なり決して信ずべきものに非ず、小学校教員は宜しく去年頒布し玉へる勅語に殉ずべし、若し耶蘇教を信ずる者あらば猶予なく処分すべしと

第二　本年七月廿五日熊本県山鹿郡山鹿高等小学校長赤星某は警察官の密告によりて同校生徒佐久間敏彦、高木秀雄、今井義亮、高木友次郎が耶蘇教聖経を研究することを知り、四人を譴責して其研究を已めずんば退校を命ずべきが故に三日間に返答すべしと云ひ、佐久間敏彦が之を肯んぜざりしを以て校長の命に背く者なりとなし終に退校を命じたり

第三　第一項に掲げし熊本県知事が為したる演説は九州自由新聞に掲載せられて既に公衆の知る処となりしのみならず右の席には熊本県会議員粟津武雄在りて慥かに之を聞き取り證憑の歴然たる者ありとす

第四　東京府下に於て発行する教育上の新聞教育報知の如きも亦熊本県山鹿高等小学校長の挙動を是なりとし小学校生徒は政党政社の会に列るべからざるが如く亦耶蘇教に入るべからずと云へり

第五　以上の事実によりて之を見るに熊本県知事及び赤星某なる高等小学校長の処置たる我憲法の明文に背戻せしこと明瞭なるのみならず此の事実たる独り一県の弊害に止まらずして、各地方亦是れに類すること多く且輦轂の下教育新聞記者たる者すら詭怪の論弁を逞ふして之を弁護する者ある也

第六　若し基督教を信ずる者は小学校生徒たる可らずとせば基督教信者の子弟は小学校教員生徒たるの資格を奪はれたる者にして国民教育を受く能はず、従て国民たる完全の資格を備ふるの機会を失へる者なり

事情斯の如し、其我信教自由の大権を侵害し、国民教育の旨趣に悖りたること疑ふ可らず、某等は我立法者が常に其憲法を維持し我有司殊に文部省が其監督する教育部内の過誤を正し而して聡慧なる我公衆が必ず某等の言の正理たるを認識す可きを信ず、是れ此の書を裁して天下の公議に質す所以也

植村　正久　　本多　庸一
井深梶之助　　竹越与三郎
平岩　恒保（ママ）　　早乙女豊秋
横井　時雄　　渡瀬寅次郎
原田　助　　山路　弥吉(1)

一八八九（明治二二年）二月一一日発布された大日本帝国憲法は、その第二十八条に「日本臣民ハ安寧秩序ヲ妨ケス及ヒ臣民タルノ義務ニ背カサル限ニ於テ信教ノ自由ヲ有ス」と規定した。この時点に至るまで法規的な「市民権」を保証されていなかったキリスト教徒は、憲法がキリスト教徒に対していかなる態度をとるか重大な関心をもって注目していたが、憲法条項が発表されるに及び大いなる歓喜に包まれたという。「その憲法の性格がいかにあろうと、信教の自由を得たのである。当日は大雪であったが、東京市内の各教会は午後六時より木挽町厚生館に於て聯合祝賀会を催し、津田仙は憲法二十八条を読み上げ、横井時雄の説教、井深梶之助、平山愃保（ママ）の演説があり、満堂立錐の地もない盛会であった」(2)と伝えられている。東京のみでなく地方においても同様であって、例えば熊本市内熊本英学校においては運動会を催して祝賀気分にひたり、日ごろ運動にはほとんど関心を払わなかった徳富健次郎（蘆花）が、雨まじりの雪の中着流しのまま足袋裸足でぬかるみに飛び出し、綱引き競技に加わるという風景がみられたという。(3)このように憲法発布は、日本全国に祝賀ムードを醸成し、特にキリスト教徒は明治国家における帝国憲法体制の出発を心から祝し、その前途に希望を託したのであった。

ところがその僅か三年後には、キリスト教徒は、「信教の自由を擁護せんが為め」に、全国にその窮状を訴え、公開状を公表することによって帝国憲法体制と闘わざるを得ない状況となったのである。

筆者はこれに類するようなキリスト教徒のアピールがこの期公表されたかどうかその実態を掌握していない。北村透谷をして、「一篇世に出でゝ宗教界は忽ち雲雷を駆り来り」[4]と云わせしめた井上哲次郎著『教育と宗教の衝突』をみても、この公開状にみられるように当時の代表的キリスト者の連署をともなった抗議声明の例をみないように思う。それ故にこの公開状が内容とする山鹿高等小学校生徒退校事件はこの期累積する不敬事件あるいはキリスト教徒迫害事件の中でも特筆すべき性格をもっているとしなければならない。

予ハ思フ日本臣民ハ　勅語ニ生レ　勅語ニ死シ　勅語ニ因テ進ミ　勅語ニ因テ働クベキモノナリト故ニ一挙手一投足ノ間モ悉ク　勅語ノ支配ヲ受ケン事ヲ切望スルモノナリ　是豈ニ予一己ノ希望ノミニ止マランヤ我日本国是ハ実ニ爰ニ在テ存スルニアラズヤ……夫レ教育上ニ於ケル命令ハ職権上教育等ニ向テ之ヲ訓諭スルニ躊躇セザルベシ[5]

これは熊本県知事松平正直が、教育勅語の趣旨徹底を計るため県下各学校長を召集して演説した内容の一部である。前記公開状において、キリスト者たちが告発の中心人物として焦点を合わせたのは、この松平知事であった。事実彼は明治憲法、教育勅語体制が確立する二〇年代在任し続け、知事としての公権力を存分に駆使して明治絶対主義官僚の面目を遺憾なく発揮したのであった。この意味において彼が果した先駆的役割を強調することは決して間違いではない。しかしながら知事をして、「教育上ニ於ケル命令ハ職権上教育等ニ向テ之ヲ訓諭スルニ躊躇セザルベシ」と公言せしめた、その背景の実体を指摘することこそ重要であろう。熊本国権党の存在である。すでにみてきたように、熊本英学校における奥村事件、八代南部高等小学校不敬事件において明治絶対主義教育体制の強力な推進母胎は、当時すでに民党的政治勢力とは比較にならない程の強力な体制を着実に構築し始めた熊本国権党であった。事実国権党の存在があってこそ知事の強力な行政権の行使が可能であったとしなければならない。

ここに明治二五年段階でおきたキリスト教徒弾圧事件としての、山鹿高等小学校生徒退校事件について若干の素描を試みたい。

2、山鹿高等小学校生徒退校事件の概要

熊本県知事松平正直が、県下各地を巡回し特に小学校教員を集めて教育勅語理念の浸透を目的とする精力的な活動を行なったのは、一八九二（明治二五）年六月から七月にかけてであった。すでにこの年二月の第二回衆議院議院臨時総選挙、五月の市町村会議員選挙にともなう「熱い選挙の季節」も一応鎮静化し、全県的にみれば与党である熊本国権党の圧勝という政治的背景での地方遊説であってみれば、勢いその言動にも弾みがついたであろう。前記公開状にいう『九州自由新聞』が欠如しているので、遊説中の知事の言動を詳らかにすることができないが、小学校教員からキリスト教徒を追放するとの公言が知事の口から発せられた事は想像されないことではない。もし事実がそうであれば、キリスト教徒が帝国憲法第二十八条の信教自由規定を楯として反論することは当然であった。この間の事情については次に引用する『九州日日新聞』が、知事を擁護する立場に立って、何よりも雄弁に説明しているように思われる。

曩に松平知事が管下の小学校教員等に向ふて宗教に熱心なるべからず、若し之れに熱心なる者あるときは、遠慮なく処分すべしとの演説を為せしことは、当時の各新聞に記載せし所なり。今や基督教徒は之れに対して頻りに憲法を楯に取り、信教自由の四字をかざして囂々其非を鳴らせり。是に於て教育と宗教の関係は漸く世間の一大問題となり、世の此事に関係ある者は皆な之れに注目せざるなし。吾人は未だ能く松平知事の演説の趣旨を詳知

するを得ず、且つ知事の官房書記は此頃京地新聞に記載せし基督教徒の公開状に対して、知事は基督教禁止の演説を為したることなしとの申込みを為せり。其申込みの趣旨も亦た単簡《ママ》にして其詳を悉さず、故に吾人は松平知事が果して如何なる趣旨を以て如何な演説を為せりと云はざるべし、但だ假りに知事は小学校教員に向ふて宗教に熱心なるべからず、若し之れに熱心なる者あるときは遠慮なく処分すべしとの演説を為せりと定め、之れに対する吾人の意見を明かにせんか、吾人は断して知事の演説は信教の自由を害するものに非ず、而して小学教育の進歩を冀図するに於て止むを得ざるに出でたる者と為すに躊躇せざるなり。

抑も教育者の宗教に関係するは、其政党に関係すると其教育上に及ぼすの弊害に至ては、毫も相軽重あるを見ず。……而るに其政党に関係せんとするときは政社法の制限ありて敢て之れを許さず、而して宗教に関係するに至ては一も之を制限する者なしとせば、教育の監督者たるものは假令ひ其弊害の恐るべく憂ふべき者ありと雖も、敢て之を傍観して救ふことなく、以て其自然の結果に任すべきか。嗚呼何ぞ然らんや。信教の自由は憲法の明許する所、教育の監督者と雖之を如何ともする能はず、然れども教育者にして宗教を信ずるの弊、小学教育の進歩を害して云ふべからざるの憂を生せんか、監督者たるもの何ぞ之を救はざるを得んや。而して其之を救ふの政略として宗教に熱心するの教育者を教育界より排斥するは、固より其所なりと云はざるべからず、是れ即ち他の宗教の自由を妨ぐるに非ずして教育界の紀綱を保ち、以て其進歩を保たんと欲するのみ。……彼の基督教徒の輩に至ては、最も少年児童に着目して之を誘惑し以て其教に加入せしむるを怠らず。故に此の如きの徒をして児童教育の任に当らしめば、其父兄の不安心夫れ果して如何ぞや、教育監督者たる知事にして之を制する誰か不可なりと云ふを得んや。吾人は松平知事が単に之を口舌の上に諭戒するなく、公然之を訓諭せさりしを慨するのみ。(6)

一見、知事と距離をおいての論調であるが、むしろその内実は、知事の発言を利用することによって、極めて積極的にキリスト教排撃の姿勢を主張していることに注目したい。「吾党は国性を発達し国権の拡張を計る」とは、一八八九（明治二二）年二月の熊本国権党結成当時の三大綱領の第一に掲げられたスローガンである。ここでいう「国性」の内容こそ国権党の体質を分析する上での第一義的意味をもつのであるが、今はその余裕をもたない。ただキリスト教的西欧思想に対しては厳しく批判的体質をもっていることだけを指摘しておきたい。公教育がイデオロギー注入装置として機能することは極めて自明のことである。されば公教育の場において、「国性を発達」させるという自らの政党理念を貫ぬくために、学外にキリスト教徒を追放するということは論理的必然性をももっていたとしなければならない。「最も少年児童に着目して之を誘惑し、以て其教に加入せしむる」キリスト教徒であれば、「教育監督者たる知事にして之を制する誰か不可なりと云ふを得んや」とする開き直りの態度は容易に理解できることである。帝国憲法における信教自由規定は「安寧秩序ヲ妨ケス及臣民タルノ義務ニ背カサル限ニ於テ」許容されるものであって、決して無条件規定項目ではなかった。

当該事件において、当事者としてのキリスト教徒が、まず知事の言動を告発することによって主体性擁護に立ち上ったことは、運動の展開過程における必然的手段であった。が、しかし、その背後には熊本国権党の強力な政治勢力があるのであって、事態は構造的に把握されなければならない。

さて山鹿高等小学校長赤星為己の直話筆記(7)から事件の概要を略記すれば次の通りである。

七月初め頃校長赤星は、生徒の中でキリスト教を信ずる者の実数を把握するため、四年在学全員に向って文具をそのままにして遊歩場に出るよう命令し、教員立合いの上文具を捜査した。この折特にキリスト教信者と覚しき生徒の所持品を中心に吟味したが、聖書、讃美歌、宗教書などは発見できず、ただ一通の書状を発見、これは今井英亮より高木友次郎、高木秀雄、佐久間敏彦の三人に宛てた書状であって、「目下自身は余儀なき事情あれば暫らく聖書の研究に出席すること出来さるも益々宗教の必要を感じ熱心研究する積りなれば左様承知ありたし」といった内容が記されており、この書状によって右四名がキリスト教徒であることを確認した。その日の午後三時頃赤星は四人の生徒を招き、「今暫くの間宗教抔に心を費さずして勉強する方宜しからん、且つ又四、五ケ月の後には学校を卒業することなれば卒業後研究又信仰するも晩かるまじ」と諭し、二、三日中によく考えて返答するように言い聞かせて四人を帰宅させた。翌日、高木友次郎、高木秀雄、今井英亮の三人は在学中は信仰と聖書研究をやめると申し出たが佐久間敏彦は、「自分は以前の如く信仰を熱うし聖書の研究をなすべし」と答えた。この佐久間敏彦に対しては数人の教員が説得に当った。さらに翌日、敏彦の父佐久間英太郎が出校して教員渕上に面会し、敏彦への談話の要点を質問したので渕上は、「一個人として忠告せしまでにて別に信仰の自由を束縛するにあらざる」ことを告げれば、父親はそのまま引き下がった。その後校長赤星は敏彦を私宅にも招いて懇々と申し聞かせ、また父親にも面会して委しく示談せんと欲して二回その家にも立寄ったが、父親不在で面会することができなかった。このような過程で敏彦から聖書研究および信仰をやめる意志のないことが表明され、校長は尚父親に面談する必要を感じていたところ、職員中には最早や父親と相談する必要なしとの声があがり、父親英次郎に面会することを断念して、敏彦に向って退校の命令を出した。

以上が校長直話による佐久間敏彦退校のいきさつである。なお附言すれば、右直話筆記には左のごとき照合状と回答状が交換されているという。

右は昨夜参堂親しく貴下の御高話を承りし次第を記載せしものに有之候処相違無之候哉為念御照合仕候也

明治二十五年十月二十五日

在熊本基督教信徒代表退校事件取調委員

渡瀬　常吉　㊞　古閑　武平　㊞

山鹿高等小学校校長　赤星為己殿

別紙御筆記の顚末意味精神に於て相違之段無之此段及御回答候也

明治二十五年十月二十五日

赤星　為己　㊞

古閑武平、渡瀬常吉　殿(8)

校長、取調委員双方の署名捺印をともなった交換文章である点に注目しておきたい。この事件が当時熊本では相当高い関心を集めていたことの証左と認識してもよいであろう。退校処分を決定するに当って学校当局は極めて慎重であった。すなわち校長赤星は郡役所に対して、処分理由について十分打合わせた後、「宗教を信ずるが為に退校せしむると云ふは宜しからざるも、校規を紊すの恐れありて校長教員の訓誨に従はざるときは之に退校を命ずべし」との郡役所の見解を確認して次のように退校報告を提出している。

当初当校生徒中に耶蘇信者四名を出せり、同人等は数々教室内に於て聖書を播けり、同人等は学校内に於て常に讃美歌を唱へり、同人等は専ら能生徒を誘導したる実跡あり、右は全校生徒に害毒を及ぼし且つ校規紊乱の恐れも有之、校長教員は数々之に訓誨を加へたる末三名は全く前行を改めたるも、独り佐久間敏彦は聊か改悟の念なきを確認し遂に退校を命ずるに至れり、此段及御報告候也

明治二十五年　月　日

山鹿高等小学校長　赤星　為己

山鹿山本菊池合志郡長　小橋　元雄　殿(9)

ここで佐久間敏彦について簡単に触れておきたい。佐久間敏彦の父英次郎は当時山鹿において代言人を職業としており、地方における有数の知識人であった。その経歴については詳らかにしないが、一八七〇（明治三）年肥後藩における藩政改革によって実学党政権が成立する時、藩費遊学生中特別の用件がある者の外は東京より帰国命令が出さ

れるのであるが、彼を含む三名は「僉議之趣有之留学被仰付候」[10]とて留学の継続を命ぜられている。そしてその父佐久間小一郎は細川家の家臣で御小姓役、三〇〇石の禄を食んでいたという。英次郎が山鹿に転居した年代は不明だが、熊本では実学派に属する一連の屋敷が立ち並ぶ本山村に居住していた。[11]このことから英次郎は、肥後実学派的思想と行動をとっていたことは明らかである。実事その子息敏彦は居住の関係からか山鹿高等小学校に入学させているが、敏彦の兄である隆には熊本英学校で教育を受けさせている。隆は英学校の後は第三高等学校で学んだという。[12]熊本英学校が大江義塾の教育的伝統を継承しており、同時に民党的色彩を濃厚にもっていたことを確認し、さらにこの学校で奥村事件がこの年発生している事実を考慮すれば、子息をこの学校に入学させた佐久間英次郎は、その代言人としての社会的地位に鑑みても、保守派から批判攻撃の対象とされるに十分な社会的素因をもつ人物であったと考えてよいであろう。子息敏彦の退校処分はこの意味において父親英次郎への権力による批判攻撃の意味をもつものでもあった。学校行政の背後には松平知事の権力的行政命令があり、さらにその背景には熊本国権党があり、泥臭い日常的政争の奥には、些細なものでも見逃さないイデオロギー的相剋の冷徹な緊張関係を読みとることが必要であろう。佐久間敏彦は、このような父親の存在によって、全く他律的に、当時の公教育からはじき出される運命を自ら荷うこととなったのである。

該事件が提起されるに及んで、中央にあるキリスト者が活潑に動いている事実は、冒頭に記載した公開状によっても明らかである。かかる反体制行動の一環として、共に同志社に学び後に同志社社長としても同じ経歴をもつ熊本出身の横井時雄と原田助が当時の文部大臣河野敏鎌に対して、松平県政におけるキリスト教徒圧迫政策を糾弾している事実の資料を記載しておきたい。大臣訪問期日は一〇月三日である。

委員　頃日来諸新聞に掲載したる公開状に依て、既に御承知のことと信ず、則ち熊本県下に於て教育社会に起れる事件にて同県知事松平氏が、小学教員は基督教を信ずべからずと演説し、又同県山鹿高等小学校長は、基督教

聖書を研究したる故を以て、同校生徒某を退校せしめたるに就きて、大臣閣下の御意見を伺ふ事を得可きや
大臣　然ればなり、其一件は既に聞き及び居れり、先日来松平知事在京中を幸ひ、同人を招き事情を聞質したる所、同人の陳べたる所によれば、小学教員が基督教を信ずることを禁止する旨の演説をなしたる事なく、又山鹿高等小学校に於ける一条は、更に聞及ばざる所なれば篤と取調べ見る可しとの答なりし、松平よりは其後諸新聞にて正誤文を掲るとの事なりし
委員　横井は先日松平知事に面会し、質問に及びたる所同氏は答へて、自分は演説中に小学校教員の政党に加入する事を禁ず、又宗教に熱心するは宜しからず、小学教員は成るべく宗教を信ぜざるを善とす、とのことを公言したりと明かに申されたり、右の答弁は新聞紙上に掲載したる処、及自分共の他より聞知したる所と少しく相違ありと雖も、今仮りに知事の云ふ事に過ぎずとするも、熊本県下の如き保守的思想の盛にして基督教に反対する精神の烈しき地方に於て、知事の口よりかゝる演説をなすに於ては其効力殆ど之を禁止すると異なるなし、今自分共が大臣閣下より承り度所は、文部省の御趣意は果して松平知事の演説の如く、小学校教員亦は生徒が宗教を信ずることは、成るべく止る様にせよと云ふにあるや、如何伺ひたし
大臣　文部省教育の方針は、勅語に基き徳育を施すにあれば、教員が職務上、此の主意に障害を与ふる場合には、其職を免ずることあるは勿論なり、又教員の政党に加盟することは、実際に弊害ありと認むる故に之を聡さゞるなり、信教の事に至ては、文部省管理外の事にして、之を一個人の自由に放任して問ふ処に非ず、左れば教員が仏教であれ、耶蘇教であれ又無宗旨であれ、文部省に於ては関する所にあらず
委員　今般の一条に類したる事柄は独熊本県のみならず、各地に於て往々耳にする所なり、畢竟中央政府の御趣意のある処を誤認したるより生ずることを信ず、依て今朝問答の大要を記し、之を公けにして差支へなきや
大臣　差支なし(13)

右資料から明らかなように、すでに河野文部大臣は松平知事と面談を済ませており、山鹿の事件について善後策も十分打合せていると推測できる。しかしこの場合、文部大臣としてもこの事件に関してはある程度の認識をもって対処しなければならない程の、キリスト者の批判的行動があっている事実を指摘することが重要であると思われる。

このような中央での動きに触発されてか熊本でも、中山忠恕、渡瀬常吉、古閑武平の三名の信徒代表委員が県庁を訪れて、松平知事と交渉をしている。一一月二日のことである。

委員　予等は在熊本基督教徒の代表者として山鹿高等小学校生徒退校事件を取調べたるに、県庁の取調と称して世間に流布する所とは事実相違の廉を認めたれば、県庁に於て実際取調へられたる事実を承り、兼て生等取調の結果をも御参考に供せん為め罷出てたり、御取調の結果果して如何

知事　其事は他の理由あるに非らす、即ち学校中にて讃美歌を歌ひ聖書を持参し強て他の生徒を耶蘇教に誘引したるを以て校長教員は再三之に説諭を加えたる処、三人は其命に従ひしも佐久間某一人は之に従はざりしを以て遂に退校を命じたる訳にて、且県庁より属官を派して取調べしも右の三要件の外に事実なしと復命せしを以て今日迄其侭になし置きしのみ

委員　然らば生等の取調べし処とは大に相違する所あり、何となれば校長教員の説諭訓誨の中には讃美歌を校中にて歌ふことを止めよ聖書を持参する勿れ、他生徒を誘導する勿れと云ひしこと一回だもなく、却て基督教の信仰を止めんとしたる事実あるを見るのみ、而して佐久間は其信仰の中止を肯んぜざりし為め退校せられしものにて更に校規を紊したるが如き形跡あることなし、果して然らは退校せらるへき理由なしと思はる。貴下のお御意見如何

知事　君等の語る所は同校長の報告書に照らすときは少しく信じ兼ねる稜あれども、若し君等の云ふ如くならは退校せしむる訳には行かぬが、併し同校長よりは県庁には前の三要件ありし故に退校せしと報告しながら諸君にはそれに異なる事実を答へしとは可笑しな校長と思はる、併し其取調の事実を一々承るも面倒なれば、其取消書

の写を貰ひ置きたし、左すれば尚此方にて再度取調べ見るへし（此時委員は取調書の写を知事に渡せり）
委員　御参考までに申置くが学校にて讃美歌を歌ひしと云へることは事実なれども、元来或る教員は譜附の讃美歌を持来らば之をオルガンにて奏し見せんとて或生徒に持来らせ之を奏せしこともありしと云ふ位なれば、察する所放課時間には生徒教員共に時々歌ひしことありしなるべく強ち之を退校の理由とはなし難しと思ふ。
委員又曰、若し我等の取調べし処を其の事実とすれば退校せられし生徒は非常の不幸なるを以て貴下に於て復校せしむる様御取計ありたし
知事　然り若し其生徒にして勅語を守り学校の規則に従ふ以上は無論復校を許すべきものと思ふ
委員　文部大臣及貴下の方針は小学生徒が其自宅に於て父兄の命に従ひ基督教を信じ聖書を研究するには無論構ひなきことゝ思はる如何
知事　勿論若し基督教信者の子弟が聖書を研究し、基督教を信じたりとて退校を命じなば、仏教信者の子弟をも神道信者の子弟をも退校せざる可らず、然るときは小学校は成立せざるべし、文部大臣の方針も左様のものにあらず
委員　然らば充分事実御取調の上何分の御処置ありたし
知事　承知せり、尚次手《ついで》なれば一寸諸君に御注意申すが、余は基督教家が政党と連絡する様のことあるを望まず、基督教は凡ての政党の上に超然たらんことを望む、何となれば一の政党に連絡すれば他の政党に憎まれ其上宗教の目的を失することゝ思はる
委員　勿論予等の眼中には政党なし自由党であれ宗教上には区別なければ予等は少しも政党に関する処なし
知事　余が先頃基督教禁止の演説をなせし抔東京の横井氏等が八ケ間敷云へり、元来当時の演説は汎く宗教を意味せしものにて、且つ宗教を信ずべからずと云ひしにあらずして、宗教に熱中して教員の職務を欠くことあるべからずと云ひ、且つ誤解なき為め或る所にては南無阿弥陀仏、南無妙法蓮華経等をも校内にては唱ふ可らずと云ひしこともあるに、世間には往々誤解して基督教のみを云ひしとするものある由にて甚はだ困り入るなり。

委員　去ればなり貴下が嘗て基督教禁止の演説をなせしとて世間に喧伝せし故余等は如何にも不審に思ひ居れり、何となれば貴下は嘗て宮城県に令たりし時には基督教徒の事業を賛助し、且は彼の地伝道師等とも交際して基督教の何たるを解し居らるゝ筈なるに、当県に転任して間もなく基督教禁止の演説をせらるるとは合点の行かぬこととは思ひ居りしなり。

委員語を経て曰、貴下には別段基督教禁止の演説せられざりしならんも、元来宗教と云へば世間には基督教との み想ひ居る処に、貴下が宗教云々の演舌をなせし故遂に貴下が基督教を禁止したると誤解するに至りしも無理ならぬことにして、上に在る者の云ふことは中々下には強く響くものなれば思掛なき誤解に陥ることを免れず、今後とても充分御注意ありたし

知事　固より此方に於ても充分注意し居る積りなるが、本県下には基督教に反対するものも多ければ余が演舌を奇貨としてキリスト教を禁止せしものの如くいひ漏らせしもありしならんが、余如何でか基督教を禁するの権あらんや(14)

あえて長文の煩労をも厭わず、中央と地方におけるキリスト教徒の対文部大臣、対知事に対する二つの抗議行動を記載したのは、該事件のもつ規模と雰囲気とを伝えるためであって、このことによって状況が変化したことを指摘するためではない。対応における当局の柔軟とも云える意見開陳にもかかわらず、史実はキリスト者にとって一層冷酷な方向に傾斜し、これらの抗議行動の予期された成果は皆無に等しいものであった。

右のキリスト教徒代表者の対談内容を吟味すれば、文部大臣は知事に、知事はさらに当該校長に、それぞれの自己の責任を転化して平穏の中に事を納めんとする意図は明白である。されば、熊本においてはたび重なる知事への、また郡役所への抗議行動が活発化する状況において、退校処置を直接取扱った校長の立場は、上と下からの文字通の板狭み的存在となった。このような経過の中で校長赤星為己は、先般来在熊本基督教信徒代表退校事件取調委員に示した校長直話筆記文を取消す事態に立至ったことも、けだし当然の成り行きであった。その理由は、「当初御示しの文

面とは相違の稜も有之、特に其節も御話申上候通り退校の理由は郡長への報告の三ケ条（学校内にて讃美歌を唱ふる事、聖書を携へ来りて之を誦読する事、他生徒を誘導する事）に止り其他の談話は退校の際に臨み小生等教員が佐久間敏彦に対し世話致したる顚末にて退校の理由には無之候、然るに其節は何たる御質問もなくして新聞誌上にては読話中三ケ条の事に付論説を加へたる廉なし云々を以て御咎め相成候等不得其の意事ともに御座候」[15]というのであった。これに対して委員側は、「三ケ条の如きは学校に於て厳禁たる次第に御座候得ば、此禁を犯せし当時直に何たる御処分ありて可然事にて、聖書の研究を中止し其信仰を中止する御説諭無之とも宜しかるべく且又郡役所へ御伺の必要も無之事と存候、畢竟其何たるに関らず貴下が聖書の研究を中止せんとするのみならず、信仰の中止を説諭せられ候は事実明白の事にて、貴下の談話に於て確証有之候次第なれば、今日に至りて彼是の御申分如何にも其意を得ざる事に御座候」と、かえって反駁し、「御証明取消の儀は正当の理由無之候ては到底貴命に応じ難く候」[16]として撤回申し入れを拒絶したのはけだし当然であった。

ところでこの事件は、一生徒の退学処分のみですべてが解決した訳ではなかった。学校の教育機能の一時停止という後遺症を残したのである。以下このことについても触れておきたい。

当時の高等小学校は森有礼の文教政策に基づく一連の学校制度改革によって創設されたもので、山鹿高等小学校も一八八七（明治二〇）年四月、山鹿郡山鹿町（現山鹿市）に創設された。一八八九（明治二二）年四月の市町村制実施という地方行政組織の整備によって、山鹿郡は一八の町村より成立し、山鹿高等小学校は郡下唯一の公立高等小学校であった。当時県下には二三の高等小学校があり、高等小学校と云えば、「其の校長は無論一郡一地方の権威者であった。未だ郡視学の設置を見なかった当時においては学務担任郡書記と相並んで地方教育会（界）の先覚者であり指導者であった筈である」[17]とされている通り、公立学校としての最高学府であり、特に郡部においては社会的に高い評価が伴っていたと考えられ、通学生も階層的に高位であったと推測される。されば高等小学校は地方における文化センター的役割を果していたとするも決して過言ではないだろう。校長人事、職員構成、学校活動ことごとくが地域社会の関心事であったに相違ない。

さて問題は、佐久間敏彦の退校処分が社会問題化して、双方の相剋が最高潮に達する一一月に表面化した。すでに述べたように、山鹿郡は一八町村より成立し、郡内唯一の高等小学校の維持運営は、各町村より拠出する資金によって賄われ、実際の維持運営は各町村より選出された学校組合委員によっていた。すなわち政争が最も絡みつき易い体質をもっていたのである。すでに四月の新聞記事に「彼れ破壊党は昨年来種々の奸策を運らし私立城北学館の維持を図りしも校運衰頽今や全く自滅の姿なるのみならず山鹿高等小学校長赤星氏が国家教育の旨義を固執し其教育に熱心なるを忌嫌し如何にもして之を倒さんとの奸策を巧み居」(18)る、といった国権党側の論評があり、この内容から推測されるように、学校をめぐる彼我の政争はすでに永い経過をもっていたのであった。

同地の壊派は元来高等小学校を倒して自党の機関たる城北学館の衰頽を挽回せんとの野心あるより是れまで該校に対しては種々の破壊手段を試みたることは隠れもなき事実なるが、若し該校を倒すことの恊はざるときは其職教員を悉く己れの党員にて占有し一の政党機関学校となさんとの下心ありしかば、過ぐる九月二十九日山鹿町にて組合会組織会を開きしとき山鹿町委員江上定雄氏は校内に大改革を施して総ての職教員を一変するにあらざれば組合に加入し難しと陳へしも他の多数委員は容易に之を承諾する模様なく、郡長の如きし校内の職教員任免の事と組合会組織の事は別種の問題なりとしていたく之を排斥せしかば江上氏も山鹿町のみ独転《ママ》を為しては不得策なりとや覚りけん翌三十日の会に於ては忽ち前説を翻へし山鹿町全体の意見は組合会に加入する精神なるが、就ては各町村二名宛の組合議員なるを山鹿町に限り三名とする事、山鹿町長林秀謙氏(壊派)を組合長とする事の二条件を要求すと陳へしに之に賛成する者は唯だ壊派一味の委員のみにて、其他委員の多数は勝手自侭の要求なりとして之に反対し公平なる均一説を主張して議論遂にまとまらず、遂に郡参事の裁決を仰ぐに決して散会せしも組合会の性質は各町村の合意にて纒まるべきものにして郡参事の裁決すべきものにあらざれば本月一日を以て更らに委員の集会を開きしに皆な固く前説を執りて動かず遂に再び散会の不幸を見るに至れり。於是均一説を主張せし九ケ町村委員は万已むを得ず別に合意の組合会を組織するの議を決し組合規約を製定して県庁に出願し直ちに其認可を得たるが壊派の委員は之を聞きて一方ならず落胆し、赤星敬吉、井上太郎七、星子貞雄、高木保次の四氏は狼狽のまま直ぐさま出熊し本月四日県庁に出頭して松平知事に面会を求めたり。[19]

右資料が国権派機関紙の報道であることから内容の信憑性に疑義あること勿論であるが、高等小学校運営をめぐる双方の角逐は大筋において報道の通り進行した。かくして学校組合会は分裂し、来民町を中心とする九町村は知事認可をとりつけて高等小学校運営の実権を掌握し、山鹿町を中心とする八か町村は民党的動きを呈したが故に学校運営からはじき出される結果となった。前者に属する町村には来民町をはじめ、稲田、生田、岩野、広見、三岳、平小城、千田、米野の各村が所属し、山鹿町列には、山鹿町をはじめ米田、中富、大道、六郷、八幡、川辺、三玉の各村が構成単位となった。[20] かくして、山鹿町系八か町村は事実上組合から除外されて、その子弟は学校登校が拒否される状況となったのである。この間山鹿列は郡役所に、あるいは県庁に出頭して局面打開に努力するのであるが、意のごとく事は運ばず、遂に登校を拒否された子弟のために、一一月一七日より山鹿尋常小学校において、放課後を利用して独自に補習授業を開始する始末であった。ところが郡役所はこの山鹿町列の行為に対して、左のごとき補習授業の停止を命じたのであった。

山鹿町尋常小学校に於て授業時間外山鹿郡高等小学科の生徒を集めて復習の事業（授業か）を行ひ候旨本月一七日付を以て届出有之候処定規の授業時間外たりと雖とも高等小学校科の併置は勿論補習科設置の許可を経さる尋常小学校に於て適宜に高等小学科の生徒を集め復習の授業を行ふは固より成規の許さざる所に候條右復習の授業は直に停止すへし

右訓令す

明治廿五年十一月二十一日

山鹿山本菊池合志郡長　小橋　元雄　㊞

山鹿町長林秀謙　殿(21)

右の訓令に接した山鹿列は町長名儀にてさらに停止訓令の旨意を明示すべきを請い、伺書を提出した。これに対する返答は次のようなものであった。

本月二十一日付伺尋常小学校に於て高等小学校科の生徒を集め復習云々の件は生徒父兄の請求たりと雖とも高等小学校科の併置は勿論補習科設置の許可を経さる尋常小学校に於て適宜に高等小学科の生徒を集め復習の授業を行ふは成規上不相成且尋常小学校教員職務の権限外に於て右等復習の授業を承諾するは成規の許さざる所に付直に授業を停止すべき儀と心得べし

明治二十五年十一月二十二日

山鹿山本菊池合志郡長　小橋　元雄(22)　㊞

更に郡役所課長名にて次のような照会状を発して復習に関する手続書を差出すよう命じている。

町村立小学校職員は二十四年十一月文部省令第二十一号小学校教員等職務及服務規則に基き府県知事の監督内に於て正当に其職務を執行すへきは勿論の次第に候処本月十七日付の御開申並に仝二十一日付御伺の趣に依れは高等小学校の併置は勿論未た補習科設置の許可を降さる山鹿尋常小学校の職員等は適宜に父兄の請求に応し高等小

学科の生徒を集めて復習の授業を行ひ候旨に有之右は職務の権限外に脱出し町村立小学校教員として更に有之間敷所行に候條右に関する手続書一通宛速に取調させ直に御差出有之度郡長の旨に依り此段及照会候也

明治二十五年十一月二十二日

第一課長　河瀬　弘　㊞

山鹿町長　林　秀謙　殿[23]

右のような郡役所からの厳重な訓令をうけて、山鹿町村の子弟は一一月二六日限り復習授業も拒否されてしまったのである。当時の全生徒三五八名中、授業拒否を受けた山鹿列町村の子弟は二三六名約六六%に当るのであった。以上の経過を経て、再び双方和解が成立し全郡町村が曲がりなりにも一本化するのは一二月上旬も中途を過ぎてからであった。そして山鹿郡高等小学校組合議員が全郡一八か町村各二名宛選出されて、学校教育が軌道に乗るのは歳の瀬もおし迫った下旬に入る頃であった。必らずしも正確な数字であるとは思われないが、組合議員総数三六名中国権派選出一九名、自由派一七名であったという。[24]もしこの数字の信憑性を疑わないとすればその差は極めて僅少であり、一名が自由派に移動すれば両派全く均衡を保つという状況そのものが政争の現実的厳しさを物語っているといえる。このことを理解するために、山鹿郡内岳間村でおきた、いわゆる岳間事件の概要を記しておきたい。

山鹿郡岳間村（現鹿本郡鹿北町）では、一八九二（明治二五）年五月一日の第二回村会議員選挙当時の政党分野は国権党五部落、自由党が七部落を占めていて、全体的には自由党勢力が優位にあったという。ところが選挙に際して、国権党側は投票に不正が発見されたとして選挙無効を提訴し、これが勝訴して再選挙となった。当時の選挙風景を町史は次のように描写している。

国権党の壮士大森組の暴力は次第に悪質になって、婦女子特に改進党員（自由党員）の妻を拉致する事件が起るに至って、とうとう堪忍袋の緒を切って、改進党も壮士を雇い入るることに踏み切り、黒木町本分から若松組を迎えて、国権党の大森組の暴力に対抗させたことに対して、国権党を刺激して遂には発砲事件にまで発展した。国権党側の大森組の壮士たちと、改進党側の若松組の壮士たちとの間に大乱闘となり遂に改進党側は銃器を持ち出して射撃を加えて来たので、国権党側もこれに応戦し双方収拾がつかなくなったが、警察と憲兵が中に入って大事に至らずに一応おさまったが、憲兵（改進党側）は国権党に、警察（国権党側）は改進党に対して干渉してそれぞれ、応援をする形となった。[25]

この描写が如何ほどの客観性を保っているか保証できないが、その雰囲気は理解できるように思われる。「五月以来五ケ月の長期に亘る政争に男や青年たちも殆んど仕事が手につかず農地も部落も荒れるにまかせていた」状況もあながち否定できないものがあったと推測される。結局選挙が流れること数回に及び、最終的に決着がついたのは一一月初旬であった。五月から約半年、この長期に及んだ政争は今日岳間事件と呼ばれて明治期における代表的政争事件として広く世に知られている。附言しておきたいことは、選挙の結果は自由党系の圧勝に終り山鹿高等小学校騒擾が終息に近づく頃山鹿町列に加入していることである。このことは明治二五年段階においても、民党系の勢力がまだこの地方に根強く残っていたことの証左でもある。それ故に国権党側の攻撃も熾烈にならざるを得なかったのであった。

「当時の山鹿、山本両郡はかっての植木学校の伝統をひき、相愛社関係の民権派が拠点とするところであった」[26]とする評価を、十分に裏付ける資料を筆者はもたない。ただ山鹿町長の林秀謙は、実学党県政下、一八七二（明治五）年の学制公布当時、飽田、託麻両郡を範囲とする第一中学区の学区取締長を務めており[27]、白川県権参事、県会議員を歴任した民党派の指導者であったことは記しておかなければならない。そしてまたその理由を詳らかにしないが、町村制施当時、来民町長には、九州改進党の組織者で衆議院議員に当選した山田武甫を、山鹿郡川辺村長には同じ系統に属する嘉悦氏房を立候補させるという風説があったという。[28]さらにまた山鹿においては、旧九州改進党が民党の一翼を形成していく過程でたびたび開催された親睦会が、一八八五（明治一八）年、翌一八八六年、一八八八（明治二一）年に開かれており[29]、民権派の強い地域であったことは間違いないようである。該事件で積極的に動いた江上定雄、井上太郎七にしても、当時民党派の指導者であった。また当時の山鹿が地形上県外文化の輸入経路として重要な位置にあったことを考えれば、当然そこには革新的気運が醸成されていくことも容易に推測できることである。

さて明治二〇年代前半期における教育の政党的性格について次の資料が理解を深めるであろう。

一、市町村制実施ノ前後ニ際シ県下政党競争ノ熱度ハ実ニ一層ノ激昂ヲ加ヘ市町村長ハ勿論其他ノ吏員、議員ニ至ル迄政党ノ関係上ヨリ推選（薦）セラレザルモノハ実ニ殆ンド稀ナリ。故ニ精神以テ市町村ノ実益ヲ冀図スルモノノ如キモ或ハ種々ノ情実ニ掣肘セラレ多クハ十分ノ伎倆ヲ顯ハスコト能ハズ。殊ニ民力休養、諸税節減ノ説ハ当時籍リテ以テ自己ノ党派ヲ誘導セシ唯一ノ手段ナリシヲ以テ一旦推選セラレテ市町村長若クハ議員等ノ職ニ就クヤ必ズ幾分ノ市町村費ヲ節減セザルヲ得ザルノ勢アリ即チ多クハ教育費ニ向テ第一着ノ減殺ヲ試ミタルハ実ニ憂フベキノ影響トス。

一、市町村制実施ノ始メニ当リテハ諸般ノ事務頗ル繁雑ヲ極メタルノミナラズ続テ県会議員半数ノ改選並ニ衆議院議員ノ選挙アリ。町村長ノ如キモ或ハ之が競争ニ関渉シ教育事業ノ如キハ殆ンド之ヲ放棄シテ顧ミザリシモノモ亦尠カラザルガ如シ。且町村長ノ如キハ就職概ネ日浅ク多クハ未ダ失当ノ処置ヲ免レザルモノアリ。殊ニ学校令ノ改定大ニ遷延シテ学路ノ方針モ亦未ダ全ク確定セザルモノアルガ故ニ鋭意教育事業ノ改良整頓ヲ冀図スルモノノ如キモ一時逡巡躊躇ノ情態ヲ免レザリシハ亦実ニ掩フベカラザルノ影響トス[30]。

近代国家への編成過程において、市町村制の実施は、地方における政治的緊張関係を一層煽る方向に機能した。決して高い次元においては考えられない政争が日常化するこの期の教育は、停滞と混迷の中に己の姿を具顕するのであって、教育における「進歩の観念」を厳しく拒絶するものであった。そしてこのことは市町村制導入の三年後の当時もさして状況の変化はなく、ただ大勢的展望にたてば明治絶対主義教育体制はこの混濁たる状況の中に確実に整備されていった。もちろんそこには体制的進行をはね返すだけの反対勢力の教育的展望と理論構築が欠落していることは明白であった。

註

一 熊本における教育と宗教との衝突（一）―奥村事件を中心にして―

1、はじめに

（1）船山信一『日本の観念論者』英宝社　昭和三一年刊　一一三頁
（2）『勅語衍義』を井上哲次郎が執筆するようになった経緯について、江木千之は次のように語っている。「勅語衍義を書いて残して置く必要があるといふので、之を誰に書せたらよいか其れが文部省の一問題になった。恰度井上哲次郎君が洋行帰りのパリパリで年はまだ若いが格別欧米酔派でもなし、固陋者流では素よりなしといふ処から芳川文部大臣を始め世間の人も此の人ならば必ず善からうといふ事になった。其処で芳川文相が国体といふ事に就て二、三問答をして見ると成程これならば仔細なく此の任務を果すであらうといふ見極めもついたので、勅語衍義の起草を井上君にやらすことになった。」『明治以降教育制度発達史』第三巻　一二二頁
（3）船山信一『増補明治哲学史研究』ミネルヴァ書房　昭和四〇年刊　一六〇頁
（4）井上哲次郎「教育と宗教の衝突」『明治哲学思想集』所収　筑摩書房　昭和四九年刊　一一四頁
（5）同　一二八頁
（6）同　一三〇頁
（7）同　一三三頁
（8）巖本善治『女学雑誌』では「熊本英学校事件」として記載している。奥村禎次郎が無名の青年教師であることを考慮すれば、全国的にはこの呼び方が一般性をもつと思われる。第三〇五号　明治二五年二月二〇日発兌
（9）辻橋三郎「『奉教趣意書』の成立とその後」『熊本バンド研究』所収　みすず書房　昭和四〇年八月刊　一九八頁
（10）武田清子『人間観の相剋』弘文堂　昭和四二年刊　二三三頁

（11）同　一二八頁
（12）明治二〇年から二八年まで発行、全八七号　熊本関係では浮田和民　森田久万人　金森通倫　山崎為徳　小崎弘道　下村孝太郎　宮川経輝　奥村禎次郎などの投稿が数多く掲載されている。同志社大学が全巻をゼロックスで複写して利用可能としてから数年しか経過していない。徳富健次郎の最初の活版印刷「孤墳之夕」は、明治二〇年五月刊の第二号に載っている。関係研究者は、まだ掘りつくされていない宝庫である、という。
（13）無署名であるが、柏木義円のものであることが実証されている。なおその前号五九号にも同題の巻頭言があるが、論旨、内容、主張すべての点で六〇号のそれにおとる、といわれ柏木の文章ではないとされている。同志社大学人文科学研究所編集『人文科学』第一巻第二号「『同志社文学』の文献的研究」一九六九年八月刊　一四一頁

2、奥村事件・その背景と経緯

（1）前掲『人間観の相剋』一四九～一五〇頁
（2）森田誠一「熊本県における政党の対立」、吉良敏雄「政党活動とその社会的基盤」参照『熊本県議会史』第二巻所収　昭和四三年刊
（3）『民党』号外　二月一日の創刊号には徳富猪一郎「撰挙人民に告ぐ」という檄文などの記載があり、また熊本英学校大迫真之、柏木義円の投稿もある。全紙不揃ではあるが貴重な資料である。マイクロフィルム所収、熊本県立図書館蔵
（4）『九州日日新聞』明治二五年一月一〇日付
（5）（6）同　一月一二日付
（7）（8）（9）公文書としては現存しない。『九州日日新聞』二月三日付記事より引用
（10）同　二月九日付
（11）『百年史の証言―福田令寿氏と語る―』熊本日日新聞社編一九七一年刊七三頁　熊本英学校に関する資料が極端に欠如している中で、福田の証言は貴重である。
（12）「熊本英和学校教員解傭事件」大木喬任文書書類二八　国会図書館蔵　「熊本英和学校」とあるのは明らかに「熊本英学校」の誤記である。
（13）前掲『百年史の証言』七四頁
（14）『女学雑誌』第三〇四号明治二五年二月一三日発兌　七二〇頁
（15）『九州日日新聞』二月二日付には次のような広告の掲載がある。「近日発兌の文海思藻には『惑を弁して我党の主義を明にす』と題す

る熊本英学校教員柏木義円氏の雄編を掲載して当地二、三新聞記者の惑を排するのみならず、別に又『忠君と敬神』『愛国と愛人』なる二編を掲けて公平なる大方諸君の講覧に供せんと欲す」ここでいう『文海思藻』は英学校の校友会雑誌である。柏木の奥村事件についての見解と姿勢を知る上で貴重な文献と思われるがこの号は現存しない。とにかく柏木はこの頃主として文筆活動で多忙を極めているものと推測される。

(16)『同志社文学』第五一号　明治二五年二月二〇日発兌　二～四頁　同志社大学蔵
(17)同　第四九号　明治二四年一二月二〇日発兌　四〇頁
(18)『九州日日新聞』　明治二五年二月九日付
(19)同　一月二九日付
(20)前掲『百年史の証言』七四頁
(21)前掲『女学雑誌』第三〇五号　二月二〇日発兌　七四五頁より引用
(22)『九州日日新聞』　二月一六日付
(23)前掲『女学雑誌』第三〇七号　三月五日発兌　七一四頁
(24)内村鑑三『余は如何にして基督信徒となりし乎』岩波文庫　昭和四八年刊　二六二頁
(25)『九州日日新聞』　四月二〇日付
(26)『同志社文学』五七号に『大江』第三号の広告があり、目次の掲載がある。また六三号には『九州教育雑誌』は『大江』と題する雑誌の改進せるもの也、とある。『大江』の二五年度の発行部数は一、二〇〇、『九州文学』は同二、三八四という。『熊本県教育史』中巻　四九三頁　昭和六年刊
(27)『九州日日新聞』　二月一九日付

二　熊本における教育と宗教との衝突（二）　—八代南部高等小学校不敬事件について—

(1)熊本国権党の教育活動については、本山幸彦「国権主義運動と教育活動」参照、ここでは国権党の前身紫溟会のもつ教育的側面へのすぐれた分析があるが明治二〇年代には触れられていない。（『近代日本の政治と教育』所収、ミネルヴァ書房、一九七二年刊）
(2)『九州日日新聞』「闢邪」　明治二五年九月二一日、二二日付
(3)『朝日新聞』昭和四五年一一月一九日付
(4)『熊本県教育史』、中巻　七六頁

（5）同
（6）同　七七頁
（7）『九州日日新聞』　明治二三年九月　二日付
（8）同　明治二五年九月二二日付　「耶蘇教徒の大不敬事件」記事より引用。なお『国教』一〇号には柏木義円「惑を弁じて我党の主義を明にす」が転載されており貴重である。
（9）柏木義円「再び井上哲次郎氏に質す」『柏木義円集』第一巻　三〇頁
（10）『九州日日新聞』「八代南部高等小学校不敬事件顛末」山鹿郡国家教育会　明治二五年一一月一九、二〇日付
（11）前掲『国教』一〇号　明治二五年五月一八日刊　熊本市安巳橋通国教雑誌社、一五頁、なおここでは「山鹿闔郡国家教育社員」となっているが、山鹿郡国家教育会と同一であろう。
（12）『九州日日新聞』明治二五年九月二八日付　「不敬事件顛末」
（13）同　明治二五年九月三〇日付
（14）『熊本新聞』明治二五年九月三〇日付
（15）『九州日日新聞』明治二三年一二月一八日付
（16）同　明治二五年一〇月六日　「教育界の国敵」
（17）この期『九州自由新聞』が存在しないので、『九州日日新聞』明治二五年一〇月四日付から引用した。
（18）同じ理由から、同　明治二五年一〇月一四日付　「聖影尊拝と偶像迷信」から引用
（19）同
（20）同　明治二五年一〇月一五日付
（21）同　明治二五年一〇月二〇日付

三　熊本における教育と宗教との衝突（三）―山鹿高等小学校生徒退校事件について―

（1）熊本英学校内九州文学社『九州文学』第二八号　三七―三八頁　明治二五年一〇月一〇日刊
（2）隅谷三喜男『近代日本の形成とキリスト教』九八頁　新教出版社　昭和二五年刊
（3）九州日日新聞社『百年史の証言』六六頁　日本ＹＭＣＡ同盟出版部　一九七一年刊
（4）『北村透谷選集』二六九頁　岩波文庫

(5)『熊本県教育史』中巻　七〇―七一頁
(6)「誅奸斬賊論　―　教育と宗教　―　」『九州日日新聞』明治二五年一〇月一三日付
(7)(8)(9)「耶蘇教生徒退校事件の詳報（第二）」『九州自由新聞』明治二五年一一月五日付
(10)『改訂肥後藩国事史料』巻十　五九八頁
(11)石光真清『城下の人』二七頁に「また一方には竹崎（竹崎順子さんの家）嘉悦（嘉悦孝子さんの家）三村、古荘（古荘幹郎大将の家）金森（金森通倫氏の家）横井（小楠の家）佐久間、並河、内藤、宇佐川、馬渕という進取的な実学派に属する人達が沢山住んでいた。小さな村ではあったが、このように一見識を持った人達が多く住んでいたので、「本山村」といえば人々から敬意を表されたものである。」とある。また一四七頁には「佐久間、並河の両氏は、もう五十に近かったが新たに出来た代言人（弁護士）になろうと勉強を始めた。」とある。龍星閣　昭和三三年六月刊
(12)佐久間家については、熊本近代史研究会員上田穣一氏の御教示による。
(13)「文部大臣と基督教徒との問答」『九州文学』第二九号所収　三六―三八頁　明治二五年一一月一〇日刊
(14)「耶蘇教生徒退校事件の詳報（第三）」『九州自由新聞』明治二五年一一月八日付
(15)(16)『九州自由新聞』明治二五年一一月二九日付
(17)前掲『熊本県教育史』中巻　二三六頁
(18)『九州日日新聞』明治二五年四月一日付
(19)同　明治二五年一一月一八日付
(20)この時点では岳間村は激しい政争のため委員の選出ができず、一一月下旬になって正式の選挙が行なわれ、民党派が勝利を修めた。その後岳間村は山鹿列に加入した。
(21)(22)(23)「高等小学生徒復習停止に就て」『九州自由新聞』明治二五年一一月三〇日付
(24)『九州日日新聞』明治二五年一二月四日付
(25)『鹿本町史』二五二頁　鹿本町役場　昭和五一年一一月刊
(26)『熊本県史近代篇第二』二七〇頁　昭和三七年刊
(27)「明治六年後年記」小国町役場資料
(28)前掲『鹿本町史』二四八頁
(29)水野公寿「旧九州改進党の再組織過程」『近代熊本』第一七号所収　昭和五〇年刊
(30)前掲『熊本県教育史』中巻　二三四―二三五頁

柏木義円と熊本

―奥村事件との関連において―

柏木義円（一八六〇―一九三八）は、群馬県安中教会の牧師としてその生涯の大半を過ごし、地味な布教活動を通して大衆に接した、いわば草の根のキリスト者である。体系的著作をもつて世に出た人でもなく、また目立った社会的活動をした人でもないので、その存在を知る人は決して多くはない。しかし彼が布教活動の手段として間断なく発行し続けた『上毛教界月報』(1)を通読すれば、そこには明治後半から昭和ファシズム確立期までの近代日本の激動期に生きた一日本人の、躍動する批判精神の生気あふれた軌跡がある。彼は日露戦争以降終始一貫して透徹した非戦論を展開し、ある時は警察の尾行に日常活動を束縛されながらもなお屈することなく　言論、思想の自由を格調高くさけび続けているもののごとくである。

心に神をもつものの精神の強靱さを人は否定しない。柏木の批判精神は、そこに根源を持っていることは間違いないのだが、しかし社会への深く鋭利な批判精神の涵養は、旺盛な知識欲と己に対峙する社会との主体的な闘争経験を要求する。(2)日本最初のマルクス『資本論』の完訳者高畠素之に英訳の『資本論』を貸し与えたことは柏木自身が語っているところであり、また彼が教会員を前にして『資本論』の解説をしている事実(3)は、その知識の幅の広さを知る一例たる資格を失わないであろう。

柏木は七九歳の生涯の比較的平穏な生活の中で、ただ一度、どうしても容認できない社会集団と主体的に直接対決しなければならない歴史のはざまにはまりこんだ経験をもっている。それは、僅か一年半にも満たぬ熊本の地においてであった。すなわち、熊本英学校を舞台とする奥村事件においてであった。彼はその若き日に体験したこの事件への回想を繰り返し『月報』に記載している。反動思想が権力を伴って迫ってくるときの危機感を、この体験を通してはっきり認識せざるを得なかったのであろう。そしてこの体験が、彼の生涯を貫く批判精神の基底に否定すべくもなく粘着していて、彼の言論活動の質を規定していったのではないかと思われる。柏木は奥村事件の後京都同志社に帰り、「臣民教育とキリスト教人間観との関係を日本プロテスタントの中では、最も厳密、かく良心的に分析し、一貫した抵抗を生涯を通じて行った」[4]人物として、当時の代表的国権主義イデオローグ井上哲次郎と論戦を展開し、明治二〇年代の思想史的課題たる「教育宗教衝突論争」に参加していく。ここに奥村事件とのかかわりの中で若き柏木義円における批判精神の形成過程をみていきたい。

一

奥村事件とは、明治二五年一月一一日、キリスト教主義教育を標榜する熊本英学校において、蔵原惟郭の校長就任式が挙行されたさい、教員奥村禎次郎が「本校教育の方針は日本主義に非ず亜細亜主義に非ず又欧米主義にもあらず乃ち世界の人物を作る博愛世界主義なり故に我々の眼中には国家なく外人なし況んや校長をや況んや今日の来賓をや予輩は只人類の一部として之を見るのみ」[5]と発言したとして、この内容が教育勅語理念に反するとして保守政党熊本国権党によって告発され、さらにこれを擁護する知事松平正直が奥村解雇命令を発して辞職させ、このため英学校そのものが知事命令の諾否をめぐって二分するという事件にまで発展した、熊本における教育勅語不敬事件である。

この期キリスト教弾圧を目的とする一連の不敬事件では、内村鑑三のそれが著名[6]である。この事件は内村自身が近代日本における代表的キリスト者であり、あくなき文筆活動によって今日人口に膾炙しているが、奥村事件は地方的なものとして研究テーマになることはなかった。しかし教育勅語不敬事件がやがて教育宗教衝突論争に発展する中で、その記念碑的刊行物であるところの、井上哲次郎の『教育と宗教の衝突』には奥村事件についての記述が重要な位置を占めているし、またこの著作そのものが熊本でおきている他の二件の不敬事件に触発されて上梓されたものであることが著者井上自身によって語られるとき、近代日本社会成立史の中でしかるべき位置が与えられなければならないと考えられる。

周知のように熊本は、日本プロテスタント史上三大潮流の一つに数えられる熊本バンド結盟の地である。(7) 小崎弘道、海老名弾正、浮田和民、横井時雄、金森通倫、蔵原惟郭などいずれをとっても明治期プロテスタント史に、名をとどめる人脈であり、彼らが熊本バンドの有力な構成員であることは指摘するまでもない。彼らが京都同志社の新島襄を推挙して日本組合基督教会を組織し、教勢の拡張を計ったのは明治一九年以降である。欧化主義的風潮の高揚を背景として、その若き日伝統的儒教倫理と異質の西欧的文化に触れ、キリスト教を識った郷里熊本の地に教勢拡張の基盤を求めるのは当然のなりゆきであった。すなわち彼等は熊本バンドの温床熊本洋学校の再興の意味も含めて熊本英学校を創設したのである。熊本英学校は海老名弾正を校長に迎え、付属女学校をも併せもつことによって、明治二〇年代を通じて特色ある教育形態をもって熊本教育史にその名を留めている。

明治のキリスト教思想が自由民権思想と親近性を示す史実を挙げることは難かしいことではない。(8) 明治一〇年代の熊本には徳富猪一郎が主宰する大江義塾があり、反国権主義的教育内容を濃厚に維持しつつ、いわゆる民権私塾的性格をもって存続していたが、徳富自身の上京を直接の契機として廃止されたのが一九年であった。したがって熊本英学校は大江義塾的民権思想の継承をも担って創設されることになる。この党派的性格が基底にあって、奥村事件の特質を形成している。

御地に在る一の強敵もなき学校ならば、熊本地方に勢力可有き学校とは相成申まじと存候。苟も勢力を有するに至らば、早晩強敵は校門を侵画に来るべしと存候。小生申迄も無之事なれ共、願くば速に学校の不偏不党、可然人材養成のみを以て本分とする事は新聞紙上に御開陳あるが上策かと存候。乍然御地に在る校友を得んとするに、到底不偏不党の人物あるまじく候。(9)

これは英学校創設期の海老名弾正にあてた新島襄の書簡の一部である。趣旨は学校運営における財政確立方法についての具体的提示であるが、その行間にお互いキリスト者として共生する感慨がにじみ出ており、同時にキリスト教主義教育定着の困難性を示唆しているように思う。しかし特にここで指摘したいことは、「御地に在る校友を得んとするに到底不偏不党の人物あるまじく」という新島の認識である。いま当時の熊本における人間関係の郷党的党派性の強靭さについて論証する余裕をもたないが、このことを無視して明治の熊本社会は語れないであろうと思う。新島の認識はまさに正確であるとしなければならない。そして党派的人間関係の軋轢は各種選挙期に激しく加熱されるのである。

明治二五年二月の衆議院第二回臨時総選挙は、松方内閣の内相品川弥二郎の民党弾圧のための露骨な干渉事件として著名であって、民権的地盤の強固な高知をはじめ九州の佐賀、熊本の選挙実態は政党間の軋轢の激しさにおいて全国的話題を提供するものであった。熊本においては、この選挙は熊本国権党と熊本自由党の抗争の形をとり、両党の相剋の中で数十名の死者、重傷者を出したといわれている。(10) 周知のように全国的には民党側の多数当選でこの選挙は終結するのであるが、熊本では国権党の圧倒的勝利で結末をみたのであった。すでに述べたように、熊本英学校は党派的には自由党的色彩が濃厚であって、前記奥村発言が問題化したのは、かかる政治的状況の中においてであった。したがって奥村事件の性格を政治的側面から整理すれば、松方内閣の露骨な民党撲滅政策を背景として、熊本国権党がきわめて意図的にひきおこした選挙遂行のための手段であり、教育問題が政争の具として利用された典型的な事例であると規定してよいであろう。

私立熊本英学校設立者浜田康喜

貴校教員奥村禎次郎は解雇すべし

右命令す

明治二十五年一月二十五日

熊本県知事松平正直(11)

この一件の通達をめぐって熊本英学校は大きくゆれる。そして総選挙直前学校当局はこの命令書を受諾、「法律は政府の施行する所、知事は天皇陛下の信任し玉ふ所、故に日本臣民としては一毛も国家の法律を破らず其職権を重んじ命令を奉せさるべからず……此命令を奉するが為に涙を呑んで多年教員として信任し兄弟として親愛する奥村氏を解雇するに至れるは実に痛心の至りに堪えず」という字句を含んだ「命令を奉ずるの理由」(12)を公表して奥村禎次郎を解雇したのである。この処置をめぐって英学校は分裂し、知事命令を拒否する一派は新しく東亜学館なる学校を創設して、信ずる教育理念の貫徹を計るのであるが、この知事命令拒否派の指導者が英学校校長代理として来熊していた柏木義円であった。

二

柏木義円は、彼自身の述懐によれば、京都同志社を卒え群馬安中教会初代牧師に就任して間もなくの海老名弾正によってキリスト教を知り、蔵原惟郭が所有していた漢訳書『天道溯源』を借読することによってキリスト教義の大略を理解したという(13)。明治一二年暮のことである。そして一七年一月海老名弾正より洗礼をうけてキリスト者となった。

したがって彼の宗教的回心は熊本バンド関係者とのかかわりの中で醸成されたものであるといってよい。受洗後同志社普通学校に入学して、『同志社文学雑誌』に数編の作品を寄せている。この中に「井上円了君仏教新論第一編ヲ読ム」と題する一編があって、井上円了が、キリスト教は感情の宗教であって哲理のそれではないと論難し、また愚俗の信仰は妄想であって道理分別なく唯信ずるものだと断じているのに対して、柏木は、「成程愚俗ノ疑ハ学者ノ疑ヨリ狭隘且ツ浅近且ツ淡白ナルナラン、然レドモ必ズ学者ノ疑ト同一ノ疑ヲ経ツシテ信ズルハ何故妄信ナルカ。各自各個其ノ心ノ状態ニ応ジ、其ノ心ニ確信ヲ起スニ必要ナ丈ケ思慮分別シテ之ヲ信ズルハ、コレ即チ真信ナリ。……信仰ナルモノハ先見ナリ決断ナリ識見ナリ覚悟ナリ」[14]と井上の所論を批判している。宗教を信ずるに愚俗の民であってはなぜ悪いのかとする、その一生を貫徹する柏木の宗教観の一側面の原型がここにある。また民友社系雑誌『青年思海』にも「茅屋ノ民ノ為メニ何ヲ尽ス可キカ」と題する一編を投稿し、「吾人ノ窃ニ自任スル所ノ平民主義ナルモノハ徒ラニ傲骨稜々在上者ヲ凌デ自ラ快トスルニ非ルナリ蓋シ茅屋ノ民ノ為ニ計ルニ在リ」[15]と述べて、大衆の中で生きる自己の立場を表明している。当時若き世代に広範な影響を与えた徳富猪一郎の平民主義の直截な引きうつしであろうが、当時の柏木の人間観を知る上で興味深い。己を愚俗として促え、茅屋の民の中に生きることによってキリスト教徒としての自己のあり方を確認していた柏木であった。茅屋の民の中に愚俗として生きるとの彼の自覚は、同時にその対極に敵対するものへの批判的意識を自覚させるものでなければならない。それは権威に対する抵抗意識の主体的自覚といってもよいであろう。かくて明治二二年同志社を卒業すると同時に同志社予備校主任となり、翌二三年一月敬愛する新島襄と永別し、その年の暮、熊本英学校長海老名弾正の組合教会伝道会社長転出のあとをうけて、後任校長が決定するまでの期間校長代理として、海老名の推薦をうけて来熊することになるのである。

柏木の在熊期間は、教育勅語公布直後の天皇制教育の確立期に照応する。「勅語ニ生レ勅語ニ死シ勅語ニ因テ進ミ勅語ニ因テ働クベキモノナリト、故ニ一挙手一投足ノ間モ悉ク勅語ノ支配ヲ受ケン事ヲ切望スルモノナリ、是豈ニ予一己ノ希望ノミニ止マランヤ、我日本帝国ノ国是ハ実ニ爰ニ在テ存スルニアラスヤ」[16]との知事の一句は、この期教育状況を伝えて余すところがない。このような雰囲気で奥村事件は提起されたのである。奥村事件は、奥村禎次郎の発言そのものが熊本国権党機関紙『九州日日新聞』の作意によるものであり、この事件の政治的性格を物語っているが、それはさておき、奥村発言中の「我々の眼中には国家なく」という一句が批判攻撃対象の焦点であることは改めて指摘するまでもない。したがって柏木は、まず国家とキリスト教的人間観との関係について見解を示さなければならない。

彼はまず「蒼々たる天唯一なり。百千の人百千の篆管《てんかん》を以て之を窺ふときは百千の小となる。宇宙の真理唯一なり。億万の人億万の心を以て之を観るときは則ち千億万の小真理となる。於是か此人の真理とする所は彼人の真理とする所に非ず」[17]として、立場による見解の相異は当然であると前提して、「個人、国家、宇宙豈其間に軽重ありて相戻らんや」[18]と述べ、この三者を統一する概念に「上帝中心主義」という表現を与えている。彼はいう。「神人の心あり明徳明なる所神の国に於て日の如く輝くに至る。人の徳は高大にして神聖決して犯す可らざるなり。良心凜として其声を発するや義人の耳には其勢力百万の雷霆よりも強大なり。其尊厳なる国家と雖も決して之を屈従すべからざるなり。上帝個人の心に顕章すれば其権威実に国家をして之に服従せしむるに足れり」[19]と。柏木はこのように個人の尊厳を説き、国家こそ個人に同化しなければならないものであるとして、「個人軽ければ国家亦軽し。国家は必ず個人の尊厳を認めざる可らず。教育は必ず個人の尊厳を発揮して大に之をして自重せしめざる可らざるなり」[20]と説く。一方国家とは何なのか。彼はいう。「明君、賢相、聖賢、君子、智者、学者、志士、仁人の良智良能は即ち是皇天上帝の影像なり。国家の性格は即ち此影像の顕章せしものに外ならず、於是か国家の天職始て顕る。国家の天職は即ち皇天の意志なるなり」[21]と。国家の性格が上帝の影像であるならば、個人はまた国家に統一せられなければならず、その国是に同化しなければならない。故に国家の完全な機能を期待するためには、個人は国家に殉ずるの献身犠牲的精神が要請されるのである。またこのような関係において国家は上帝の顕章たる宇宙に帰向しなければならない。それは、太陽が太陽系の中心であるけれども太陽系自身は宇宙の中心に帰向するが如くである。故に柏木は、これら個人、国家、宇宙の三者を次のように要約しなければならなかった。

要之するに私心を去て公道に就き、身を献して国家に殉するの覚悟なきものは、これ個人の神聖を重するものに非るなり。唯々諸々自ら確立する所なく、国家の為に其良心を蹂躙せらるゝものは決して国家を重するの民に非るなり。個人を以て国家の機械視し、敢て国家の権威を濫用して個人の神聖を蔑如し、之を無にするの挙動あらばこれ国家自を毀つなり。吾人は国家を重んして個人を重んし、個人を重んして国家を重んするの精神を発揮せんことを欲するなり。国家主義可なり、個人主義可なり、宇内主義亦可なり。吾人は上帝中心主義を確守する所のものなり。皇天上帝は真理の活現なり。道義の活象なり。真理活現して国家に在り。道義活現して個人に在り。共に尊重せざる可らず。(22)

ここに柏木が、国家主義と個人主義は対立概念として把握さるべき性質のものではなく、等しく神性の活現としての聖意を得て相互に他を補完するものであると説くとき、この期キリスト教批判の拠って立つ国家主義国権主義的論理を一応は論破することに成功しているようにみえる。しかしながら「政党上に於ける国家主義、個人主義は我党の教育主義に関係なきものなり」(23)と述べなければならないキリスト教的解釈は、具体的に政治現実として有効に機能する場を持たないことも同時に指摘されなければならないものであった。それにしても柏木の論理が宗教的理想主義に色彩られるものであったとしても、「唯々自ら確立する所なく国家の為に其良心を蹂躙せらるゝは決して国家を重ずる民にあらざるなり」と述べるとき、彼が把握している近代的人間観は高く評価しなければならない。「唯国家の人たらしめんことを期して宇内の人たるを思はず、家族中の人たるを思はず、甚だしきは個人の神聖を蔑如するものあり。此の如きを以て国家教育主義と為すものあらば、吾人は正しく其の正面の敵なり」(24)と公言してはばからない柏木であった。

個人と国家との関係を論じた後、彼は教育とキリスト教について次のように説く。そもそも宗教とは、人間存在の基盤たる「道」に関する自覚であり、それは人生の中で瞬時も忘却できないものである。教育とは何か。教育とは永遠を期するものであり、内を啓発するものであり、人をして道を信じ道を体得せしむるものである。故に教育は宗教的精神によってこそあるべき姿を具現する。現今の宗教（キリスト教）排撃の根底にあるものは、迷信を以って宗教と誤解するか、教会の信仰条目を以って即宗教と誤解する立場に外ならない。キリスト教とは何か。キリストは十字架の死前に臨んだ時ただ皇天の聖旨を奉行せんとする至誠以外の何ものをも示さなかった。キリストを以って「聖の聖なるもの」とするは天下識者の常識である。そしてキリストは何よりも「道」の尊厳を強調するものである。故に道に身を挺し死をもって道の操守を要する覚悟なきものは教育者ではない。かくて柏木はいう。「道の尊厳を畏敬し正義公道の世を征服するの大勢力あるを確信するものに非れば、決して社会の先導者たること能はざるなり。人に神の肖像あり。兇悪尚ほ聖賢となる得可しと確信するものに非れば真成に人を教育する能はざるなり。此確信嘗て基督程強大なるものありしや。上に天父の慈愛あり、下に人に神の肖像あり、教化施す可きあり。之を信じて能く神に事へ、能く人を愛し、真理全勝の確信を以て身を犠牲にして神と人とに許す。身に人間の理想たる品格を実現し、心に神と同一なる聖至なる意識完成せる耶蘇基督　実にこれ宇内無双の大教育家たる資格に非ずや」[25]と。教育とは別の表現をとれば、人間における至善、至美、至智を啓発するものの謂でもある。人間に至善あり、すなわち神の肖像ありとの確信は、教育家にとって欠くべからざるの資格といわなければならない。この信念なくして教育はなく、さればキリスト教精神による教育は、あるべき教育の真意に最も適するものである。かくて柏木はいう。「宗教とは何ぞや。死生を貫て離る可らざるの大道是なり。天の命之を性と謂ひ、性に率ふ之を道と謂ひ、道を修むる之を教と謂ふ。天を信じ人を信ずるのみ。教育家必ず深く確信するの道なかるべからざるなり」[26]と。柏木が教育を語るとき、教育における、倫理的側面の強調に終止するのはやむを得ないことであった。そしてまた教育と宗教を論じるに「天命之謂性。率性之謂道。修道之謂教」という『中庸』からの引用を当てるのをみるとき、柏木におけるキリスト教と儒教との関係は新たな研究課題を提起しているように思える。

奥村事件が教育勅語不敬事件である以上、柏木における天皇観に付言しなければならない。柏木は奥村事件の後井上哲次郎との論争において「吾人は立憲君主国の通誼として、政治上に於ては君主は最上至高にして神聖なるものと承認するものなり。然れども学問上倫理上に迄其の権威を及ぼし敢て倫理の主義を断定するが如き、決して立憲君主の意に非ずとするものなり」[27]と述べている。ここに彼が天皇を政治的権威の範疇でのみ認め、時代の風潮である天皇神格化に明確な一線を画している事実を知らなければならない。また「我天皇陛下は国家の元首なり。故に其の国民に国民的の道徳を訓示し玉ひしなり。基督は世界の人類の為に人間の大道を立て玉ふなり。故に専ら人の心に敬信愛人の誠意を打立てんと為し玉ひしなり。陛下若し、基督の説き玉ひし如き詔勅を発し玉はゞ是れ越権なり、非立憲的行為なり」[28]として、天皇署名による教育勅語の倫理的教典化を批判し、もしそれを認めるならばこれは天皇の越権行為であると断定するのである。柏木のこのような天皇観は、天皇を人間的実在者と規定するものであり、この期天皇制確立期において、評価さるべき近代的発想を内包しているといってよいだろう。このような認識において「君も天を敬し、臣民も天を敬し、同情同感を以て相治め相事へば、国家如何に安全なる可きか。吾人は衷情之を祈念して措かざるなり」[29]と述べるのである。天皇は、臣民と同じく天を敬することによって政治に携わり、そのことによって国家はその本質を完うするというのであった。柏木にとって、教育勅語の公布は「宗教学術の範囲に踏み込み、倫理の原則の是非曲直を判定」[30]するものであってはならなかった。しかしながら柏木にとって批判さるべきは天皇それ自体ではなくて、詔勅の本質を誤解していると認定されざるをえない天皇制を支える体制そのものであった。すなわち彼は「宗教界の法皇に非ざる」[31]限りでの天皇支持者であって、同時に天皇制批判者として己の姿を示すのであった。このような認識において柏木は、奥村事件の渦中で圧倒的勢力をもって迫ってくるキリスト教批判者を前にして、己の力の限界を意識した上で次のように述べて有力キリスト者に助力を求めなければならなかったのである。

個人主義は、勅語に違反するなどの誤想も随分有之、此の如き事は論ずるに足らざる事に候へ共、地方教育家には、斯る誤想頗る多く、今回の事の如く、此事行政官の実行に現れ来て、教育界の自由を蹂躙するに至らば、大に天下の弊害と存候得者、大都に在て斯る事を論ずるは大人気なきの嫌ひも可有之候得共、時事上より、学問上より、大論を御発表被可下度偏に奉希上候、今や当地方の如き、勅語濫用の弊甚しく、此に籍て思想の自由を圧するのみならず、有夫姦あれば、勅語に違背せりと記し、人の外国に在て母の死期に後れば勅語に違背せりと云ふ、実に勅語を涜すものと可申、此事亦御論明、政府の注意を御喚起被成下度候[32]。

奥村禎次郎への解雇命令を受けた熊本英学校は、その命令の撤回を求めて、熊本国権党機関紙『九州日日新聞』を告発して裁判に訴え、一方においては文部省の判断を求むるために教員を東京に派遣するなどの動きを示すのであるが、状況は一向に好転せず、「まず命令を奉じ而して後正々堂々是れを新聞雑誌上に論じ是れを輿論に訴へ以て公平なる天下の判断を仰ぐも未だ以て遅しとせず否な寧ろ正常なる順序なり」[33]として事態収拾をはかるのである。しかし柏木は「一たび屈するは既に屈せしなり、一たび不当の処置を為す、既に不当の処置を為せしなり、蠖屈云々は是れ処世の方便に就て云ふのみ、義を欠き権利を屈する時に決して適用す可き言に非ざるなり、堂々たる学校の権利を屈し義理を欠く時に於て決して用ゆ可き言に非ざるなり、受くると受けさるとは決して手段に非さるなり」[34]と反論して、同志としてのキリスト者の事件に対する危機感の希薄性を告発するのであった。そして史実は柏木の認識の正当性を証明するのであって、その後熊本英学校は公権力への抵抗姿勢を示したことは全くない。柏木にとって当面の論敵は、郷党意識を強固にもつ国権論者の集団にあったが、それと同程度において己の内なる熊本英学校首脳部の示す思考様式に存在するものでもあった。奥村事件において彼は、この双方から弾き返された孤独な自己を発見して次のように云わなければならなかったのである。

我国人の最も短所とす可きは、自家の権利の神聖を重せさる事に在り、曖昧なる命令に容易に服従する、豈立憲政下に生息する不羈独立を重する自由人民の行為ならんや、未だ理由分明ならすして、早く此命令を受くると受けさるとは自由人民権利の消長に関し、特に日本立憲政躰面に関するなり、立憲政下には不羈独立権利を重する硬骨男子なかる可らす、吾人は不羈独立の権利を重するが故に、断して此命令に服せさらんとする者なり。(35)

三

柏木義円にとって、その若き日僅かの歳月をおくった熊本は、生涯忘れ難き深い印象を心にとどめていたようである。「安中の三十有八年」なる短文はその死の二年前に書かれたものであるが、その中で奥村事件の概略を回顧したあとで、「然るに、海老名氏の暗示とかで、蔵原校長は終に前の態度を翻へして奥村氏を解雇するに至りたれば、我儕同志は終に相率ゐて学校を去り、学校も亦主義が立たないとして信望を失ひ、一年を経ずして自ら廃校せざるを得ざるに至った」(36)と書いている。また別に奥村事件に触れて次のようにも述べている。「苟くも平素主義主張を唱ふる学校が其主張の為に斃るゝは亦可ならずやと決心し、万一の場合には大に天下の公論に訴へんとて、熊本新聞社主故草野門平氏（後ち国民新聞の会計主任として重んぜられし人）の家を梁山泊と為し、私が其采配を振り、那須義質氏、大迫真之氏等が之を補佐された。折りしも、松方内閣は民党と衝突して議会を解散し、内務大臣品川弥次郎氏は暴力干渉を為して選挙に至る所に血を見、当時民党候補者山田武甫氏応援の為に来熊せられて居た徳富蘇峯氏の如きは頗る私等を援助された。然るに海老名氏は……金峰山（熊本南郊の山）が破裂するぞとて何か諷する所あり、斯くて蔵原校長は自ら見て不当とする奥村教員解雇の命令を奉じて竜頭蛇尾に終り、私等同志は総辞職をした。是に於てか、保守党は固とより我校の敵、唯僅かに味方たりし進歩党の信用をも失ふに至って、学校は益々非運に陥り、宣教師と絶ち、基督教主義を止めて以て校運を維がんとしたが、これも畢竟其甲斐なく、其後一年にして終に自ら廃校するに至った。『死すべき時に死せざれば死にまさる耻あり』とは此事か。これ私が海老名先生と意見を異にした始めであった」[37]と。長い引用になったが、柏木自らの筆で奥村事件を語らせておきたいと思う。ここで注目したいのは柏木が、事件の渦中ですでにその師海老名弾正の思想と行動に絶望して、少なくともそのキリスト教観において決別しなければならなかったことである。否むしろ柏木が「海老名弾正先生は、其神学思想は大に内村（鑑三）先生と相異なり居候得共、固とより思想上に貢献すべき資質は十分に有之と存候が、唯惜むらくば何分操守堅実ならず、具現者を首肯せしめ難き憾み有之候」[38]というとき、海老名の中の否定さるべきものは何よりもキリスト者としての節操であったといふべきか。思想が自己を抑圧するものへの日常的闘争性をその必要要件とするならば、奥村事件における海老名の権力への態度は、信仰は決断である、と断定する柏木にとっては「操守」の次元においてこそ否定されるべき性格のものであったに相違ない。筆者はこのことを、柏木が熊本英学校を批判する次の激しい言葉の中に見出したいと思う。

争ふ可き権利と理由とありて、上知事に向て之を為さず反て下信任す可き教員に向て、不当にも解雇の処置を為す、是れ義挙か、是れ正を踏んで懼れさる者か、嗚呼是れ不羈独立正を踏んで懼れずと公言する学校の精神なるか、果して是れ小事、殉死するの価値なきか、平素公言せし精神を実行すると否との判する所、是れ小事なるか大事なるか、一言の為に死し以て言責を重する、是れ義烈なる丈夫の精神に非すや、我熊本英学校は平素公言せし所の教育主義の為めに殉死する義烈なる精神なかりしか。[39]

奥村事件での経験は、すでに述べたように当時の代表的国権主義者井上哲次郎との論争における柏木の理論を補強する素材となって生かされる。そしてこの論争を経て柏木は、安中教会の牧師として己を大衆の中に埋没させて、日常的には平穏に、しかし思想的には激しく言論、思想、良心の自由を説き、社会主義に親近感を示しながら軍国主義を批判し、非戦論を唱えて正統派キリスト者の刻印を日本近代史にきざみつけている。思想が思想として評価されるためには、その一貫性と徹底性においてでなければならないとすれば、熊本における彼の姿を、批判的態度における徹底性にみたいと思う。筆者は彼の批判精神の形成に奥村事件の果した役割を重視し、彼の思想は熊本の「近代」との厳しい相剋なしには考えられないと思うのである。

註

(1) 明治三一年から昭和一一年まで継続発刊された群馬県安中教会を中心とする上毛各教会の教界誌である。柏木は本誌に精力的な投稿を続け己の思想のありかを書きとめている。柏木論稿の大部分は『柏木義円集』(伊谷隆一編、未来社刊、一九七〇年)に収録されている。
(2) 管井吉郎『柏木義円伝』(昭和四七年、春秋社)中の解説(田村紀雄)二三四頁
(3) 『福音新報』(大正八年八月二一日号)軽井沢教師修養会で柏木は「マルクス資本論解説」と題して講演を行なっている。
(4) 武田清子「柏木義円の臣民教育批判」(『人間観の相剋』昭和四二年、弘文堂、所収)二三三頁
(5) 『九州日日新聞』、明治二五年一月一二日付
(6) 小沢三郎『内村鑑三不敬事件』(昭和三六年、新教出版社)
(7) 同志社人文科学研究所編『熊本バンド研究—日本プロテスタンティズムの一源流と展開—』(昭和四〇年、みすず書房)参照
(8) 高坂正顕他『近代日本とキリスト教・明治篇』(昭和三一年、創文社)など参照
(9) 渡瀬常吉『海老名弾正先生』(昭和一三年、竜吟社)一八六頁
(10) 『熊本県議会史』第一巻、昭和四三年刊参照
(11) 『九州日日新聞』、明治二五年二月三日付
(12) 同、明治二五年二月一六日付
(13) 柏木「予は如何にして基督信者となりしか」明治四一年七月、『上毛教界月報』(前場『柏木義円集』第一巻、二四一頁)
(14) 柏木「井上円了君仏教新論第一編ヲ読ム」明治二一年四・五月、『同志社文学』(同一七頁)
(15) 柏木「茅屋ノ民ノ為メニ何ヲ尽ス可キカ」(雑誌『青年思海』第五号、明治二〇年一二月刊、青年協会 五頁)
(16) 「教育勅語に関する松平正直の演説」(『熊本県教育史』中巻七〇頁)

(17)(18)(19) 柏木「惑を弁じて我党の主義を明にす」(『国教』第一〇号、明治二五年五月、熊本国教雑誌社刊二〇頁)

(20)(21) 同、二一頁　(22) 同、二二頁　(23) 同、二三頁　(24) 同、二四頁　(25)(26) 同、二六頁

(27) 柏木「勅語と基督教」明治二五年一一月、『同志社文学』(前掲『柏木義円集』第一巻、二五頁)

(28) 柏木「勅語と基督教」(井上博士の意見を評す) 明治二五年一二月、『同志社文学』(同二六頁)

(29) 前掲(27)に同じ、二四頁

(30)(31) 前掲(28)に同じ、二七頁

(32) 植村正久、巌本善次宛柏木書簡、明治二五年一月三一日付(『女学雑誌』第三〇四号、明治二五年二月、復刻版、臨川書店、七二〇頁)

(33) 前掲(12)に同じ

(34) 柏木「吾人の心事を開陳して男女両学校諸民に告別す」(前掲『女学雑誌』第三〇七号、明治二五年三月　七九四頁)

(35) 同、七九三頁

(36) 柏木「安中の三十有八年」昭和一一年六月、『上毛教界月報』(前掲『柏木義円集』第二巻、四四〇頁)

(37) 柏木「海老名先生と私」昭和六年六月、『上毛教界月報』(同、二九二頁)

(38) 柏木「内村鑑三先生と徳富蘆花君」昭和五年八月、『上毛教界月報』(同、二六〇頁)

(39) 前掲(34)に同じ

明治二十年代の横井時雄

―教育・宗教衝突論争に寄せて―

一　序にかえて

余が幼少の頃肥後熊本の洋学校に在学する時、余は始めて米国の陸軍大尉ヂェーンス氏より基督教を聞けり、当時余の年令十六計りにてもありけん、始めて英語の新約書を読めり、此より先きヂェーンス氏に就き学ぶこと二年有余、余輩既に深く氏の高義に服せり、当時余が幼少の眼識に由りて、氏を以て余が平素師とし先覚として尊敬せし儒者或は政事家に比するに、氏は其識見に於て其徳行に於て卓乎として数等の上にありと思へり、斯の如くして余は他の同窓の有志輩と共に疾くにヂェーンス氏の人物に感服せしを以て、氏が聖書を薦むるに遭ふや、素より一も二もなく喜んで之を読めり、而して聖書を読むこと遂に一二年の久しきに及びしが此の間に師は余輩を伴ふて一人の人物に紹介せり、此の人物とは誰ぞイエス・キリスト是れなり、今にして当時の事を回顧すれば宛も約翰伝第一章を読むが如きの感なくんばあらず、ヂェーンス師はバプテズマの約翰の如くしてイエス・キリストを指して余輩に教へて曰く、此の人こそ実に世の罪を負ふ神の羔なれ、我はその履を提るにも足らずと、余れ既にヂェーンス師を仰ぐ而して師がキリストを見ること天の如し、余豈にキリストの前に伏跪黙祷せざるべけんや、余れ既にヂェーンス師に服す而し師余を伴ふてキリストに紹介す余豈に喜んでキリストの道に進まざるべけんや、此頃にあっては余未だ祈祷の法を知らず、洗礼の何たるを知らず、安息日の何たるを知らず、況んや三位一体説、聖書の説、来世論、贖罪論の如き神学に於てをや、余は他の同志と共に実に、イエス・キリストの外何をも知らざりし也

明治十年の春、余が東京大学に在学せし頃ヂェーンス師将さに本国に帰らんとして横浜に在り、余故山崎為徳氏と共に屡々行いて師を訪ふ、此の時師は、神学者の頑固狭隘なる理屈を避けて益イエスキリストに忠事せんことと使徒パウロの書翰を熟読すべき事とを勧めたり、此よりして余はパウロの書翰を熟読玩味することを始めたり、而して此が為めにキリストに対するの親愛幾層の深きを加へたるを覚ゆ

十年の秋より十二年の夏迄余は京都同志社に在りて神学を研究せり、当時余は、教師ラーネッド氏デビス氏及び新島襄氏等より或は学問の上に於て、或は伝道心を励ますことに於て、或は愛国誠忠の志を養ふに於て、巨多の奨励を受けたり、今にして之を回顧すれば、殊に三氏中の一人なる新島先生は今や世に無き人となられたるを思へば、感恩の情禁ずる能はざるものなり

我が信仰の表白(1)

迫害は益々甚しく遂に校内に於ても聖書を研究することを禁せられ、且つ未信の生徒は已信の生徒と同食することをも忌むに至れり。故に余曹は已むを得ずヂェーンス先生の夫人に請ひ氏の宅に於て自炊せしことありき、又校外に於ては父母親戚朋友よりその信仰を拒まれ、甚だしきに至りては遂に家宅に呼び返されたる者数多ありたり、殊に横井時雄君の如きは直ちに家宅に呼返され啻に親戚より迫めらるるのみならず、故小楠先生の門下にありし人々よりも大に責められたり、故に氏の帰宅後は音信更に通ずるを得ず、且つ余曹は皆な氏に面会することを堅く謝絶せられたれば別後日久しと雖ともその様子を聞くに由なく、情横井君を見んとするに切なりと雖も

能はず、嗚呼々々余曹の心情果して如何、幸ひに余は親戚の縁故を以て氏の宅を訪ふこととなりぬ、然るに折も悪しく氏は外出して留守なりしかば、余れ祖母公に其の行衛を問ふに祖母公眼中涙を含み答へ給ふよう、「時雄は邪宗門に入りしにより身の処置を受けんがため竹部なる親戚より呼ばれたり」と。余心に思へらく是れその迫害者即ち親戚の手より氏を余輩の手に奪ひ取るの好時機なりと。直ちに帰校して同輩に図りしに議一決して、愈々氏を奪ひ取ることとなりたれば先づ一番に海老名、浮田、古荘、及び余の四人其の撰に当り、同家を指して出で行けり。然るに途中にて横井君が親戚より帰宅するに相会したれども如何せん同母公と同道し玉ひしゆへ遂に其の目的を果す能はず、且つ余曹は兼てより面会を謝絶せられたる者共なれば互ひに目と目とを見合すのみにて言語をも交ゆる能はず、唯だ網々然として空しく帰校したりき

「チェーンス先生を追懐して」―不破唯次郎(2)

横井時雄は一八五七年（安政四）三月上益城郡沼山津村（現熊本市）において、横井小楠四九歳の嫡子として生まれた。熊本洋学校、開成学校（現東京大学）、京都同志社に学び、日本プロテスタント史上不滅の名をとどめるヂェーンス、新島襄に師事してキリスト者としての思想を形成し、長じては伊予今治にて伝道生活六年、同志社教授、東京本郷教会牧師、アメリカ・エール大学留学、同志社社長となるなど、明治前半期におけるキリスト教界の指導的地位をたえず保持し、幅広い活動と絶えざる神学研鑽を通して、日本キリスト教史に大きな痕跡を残している。

熊本洋学校時代、山崎為徳とともに抜群の秀才ぶりを発揮しその旺盛な青春の感受性をもって、花岡山バンドの結盟にあたっては中心的な役割を果す横井時雄（奉教趣意書には伊勢姓で署名している）であるが、今日彼のキリスト教思想を顧みる研究者は少ない。それにはそれなりの理由があろう。推測するに明治三〇年代初頭、日本資本主義が確立されていくのと時を同じくして彼はキリスト教界に決別し、官僚機構に入りまた代議士として政界に籍を移していくという、彼の後半生の経歴が、識者の眼を彼からそらせるのかもしれない。あるいはまた彼の前半期における体制

批判的言辞と過激的行動の稀薄さが研究の今日的意義を意識させない一素因になっていることも否定できないだろう。しかしそうだからといって彼の足跡をたどる価値がないと決めつけるのは早計であると思う。

明治二〇年代の思想史的課題で、教育勅語公布を契機とする国家主義者対キリスト者の論争と相剋は、教育・宗教衝突論争として近代史研究の一範疇を形造っている。

周知のように、教育勅語不敬事件である内村鑑三事件は天皇制的近代日本が構築される一里塚として重要なる事件であった。そして山路愛山が「第二の内村事件」(3)と名付けるところの、熊本英学校でおきた奥村禎次郎事件は権力をともなったキリスト教徒弾圧事件として、内村事件より一層重視されなければならない構造をもつものであると考えられる。これら一連の不敬事件は当時全国的に提起されており、それはキリスト教をただ単なる信仰の問題として処理するにはあまりにも大きな思想史的課題を担うものであった。換言すれば、明治絶対主義国家成立過程の中で、その周辺に西欧的近代合理主義と市民社会的恩惟を包みもつキリスト教徒を弾圧することは、国家主義思想家の至上命令であったのである。

改めて述べるまでもなく、この衝突論争で中心的役割を果したのは、日本型観念哲学の確立者、巽軒井上哲次郎であった。彼は雑誌『教育時論』に投稿したキリスト教批判論文を集めて、明治二六年『教育と宗教の衝突』と題し単行本として世にだした。そしてその刊行をきっかけに、国家主義者、キリスト者両側からの相互批判文は夥しい量にのぼったという。

横井時雄もこの論争に強い関心を示して、自ら編集している『六合雑誌』紙上で数多く所論を展開しているのである。おそらく熊本バンド関係のキリスト者としては、この意味での第一人者といっても差支えないであろう。いま彼の所論を瞥見し、またキリスト教主義教育擁護のため動いた彼の活動を通して、明治二〇年代の横井の姿を素描することは、熊本バンド百周年を迎えるわれわれにとって、必ずしも無意味だとはいえないであろう。

二　教育・宗教衝突論争と横井時雄

井上哲次郎『教育と宗教の衝突』におけるキリスト教批判の論旨を要約すれば次のようになる。第一は、キリスト教は非国家主義思想を内包するのであって国家主義と相容れない。第二、キリスト教には忠孝の教えが欠如している。第三、キリスト教は未来を重んじて現在を賎しむるもの、すなわち出世間的要素が強い。そして最後に、キリスト教の博愛は墨子の兼愛にも等しく、無差別的愛である。以上四点はすべて教育勅語のもつ倫理体系に相違し、日本における国家主義思想に敵対するものに外ならない。このようにいう井上の所論は、キリスト教そのものの理解においては次元の低いものとされ、評判は必ずしもよくなかったといわれているが、しかしながら、当時の高揚する国家主義的風潮の中では、キリスト教徒批判の現実的効果において、その機能を十分に果したのであった。

ところで、井上のこの小冊子を通読してみると、横井の名が随所にあらわれていて、井上が論敵として横井を強く意識していたことがよくわかる。このことは同時に、当時のキリスト者の中で横井が重要な指導的位置を占めていたことを意味する、と理解してよいであろう。

さて、横井、井上の相互批判は、既述した井上の四つの論旨全体に及ぶのであるが、特に第二の忠孝に関する個所は、井上が直接横井の所論を批判することによって自己の論理を展開している部分であるので、特記したい。両者の論争は、聖書の歴史記述に関するもので、「カイザルの物はカイザルに帰し、神の物は神に帰すべし」というキリストの言葉をめぐる評価の相違にあった。横井はいう。

「忠道に関してキリストの教を探求するに又た直接に之を教へたるものあるを発見する能はず、然れども間接に之を教へたるものあり、イエスはユダヤの愛国者なり、然れども不幸にして国勢衰微し自立すること能はずして外国に属するに至りし以上、ローマ政府の外国政府なるに関はらずその偶像政府なるに関はらず、尚ほ且つ之に貢を納むべきことを教へり、況んやもし其国独立して一天萬乗の君主を戴きたらんに於てをや之に由て之を観れば、キリストもキリストの門弟等も共に忠孝の道を貴んで教へたることは明なる事実にして基督教は父を罔し君を罔し君を罔するの教なりと云ふは豈誣言の甚しきものに非ずや」(4)

これに対して井上は次のように反論する。

「若し耶蘇が愛国の士ならばワシントンが北米の独立を図りしが如く、必ず慷慨の士を嘯集し、正義の旗を翻してユデア国の独立を企つべきなり、然れども耶蘇の主眼とする所は其いはゆる天国にして地上の国家にあらざるを以て、ユデア国が他国の属地なると然らずとは、決して其憂とする所にあらざるなり、故に冷淡にも「以二該撤之物一帰二該撤一、以二神之物一帰レ神矣」と云へり、(中略)耶蘇の愛国心に乏しかりしことは、余が已に説明せるが如く其税を羅馬政府に納むべしと冷淡なる返答を為しゝによりて明瞭なるに、横井氏は同一の返答を以て耶蘇が忠道を教へたるの証となせり、然れども耶蘇が単に税を羅馬政府に納むべしと云ひたるは果して忠君の主義と見倣すべきものなるか、忠君といふは唯ただ滞りなく税を政府に納むるに止まることとなるか、横井氏の弁護は決して余の首肯すること能はざる所なり」(5)

両者の論争はこのようなものであった。その当否は、聖書解釈に係わることであって決着はつかない。しかし井上の論駁は、この期論争の中で、キリスト教批判の教科書的存在となっていった。そしてそれは、何よりも横井批判であったことに注目したい。

ところで、横井にとって、忠孝とはどのように解釈されたか。彼はまず歴史的に忠孝を次のように概観する。

忠孝の道は、二千有余年の間、和漢道徳の二本の柱として、また風教の根本として存続してきた。漢土にはすでに忠経孝経なるものがあって理論展開がなされてきたが、日本においては、儒教が伝来して忠孝思想が深化し、そしてまたその実行においては遥かに中国を越すものがあった。試みに忠義の一端についてみるに、中国にあっては帝室の変更がしばしば行われて、国民に対する恩威が失われ、忠義心の発達に大いなる障害を与えた。これに反し我国にあっては、古来幾度か政治上の大変革があったけれども、かつて一日も皇統の絶えたことなく、連綿として国民の意向を収め来ることここに二千有余年、これ実に独り国家の幸福なる耳ならず、また国民が忠義心を発揮するに於て与って大いに力あったことは否定すべくもない。さらに我国民は、あたかも良家の子女の如く、古来外国との交渉を為すこと少なく、気風ははなはだ優美忠良なりしを以て、封建時代帝室の下に幕府あり、幕府の下に数百の諸侯、諸侯の下また数十万の士がいて、各それぞれに小君臣の義を立て、また戦国時代においても君臣の義を重んじ、臣は一死以て君に仕えんとするの精神に富みては、歴史上否定することのできない事実であった。されば忠孝の理論は中国において展開されたけれども、その実行は日本人であったことは、事実に照らして動かすべからざる真実である。明治維新は、わが国建国以来未曽有の変化を我国民の思想慣習に及ぼしたけれども、政治風教の秩序を保ったものは、実にこのような忠孝の精神であった、と。

横井の忠孝に関する歴史的展望は以上のごときものであった。されば儒教とキリスト教における忠孝観の相違はどのようなものか。

「基督教に忠孝を云ふや儒教に忠孝を云ふと多少趣を異にする処なきに非ず、儒教に於ては忠孝を以て徳を成すの根本とすと雖も基督教に於ては忠孝を以て徳の修りたる結果となす、儒教は人に告げて曰く君に忠ならんとし親に孝ならんとするの熱心に基ひて以て一身を処せば修身の功必ず成らんと、基督教は人に告げて曰く神を信じキリストを愛し先づ天地至愛の気と同化せよ然らば人倫の道亦自ら修まらんと、儒教は人倫の道を説き君父の恩を指示し以て人を道徳に導かんとす、基督教は神を云ひキリストを説き此神の至愛の心を示して以て人をして霊魂の根本より改まりて以てキリストの像に似たる新人たらしめんとす、語を換て之を云はば儒教は倫理の法を説ひて之を社会に実行せしめんとするにあり、基督教は神人和合の道を示し以て宗教的道徳の革新を人間の間に行はんとするに在り、之れ実に両教の相違する所にして世人が聖書を一読して其四書五経を読むが如くならず、又倫理を論ずることの彼が如く多からざるを見て大に怪訝に堪へざるものある止むことなきの次第なり」(6)

すなわち、儒教では忠孝が倫理の根本であるが、キリスト教では、神を信じキリストを愛し天地至愛の気と同化することが先行し、而してその結果として忠孝が守られる、というのであって、忠孝を直接説かなくとも信仰の結果当然でてくるものであるとする横井の論理は、キリスト教徒としての信仰の堅さを示すものと理解すべきであろう。そして彼は「良薬は必ずしも其量の多きを以て効ありとせず」として、井上が執拗に儒教的忠孝理論をふりかざすのを、かるく受け流すのである。

また横井はいう。「社会の道徳思想は常に進化すべきもの、又進化せざるべからざるもの也、忠孝の主義に至っては永遠更ゆべからずと雖も、其仕方に於ては時代と共に変化せざるべからず」(7)と。そして「道徳の事に関して売薬的の口上多きは厭き果てたり、今日より以後吾人の希望する処《ところ》のものは寧ろ言論に非ずして実行に在るなり」(8)と述べて、国家主義者を批判するのである。

しかしながら、横井の以上のような反論姿勢にみる明確さも、次に掲げるような皇室観、社会思想の上に構築されたものであった。

「吾人は今後キリスト教が我日本に伝播すると雖も少しも我が帝室に対し祖先に対し大義に反することなきを確信するなり、吾人は却って若し基督教の伝播することなくば、我国民は益無宗教の有様に沈淪し而して其機に乗じて無神論、自由説、虚無党、社会主義、の類滔々として進入し以て我が社会をして言ふべからざる困難に陥ら

しめんことあらんことを恐るゝなり」(9)

以上観てきたように、横井は忠孝とキリスト教が決して互に他を否定するものではなく、両立していることを、儒教とキリスト教における忠孝の説き方の相違を明らかにすることによって、時代の批判に応じているように考えられる。

さて横井は、井上哲次郎の衝突論が刊行されるや、時を待たず「衝突恐るゝに足らず」という論文を公表して、井上に応えている。

「近頃国家教育とキリスト教との間に衝突ありとて論争頗る騒然たり、吾人は或意味に於ては実に衝突あるを認むるものなり、若しも国家教育の趣意を誤解してキリスト教排斥主義と思惟し若しくは教育勅語の趣意を誤解して非キリスト教主義と思惟し、又た　主上の真影を拝し奉れば即ち忠君愛国の職分了ると思惟するが如きことあらば恐らくは衝突を免かれさる可し、若しも又他の一方に於て或る教育家の言動挙動に激して反対の極端に馳せ頻りに国家教育を攻撃し又は自ら忠君愛国の精神あるに安んじて之を外形に言ひ現はすの必要を認めざるが如きこともあらば衝突は免れざるべし、然れども是れ唯だ或教育家と或宗教家との衝突たるに過ぎず、若しも之を以て直ちに国家教育其れ自身を批難し、或はキリスト教其れ自身を批難し、相互に国賊を以て呼ふが如きことあれば是れ最も速了の甚だしきもの浅薄何ぞ之に若かんや」(10)

横井は衝突論争を、一部の教育者と一部のキリスト者との衝突論争と見て、教育勅語の趣意とキリスト教のあるべき姿の両方を曲解した上での論争だと楽観していることが、右の引用文で明らかであろう。それ故に、衝突恐るるに足らず、というのである。井上が「勅語は元来日本に行はるる所の普通の実践倫を文章にしたるものにて、其の倫理は一家の中に行ふべき孝悌より始まり、一家より一村、一村より一郷に推及し、遂に共同愛国に至りて終る、其意一身を修むるも国家の為めなり、父母に孝なるも、兄弟に友なるも、畢意国家の為めにして我身は国家の為めに供すべく、君の為めに死すべきものなり、（略）殊に勅語の中に『一旦緩急アレハ義勇公ニ奉シ以テ天壊無窮ノ皇運ヲ扶翼スヘシ』とあるを以て之れを観れば、我邦の臣民たるものは、如何なるものも、国家の緩急に際しては、身をも犠牲に供して皇運の隆盛を図るべしとの意なること復た疑ふべからず、然れば勅語の主意は、一言にして之れを言へば、国家主義なり、然るに耶蘇教は甚だ国家的精神に乏し、啻に国家的精神に乏しき而巳ならず、又国家的精神に反するものあり、為めに勅語の国家的主義と相容れざるに至るは、其到底免れ難き所なり」(11)と述べて、本格的に天皇制的家族国家主義を以て攻撃するとき、双方曲解にもとづく論争に過ぎないとする横井の見解は、あまりにも皮相的ではないであろうか。

三　山鹿高等小学校基督教徒退校事件と横井時雄

熊本英学校における奥村禎次郎教育勅語不敬事件によって、キリスト教徒弾圧に成功した知事松平正直は、明治二五年七月、町村長、町村会議員有志を招いて次のような演説を行なったという。

「教育の大方針大方嚮は那の点にあるやは諸君の既に知る所にして諸君は只だ聖明なる天皇陛下の大勅に則り以て子弟を教養することに怠るべからず、苟も勅語に悖れる個人とか自由教育主義とかを主張さるあるは予は断乎として之れが処分と為すべきのみ、諸君能く勅語の趣旨を奉戴し造次顛沛も敢て怠るなく宗教に習はず個人を尊ばす真正なる日本国民の資格を有すべき忠良の人物を造り出さんことに熱心し結局この勅語と討死する精神覚悟

なかる可らざるなり」(12)

かくて、松平県政は熊本国権党の強力な支援を背景にして、学校教育からキリスト教徒追放施策を強化していくのであるが、ここに述べる山鹿高等小学校基督教徒退校事件は、前述の知事演説の直後におこるのである。いま便宜上、この事件のあらましを記するにあたり、井上哲次郎の『教育と宗教の衝突』から引用したい。

「同校高年生徒四人（佐久間敏彦、高木秀雄、今井義亮、高木友次郎―上河注）が基督教を信じ、校内に於て他の生徒を勧誘し、授業上妨げあるを以て、校長は之に諭して宗教は各自の信仰に任せ、素より随意たるべしと雖も、在校の間は授業上に差支る次第もあれば、卒業までは用捨すべき旨を以てせしに、父兄に相談の上返答すべしと云へり、依て校長は事の間違を生ぜん事を恐れ、其父兄に直接して右の趣を述べたるに、三人の父兄は其説に同意して、生徒に諭したるも、一人（佐久間敏彦―上河注）の父母は遂に校長の説を容れず、生徒も依然校内に於て誘導をなし居り、教師に於て勅語の聖旨を講述するも更に耳に入れず、之が為め何となく他の生徒にも影響を及ぼし、一般に教師の説話を耳にせざるの風を生じ、取締上にも関し、学校整理を欠くの一端ともなる次第にて、何分其侭に看過し難きより、不得止右一人の生徒に退校を命じたる者なり、又該生徒は常に学校内に聖書を携帯し机上に並列し居りし事は、学務主任の郡吏其他の者に於ても之を認め居れる事実にて、必竟右の生徒が公然の所業を以て教師の訓戒に反抗し、他の生徒之に倣ふて校中一般の取締上に関する所より、不得止退校せしむるに至りたる義にて、巡査の密告を受けたるに基因せる抔の事は全く無しと」(13)

奥村事件は、その背景に衆議院議院選挙が絡んでおり、英学校教師奥村禎次郎の言質をとらえての保守政党によるキリスト教弾圧事件的性格を濃厚にもっており、つまりその限りにおいて、教育が政争の具として利用される典型的事例を示すものであった。これに対して山鹿の場合は、松平県政によってキリスト教徒を学校教育から追放するという言明がなされており、換言すれば、キリスト教徒放逐が具体的に教育行政の柱として樹立された後に起ったという事情を考慮すれば、キリスト者にとっては事態は一段と厳しさを増しているといわなければならない。すでに奥村事件によって熊本は全国的に話題を提供していた。そしてここにその半年後、再び山鹿事件によって、明治二〇年代の日本近代史的論争たる教育・宗教衝突論争の内実の一例を露呈することとなった。

資料の示すところによると、奥村事件での経験をふまえて、キリスト教徒は、在熊本基督教信徒退校事件取調委員なる委員会を設置して、足しげく山鹿に歩を運び、また知事をたずね、事件の真相究明にあたっている(14)。その代表者は古閑武平と渡瀬常吉である。このうち渡瀬常吉は、奥村事件では熊本英学校を代表して、文部大臣に事態の収拾を訴えるべく上京した人物であった。いまこの事件の詳細について述べる余裕はないが、事件発生地たる在熊キリスト者の活発な動きを反映してか、日本的規模でキリスト者が関心を示している事実を記しておかねばならない。

植村正久、本多庸一、井深梶之助、竹越与三郎、原田助、山路弥吉（愛山）といえば、当時の日本の代表的プロテスタントであることは指摘するまでもない。それに平岩恒保、早乙女豊秋、渡瀬寅次郎と、ここで主題とする横井時雄を加え、計十名連署で公開状を各全国新聞に送り、松平県政の非を訴えるのであった。その公開状の一部を示せば次の通りである。

「其等此処に基督教徒有志を代表し我帝国憲法第廿八条に明示せる信徒自由を擁護せんが為めに此書を我立法者と有司とに呈し併せて我が公衆に訴ふ

第一　本年六月中旬熊本県飽田郡横手村長国寺に於て熊本県知事松平正直氏は町村長町村会長を集めて演説して曰く小学校教員に禁止すべきもの二、一は政党政社に関することなり、二は耶蘇教を信ずることなり、耶蘇教は外国の教なり決して信ずべきものに非ず、小学校教員は宜しく去年頒布し玉へる勅語に旬ずべし、若し耶蘇教を

信ずる者あらば猶予なく処分すべしと、

第二　本年七月廿五日熊本県山鹿郡山鹿高等小学校長赤星某は警察官の密告によりて同校生徒佐久間敏彦他三名が耶蘇教聖経を研究することを知り、四人を譴責して其研究を已めずんば退校を命ずべきを以て校長の命に背く者なりとなし終に退校を命じたり

（略）

事情斯の如し其我信教自由の大権を侵害し、国民教育の旨趣に悖りたること疑ふ可らず某等は我立法者が常に其憲法を維持し我有司殊に文部省が其監督する教育部内の過誤を正し而して聡慧なる我公衆が必ず某等の言の正理なるを認識す可きを信ず、是れ此の書を裁して、天下の公議に質す所以也」(15)

右の引用から、松平知事の教育行政と山鹿事件を全国キリスト者が如何に重視しているかが推測されるのである。さらにそのことを裏づけるものとして、原田助と共に横井時雄が文部省へ出向いて、これら一連のキリスト教徒弾圧政策に抗議していることを記しておかなければならない。文部大臣訪問の期日は明治二五年一〇月三日である。

委員　頃日来諸新聞に掲載したる公開状に依て、既に御承知のことと信ず、則ち熊本県下に於て教育社会に起れる事件にて同県知事松平氏が、小学教育は基督教を信ずべからずと演説し、又同県山鹿高等小学校長は、基督教聖書を研究したる故を以て、同校生徒某を退校せしめたるに就きて、大臣閣下の御意見を伺ふ事を得可きや

大臣　然ればなり其一件は既に聞及び居れり、先日来松平知事在京中を幸ひ、同人を招き事情を聞質したる所、同人の陳べたる所によれば、小学教育が基督教を信ずることを禁止する旨の演説をなしたる事なく、又山鹿高等小学校に於ける一条は、更に聞及ばざる所なれば篤と取調べ見る可しとの答なりし、松平よりは其後諸新聞にて正誤文を掲るとの事なりし

委員　横井は先日松平知事に面会し、質問に及びたる所同氏は答へて、自分は演説中に小学校教員の政党に加入することを禁ず、又宗教に熱心するは宜しからず、小学教員は成るべく宗教を信ぜざるを善とす、とのことを公言したりと明かに申されたり、右の答弁は諸新聞紙上に掲載したる処、及自分共の他より聞知したる所と少しく相違ありと雖も、今仮りに知事の云ふ事に過ぎずとするも、熊本県下の如き保守的思想の盛にして基督教に反対する精神の烈しき地方に於て、知事の口よりかゝる演説をなすに於ては其効力殆ど之を禁止すると異なるなし、今自分共が大臣閣下より承り度所は、文部省の御趣意は果して松平知事の演説の如く、小学教員亦は生徒が宗教を信ずることは、成るべく止る様にせよと云ふにあるや、如何伺ひたし

大臣　文部省教育の方針は、勅語に基き徳育を施すにあれば、教員が其職務上、此の主意に障害を与ふる場合には、其職を免ずることあるは勿論なり、又教員の政党に加盟することは、実際に弊害ありと認むる故に之を聡さゞるなり、信教の事に至ては、文部省管理外の事にして、之を一個人の自由に放任して問ふ処に非ず、左れば教員が仏教であれ、耶蘇教であれ又無宗旨であれ、文部省に於ては関する所にあらず

委員　今般の一条に類したる事柄は独熊本県のみならず、各地に於て往々耳にする所なり、畢竟中央政府の御趣意のある処を誤認したるより生ずることと信ず、依て今朝問答の大要を記し、之を公けにして差支へなきや

大臣　差支なし(16)

以上の問答の示すところによって、熊本における一連のキリスト教徒弾圧事件が、全国的規模で論じられている事実を知ることができるであろう。その意味で明治二〇年代の熊本の社会史は、日本近代成立史に重要な研究課題を提起するものであるといってよいと思われる。

しかしそれはさておき、ここでは横井時雄が、郷里で提起されたこれら一連の事件を重視し、且つ活発な動きを示している事実に注目しなければならない。奥村事件では沈黙を守る彼であるが、キリスト者にとって事態がますます

厳しくなる現実をふまえ、しかも学校教育から信教の自由が奪われるという具体的プログラムが定着しかけている事態は、彼にしてみれば極めて深刻な問題として受けとめざるを得なかったのである。さきに掲げた公開状において、熊本バンド出身者では唯独り署名している事実は、よしキリスト者内部にどのような経過があったとはいえ、横井の姿勢を知る上でやはり指摘しておかなければならないことと思う。

井上哲次郎の所論を直接批判した「徳育に関する時論と基督教」の中で、横井は大要次のように述べて、ここでも教育について強い関心を示している。

小学教育の場から宗教者を締めだす特別法の制定を要望する教育論者がある。その論理をみるに、小学校の教師の職務は、教師自身の一言一行が直ちに生徒の儀範となるものであって、教師は教師、自己は自己、教授は教授、信仰は信仰とその間に明確な区別を立てることは決してできない、教師が信ずる宗教は知らず識らずのうちに一般生徒の信仰心を支配し、結果は信教の異同よりして教員と父兄、学校と家との折合を損うことになる、故に凡そ小学校の教師は宗教家以外から採用しなければならない。これがその骨子である。しかしこのような論理を批判することは容易である。宗教家は教員たる可らずという理由が単に父兄との折合如何を心配するに在るとすれば、これ独り宗教のことのみに限らず、哲学においても、歴史上の議論、科学上の学説においても不折合を生ずる場合があるではないか。しかしながら、論者が述べんとするところは、このような点にあるのではなくて、「基督教は国家主義と相反し教育の本旨に反く故に学校の教師たるべからずと云ふにあるに似たり」[17]と云いたいのであろう。されば婉曲に宗教家と云わず、何故に基督教信者と明確に、国家主義者は指摘しないのか。

「夫れ人の宗教を信ずるや衷心洵に正義を慕ひ公道を求るが故に之を信ずるなり、正義公道の精神なき宗教家は国より之を真の宗教家と称ふるに足らず、真の宗教家たるもの何ぞ必ずしも悉く国家を忘却するものならんや、基督教徒たるもの何ぞ神聖なる勅諭に背くことを為んや、又宗教家たるもの何ぞ必ずしも宗派の障壁を構へて他宗の徒と争ふことを是れ事とせんや、虚心にして公平なるは宗教家の第一義なり、論者等が宗教家に対して持する所の思想は如何にして得来りしか、吾人固より之を知らず、然れ共若しも少しく勉めて基督教信者と交際を試みば恐くは論者等が思ふ如きの偏僻物の集会にもあらざる可し、若し夫れ一事に偏僻してファナチック的の挙動をして為めに教育の趣意を誤るものに至ては何ぞ独り宗教家にのみ限らんや、彼の宗教に反対し非宗教の論を唱へ生徒の信仰に干渉し甚だしきに至っては生徒の留守中に於て其座席を検し其朋友より得たる書翰を閲読する等の如きは吾人は最も教育の本旨に違ふものと断定せざるを得ず

更らにまた試みに或教員をして偏僻なる国家論者たらしめよ、渠れ動もすれば津田三蔵的の語気を発せん、而して外人を卑み外国を軽んずるは即ち我国を重んずる所以なりと思惟し以て生徒の心に攘夷精神を喚起せん、斯の如きものは以て教育の本旨に適ふものと断定するを得べきか、之を要するに頑迷偏僻は独り宗教家にのみ限るものに非さるなり」(18)

横井が、人の宗教を信ずるや正義を慕い公道を求めるが故に之を信ずるなり、正義公道の精神なき宗教家は真の宗教家と称ふるに足らず、真の宗教家たるもの必ずしも悉く国家を忘却するものならんや、基督教徒たるもの何ぞ神聖なる勅諭に背くことを為んや、というとき、彼の国家観が象徴的に表現されているように考えられる。彼の宗教に反対し非宗教の論を唱へ生徒の信仰に干渉し、生徒の留守中に於て其座席を検し、朋友より得たる書翰を閲読する等の如きは、教育の本旨に違ふものと断定せざるを得ず、という一節は熊本における山鹿高等小学校事件における事件発生の過程を非難したものであって、横井が如何にこの事件を重視していたかを示すものである。頑迷偏僻は宗教家のみに限らないという一節は、キリスト者の中にも行き過ぎた行為を示す人物の存在を暗示したものであって、非は非として認めねばならぬとする、この期横井発言の常套的ロジックなのであった。

かくて彼は、かかる状況で教育における特別法を設け、宗教者ならびに国家主義論者両方を含めて教育界から締出

す教育行政を実行するならば、「吾人は寧ろ生きたる人間を以て教員となさんよりは、木偶人を以て教場に立たしむるの優れるに若かずと思惟するなり」[19]と論をすすめる。さらにキリスト教徒を攻撃する国家主義者に対して

「吾人倩々現今の所謂愛国者国家論者なるものを見るに或はマキヱベリ主義の徒弟たるものあり、或は鎖国攘夷主義の残物なるものあり、而して其他には即ち時の潮勢に浮んで雷同唱和する不見識の人物少なからざるが如し」[20]

と鋭く批判するのであった。

以上は熊本山鹿において派生したキリスト教徒弾圧にからむ横井のかかわりとその批判的態度を素描したものであるが、次いで徳育問題について、彼の具体的提案を素描し、教育に関する彼の関心の強さの例証にしたいと考える。

彼はまず現今の徳育方法は「敬天謹独の心」を欠くものであって、また「存養省察の功夫」を欠き、「天道に接して無窮の感化を受くるの方法」を欠如させている、と概観し、徳育問題は国家的大問題であって私すべき性質のものでは決してなく、各立場を超えてお互胸襟を開き、墻壁を排除し、至誠以て討究し一意以て従事するならば解決できないことは決してないだろうと述べて、次のように具体的提案を行なうのである。

「夫れ高等中学なるものは、国家教育の骨髄なり、徳育の国難尤も高等中学に於て見るなり、吾人は文部省が倫理講師を任用する尤も高等中学に於て困難を極むと聞けり、蓋し或は已でに適任の人を得たるならん、然れども吾人未た満足なる報知に接せず、吾人の推測する処によれば心ある当局者は頗る人撰に困窮しつゝあるならん、然れば此の際基督教徒中より一二の適任者を撰抜し以て試用しては如何、或は又た五中学の一を撰み其の校長教頭等三四有力の教官に基督教徒の人物を任用し以て人材陶冶の業に当らしめては如何、若し然らは此の中学と他の

中学とは成績に付て自ら健全なる競争を始めん、全国人民は刮目して之を見ん、而して若し僻すに十年の星霜を以てして之を試みしめは国家教育の問題を解釈するに於て蓋し思ひ半に過ぎるものあらん」[21]

彼は補足していう。この提案にあたっての自分の意は、一高等中学校を宗教学校とせよといっている訳ではない、校内において基督教を説きしことは他の宗教を説き政事を談ずるのと同じく厳禁してよい、ただ基督教徒として養ってきたい心術を以て青年子弟の陶冶の任に当しむべきことを強調したいのである、もしこの際自分のこの建策を採用し断行するならば教育の一新紀を開くこと疑いないであろうと。

右の文中国家教育とは愛国心教育と換言してもよいほどの意味であろう。そしてその国家観念養成の教育の場に高等教育を重視する論者は、この時期彼をおいて他に例を挙げることはできないように思う。それにしても想起させることは、井上哲次郎を始め教育・宗教論争における内村鑑三教育勅語不敬事件のことである。内村は事件発生後第一高等中学における倫理講師の職を辞して、横井がこの一文を書いている時期は、学校破りの名を蒙りながら熊本英学校に着任している時期であった。周知のように、横井は熊本バンド関係者間では、内村と最も親密な関係にあった。明治二四年四月、重態であった内村夫人嘉寿子に洗礼を授け、彼女の葬儀に際して説教を引受けたのも横井であったという。[22] されば横井の高等中学にキリスト者を教師として送り込むというこの建策は、ある意味では間接的な内村事件批判であったとも云えなくもない。才気横溢をきわめた横井時雄の巧みな理論展開とも考えられるのである。しかしそれはそれとして、私が指摘したいことは、前述の熊本県知事の教育政策と山鹿事件で示した積極的批判姿勢、徳育問題についての具体的建策、これらすべて横井時雄のキリスト教思想と行動を識る上に、重要な示唆を与えるものではないだろうか、ということである。彼はいう。

「謹んで宗教を研究する人士の注意を乞はん、夫れ道は書籍言説に存せず、吾人の心に在り、仏を学ぶ者は仏意如何を求め、儒を学ぶ者は聖人の心如何を求め、基督を学ぶ者はその十字架の真意果して如何を求め、之を己れに反り求めて各その真意を我が心に発明するに至らば是れ即ち道に入るなり、其外別に修業あらざるなり、嗚呼実学なるかな、実学なるかな、世界は意味なき空論に厭き果てたり、此の多忙なる世間は空理妄想の犠牲となるを肯ぜざるなり、世間は宗教に向って其の空談争論の代りに宗教の実事を示さんことを要求して止まざるなり。然れば仏者は先づ仏の真面目を実写せよ、儒者は先づ儒の真面目を実学せよ、基督教徒は先づ基督教の真面目を実学せよ、倫理教育者は先づ倫理の真面目を実学せよ、然らば則始て大道の広遠悠久なるを知らん」[23]

ここにわれわれは、横井小楠の「実学」の直截な引きうつしを見る思いである。記誦詞章之習に沈溺すは俗儒であるとする実学系譜は、嫡子時雄のキリスト教思想の中に否定すべくもなく流れている。そしてそのことは時雄の教育についての対応の仕方をみる限り首肯できることであった。また彼は杉浦重剛の所論の一句を引用して、「氏が言へる如く読本は末なり教員は本なり」と述べ、小学校教員にして基督教に入る人々は、「概ね皆道徳を求め以て教育家たるの資格を高かくせんと欲するものなり、其の期する処は則ち虚心平意、公明正大、孝悌忠信、仁義道徳、に外ならす」[24]と付言して、教育における普遍的原理と、キリスト者としての誇りと自信を開陳しているのである。熊本バンドにおける若き優秀三五名の結盟が、結局はジェーンスという真摯なキリスト者としての人格的実在に帰せられることを想うとき、その中で中心的役割を果した横井にとって、明治二〇年代の教育的現実を無視することはできなかったであろう。このように考えて私は、横井の教育に対する関心とその行動に、決して低くない評価が与えられなければならないと考えている。

四　結びにかえて

冒頭に引用した「わが信仰の表白」の中で横井時雄は、明治二〇年、エール大学神学部教授フイショル著『有神論と基督教信仰とその基礎』に触れて、聖書の無謬説を放棄せしめられたこと、二二年アメリカにて四福音書について新解釈を得たこと、二三年イギリスに渡ってユニテリアン派と神学意見をたたかわせた事などを列挙して、己れの内なる神学思想の変遷を語る。また二四年には金森通倫が『日本現今の基督教並に将来の基督教』を著して新神学思想をもって伝統的な日本キリスト教を批判すると、横井もまた直ちに反応して「金森通倫氏の神学説を評す」(25)を書き、金森を批判している。山路愛山をして「彼の態度は畢竟哲学的にして科学的に非ず。彼の思想は固より未熟にして無数の矛盾を有す。事実を曰へば精神的に一個の新世界を開拓せんには彼の思想は余りに幼稚にして余りに浅薄なりき。されど彼れをして此の如き告白を為すに至らしめたる所以は実に後馳せに欧州の神学革新の思想に触れたる日本基督教会の動揺なり」(26)として批判されようとも、彼は彼なりの立場で、キリスト教思想の再構築に努めた。これが彼の明治二〇年の姿であった。

隅谷三喜男は、この期における新神学のわが国キリスト教界への影響について次のように述べている。

「このような信仰の動揺と教会の沈滞は勿論日本だけの現象ではなくて、十九世紀末の世界的現象でしたが、やはり日本のそれには日本の特殊事情が附随しています。といいますのは、明治初年のキリスト教の著しい特色が倫理的であったことは前に話された通りですが、新しい世界を待望していた人々は、封建的秩序の権威を打破し、新社会の基礎を確立するものとして、キリスト教を歓迎しました。しかしそのためにキリスト教は宗教的な生命を失って単なる倫理に解消されてしまう可能性を多分にもっていました。しかも人格神に対する信仰の伝統のない日本では、信仰の本質を正しく把えることは非常に困難でした。こうした状況の下でキリスト教教理は信仰に関する単なる知的理解に止る可能性が多かったわけです。そしてそれが知的理解に止るかぎり、新神学の導入によって生じたその崩壊は、そのまま信仰の崩壊へと連っていたのです。」[27]

そして大切な問題であると前提して、「自由主義神学が反動的な役割を演じたのは、自由主義神学がはいることによって、日本のキリスト教界は福音的な信条から解放されて、復古的なものと結合する契機を握ったからです。福音的な信仰の場合には、信条なり信仰なりがはっきりしていますから、そういう日本主義的なものとの結合が非常に困難なわけです。自由神学になりますと、その中核が曖昧になるから何とでも結びつきうるということになる」[28]と述べている。

このような思想的状況の中で横井はいう。「日本の基督教社会は多く旧来の士族を包有し、或は士族気象を備ふるの故に今日あるを得るもの也、自任自重の心あり愛国忠誠の操あればこそ外国の人々と事を共にして忍ふこを得るなれ、又忍んで卑屈に陥らざることをも得るなれ且又儒教の教へによって自ら省み良心の声を重んずることを知りたればこそ西洋風の儀式神学の大潮流に打れつつ、尚を自立して道義的の精神を維持するを得るなれ」[29]と。そしてまた、今キリスト教界は弊害百出している現状にあり、この時新神学思想がわが国入ってきて未曽有の変革の時を迎えている、「キリスト教は今後海外の衣服を脱して日本風と化せざれば決して我邦を教化するの目的を達すること能はざるべし」[30]ともいう。日本キリスト教における士族的精神伝統を評価し、儒教的価値観を重視し、しきりに日本国有のキリスト教の確立の急務なることを強調する横井は、さらにまた次のようにも述べている。

「出世間の道は仏道にあり、現世の事は社会学者の研究する処たり、倫理的有神教は幾分か儒教に由を教へられ、愛国の説は神道の唱ふる処なり、然れども今日の切迫なる必要は之を統合して一宗教に於て天下に発揮するに在り、而して此の任に当らんものは基督者を措ひて将たまた何辺にか求めんや」[31]

ここに示される思想的諸価値に対する横井の一見幅広い抱擁力は、同時にまた彼のキリスト教におけるある意味での思想的軟弱性をはらむものではなかったか。これをわれわれは、横井時雄の心底にひそむ哲学的、理想主義志向の表現とみてもよいのではないだろうか。

「人の世に生れて執る可きの業務多きの中に政治はその尤も必用且貴重なる者の一なり宗教文学の如きはその必用にして貴重なる素より政治に劣らずと雖ともこれらは人の思想上にその実効を奏する者にして名誉を死後に収めんとするものなり」(32)

明治三〇年代、横井は牧界を去り、官僚となり言論界に籍をおき、そして政界に入った。内村鑑三は横井を追想していう。「君の理想を離るること遥に遠しでありまして、君はジレッタクなったのであります。私が君の口より聞いた最も悲しき言葉は是でありました。…君！伝道ではとても駄目だよ。…僕は伝道を止めて政治を試みるよとの事でありました」(33)

横井は大正九年、熊本に帰省中脳溢血で倒れ、八年間静養、昭和三年別府で世を去った。数え年七一歳であった。

註

（1）横井時雄「我が信仰の表白」『六合雑誌』一三〇号一八頁　明治二四年一〇月
（2）『九州文学』第三二号附録　三四〜五頁　熊本英学校内九州文学社刊　明治二六年一月
（3）山路愛山「現代日本教会史論」　岩波文庫『キリスト教評論・日本人民史』所収一〇二頁「是れ第二の内村事件とも云ふべきものなりき。波瀾層々、国民的反動の大潮は今や必ず異教（基督教）を日本国内より一掃せずんば止まざるの勢を以て基督教会の壁外に吶喊し来れり。」
（4）横井「忠孝と基督教」『六合雑誌』一二五号三〜四頁　明治二四年五月

(5) 井上哲次郎『教育と宗教の衝突』『明治哲学思想集所収』筑摩書房　昭和四九年刊　一四一～二頁
(6) 前掲「忠孝と基督教」五～六頁
(7) 同七頁　(8) 同六頁　(9) 同八頁
(10) 横井「衝突恐るゝに足らず」『六合雑誌』一四七号　四頁　明治二六年三月
(11) 前掲『教育と宗教の衝突』一三二頁
(12)『九州日日新聞』明治二五年七月一二日付
(13) 前掲『教育と宗教の衝突』一三〇頁
(14)『九州自由新聞』明治二五年一一月五日付
(15)『九州文学』第二八号　二七～八頁「公開状」明治二六年一〇月
(16)『九州文学』第二九号　三六～八頁「文部大臣と基督教徒との問答」
(17)(18) 横井「徳育に関する時論と基督教」『六合雑誌』一四四号七～九頁　明治二五年一二月
(19)(20) 同　一一～二頁
(21) 横井「現今の徳育法を評論し并せて当路者に一策を建す」『六合雑誌』一四八号五～六頁　明治二六年四月
(22) 辻橋三郎「横井時雄と『時代思潮』」同志社大学人文科学研究所編『熊本バンド研究』所収　三三二頁
(23) 横井「宗教上の実学」『六合雑誌』一五一号四～五頁　明治二六年七月
(24) 前掲「徳育に関する時論と基督教」一二頁
(25)『六合雑誌』一二七号　明治二四年七月
(26) 前掲「現代日本教会史論」九二頁
(27)『近代日本とキリスト教』明治篇　二〇九～二一〇頁　創文社　昭和三一年
(28) 同二一三頁
(29) 横井「天啓論」『六合雑誌』一二〇号四頁　明治二三年一二月
(30) 横井「日本将来の基督教」『六合雑誌』一一四号四頁　明治二三年六月
(31) 横井「基督教の総合的特性」『六合雑誌』一四六号一〇頁　明治二六年二月
(32) 横井「青年諸氏に望む」雑誌『青年思海』所収一頁　青年協会刊　明治二一年一月
(33)「故横井時雄君の為に弁ず」『内村鑑三全集』第一九巻　二七一頁　昭和三年（海老沢有道他、『日本キリスト教史』より引用）

明治中期排耶運動の展開

一　はじめに

本論は、一八九〇年（明治二三）教育勅語を重要な契機として提起された、いわゆる教育宗教衝突論争の熊本地方における展開を、論争全体の中に位置づけることによってその特殊性を明らかにし、これを論争的、思想史的次元にとどめることなく、排耶すなわち反キリスト教運動として論述しようとするものである。結論的に表現すれば、政争的レベルでの排耶運動であったにせよ、そこには公権力の介入があり、構造的な反キリスト教運動としての性格を他に比類のない形で示しているように思われるのである。

周知のように明治二〇年代の教育宗教衝突論争の中核的文献は、一八八三年（明治二六）四月刊行の井上哲次郎著『教育ト宗教ノ衝突』である。井上は約七年に及ぶドイツを中心とする海外研修体験を了えて九〇年（明治二三）帰国、同時に帝国大学教授に昇格就任し、求めに応じて直ちに『勅語衍義』を公刊、教育勅語に係る徳目解説書の著者として一躍その名を巷間に広めることになった。そして三年後前述の『教育ト宗教ノ衝突』を上梓したのである。指摘するまでもなくこの場合の教育とは、教育勅語理念を貫徹する天皇制的国家主義教育の在り方を指し、宗教とはキリスト教を意味している。それ故にこの書が、天皇制教育成立期における排キリスト教の重要な記念碑的著作として機能することとなった。

さて井上はこの著作の執筆動機またはこの著作の性格についてつぎのようにいう。

「此篇は余が始めより自ら著わさんと企画したるにあらず、教育時論の記者が偶々時事に就き、余が意見を問はれたるによりて、少しく余が意見を述べたるに、耶蘇教徒の中頻に攻撃を試るものあるを以て、遂に一篇の長論文を成すに至れり、換言すれば、全く事情の已むを得ざるに出でたるものにして、一時の談話を敷衍せるに過ぎざるなり」(1)

引用文から明らかなように、この書は井上の学術論文ではなく、雑誌『教育時論』より求められた時事問題に関する井上の見解を開陳したものである。がしかし随所に井上の宗教、キリスト教と仏教に関する記述があり、彼の宗教観を知る上で重要な文献であることに間違ない。

井上はまた執筆の直接の動機をつぎのように述べている。

「或る時教育時論の記者余を訪ひ、現に熊本県に於て教育と宗教と衝突を来せるが、抑々勅語の主意は耶蘇教と相合はざるものにや、如何にと問はれたれば、余は最早平生懐抱する所を隠蔽すること能はず、少しく其要點を談話せり、然るに記者は其談話の大意を教育時論第二百七十二號に載せられたり、是に於てか耶蘇教徒は頗る之れが為めに激昂せしものと見え、其機関たる諸雑誌に於て余が意見を批難し、中には随分人身攻撃をもなせり」(2)

このように述べて井上は、熊本で提起されたキリスト教批判、ならびにそれに伴う排耶事件が執筆の直接動機であったことを明確にしている。そしてまた井上がとりあげた排耶事例中、熊本の諸事件が彼の著作の重要な部分を構成しているのであって、その意味で教育宗教衝突論争中に占める熊本の位置は特記に価するものといわざるを得ない。
本論がこの衝突論争の思想史的意義の解明に主題を置いている訳ではないことは前述の通りであるが、井上の著書で展開されたキリスト教批判の論点だけは整理しておく必要があるように思われる。内村鑑三と同じく非戦論展開で近代思想史上重要視されている柏木義圓は、熊本英学校事件当時この学校の校長代理として熊本に滞在しており、この事件後直ちに古巣同志社に帰って井上批判の論陣を張るのだが、彼はつぎのように井上の論点を要約している。

第一、耶蘇教の道徳は無国家主義なり、是れ勅語の道徳と耶蘇教の道徳と互に其趣を異にする一個条なり
第二、耶蘇教は現世を見ること甚軽く、従て現世の事物を賎しみ軽ずるの情を生ず、此點に於ても勅語の精神と耶蘇教の精神とは頗趣きを異にせざるを得ず
第三、耶蘇教の博愛は墨子の兼愛と均しく無差別的に愛にして、勅語の博愛は差別的なり
第四、耶蘇教は忠孝の二徳に頗る冷淡なり、而して実に勅語道徳の精神は此二徳に在りて、此二徳は日本支那の道徳に於て最高と立てたるものなり(3)

すなわち柏木は、一、教育勅語理念が国家主義に立脚しているのに対して、キリスト教は無国家主義であること。二、教育勅語が現世主義にもとづいているのに対して、キリスト教は来世主義であること。三、教育勅語の博愛は自己の親を基本として順次他人の親におよぶ差別的愛であるのに対し、キリスト教の愛は墨子の兼愛と同じく無差別的愛であること。四、教育勅語の道徳観の中心は忠孝であるのに対して、キリスト教はこれを軽視していること、以上の四点にまとめて井上のキリスト教批判としているのである。そして柏木は井上の対キリスト教批判が本質は別にして表面的には的をはずしていないことを認めつつ、つぎのようにいっている。

「要するに、耶蘇教は非国家主義にして共同愛国を重んぜず、基督教徒は己れの主君も如何なる国の主君も皆之を同一視し、隠然宇宙主義を取る、是故に到底勅語の精神と相和すること能わず。勅語は固より如何なる宗教の信者も之を拒絶することなきも、耶蘇教徒自ら之れに反せざるを得ざるの傾向を有するものなり」[4]

柏木にとって教育勅語の存在自体は否定さるべきものではない、教育勅語は普遍的道徳を示しているに過ぎないものであり、ただ個別的宗教との間には直接関係はない、というのであった。[5]

教育宗教衝突論争にキリスト教側から積極的に参加して論議を展開した柏木の筆を借って、井上哲次郎所論の要点を整理し、また柏木論述の一部を紹介した。柏木に限らず、この期の論争に参加した人物は多い。この期新聞雑誌をひもどけば、いずれかの形で論争に参加し、または解説紹介に紙面を割いていないものを発見することは難かしいほどであったという。

その人物像が必ずしも明かにされていない一介のジャーナリスト関皐作は、「予輩は細心之に着眼して此問題に関係したる当初より今日までの議論批評等を小大遺漏する所なく幾多の新聞雑誌より蒐集し更に之を順序的に編集し」[6]て、一名「教育と宗教の衝突」顛末及評論と副題した『井上博士と基督教徒』を刊行している。明治二六年五月のことである。そしてこの年七月と一〇月の短期間に続編二冊、合計三編、井上擁護の立場からの評論を加えた資料集を上梓しているのである。これらをひもどけば、キリスト教徒の危機意識をかくさない井上批判、仏教徒の井上擁護論の多岐にわたる賦やかな論争過程を理解することができる。例えば、横井時雄「衝突恐るるに足らす」、大西祝「教育勅語と倫理説」、高橋五郎「偽哲学者の大僻論」など、初出雑誌からの抜粋が羅列されていて興味つきない史料となっているのである。

二　中央紙にみる論争の経緯

周知のように教育宗教衝突論争は一八九一年（明治二四）一月に提起された第一高等中学校を舞台とする内村鑑三不敬事件[7]を発端とする。内村事件は、結果的に内村の辞職で一応終息し、世論も鎮静化していった。しかし翌九二年（明治二五）一月九州熊本英学校において、教員奥村禎次郎による舌禍事件が生じたことにより、再び論争が再開されることとなった。すなわち奥村が「本校々育の方針は日本主義にあらず亜細亜主義に非ず又た欧米主義にもあらず世界の人物を作る博愛世界主義なり、故に我々の眼中には国家なく外人なし云々」と発言したとして、地元『九州日日新聞』が告発し、遂には奥村が学校から放逐されることとなる。これを地方的には奥村禎次郎不敬事件と呼称し、一般的には熊本英学校事件と呼んでいる[8]。

熊本バンド出身の海老名弾正によって設立された熊本英学校は、その歴史も浅く、学校規模も決して大きくない九州僻地に存在したキリスト教主義の私学であった。この学校で発生した小さな事件が、全国的に有名になり、同時に教育宗教衝突論争の重要な素材になったのは中央誌『教育時論』がいち早くこの事件を取り上げたことによる。したがって『教育時論』の論調をまず記述しなければならない。

明治二五年二月といえば熊本英学校事件が提起された一カ月後だが、『教育時論』は、熊本慨世義団「熊本英学校ノ罪ヲ鳴ラシ同胞正義ノ士ニ訴フ」を初め、同三月熊本託摩生「慨世義団ニ質ス」、熊本県菊池郡私公教育会「日本全国ノ教育者諸君ニ訴フ」の三本の地元からの投書を掲載して熊本の事情を紹介しているのである。この事件を報道するに当って『教育時論』は、当社としては遠く離れていて熊本の事情を正確に掌握している訳ではないとして「若し能く実際の事情を採知したらんには、或は意外の関係ありて、其疾視反目の原因は、表面に顯はれたる事実の外に存し、今回奥村某の演説を機として、爆発したるに過ぎざるが如き事情なるやも測り知るべからず」[9]と述べ、一応は投稿掲載に慎重な態度を表明しつつも、当該事件の発生原因は博愛主義と国家主義の衝突であるとして、奥村の立場を擁護する態度を鮮明にしながらさらにつぎのように述べている。

「抑博愛主義は、総ての宗教総ての道徳の標準となるべき極めて高尚の主義にして、之を保護助長せざるべからざるは、固より論を待たず。然るに或は、この博愛主義を悪む者は、博愛主義と国家主義とは相容れず。博愛主義盛んなれば、国家主義衰へ、国家主義興れば、博愛主義は廃れざるを得ず、即ち、此両主義は、決して両立することを得ずと思惟するに依るなるべしと雖、吾等の考ふる所を以てするに、此の如きは、一種の妄想にして決して取るに足らざるなり」(10)

奥村は博愛主義の立場から立論して教育の目的を述べたにすぎず、言葉が少し過激に失したきらいはあるにしても、これで以て国家主義に反対し、国家と帝室を無視した発言だと断定するのは早計ではないかとして、奥村の立場に理解を示すのであった。

蔵原惟郭は英学校事件が起きた当時の学校長であり、知事命令を受けて奥村禎次郎に解雇命令を伝えた責任者であった。柏木義圓が当時の蔵原の態度を厳しく批判し、その責任を強く追求していることは事実であり、そこで展開される柏木の所論が後世柏木の評価に連なるのであるが、蔵原にしても知事命令をためらうことなく直截に奥村に伝え、総じてキリスト教主義学校を解体に導いた訳ではなかった。決断に至るまでの蔵原の苦悩と精神的重圧は評価の対象になるであろう。その蔵原に対しても、『教育時論』は紙面を提供して雑誌の使命を果さんと努めている。

「個人は国家の中に在り、国家は個人により成る、されば、個人は堅固なる国家の舌に棲息せざれば、自立すること能はず。国家は個人の自立を待たざれば堅固なること能はず。且つ皆独り己の為に存在するにあらず、宜しく他の為にするところなかるべからざる也。されば、国家教育といひ、個人教育といひ、唵々撤し去る如き僻見に過ぎず。而して尚且甲論乙駁するもの、是れ豈嗤笑すべきの至りにあらずや」[11]

蔵原の論述は総じて隔靴掻痒の印象は免がれないが、国家有機体説をベースにした論理を展開しているのである。熊本出身である徳富蘇峰（猪一郎）の『国民之友』『国民新聞』もまた衝突論争に大きく紙面を提供した。「当時予の最も熱心であったのは、第一政治の改良、第二社会の改良、第三文芸の改良、第四宗教の改良であった」[12]とする蘇峰のジャーナリストとしての関心が、この衝突論争に無関心の筈はなかった。明治二〇年『国民之友』創刊以降徳富は広く人材を集め、当時の著名な論者に紙面を提供しているが、井上哲次郎もその中の一人であった。井上は「日本ノ学者ニ告グ」と題する二回にわたる文章を『国民之友』に連載してつぎのように述べている。

「苟モ眞善美三ツノモノヲ推究シテ、眞誠ノ学者トナラント欲スルモノハ、古今ヲ論セス、東西ニ拘ハラズ、先ヅ千歳ニ名ヲ轟カシタル者、屹然トシテ一代ニ卓絶セル者、并ニ自家独得ノ見ヲ抱イテ、一学派ノ元祖トナル者ノ学説ヲ研究スルヲ要ス、其餘ハ次第ニ點検シテ可ナリ、夫ノ日々筆ヲ執リテ、時事ヲ論ズル者ノ如キ、又ハ半文銭ニ當ラザル小説ヲ著ハス者ノ如キ、又ハ他ノ学者ノ説ヲ竊ミ来リ、或ハ蒐メ来リ、或ハ飜譯シテ以テ自家ノ説トナス者ノ如キハ、固ヨリ捨テテ顧ミルヲ要セザルナリ」[13]

この論文について井上は、民友記者の要求に応じた「余ノ漫筆ノ草稿ニ過ギザ」るものである、と断っているものの、記述の底に流れる自負は、まさに井上の帝国大学教授としての地位の自意識から来るものであろう。当時の井上にとってみれば「時事ヲ論ズル者」の如き輩は、もちろん学者でもなく論争の相手でもない存在であった。

高橋五郎といえば、衝突論争そのものが井上と高橋の論争といってよいと論評されたほど、世の注目を集めた論客であった。高橋は右の井上所論をとりあげ、つぎのように云っている。

「『日本の学者に告ぐ』とは嗚呼何ぞ其言の傲然たるや、彼は何處の学者なるや、其最も自ら長處とする独逸の学に心酔して己が父母の国を忘れたるなるか、斯の如き標題を掲げて彼は傍若無人に自家の博覧多識を世に示さんと試みたり」(14)

高橋は明治八年横浜においてブラウン（Samuel Robbins Brawn）より英語を学び、この年『聖書』の翻訳委員会発足当時日本人協力者の一人に名を連ねるといった経歴の持主であり、この頃キリスト教的知識に関しては相当の高い自負心を持っていたと推測され(15)、その後も著述や翻訳に活躍している。『国民之友』誌上における高橋のこの井上批判は、この期排耶論争中その痛烈さにおいて白眉といってよいように思われる。

高橋の反論に接した井上は、思ったより厳しい反撃に直面してか、高橋に一時休戦とも思われる書状を送っている。

「拝啓小生が数月前教育時論に掲載したる『教育と宗教の衝突』は全く一時の談話を敷衍したるものにて其文も未だ完備せず且つ引例中多少不確なるものも有之候故追て正誤致し一冊子として世に公にする積に有之候故君の御批判は其上にて充分被成下度候　匆々不備」(16)

この書状を掲載するに当って『国民之友』は、「不確実、不完備なる議論を以て、天下を誤るは学者の本分耶、他の弁駁の為めに論拠、文陣を打破せられむとするを見て、俄かに、仲裁を請ひ、攻撃を見合せんことを願ふは学者の本分なる耶、吾人は学者として有名なる井上哲次郎氏が、何故に高橋五郎氏へ休戦を謂ふかを怪しむ也」と前置きして、井上の姿勢を批判しているのである。井上の「日本ノ学者ニ告グ」所論の内容と重ね合わせれば、『国民之友』のこの論調はジャーナリズムとしての健康な性格を失っていないことを示している。

井上は高橋に約束した通り、内村鑑三不敬事件をはじめ、引例した諸事件の実態に関して、熊本バンド出身の横井時雄に再調査を依頼した。横井は井上の依頼に応えて約十件の不敬事件について調査し、「論文中に御引用有之たる不敬事件なるものに関し、御依頼に由り、夫々取調べ候處、左の通りの結果を得申候、之れは充分公平にして確実なるものと認め候に付き正誤に御用ゐ有之候て差支なき義と存候」[17]とする前文を付して、調査結果を井上に報告している。横井は一八七六年（明治九）熊本洋学校解体後学友が大挙して京都同志社へ入学したのと軌を異にして、開成学校に入学した。その一年先輩として井上はすでに開成学校に入学しており、井上が福岡大宰府の出身であることも関連して、両者は知己関係にあったと推測され[18]、このような事情で井上は横井に再調査を依頼したのであった。

山鹿高等小学校事件は熊本で起きた三不敬事件の一つであり、その詳細についてはすでに論述した。[19]当該学校で一キリスト者の子弟が退校処分になった事件である。これに対する横井の報告はつぎのようなもので、報告例の一つとして挙げておきたい。

「嘗て東京の有志家中にて其事実を詳細に取調べたることあり、其頃県庁の属官某が取調べて当時在京の知事に送りし回報なるものは甚だ事実に相違す、此事は其当時内務大臣及び文部大臣の手許まで委曲上申し置きたり、蓋し生徒佐久間某を退校せしめたるは全く校長赤星某が生徒各自の信教自由に干渉したるの結果なること明白なり、生徒の抗論せしは学校外に在りて基督教を研究するの自由を唱へしものにして、決して校内に在っての自由を唱へたるに非ず、而して昨年来新小学校令に従って旧小学校令を廃し、新たに小学校を起すに当り、有志家と知事との間に種々談判を遂けたる末、竟に赤星氏を雇はざることに決し、佐久間某の出校するを許したり」[20]

このように横井は詳細な調査結果を井上に送っているが、井上はこれを本文に採り入れて書き直しをしている訳ではなく、ただ横井の報告を忠実に付録として記載しているに過ぎない。何故井上は『宗教ト教育ノ衝突』を上梓するに当り、本文を訂正しないままの体裁で出版したのか疑問が残るところである。

『国民之友』はまた、この頃のキリスト教界に話題を提供した金森通倫にも紙面を提供し「日本現今の基督教並に将来の基督教」などを掲載して、宗教に大きな関心を示しているのである。そのことについて詳論は差控えるが、衝突論争に関して『国民之友』が示した一つの見解は重要であると考えられる。それは、熊本で提起された諸排耶事件についてであるが、これら事件のもつ重要性は宗教論争、イデオロギー論争や政争の次元ではなく、知事権力の発動をともなう国民の権利侵害事件であるととらえ、そのような方向から論理を展開している事実である。

「知事果して私立校の教員を解雇するの権あるや否や、諸学校通則に於て明文なきより見れば、実に是れ疑義なり。斯の如く明文なく未た曾て慣例なき行権は一応文部大臣に具上して、而して後に之れを為すも晩からす。単に不適当の口実を以て解雇を命す、而して之を裁判に訴へて、公平の判決を得んとするもその道なし。是れ私立学校の教員は一日も安堵ならぬなり。何時に不適の声天外より来るや測らさるなり。行政官をしてその権を乱用せしむるの弊之れにより生す。故に私立校の教員若し知事に於て解雇し得るとするも、必ず明白なる理由を以てせさる可らず。官立校の教員は知事直接に之を任命するものあらん、然れども私立校の教員は其校の設立者若くは校長之を任免するの権を有す。知事は只之を識認するのみ。多事若し直接に任免の権ありとすれば、九州学院の教員を英学校の教員に任するを得るの道理なるにあらずや」[21]

熊本英学校事件が提起された九二年（明治二五）一月は、その背景に衆議院第二回臨時総選挙が絡んでおり、この選挙は松方内閣の内相品川弥二郎による民党撲滅のための選挙大干渉事件をともなったものとして、日本近代選挙史上特筆さるべきものであった。徳富はこの選挙期間東京と熊本の間を往復し、熊本においては民党より立候補している山田武甫の応援に熱意を示しているのである。[22]そして品川の選挙干渉に関しては、特に『国民新聞』紙上で厳しく批判し、執拗な印象を与えるほど弾劾姿勢を示している。このような選挙経験を通じて徳富は、熊本英学校事件にも強い関心をもち、前記のような論説を示したものと考えられるのである。なお引用文中の九州学院は、明治二〇年代に存在する熊本保守政党たる紫溟学会（国権党）の創設にかかわるもので、後述したいと考えている。

このように徳富は、『国民之友』には度たび紙面を割いて衝突論争を報道しているのであるが、『国民新聞』においては、さらに厳しい批判的立場を明確にして、つぎのように述べている。

「行政処分なるものは、只憲法及法律の範囲内に於て行政官がその行政権を用ゆるものにして、憲法以外、法律以外に於ては、一分一厘と雖、其行政権を用ゆる能はざるは、立憲国の通義なり」[23]

「吾人が此問題を公衆の目前に提出するは敢て基督教に私して然るにあらず。憲法の一枝を折るは、即ち全躰を傷くるの初たるを確信するが故也。夫れ今日宗教上の自由を奪ふ、明日、集会の自由を奪ふの憂なき乎。已に集会の自由を失す、重ねて財産安然の権を奪ふの憂なき乎」[24]

この論調が大日本帝国憲法

第二十八条　日本臣民ハ安寧秩序ヲ妨ケス及国民タルノ義務ニ背カサル限ニ於テ信教ノ自由ヲ有ス

第二十九条　日本臣民ハ法律ノ範囲内ニ於テ言論著作印行集会及結社ノ自由ヲ有ス

の立場をベースにしていることは指摘するまでもない。

明治二五年一月二八日公布勅令第一一号「予戒令」は、俗称浮浪罪処分法、すなわち集会等において「一定の生業を有せず平素粗暴の言論行為を事とする者」を排除する内容の法律であるが、この法律の目的は翌月の二月に施行される衆議院選挙のための、直接には民党選挙運動の制限、ないし弱体化を意図するものであった。『国民新聞』はこの予戒令のもつ法的意義に解説を加え、「若し夫れ政党員たる者、有志者たる者、若くは其応援者たる壮年輩が選挙に奔走尽力するが如きは、是れ立憲機関を運転するに欠く可からざるもの也、政党の存在を許し、選挙の実行を許す国に於ては勿論これを公許せざる可らず、彼等は浮浪にあらざる也[25]」と批判している。そしてさらに予戒令を公布するまでの手続きの不当性に触れ、本来このような法律は議案として採択すべきである、勅令として緊急に発するのは「即ち変則の手段にして、変則の手段を取るは、只事切迫急要にして議会の開会を待つの遑なき場合に限る[26]」、議会は一カ月後に開会の予定であるから急ぐ必要なしと主張するのであった。

この期衝突論争に参加した雑誌は、中央、地方を問わず多数にのぼる。そのことについて詳論は省略するが、管見の限りでは『国民之友』『国民新聞』の論調が他紙をしのいで最も鋭く批判精神を発揮しているように思う。その主宰者徳富蘇峰の、若き日の熊本での生活体験を基礎にした政治的関心の一つの側面が、両紙面のかなり重要な部分を埋めているような印象をもつのである。

三　紫溟会の教育思想と学校経営

教育勅語が天皇制教育の根本法として機能したことは指摘するまでもないことであるが、同時に教育勅語の成立は、それ以前から展開されていた徳育論争の終結と結実を意味するものでもあった。その徳育論争の起点を、一八七九年（明治一二）の「教学聖旨」、それに続く「教育議」「教育議附議」に求めることは明治教育史の教えるところである[27]。この一連の論争に主役を演ずる二人の人物、すなわち伊藤博文に列る井上毅、宮廷派を代表する元田永孚がともに熊本出身であり、若き日の教養をこの地で培っている事実、同時に教育勅語が実際上この二人によって成文化されたことの歴史的事実を指摘することは、この地方の明治史を理解する上で重要な意味をもっている。両者は、熊本の政治的、教育的風土の形成に、直接、間接に大きな影響を及ぼしているのである。

当時すでに中央にあって、近代官僚として頭角をあらわしつつあった井上毅が、中央官僚の立場から地方政党の成立に係るという史実を残している熊本紫溟会の創立は、八一年（明治一四）九月であった。その後熊本国権党に接続し、この地方の保守的土壌を揺るぎなきものにしていく地方的政治結社紫溟会の施政スローガンにはつぎのような文言がみえる。

第一、皇室を翼戴し立憲の政体を賛立し以て国権を拡張す。
第二、教育を敦くし人倫を正し以て社会の開明を進む。
第三、厚生の道を勉め吾人の独立を全し以て国家の富強を図る。[28]

紫溟会の性格、果した機能について、分析論述する立場にはないが、右の引用からこの結社の性格の大きな枠組みは理解できる。ただここでは、この地方政党における教育に対する関心の深さを指摘しておくことにとどめたい。

国会開設を約束した十四年政変と時を同じくして結成された紫溟会は、八四年（明治一七）三月名称を「紫溟学会」と改称し、表面的には政治活動に消極的姿勢を示すのであるが、八九年（明治二二）二月この結社は組織強化を図る中で再び強い政治指向性を表明することになる。すなわち学会への名称変更の時期が、敵対する民権派政治勢力の衰退期と重なり、明治二二年が帝国憲法の公布とそれに伴う政論の活性化という時代趨勢を考えれば、この結社の動きは肯首できることである。新組織によれば、紫溟学会は学術部、世務部、実業部の三部体制を採用した。学術部の中核はすでに維持してきた中等教育機関たる済々黌の体質強化であり、世務部のそれは政治活動強化を意図する国権党の結成、機関紙『九州日日新聞』の発行であった。この地方の保守的人物を象徴するかのごとき響きを与える国権党の名称は、この期紫溟学会の組織再編成の結果として初めて生まれたのである。かくて再編された紫溟学会は、帝国憲法施政下の地方政党としての国権党を標榜しながら、政争的主導権掌握に狂奔することとなった。そして対立政党たる民党側の相対的戦力の弱体化傾向の中で、主導権争奪に大きく成功し肥大化していくのである。九〇年（明治二三）七月の第一回総選挙の結果は、全県下八議席中七議席を国権党側が獲得したのであって、このことが彼我の勢力を象徴的に物語っている。既述したように不敬事件たる熊本英学校奥村禎次郎事件が起るのは九二年一月であるが、この時期は第二回臨時総選挙の直前であったし、選挙結果の議席配分数も第一回選挙と同様であった。国権党の勢力は圧倒的であったのである。

さて紫溟会の特徴の一つとして、教育への関心の深さを挙げたが、その教育観の一端を知るため、紫溟会創設者の一人である佐々友房の言葉を引用しておこう。

「抑々明治一四、五年は我邦政論勃発の時にして全国到処として政党団結ならざるはなし。予輩亦先輩氏と議する所あり。一四年九月を以て紫溟会なるものを興し忠君愛国の主義を以て旗幟を一方に翻がへせり。曰く方今弱肉強食、各国雄を争ふの日に方て協心同力以て之に当る猶且つ足らざるを恐る。而して詭激放蕩の論を主張し兄弟牆に鬩く。豈に得策ならんや。然れども是一時輸入の皮相論のみ。深く憂ふるに足らず。若し之をして施て青年社会を蹂躪せしめば、将来国の運命未だ知る可からざるなり。今之を救ふの術、速に学校を興し教育を敦ふし忠君愛国の士を養成して以て国家有用の資に供するに在り」(29)

「若し人ありて予輩の主義を問ふときは予は応に答へて云はんとす。予輩は国民教育の主義なりと。何となれば我々同胞は日本の人民にして日本の国土に住する者なれば日本人民の資格を造りて日本の国土を堅固にし日本の国威を四方に輝す事を得るときは予輩教育の目的は既に達したる者と云ふべし。語を換へて之を云へば予輩の頭脳には只た日本の二字を彫刻するものなり。予輩の眼中には只だ日本の二字のみ映射し居れり。故に徹上徹下此日本国の為めに適当する教育を施すと云ふに外ならず。是れ即ち国民教育の主義を取る所以なり。……我々教育家たるものは政治的に偏せず宗教的に傾かず眼中只皇室と国家とを目的とし忠君愛国の精神を錬磨し真個日本国民の資格を養成し以て日本帝国を建築するの資に供せざる可らざるなり」(30)

ここで明らかなように、紫溟会の教育観は国家主義に立脚しており、さらにいえば天皇制的忠君愛国主義を極めて鮮明にしているのである。教育は個人の発達を促進し、望ましい個性の伸張を目的とするとの、教育の自律性への配慮はここにはない。教育は政治へ隷属するものであり、政治目的遂行の手段としてのみ自らの存在意義を承認されるのである。このような教育観は全く明治政府のそれと重なるものであり、このような教育観に規定された紫溟会の学校経営が、多少の紆余曲折はあったにしても、順調に伸展しないはずはなかった。八三年(明治一六)五月済々黌には天皇から五〇〇〇円が下賜されている。その実現には元田永孚らによる運動があったと伝えられるが、済々黌が明治体制下において模範的中等教育機関として認知されたことを意味し、同時にこのことはその将来の発展を予想させるものであった。八七年一月文部大臣森有礼の九州巡視の折の済々黌に関する評価もこの意味での判断材料になろう。

「二〇年一月文部大臣森有礼氏九州巡視あり。我黌に臨み我黌の創立及び沿革より主義、目的、気風、諸学科等一々審査せらる。後屡々称賛の語を賜ふ。蓋し我黌多年教養する所の精神気風に至り深く大臣の意に合せりと云。嗚呼予輩多年滔々たる教海の逆流に屹立し自信自立敢て動かざりしに豈図らん今にして光風霽月の運に至らんとは。誰か天下知己なしと云ふ乎。後聞く所に拠れば大臣帰京の後、聖天子に謁し我黌の事を奏上せらる。曰く該黌は嘗て陛下の特典あるに負かざるものなりと。大臣其旨を長岡公に伝へらる。公直に議員米田(虎雄)、安場(保和)、井上(毅)、山田(信道)、鎌田(景弼)、藤村(紫朗)、清浦(奎吾)諸氏を会し大に之を祝し且つ我黌維持の事を計画せらる。余亦東京に在り、此議に参す。本県知事富岡敬明氏大に賛成せられ維持の事に於て与て力あり。事、細川公に聞ゆ。公将に処する所あらんとす」(31)

このような文相森有礼の済々黌評価が、紫溟学会のその後の学校経営に大きな自信となったことは当然であろう。それにしても注目されるのは、この引用文に掲げられている済々黌維持をめぐる人材の多様さ、豊富さである。詳細な説明を省くが、この地方の当時の有力者を網羅していることはもちろん、知事、旧藩主に至るまで人脈の中に包摂していることであり、このことは紫溟学会の当時の勢力の不動な定着を証明するものである。

一八九一年(明治二四)一〇月熊本県知事松平正直宛に「九州学院設立願」が提出された。

今般済々黌、熊本法律学校、春雨黌、熊本文学館ノ四校ヲ合併致シ更ラニ九州学院ト称シ別紙規則書ノ通リ設置施行致度此段連署ヲ以テ願上候也

明治二四年一〇月一五日

設立者　熊本文学館長　津田静一

春雨黌長　高岡元真

熊本法律学校長　有吉立愛

済々黌長　木村弦雄(32)

「私立九州学院規則」によれば、学校設立主旨には「明治二三年一〇月三〇日勅語ヲ奉体シ聖旨ヲ貫徹スルヲ務ム」と謳い、組織としては普通科、専門科の二種をそなえ、普通科は「尋常中学科ヲ以テ之ニ当テ実業ニ就カント欲シ又ハ高等ノ学校ニ入ラント欲スルモノニ須要ナル学術ヲ授ク」と規定し、専門科としては「法学医学理学文学ノ四部ニ分

チ学術技芸ノ理論及応用ヲ教授ス但シ理学部ハ当分ノ間之ヲ設ケス」としている。入学定員は男子一千一五〇人、院長には男爵である松井敏之が就任し、評議員には子爵長岡護美、男爵米田虎男、同安場保和、同山田信道、同藤村紫郎、同清浦奎吾など地方の有力者を網羅した。かくて九州学院は「当時全国的に見ても斯る大規模の私学は稀に見る欝然たる大私学」(33)となったのである。この学院が紫溟学会の運営であることは、規約には直接謳ってはいないが、維持運営に名を連ねている人物をみれば紫溟学会の、それ故に実質的には国権党の運営する教育機関たる性格をもっていることを否定できない。

さて総合学園とも称すべきこの九州学院の成立の契機が如何なるものであったか詳らかにしないが、各種私学の合併綜合に当っては知事松平正直の公権力を背景とする工作が奏効の重要な要素になっていることは間違いない。このことを認めて松平はつぎのように述べている。

「依て予は赴任以来頻りに学党の害毒を未然に防かんとして遂に之を防ぐの策は只だ私立の五大学校が合併して其の教育の主義目的を一定するの外地に道なきを信じたり。且つ普通教育に就ては本県においても遠からずのち是非とも各府県に尋常中学校を置き以て中等教育を充実するの方針なりと聞けり。果して然らば本県は其の尋常中学校を欠ぐを以て之に代へるに私立学校を選ばざる可らず。而して之に充つるに甲校を以てせんか乙校の苦情あり、乙校を以てせんか丙校の怨嗟を如何にせん。是れ当路者の最も心痛する所にして各校に取りても最も不利益なる所以なり。故に今ま之を合併して一学校となし以て普通専門の部を分ち、其の主義目的を同ふするに至らは独り県下の利益のみならず、実に我帝国の幸ひなり。……予は想ふ、此の合併談にして一たびならば以て従来政党の軋轢を止むるに足るべく、若し全く止まずとするも、以て幾分か其の熱度も冷却せしむるに足らん」(34)

森有礼の中等教育政策は、府県単位で県立尋常中学校を一校設置し、併立分散を防ぐ形でその充実を意図するものであったが、熊本では既に存続していた県立熊本中学校を八七年（明治二〇）一二月の通常県議会で廃止決議を行ない、その後県立中学校の不在状況が続いていた。この廃止決議は、当時絶対多数を占めていた紫溟学会派の策動であったことは明白であり、その裏には私立済々黌への利益誘導意図が否定すべくもなく動いていたのである。このことの事情を右引用文は説明しているのであるが、松平知事は教育をめぐる政争解消という名分のもとに、公権力を行使して国権党の教育政策を支持し、結果として総合学園としての九州学院の成立に寄与したのであった。かくて済々黌は実質的に森文政の目的に添う形で教育機能を果す位置を獲得したのである。

九州学院の成立は、この地方における紫溟学会―国権党の教育支配、政治支配が極めて強固に確立し、定着したことを意味する。教育について付言すれば、明治国家の教育勅語理念に基づく天皇制的国家主義教育の強力な推進母体が、地方政党レベルで極めて明確に成立したことを意味したのである。

さて知事松平正直について言及しておきたい。松平は福井出身、福井藩少参事、新潟県参事、宮城県知事を経て、九一年（明治二四）四月熊本県知事に就任した。したがって九州学院の成立は就任早々のことであり、彼の初仕事と云ってよい。ところで松平は、明治二三年二月の地方長官会議で教育勅語成立に関し積極的に推進させる方向での発言を行なっている。この地方長官会議は徳育問題を主題とし、結果として教育勅語を成立させる直接の契機となったという意味で、教育史上重要視される会議であった。さて徳育問題が論ぜられている過程で、具体策を建議案としてまとめる際松平は、「徳育ハ難事ナリ故ニ成ルヘク簡明ナラン事ヲ欲ス而シテ其目的ハ我国ノ成立ヲ基礎トシ愛国人倫ノ道等卑近ノ例ヲ採リ其足ラサルヲ外国ニ採ルモ可ナリ総テ我国家ヲ知ラシムルヲ勉メ真ノ日本人タルニ耻サル者ヲ養成センコトヲ冀望ス」(35)と発言している。そして建議案作成六委員の一人に選ばれるのであるが、この経験を通して松平の行政官としての教育意識が一層強固に形成されたのではないだろうか。

四　排耶運動の展開と終結

「破壊党は教敵なり。何を以て之を断ずるか。其党の一部は外教を信奉して我内教なる神儒仏に敵すればなり。政教の混同すべからざるは吾人の知る所なり。宗教の自由は揚けて憲法にあり。故に彼等の外教を信奉するは彼等の勝手なり。吾人は政治的に之を排斥する者にあらされども、精神的之を教敵と為し、痛く之を攻撃するを憚らさるなり。世に云ふ彼等の首領は運動費に窮して憐を外国の宗教家に乞ひ、六万円の金を借り、約するに他日志を得るときは内国に於て特別の保護を与ゆるの条件を以てしたりと。嗚呼是れ果して事実なりや否や未だ知るべからされども、其破壊党の一部が外教を信奉し、若くは其心之を信奉せさるも亦之れが先導となるや疑ひを須ひさるなり。嗚呼世間の党派を志て此に一あらしむるも、吾人は猶ほ敢て之を排斥す。況んや彼れ破壊党は則ち十敵の実を備へ向ふ所破壊せざるなし、之をして勢を得せしむる時は国家興らす、人民安せす、政治挙らす、法律行われす、兵衰へ、学廃し、農工商業振はす、而して人々其道を失ひ其義を誤るに至る必せり。天下誰れか之を攻撃せさるものあらんや」(36)

これは熊本英学校不敬事件発生直後の、国権党機関紙『九州日日新聞』の記事の一部である。この表現の中に排キリスト教を一つの核とするところの政争の雰囲気を汲みとりたいと思う。『九州日日新聞』のこの種の記事は、この年九月以降連日といっても誇張でないほど多くなっている。この夏、山鹿高等小学校のキリスト教徒子弟の退校事件(37)、八代南部高等小学校聖影不敬事件が起きているからである。いまその詳細を記述することはできないが、排耶関係『九州日日新聞』記事に付せられた題名の主なものを挙げればつぎの通りである。

「不敬事件顛末（八代）」三回連載

「教育界の国敵」五回連載
「誅奸斯賊論」序論、教育と宗教、勅語と基督教、刮目して松平知事の為す所を見る、結論計五回連載
「聖影尊拝と偶像迷信」二回連載
「八代南部高等小学校不敬事件顛末」二回連載

九三年（明治二六）一月、熊本市において井上圓了を招き「勅語に基き国躰為本の教育を論ず」と題する講演会が開かれた。もちろん熊本国権党主催である。圓了は当時『忠孝活論』『教育宗教関係論』を上梓し、仏教擁護の立場から排耶蘇論者として大きな位置を占めていたことは説明の必要はないであろう。そして三月『九州日日新聞』は井上哲次郎の「教育と宗教の衝突」を三日間にわたって特別掲載した。これは雑誌からの転載と考えられ、井上からの直接原稿の活字化ではないが、この段階全国雑誌新聞中二八種が掲載したとされている。九州ではもちろん唯一の掲載紙であった。活字の量から推測すれば小単行本一冊分の総量といってもよく、新聞の特集記事としては異例であるとの印象は否定できない。井上哲次郎のこの著作を通読すれば、彼が素材として採録した排耶問題としての主なものは一に内村鑑三の第一高等中学校における教育勅語不敬事件であり、これに続いて熊本で提起された不敬事件の三件であって他は話題性から判断すれば相対的に軽い比重を占めているといってよいだろう。いやむしろ井上をしてこのような著作を上梓せしめた契機が、熊本における三点セットとでも称されうる不敬事件の発生であり、しかも三件とも深く政争と絡んでおり、熊本国権党の意識的、能動的動きと密接な関係にあったことを想起するとき、『九州日日新聞』が異例的に井上の「教育と宗教の衝突」を掲載したことは肯首できることであった。

四月、『九州日日新聞』は「排基督教論」を社説として五回にわたって連載した。その最後の一節を記すればつぎの通りである。

「嗚呼美なる哉帝国の天地、魏峨たる山は理想の高きを示し、汪洋たる水は情操の深を見はす《ママ》。仰き見れば、麗日

天に懸りて皇統の無窮なるを表し、俯瞰すれば山川笑を含んで温厚君子国の実躰を顕現せり。此喜ぶ可き佳象に接し此愛すべき国土に生れ、其知識は以て深奥なる哲理を探るへく、其道徳は以て輝光ある名誉を発揚するに足る、亦何を苦しんてか邪妄なる教理に随喜し偽悪なる宗教を依信することを是れ為さんや。奮起せよ、此美麗なる山川を以て外人の手に附すること忽れ。吾人が大声疾呼して排基督教を絶叫する、豈亦偶然ならんや」(38)

ここには政争勝利者の余裕すら感じられる雰囲気がある。これに対して民党も『九州自由新聞』に、奈須義質の署名入りで「九州日々記者の排基督教論を駁す」と題する反論を展開するのであるが、その内容は聖書論や世界諸宗教の分布紹介に終始し、新聞紙を飾る反論としては著しく精彩を欠いだものとなっているのであり、彼我の政争の帰趨を象徴しているような論調の展開をそこにみるように思う。

そして以降不敬事件を中核とする宗教記事は殆ど影をひそめるのである。熊本における排耶論と排耶運動の終結であり、それは同時に明治中期における全国的な排耶論争の終結を意味するものでもあった。

本稿を閉じるに当り、熊本英学校に在職しながら知事権力の介入に抵抗姿勢を崩さなかった柏木義圓の当時の論述の一部を紹介しておきたい。

「要之するに私心を去て公道に就き、身を献して国家に殉するの覚悟なきものは、これ個人の神聖を重するものに非るなり。唯々諾々自ら確立する所なく、国家の為めに其良心を蹂躙せらるるものは、決して国家を重するの民に非るなり。個人を以て国家の機械視し、之を無にするの挙動あらば、これ国家自を毀つなり。……唯国家の人たらしめんことを期して、宇内の人たるを思はす、家族の人たるを思はす、甚しきは個人の視聖を蔑如するものあり。此の如きを以て国家教育主義と為すものあらば、吾人は正しく其正面の敵なり」(39)

柏木は熊本英学校事件後直ちに同志社へ帰り、『同志社文学』等機関紙上で井上哲次郎批判を精力的に展開するのであった。そして筆者は、この著名な不戦論者柏木の思想形成の一契機が、熊本英学校事件における彼の体験にあったと考えている。

註

(1) 井上哲次郎『教育ト宗教ノ衝突』敬業社、明治二六年　緒言一頁（復刻『教育宗教衝突論史料』飯塚書店、昭和五七年所収）
(2) 同　本文一～二頁
(3)(4) 柏木義圓「勅語と基督教」『同志社文学』第五九号　明治二五年（『日本近代思想大系』六　山住正己編『教育の体系』岩波書店　一九九〇年　三九七頁）
(5) 鈴木範久『明治宗教思潮の研究』東大出版会　一九七九年　一七四頁
(6) 関皐作『井上博士と基督教』敬業社　明治二六年五月　一頁（前掲復刻版）
(7) 小沢三郎『内村鑑三不敬事件』新教出版社　一九六一年　参照。この事件に関して精細をきわめた文献である。
(8) 拙稿「熊本における教育と宗教との衝突」熊本近代史研究会『近代熊本』一七号　一九七五年　参照
(9)(10) 社説「熊本英学校の紛議を聞きて」『教育時論』第二四七号　明治二五年二月　五頁
(11) 蔵原惟郭「教育の精神を論ず（前承）」『教育時論』第二七二号　一七頁
(12) 徳富猪一郎『蘇峰自伝』一九三五年　（『日本人の自伝』五　平凡社　一九八二年所収）
(13) 井上哲次郎「日本ノ学者ニ告グ」『国民之友』一二一号　明治二四年三月　一三頁
(14) 高橋五郎「偽哲学者の大僻論」（「教育と宗教の衝突」を駁す）『国民之友』一八五号　明治二六年三月　一四頁
(15) 前掲鈴木著　一二五頁
(16)『国民之友』時事論　一八六号　明治二六年四月　四〇頁
(17) 前掲『教育ト宗教ノ衝突』　一六九頁
(18) 前掲鈴木著　一一一頁
(19) 拙稿「熊本における教育と宗教との衝突(2)―八代南部高等小学校不敬事件について―」『近代熊本』一八号　一九七六年　参照
(20) 前掲『教育ト宗教ノ衝突』　一七四～五頁

(21)「私立校教員に解雇を命す」『国民之友』一四五号　明治二五年二月
(22) 前掲『蘇峰自伝』　一七三頁
(23) 社説「咄々怪事」『国民新聞』明治二五年二月二日付
(24)「憲法蹂躙」『国民新聞』明治二五年九月三〇日付
(25)(26)「浮浪罪処分法とは何ぞや」『国民新聞』明治二五年一月二六日付
(27) 海後宗臣『教育勅語成立史の研究』　東大出版会　昭和四〇年　参照
(28)「紫溟会規約並規則」　遺稿刊行会『克堂佐々先生遺稿』　昭和一一年　二五～六頁
(29)「済々黌歴史」　同　一六五～六頁
(30)「日本教育の主義」　同　二一九～二〇頁
(31) 同　一八一頁
(32)『熊本県教育史』中巻　熊本県教育会　昭和六年　三一九頁
(33) 同　三一七頁
(34)『九州日日新聞』　明治二四年九月一六日付
(35) 前掲海後著　一四二頁
(36)『九州日日新聞』　明治二五年一月二六日付
(37) 拙稿「熊本における教育と宗教との衝突(3)—山鹿高等小学校生徒退校事件について—」『近代熊本』一九号　一九七七年　参照
(38)『九州日日新聞』　明治二六年四月一五日付
(39) 柏木義圓「惑を弁じて我党の主義を明にす」『国教』第一〇号　国教雑誌社　明治二五年　二二～四頁

「教育宗教衝突論争」と中西牛郎

一　はじめに

一八九〇年（明治二三）一〇月三〇日に「教育ニ関スル勅語」が公布され、その謄本が高等教育機関を皮切りに、公立初等学校、私立学校へと順序を追って「下賜」されていった。公布三か月後の九一年一月、第一高等中学校では勅語謄本の奉読式が行われ、内村鑑三がその謄本に向かって拝礼を躊躇したとして学校を追われるという、いわゆる内村鑑三不敬事件が起こった。そしてまたその一年後の九二年一月、軌を同じくする事件が私立熊本英学校で発生し、渦中の奥村禎二郎は結果的に教壇を追われることになった。内村は著名なキリスト者、奥村も新島襄の同志社の若い卒業生であり同じく基督教徒であった。これらの事件は発生すると同時に広範に報道され、当時の代表的教育雑誌である『教育時論』はそのつど詳細に内容を報じた。その第二七二号には「教育と宗教の関係につき井上哲二郎氏の談話」と題する小論が記載され、そのなかでつぎのような文言がみられる。

此程社員中の某が、井上文学博士の宅を訪問したるとき、談教育と宗教との関係に於ける評論に亘りしとき、社員は詞を改めて、近頃世上にて、教育と宗教との関係につき、兎角囂々として、議論を為す者あるは、多くは例のFanaticの先生方なれは、此等の議論につき、強いて博士の説を求むるまでもなけれども、極めて公平にして、感情に制せられさる学問上の眼を以て見れば、所謂耶蘇教と云ふものと、日本の国体との関係とは如何。又耶蘇教の精神とする所は、果たして勅語の精神と相戻る所はなかるへきや如何。此辺につき、博士の説を伺ひたしと、尋ねしに、博士は当節柄宗教の利害の事に関し、此宗教はよし、彼宗教は悪しなど〻評論を下せは益Fanaticの感情を扇動するのみにて、却て人心を動かすの種となる恐もあれは、今は世人に向て、成るへく此等の論題に関する意見を述ふることを避け居れども、御尋に応じて、少しく考を述ふへしとて、夫より日本の国体と、耶蘇の立教の精神に就き、縷々数千言を重ねて論せられたり(1)。

この談話が、帝国大学教授であり文学博士、しかも教育勅語の解説書である『勅語衍義』の著者井上哲次郎によってなされたため、世間の多くの注目を集め、キリスト教側からの反論、仏教側からの井上支持論、さらにジャーナリストからの発言が相つぐのであった。特に批判の対象たるキリスト教側からは本多庸一、横井時雄、大西祝、柏木義円などが『教育時論』『六合雑誌』『同志社文学』などの雑誌を通して井上哲次郎批判の論陣を張った。これに対抗して井上は改めて「教育と宗教の衝突」と題する論文を九三年(明治二六)一月より教育、仏教関連雑誌・新聞などに連載し始めた。井上論文採択の雑誌、新聞は二八種に及んだという。熊本では、当時地域社会に広範な影響力を持っていた『九州日日新聞』紙上に、三月七、八日付き二日連続で記載されている。紙面を開いてみると、その大部分のスペースがこの井上論文のために割かれていて、この新聞社の時事問題についての関心のありようを垣間見るような印象である。ただしこの九州日日新聞社への原稿は、井上自身から送られたものではなくある雑誌からの転載であるとされている。かくて井上は、論文が予想以上に長文に及んだために連載を打ち切り、この年四月、改めて完本として『教育ト宗教ノ衝突』を刊行したのであった。

井上のこの論文には、当時日本各地で提起されているいわゆる不敬事件が十指を超えて引用され、そのうち熊本関係では熊本英学校、八代南部高等小学校、山鹿高等小学校の三事件が取上げられている。明治初期、お雇い外国人教師ジェーンズが教壇に立った熊本洋学校の、その卒業生たちの団結による日本三大バンドのひとつ、いわゆる熊本バンドに象徴されるこの地のキリスト教の伝統は、明治二〇年代この時期に激しい排キリスト教運動に遭遇したのである。さればこの教育宗教衝突論争にとって熊本という地域社会はきわめて重要な位置を占めているといわざるを得ない。井上はつぎのように述懐するのである。「若し熊本県に衝突起らざりしならば、教育時論の記者も余を訪はざりしならん、時論の記者が余を訪はざりしならば余も衝突に関する意見を述ぶること無かりしならん」[2]と。

教育宗教衝突論争とは、明治期日本観念論哲学の確立者として位置づけられ、現象即実在論の立場から哲学界をリードしてきたとされる井上哲次郎の、この『教育ト宗教ノ衝突』の刊行をめぐって展開された一連の排キリスト教論争または運動を指し、実質的には当時強力に勃興して来た明治国家主義思想とキリスト教との相剋を内容とするものである。時期的には明治中期、教育勅語公布から日清戦争前までの短期間に限定される。論争のピークは明治二六年である。

井上のこの著書を巡って発表された論文は、その主なものが関皐作著『井上博士と基督教徒』と『同　続編』『同　終結編』の三冊に二百編を超えて採用されており、いろいろな批判はあるにしても[3]、読者に便宜を与えている事実は否定できない。われわれは、関のこの業績が無かったとすれば論争全体の展望に苦労することになったであろう。さらに「ある特定の問題をめぐり、これだけの数の論及があったということは、恐らく、それ以前の日本の歴史にも見られなかったことと思う。それ以後の歴史も含めて、きわめて希有な出来事である。それだけ教育宗教衝突論争は、世の関心を集めた問題であった」[4]との見解も紹介しておきたい。

中西牛郎は『教育宗教衝突断案』と題した一書を上梓して井上哲次郎から賛辞を受け、評価された人物である。以下中西の人となりや『断案』の内容、それに対する井上の評価、柏木義円の批判といったことについて述べてみたい。教育宗教衝突論争の質を理解するための事例研究にしたいと考えるのである。

二　中西牛郎について

その詳細な経歴については必ずしも明らかでないが、中西は一八五九年（安政六）熊本城下高田原にて出生し、成人してからも郷里に基盤をおく生活を長く続けた。明治初期から中期にかけての「明治の青年」であった中西は、変革の時代が要求する政党活動、特に郷里の保守政党に深く係わったが、政党活動に従事しながらもその主要な関心は仏教、特に真宗系のそれに基盤をおいた宗教研究にあったようで、熊本と京都を活動舞台とし、加えてキリスト教、神道をも含む数冊の宗教関係著作をものにし、僧籍を持たない著述家としての生涯を貫き通したといえよう、晩年は仏教と離れて天理教や扶桑教に帰依し、彼の遺骸は天理教本部中山みきの墓のかたわらに埋められているという。一九三〇年（昭和五）一〇月に没した。享年七一歳であった。

中西は晩年自らの宗教研究の経路を回顧して、宗教に関心をもち始めた動機をつぎのように説明している。

私の父は熊本藩一廉の漢学者でありまして、私は幼年から漢籍を読み覚えまして家に所蔵しあった書籍をヒックリ返し漁ってゐる中に不図私の心に触れたものが二つありました。其一は芥儒略の職方外紀にして其二は羅整庵の困知記でありました。芥儒略は伊太利の人にて天主教宣教の為に明末支那に入り種々の書を著訳しましたが、職方外紀は其一であります。其書中に猶太歴史の大略と耶蘇の降生の事とが書いてあります。御承知の如く切支丹宗門は徳川幕府の厳禁でありまして、此厳禁は王政維新明治の初年までも未だ全く解けてゐませなんだ。此職方外紀の如きも徳川幕府厳禁の書でありましたので、唯秘密に謄写され秘密に読まれたものであります。そして私は既に此書説く所の耶蘇の事を読んで大意を了しました。羅整庵といふは王陽明と同時の碩学でありまして、位顕官に登り王陽明全集にも羅整庵と往復の書牘が載せてあります。そして此人の著はした困知記は有名の書物でありますが、私は其中に於て整庵が儒者の立場から仏教の唯心説に弁駁を加へたものを読みまして、弁駁された仏教の方に却て深遠の教理がありはしないかと思ひました。
故に芥儒略の職方外紀と羅整庵の困知記とは私に他日仏教とキリスト教とを研究せしむるの種子を下ろしたものであります。幼年の頃心に印象を受けたものが其人生涯の命運を決定するの重大性を持ってゐる事は私に於て新に証明さるゝ次第であります。(5)

鳥居雪田は中西牛郎の実弟である。雪田の実名は熊四郎、彼は叔母と養子縁組を結び鳥居姓を名乗った。雪田は漢詩をもって世に聞こえ、当時筑後の宮崎来城と共に鎮西漢詩壇の双璧として重んぜられ、落合東郭（第五高等学校教授歴任、のち大正天皇侍従）を加えて九州の三星と称されたと伝えられている。牛郎、熊四郎ともに文才ある兄弟であったようだ。鳥居家は学習塾を経営した。塾所在の地名を採って神水義塾《くわみずぎじゅく》と呼ばれている。『熊本県教育史』によれば、その敷地は飽託郡神水村二二三、塾の主要教科は英語、設置期間は明治一九年一二月より明治二二年八月までとなっているが、恐らくこれらの数字は教育行政当局への届け出を示したもので、終期はともかく始期はそれ以前にさかのぼると思われる。牛郎はこの神水義塾において、塾主として失明の父とともに教鞭をとったという。父の名は中西惟格、号は筑山、漢文学に造詣深く、詩文にも才能を発揮したと伝えられる。(6)

明治一〇年代の近代日本は自由民権運動の高揚をはじめ国会開設の動きなどに象徴される政治の季節であった。熊本地方においても西南戦争以降近代化の波が押し寄せ、地方政党の結成など活発さを加え、それにしたがって人脈形成の動きも激しさを加えていった。中西牛郎もその渦中から逃れることはできなかったようである。彼は熊本を牙城とする代表的な地方保守政党、紫溟会―紫溟学会の人脈にに深く関与し、その機関紙である『紫溟新報』の主筆をも経験したとされている。この地方政党は、結成以前から子弟の教育に強い関心を払ってきた。すなわち紫溟会の結成は一八八一年（明治一四）九月であるが、その二年前から経営して来た教育機関たる同心学舎を、新たに済々黌と改称して教育機能の充実を図った。時に明治一五年二月一一日、『済々黌百年史』は当時のことをつぎのように伝えている。

その頃あたかも政論が勃興して、全国到るところ政党が結成され、各派の軋轢が甚だしく、また一方西欧列国の大勢は、漸く東洋を圧迫して来て、その覇権を伸ばそうとする情勢にあった。（略）こゝに佐々氏は紫溟会を興し、忠君愛国の旗幟を一方に翻した。そしてこの際当面の事として（略）何としても速に学校を起し、教育を敦うし、先の同心学校設立者及び佐々氏の組織した紫溟会の重立った人々と相談して、再び学校を設立することに決定し、白木為直、田尻彦太郎、古庄嘉門、木村弦雄、友枝庄蔵、津田静一、牧相之（略）中西牛郎（略）佐々友房を発起人として元の同心学校の校舎を以て学校に当て、名を済々黌と称し、明治一五年二月開校した。(7)

濃厚な政党色をもって発足した済々黌の開校記念に、中西は紫溟会を代表して開業の祝詞を述べている。すでに紫溟会における重要な位置を獲得していたのである。彼はまた済々黌の文芸誌『文学世界』に〈哲学講究会ノ目的ヲ論ス〉(8)と題するかなり長文の論文を寄稿している。彼はここで、今後は単なる政党人としてだけではなく文化面においても新しい生き方を模索したいことを強く表明するのであった。さらに彼は〈学術と宗教の調和〉(9)と題する寄書をも投稿し、その中で「理学哲学宗教にして調和するに至れば吾輩は世界万国の福祉として之を満足せざるを得す」として、宗教研究の意義にも熱っぽく言及するのであった。

かくて活発に文筆活動を行う一方で中西は、正確な時期は記し難いが、徳富猪一郎や下村孝太郎の尽力により、京都の同志社に在学したようである。多分一年ぐらいの短期間であったと推定される。彼が語るところによると、在学中暇があれば西本願寺の赤松連城や東本願寺の南条文雄を訪問して仏教の説話を聞いていたという。同志社にて学び、同時に仏教に強い関心をもつという行動は理解できないことだが、そのようなことをも書いている。その線上で、帰郷後神水義塾に東本願寺の若き僧侶を招聘して、生徒一同とともに倶舎唯識の講義を聴くことにした、という話も語っているので、どうやら中西の同志社就学は、仏教教理習得の方便でもあったようである。

中西牛郎が、紫溟会の中心人物である佐々友房の推薦により、東京博文館から単行本『宗教革命論』を刊行したのは一八八九年（明治二二）二月であった。その叙言の書出しで彼はつぎのように述べている。

余嚮キニ我邦仏教ノ衰頽スルヲ慨シ。竊ニ自ラ揣ラズ独力ヲ振ツテ之ヲ挽回セント欲シ。大声疾呼日夜奔走シテ。其僧侶及ヒ信徒ヲ警醒セシムル事ニ尽力シタリ。然レドモ未タ尺寸ノ功ヲ奏スル事能ハス。以為ラク余此精神アリ之ヲ口ニシテ一地方ノ仏教徒ニ告ルハ。寧ロ之ヲ筆シテ全天下ノ仏教徒ニ訴フルニ若カズト。此ニ於テ仏教改革論ト題スル一大議論ヲ起草スル事ヲ企ルニ至ル。而シテ又タ以為ラク余ガ仏教ヲ拡張スルハ独リ其教ヲ日本ニ挽回スルニ止ラズ。遂ニ進ンデ四海ニ光被セシメント欲スルノ目的ナレバ。先ツ仏教ガ世界文明ノ大気運ト如何ナル関係ヲ有スルカヲ論明セザル可ラズ。(10)

熱心な仏教の擁護者、それ故日本仏教の現状に対する痛烈な批判者に成長した彼は、この著作を上梓することによって地元熊本を越えて、その名声を徐々にではあれ、全国的に広げていくのであった。そして五カ月後の明治二二年七月には早くも第二版を出版するのであった。「明治二十二年五月廿八日著者横浜に於て解纜ニ臨ミ此ヲ識ス」としたためた第二版の序の中で、「盖シ亦タ世界宗教ノ大勢余ヲシテ其新気運ヲ予言セシムルモノアル由ラン歟、嗚呼米州ナルモノハ他日余ガ思想ヲ涵養発揮セシムルノ邦土ナルヲ信ズ」(11)と、洋行への意志を表明しアメリカへとび立つのであった。伝えられるところによると、この渡米の契機は、西本願寺の赤松連城の推挙にあったという。「わたしは二、三の塾友と共に上京して赤松師に面会しました処、あたの宗教革命論が非常な評判となり、法主大谷光尊上人（光瑞師の父）にも是非一度逅ふて見たいと仰せらるるのでお呼びした次第であります」(12)ということで、中西は『宗教革命論』が予想以上に広範な読者層を確保していることを知ったという。新仏教運動を日本で展開していた米人オルコットの招待状を携えてのことであった。彼は半年後西本願寺から帰国を要請され、しばらく西本願寺の付属教育機関である「文学寮」に関係し、のちこの文学寮の教頭に就任、京都に居を構えたという。その頃の事情についてかれは

「京都に二、三年間滞在勤務してゐますと、フランス帰りの藤島了穏師が寮長となり、私と藤島氏との間に不図した事から意見を異にする問題が起り、これを導火線として文学寮内に藤島党、中西党が発生して相反目し、終にエライ騒動になりまして学校も閉校したといふ有様」になったという。以後彼は東京、大阪にて新聞記者を経験したとされ、かくて徐々に著述活動に入ったようである。

正確は期し難いが現在筆者の知り得た中西の著作はつぎの通りである。

○雑誌『経世博議』主筆、京都博議論社刊、明治二三年第一号より二〇号まで。

○単行本『宗教大勢論』明治二四年一月、『新仏教論』明治二五年一月、『仏教大難論』同一一月、『教育宗教衝突断案』明治二六年七月、『世界三聖論』同、『厳護法城』明治三〇年三月、『宗教の奥殿』大正一二年四月、『神の実現としての天理教』昭和四年一二月。

このうち『世界三聖論』は、釈迦、孔子、耶蘇の単なる教祖論ではなく、それらの教祖を中核としての仏教、儒教、キリスト教の概論的著作の性格を備えていることである。かれは文学に比較文学が、法学に比較法学が存在するごとく、宗教にも比較宗教の学があってもよいのではないかという。その立場から執筆されたものが『世界三聖論』である。この著作について付言したいことは、井上哲次郎が序文（推薦文）を書いていることである。井上と中西の関係はどの時点でどのような契機で成立したか把握していないが、その交友は予想以上に深いものがあったと推定されるのである。

三『教育宗教衝突断案』について

中西牛郎著『教育宗教衝突断案』は明治二六年七月発行、発兌元は東京博文堂、大阪文陽堂、著者の住所は熊本県託麻郡神水村二百廿番地。叙述は二〇章に分けられ、序文も後書きもない全一四八頁の小冊子である。なおキリスト教を中西は「基督教」または「耶蘇教」と表現しているが、その使い分けに意味はないようである。

本書の冒頭において中西は、当時日本が直面している課題は二つあるとする。その一は条約改正問題、他は教育宗教の衝突問題である。前者は外交政略、内地雑居の問題を含み、後者は日本独得の国体、すなわち「寰宇無比天壌無窮の皇室」に対する感情の変動を含む、という。寰宇とは天下、宇内、世界を指し、天壌無窮とは天地とともにきわまりなく永久に続くことを意味する用語である。

ところで、衝突問題についてであるが、これは教育と宗教の衝突というけれども、その実態は、日本国民の耶蘇教に対する信仰と皇室に対する感情の衝突であり、耶蘇教と日本国家の衝突である。さらにはユダヤの歴史と日本の歴史との衝突である、と中西はいう。それゆえに、「基督教徒にして又日本国民たり、日本国民にして又基督教徒たり、是其生存する所の国家と其信仰する所の宗教とは素より漢賊両立すべきに非ず、若し日本国民にして基督教徒たらんと欲せば是れ自殺的の国民たらざる可らず、若し基督教徒にして日本国民たらんと欲せは是れ自殺的の教徒たらざる可らず」と云わざるを得ないのである。

彼はまたいう。現今わが国では、基督教は非国家主義であり、国家を破壊するものであるとの認識が普及しているように思われるが、自分はそのようには考えない。各国家には建国の歴史があり、日本の場合は寰宇無比の国体と云われている。それは何故か。「皇運の天壌無窮」であることによる。この天壌無窮の皇運は、「我邦の皇統は天孫なり、日本国民は其祖先を同ふし、共に皆祖宗より分派したりと云ふ一種天啓的の歴史」に由来する。しかるに、このわが国の歴史が否定され、寰宇無比の国体が撲滅されることがあるとすれば、その原因はわが国の基督教徒の言動に帰せねばならない。国家とは、正義、平和、秩序、進歩、栄光の実体であってその内には神聖尊厳なる理想がなければならない。我が大日本の理想は、皇統を天孫とし、皇運を天壌無窮とする歴史的感情である。この歴史的感情は我が大日本帝国の独立を維持し今日に至らしめたものである。

教育勅語は、人類普遍の倫理を示した部分もあるが、基本的には日本の国体に基づいた国民教育の方針を教えたものである。考えてみれば、基督教徒ほど天壌無窮の皇運を維持する忠孝主義に反対するものはない。故に基督教の国家に対する観念は、勅語の中の人類普遍の倫理には一致することができても、我が大日本寰宇無比的の国体に一致するものではない。したがって基督教は国民教育の方針を示した教育勅語の理念に明らかに対立する。わが国の勅語主義と基督教の信仰との間には、一大衝突を生ずる原因があるといわざるを得ない。

①　耶蘇教はなぜわが国の文化に同化できないか。

中西はこの設問に応えてつぎのようにいう。すなわち、仏教や儒教および立憲制度（明治憲法体制の確立）は、今日すでにわが国の文化の三大要素となっている。もしこの三大要素を除けば、わが国の進歩繁栄は無かったであろう。そもそもこの三大要素は、導入される初期には国家と衝突し摩擦を生じた時期が無かったとはいえない。しかるに時間の経過と共に次第に同化してわが国文化の三大要素となったのである。ところで何故に耶蘇教のみわが国家と衝突を起こすのか。いま内村鑑三不敬事件や熊本県の諸公私学校の不敬事件のように、耶蘇教徒による多くの事件が発生している。耶蘇教が教育勅語に、したがってまたわが国体に批判的態度をとっていることの責任は逃れることできないだろう。今その状況をまとめるとすれば以下のごとくである。

第一、耶蘇教徒は公私学校及び其他国民的の儀式に掲る天皇陛下の尊影に向て、敬礼拝跪するを拒むこと

第二、耶蘇教徒は愛神愛人を以て倫理の基本とし、忠孝を以て倫理の基本とせざること

第三、耶蘇教徒は旧約を以て上帝の顕示に出るとし、我邦の祖先に関する国史は、この旧約の顕示に悖るを以て一切之を排斥すること

第四、耶蘇教徒は以上の理由によりて我か建国の基礎、即ち天祖の天孫に垂れ玉ふたる遺訓をも妄誕なりとして放棄すること

第五、耶蘇教徒は我か国家の維持よりも、寧ろ四海一家人類と云ふの点に重力を置くの故を以て、一般国民に比較

すれば護国の精神に乏きこと
第六、耶蘇教徒は現今外人の保護を仰ぎて其教を維持するを以て、外邦を称賛し自国を謙遜するの弊、遂に内卑外尊の風を養成するを免れざること
第七、耶蘇教徒は表面勅語に反対せざるも、此勅語を以て決して完全なる教育の主義とはせざること
第八、耶蘇教徒は始祖一源人類平等の歴史を主とするを以て、我邦に一種特別の国体あるを認めざること
第九、耶蘇教徒は精神を以て肉体よりも重しとするか故に、肉体的の生活を共にする内国人よりも、寧ろ精神的の生活を共にする外国人を親しむこと

果たして以上の諸件が耶蘇教の教理に、また信徒の感情に実在していると仮定するとき、耶蘇教が勅語の主義と衝突し、国体と衝突するものがあることは明白である。耶蘇教がわが国体と衝突し、同化できない理由をさらに挙げるとすれば、耶蘇教が一神教であることに原因を認められよう。このことは井上博士も指摘しているところである。しかし一神教だけの問題であれば、我大日本寰宇無比的の国体に内に包容できるかもしれない。ただ如何せん、もう一つ問題がある。旧約書の存在である。すなわち耶蘇教がその歴史的経典である旧約書を放棄せざる限りは千思百考するもわが国体と調和するの余地はない。目を転ずれば、耶蘇教の中にもユニテリアン、自由神学派のように、ユダヤ選民の歴史のみを記述する旧約書を絶対視しない教派もある。これら進歩的な教派を除いて、独りわが国の耶蘇教徒のみ頑固に、オーソドックスの信徒を以て自ら甘んじ、好んで我大日本寰宇無比的の国体と衝突を招いているのは理解できない。耶蘇教は、その教理選択の方法により、耶蘇教本来の精神を失わずして我が国体に同化することは必ずしも難しいことではないのである。

② わが国における耶蘇教徒

中西はいう。わが国の耶蘇教徒は、まず宗教革命を断行、形骸化した耶蘇教を一変し、日本独自の耶蘇教として我

日本寰宇無比的の国体に同化しなければならない、と。耶蘇教がわが国布教に乗出して三〇余年、信徒数すでに一〇万以上に達した。布教の時日なお浅く、信徒の数未だ少なしとはいえない。それにもかかわらず基督教徒内に宗教革命の声が挙がらないのは、なんらかの事情があるためであろう。考えてみるにその事情とは、わが国耶蘇教各派が押しなべて欧米外国の保護下に置かれているからではないか。外国の保護の下では、熱心な信仰を奉ずるもの無きにしもあらず、といえども、ルーテル、カルビンの偉業を継がんというがごとき信者は現れないであろう。基督教徒は、口を開けば帝国憲法が人民信教の自由を保護するとの文言を引用して誇りにしている。しかれども彼らは、帝国憲法によって貴重な信教の自由を与えられたけれども、他面外国教会の保護によって、国民に与えられた、この貴重な信教の自由を奪い去られているのである。彼らは日本帝国の臣民として信教の自由を得ても、外国教会の信徒として信教の自由を失う存在となっているのである。

③　耶蘇教が同化せらるべき理由

中西はいう。わが国民およびわが国民の祖先は、世界万国に比類なき順応と選択の機能に富んだ国民であった。仏教にしても、儒教、立憲制度にしても、内容的に捨てるべきものは捨て、選ぶべきものは選んで選択の能力を発揮し、わが国体に同化せしめた。今回の耶蘇教の場合も結局は同じ方向を目指すであろうか。

教派の数、教理などを一瞥すれば、ひとくちに耶蘇教といっても多種にして幅は広漠たるものである、と耶蘇教徒の大西祝はいう。まことにその通りである。しからば今やわが国の耶蘇教徒が討究すべき問題は、いかなる教派が最もわが国体に同化すべきか、同化するにふさわしいか、ということである。旧教と新教、新教の中の各教派はそれぞれ互いに教理を異にし、相衝突し、相反対している。何れ真正の耶蘇教なるか、何れ真正の耶蘇教にあらざるか、安易な判断は避けなければならない。かくて中西はいう。「今日に於ても我邦耶蘇教徒若し其教派中の最も進歩し最も自由を尊ふこと『ユニテリアン』派の如き、自由神学派の如きものを取りて奉信するときは、豈多少我が国体との衝突を避け得べきに非ずや、況んや彼等が平素の口癖たる精神的耶蘇教日本的耶蘇教を建設するに於てをや」と。どうやら中西は、明治一〇年代後半から二〇年代の始めに、日本基督教界に本格的にもたらされ定着し始めた、基督教新神学に興味を示すもののごくである。

④ 耶蘇教は我が国に同化するも其精神を失はず

このような見出しで中西は旧約聖書批判を展開する。結論的に彼は云う。旧約はユダヤ国民の伝説であって、新訳聖書の基礎的位置を占めるものではない、と。すなわち耶蘇教は旧約以外にその信仰の基礎を有するものであり、「今や倫理を乱るの記事と、妄誕不経なる予言と、浅薄なる世界創造の説と、不完全なる人類発達の歴史とを以て充満されたる旧約あるか為めに、耶蘇教は却て其純正宗教の価値を減ずるもの」である。要するに耶蘇教は旧約を放棄し、新訳のみを経典とすれば、却って今日に百倍する鞏固な基礎を得ることができるだろう。耶蘇教徒が旧約を放棄するは耶蘇教をしてわが国体に同化せしむる第一歩である。同時にまた耶蘇教をして我が国体に同化せしめんとすれば、経典の幅広い解釈も必要となろう。かくて欧米にて腐敗が伝えられている耶蘇教は、このような方法で復活し、一層純潔となって、真理の光輝を発するに至るに違いない、と中西はいうのである。

⑤ 宗教改革の一大事機

ここで中西は、いまや宗教改革の時機であるとしてインドの例を示す。今から十余年前、インド人ケシュブ・チャンダーセンは聖書を研究して耶蘇教徒となったが、一朝大いに感ずる所あり、インドの国教である婆羅門教と耶蘇教とを折衷して一派を開き、ブラモ・サマヂと名ずけ、一方においてインド国民の精神を保ち、同時に耶蘇教の真理を併合し、世界の注目を集めた、と事例を披露する。そして中西は付け加えていう。この例のように、わが国の耶蘇教徒が一たび革命の旗を掲げて立上がれば、精神的耶蘇教は復活するに違いない。そして精神的耶蘇教、日本的耶蘇教が誕生する日こそ、わが国体と耶蘇教の一大衝突が始めて熄む日である。そうであれば、今日の宗教革命はひとり耶蘇教をしてわが国体に同化させるのみならず、世界耶蘇教の腐敗を一洗せしむべき一大偉業ともいわざるをえない、と。

⑥　わが国の耶蘇教徒に告ぐ

ここで中西は柏木義円批判を展開する。柏木は「勅語と基督教」（『同志社文学』第六十号）の中で、つぎのように述べているのである。

　我天皇陛下は国家の元首なり、故に其国民に国民的の道徳を訓示し玉ひしなり、基督は世界の人類のために人間の大道を立て玉ふなり、故に専ら人の心に敬神愛人の誠意を打立つてんと為し玉ひしなり、陛下若し基督の説き玉ひし如き詔勅を発し玉はゞ是れ越権なり、非立憲的行為なり、陛下の主として国民国家に尽くすの義務を訓示し玉ひしは当然の事なり、若し陛下の詔勅敬神愛神の主義を訓示し玉はざるか故に、敬神の主義を否定し玉ふなりと謂はゞ、是亦陛下の詔勅をして非立憲的たらしむるなり、陛下詔勅の神に対し人類に対しての義務を説かず、基督の国家を説かざる共に当然の事にして決して相戻らざるなり

　この文言に対して中西はいう。あゝこれ何と不敬、不合理的乱言であることか。柏木によれば、わが天皇陛下には敬神愛人に関する詔勅を発するの権利はないと。もしそのような詔勅を天皇が発するとすれば、それは違憲的行為であると。敬神の大義、すなわちわが天祖を敬しわが神勅を敬するの大義がないとするならば、いわゆる天壌無窮の皇運なるものは果たしていかなる所から発せられたのか。論者（柏木）は、天皇陛下が敬神愛人の詔勅を国民に下すのは越権であり、非立憲的であるとするけれども、考えても見よ、わが帝国憲法は誰の責任で、誰の大権で発せられたか。陛下は憲法発布の大詔に、かたじけなくも「国家統括ノ大権ハ朕カ之ヲ祖宗ニ承ケテ之ヲ子孫ニ伝フル所ナリ」

とされたではないか。またその祖宗の霊に告げる告文に「皇朕レ天壌無窮ノ広謨ニ循ヒ、惟神ノ寶祚ヲ継承シ、舊圖ヲ保持シテ敢テ失墜スルコト無シ」と宣言されたではないか。このようにして、帝国憲法はわが天祖の遺訓を基礎としていることは疑いない。故にもし将来この天祖の遺訓、天壌無窮の皇運と衝突すべき事情が起きることがあるとすれば、天皇陛下は必ずその大権をもって憲法を改正するのに躊躇せられることはないだろう。大日本寰宇無比的の国体は帝国憲法の永遠不易なる本体である。それゆえ帝国憲法はわが国体の顕象である。されば今や、わが国耶蘇教徒のようにわが国体を破壊するの精神を懐き、またこの精神を実行に移さなくても、憲法の条章に制限を付しまたは改定して、耶蘇教徒に活動禁止のことがないとは限らないだろう。耶蘇教徒よ、乱言を発する前に反省せよ。

いまわが国の耶蘇教徒が非国家主義を懐くか非忠孝主義か、そのことの詮索には触れないが、耶蘇教徒が大日本寰宇無比的の国体を破壊し、天壌無窮の皇運を殄滅するの一事に至っては弁疏の余地はない。耶蘇教徒は、真理を慕い正義を慕う精神を以て耶蘇教を信じているというが、卿等が頼る経典の一部すなわち旧約書は、これ全くユダヤ国民の単なる伝説であって、一九世紀開明国民が信仰すべきものではない。

中西は『教育宗教衝突断案』の論述を閉じるにあたり、まとめの言葉をつぎのように述べている。教育と宗教の衝突問題すなわち国家と耶蘇教の衝突問題は、今後いかように決着するだろうか。天壌無窮の皇運は悠久なる世界歴史の中での「一大事実」であることを自分は信じている。この悠久なる「一大事実」が将来、世界宗教思想の一大中心となるであろうことをも信じている。そうであれば、耶蘇教も終にはこの「一大事実」のなかに同化せられる運命であることを確信せざるをえない。今や宗教革命の機運は到来した。秦西にあって、耶蘇教に根本的革命を試みているのは「ユニテリアン」派である。東洋において、耶蘇教と婆羅門教とを統一したものはチャンダーセンの「ブラモ・サマヂ」教である。されば我が大日本寰宇無比的の国体に同化させる精神的耶蘇教、日本的耶蘇教を建設できない理由があろうか、と。

四　井上哲次郎「中西牛郎の衝突断案を読む」について

井上のこの論述は、『哲学雑誌』記載のものを関皐作編『井上博士と基督教徒』終結編（明治二六年一〇月刊）に転載したものである。なお井上以外にも多くの論者が中西の同著を論評している。

井上は中西からこの著書を贈られ「百忙を排して之を一読するに、行文流暢議論快活、頗る見るへきものあり、今其大要を世人に紹介すること決して徒労にあらさるなり」と書出して、つぎのように述べている。

中西はいう。教育と宗教の衝突はいかなるものであるか、その本質は日本国民の基督教信仰と皇室に対する感情の衝突であり、耶蘇教と日本国家との衝突であり、ユダヤの歴史と日本の歴史の衝突である、故にこの衝突の原因を探れば深く、その流れは遠いものがある、と。中西の言は肯綮に値するといわねばならない。

また中西はいう。仏教も儒教も立憲体制もみなわが国に同化した。したがって耶蘇教のみ同化しないということがあろうか。「我国家にして耶蘇教に同化せんか其結果は秩序的の倫理を撲滅し遂に一大変化を生せさるを得す、耶蘇教にして我国に同化せんか秩序的の倫理を採らさるへからす、若し秩序的の倫理を採り且つ唯一神以外に諸神あることを許さは最早真正の耶蘇教にあらさるなり、然れとも耶蘇教は仮令其性質を変するも我国家は寰宇無比の国体」を継続せざるべからず、と。わたし（井上）はこの中西の見解に全く合意する。わたしは耶蘇教が我国に同化することを願がうが、しかし容易に同化するとは必ずしも思わない。耶蘇教は決して儒仏二教、立憲体制の確立と同時には論ぜられない。しからば耶蘇教の我国における運命はどうなるのであろうか。それは現在のような国家組織を継続する以上は、長く外教として位置づけなければならないだろう。

さらに中西はいう、いまや宗教革命の時期ではないかと。すなわち、ケシヤブ、チャンテルセンがインドにおいて婆羅門の宗教革命を成就したことを引用して、我国の耶蘇教もこれに倣うべきと強調している。中西はこのような偉人が出現しないかと希望している。さらに加えて、欧米の耶蘇教徒に比較して我国の耶蘇教徒、仏教徒は愛国心に乏しいのではないかとして、「吾輩は我が天壌無窮の皇運は世界歴史の悠久なる一大事実なるを信ずるなり、吾輩は此悠久なる一大事実が将来に於て世界宗教思想の一大中心たらんことを信ずるのものなり、（略）然らは儒教、仏教、立憲制度も此一大事実に同化せられたる如く、耶蘇教も亦終に此一大事実に同化せらるゝの命運を有するものなるを確信せさらんと欲するも得へからす」という。中西の意気極めて盛んなりとしなければならない。

中西の発言に必ずしも同意するわけにはいかないが、氏が耶蘇教徒に反省を求める論旨は、宗教学者に裨益することと多いに違いない。そもそも今回の衝突問題は国民が忽諸に付しさるべき性質のものではない。然るに偏僻な宗徒の言に雷同して深く是非を推究せず、軽々しく筆を弄んで国の禍害を増進していることに気づいていない者もいる。あるいは国家主義非国家主義などの語を誤って官民の争いと誤解し、おのれの置かれた境遇によって其意見を決める者もいる。問題を論評する力も無く、中には騒擾を起こすことを目的とする者もいることである。まさに「紛々たる世論の如き、あに一々価値を置くに足るものあらんや」である。ただ読者にあって、衝突論の帰着を知りたいとしても し中西のこの衝突断案に接する機会があるとすれば、裨益するところ少なしとしないだろう、と思う。

以上が中西著『教育宗教衝突断案』に対する井上哲次郎の評価の要旨である。

五　柏木義円「衝突断案を読む」について

柏木のこの論述は、『同志社文学』第六八号の新刊紹介の欄に記載されている。中西牛郎『教育宗教衝突断案』が刊行されるのは明治二六年七月であり、柏木のこの文章が公にされるのは同八月であるから、柏木の反応は素早い。

柏木義円はいう。

中西牛郎の『教育宗教衝突断案』はいかなる著書であるか。「若し日本国民にして基督教徒たらんと欲せば、是れ自殺的の国民たらざる可からず、若し基督教徒にして日本国民たらんと欲せば、是れ自殺的の教徒たらざる可からず（略）国家を破壊するか、将た宗教を破壊するかの二途あるのみ」と中西はいう。これフアナチック亜流の議論でないとすれば奇弁を以て世間を煽動する所謂曲学阿世の徒の僻論に過ぎないのではないか。とにかく著者は大袈裟な表現を用いてこの著書を出版したものであることよ。このように前書きして柏木はつぎのようにこの著書を批判する。

第一、天壌無窮の皇運について

著者は、「基督教を以て非国家主義とするは我輩の敢えて断言せざる所なり、耶蘇教を以て非国体主義とするは我輩の敢えて断言する所なり」という。何故かといえば基督教はわが天壌無窮の皇運を破壊するもの、またわが国民忠孝の主義を破壊するものであると。そこでその理由を問えば、まず一神教であることが日本に衝突すると。その第二は、これは著者の究竟の論拠とするところだが、国史の信仰と旧約書の信仰と相衝突すると。さて中西などは知っているはずだが、基督教界には精密な研究に基づく高等批評なるものが存在していることを。すなわち基督教界では、耶蘇基督自身と基督教が生まれたユダヤ国民の宗教的伝説について研究が深められ、科学的に、歴史的に、文学的に、精神的に旧約書が研究されているのである。著者中西は、なぜ日本と基督教は「漢賊両立せず」などと危言を立てるのか。何の理由あって基督教は国民忠孝の主義を破壊すると云うのか。頑固なる考えを固執するものありとしてこれを科学的に歴史的に論破し、その迷夢を払うのは、われわれ決して異存なき所である。それにも拘わらず基督教は日本の国史と衝突するといい、忠孝主義を破壊するというに至っては、これまた頑迷な迷信の為せるわざとせざるを得ない。何故ならこの立場は、国史を天地開闢史、人類起源史と認識し、国史を一種の宗教と見做しているからである。総じて著者の提起している論理は迷信と迷信の衝突であって国体と基督教の衝突ではない。科学的に論ずれば、著者のせっかく展開されている国史の信仰と旧約書との衝突の新案も空中楼閣となり、滔々論じ立てて慷慨悲憤の状を為せし甲斐もなく、存外詭弱なものといわざるを得ない。

第二、基督教の反国体論九か条について

著者は、つぎの数件があれば耶蘇教がわが国体に反対するの責任は到底逃れるべからずとて、九個の条目を挙げている。しかしながらこれまた一も取るに足もの無し。特にその第九において、耶蘇教徒は精神を以て肉体よりも重いとするゆえに、肉体的の生活を共にする内国人よりも寧ろ精神的の生活を共にする外国人に親しむ、というに至っては、実にその無責任に驚かざるを得ない。著者の崇尚する仏教は、肉体より精神を重んぜざるか。著者が自ら任ずると唱導する宗教改革は肉体の上に精神を置くものに非ざるか。この言こそ、著者に定見なく、自説なく、主義なく、専ら他を攻撃するの種を得るのに汲々として、さらに自家撞着を顧みざることの証拠である。

第三、帝王の「アウソリチー」について

著者は、帝王の「アウソリチー」を学術上の争いに用いるを是とするや如何。有神無神の論争は哲学界の最大問題に非ずや。このことに関連して、基督教の一神説は日本の国体に反し、また皇室に不忠を唱えるものだとすれば、これ国家を以て一神教に抵抗し、皇室を以て一神教に敵対するものである。これ単に耶蘇教を迫害するのみでなく、政治上の「アウソリチー」を以て学説を禁ぜんとするものである。皇室と国体の名を以て学問の神聖を蹂躙し、自由討究の途を途絶せんとするものである。著者の国史の見方に至っては僻陋特に甚だしい。国史の研究には皇室の起こり、外戚の起こり、政府の起こり、人民の起こりを研究するものがある。あるいは社会学の材料とするものもある。あるいは宗教とみるものもある。正当にわが国を知らんと欲すれば、国史としてこれを観れば充分である。然るに著者は、国史を以て旧約書と争はしめんとしている。しかも著者は国史を以て世界の開闢史、人類の起源史として一種の「アウソリチー」あるものとなし、これをわが国体と重ねる。これわが皇室と国体の名を以て学術界を蹂躙するものではないか。かつまた著者のいわゆる国史の信仰とはいかなる信仰を云うのか。著者の、いわゆるわが日本の皇統は天孫なり、あるいは皇室を神明視するとはいかなる意味か。

要するに著者の意は、皇室を神明視するとは天地の神としてこれを視るの謂、皇統は天孫なりとはその神孫なりとの謂、国史の信仰とはすなわちこれを信ずるの謂にすぎない。しからば著者は、宗教固執者の徹頭徹尾文字的に旧約書を解釈すると同一の筆法を以てわが国史の解釈を為さんとするものではないか。もしそうでないならば、旧約書と国史と信仰世界に相衝突するの理由はないはずである。

第四、天皇の詔勅について

著者はまた、『同志社文学』第六〇号の「陛下若し基督の説き玉ひし如き詔勅を発し玉はゞ、是れ越権なり非立憲行為也」との筆者の語を引用して、嗚呼これ何たる不敬的不合理的な乱言であることかと批判している。だが、著者狂するなかれと云いたい。著者は立憲帝王がその国民に、耶蘇教の独一真神を信ずべし、仏教の三世因果など信んず可からず、との詔勅を発せられたと仮定するならば、著者はこれを立憲的行為というか。われわれは、わが主上（天皇）はその地位を正しく認識されていて、著者が想像するように立憲帝王の通誼に外れることはなされないと考える。

第五、基督教と憲法について

著者は、天祖の天、神勅の神を以て、宗教上哲学上の天、若しくは神と混同しているのではないか。著者は故意にそのようにしているのではないか。著者はさらに憲法改定の大権は天皇陛下に存するから何時憲法の規定を改正して、陛下が耶蘇教を禁止し給うかわからない、と脅している。著者は何のためにこのような贅言を吐くのか。われわれは自今の憲法を盾として基督教を云々しているものではない。ゆえに憲法改正のことなどを指摘されても、議論の前提にはなりえない。わが聖上が決して立憲帝王の通誼に背く事はないと信じている。

改めて中西牛郎君に告げたい。以上の評論はあるいは過激にすぎるかもしれない。しかし日本基督教の現状は以前より遥かに前進しているのである。高等批評はすでに神学校において講ぜられおり、旧約書に高等批評を加えるくらいのことは、ルーテル、カルヴヰンを待つほどの仰山なることでは決してない。ただ卿が国史を迷信を以て見ざれば不忠と云い、皇室と国体とを持出して一神説もしくは旧約書を攻撃せらるゝに至っては、われわれは卿のその僻陋を論破せざるを得ない。卿が単に旧約書を迷信視して排撃することに絶対的に反対するものではない。ただ国史の迷信をもってせらるゝに反対するものである。何となれば、これ学問と治安とに大害を与えるからである。卿もしこのことを悟り、従来の論法を改め、正々堂々の論陣を張るならば吾人は謹んで著者の教えを受けるに吝かではない。さもなければ著者は、千葉の駁耶弁士の美野田覚念などの亜流に過ぎなくなる。ともに宗教を論ずるに足りない。

以上が柏木義円の中西著『教育宗教衝突断案』批判の要旨である。

六　結びにかえて

筆者は過去に、熊本英学校事件など熊本にて提起され、かつ井上哲次郎著『教育ト宗教ノ衝突』にも採上げられて、この書の内容を構成する重要な要素となった三件の不敬事件、キリスト教徒弾圧事件の事例について素描したことがある。そのおり熊本出身の中西牛郎なる人物が、自著をもってこの教育宗教衝突論争に直接参加していることを知らない訳ではなかった。当時私の関心は、これら不敬事件が起きた原因を政争に求め、吏党と民党の対立のなかで揺れ動く教育機関の党派的性格の分析、換言すれば教育と政争の事例研究にあって衝突論争の内容そのものには立ち至らなかった。というのも、筆者にはそれが全てという訳ではないが、ある日本近代政治思想研究家の著述のなかに、この衝突論争は「論理そのものにおける発展に必ずしも見るべきものが多くはなく」(13)との言及があって、この字句がなんとなく示唆的に思え、それに加えて論争に参加した人々の原著書を入手することの困難性を勝手に想像して、研究に着手するのに躊躇していたのである。ところが熊本県立図書館に、ある蔵書家による希覯本が遺族によって寄贈され、そのなかに数冊の中西牛郎の著書を発見できたのであった。中西の著書は宗教関係のものが大部分で、その三、四冊は時期的に衝突論争の前後に出版されている。すなわち彼は宗教研究家、宗教評論家としてこの教育宗教論争に深くかかわっていた様子が知られるのである。

ある研究家とは石田雄を指している。その石田はさらに続けて「むしろ最後には人身攻撃をも含めた泥試合の感があるが、返ってそのことの中に重要な意義をみることができる。というのは、この種論争の効果は、論理的説得によるのではなく、より直接的に感性的なものに訴え、反国体分子の危険性を刻印づけることによって充分に達成されるからである」とも付け加えている。石田は「感性的」に展開される衝突論争にも研究意義を認めていないのではないのである。それにしても中西が展開する独善的、主観的な歴史観、ひいては神話的国体論に辟易しながら、彼の著述を読み続けることは相当な忍耐が必要であった。そして宗教的知見に乏しい筆者にとって、中西の著書を読む作業は二重の負担になった。結果として上記のような貧弱な記述とならざるを得なかったのである。

果して氏（井上哲次郎）の断言の如くんば、実に耶蘇教程国害なるものはなかる可く、耶蘇教徒程醜悪陋劣なるはなかる可きなり。氏は果して何等の論拠に由りて、この帰結を得たるか。氏の先づ此の帰結に達せんとして引用せし事実は、大概ね仏教新聞に非れば基督教に対し毒筆を弄する九州日々の類に記載せられしものに過ぎざるなり。此等の事実果たして氏の断言の根拠と為すに足るか。現に氏が仏教第十号より引用せし我が同志社が天長節に祝意を表せず、加之祝意を表したる生徒は之を罰したりとの記事は、全く無根の事実なり。其の他山鹿高等小学校生徒退校事件、熊本英学校奥村禎二郎（禎次郎の誤り）氏解雇事件、八代尋常（尋常は高等の誤り）小学校聖影打撃の事の如き、氏の引用せし所と吾人の親しく見聞せし所と事実大いに異なるものあり。氏は何ぞ九州自由国民新聞（正しくは九州自由新聞）特に熊本に於て中立の地位に立って実業家の機関を以て任ずる熊本新聞の記する所を顧みざるや。(14)

柏木義円の叙述である。石田が指摘する「泥試合」の実態の紛れもない混沌を、上記描写の行間に垣間見る思いである。第二の内村鑑三不敬事件ともいわれる熊本英学校事件は、柏木の熊本滞在という事実を抜きにしては発生しなかったであろうし、その「泥試合」の雰囲気的体験が無かったならば、柏木の生涯にわたる平和論の展開も実践もなかったかもしれないと思うこの頃である。

註

（1）『教育時論』第二七二号、明治二五年一一月。なお井上哲二郎は井上哲次郎の誤りである

（2）同第二九五号「三寄開発社書」明治二六年六月

（3）吉田久一は関皐作編『井上博士と基督教徒』三巻について、①立場がキリスト教攻撃に立っているので主観性を欠いでいる。②「終結編」は二六年九月で終わっており、それ以降のものが収録されていない。③収録論文は途中で意図的に打ち切ったものや、号数や日付の省略もあって、手がかりにはなっても引用ができないこと。④「衝突」に関係のないものも収録してある、と指摘している。吉田久一著作集4『日本近代仏教史研究』二〇二頁、川島書店、一九九二年

（4）鈴木範久『教育宗教衝突論史料解題』飯塚書店、昭和五七年

（5）中西牛郎『神の実現としての天理教』序、平凡社、一九二九年

（6）中西については、後藤是山「中西牛郎・鳥居雪田・落合東郭」（『熊本百年の人物誌』）所収、荒木精之「中西牛郎」『熊本人物鉱脈』所収、熊本日日新聞、昭和三八年、同「中西牛郎」『熊本県人物誌』所収、日本談義社、昭和二四年、佐々木憲徳『八淵蟠龍伝』百華苑、昭和四三年等を参照した

（7）『済々黌百年史』済々黌百年史編集委員会、昭和五七年

（8）『文学世界』第一一号、文学社、編集人安達謙蔵、明治二一年四月
（9）同第一七号、明治二一年一一月
（10）中西牛郎『宗教革命論』一頁、博文堂書店、明治二二年
（11）（12）は共に（5）に同じ
（13）石田雄『明治政治思想史研究』二三五～六頁、未来社、一九九二年
（14）柏木義円「再び井上哲次郎氏に質す」『同志社文学』六四号、明治二六年四月

明治中期における中等教育機関の党派的性格について

―九州学院成立を中心として―

一

本稿は明治二〇年代の、特に一八九〇（明治二三）年の「教育ニ関スル勅語」公布前後の中等教育機関の党派的性格について、熊本地方を対象として分析考察するものである。筆者は究極の研究課題を天皇制教育の地方的確立過程においているが、本稿では直接このことには触れないで、天皇制教育の積極的にない手としての役割を果した地方政党の教育支配の様相を究明したい。

森有礼文政の「中学校令」（一八八六年）によれば、尋常中学校の設置は府県単位であることが規定され、運営形態については「地方税ノ支弁又ハ補助ニ係ルモノハ各府県一個所ニ限ルベシ」として、一府県一公立主義を採用し、他はすべて私立学校とした。すなわち森は、一府県一公立主義を採ることによって公的支出の拡散現象を防止し、中等教育の質的向上を図るという経済主義に立ったのである。しかしながらこの教育政策は、また一方においては「国家的要求の立場から地方における教育の主体的発達を遮断するに等しい政策」[1]としての側面ももっていた。だから公立尋常中学校としての資格を獲得することは、同時に政府が意図する国家主義教育の積極的推進義務を負うことになる。

見方を換えれば、存在する複数の中等教育機関の中から一校を選択して公立学校として認定することは、地方教育において重要な関心事であった。

明治二〇年代熊本には、九州学院[2]と称する収容定員一，〇〇〇名を超える一大私立学校が創設運営される。中等教育機関としての機能を負っているが、公費助成の資格を獲得した普通学部と、文学、法律、医学の三つの専門学部を構成要素とする近代的総合学園であった。明治三〇年代の初めにはその存在理由を失って解体していく短命の学校ではあったが、このような雄大な規模をもつ教育機関が、当時の県民の高揚した教育要求によって設立されたものであることは間違いないことである。この学院の設立主体は、一般に熊本国権党と称される在野政党であった。さればこの政党は、この時期既に県民の教育要求を吸収するに十分な力を備えていたといってよいだろう。そして同時に森文政が期待する国家主義教育の定着を、地方的に保障する政治結社としての機能を発揮していったと考えられる。

以下、明治中期における中等教育の発達変遷の特徴を、在野政党としての熊本国権党の教育政策を分析する中で明確にしていきたい。

二

予は是まで数県を経歴し来りしものなるが学事の盛んなる未だ本県の如き所あるを見ず、前任所宮城県は旧仙台侯の治所にして東北の中樞たるにも係らず是に遊学する生徒僅かに三，四〇〇人に過ぎず、而して顧みて本県を観るに中等教育を司どる普通専門の私立学校無慮数十個にして生徒数も亦二千余名に出つ、実に盛んなりと云ふべし。[3]

これは熊本県知事松平正直の熊本観ともいうべきものである。一八九二（明治二五）年の文部省統計によれば、熊本県中等教育において学校数では全国第八位、教員数、生徒数では第三位であり、また九州における中等教育機関生徒数の約四五％が熊本県内であるとされている。(4) 明治二〇年代の熊本はまさに「私学の全盛期」(5)であったといってよい。もちろんこれら私学の中には極めて小規模の私塾的性格のものも多数含まれていたであろうが、教育形態の発達傾向からは「個人の教育から学級教育へ」(6)の流れは否定できず、施設内容ともに特徴ある学校が、市部を中心に激増していったのである。

この期この地方における教育施設の急増現象、したがってそれを支える民衆の教育要求の高まりについては、必ずしも明確な見解をもっている訳ではないが、社会経済史的原因は一応別にして教育現象面からのみみれば、高等中学校制度発足による一八八七（明治二〇）年の第五高等中学校の熊本設置にともなう教育的雰囲気の高揚、あるいは郡部における高等小学校の増設と教育内容の充実等が、その原因の一部として列挙できるかもしれない。いずれにしても明治二〇年代の中等教育機関としての私学の急増現象の事実をここに指摘しておきたい。

さてこのような教育的背景の中で、県当局が選択した中等教育行政の方向はどのようなものであったか。すでに指摘したように、明治二〇年代の中等教育振興の法的根拠は、森文政における「中学校令」であり、その公布は一八八六（明治一九）年四月であった。そして同令が中等教育振興の具体的施策として、一府県一校の府県立学校設置を意図したこともすでに指摘したことである。このような事情にも拘わらず、熊本県は、明治一〇年代を通して維持運営してきた県下唯一の県立熊本中学校の存続を、中学校令公布の翌一八八七年一二月通常県議会で否決するという、現象的には文部省方針に逆行するような政策を敢て執ったのであった。「第五高等中学校ニ於テ追々豫科別科等被設置候由ニ候へバ之ヲ廃止スルモ敢テ妨ケナキト認メ候」(7)というのが県当局の示した廃止理由であり、事実翌年三月限りで十数年の歴史を閉じたのであった。

県下には最早取り換へもなき尋常中学校に要する費目は何故に否決されたるや。思ふに、之れに代るものは別に学科備はりたる私立学校ありて存すとの意に外ならざらん乎。果して此の点のみに出ざるにあらば、余輩は之れに賛成を表する能はざるなり。蓋し県下の私立学校は、元来党派のなかに成立ちたるもの多くして、其の整備したる私立学校程、党派より成り立ちたるものなり。本来普通教育を目的として起したるものは殆んど稀なり。されば今日に当り、県立の尋常中学校を廃するときは、整備したる私立学校を有せざる党派の人は固より、敢へて党派に入るを好まざる人は、将た何れの処に其の子弟の教育を受けしめん乎。(8)

これは県立熊本中学校の廃止を決議した報道記事の一部である。新聞記事とて政治色を含んでいることに注意しなければならないが、しかし当時の私立学校の強度の党派性の指摘は客観性をもっているし、また何よりも、学校廃止の意図が政争絡みであることの指摘がこの場合重要である。同紙はまた別欄に、「本県には既に此の中学校に匹敵する私学黌もあるべし。故に此の如く莫大の費を出して此の校の如き者を建つるに及ばず」とする学校廃止派議員の発言内容を報じている。ここにいう「中学校に匹敵する私学黌」が、この地方における政治結社紫溟学会の人物養成機関たるの性格を濃厚に備えてきたところの済々黌を指していることは明僚である。そして上記議員の発言は紫溟学会所属議員のそれであり、議員定数四四名中三二名の圧倒的多数を紫溟学会員が占めるという党派的背景の中での発言であった。すなわち、熊本中学校の廃止決議は、森文政における一府県一公立中学校の国家的方針を巧みに利用して自派の教育機関の充実を図るという、極めて意図的な政略的行動以外の何ものでもなかったのである。そして後述するように、一八九三（明治二六）年に済々黌は県立学校と同等の資格を獲得することに成功したのであった。

仰尋常中学校は中人以上の業務に就き、又は高等の学科を修むるの楷梯たるへき学力を養成する所にして、其必須の学校たる、敢て多言を要せず、生等之を実際の事情に徴するに、明治廿一年の三月本県尋常中学校を廃止せり、其不便を感ずること幾何なるを知らず。……今爰に地方税を以て一の完全なる尋常中学校を設立し、一方には中人以上の業務に就くべき有力なる人物を養成して愈中等社会の発達進歩を図り、一方には高等中学校に入るの学力を養成して益高尚の学科を修むべき有為の人物を製造するは現今の状勢実に必要欠くべからざるものにして、県内の輿論も亦沛然として之に帰向すべきを信ずるなり。……生等は謹んで賢明なる本県々会議員諸君に望む。諸君にして真に我県中等教育の旺盛と中等社会の発達進歩とを希望せば、冀くば静かに本県内実況と実情とを達観し、着々県立中学校設置の事を画策せられんことを。(9)

これは唯一の県立中学校廃止後一年を経過した時点での県立学校設置の要望書である。「独立不羈の位置を保ち、不偏不党の教育主義を取りて青年子弟を教養するの学校」としての県立学校設置要求は、県民から県議会あて繰返して提出されるのであるが、しかしこれら要望書の内容が実現する機会は皆無であったとしなければならない情況であった。

三

熊本国権党という名称は、一八八九(明治二二)年一月、地方政党たる紫溟学会の改組の結果誕生した。すなわち明治憲政下第一回総選挙を控えて、政党としては当然選挙を戦い抜く態勢の確立が要請されたのであった。そして次に図式化するような機構変革が承認されたのである。

紫溟学会
- 学術部
  - 濟々黌
  - 「文学世界」
  - 東肥教育会
- 世務部
  - 国権党
  - 九州日日新聞
  - 議会、代言
- 実業部
  - 肥後物産
  - 委託販売所

ここに活動の一環として学術部が措定され、教育活動の重要性が認識されていることに注目したい。そもそもこの地方政党が発足したのは一八八一（明治一四）年九月のことであった。そして次のような内容の「紫溟会規約」を決定した。

第一、皇室を翼戴し立憲の政体を賛立し以て国権を拡張す。第二、教育を敦くし人倫を正し以て社会の開明を進む。第三、厚生の道を勉め吾人の独立を全し以て国家の富強を図る。[10]

翌年五月には「日本国の主権は則天皇陛下の固有たること勿論なれば最て異議を容るることなし」との追加規約を採択して、天皇主権論を強調するのであった。ここに紫溟会が政治活動の基調理念として、天皇主権説と国権の拡張を強く意識した政党であると認識してよいであろう。しかしここでは、政治目的を実現するための手段として、この政党が特に教育活動の重要性を認識していることを指摘したい。一八八四年三月、紫溟会は、「吾党の反対に立ち詭激破壊の論を主張せしものも或は漸く悔て其説を改め或は面を換へ外を装ふて以て容悦を図るに至る」[11]までになったので、政党的性格を改めてその名も紫溟学会と改称したのであった。そしてさらに「吾党素より政党を欲せざる者なり唯天下詭激の政論滔天の勢あるが為に已むを得ざるの義に拠て已むを得ざるの政党を唱ふ。要は一時彼を制禦するのみ。故に彼れ熄めば我れ当に休むべく彼れ退けば我当に止るべし。猶何を苦んでか故らに欲せざるの政党を樹て以て天下の事を滋くせんや」[12]と述べ、また「夫れ政教は一致たり。道徳と法律とは二本にあらず教は首たり政之に次ぐ道徳は本たり之を輔くるに法律を以てす」[13]としている。これによれば、政党林立の当時は已むを得ず政党と名乗ったが、今や敵対する民権派の政党活動も鎮静したので本来の姿に帰って、道徳を本として政これに次ぐの理念を確認したいとするのであった。そしてまた「吾党は夙に道徳上の真理を講じ常に其真成の基礎を得むと欲し博く内外の教道を探り遍く古今の論説を閲し独り深く我が東洋の倫理学を信じ認めて以て万古不易の真理宇内通行の大道なりとし窃に斯教を以て方今物質上文明の精神と為さむことを冀図せり」[14]として、「東洋の倫理学」たる儒教倫理の実践を主張するのであった。

「政党」から「学会」への変質宣言が、如何なる情勢の変化によるものであったかについては、それと対立関係にある民権派の下降傾向にともなう皮相的迎合策に過ぎず、決して政党としての闘争性を放棄した結果としての宣言ではなかったとしてよいだろう。そしてそのことはその後のこの党の歩みが示しているところである。しかし同時にこの政党が、性格的特徴として教育を重視し、後継者としての人物養成機関に強い熱意を示し続けたことは事実であるし、変質宣言がこのような性格を一層強調したものであることも否定できないように思われる。

指摘するまでもなく、紫溟(学)会の教育の重視は、具体的には済々黌の維持運営を指すのであった。

済々黌が開校式を挙げるのは、一八八二年二月一一日、「神武天皇紀元節の佳辰をト」[15]してのことであった。そしてこの模様は、「皇祖神武天皇の御像及明治天皇同皇后両陛下の聖影を掲げたり。木村弦雄氏起て開校の主旨を述べ済々黌記を朗読し次で我日本建国の他に特殊なる所以を演説せらる。古荘嘉門氏は左伝を講じ田尻彦太郎氏は論語を講じ、中西牛郎氏は祝文を朗読す。此日発起人校員及び参観する者無慮三百余人亦盛なりと謂ふべし」[16]と描写されている。しかしながら済々黌には前身があって、それは一八七九年一二月、「教育令」公布三か月後に創立された同心学会であった。創設者佐々友房はこれについて「国家を救済するには其事一にして足らずと雖も教育の効力最も多きに居るものとす。況や方今非常多故の際に方て苟も心を国家に存するもの教育に従事し青年子弟を薫陶し一世の元気を振揮し以て国家有用の資に供せざるべからざるなり」[17]と述べ、教育を「国家を救済する」ものと規定し、「国家有用の資に供」するものと性格づけている。教育は本来被教育者の人格形成を目指す営為であるとの本質論を是認すれば、ここでは国家主義的な政治的観点から教育の内実が認識されているのであり、したがって教育は政治に従属するものとの認識が前提されていることに注意する必要があろう。そして前述した済々黌開校式の描写から、この国家主義が皇室に対する尊崇理念を中核にしていることが明瞭であると思われる。

一八八三年五月、済々黌は天皇より五〇〇円の「御下賜金」を受領することによって名実ともに私学のモデルスクール的位置を占めるようになった。「嗚呼我黌平昔尊王の精神辱くも九重の上に達し此特賜の栄を辱ふするに至る。豈感泣之に継ぐに激励を以てせざるを得んや。於是校員相議し六月一〇日の佳辰を卜し大に祝宴を張る。黌内正面に聖影を掲げ、国旗を筆頭に翻がへし古楽を奏し以て遥に天思の隆渥を拝す」[18]と当時の模様を伝えている。この天皇による表彰は侍補元田永孚の奏請によって実現されたというが、教育の実績が認められたことは同時に紫溟会に大きな自信を与えることになったのである。

一八八七年一月文部大臣森有礼は九州巡視を試み、済々黌に立寄って教育内容を視察する機会をもったが、当時の模様に関して、「二〇年一月文部大臣森有礼氏九州巡視あり。我黌に臨み我黌の創立及び沿革より主義、目的、気風、諸学科等一々審査せらる。後屢々称賛の語を賜ふ。蓋し我校多年教養する所の精神気風に至り深く大臣の意に合せりと云。……後聞く所に拠れば大臣帰京の後、聖天子に謁し我黌の事を奏上せらる。曰く該黌は嘗て陛下の特典あるに負かざるものなりと。大臣其旨を長岡公に伝へらる」[19]と記している。このことに関して井上毅は「然るに森子が九州巡廻の時に済々黌に立寄られて其主義を賞賛せられ、凡そ学校なるものは斯くこそあるべけれ、智育に於ては進で居らぬが、其目的は教育の第一主義を得て居る。即ち学校の模範となるべきものであると云はれて、帰京の後、天皇陛下に奏聞されました」[20]と語っているのである。ここに済々黌の教育が森文政に添った内容をもつものである事が証明されるに及び、その存在において不動の位置を熊本の地域社会に確立したとしてよいであろう。このことを実証するかのごとくに、同年一〇月には徴兵令第一三条によって官公立同等の認可を得たのであった。すなわち私立学校にして徴兵猶予の特典を得たのは、独逸協会学校に先例があるだけであって、済々黌を含めて全国で二校に過ぎなかったのである。

四

一八九〇年（明治二三）年七月の第一回総選挙の結果は、全国趨勢とは逆に熊本では民権派の惨敗に終った。全議席八のうち七を国権党側が獲得したのであった。このことは指摘するまでもなく熊本国権党が地域社会の政治的リーダーとして不動の勢力を確立したことを意味し、教育事業を重視する紫溟学会の機能が、十分に現実的に有効性をもちえたことを証明するものであった。

このような政治的現実において、熊本国権党は、教育事業に本格的な関心を傾注し始めるのであった。すなわち九州学院の設置運営がその象徴であった。以下学院構想の内容について説明を加えたい。

明治初年、すでにアメリカ留学の経験をもつ津田静一は、紫溟会成立当初からの有力な党指導者であり、国権党成立当時、紫溟学会の学術部の責任者に推挙されたことは、彼の経歴と党内活動の実績から当然のことであった。「或は文学世界雑誌を監督執筆し、或は東肥教育会を興し、毎会必ず臨席して学術上有用の演説を為し、又た其余暇を以て学会の俊髦を会し、親しく英語を教授」[21]するという日常性の中で、学会学術部長の職責を積極的に遂行していったようである。間もなく彼は熊本文学館と称する私立学校を私的に経営することによって、教育への関心を具体化するのであるが、すでに紫溟学会は学会自体の教育機関を運営しており、これに加えてさらに私的な教育事業に着手していることに、われわれは当時の教育熱の高揚の具体例をみなければならないだろう。「漢英二国の文学を教授し、以て高等専門の学科を修むるの楷梯」[22]を目指す文学館は、経営者独自の教育理念を具現して数多くの人材を集めたという。

高等中学校医学部に入学ができなかった者のための医学教育機関である春雨黌が、紫溟会幹部の高岡元真によって創立されたのは一八八八年一〇月であった。また岸本辰雄の明治法律学校、箕作麟祥の和仏法律学校、金子堅太郎の日本法律学校等、在京有力法律関係私立校と特別契約を結んで在学生の進学便宜を計った熊本法律学校は、一八八九年二月有吉立愛によって創立されたものであった。

「今般済々黌、熊本法律学校、春雨黌、熊本文学館ノ四校ヲ合併致シ更ラニ九州学院と称シ別紙規則書ノ通リ設置施行致度此段連署ヲ以テ願上候也」とする九州学院設立願[23]が熊本県知事あて提出されたのは一八九一（明治二四）年一〇月であった。「私立九州学院規則」によれば、学校設立主旨には、「九州学院ハ明治二三年一〇月三〇日勅語ヲ奉体シ聖旨ヲ貫徹スルヲ務ム」と謳い、組織としては普通科と専門科の二種をそなえ、普通科は「尋常中学科ヲ以テ之ニ当テ実業ニ就カント欲シ又ハ高等ノ学校ニ入ラント欲スルモノニ須要ナル学術ヲ授ク」と規定し、専門科としては、「法学医学理学文学ノ四部ニ分チ学術技芸ノ理論及応用ヲ教授ス但シ理学部ハ当分ノ間之ヲ設ケス」としている。入学定員は男子一，一五〇人、院長には男爵である松井敏之が就任し、評議員には子爵長岡護美、男爵米田虎男、同安場保和、同山田信道、同藤村紫郎、同清浦奎吾など地元の有力者を網羅している。かくて九州学院は、「当時全国的に見ても斯る大規模の私学は稀に見る欝然たる大私学」[24]となったのである。この学院が紫溟学会の運営であることは直接規約には謳ってはいないが、機構を維持運営している人物をみれば、九州学院が紫溟学会の実質的な附属教育機関たる性格をもっていることは明瞭であろう。

合併の動機や経緯については現在必ずしも明らかになっていないが、すでに九州学院成立の一年前から具体的動きが見られるのは事実である。しかしこの段階では、例えば修学遠足等を連合して実施することなど親睦交際の域を出ず、本格的な合併機運が生じるのは知事松平正直が公権力を背景にして直接合併を推進したことによるといってよいだろう。すなわち松平は次のように述べている。

依て予は赴任以来頻りに学党の害毒を未然に防かんとし遂に之を防ぐの策は只だ私立の五大学校か合併して其の教育の主義目的を一定するの外他に道なきを信じたり。且つ普通教育に就ては本県においても遠からずのち是非とも各府県に尋常中学校を置き以て中等教育を充実するの方針なりと聞けり、果して然らば本県は其の尋常中学校を欠ぐを以て之に代へるに私立学校を選ばざる可らず。而して之に充つるに甲校を以てせんか乙校の苦情あり、乙校を以てせんか丙校の怨嗟を如何にせん。是れ当路者の最も心痛する所にして各校に取りても最も不利益なる所以なり。故に今ま之を合併して一学校となし以て普通専門の部を分ち、其の主義目的を同ふするに至らは独り県下の利益のみならず、実に我帝国の幸ひなり。……予は想ふ、此の合併談にして一たびならば以て従来政党の軋轢を止むるに足るべく、若し全く止まずとするも、以て幾分か其の熱度も冷却せしむるに足らん。(25)

ここでみる限り知事の九州学院成立への積極的な動きは、尋常中学校一県一校主義という中央教育行政受入れのための条件づくりに主眼があったとしなければならないだろう。そしてこのことは済々黌に対する体質強化への援助策であったし、それにもまして紫溟学会へのそれでもあった。公権力を背景にした知事の動きを契機として九州学院は成立したといってもよい。そして中央においては、当時法制局長官であった井上毅も何分かの努力を傾けた形跡があり、(26)九州学院の成立は当時としては大きな教育的話題を提供するものであったことは間違いない。

一八九四(明治二七)年四月より県立尋常中学校と同等と認め、その維持管理を県庁に托する内容の「九州学院普通学部ヲ県立尋常中学校ニ改メラレ度儀ニ付願」が県知事あて提出されたのは、その前年の一一月であった。これに対して知事より文部大臣あて「尋常中学校設置ノ儀ニ付伺」が次の内容で提出された。

本県下熊本市ニ設置セル私立九州学院普通学部ハ明治二〇年一〇月徴兵令ニ関シ尋常中学校ノ学科程度以上ト認メラレ第五高等中学校設置以来生徒入学ノ標準等其設置区域内各尋常中学校ト同一ニ相成居候等総テ尋常中学校ノ資格ヲ備ヘ居候処今般同院ヨリ右学部ヲ明治二七年度以降明治一九年四月勅令第一六号諸学校通則第一条ニヨリ知事ノ管理ヲ願出候ニ付之ヲ許可シ県立尋常中学校ト同一ニ認メ候筈ニ付諸学校通則第三条ニ依リ別冊設置ニ関スル要項相添此段認可ヲ請ヒ候也(27)

この伺は当時文部大臣であった井上毅に提出され、「明治二六年一一月願九州学院普通学部ヲ県立学校ト同一ニ認メ管理スル件許可ス」との認可状が直ちに知事あて到着したのは当然であった。この期以後、九州学院普通学部は旧名称の「尋常中学済々黌」に復帰し、九州学院とは実質的に分離していったのである。

五

一八九二(明治二五)年一月に提起された熊本英学校を舞台とする奥村事件(28)は、その前年に第一高等中学校において発生した内村鑑三不敬事件と同種の教育勅語不敬事件としての性格を有するものであるが、しかしながら事件発生の社会的条件に思いを致すならば、熊本国権党と知事権力による民権派撲滅政策の一環として把握しなければならない性質の、むしろ政治的事件であった。すなわちこの事件は、英学校教員であり若きキリスト者であった奥村禎次郎の「我々の眼中には国家なく外人なし、況んや校長をや況んや今日の来賓をや、予輩は只だ人類の一部として之を見るのみ」とする発言が教育勅語の理念に抵触するとして告発された事件であるが、この発言内容は、国権党の機関新聞である『九州日日新聞』の捏造の疑いが極めて濃厚である。第二にこの事件は第二回総選挙が行われている過程で提起されたものであり、この選挙は憲政史上稀有の選挙干渉事件を惹起しており、熊本でも多数の死傷者を出すほど過熱した選挙戦であった。第三に、この事件の舞台である熊本英学校はキリスト教主義教育を標榜する民権派の教育機関であって、国権派の済々黌との対立はかなり厳しいものがあったという。このような意味から奥村事件とは、松方内閣の露骨な民党撲滅政策を背景として、熊本国権党が極めて意図的に引き起した選挙戦遂行のための手段であり、教育問題が政争の具として利用された典型的な事例であった。奥村禎次郎は事件直後知事命令によって教職を追われ、同時に熊本英学校の建学の精神はこれを期として形骸化されて普通学校と区別ができなくなったという。このようにみれば、明治中期の教育史において、一八九二（明治二五）年のもつ史的意味は極めて重要視しなければならないと考えられる。

奥村事件に象徴されるような民権派的教育の衰退現象は、その対極としての国家主義教育の隆盛を約束するものであった。既述したように、県立学校と同等になった尋常中学済々黌は、日清戦争終結頃から志望者の激増をみ、一八九六年一月には「現今生徒数実に壹千名有余ニシテ教場寄宿舎共此上生徒ヲ容ルヘキ余地ナク授業管理共家ニ困難ヲ感シ候事尠ナカラス」として「分黌設立之儀ニ付願」(29)を知事あて提出した程であった。そして同年四月から天草分黌（定員六〇名）、山鹿分黌、八代分黌（それぞれ定員一〇〇名）が発足した。尋常中学済々黌が純然たる県立学校に移管され、「熊本県立中学済々黌」となるのは一九〇〇（明治三三）年であった。ここに各分黌もそれぞれ独立して県立中学校として普通中等教育機関としての機能を果すことになるのである。

一方九州学院を構成した文学部、医学部、法学部も、普通学部が抜けた頃から学勢振わず、それぞれ特殊事情もあって明治三〇年代初めまでに消滅していく。同時に熊本英学校も明治二〇年代の終りには廃校となり、在学生は多数の者が済々黌へ転入学したという。すなわち強固な国民統合の実を示さなければ目的の遂行が実現できない日清戦争を経験した近代日本であれば、もはや党派性は教育機関選択の基準とはなり得ず、党派的異質性を超えたところで教育の内容が決定するところの、国家的規模での教育行政がこの期に成立したことを意味する。

されば九州学院の成立とは、教育における党派的性格の、近代日本における最後の自律現象という側面を示しつつ、具体的には熊本国権党のこの地方における更なる自己拡張の夢を托した教育的営為といってよいだろう。それは質において近代日本が要求した教育の内実と深く合致したが故に当事者には大きな期待感をもたせたが、しかし同時にナショナリズムの高揚と確立は、教育における国家的画一性を強く要求するが故にかかる教育施設の存在理由を容易に否定するものでもあった。

註

（1）木山幸彦「中央の教育政策と地方中等学校の関係」（『明治前期学校成立史』一九六五年、未来社、所収　四六頁）
（2）一九一〇年創立で現在まで熊本市に存続している九州学院高等学校とは関係はない。
（3）『九州日日新聞』　明治二四年九月一六日付
（4）『文部省第二〇年報』　明治二五年　四八頁
（5）『熊本県教育史』中巻　昭和六年　二九五頁
（6）同上　二五六頁
（7）「県立学校廃止之儀ニ付上申」　同上所収　二六五頁
（8）『熊本新聞』　明治二〇年一二月一四日付附録
（9）「熊本県々会議員諸君に告ぐる書」『熊本新聞』　明治二二年一二月八日付
（10）「紫溟会規約並規則」（『克堂佐佐先生遺稿』　昭和一一年、改造社、二五頁）
（11）（12）（13）「政党を変じて学会と為すの理由」　同上　二九頁
（14）「紫溟学会を設立するの趣旨」同上　三一頁

(15)(16)(17)「済々黌歴史」同上　一六七頁
(18)同上　一七五頁
(19)同上　一八一頁
(20)『明治以降教育制度発達史』第三巻　八頁
(21)「先生の紫溟学会長辞退と紫溟学会大集会」(能田益貴『楳渓津田先生伝纂』昭和八年所収　二七〇頁)
(22)「熊本文学館設立の趣旨」同上所収　二七二頁
(23)前掲『熊本県教育史』中巻　三一九頁
(24)同上　三一七頁
(25)(3)に同じ
(26)「木村弦雄より井上毅宛手紙」(井上毅伝記編纂委員会『井上毅伝　資料篇第五』昭和五〇年、国学院大学図書館、所収　一一四頁)
(27)前掲『熊本県教育史』中巻　二七二頁
(28)奥村事件については拙稿「熊本における教育と宗教との衝突」に詳論している。
(29)前掲『熊本県教育史』中巻　二八〇頁

教育勅語体制の確立過程に関する一考察

はじめに

明治中期の、いわゆる教育と宗教との衝突論争における国家主義イデオローグの第一人者は井上哲次郎である。井上は大学卒業直後からの七年に及ぶ欧州留学から帰国して間もなく、一八九一（明治二四）年、文相芳川顕正の依頼によって、「ドイツの観念論哲学によって神話的な国体と随順の倫理を合理化した」[1]とも評される『勅語衍義』を著し、教育勅語理念の国民的浸透に大きな役割を果したのであった。さらに一八九三（明治二六）年には、衝突論争の記念碑ともいうべき『教育ト宗教ノ衝突』を刊行し、「然れば勅語の主意は、一言にして之れを云へば国家主義なり。然るに耶蘇教は甚だ国家的精神に乏し。啻に国家的精神に乏しき而已ならず、又国家的精神に反するものあり、為めに勅語の国家的主義と相容れざるに至るは、其到底免れ難き所なり。耶蘇教は実に無国家主義なり」[2]として、極めて主情的に厳しくキリスト教を糾弾することによって、教育勅語理念の一層の国民的定着に貢献したのであった。

現象即実在論に立脚し、日本型観念論の確立者と称される井上ではあるが、『教育ト宗教ノ衝突』は、著名な哲学徒の著作にしては例えばキリスト教理解にしても厳密な論証性に欠ける憾みは否定し難い。このことは該書が雑誌『教育時論』にかって連載したものの集大成であったという制約は是認するとしても、しかしそれ故に却ってイデオロギー的側面が露骨に表出していて、井上の思想的特質を映しだしているように思われる。さて彼は、まず内村鑑三不敬事件を俎上に載せてその違勅性を告発したのち、これに類する三つの事件が熊本県内で発生しており、このことが該書執筆の直接動機であることを記して三件についての簡略な素描を試み、また全国的に派生している当時の諸不敬事件を列挙することによってキリスト教徒の違勅的行動を批判しているのである。

衝突論争が、神・儒・仏教の理論家を含む国家主義者と、キリスト教徒ないしそれに理解を示す知識層の国民的対決と表現してもよいような規模をもっていた事実に鑑み、日本近代思想史におけるこの論争の意義に筆者の関心は強く動かされるのであるが、しかし一方、論争の素材として特に井上によって採りあげられた諸事件の実態をより実証的に分析することは、その内実を深層において把握するための一つの方法として意味なきとしないように思う。かって熊本英学校で教鞭を執り、同志社へ帰った後『同志社文学』紙上にて井上哲次郎批判を展開する柏木義円は「現に氏が仏教第十号より引用せし我が同志社が天長節に祝意を表せず、加之祝意を表したる生徒は之を罰したりとの記事は全く無根の事実なり。其の他山鹿高等小学校生徒退校事件、熊本英学校奥村禎次郎氏解雇事件、八代尋常小学校聖影打撃の事の如き、氏の引用せし所と吾人の親しく見聞せし所と事実大に異なるものあり。内村（鑑三）氏の事亦事実相違の廉多しと聞く。氏は耶蘇教徒を、忠孝を忌嫌し外人の庇陰に由り愛国の念を失ふたる陋劣漢と断ぜり。之を為す果して能く哲学者の本領を守り、公平に事実の審査を為し、以て此の帰結を得られしか。抑自家の妄想を助けん為め、自家同臭味の新聞雑誌の記事に援を籍られしものか」(3)として、井上資料の非実証性を指摘し、同時にこれら資料を無批判に採用することによって展開した井上の態度を厳しく告発するのであった。井上、柏木の指摘に示唆をうけつつ、熊本で起きた諸事件の社会史的背景を分析する中で、かって宗像誠也が示した「教育勅語体制」なる用語の、筆者なりの内実を明らかにしてみたい。

一

不敬事件三件とは、すでに柏木も指摘したように次の三件を指し、いずれも内村鑑三不敬事件の翌一八九二（明治二五）年に集中して提起されたものである。

⑴奥村事件について。同年一月、キリスト教主義教育理念を建学の精神とする熊本英学校では校長交替の儀式を挙げるのであるが、新校長蔵原惟郭歓迎祝詞を、若きキリスト者であり同志社出身の奥村禎次郎が教員総代として読みあげ、その中で「本校教育の方針は日本主義に非ず又た欧米主義にもあらず、乃ち世界の人物を作る博愛世界主義なり。故に我々の眼中には国家なく外人なし」(4)と述べ、この言辞が地元国権主義系九州日日新聞紙上で教育勅語理念に反するとして告発されるに及んで民権派を刺激し、論議沸騰する中で、「貴校教員奥村禎次郎は解雇すべし」とする一片の知事通達によって教育の場を追放されるという事件である。これを契機として熊本英学校は知事通達拒否派と受諾派に分裂して、同時に建学の精神も実質的に否定されるに至ったのであった。

⑵八代南部高等小学校不敬事件について。

六月、在学生蓑田元卓が、天皇聖影安置室において戯れに扇子を投げあげ、この行為が天皇を冒瀆する不敬事件に相当するとして問題化した学校騒擾事件である。児童の稚戯といってよいほどの些細な行動をめぐる状況ではあるが、事件の背景には地域社会におけるキリスト者ないし民権派的集団と国権派との相克が継続して生起しており、この期聖影をめぐっての象徴的不敬事件の特徴を示している。

⑶山鹿高等小学校生徒退校事件について。

七月頃、四名のキリスト教を信ずる生徒が発覚し、その中の佐久間敏彦という一生徒が学校当局の棄教的指導に最後まで従わず、校規紊乱という名目で退学処分に付せられるという、学校教育からのキリスト教徒追放事件である。背景には公権力を利用しての知事による行政指導があった。

以上のことは、事件の発生から鎮静に至るまで、熊本という狭隘な地域社会内で処理されたのではなく、例えば山鹿事件では、当時の日本プロテスタントを代表する植村正久をはじめ、本多庸一、井深梶之助など一〇名の連署になるところのキリスト教の危機を訴える公開状を全国的規模で公表しており、奥村事件にしても、学校側は文相大木喬任と折衝する中で事件の解決を図っているのであって、熊本での一連の事件は全国的なスケールで特徴ある時事問題として提起されたのであった。

二

まず指摘されねばならないのは、奥村事件が提起された時期が衆議院第二回臨時総選挙の期間中であり、八代、山鹿両事件については、その発生が六、七月であるにもかかわらず事件として巷間に取沙汰されるのは一〇月であって、この時期は県会議員半数改選期を間近に控えてのことであったということである。だからこれら諸事件はいずれも、政争として選挙戦遂行の手段として教育が利用された典型的事例を示すものであった。説明するまでもなく第二回総選挙は、松方内閣の内相品川弥二郎による徹底的な民党弾圧のための選挙大干渉事件として憲政史上著名であり、全国各地騒擾続発して死者、負傷者多数を出し、歴史的に政争の激しい国柄とて熊本も決してその例外ではなかった。

そもそも熊本には、いわゆる十四年政変と時を同じくして、「皇室を翼戴し立憲の政体を賛立して以て国権を拡張す」(5)との規約を掲げて創立され、天皇制的国権主義とも称すべき政治理念をもって、中央との直結を拒否して終始在野政党として事件当時強固な政党地盤を構築していた紫溟学会熊本国権党が存在していた。これに対して創立期を同じくしながらも変遷を繰り返しながら、当時熊本自由党と称する民権的民党的性格を示す政治集団があった。国権派対民権派という図式でのこの段階での政争は、二年後には日清戦争という国民的総合の実を示さなければ目的遂行が期待できない国家的対外戦争を控えての、明治期最後の大がかりな闘争実態を曝出しているといってよい。民権側に立った観方をすれば、このことは天皇制的絶対主義確立期の最後の組織的民権運動としての地方史的表現であったと規定してよいだろう。

教育が政争の具として利用される例は史上決して稀有のことではない。しかしこのことは教育事象の現実的有効性を前提としている。この歴史的段階において、教育問題が政争の中で無視できない機能を発揮しえた理由を、筆者は次のように理解したい。

熊本の明治教育史を繙くものは誰でも、佐々友房の創設になる済々黌の歴史に留意するであろう。佐々は一八七九（明治一二）年、「国家を救済するには其事一にして足らずと雖も教育の効力最も多きに居るものとす。況や方今非常多故の際に於て苟も心を国家に存するもの教育に従事し、青年子弟を薫陶し一世の元気を振揮し以て国家有用の資に供せざるべからざるなり」[6]として同心学舎を創設するのであるが、三年後には済々黌と改称し、さらに一八九六（明治二九）年済々黌は、「現今生徒数実ニ壱千名有余ニシテ教場寄宿舎共実ニ困難ヲ感ジ候事尠ナカラス」[7]として県下主要地に分黌を設置して県民の教育要求に応えるまでに成長していった。換言すれば県下中等教育機関は、大正期政友会主導のもとで中等教育機関の増設をみるまでは、済々黌を中核として、その分黌の設置、独立という形で整備されていったのである。このことは次のような理由に基づくといってよいであろう。

周知のように、森文政における中等教育政策は、これを尋常中学校に限定して云えば、その設置維持において一府県一公立学校の原則を示し、このことによって公費の拡散現象を防止し、中等教育レベルの高揚を意図するという経済主義に立脚するものであった。そしてこの中央政府の教育計画は、地方にとっては県立学校資格の獲得運動の激化を招くものであったのである。すなわち、一八八七（明治二〇）年、熊本県議会は、一〇年の歴史をもつ県立熊本中学校を突如廃止するという暴挙を敢えて採ったのであった。「県下には最早取り換へもなき尋常中学校に要する費目は、何故に否定されたるや。思ふに、之れに代るものは別に学科備はりたる私立学校ありて存すとの意に外ならざらん乎。果して此の点のみに出づるあらば、余輩は之れに賛成を表する能はざるなり。蓋し県下の私立学校は元来党派のなかに成立ちたるもの多くして、其の整したる私立学校程、党派より成り立ちたるものなり。本来普通教育を目的として起したるものは殆んど稀なり。されば今日に当り、県立の尋常中学校を廃するときは、整備したる私立学校を有せざる党派の人は固より、敢へて党派に入るを好まざる人は、将た何れの処に其の子弟の教育を受けしめん乎」(8)とする中立系新聞の熊本中学校廃止に関する論議は、当時の混乱状況をよく表現している。史実が示すようにこの当時の熊本中学校は、相対的には民党系子弟を多く受入れた学校であり、一方県議会の構成は、その圧倒的多数を紫溟学会所属議員が占めていたのである。この議会による中等教育政策が森による中学校令公布直後決定された事実は、教育問題が政争の手段として利用される契機を提供したことを如実に証明するものであった。上記引用文中「別に学科備はりたる私立学校」とは紫溟学会の人物養成機関たる性格を濃厚に持っていたところの済々黌を意味していた。

「明治十八年四月五日、長岡公親しく本県出身の官吏七十余命を浜町邸に召集し、我黌維持の事を以て演説せらる。衆皆な賛成を表し一ヶ月の月俸を三ヶ年に出すの法を定め金額弐万数千円に達したりと云ふ。此報の熊本に伝はるや、白木為直外諸氏相議して広く県内同感の士に謀り、応ずるもの一千五百余人、金額四千若千円を得たり。是より基礎益々鞏固を加へたり」(9)とする資料は、当時の済々黌の財政的基礎の貧困なる事実を示すものであるが、それ故に森の教育政策は紫溟学会にとって重要な関心事となったのである。済々黌が純粋に県立学校として出発するのは一九〇〇(明治三三)年の学制変革期であって、明治二〇年代は「県立尋常中学校ト同一」(10)の資格を有する学校として存続し続けるのであるが、このことは紫溟学会が自らの政治理念を継承発展していく人物養成機関としての性格放棄に逡巡せざるを得なかった事情に由るものであろう。されば紫溟学会による県立熊本中学校の廃止は、明治二〇年代を貫く済々黌の体質強化的自律運動の幕明けを意味するものであり、同時にこの期の熊本の教育は、天皇制的国権主義の確立過程という性格を背景にして、国権対民権の相克を内実とする政争という形で泥まみれの己の姿を顕わにするのであった。筆者はここで主題とする不敬事件提起の社会的基底をこのような形で意識せざるを得ないのである。

一八八九（明治二二）年師範学校を卒えて直ちに教職に就いた一教員は、「その年の紀元節に千歳不磨の大典たる憲法は発布せられ、翌年を以て愈々帝国議会が召集せらるゝので、県下政党の競争頗る激甚を極め、往々累を教育界に及ぼした。幸に家系が与党に属するものは事なきを得るも、不偏不党政派を超越して真の教育者を以て任ぜんと期するものは、不幸松平知事の「所謂改進党」系の父兄を有する者に対する官権の圧迫甚しく、其任免黜陟に党派的根情を加味し、或は与党に加担すべく誓約を強ひ甚しきは何の理由もなく、単に色眼鏡を以て軽卒にも免職せらるゝものもあった」(11)と述べて政争の実態を証言している。指摘したいことは政争に公権力が加担し、それが国権派と締結することによって民権派弾圧を一層徹底化している事実である。

すでに述べたように、奥村禎次郎を教育の場から追放し、民権派の一方の拠場ともいうべき熊本英学校のキリスト教的教育を解体させたのは、「貴校教員奥村禎次郎は解雇すべし」とする一片の知事通達であった。熊本県知事松平正直は、福井出身で新潟県参事、宮城県権令を務めた後一八九一（明治二四）年四月来熊、一八九六（明治二九）年一一月内務次官として転出するまで熊本県知事として在熊し、教育勅語公布直後の天皇制教育の確立期に内務官僚的体質を存分に発揮したのであった。「予ハ思フ、日本臣民ハ勅語ニ生レ勅語ニ死シ、勅語ニ因テ進ミ勅語ニ因テ働クベキモノナリト、故ニ一挙手一投足ノ間モ悉ク勅語ノ支配ヲ受ケン事ヲ切望スルモノナリ、是豈ニ予一己ノ希ノミニ止マランヤ、我日本帝国ノ国是ハ実ニ爰ニ在テ存スルニアラズヤ」(12)とする就任早々の教育関係者を集めての訓示に、彼の気負いと同時に勅語観が素直に表現されているのである。山鹿、八代事件が提起された頃、町村長、町村会議員、教員有志の合同会場において松平は、「教員の大方針大方□は那の点にあるやは諸君の既に知る所にして、諸君は只だ聖明なる天皇陛下の大勅に則り以て子弟を教養することに怠るべからず。苟も勅語に悖れる個人とか自由教育主義とかを主張さるあるは、予は断乎として之れが処分を為すべきのみ。諸君能く勅語の趣旨を奉戴し造次顛沛も敢て怠るなく、宗教に習はず個人を尊はず、真正なる日本国民の資格を有すべき忠良の人物を造り出さんことに熱心し、結局此の勅語と討死する精神覚悟なかる可らざるなり」(13)と述べたという。この頃松平は教育視察という名目で県下各地を巡回していることが新聞報道によって知られるのだが、山鹿、八代両事件も、このような知事の強力な教育への介入によって提起されたものと考えざるを得ない。

既述した植村正久等による公開状には、「第一本年六月中旬熊本県飽田郡横田村長国寺に於て熊本県知事松平正直氏は町村長町村会長を集めて演説して曰く小学校教員に禁止すべきもの二、一は政党政社に関することなり、二は耶蘇教を信ずることなり、耶蘇教は外国の教なり決して信ずべきものに非ず、小学校教員は宜しく去年頒布し玉へる勅語に殉ずべし、若し耶蘇教を信ずる者あらば猶予なく処分すべしと。第三第一項に掲げし熊本県知事が為したる演説は九州自由新聞に掲載せられて既に公衆の知る処となりしのみならず、右の席には熊本県会議員粟津武雄在りて慥かに之を聞き取り証憑の歴然たる者ありとす」[14]と記している。ここにキリスト者による抗議の理論的根拠が、大日本帝国憲法第二八条の「日本臣民ハ安寧秩序ヲ妨ケス及ヒ臣民タルノ義務ニ背カサル限ニ於テ信教ノ自由ヲ有ス」にあり、この信教の自由規定に抵触するものとして知事発言を告発するのであるが、反面からみれば、憲法規定概念を形骸化してもなお予猶をもつところの反キリスト教的雰囲気の指摘こそ重要であろう。国権派は「松平知事が県下各学校教員に対し、其職権の範囲内に於て勇断する所ありしは事実なり。然れども是れ知事の教育上に於ける固有の主義を発揮応用せし者にして毫も政党的の観念に出でしに非ず。知事は常に教育の勅語を遵奉して、之れが趣旨の貫徹を務むるに汲々たり」[15]として、知事職権による政争への直接介入を是認し、同時に公権力との癒着を強く否定することによって自党の教育施策を合理化するのであった。

三

熊本国権党の機関紙『九州日日新聞』が、教育勅語全文を掲載したその日に、柏木義円が熊本英学校長代理として来熊予定であることを報じているのは印象的である。柏木は奥村事件において、国権派、知事はもとより、知事命令を受諾した学校当局に対して徹底的に批判的態度をとった数少ない教師であった。後日当時を回想して「官庁の命だとて唯々諾々解雇するなど、そんな無責任の事は教育者の為す可き事ではない。若し其説明を得ずんば止むなく命令を拒絶するの外はない。斯して若し学校閉鎖の命が下っても、個人でさえ主義の為に斃るゝ場合ある以上苟くも平素主義主張を唱ふる学校が其主張の為に斃るゝは亦可ならずやと決心し、万一の場合には大に天下の公論に訴へんとて、熊本新聞社主故草野心平氏の家を梁山泊と為し、私が其采配を振り、那須義賀氏、大迫真之氏等が之を補佐された」[16]と述べているのである。事実当時彼が残している文章は、いずれも不退転の決意が横溢していないものはない。

熊本英学校機関誌『文海思藻』に「惑を弁じて我党の主義を明にす」と題する小論を寄せて次のようにいう。教育勅語を擁護する立場が国家主義であり、それに批判的立場が個人主義であるとする一般論の存在を是認した上で、「政党上に於ける国家主義、個人主義は我党の教育主義に関係なきものなり。吾人若し個人主義と謂はば、個人天職の神聖を主張して国家の奴隷たる者に非ずと叫ぶ者なり。部分神聖なるが故に全体神聖なり。全体神聖にして部分神聖なり。個人の尊厳は国家の尊厳、国家の尊厳は個人の尊厳と主張するものなり」[17]として狭小な枠内での当時の論理構造をまず批判し、キリスト教的理解での個人とは、「人の徳は高大にして神聖決して犯す可らざるなり。良心凛として其声を発するや義人の耳には其勢力百万の雷霆よりも強大なり。其の尊厳なる国家と雖も決して之を屈従すべからざるなり。上帝個人の心に顕章すれば其確実に国家をして之に服従せしむるに足れり」[18]と理解しなければならず、「個人を以て国家の機械視し、敢て国家の権威を濫用して個人の神聖を蔑如し、之を無にするの挙動あらば、これ国家を毀つなり」[19]と論破するのである。そしてさらに「唯国家の人たらしめんことを期して宇大の人たるを思はず、家族の人たるを思はず、甚しきは個人の神聖を蔑如するものあり。此の如きを以て国家教育主義と為すものあらば、吾人は正しく其正面の敵なり。若し個人主義を唱へて国家を破壊するものあらば、これが亦吾人は其正面の敵たるなり」[20]と断ずるのであった。

以上のような個人の尊厳に対する自己認識を基底として柏木は、公権力を背景として同僚奥村禎次郎に解雇を命ずる知事、そして知事命令を受諾した学校当局に対して厳しい批判を投げかける。第一に、私立学校の自律性、独立性の自己確認の必要性の観点である。彼はいう。「若し奥村氏の演説を以て、教育に関する勅語の旨趣に反するとして此の命令を発せしとせんか。是れ一個の私意を以て聖意深厚悠遠なる勅語の旨趣を曲解し、恣に人の思想言論の自由を妨げ教育界の神聖を蹂躙する者なり。若し教員に不適当と云ふが如き曖昧なる理由を以て此の命令を発せんとせしか、此の如き理由を以て俗吏の私立学校に干渉することを許さば、決して国家の命運を指導する程の、不羈独立の元気ある、雄大なる学校の存立せん事を望むこと能はざるなり。滔々たる学校、悉く是れ一枝一能に依食して安逸を貪らんとする機械的の人物を陶造するに止る可し。吾人は勅語を濫用して我教育界を蹂躙せんとする儕輩の膽を破り、私立学校の不羈独立を軽んずる俗吏の惑を覚まさんが為めに断じて此命令に服せざらんとする者なり」[21]。第二に、立憲政体下における権利意識の重要性の観点である。彼はいう。「我国人の最も短所とす可きは自家の権利の神聖を重せざる事に在り、曖昧なる命令に容易に服従する、豈立憲政下に生息する不羈独立を重ずる自由人民の行為ならんや。未だ理由分明ならずして、早く此命令を受くると受けざるとは自由人民権利の消長に関し、特に日本立憲政体の体面に関するなり。吾人は不羈独立の権利を重んずるが故に、断じて此命令に服せざらんとする者なり」[22]。いささか引用が冗長になったが、彼の批判精神の高揚を感得したいと思う。

史実が示すように、柏木にとって状況は決して有利に展開することはなかった。したがって現状打開のために、熊本という地域社会を越えて、広く天下に窮状を訴える方法をとったことはけだし当然であった。巌本善治が主宰する『女学雑誌』は熊本でも購読されていたという事情もあってか、彼は私信の形で一編を投稿して次のように述べている。「個人主義は勅語に違反するなどの誤想も随分有之、此の如き事は論ずるに足らざる事に候へ共、地方教育家には斯る誤想頗る多く、今回の事の如く、此事行政官の実行に現れ来て、教育界の自由を蹂躙するに至らば、大に天下の弊害と存候得者、大都に在て斯る事を論ずるは大人気なきの嫌ひも可有之候得共、時事上より、学問上より、大論を御発表被可下度偏に奉希上候、今や当地の如き、勅語濫用の弊甚しく、此に籍て思想の自由を圧するのみならず、有夫姦あれば勅語に違背せりと記し、人の外国に在て母の死期に後れば勅語に違背せりと云ふ。実に勅語を瀆すものと可申、此事亦御論明、政府の注意を御喚起被成下度候」[23]、そして更に、「時宜に由ては私立学校聯合の運動致ても是非吾党の主義を押立置申度」[24]として広範な運動の展開を要望している。全国各地で提起された不敬事件ないしキリスト教迫害が、当時国会で論議された事実があるのか、あるいは反権力闘争のための私立学校連合体の組織化が実現したか、筆者はその事実を識らないが、もしこれらのことが実現したとしても状況打開の有効性を期待することはできなかったであろう。

柏木は奥村事件の鎮静後京都同志社に帰り、「臣民教育とキリスト教人間観との関係を日本プロテスタントの中では、最も厳密、かつ良心的に分析し、一貫した抵抗を生涯を通じて行った」[25]人物として、井上哲次郎と論戦を展開していく。いまその論戦について詳細することはできないが、柏木の天皇観についてのみ簡単に触れておきたい。まず彼は時代の風潮である天皇神格化傾向を否定し、天皇は政治的権威の範疇でのみ意味あるものとして、「吾人は立憲君主国の通誼として、政治上に於ては君主は最上至高にして神聖なるものと承認するものなり。然れども学問上倫理上に迄其の権威を及ぼし敢て倫理の主義を断定するが如き、決して立憲君主の意に非ずとするものなり」[26]とする。したがって天皇署名による教育勅語についてては「陛下若し、基督の説き玉ひし如き詔勅を発し玉はば、是れ越権なり、非立憲行為なり」[27]として、その倫理的教典化を批判する。柏木の天皇観は、天皇を人間的実在者と規定するものであり、天皇制確立期において評価さるべき近代的発想を内包しているとしなければならない。この意味で教育勅語の公布は、「宗教学術の範囲に踏み込み、倫理の原則の是非曲直を判定」[28]するものであってはならなかった。しかしながら柏木にとって批判さるべきは天皇それ自体ではなく、教育勅語の本質を誤解していると認定せざるを得ない「俗吏」であった。すなわち柏木は「宗教界の法皇に非ざる」限りでの天皇支持者であって、同時に確立していく天皇制に対しては厳しい批判者であったのである。

井上との論争を経て柏木は、一教会牧師として己を大衆の中に埋没させ、良心の自由、非戦論を唱えて正統派キリスト者の刻印を日本近代史にきざみつけていくのである。

注

(1) 色川大吉『新編明治精神史』中央公論社　昭和五〇年　四九二頁
(2) 井上哲次郎「教育ト宗教ノ衝突」『明治文学全集』八〇『明治哲学思想史』所収　筑摩書房　昭和四九年　一三一頁
(3) 柏木義円「再び井上哲次郎氏に質す」『同志社文学』六四号　明治二六年『柏木義円集第一巻』所収　伊谷隆一編　一九七〇年　三〇頁
(4) 『九州日日新聞』明治二五年一月一二日
(5) 「紫溟会規約」遺稿刊行会編『克堂佐々先生遺稿』改造社　昭和一一年　二六頁
(6) 同「済々黌歴史」一五八頁
(7) 「分黌設立之儀ニ付願」熊本県教育会編『熊本県教育史』中巻　昭和六年　二八〇頁
(8) 『熊本新聞』明治二〇年一二月一四日
(9) 「済々黌維持計画」能田益貴『楳渓津田先生伝纂』昭和八年　一四八頁
(10) 「尋常中学校設置ノ儀ニ付伺」前掲『熊本県教育史』中巻　二七二巻
(11) 竹中彦太郎「明治二十三年前後」同　一七五頁
(12) 「教育勅語に関する松平知事の演説」同　七〇頁
(13) 『九州日日新聞』明治二五年七月一二日
(14) 熊本英学校九州文学社『九州文学』第二八号　明治二五年　二七―八頁
(15) 「闢邪」『九州日日新聞』明治二五年九月二〇日
(16) 柏木「海老名先生と私」『上毛教界月報』昭和六年（前掲『柏木義円集』）二九二頁
(17) 柏木「惑を弁じて我党の主義を明にす」（雑誌『国教』第一〇号所収　熊本国教雑誌社　二二頁）
(18)(19)(20) 同二四頁
(21)(22) 柏木「吾人の心事を開陳して男女両校諸氏に告別す」『女学雑誌』第三〇七号　明治二五年三月　復刻版　七九三頁
(23)(24) 柏木　植村正久・巌本善治宛「開書」『女学雑誌』第三〇四号所収　明治二五年二月　七二〇頁

(25) 武田清子「植村義円の臣民教育批判」『人間観の相剋』所収　昭和四二年　弘文堂　二三三頁
(26)(27)(28) 柏木「教育と勅語」『同志社文学』第六〇号　明治二五年一二月（前掲『柏木義円集』二六頁）

（付記）本稿は一九七六年一月第二八回九州教育学会において発表した「教育・宗教衝突論争研究」と今回の分をまとめたものである。熊本でおきた諸不敬事件の詳細については、熊本近代史研究会編『近代熊本』第一七、一八、一九号で「熊本における教育と宗教との衝突」と題して発表しているのでご参考いただければさいわいである（本書所収）。

明治憲法体制成立期における地方教育の展開

この場合の地方教育とは熊本地方の教育を意味する。大日本帝国憲法公布後明治二〇年代に展開された熊本の教育の形態を、九州学院の成立、第五高等中学校の発足、塘林虎五郎の貧児寮の運営、熊本英学校を中心とするいわば第二の内村鑑三不敬事件とも称されるキリスト教弾圧の実態の四事例に収斂させ、その概略を説明したいと考える。

熊本出身の井上毅（当時太政官大書記）が明治憲法並びに教育勅語の作成に深く関わっていたことは改めて説明するまでもない。この井上毅が、憲法問題について右大臣岩倉具視からしばしば諮問を受け、伊藤博文に接近していくのは明治一四年六、七月頃からであったとされる。井上は伊藤に憲法調査、憲法草案の起草の任務に当たることを要請し、同時に日本にとって、我が国には政党の歴史がない以上、イギリスの憲政よりプロシア憲政がより適していると伝えていたという。こうして明治一四年の政変を迎えることになるが、その政変について角川日本史辞典はつぎのように説明している。

一八八一（明治一四）年一〇月、大隈重信一派を追放し、薩長藩閥政府を確立した政変。国会開設の時期をめぐって政府部内では、漸進派の伊藤博文、井上馨と急進派の大隈重信が対立、このころ開拓使官有物払下げ事件が起き、民権派の政府攻撃が高まり、右大臣岩倉具視は、伊藤・井上らとともにクーデターを計画し、明治天皇の東北・北海道巡幸帰還を待ち決行。大隈を追放するとともに、一九九〇年を期した国会開設の詔書を出し、開拓使官有物の払下げを中止、プロシア流の欽定憲法制定に乗出した。これにより薩長藩閥の覇権が確立し、立憲制への第一歩が踏み出された。

伊藤が「欧州各国に於ける憲法制度の組織及び運用を調査すべき旨」の沙汰を受けたのは明治一五年二月二七日のことであった。三月一四日東京を出発、五月五日イタリアのナポリに上陸、ドイツ・ベルリンにてビスマルクを訪問後、グナイスト（Rudolfu Von Gneist）、モッセ（Albert Mose）、オーストリアのシュタイン（Lorenz Von Stein）などの講義を受けた。この中で特にシュタインの憲法、教育に関する講義に感銘を受け、のち政治顧問、学政アドバイザーとして日本招聘を考えるに至ったとされるが、シュタインは高齢などを理由にそれを断ったという。

この年八月伊藤はウイーンを離れてパリーに赴いた。ロシア皇帝戴冠式に出席の途次パリーに立寄った有栖川宮への表敬が目的であったという。この時特命全権公使としてロンドンに滞在していた森有礼もパリーに来ていた。両者はしばしば会見し、こんごの日本について語り合ったという。伊藤はいう。

明治十五年、予ハ憲法考覈ノ命ヲ奉ジテ欧州ニ行ク。君ハ時ニ英国ニアリ。予ノ謂エラク、政ヲ為スノ法ハ学事ヲ重シトナス。教育ノ制ハ開国ノ国是ト相合シ、憲法ノ運用ト相待チテシカル後、邦家ノ隆ハ始メテ完シト。ヨッテ一異才ノ特ニ其ノ事ニ通ズル者ヲ得テコレト相謀ラント欲シ、君ニ於テ之ヲ見ル。スナワチ慫慂スルコト旬余、倶ニ大計ヲ語ル。君ハコレヨリ専ラ心ヲ教育ニ傾ク。既ニシテ予ハマズ復命シ、君モマタ踵イテ帰ル。スナワチ薦メテ文部省ニ入ラシメ、学政荐リニ挙レリ。（木村匡『森先生』）

伊藤の帰国は明治一六年八月であり、森は一七年四月に帰国した。以降伊藤は一七年三月制度取調局長官に任ぜられ皇室典範、帝国憲法の起草を命じぜられた。そして森は文部省入りとなるが、このことに関して文部卿大木喬任、元田永孚等の反対意見もあり、必ずしも支障のない人事ではなかったと伝えられている。

明治一八（一八八五）年太政官制度が廃止され内閣制度が発足するが、初代文部大臣に就任した森有礼は、「一向に省の整理上進を謀り、若し其進みたるも、苟も之に安んぜず、愈々謀り進め、終に以て死するの精神覚悟あるを要す」（森有礼「自警」一八八六年一月）と決意を述べている。強い「自戒」の言葉のようにも聞こえる。

さて森有礼の教育思想についてつぎのような見方が一般的であるように思われる。

文部大臣に就任した森有礼は、「学制」的主知主義、元田的な徳育主義でもない、いわば第三の道ともいうべき国家主義をその教育目的として、教育政策を実施した。しかし、その国家主義教育は必ずしも国民統合に向って、国家主義イデオロギーを個々の国民に浸透させるということを目的としたものではなく、当時なお封建的共同体意識に埋没していた大部分の国民に、実業、生産の分野で積極的に国家活動への参加を促すため、国家的目的を植えつけようとするものであった。（本山幸彦『明治国家の教育思想』一九九八年　思文閣　二一三頁）

これに続いて同著者はつぎのようにも指摘している。森が国民に国家的自覚を強く主張したのは「無媒介に国民の国家への献身を国民に要求したというよりも、森の思想の内面に人間のもつ私の世界、私の生活に存する個人の権利、いいかえれば人間本来固有するところの自然権に関する承認があったからである」とし、この自然権の認識は若き日からの長期にわたる外国生活に由来するものであろうとする。かくて森の国家主義は私的個人のもつ自然権の認識と表裏をなすものであり、その思想構想において欧米の近代的ナショナリズムと近似しているという。この点に関して福沢諭吉の思想との相対性を考えてみたいものである。さらに同著者は森の思想構造についてつぎのようにも付言している。

森はこの国家主義のもつ近代的役割を信じて国民に国家的自覚を要求し、それによって当時の民衆になお強く残存している封建的共同体意識を解体し、解体された個々の人々の意識を、国家の枠組みのなかで国民として再編成し、国家発展の基礎である実業と生産活動の担い手に再生しようとしたのである。それゆえ、森の忠君愛国は、元田など保守的儒教主義者のいう忠君、つまり君主への人格的隷属とは、言葉は同じでもその内容は、全く別のものであったといわねばならいない。（同　二二四頁）

本山の森に関する思想分析は鮮やかであるとしか云いようがないように思える。

以上明治一四年の政変、当時の伊藤博文のヨーロッパ研修、森有礼の教育観にふれてこの発表の序論としたい。

○森有礼の諸学校令について

小学校令の特徴　児童は六年より一四年に至る八カ年を以て学齢とし、父母、後見人に児童をして義務教育を得せしむる義務を課し、また教科書の検定制を規定したほか、小学簡易科について「尋常小学科ニ代用スルコトヲ得」としている。これについては明治一九年五月小学簡易科要領が交付されているが、それによれば修業年限は三カ年以内、学科は読書、作文、習字、算術、授業時間は毎日二時間以上三時間以下となっている。森は明治二〇年に九州地方を巡回中の郡区長への演説で「学科ハ算術ヲ主トスル等唯其要領ヲ示シ、其ノ余ノ事ハ知事ノ権内ニ委任セリ。国民生計ノ度合今日ノ形勢ニテハ強テ完全ナル教育ヲ望ムベカラズ」として小学簡易科の必要性を主張し、現在全国児童の凡そ三分の二が簡易科に就かざるを得ない状況にあり、今後の日本帝国は簡易科の教育を受ける人によって成立っているとしてもよい状態であり、また算術を主としている理由は、算術に通ずるときは事物を比較し事の利害を弁ずる能力を養成し、処世上最重要のものである、と説明する。

中学校令の特徴　高等、尋常の二等とし、高等中学校は全国を五区に分画し、毎区に一ヵ所設置、其の区域は文部大臣が定めるとしている。

帝国大学令の特徴　其の第一条に「帝国大学ハ国家ノ須要ニ応スル学術技芸ヲ教授シ及其蘊奥ヲ考究スルヲ以テ目的トス」と規定している。

師範学校令の特徴　第一条の中で「但生徒ヲシテ順良信愛威重ノ気質ヲ備ヘシムルコトニ注目スベキモノトス」とあるが、森による気質の三項目についての原案は、従順・友情・威儀であったという。その三項目を修正したのは元田永孚であったとされている。

○教育勅語について

明治二三（一八九〇）年一〇月三〇日公布の教育勅語が成立する伏線として、明治一〇年代に繰り広げられた宮廷派の国民教育への介入、就中元田永孚の国教樹立の要求と挫折がある。この宮廷派の動きに一貫して反対していたのは帝国憲法体制を構築しつつあった伊藤博文であった。

明治一一年に明治天皇が東山・北陸・東海諸地方を巡幸し学校教育の実情を憂慮して、翌一二年教育に関する意見を侍講元田に起草させ、内務卿伊藤博文、文部卿寺島宗則に示したものが「聖旨・教学大旨」であった。大旨の冒頭には「教学ノ要仁義忠孝ヲ明カニシテ知識才芸ヲ究メ以テ人道ヲ尽スハ我祖訓国典ノ大旨上下一般ノ教トスル所ナリ」の文言があり、この教学大旨は、明治初年の文明開化の欧化主義、啓蒙思想の普及に対して、日本の伝統的な儒教の道を再度見直す必要を力説している内容となっている。これに対して伊藤が腹心の井上毅に起草させ、「教学大旨」に反論したものが「教育議」でる。この中で伊藤は、「教学大旨」における不道徳現象発生の原因を、維新以来の政治的社会的な大きな変化による習慣の破壊と西洋思想に影響された過激な言論にあると主張し、儒教的徳育への復帰を急ぎ再び陋習の時代に逆戻りしてはいけないと反論する。そして更にこの「教育議」に対して元田は「教育議附議」をしたためて自説を再確認しながら反論を繰返し、伊藤に示すのであった。

明治一二年段階で展開された元田永孚を中心とする宮廷派と伊藤博文に代表される官僚派の、以上の論争を教育勅語制定の前史と見做すことは多くの論者が指摘するところでる。この段階を過ぎて間もなく、元田等が属していた侍補職は職階そのものが廃止されてしまう。その結果宮廷派の発言は現実的政治局面からはなれて国民教育の干渉という新しい歩みを始めるのである。明治一五年の元田による『幼学綱要』の刊行とその取扱いはまさにそのことの象徴であった。

教育勅語（正確には「教育ニ関スル勅語」）の発布は明治二三（一八九〇）年一〇月三〇日であるが、勅語成立の直接のきっかけは、その年の二月地方長官会議によって「徳育涵養ノ儀ニ付建議」が政府に対して行われたことにある。地方長官会議の様子は海後宗臣著『教育勅語成立史の研究』に紹介されているが、これによれば当時の熊本県知事富岡敬明、福岡県安場保和、宮城県松平正直など各知事が積極的に発言している様子が記録されていおり、彼らの教育観が垣い間見える形になっていて興味深い。この中で、徳育問題を天皇と結んで考えている富岡知事の発言に著者海後は注目している。その内容は割愛せざるを得ない。付言すれば勅語関連の研究ではこの海後の著書は省けない資料と考えられる。

○新聞記事「闢邪」

闢邪とは、邪説を解き明かしてしりぞける意味である。『九州日日新聞』は明治二五年九月二〇日より翌日にかけ二回社説的取扱いで、この表題にて記事を掲載している。周知のようにこの新聞は、当時の熊本政界において圧倒的勢力を誇る与党熊本国権党の機関紙である。国権党はその反対派を民党、破壊党と表現している。

この破壊党は『非政一斑』と題する小冊子を発行して当時の熊本県知事松平正直の治世を批判し、陳情委員を上京させて世にこれを訴える姿勢を示している。「若し誤りて知事の更迭を生ずるあらんか、県下の將に挙らんとするの事業挫廃して救ふべからざるに至るや必せり」。それ故に陳情書の各項についてその邪を闢きその妄を弁じたいとする。執筆の動機はこのようになっている。

ここで問題化している教育関係事項は二件である。

九州学院問題については「松平知事が県下の実業教育などに干渉せるは事実なるべし。其著しき者を挙ぐれば、九州学院合同事件の如き是れなり。松平知事の干渉なからしめば、仮令ひ私立学校合併の問題は時運の迫まる所、人心の合する所なからしむるも、恐らくは未だ此の如く急速の結果を得ざりしや必せり。之れに依りて之を見るときは、知事の教育界に干渉せる、未だ以て其非政と為すを得す」。寧ろこれは知事の良績ではなかったかと。

熊本英学校奥村禎次郎解雇事件についてはつぎのようにいう。「曩に知事が熊本英学校の教師奥村某を解雇せしめたるが如き、又た某小学校教員に向ふて耶蘇教を信奉すべからずと命じたるが如きは、懐派の最も憤懣する所なるべし。然れども耶蘇教の教育勅語と相容ざる者あるは、天下有識の明に知了する所なり。松平知事の教育者に向ふて耶蘇教を信奉すべからずと命じ又た奥村某の如き断じて之を解雇せしめたる等の如き是れ実に教育界の紀綱を正したる所以なり。何ぞ之を撹乱すと云ふを得んや」。

1、九州学院について

統計によると明治二〇年代前半の熊本は私学の全盛時代であった。明治二四年熊本県知事に就任した松平正直は、前任の宮城県と比較しての私学の乱立に驚愕の表情を隠さなかったという。その大部分は寺子屋まがいの小規模学舎であったが。

『熊本県教育史』はこの期に創設された九州学院について「屈指の私学、済々黌、文学館、春雨黌、熊本法律学校の四校が合併して九州学院と称し、職員六十名、生徒凡そ千名、当時全国的に見ても斯る大規模の私学は稀に見る鬱蒼たる大私学となった」と記している。この九州学院の院長には男爵松井敏之、評議員には子爵長岡護美、男爵米田虎雄、清浦奎吾、佐々友房など旧熊本藩主に連なる人物、保守的名望家が幹部として網羅された。

九州学院設立願の提出は明治二四年一〇月、設立者は熊本文学館長津田静一、春雨黌長高岡元真、熊本法律学校長有吉立愛、済々黌長木村弦雄の四人である。学校組織について普通科と専門科の二種で構成し、普通科は尋常中学程度、専門科は法学、医学、理学、文学の高等教育四部門を備えるとしており、「理学部ハ当分ノ間之ヲ置カス」としている。総じてこの学校組織は定員五〇〇名収容の尋常中学程度の教養課程を土台に、その上に四専門課程を乗せるという、理想的な見事な学園構想であった。

この学園構想を実現に向けて積極的に働きかけたのは就任早々の松平知事であった。しかしながら知事の働きかけはスムーズに奏功した訳ではなかった。計画遂行に第一の影を落としたのは理学部門に予定されていた文学精舎の合同直前の辞退申し入れであった。第二は医学部事情で、教授陣は大部分軍医により構成されていたが、日清戦争は教授陣の枢要部を軍が奪い、教授活動そのものが不可能となった。その他組織上も問題が生じて大所帯の欠陥を露呈する結果となった。総じてモデルに欠ける理想的な学園構想であったが故に、この九州学院は明治二〇年台の終わりには組織解散し、短命のうちに姿を消した。

2、第五高等中学校について

高等中学制度は明治一九年四月公布の中学校令に法的根拠をもつ。初代文部大臣森有礼教育構想の一角を構成するものである。中学校令第四条は「高等中学ハ全国（北海道沖縄県ヲ除ク）ヲ五区ニ分画シ毎区ニ一箇所ヲ設置ス」としている。九州地方はその第五区に属し、熊本が学校誘致に成功する。以降熊本市を中心とするこの地域は、五高文化とも称すべき雰囲気を醸し出し、高等教育機関設置の効果を享受していく。

当時の校舎は現在熊本大学の黒髪キャンパスに記念館として保存されている。なお黒髪における決定に当たっては、これと同時に玉名地域も校舎誘致に名乗りをあげていた。

本県下玉名郡築地村ニ良好ノ地アリ高燥ニシテ塵埃ニ隔タリ北ハ小代山麓ニ連ナリ東ハ遠ク蘇山ノ雲煙ヲ望ミ——而シテ郷俗勇壮義ヲ重ンス後進ノ子弟ヲ養成スル学舎ヲ設置スルニ於テハ最良適応ノ地タルヲ信スルナリ

以上は玉名地区住民からの県議会への建議書の一部である。なお役所文書には五高校舎建築のための各戸からの、極めて少額であるが寄付金員を記入した記録が残っている。

3、塘林虎五郎の貧児寮について

創設の趣旨はつぎの認可願に明らかである。

今般学齢ノ貧児尋常小学ニ入ルノ余裕ナク日々遊堕ニ耽リ悪性ニ移リ成長ノ後一身修ラス一家斉ハス公益ノ業務ニ妨害ヲ与フルヲ患ヒ熊本西坪井町八十番地へ学舎ヲ建設シ別紙教育ノ趣旨ト教科目トヲ以テ充分ニ教育矯正致度何卒特別ノ御詮議ヲ以テ小学校ニ準シ御認可被成下度此段奉願候也

設立認可の日付は明治二五年七月一七日である。貧児教育の主旨は「勅語ノ御趣旨ヲ奉体シテ徳義ノ養成ヲ勉メ是迄ノ悪習ヲ矯正シテ放蕩無頼法度ヲ犯シ上ヲ煩ハス如キ所業ヲ断タシメ父母ニ孝行シ兄弟睦マシク近隣ニ親愛セラレ家業ニ勉強スルヲ以テ主旨トス」としている。寮経営の方法は慈善家による寄付以外は、寮生を蒟蒻製造、罫紙摺立、巻紙継方、状袋拵方、塵払製造など物品製造に従事させての製品販売、あるいは野菜など農産物生産による食料自給、そして主に軍隊による残飯の払下げ受領による食事の保証であった。残飯については明治三〇年七月、演習のため兵隊が兵舎を空け、日常の残飯払い下げが不可能になり、慈善家の救護に頼らざるを得ない状況が発生したという。貧児寮は明治三四年肥後慈恵会教育部と改称、大正一一年夜間中学労学館を併設、同一二年肥後自活団となり、昭和三年熊本県社会事業協会大江学園と改称、今日に至っている。塘林虎五郎には著書『無限の熱血』があり、また塘林の事績紹介については熊本近代史研究会員柿本誠著の『無限の熱血――塘林虎五郎の生涯とその業績――』（一九九三年刊行）なる労作がある。

4、「教育と宗教の衝突」について

第二の内村鑑三不敬事件と呼ばれる熊本英学校奥村禎次郎不敬事件、山鹿、八代両高等小学校におけるキリスト教徒弾圧事件のもつ歴史的意義は、明治憲法第二八条「日本臣民ハ安寧秩序ヲ妨ケス及臣民タルノ義務ニ背カサル限ニ於テ信教ノ自由ヲ有ス」の解釈に関するものであり、憲法発布直後の近代日本社会の性格に関する好個の研究課題を提供している。「『教育と宗教の衝突』に関する論争は、論理そのものにおける発展に必ずしも見るべきものが多くはなく、むしろ最後には人身攻撃をも含めた泥試合の感があるが、かえってそのことの中に重要な意義を見ることができる」（石田雄『明治政治思想史研究』未来社、一九九二年、二三五頁）が的確な指摘であるとすれば、雑誌『国民之友』誌上にて展開された、井上哲次郎「日本ノ学者ニ告ク」対高橋五郎「偽哲学者の大癖論」の論争は興味深い。例会ではそのことについて少々触れた。

周知のように、この一連の論争を展望するには、関皐作編『井上博士と基督教徒　一名「教育と宗教の衝突」顛末及評論』哲学書院（明治二六年）があり、この本体に同続編、終結編を加えれば膨大な紙数となり、この論争に関して採録された文献は二〇〇件を超えるという。また当地の『熊本新聞』『九州日日新聞』は明治二五年から翌年夏にかけて多くの紙面を衝突事件報道、基督教徒批判に費やしている。また幸いにこの地域社会は当時の新聞を手厚く保存しており、整理に時間が必要だが興味深い。

（二〇〇七・〇二・一五）

中村六蔵の世界

中村六蔵の世界（一）

一　はじめに

人呼んで菊池は文教の里という。その菊池市郊外を、熊本近代史研究会の有志が晩春の一日を過ごしたのは一九九六年四月下旬のことであった。

この地に史跡が豊富に散在していることは以前から知らない訳ではなかった。また過ぎし日にこの地を訪れたこともあった。しかし足を運ぶ度に新たな発見があることは楽しいことである。徳富蘆花夫人愛子生誕地等を観たのち一行は菊池神社の境内にいた。菊池一族を祀る菊池神社はその知名度において群を抜いているが、その社を通り過ぎて案内された高台の繁みの中には渋江家一門の墓石が建ち並んでいた。渋江家は代々の私塾経営で著名である。渋江家第五代当主紫陽（公豊）は私塾集玄亭を開設して住民の教導に当りこの地文教の祖と称えられた人物である。以降、幾多の人材を育んだ第八代当主の晩香（公木）の遜志堂経営にいたるまで、渋江一門はこの地で絶やすことなく私塾を維持し続けて、宝暦時代（藩校時習館の創設より渋江氏私塾の開設が早いという説もある）から明治中期に至るまで子弟教育の伝統を守り通したという。渋江家のように数代に亘って私塾を維持し続けた例は全国的にみても多くないであろう。[1]横井小楠研究に造詣深い堤克彦氏の案内によって初めてみせてもらった渋江家の墓石群を前に、この地の文の土壌に想いを巡らした次第であった。

一方、渋江家墓地の近く、菊池市街が一望される台地に、春の海原に屹立した鯨の姿にも似た巨大な碑がそびえるように建っていた。それには「木下先生記念碑」と刻まれていた。農業経済を主たる専攻分野とする犬童信義氏によると、木下先生とは木下梅里（真弘）を指し、その門弟達が建立した頌徳碑であるという。梅里は木下韡村（真太郎）の弟である。韡村は幕末に家塾「韡村書室」を経営し、明治前期に官僚として活躍した井上毅など多くの逸材を育てたことで著名である。梅里もまた弘化の頃から今村の在に古耕精舎と称する私塾を開いて子弟の教育に当った。その著書『維新旧幕比較論』は岩波文庫に収められているという。犬童氏はさらに木下家の墓地や古耕精舎跡にも案内されたが、その折に、この今村こそ熊本地方の文教村と呼ぶにふさわしい、と自論を展開するのであった。かくて熊本近代史研究会の一行は、渋江家、木下家の墓地、梅里の頌徳碑や古耕精舎遺趾を見学し、改めてこの地方の「文」の歴史に想いを馳せたことであった。

さらにこの度の菊池史跡見学には、もう一つの目的があった。

菊池市の郊外の神来（おとどと読む）に貴船神社という社がある。相当の年月を経て社殿は古い。地誌によると「貴船神社は大字野間口字神来にあり九月十五日に祭る村社なり、二十一社記に云ふ貴布禰社は賀茂の摂社なり」[2]とある。古くは「木船」とも呼ばれていたともいう。社の一方には清流があり、近くに住む人びとが集まって川底を浚えていた。この貴船神社の近くに菊池神社奉賛会会長の高山朂氏が住んで居られた。氏は、研究会の中心人物で民権期の研究家である水野公寿氏のかねてからの知り合いであった。高山氏はさほど遠くない共同墓地にわれわれを案内され、一つの墓石を示された。丈が一メートルにも及ばない簡素な墓石にはつぎの文字が刻まれていた。

観徹院智証信士　平井新八
享年五十有一　嘉永五年　子五月廿四日

この度の菊池巡検の目的の一つはこの墓石の存在を確認することであった。墓には小さな球形の陶器一個が供えられていた。また杯と思われる破片もあった。多分酒を供えたものであろうと思われるのであった。高山氏によると、供えものがこのように存在している以上故人と縁がある関係者が存在しているに違いないが、それらしい姿を見た経験はないとのことであった。うら盆にでもなればこの墓に眠っている故人の縁故者に逢えるかもしれない、そして故人の事績について何らかの情報を得られるかもしれないというのがわれわれ一行の一つの結論であった。

平井新八といってもどんな人物であったか知る人はいないだろう。だが中村六蔵といえば維新期から明治中期にかけての地方史に時折り登場するので、少しは知られた人物である。その六蔵の実父がこの墓に眠る平井新八であった。一八五二（嘉永五）年五一歳で没した新八についての記録は今のところ発見されていないようだが、六蔵に関するものは若干残っている。平井新八の墓を確認する機会を得て、その子息である中村六蔵について若干書き留めておきたいというのがこの拙文の執筆動機である。

中村はその生涯において幾度となく己れの呼称を変えている。最初は父の姓をとって平井城之介、さらに続いて大津山譲助（または譲介）、沢春三、江村秋八などである。中村六蔵と名乗ったのは明治五年の頃という。長崎において中村という名跡を襲い以降没するまでこの呼び名を用いた。維新期反薩運動で著名な雲井龍雄が一時期遠山翠という文学臭を帯びたような変名を用いたように、明治の始め頃に生きた志士はよく呼称を替えている。ところが中村の場合変名の頻度が多過ぎるように思われる。恐らく彼のように出自さえ判明しない草莽の士が政治志向を強くする場合、著名人を頼ってその指揮を仰ぎ危険な事態に遭遇する度合が多く、彼の場合がそれに当るように思われる。中村六蔵と名乗った時期は、政府側の間諜を殺害（明治三年三月）するという事件を起した後の厳重な探索が行なわれている中でのことであった。

中村は明治一〇年広沢真臣参議暗殺下手人という名目で逮捕され、やがて政府間諜殺害の真犯人と認定されて、以降明治二二年大日本帝国憲法発布の恩赦で釈放されるまでの一二年間に及ぶ長期間獄中生活を送らざるを得なかった。出獄後彼は教育事業に糊口を見出し、当時熊本地方では屈指の中等教育機関を創設する。その名を「文学精舎」と称するが短期間の存在であったとはいえ、教育の場を通して当時の党派的政争の激しさを批判し、やがては九州における一大義塾の建設を志向する姿勢をも示した。

『東洋純正哲学』は中村が残した唯一のまとまった一冊の書籍である。(3) その内容の評価は別として、彼は獄中生活の中でこの一書を完成させた。そこには厳しい糾弾の中でひたすら洋書を読む彼の姿を偲ばせるものがある。カントを紹介しデカルトの思想を解説する中村六蔵とは一体如何様な人物であったのか。

筆者はかつて「一志士のパトスと明治の教育」と題して中村六蔵の紹介を試みたことがある。志士のエトスという言葉はよく耳にするが、志士にパトスという言葉を重ねるのは必ずしも適当でなかったかもしれない。パトスなる語が、受難、受動を意味する言葉であるならば、中村六蔵にこそその言葉を当てはめてもよいように思ったのである。「事件や他人により人は受難としての情感・激情を内部に持つ。それはエートスのように恒常的ではない代りに、一瞬のうちに何かを生み出す契機となる」（岩波『広辞苑』第四版）というこの解説に中村六蔵の生きざまを重ね合わせたいと思ったのであった。中村にとっての教育事業は彼が生きるための選択肢の一つであった。経歴からして当然彼の教育論には普遍的教育原理を見出すことはできない。国家権力が本格的に中等教育の整備にとりかかると中村のごとき教育志向は無残にふっ飛んでしまう。文学精舎が極めて短期間の生命しか維持できなかったのはそのような明治中期の教育状況による。この意味で中村における「教育」はパトス的であったといわざるをえない。

パトスという外来語に情念という翻訳語を当てれば、中村の生きざまはまさに情念ともいうべき人間臭に満たされているように思われる。彼にとって教育もまたその延長線上にあるといってよいと思う。中村ならずとも明治の教育には、ある意味でそれを支えた人間の情念みたいなものが横溢している。この意味で明治の教育には人間が実在して魅力的な側面を内在させているように思われる。

名もなき草莽の士に「中村六蔵の世界」というタイトルを冠するのは面映ゆいが、彼の生涯には「文教の里」菊池の好学的、向学的雰囲気を感ぜざるをえないが故に、少々駄文を綴ってみたくなったのである。

二　中村六蔵の生い立ち

中村六蔵の生涯について記述できる確かな資料は現段階では発見されていない。特に出生を含めての幼児期、成長期のそれは皆無といわざるをえない。以下の記述は興味本位に書かれている新聞記事を綴り合わせたようなものに外ならないが、部分的には真実が含まれてもいよう(4)。

彼の遠祖は大津山資基といい南北朝菊池武光の党に属していたという。資基は肥後国菊池郡南関郷を領していたが、武光と共に戦没したと伝えられる。中村はのち大津山譲助（または譲介）と変名を用いたことがあったことを想起すれば、資基なる人物はあるいは実在の人物であったかもしれない。その資基の何代か後の子孫が菊池郡深川郷神来に移住し平井姓を名乗ったという。かくて中村の実父である平井新八の代に立ち至るのであるが、新八は肥後藩士矢野某の養子となり、弓術に巧なるところから御側組に挙げられ江戸詰になったとされている。江戸では藩邸を無断で脱するという事件を起して処罰され且つ養家を去り、のち山鹿に流れて山田ユキなる四人の男児をもつ寡婦のもとに走り、さらに二人の男子を挙げた。その長子を八郎と呼び次を新吾と命名した。この新吾がのちの中村六蔵である。中村の生まれた年について、彼の生涯の友人であった松山守善は一八四六（弘化三）年としているが定かではない(5)。中村は自己の出生についてつぎのように語っている。

「余の父は平井新八と称し菊池郡深川郷神来村の産にして後に当地（山鹿）に移住し山田某の寡婦雪子を娶りて妻

となせり。是れ実に余が母にして乃ち余を当湯町花見坂に生めり。然るに余は幼にして両親を失ない依って僧寺に托せられ困苦艱難の間に生成したり。」[6]

既述したように新吾には四人の異父の兄がいた。その一人に彦蔵という人物がおり、西南戦争では協同隊の一員として従軍、のち上益城郡鯰村に住して詩歌俳句の遺稿を残しているという。母ユキにも多少の歌心があって、ある程度の教養の持主であったとされている。この母も嘉永五年新八の死に後を追うように没した。以後新吾は父の弟である平井嘉右衛門なる人物に育てられることになる。

嘉右衛門は新吾を熊本郊外龍田山麓の泰勝寺に託した。それは父新八の遺言であったという。泰勝寺は細川家の菩提寺、当時寺領三百石の大刹で、常に数百名の僧徒がいたとされるが、真実であるか定かではない。その泰勝寺には常楽寺、慈眼庵、無想寺という三つの塔寺（末寺）があった。新吾は常楽寺に入り柏堂と称する禅師に預けられることとなり、宗悟という僧名を与えられた。宗悟は当時一〇歳を過ぎたばかりの少年であった。

常楽寺入籍後の宗悟の生活、行状については、その奇行の数々が興味本位に語られているがここでは一切省略する。寺に預けられて数年後、菊池在今村の古耕精舎に入塾して四書五経、史記などについての手ほどきを受けたという。古耕精舎は既述した木下梅里の私塾で近郊の子弟を多く集めていた私塾である。滞在は約九ヵ月というがこれが史実であれば中村の生涯における最初の学問的体験であった。

彼はまた常楽寺在籍中に肥後藩から出て他藩での生活経験も持ったようである。当時常楽寺には備前岡山の国清寺と称する寺から古帆なる名前の僧が修業に来ていた。古帆の帰郷に誘われて宗悟は備前遊学の機会を持ったという次第である。小倉まで陸行、小倉から便船を使っての岡山行きで、途中船が周防灘にさしかかったところで暴風雨に見舞われ、船はある孤島に衝突して破砕されてしまった。宗悟はやっとのことで生命だけはとりとめたという。その模様を彼はつぎのように述べている。

「余は常楽寺を出て将さに備前の岡山に到らんとせり。然るに此行や不幸にも防州の野島に破船し、同船者中或は一片水底の藻屑と消失せたる者ありしも、余は幸にして一孤島に漂着せり。此時に当りてや余が懐中青銭一の貯へもなし。且つ衣服の着替へなく実に乞食の如き憐れ果敢なき有様なりし。斯く寺院に投じ少許の閑を獲て学問を為すことを得たり。(7)」

時は流れて明治二二年彼は出獄後帰郷して文学精舎を創設する頃に数多くの青年層に接する機会を持つのだが、その折、人生論の素材としてこの岡山行きでの災禍を繰り返し述べて、人はいつ災難に遭遇するか予測はできず、それに対処する心構えは絶えず持っているべきだと強調するのである。生死を分けたこの経験は彼の心に深く刻みこまれていたのであろう。彼は岡山の清国寺に二年間滞在し漢文と漢詩を学んだと記している。その後古帆と共に再び常楽寺に帰るのだが、帰途讃岐を中心に四国地方に遊び合計三年間を費やして帰寺したということである。

幼少時僅かの期間とはいえ、古耕精舎において木下梅里の学問に触れ、いま異郷岡山にて漢文、漢詩の手ほどきを受けた宗悟は、序々に宗教の世界から離れ、書に親しむ時間が多くなったという。ある時肥後藩の藩校である時習館から客が訪れ、泰勝寺で雅宴が催された折には、宗悟即興詩を披露して文才を発揮し、賞賛を得たという話も残っている。

岡山から泰勝寺に帰って一年余、彼は再び寺を出て豊後に遊び、そこで毛利到（空桑）、森謙蔵の門に出入りして漢籍を学んだという。森がいかなる人物か不明だが、宗悟はこの森塾で最初は塾僕、やがては塾頭となって塾生活を送ったという。豊後滞在一年余りで彼は泰勝寺に帰ってきたが最早髪を剃ることはなかった。彼はかねて漢学を教わっていた肥後藩士田尻彦太郎を訪ねて還俗の意志を伝え、田尻を通して平井嘉右衛門の了承も得て、更には寺からの允許も降りて、十余年間住み慣れた泰勝寺をあとにしたのであった。寺を出ると同時に、彼は平井城之介と名乗り、家老の郡夷則に取り入り、夷則の長子弥七郎の読書の師匠となったという。この頃林新九郎、飯田多久馬（後の井上毅）、松山英次郎（松山守善）と接したとされているが真偽を確かめるすべはない。特に飯田と中村との間には、飯田の学資負担によってフランス留学を約束するという一幕があり、これを田尻彦太郎が何の理由からか反対して中止させたという話も残っている。

あなうれし墨染衣脱きすてゝ
鍬形つくる武者となりけり

還俗の際、彼平井城之介はこんな一句を口ずさんだという。

三　雲井龍雄と中村六蔵

中村六蔵自著「水雲事蹟草稿」と題する史料が現存しているか承知していない。あるいは細川藩政史料「永青文庫」に混入している可能性も否定できないと推測している。『肥後藩国事資料』全一〇巻のうち第八巻以降に「水雲事蹟」からの抜粋文が数編引用されているからである。そして引用文最初のものはつぎの通りとなっている。

明治元年三月某日、本藩平井城之介京都に於て岡松辰吾の紹介により米沢藩士雲井龍雄、飫肥藩士甲村久吾と交を結ふ

我熊本藩では、藩主の舎弟長岡左京亮、兵を率ひて上洛することとなり、田尻彦太郎も亦従軍の命を受く。城之介（平井城之介にて中村六蔵の前名也）以為らく、田尻先生が先きに余の洋行を阻碍せられたるは、蓋し此事あるが為めならん。然らば此の機に臨み、猶予すべからずと。……因て城之介は直ちに田尻彦太郎に依頼し、藩政府に従軍を願へり。然るに軍隊の事は、予て夫れぞれ編制組織あるものにて、願ひ出でたればとて、許可せらるべきものに非ずとの事にて、止を得ず渠は田尻彦太郎の従者の名義にて従軍することになりたり。(8)

周知のように、維新期の激動する政治状況にあって、肥後藩論がようやく上洛決定に傾いたのは一八六八（慶応四）年一月戊辰戦争が始まる直前のことであり、長岡左京亮（細川護美）が兵を率いて京都入りしたのは二月のことであった。この兵列の中に藩士田尻彦太郎(9)の従者として中村六蔵こと平井城之介の姿があった。入洛後五月中旬までの約四ヵ月間彼は壬生の肥後藩邸に居住して維新史にその名を留める志士たちと交わることになる。彼は入洛後の藩邸の様子についてつぎのように述べている。

「当時壬生の藩邸に藩の公用人として、今の外交官として岡松辰吾なるものあり。世に所謂甕谷先生是れなり。辰吾は其学和漢を兼ね識時勢に通じて汎く世に名を知られ京師に集るもの必らず辰吾を訪問す。殊に飫肥藩の甲村久伍、米沢藩の雲井龍雄此二人者は最も屡しば来訪したる者なり」(10)

岡松甕谷は肥後の藩校時習館居寮生を経て藩に仕え中小姓、のち昌平黌教授となった碩学であり、中村六蔵の眼には当時広く世に知られた人物と映っている。甲村久伍について中村は、彼の出自は明らかではないが、安井息軒門下で飫肥藩に仕え、当時は徴士の身分で滞京中であったと記している。また米沢藩士の雲井龍雄は一八四四（弘化元）年生れで本名小島守善、通称龍三郎、彼も安井息軒に学び、維新後徴士、貢士となったが薩長専制を痛烈に批判、七〇（明治三）年一二月二六日、「幕政恢復の陰謀を企画」(11)したとして死刑に処せられ、若干二六歳で散った維新史で著名な人物である。

ここ壬生の肥後藩邸において、岡松甕谷の紹介により初めて出会った雲井龍雄（当時は遠山翠と称していた）、甲村久伍に対する印象は中村の心に深く焼きつくものがあったようである。まず雲井の人物像について中村は、「身長五尺一寸五分（城之介と幾んど同一）内外中肉にして白哲顔面は頬下較や長く広額厚唇にして眉目清秀風彩女子に近し、而して正直真卒学植《ママ》豊富詞藻縦横胆略躍如たる勤王憂国の士なり」(12)とし、甲村については「容貌は龍雄と相反す、龍雄よりも丈け少しく高く赭顔にして相貌は非凡にあらざれども凛として威厳あり、而して沈毅寡言温厚勇烈勤王愛国を以て自から任じ、深謀遠慮の態度あり、是れ龍雄が兄として相謀りたる所以なり」[13]と記している。そして中村は両者に面会して「一見旧知の如し、而して意気投合爾来互ひに往来し遂に断金如蘭の友となれり、時に城之介は年廿三歳、龍雄は廿五、久伍は廿七、八、故に城之介は久伍と龍雄に兄として交はり、龍雄は久伍に兄として交はり万事久伍に相謀かれり」[14]とこれら人間関係を描いている。

中村六蔵が雲井龍雄、甲村久伍についてその人物像を詳細に描写していることの中に、上洛直後から彼の心情が両者に著しく傾斜している事実をまず確認しておく必要がある。それにしても雲井にせよ甲村にせよ肥後藩出身の人物ではない。後述するように、やがて中村は、反薩長の動きを激しく示す雲井と行動を共にする時期を迎えるのであるが、貢士、徴士級の雲井、甲村等が出入りする肥後藩邸内における人的交流の実相をどのように説明すべきか、雲井等は藩邸内におけるどのような人脈と連携していたのか、学校党、実学党、勤王党という学党によって肥後藩の人脈を説明する仕方において、当時の肥後藩邸内における人脈の構成はどうなっていたのか、総じて維新期における藩論の実態を明治三年の実学党政権の成立までを視野に入れて考えるとき、さらなる詳細な記述が要求されるが今後の課題としておきたい。

新政府が徳川慶喜追討令を発したのは戊辰内乱が始まって間もなくの六八（慶応四）年一月七日であり、二月三日には天皇親征の詔が発せられた。そして四月には江戸開城が実現するのであるが、肥後藩内では追討東征に参加すべきか否か藩論決定に長い時間が消費された。中村はいう。「一部論者は頻りに朝旨遵奉征東出師を迫りたれども容易に決せず、首鼠両端の有様なりしなり。然れども本藩に於て決定せざる所は壬生の藩邸に於ても如何ともなす可らず。此時に於て他の諸藩の有力者連中にも征東不可論者少なからず」[15]と。以下少々長くなるが中村六蔵の立場、状況確認を知るために彼の言葉を引用しておきたい。

「当時在京中の征東不可論者の魁たるものは、徴士甲村久伍、同じく雲井龍雄及び平井城之介なりとす。彼らの意見に以為く、今や関西二、三強藩等の為す所、殆んど解す可らざるもの尠なからず。彼ら等幕府を仆して其政権を奪はんと欲するも其の名なきを苦しむ。是れ勤王に託するのみ。其実は彼等鴟鴞《しきょう》（ふくろう、邪悪な者のたとえ）を逞ふせんことを欲するものなり。若し彼れ等をして一日其志を得せしめん乎、彼れ等必ず秉政《へいせい》（政権をにぎること）出令の権を争ふて相呑噬《どんぜい》（互にのみあいかみあうこと、転じて侵略すること）し、相咬啖《こうたん》（かみむさぼること）して、甲仆るれば復た乙興り滔々として底止する所なく、却て茶毒《とどく》（にがなの毒、転じて害をなすもの）を天下に流し、遂に不測の禍を醸成せるや昭然《しょうぜん》（あきらかなさま）たり。今に於て幕府の非は之を改めしめ、逮《およ》ばざる所は之を助け、上は朝威を四海に輝かし、下は蒼生を塗炭に済ひ、遂には先帝の遺詔を奉して洋夷を絶涛の外に攘ひ、以て皇国の福祉を万年に鞏固ならしめざる可らず。若し然らずんば復た将に惨憺たる元亀天正の残逆暴乱を今日に演ずるに至るべし。苟くも天下の事に志を注ぐの士にして、豈に傍観するに忍びんや。然るに彼れ等は既に王命と称して征東の勅令を発せり。而して関西の諸侯は率ね彼れ等に魅せられ従軍の命を諾し日々東発しつゝあり。今に於て頼む所は関東諸藩あるのみ。速かに此等を連合して幕府を鼓舞し、西は箱根の険を扼し白川の関に拠り以て雌雄を決せば、天下の事未た何れに帰するやも知る可らす。且つ聞くが如くんば、関西の諸藩と雖も、陽には彼れ等に応ずるも陰には首鼠両端を抱く者少しとせず。果して東国の勢振ふと聞かば干戈を逆にして吾軍に応する者多かるべし。縦令《たとえ》然らさるも古より関八州を以て天下の兵に当るに足ると云ふ。況んや幕府衰へたりと雖とも、尚ほ幾万の貔貅《ひきゅう》（猛獣の名、転じて勇猛の兵士）あり、烏合の西軍何の恐るゝ事か之れあらんや。宜しく彼れ等を一掃して以て紫宸を清むへし。

先づ第一に着手すべきは関東の連合にあるのみ。然るに肥後藩の林新九郎、岡松辰吾、坂本彦兵衛、田尻彦太郎等の如きも此の意見と較や同一の意見を持せり。又同藩の竹添進一郎、古庄嘉門等の如きも粗ぼ同意見なりしなり。是れに由りて当時肥後藩論の一班及び関西諸藩に於ける真意のある所をも知り得べし。(16)」

新政府批判勢力であるところの仙台・米沢両藩を中心とする東北二五藩による奥羽列藩同盟が成立したのは慶応四年五月上旬であった。さらにそれは北越六藩を加えて奥羽越列藩同盟へと膨らんだ。雲井龍雄がこの列藩同盟の結束に奔走し、薩摩藩を痛烈に批判する「討薩の檄」を書いた史実は有名である。その「討薩の檄」の論理を分析し、結局彼は「美しい構想を描くだけの、政治的実現をかえりみない革命的ロマン主義者であった」[17]と評価しているのは松本健一である。その松本は、『広沢真臣日記』から抜粋したとして慶応四年四月一三日の項をつぎのように引用している。

四月十三日　晴
一、太政官へ出
一、園井亭にて飲[18]飯、甲村休五、土州武知八十衛、外に二人。肥後林某外二人（林九八郎・岡松甕谷）。米沢小島龍三郎杯招会へ行

松本によれば、広沢、甲村、小島（雲井）は安井息軒の三計塾における同門であり、この頃京都在住の三計塾門下生たちは各個にたびたび歓談の席をもっていたという。なおこの会合には参加していないが沼津藩の稲津渉、丸山貞太郎、肥後の桜田惣四郎、小橋恒蔵（元雄）などが三計塾出身者であることも指摘している。またこの鴨川辺りの園井亭における会合に岡松甕谷が出席していることも注目される。そして松本はまたこの園井亭会合が新政府側からみれば佐幕、会津救済の性格をもっていたと判断され、実際この会のあと甲村は逮捕され、広沢真臣も安井息軒も共に疑惑の対象となった、と記している。

奥羽列藩同盟が成立したのは五月上旬であったことはすでに述べた。詳しくは五月三日であったという。そもそも奥羽鎮撫総督に九条道孝が任命されたのは二月二六日、そして三月一九日道孝は松島湾に上陸し仙台に本営をおいている。しかし兵力は僅かであり、会津追討を命じられた仙台藩以下の東北諸藩はむしろ会津藩に同情して出兵には消

極的であった。このような状況において、四月下旬関東の情勢が新政府の東征軍に不利であることが伝えられて反新政府の気運が強まると、閏四月四日に仙台・米沢両藩から東北諸藩に会津問題について白石（宮城県白石市）で会合を行いたい旨の回状が出された。この会合には仙台・米沢両藩から鎮撫総督に会津藩に対する寛大な処分を要請する嘆願書が出されたが総督はこれを拒否し、早急な会津攻撃を厳命した。このため仙台藩士は、もっとも強硬な意見をもつ総督府参謀世良修蔵を福島にて殺害した。このような経過の中で奥羽列藩同盟が成立したのであった。[19]

この奥羽列藩同盟が結成された六八（慶応四）年五月三日、雲井龍雄と中村六蔵（平井城之介）は連れだって関東に出発した。出発に当って雲井はつぎのような一篇の詩を残しているという。

欲成斯志豈男躬　この志を成さんと欲して、あに身を思わんや
埋骨青山碧海中　骨を埋む、青山碧海の中
酔撫宝刀還冷笑　酔うて宝刀を撫し、また冷笑
決然躍馬向関東　決然、馬を躍らして関東に向う[20]

当時雲井は貢士の職にあった。在職三カ月に満たないものであったが、京を出る前日の五月二日には三度目の新政府批判意見書を提出していたとされている。そして中村六蔵もつぎのような漢詩を残しているという。

斬姦一挙身任此　斬姦の一挙、身これに任ず
攘夷列侯不足恃　攘夷の列侯、たのむに足らず
独恨読書業難成　独り恨む、読書、業成り難きを
只期鞠躬斃後止　ただ期す、鞠躬、斃れて後止まん[21]

出発に際して新聞連載記事「中村六蔵記」はその模様をつぎのように記している。

「於是議乍ち一決し久吾（甲村）は京師に在て所在の志士を糾合して西軍（新政府軍）の背後を衝くへきを以て自ら任じ、龍雄及び城之介は東国に赴て連合の奇策を施さんとす。……将さに京師を発せんとするに臨みて龍雄、城之介に謂く、今や西軍連りに発達の時なれは沿道の藩々行旅を検する極めて厳重ならん。然れども余は己に官より東行の允許を得たれは肯《あえ》て抑留せるゝか如きことなかるへし。願くは子厭《いと》ふなくんば僕の従者と為て随行せは大に便宜を得ることあらん、城之介曰く、善し、乃ち龍雄主装を理《おさ》め城之介又装を整のへ東に向って発足せしは是歳四月下旬のことなり。二人の京師を発するや各々詩一首を客舎の壁に題す。(22)」

かくて雲井と中村は主従の旅装にて沼津を通り、五月中旬江戸に到着した。途中沼津にては丸山貞太郎等数人を招いて「沼津藩唱して近隣の小藩を連合し、以て随時西軍の背後を衝き、若し利あらずんば退いて箱根の嶮を扼して西軍の応援を絶つ」べきことを約束させ、また「軽挙して事を誤る勿れ。宜しく東軍の挙動に因て進退すべし。若し西軍の応援に向って一撃を試むべきの好機に至らば、余等二人の中自ら来りて報するあるべし。努々軽挙する勿れ」(23)と云い含めたという。二人が武州品川駅に到着すると、すでに新政府軍の先峰が厳重な関門を設けており、東国の通行者はほとんど足を措く処なき状態であった。そこで二人は脱刀して商人を装い、どうにか米沢藩の宿坊であった白銀の興善寺に足をとめたという。ここにおいて状況を判断すればと雲井は中村に云う。上野には彰義隊が健在であり、榎本武揚は品川沖にて軍艦数隻を整えて出航準備をしている、東北奥羽の諸藩も結束を固めているということになる。「天未た余輩を棄てす、余輩の策将に成らんとす。余は是より二総を説き両毛を諭し、尚ほ奥羽に及ぼし、必ず連合の策を施し、日ならずして東国同盟の相印を帯ひ、以て西軍を攘ふの挙に尽力なさん、子は沼津に赴き益々彼の地の連合を固くし、余の一報を得ば直ちに起て西軍の背後を衝くのことに尽力せられよ」(24)と。このようにして両者は別れたのであった。雲井は北国地方に、そして中村は再び沼津へ帰ることとなった。雲井龍雄が「討薩の檄」を書いて長岡藩の河井継之助等に示し、列藩同盟の結束を計るのはその翌六月のことであった。

かくて中村六蔵は雲井との約命を守って沼津へ行くこととなった。離別に臨み雲井と中村は佩刀《はいとう》を交換し合って盟約を確認したというエピソードを残している。沼津の丸山貞太郎を頼っての途上、中村は反政府勢力の敗惨場面に遭遇することになる。それは雲井の状況判断の脆弱性、やがては行動の挫折を象徴する出来事でもあった。

明治元年五月廿日、林忠崇兵を牟ゐて箱根を侵し小田原藩の兵を追ふ尋て戦利あらず海に航して陸奥に逃る、斯くて平井城之介は雲井龍雄に別れて興善寺（東京芝白銀米沢藩の宿坊なり）を辞し、再ひ身を潜めて行々大磯に到れば此時恰も幕府の脱走人林昌之助なるもの二百有余の兵牟を率ひ箱根の山中に於て小田原藩兵と勇戦し、一時は頗ぶる勝利を得たるも西軍大挙して小田原藩兵を助け、昌之助は遂に敗衂し東に向って走れりと……故に箱根の地は正に修羅叫喚の巷となり旅人の行道頗ぶる危険なりと伝ふ(25)

引用文の林昌之助とは上總請西《じょうざい》藩の藩士であったという。この林の敗戦が示すように、状況は佐幕派に極端に不利であって、雲井の沼津藩を反新政府運動の一拠点にしたいとする構想はもはや破綻の方向に著しく傾斜していた。以降雲井と中村の間の交渉は全く途絶してしまう。雲井は米沢藩の藩士として列藩同盟の結束に奔走している。一方中村は沼津藩の丸山貞太郎の保護下にあって雲井からの連絡をひたすら待つ日常を送らざるを得ない状況にあった。この間中村は宿場の下僕として時間を送ったという。遊女との交流など幾多のエピソードが残されているが省略せざるを得ない。

やがて江戸は東京と改称され、榎本武揚らの江戸脱出、会津藩降伏開城と戊辰内乱も一つの峠を越えた頃、中村は江戸に赴いて安井息軒を尋ねたりしているが、その足跡は明らかではない。結果的には、当時江戸にあった岡松甕谷に伴われて帰郷することになるようだ。戊辰一〇月頃という。

約二年後の明治三年の夏、中村六蔵は雲井龍雄と再会する機会があった。中村は、肥後藩領鶴崎にて河上彦斉の命により政府側の密偵を殺害して手配されている身、一要件を帯びて秋田に行く途中のことであった。当時雲井は病身でありながら米沢藩城内に幽閉されていたという。

「(江村) 秋八(中村六蔵の当時の変名)は館主に案内を依頼して窃かに城内に入り雲井龍雄の幽閉所に至りて彼に面会す――去る慶応四年の夏江戸に於て袂を分ちてより満二年余にして再会するを得たり、一は西海一は東山、互に運らしたる籌画互に背めたる辛酸を語り合ひ轉たし悲憤に堪へず、次ぐに熱涙を以てせり……

斯くて秋八は龍雄に脱走して時機を俟んことを勧む……龍雄曰く僕若し健全の身なれば足下等と共に手を携へて走らん、然れども僕既に肺患に罹れり、而して身体自由ならず、途中にして斃れんより寧ろ法廷に立ちて所信を明かにし、而して従容死に就かんと欲すと……

秋八も龍雄の言を然りとし復た勧めず……龍雄曰く假令ひ徹宵語るとも山雲海月の情は尽き難し、然れども僕の周囲は警卒を以て充たされ居れり……

秋八別れを告げて将さに去らんとす……龍雄短刀を取り出して彼れに贈りて曰く、足下は幸ひにして強健且つ春秋に富めり、天下の事復た為すべきなり、自から珍重せよ此刀は曾て京都に於て足下と交換して以来佩用身を離さず以て今日に至れり、今や僕の身に於ては更に用なし、再び之れを要するの時なきを信す、請ふ之れを足下に餞せん、或は旅費の補ひにもならんと……

秋八黙して答ふること能はず、龍雄曰く躊躇すること勿れ、刀を収めて速に去るべしと、秋八蹶然意を決し終に別れを告けて龍雄の幽閉所を出て窃に旅館に帰る。時に夜正に五更、寂として音なくたゝ陰蟲の切々たる声あり、二人の離情を悲しむが如し」(26)

両者の再会と、そして離別の情感が中村の筆先に溢れているような書きぶりである。雲井龍雄の肺患はすでに三計塾の塾生であったときに始まるという。そのことがこの場の状況に一層の哀感をただよわせ、加えて佩刀の交換が離別の感慨をさらに深いものにしているように思われる。

雲井が藩命によって米沢藩城内に幽閉されたのは明治三年五月のことであった。このことについて中村は「当時龍雄の同盟者既に数千に及へり、然るに政府の嫌《ママ》疑龍雄の一身に蝟集し、また事就らさるの前に龍雄は既に逮捕せられて米沢城中に幽閉せられたり」[27]と記している。そして雲井は同年一二月二六日刑死した。弱冠二六歳。

此者儀魁首ト相成同志之者を募り不容易陰謀相企候段重々不届至極ニ付於浅草梟首ニ可行もの也[28]

雲井、中村再会五ヵ月後のことであった。

四　鶴崎にて

肥後藩における勤王派の中核的人物であった河上彦斉（高田源兵衛、高田源兵とも称した）が、東京小伝馬獄で斬罪に処せられたのは一八七一（明治四）年一二月四日のことであった。三七歳。「其方儀不憚朝憲不容易陰謀相企始末不届至極ニ付庶人ニ下シ斬罪申付」[29]というのが表面的処刑の理由であった。すでに斬罪の前年の明治三年一〇月一八日に藩命によって古荘嘉門ともども「嫌疑あり外出及ひ旅人面会交通等を禁」[30]ぜられて谷尾崎の寓居に閑居せざるを得ない状況にあり、四年五月には河上は「予審結了せしを以て東京へ護送」[31]されていた。東京小伝馬獄には当時国事犯として、久留米の大参事水野正名、秋田藩大参事初岡敬二、柳川藩大監察古賀十郎、土州藩岡崎強輔、久留米藩小河真文、横枕覚助、川島澄之助、東京の公卿愛宕通旭、京都の公卿外出光輔らも入獄しており、その数五〇余名に及んでいたという。[32]

河上彦斉に対する断罪が、朝憲を憚らず容易ならざる陰謀によるもの、としても右引用文からはその内容がどのようなものであったか判断はできない。一方では彦斉の断罪について「七一（明治四）年愛宕通旭らの反乱に参加して死刑に処せられた」[33]とする記述がある。この表現をすなおにみれば彦斉と愛宕との間には反政府運動において相当濃密な関係があったように予想されるが、当時彦斉は、といっても六九（明治二）年一月以降のことだが、彼は肥後藩内を活発に動いているので、藩を越えての愛宕との関係を強調するのは必ずしも正確ではないと考えられる。

河上彦斉断罪の直接の根拠は鶴崎地方における彼の行動にあったと考えるのが至当のように思われる。明治初年の鶴崎（現大分県）は周知のごとく藩の飛び地として肥後藩領に属していた。この地において彦斉は鶴崎兵隊と称する、藩経営になる軍隊組織の責任者の地位にあった。彦斉は明治政府から登用の召命を受ける機会をも持った人物であった。明治三年二月頃を頂点として鶴崎には尊攘派の長州藩士が続々と往来している。その中には新政府に反対して脱藩騒動に参加した大楽源太郎も彦斉の援助を求めて来鶴するという状況もあり、政府側の監視が厳しさを示すのは当然であった。この年六月、肥後藩では横井小楠の思想的系譜に連がる実学派政権が誕生するが、この実学派政権は直ちに鶴崎兵隊を解散させる。やがて彦斉は失脚し拘束されることになるのだが、明治維新期これらの鶴崎の動きは、肥後実学派のもつ政治思想と絡みあって近代日本成立過程における攘夷運動の一つの性格を示していると考えてよいように思われる。この間、同じく鶴崎にあって子弟教導に尽力していた毛利到（空桑）の存在も無視できない。空桑は当時七〇歳を超えているが、彦斉が最も信頼を示したのは彼であり、また長州藩士が頼ってきたのはまず空桑であった。儒学者毛利空桑の思想、イデオロギーについてほとんど智識を持たないが、いつの日か研究成果が発表されることを待望しながらこの拙文を綴っている。

実学党による鶴崎兵隊の解散、河上彦斉断罪の真相をどのように理解すればよいのであろう。人脈的に彦斉の依拠する肥後勤王党と実学党間の党派的対立を主因とするのか。大楽源太郎など一部長州藩士の反体制的動きに鶴崎が巻き込まれる可能性に対する政権党としての実学党の思わくなのか。あるいは軍隊を掌握している彦斉の主体的行動に危機感を抱かざるをえない状況が意識されてのことか。その解明は残された課題である。事実鶴崎を中心とする近隣七藩の結盟の動きがあったらしいが資料的に整わないのでここでは触れない。

中村六蔵はこの時期河上彦斉の輩下として激しい動きを示している。彼の生きざまを知るために、当時の鶴崎の状況を素描すればつぎの通りである。

肥後藩が毛利到の勤労を賞し観光場取締役を命じたのは六八（明治一）年一〇月八日のことであった。その理由はつぎのようになっている。

「到儀乃老年候得共諸生教導筋不相替行届自身之修業も無怠慢致出精且近年歩兵繰練御取起付而も主ニ成相倡格別御用相立候…」(34)

空桑は若くして帆足万里に学び、のち筑前の亀井昭陽について学を修め、鶴崎では私塾を開いて幼童の教育に当っていた。右にいう観光場とは練兵場を意味し、この頃から藩の意向をうけて歩兵繰練を開始していたようである。同時に肥後藩の空桑に対する評価は相当高いものであったように思われる。空桑の登用後間もなく肥後藩は河上彦斉に対してつぎのように下達した。

「明治元年一〇月二八日　本藩高田源兵衛を士席に準じ豊後国鶴崎郷士隊長を命す

外国御用懸京地詰中士席之振合

高田源兵衛

右者即今之処格別御用ニモ相立殊更長州ニおいてハ大分物場之働有之就而者其名諸方へ茂相轟候事ニ付此節身分

士席之格合ニ被仰付鶴崎郷士之隊長被仰付……
然処右源兵衛昔時と違見識も相開ケ実議専らニ相運将物場ニ相馴萬々一之節者弥以御用ニ相立可申歟ニ被考唯今如前文鶴崎表郷士隊長被仰付身分士席之格合被仰付…」(35)

当時彦斉は京都にある。過ぐる日彼長州にあっては名声相轟き、最近では昔時と違って見識も開け萬々一の節はきっと用に立つに相違なし、今回身分士席に付して鶴崎郷士隊長を申付けるというのであった。そして翌明治二年一月二二日彦斉は御中小姓に引立てられ、鶴崎表在御家人の兵隊引廻しを命ぜられて肥後藩へと帰郷することになった。中村六蔵が河上彦斉に接し始めた時期、それにまた鶴崎に定住する時期について確定する資料はない。だが彦斉が隊長に就任以降は彦斉の命ずるまま鶴崎にて活発に動いていることは事実である。中村は、彦斉が藩命を受けて兵隊引廻しに任じた事情等についてつぎのように書いている。兵隊引廻しとは鶴崎兵隊総括責任者という意味である。

「斯くて慶応四年に至り、幕府一廃して、王政復古したれば、彦斉の素志も、幾分遂げたりと雖とも、再来の政策当初の議に違ひ、寧ろ幕府の優れるに及ばずと、為さゞる可らさるもの亦少なからず、彦斉が痛く嫌忌せし所の、洋人と城下の誓を敢てし、紫宸に参朝せしむるが如きこと多ければ、彦斉大に憤りて曰く、薩長等強藩、横暴到らざる所なく、当路者たるもの、上、陛下の御聡明を昏まし、下、人民を塗炭の苦しみに陥いれ討幕当初の目的は既に之れを棄て、偏へに自己の大慾を弄せんと、欲するものなりと。此時に当りて、彦斉以為らく、苟しくも世の志士たるもの、豈袖手傍観すべけんや、今より蹶然として起ち、君側の奸を一掃して、洋人制御の策を立て、以て皇国の福祉を、萬歳に鞏固ならしむるの基礎を、定めざる可らずと、同藩の志士、住江甚兵衛、大野鉄兵、加屋榮太、富永満喜、阿部蘭助等に謀りたるに、何れも膝を打ちて之れを賛成し、共に血を歃って此事に力を尽し、以て皇国の為めに身を致さんと。(36)」

鶴崎地方が瀬戸内と連なり上国へ行く為の要衝の地であることは周知のことである。ここには維新前、肥後藩の軍艦蓄蔵所があり多くの船手士族（郷士）がいたという。維新の激動期に藩がこの地の重要性を改めて認識し、軍隊組織による常備軍を備えることになる経緯は理解しにくいことではない。木村弦雄といえば後に県中等教育史上その名を残す人物だが、この頃彦斉と共に鶴崎兵隊組織上の幹部として動いている。その木村弦雄は明治二年正月に「鶴崎兵隊取起大意」を起草して藩当局に上書した。木村は「鶴崎表之儀は御国東辺之要衝ニ而上国とハ僅一葦海を隔通船之便利土地之形勝御国之為ニは第一出張之根拠と可相成土地柄ニ而」(37)とこの地の重要性を指摘し、つぎのような具体案を提起している。

一、佐賀関、鶴崎両所に三百人計之常備軍を取起度事

一、右両所之常備軍ニ蒸気船一艘帆前船一艘被渡下平日無事之時ハ所々に乗出交易或ハ積荷運賃等ニ而海軍之資を贖可申事

一、鶴崎佐賀関へ炮器弾薬等相備可申事

木村は右の引用からみられるように軍事、交易の拠点としての鶴崎の重要性を訴えているが、「本国より他部へ出張仕候途中ニおいて休息之場所」にもなると付け加え、多目的な鶴崎の利用を考えている。一方で彦斉もまた藩に対して鶴崎構想ともいうべき意見書を提出したと中村は書いている。

「方今天下稍々平定に帰すと雖も、未だ容易に安心すべからず、……若し臨時の事変あらば、何を以て之れに応ずべきか、今に於て宜しく軍隊を編成し以て其変に応ずるの策なかるべからず、故に本藩の領地豊後鶴崎の舟手士族を主とし、之れに本藩各郡の郷士中より、希望の者を加へ、是等を以て之れに充てゝ、之れを訓練して、以て

不時の用に備ふべし、而して其の本営を鶴崎に置くを、最も適当とす」(38)

以上の経過をたどって鶴崎兵隊は創設される運びとなった。時に六九（明治二）年三月のことであった。毛利空桑の命名によって鶴崎本営を有終館と称し文武の講習が展開された。ここに集まる兵士は年令一七歳以上四五歳まで、英式兵隊編成で編成規模は鶴崎（大隊二、小隊六）、佐賀関郷（小隊三、大炮隊）、野津原（小隊二）、高田郷（小隊三）であった。当時有終館の首脳部は、館長高田源兵衛（河上彦斉）、練兵教授庄野彦左衛門、岐部弥惣助、撃剣教授吉海準助、文学教授古荘嘉門、木村弦雄であったという。(39)

肥後勤王派の中核ともいうべき河上彦斉を中心として、それぞれ立場を異にするこれらの人脈が鶴崎に結集する理由は何であったかについても書き添えておかねばならない。この点に関して古荘嘉門はつぎのように述べている。

「予モ亦其明治初年ノ冬ナリシカ川上《ママ》木村等ノ推薦ニ依リ同シク同地ノ兵隊指揮役ヲ命セラル。木村トハ固ヨリ木下先生ノ同窓ノ親友ニテ主義モ素志モ同一轍ナリシモ激烈ノ尊攘家ナル川上《ママ》トハ其尊攘ノ主義ハ同一ナル所アルモ其身ヲ処スル所作等ニ至リテハ大ニ異ナル所アリシモ川上《ママ》ハ維新ノ初年ノ初メニ当リ朝廷ヨリ役員トナルヘキ召シアリシモ出テサリシ。川上《ママ》ノ意向ハ我々旧来身命ヲ抛チ東西へ奔走シテ今日アルニ至リシモ、攘夷ノ意味ニ於テハ朝政ニ改リテモ更ニ判明スル所ナシ。此ノ如クナラハ幕政ノ時ト果シテ如何ン。此侭ニテ推移セハ尊攘ヲ唱ヘテ其ノ為ニ既ニ身命ヲ捨テシ無数ノ同志者友人ニ対シ何ノ面目アリテ地下ニ相見ント云フニアリ。故ニ維新トナリシ以来川上《ママ》ヤ其他ノ敬神党ノ一派ト同論トナリ意気投合セシ所以ナリシ」(40)

古荘が右に述べるがごとく、党派を超えての結合原理の中核は攘夷ということに間違いないが、古荘にとっては、攘夷運動に倒れた故人の思慕というある意味では情緒的な性格をもっている。それは情緒的性格をもつ故に変節の可能性をはらんでいることも事実である。のちに第一高等中学校長に就任する古荘の生きざまをみるとそんな思いにかられるのである。なお有終館の幹部である庄野彦左衛門（彦七）、吉海準助（良作）は彦斉の同志であり明治九年の神風連の挙兵に参加した人物であるという。また当時鶴崎地方の郡代であった緒方加右衛門は、西南戦争では熊本隊参謀となり、隊敗退後も日向中山に潜匿すること一三年、九〇（明治二三）年熊本に帰って自首するという経歴をもった人物であったとされている。[41]

さて山口藩奇兵隊と鶴崎との連がりが生じるのは明治二年一一月以降のことであった。すなわちこの月山口奇兵隊の津守幹太郎、大野省三等が鶴崎に来て山口諸隊統轄のため彦斉に招聘を乞うているが、過去山口奇兵隊に参加した経歴があるとはいえ今は鶴崎兵隊の責任者であるという理由で彦斉はこれを断わっている。またこの折大楽源太郎が山口藩内の内訌を憂えて毛利空桑に書をしたためその助力を請うという事実も記録されている。越えて翌明治三年二月には大楽は書生数名を鶴崎に差向け空桑に窮状を訴え、また長州における奇兵隊受難について詳報している。その内容の一部はつぎの通りである。

「此度防長国内紛擾之次第ハ去冬十一月兵制変革ノ事ヨリ遂ニ今日ニ立至リ候其故ハ是マテ平常屯集ノ奇兵整武游撃振武鋭武健武ノ諸隊一先令分散改テ常備軍ト相唱ヘ胡服ハ素ヨリ被髪脱刀悉西洋ノ規律ニ倣ヒ候編制ニ付兵士憤激除隊相成候様追々申出候処不残差免置長官共要路之姦吏ト申合セ討手ノ兵ヲ差向候ニ付諸隊ニ於テモ防禦ノ手配厳重相備候」[42]

右の引用文に関連して「照妖鏡」と題する一文が鶴崎毛利家文書に残されているとされるが、その中に「元来旧長ノ者唯一身ノ名利ヲ相貪リ皇国固有ノ制度ヲ悉ク廃棄シ専ラ悉洋風ニ倣ヒ終ニ被髪脱刀ノ議ニ立至候……神州ノ風俗ヲシテ洋風ニ一変セシメ……皇国ノ大事ヲ引起シ殆不可救ノ域ニ至ラシメントス実ニ天下ノ公憤也」[43]と述べている。

山口奇兵隊が山口藩の軍事政策を批判する要点は、藩当局の兵制改革をめぐる見解の相違にあり、被髪脱刀など奇兵隊への洋風導入などの理由は表面的口実に過ぎないことが伺える内容である。

以降七〇（明治三）年二月を頂点として山口藩による奇兵隊反体制派排除政策は厳重を極め、暴徒取締り段階から処分問題へと昇華し、また問題の処理は藩内範ちゅうを超えて中央政府の介入を惹起する方向へと発展していった。そのことを含めて、この問題に関する若干の経緯を列挙すればつぎの通りである。

明治三年二月一八日防長国内暴徒脱走潜伏の取締方につき厳達あり[44]

同二月某日山口藩内乱につき京都地方取締方留守官より厳達せらる[45]

同二月一九日本藩志方司馬助清田直に慰問使として山口藩へ出張を命す[46]

同二月二三日山口藩知事毛利広封藩内暴徒を鎮撫するに干戈を用ひたる責を負いて進退伺書を提出す[47]

同二月二九日宣撫使徳大寺実則山口至り藩知事毛利広封に暴動の巨魁者は至国の国法に処し帰順者は撫馭の道を尽すへしとの旨を諭達す[48]

同二月晦日山口藩知事の罪状、討伐の際の死傷者及ひ暴徒処刑等に関し宣撫使に申告す[49]

同二月某日長州暴徒の脱走人秋山五郎（註、大楽源太郎弟）等十数人鶴崎に至り毛利到に依る、毛利は高田源兵衛古庄《ママ》嘉門木村弦雄等と謀りて之を潜匿せしむ[50]

同三月朔日山口藩暴徒千余人を赦し翌二月暴徒の頭立者三十余人を死刑に処し其他入牢流罪及ひ自宅謹慎等を命す[51]

同三月五日山口藩兵隊暴働鎮定の旨示達せらる[52]

右最後の暴動鎮定については藩知事は「無知之徒ハ不及申ニ巨魁之者モ前非ヲ悔伏罪平定仕候ニ付夫々解兵申付候」[53]と太政官宛に報告している。ところがこの頃「巨魁」とみなされる大楽源太郎は山口へ護送される途中脱走し、鶴崎の河上彦斉を尋ねているのである。「二月五日長州暴徒大楽源太郎護送者の目を窃みて逃亡し後豊後鶴崎に至り有終館に投す」[54]と記録されている。大楽の有終館来館について中村六蔵はつぎのように記している。

「……彦斉之れを引見すれば、大楽源太郎なり、源太郎、彦斉に告けて曰く、そもそも今度の挙たるや、真に暴虎馮河にして、一敗地に塗るゝは知るべきなり。拙者飽くまで之れを知るを以て、連りに時機を俟つべしと説得したれども、如何にせん慓悍の若者等、激昂の極、容易に拙者の言を用ひず、遺憾なから、竟に此不覚を取りしなり。今、君を訪ふは、心に安からざる事なるも、尚ほ生存雪辱の念、禁ずること能はず、貴君に投じたる所以なりと、彦斉曰く、君の来意を諒とす、此上は世人の耳目を避けざる可らず、今、足下に紹介すべき者ありと、木村弦雄、沢春三（旧名平井城之介、後の中村六蔵也）等を源太郎に会見せしむ、彦斉は弦雄等と計りて、源太郎を鶴崎所轄の僻地に於ける、或寺院へ潜匿せしめ、以て挙兵の機会を俟たしめたり、踵で源太郎が幕下の人々も投じ来れり然るに山口藩にては、奇兵隊を蹂躪せしも、其首領大楽源太郎の生死詳かならず、諜者を四方に派して之れを探る……源太郎が豊後に逃げ込みたること、判然せり……熊本の常備軍と称する有終館は、平生政府に不満を懐く、必ず源太郎を潜匿せしめたるに相違なからんと」(55)

大楽源太郎はしばらく鶴崎にかくまわれ、姫島に渡って自藩における動乱のその後の状況を探り、竹田藩に隠れ最終的には久留米に逃げてその年閏一〇月同藩士によって殺害された。この間新政府、山口藩による奇兵隊脱走人の取締りは厳重を極め、山口藩からの依頼によって熊本藩も鶴崎捜査を本格化して山口藩の希望に応える行動をとっている。中村六蔵がその生涯において運命的事件にそう遇するのはこのような状況においてであった。政府が放った密偵を河上彦斉の命によって殺害するという事件である。

明治三年三月、土佐出身とされる沢田衛守と称する人物が鶴崎に滞留して有終館に出入りするうち、毛利空桑と胸襟を開く関係となり、両者の談合たまたま有終館の内情、その性格に及んだことがあった。酒席の後一夜明けるとこの沢田の姿が鶴崎から消えていた。有終館幹部相談の結果沢田は政府の密偵と結論され、河上彦斉は中村六蔵(当時は沢春三と称していたという）に命じて沢田殺害を指示した。三月一三日午後二時頃とも伝えられるが、中村は、豊後四日市近傍の墓の尾と呼ばれていた丘上で沢田衛守を殺害した。なおこの事件に西南戦争で中津隊に参加したとされている矢田宏など複数の人物が動いている。以降中村は政府間諜殺害者として追跡の対象者となっていくのであった。

既述したように中村六蔵が政府間諜を殺害した三カ月後の明治三年六月肥後藩内政治体制が一変することとなった。藩知事であった藩主細川韶邦が退きそのあとを細川護久が襲い、大参事には弟の護美が就任した。いわゆる小楠門下生が藩政の主要な位置を占めるに至ったのである。

六月二一日我藩鶴崎兵隊を解散するにつきて更に郡政軍備両局に示達する所あり[56]

七月三日本藩鶴崎兵隊解散につき指揮士木村弦雄及び高田源兵衛の勤労を賞す[57]

七月一七日本藩鶴崎有終館を廃止し書生兵卒を解放す[58]

右のように新しい藩体制の藩政改革は鶴崎兵隊の解散という事実を伴って取急ぎ執行された。なお一七日の有終館廃止の布達日は、民力休養のための減税政策を内容とする「村々小前共へ」が示達された日とも重さなっている。

「七月一七日豊後国鶴崎に設置せし有終館を廃し塾生は悉く解散したり。蓋同館は高田源兵衛等に管掌せしめし所にして該地毛利到父子其他同志者相携へて盛に文武を奨励し、山口久留米等の同志亦相徠通謀する所ありしを以て藩政府の更迭に際し或は異図あらむ歟と疑はれ終に此処置を受けしものなり。解散の為糊口に窮する者少らさるを以て該館所属の船舶等を給与する旨を懇示して稍く無事解散を承諾せしめたり」[59]

有終館が解散されて間もなく河上彦斉は中村六蔵に云ったという。「足下は尚ほ春秋に富む、国家の大任を負ふこと忘る可らず。足下は今より暫く潜匿の必要あり。この間何にとかして魯西亜語を学び置くべし。吾人は早勉必ず魯西亜と交渉せさるべからず」と。そして中村は、河上が当時唱えたのは「洋夷制御論」[60]ともいうべきもので鎖国攘夷論では決してなく真意は国権の伸張にあった。鎖国攘夷論を主張したのは肥後の敬神党中の一部年少者および一二の首領株であってその他は一切この論に関係はない。洋夷制御論は絶対攘夷に非ずしてなお深い意味があった、と記している。河上彦斉と木村弦雄が長州脱走人に関連して捕縛拘禁されるのはこの年一一月のことであった。この時古荘嘉門は捕吏の眼を盗んで逃亡し、のち勝海舟を訪れている。

明けて明治四年正月九日参議であった広沢真臣が暗殺された。探索は厳しく西京捕縛方探索氏名には、古荘嘉門、毛利到、河上彦斉、木村弦雄等の名前が挙っている。(61)

河上彦斉（当時は高田源兵）が東京において斬に処せられたのはこの年一二月四日のことであった。

中村六蔵は鶴崎にて私淑した彦斉の死に接することもなく、政府密偵殺しの負い目を背になお全国を歩いていく。秋田への途上、かつて反薩運動で行動を共にした雲井龍雄を米沢藩幽閉所に尋ねたことは既に述べた。彼は下級武士とて歴史に名を留めることなく、しかも反体制的姿勢を示しながら陽の当らない日本近代史の陰の部分を歩きつづける。彼が広沢真臣暗殺容疑で長崎にて捕縛されたのは一八七七（明治一〇）年の西南戦争の終結時であった。

中村六蔵の世界（二）

五　はじめに

本論は「中村六蔵の世界（一）」（『近代熊本』第二六号　一九九七年所収）の続編にあたる。前回は、揺れ動く明治維新期、草莽の身でありながらも社会の動きを傍観することができず、それなりの立場においてエネルギーを燃焼させていく若き中村六蔵の行動の軌跡を、彼が私淑する米沢藩士雲井龍雄と肥後勤皇党河上彦斎との関係性のなかでたどってみた。中村は、肥後藩の飛び地であった豊後鶴崎において、この地の反政府運動の動きを探索すべき目的で派遣されて来ていた明治新政府の密偵・沢田衛守を殺害せざるをえない状況に立ち至った。当時鶴崎では儒者毛利到（号、空桑）や河上彦斎が、肥後藩の経営になる鶴崎兵隊を養成しており、またここには脱藩騒動に絡む長州藩諸隊の反乱事件の首謀者大楽源太郎一党が毛利、河上を慕って流れ来たって滞在し、政府側からみれば要警戒の雰囲気を漂わせていた。かくて中村六蔵は、政府密偵殺人犯として、同時にまた政府にたいする謀反人としての責苦を負いながら、安住の地を求めて動き回っていなければならなかった。一八七〇（明治三）年春から夏にかけてのことであった。

ところで、この頃肥後藩では藩政改革が進行していた。しばしば引用されるが、徳富蘆花はその著『竹崎順子』のなかで、「肥後の維新は明治三年に来た」と表現して、伝統的、保守的学校党に代わって横井小楠の思想を継承する革新的実学党が政権を獲得し、新政策を打ち出していく指導体制の変動の実態を指摘した。すなわち明治三年五月、藩知事細川韶邦が致仕し、代わって護久が家督を継いだことを端緒として(1)、実学党は、藩士の俸禄を減省するとともに民力休養を強力に政策上に反映させるなど、革新的藩政改革を着実に実行していったのである。「中にも百姓ハ暑寒風雨もいとはす骨折て貢を納め夫役をつとめ老人子供病者にさえ暖に着せこゝろよく養ふことを得さるは全く年貢夫役のからき故なりと我ふかく恥おそる」(2)との文言を含む「村々小前共へ」の減税布告は、民心を一変し無用を省くために城郭を廃毀したいとする宣告と共に、実学党政権の革新的政策の具体例を示すものであった。

このような状況において実学党政権は一方で鶴崎兵隊の解散を急いだのであった。中村六蔵にとって鶴崎は河上彦斎に指導を受け、身をもって時代を体験した場であり、その心に深い想いを刻印している土地柄であった。六月二一日、藩政府は郡政、軍備両局に対し「於鶴崎塾詰いたし居候在御家人等都而郷里へ引取り候様」(3)と通達した。また七月三日、鶴崎兵隊指揮者の位置にあった木村弦雄には金二両一歩、河上彦斎（この時点では高田源兵衛と称した）には一両二歩が兵隊訓練の褒賞として支給され(4)、減税布告の「村々小前共へ」が発せられた七月十七日には、兵隊訓練場であった有終館の廃止が正式に通告された(5)。「小橋私記」はつぎのように記している。

「七月一七日豊後国鶴崎に設置せし有終館を廃し塾生は悉く解散したり、蓋同館は高田源兵衛等に箇掌せしめし所にして、該地毛利到父子其他同志者相携へて盛に文武を奨励し、山口久留米等の同志亦相往来通謀する所ありしを以て、藩政府の更迭に際し或は異図あらむ歟と疑はれ、終に此処置を受けしものなり。解散の為糊口に窮する者少らさるを以て該館所属の船舶を給与する旨を懇示して稍く無事解散を承諾せしめたり」(6)

有終館の廃止、すなわち鶴崎兵隊の解散は、藩における軍費支出の節約と同時に、結果的には肥後勤皇党の政治的勢力の分散、そしてその削減を意味するものであった。藩政改革を急ぐ実学党政権の背後には当然中央政府の政治的意図があり、政府批判の有力な拠点に成長しつつあった鶴崎、有終館の取り潰しは実学党政権にとって、同時に中央政府にとっても緊急かつ必要事であったといえるのであった。

以降実学党による勤皇党への弾圧的政策は続く。すなわち河上彦斎、古荘嘉門の外出禁止（一〇月）、河上、木村弦雄の、大楽源太郎等に関繋しての捕縛拘禁（一一月）、さらには翌明治四年二月、毛利到が大楽源太郎等との関係を疑われ他藩人との応接、文通および門人教導を禁止され、三月にはさらに鶴崎の仮獄に拘禁された。河上彦斎が裁判に付せられ東京へ護送されたのはこの年五月のこと、そして斬に処せられたのは同一二月であった。かくて肥後勤皇党は政治的活動の場をほぼ奪われていった。

鶴崎有終館の廃止は中村六蔵にとって大きな衝撃を与えたに違いない。しかしそのことは必ずしも彼の体制批判の意志の放棄に直接連続するものではなかった。彼は各地の反政府勢力の存在を展望してつぎのように述べているのである。

「当時薩長土肥強藩政治の非を憤り之れを匡正して真正なる王政に挽回せんと欲するもの独り彦斎のみにあらず、九州には久留米に水野景雲斎、小河直文、古松簡二の党有り、柳川に広田彦麿の党あり、秋月に宮崎車之助の党あり、香春に静野拙三の党あり、又中国には山口に大楽源太郎、前原一誠の党あり、四国には土州に岡崎恭助、森某などあり、東国に在りては武州に里美剛之介の党あり、秋田に初岡啓次《ママ》郎の党あり、尚ほ政府の中に於ても此論を唱ふる者あり其の最たるものは弾正台の古河十郎、外務省の丸山作楽あり、何れも彦斎が有終館と声息を通じ、若し乗すべきの機至らば一時に蜂起して以て目的を達すんものと密々謀略を運らしつゝありたり[7]」

明治三年夏七月、彼は、米沢において雲井龍雄を訪れた。雲井は当時肺患重く、中村による再起の誘いに応えることは最早できない病状であった。両者の再会の模様については前回に述べたことである。

六　秋田行

明治三年八月中村六蔵は秋田を訪れた。この秋田行について『肥後藩国事史料』はつぎのような見出しを付して中村の行動を描いている。

八月某日　我藩人江村秋八（中村六蔵）は土佐藩岡崎恭輔と共に在京同士者の使命を帯びて秋田藩初岡啓二郎を訪ひ同藩の仮装軍艦を東京に廻航し政府を襲ふて君側の奸を除かんむことを謀り賛同を得たり[8]

中村六蔵の米沢での雲井龍雄との再会は秋田方面への旅程の途中での出来事であったのである。この秋田行についてその目的を中村はつぎのように記述している。

「江村秋八（中村六蔵の変名也）は神戸より汽船に乗りて出京の船中秋田の藩士吉田某と語り合ひ着京の後同人に依頼して下谷三味線掘の秋田藩邸に入り暫時小野崎貫一方に寄食す。（略）是れ五月下旬なり、而して其後築地沢従三位邸内岡崎恭輔の許に移り恭輔と共に在京各藩同士の間に往来す、当時在京の同士及ひ在藩の同士者が一斉に唱へたる持論は征韓論と除君側奸とに在り、此の目的を達する着手として運動を開始する事となり在京同士の重立ちたる人々より撰ばれ岡崎恭輔と江村秋八は一要件を帯ひて秋田藩に赴むくことゝなれり(略)是れ七月中旬なり(略)[9]」

右引用文中沢従三位とは、明治元年九州鎮撫総督並びに外国事務総督兼長崎裁判所総督となり、当時外務卿であった沢宣嘉を指し、岡崎恭輔は土佐藩士で鶴崎にて中村と既知の関係にあった。岡崎と中村は「一要件を帯ひて」秋田に行くのであるが、其の要件の内容については詳らかにしない。ただ在京、在藩の同士の持論である征韓論と除君側奸を目的とする手段としての「一要件」であるから、その内容は政府にとって警戒すべき反体制的なものであることは明らかである。秋田行きの途中雲井龍雄を訪れたのは、あるいはこの「一要件」の内容について意見を交換するためであったと考えられるのである。雲井との離別を惜しんだのち彼は岡崎恭輔と共に秋田に向かうのであった。

八月に入って両名は秋田に到着した。早速同藩大参事の初岡啓二郎を訪問し、要件について話し合った。会談の模様はつぎのように伝えられている。

「斬くて恭輔と秋八の二人は秋田の城下に至りて先つ旅館を定め而して同志初岡啓二郎を訪問せり(略)此啓二郎は秋田藩の旧家老にして当時同藩の大参事を勤め居る人なり。―同人は現今征韓と除君側奸の目的を以て豫て東西声息を相通し同歩調を執りつゝある人なり(略)恭輔と秋八の来意は粗ぼ了知し居れり。啓二郎は両人を奥の別室に招じて酒肴を饗し快談頃刻にして(略)啓二郎更に座を正して曰く両君の来意を告げられよと(略)恭輔曰く吾等二人は在京同志の使命を齎らし遙々貴下を訪問したるものなり―尊藩の仮装軍艦を東京湾に廻航し以て事を起さんとするに在り―吾等は朝鮮征伐を標榜して同志義勇隊を募ると称し一旦同志を艦内に集め是に於て敵は輦轂の下に在りと告け所謂敵本主義を執り不意に政府を襲ふて君側の醜類を殲し以て政府を改革し而うして後ち徐ろに朝鮮を征伐せんとす（略）是れ在京同志の一致する所敢て貴下の賛同を求むと―啓二郎は二人に対へて曰く拙者も同感なり―本藩の仮装軍艦を東京に廻航せしむべし、拙者は是れより早速同艦長伊東進を呼び命令を発すべしと（略）由て恭輔は廻航員として同艦に乗込み秋八は報告員として陸路より直ちに東京に引き返すことに決して二人は啓二郎に別れを告げ湊の町に引返せり（略）斯くて時は三年八月下旬恭輔と艦長伊東進は湊に於て廻港準備に忙殺せられつゝあり其間に（略）秋八は一刻も早く在京同志へ報知の任務を果す為に秋田の湊を発足して東京に向ひ急行せさるへからず」[10]

要するに中村六蔵と岡崎恭輔の二人は、秋田にて藩大参事初岡啓二郎に会って在京、在藩同志の意図を伝え、初岡からその同意を得て秋田藩の仮装軍艦を東京湾へ廻港させる約束を取り付けることに成功したのであった。そして合意された戦術は、東京湾に引航された仮装軍艦に征韓のためと偽称して義勇軍を募り、かれらを艦内に集め、一挙に反政府行動を起こそうとの計画であったという。この場合の仮装軍艦とは具体的にどのような規模の艦船であり、いかような兵器装備を積んでいたか実態は明らかではない。

ところでこの計画は結局挫折して実現できなかった。すなわち中村は岡崎との役割分担で一刻も早く在京同志に計画を報知するために、秋田を後にして東京へなるべく直路捷径を選び、杉の深山を通ずる間道より大曲、横手、新庄、山形、そして会津の国境に出で、それより那須野を通過して宇都宮へ、さらには利根川を下って東京へ、この間の行程約一三〇里、一〇日の日数を要したというのである。ところが九月旬にいたり岡崎より知らせがあった。「廻航中の仮装軍艦途中台風に遭遇し佐渡沖まで吹き流され破損頗ふる大にして用を為さず」[11]という内容であった。このようにして艦船を利用しての東京湾を舞台とする反政府運動は、結局着手の糸口をつかみ得ないまま水泡に帰したのであった。それは中村六蔵にとってはまさに真夏の夢であった。

七　安井息軒塾にて

この年九月中村六蔵は安井息軒の謦咳に触れる機会をえてその私塾に短期間入門したという。このことについて彼はつぎのように書き残している。

「秋八（中村六蔵変名）は箇二（久留米藩古松簡二）と共に安井息軒先生を愛宕下の飫肥藩邸に訪ひ（略）辞して赤羽の久留米藩邸に返れり。秋八は平井城之介の名前にて曩きに熊本藩庁より得たる游学千日の許可書を添へ入塾の願書を塾監に出して入塾を許され（略）塾に留ることゝなれり。是れ三年九月下旬のこととす。（中略）斯くして秋八は約一個月の余先生の塾に在りしが当時浪士の所在に就き政府の探偵ますく厳重を加へ秋八の身上も危険に瀕し来れるを以て万一先生に禍の及ばんことを虞れて（略）急に先生の塾を辞し赤羽の古松簡二の許に潜匿せり」[12]

安井息軒（寛政一一―明治九年）は日向飫肥藩出身の古学系の儒者、考証にすぐれ軍備を論じるなど現実政治にも強い関心を示し、著書に『海防私議』があるという。また昌平黌教授の経歴をもっていた。雲井龍雄は息軒門下の重鎮であったと伝えられている。そのこともあってか、中村は息軒を頼り僅か一ヵ月の短期間であったとはいえ、三計塾と称する息軒の私塾に入塾した。しかし政府筋から追われている身であれば息軒に迷惑をかける訳にも行かず、早々に立去っている。一一月初旬か中旬のことであった。

「中村六蔵水雲自蹟稿」によれば、彼は息軒の塾を辞して間もなく東京神田にて発生した大学南校外国人教師英国人ダラスおよびリンケ両人にたいする殺傷事件の犯人隠匿に関係したことを記述しており[13]、また翌四年三月九州久留米において発生した久留米藩士による大楽源太郎殺害事件について、あたかも関係者であったかのように詳しく記録しているが[14]、ここではそのことについての記述は省略する。ちなみに大楽源太郎は鶴崎を出て柳河に渡り、やがて久留米において久留米藩士に匿われた。久留米藩が反体制運動の一拠点と疑われて政府側の詮索行動が強まると、久留米藩は大楽の処置に苦慮し、ついに誘殺の挙に出たのであった。時に明治四年三月、この頃中村六蔵は久留米地方に張り付くようにして息をひそめており、結果的に大楽源太郎の久留米藩士による誘殺の情景を詳細に記述し、久留米藩の反政府運動家との濃厚な人間関係の存在を匂わしているのである。

以降の中村六蔵の行動は必ずしも明らかではない。信憑性を顧みず、新聞記事が伝える彼の行動を、息軒塾入塾のことなど重複をいとわずに転載するとすればつぎの通りである。

「同年（明治三年）九月の下旬安井仲平の塾に入りたれど思はしからねば僅か一月計りにて退去し、十一月の廿五、六日頃ならん、山口迅太郎（英国人殺傷犯人）を伴ひ横浜の大川吉兵衛方へ立寄り、夫より沼津に到りて十二月十日再び東京に来り、赤羽根久留米藩邸内なる古松簡二を音信れ、同月十四日簡二と共に横浜より汽船に移りて長崎に到り諫早を経久留米瀬の下なる末安治作方に止宿し、其後野中村の正源寺或は溝口村の清水寿老の家に止宿し、明治四年の二月初旬寺崎三矢吉方に寄宿中、直江精一郎が尋ね来りしと聞しゆへ、直に同人の旅宿に到りて面会し夫より師冨進太郎と共に国分村に到る。途中前髪を剃り広げて町人体に変じ、大坪官吾の家に投じて日雇夫となりて潜伏したるが、逮捕の急なるを聞き茶畑より脱走して柳川領の佐多羅村或は平山の温泉又は日向国高千穂渡鹿に潜居し、養蚕の手伝ひを為し居たるが、此処にも永く足を駐め兼ね、再び久留米に立戻り清水進、井上市蔵に頼みて旅費金四捨五円を貰ひ受け、永瀬久吉と共に肥後国山鹿に到り久吉をして野尻の様子を窺はしむるに、同所も探偵の密なる様子なれば更に柳川に赴き同所にて久吉に別れ、単身若津に到りて渡船を傭ひ諫早に渡りて陸路長崎に赴き、暫時福丸屋豊三郎方に滞留し後佐野喜三郎が家に移りたり」(15)

八　広沢参議暗殺事件

一八七一（明治四）年は、正月早々に参議の広沢真臣が自邸で暗殺される事件が発生して幕を開けた。参議レベルの暗殺は、明治二年一月の参与横井小楠、同九月の兵部大輔大村益次郎についで三番目であった。

正月九日暁参議広沢真臣東京ノ自邸ニ暗殺セラル　天皇震怒兵部省ヲシテ諸門ノ警衛厳ニセシメ府下及ビ近傍地方官ニ令シテ厳密ニ賊ヲ捜捕セシム

今九日暁何者共不知広沢参議邸へ忍入同人へ深手ヲ為負逃去候趣達天聴深ク御震怒被為在候就テハ府下ハ勿論近傍地方官ニ於テ厳密遂捜索捕縛可致旨御沙汰候事但諸官員宮華族家人陪従ノ者並府藩県士族卒及私塾生徒其他末々迄一々遂吟味夜ヨリ外出ノ者刻限行先等委詳取糺シ早々可申出候万一隠シ置後日露顕ニ及候ハヾ主宰ノ可為越度候事(16)

この通達は政府がこの事件を極めて重大視し、なによりも先ず犯人検索を急ぐべきことを主張しているものである。政府の緊張は極度に高まり、犯人捜査は官員より私塾生徒その他末々に至るまで広範囲に及んで厳重を極めたことが書き込まれている。

ところで、暗殺現場でいち早く広沢参議の遺体を確認、検屍した弾正台小巡察長の長沼東夫（肥後藩士）はつぎのように語っている。

「広沢参議凶刃ニ斃ルトノ報アルヤ余ハ其ノ宿所ニ至リ検査セシニ、広沢ノ妾曰ク、昨夜参議ト枕ヲ並ヘ臥居タルニ深更何者トモ知レズ座敷ノ雨戸ヲ放チテ忍入リ刀ヲ揮ヒテ参議ヲ惨殺セリ、其物音ニ驚キ目ヲ覚シ窃盗ナラント思ヒ金銭入用ナラバ遣ハスベシトイヘバ、金ハ不要ナリト言ヒ棄テ、立チ去リタリ、其者頭巾ニテ顔ヲ包ミ居タレバ面体ハ見分ケガタケレドモ言葉ハ肥後人ニテ恰モ米田虎雄氏ノ如クナリキト、余之ヲ聞キ驚キ果シテ妾ノ言フトコロノ如クナラバ米田氏ニ嫌疑ノ及ブハ必然ナリト思ヒ、米田氏ニ至リテ之ヲ告ケ注意セシガ、彼レハ何ト思ヒシカ、却テ余等数名ヲ嫌疑者トシテ或ハ藩邸ノ獄ニ投シ或ハ藩邸内ノ一室ニ謹慎ヲ命シタリ」(17)

ここには広沢参議の愛人の証言が有力な犯人像解明の鍵となっていることが示されている。しかも犯人の言葉は肥後弁らしく聞こえ、また犯人の容貌は熊本藩権大参事米田虎雄に似ていた、広沢の愛人はそのように証言しているというのである。このことを聞いて米田は何を思ったのか、わざわざ知らせてくれた長沼東夫を逆に捕らえてしまったというのである。

ところで犯人の容貌が米田虎雄に似ていたという愛人の言葉が、実は中村六蔵への嫌疑に絡み合ってくるのであるが、そのことについては後で触れことにする。

犯人の容貌が自分に似ていたと広沢の愛人が証言したことについて、米田はつぎのように述べて事件とのかかわりを強く否定し、且つ自己弁明に努めるのであった。少々長文に及ぶがこのことに関する米田虎雄の談話を記しておきたい。

「長州の大楽源太郎、柳川の広田彦丸、我藩の高田源兵（河上彦斎）等私に相結んて不軌を謀る、余私に之を探知し初佐々木高行に行て之を話し、次に大久保利通、広沢真臣等に話したるに、何れも始めて事の顚末を承知したりとて且ツ喜ひ密に之を鎮圧せんことを謀る。広沢余に謂つて曰、今後尚彼等の挙動に注意し国家の為に尽する所あるへしと。（中略）広沢一夜書を余に致して曰、彼の一事は既に之を大隈重信に謀れり。彼亦余と意見を同ふし速に彼等の機先を制すへきことを論せり、貴下願くは広田彦丸捕縛の事に任せられよと。余之を諾し私に柳川藩の参事某を招き之に謂つて曰く、御藩の広田彦丸に対しては朝廷より嫌疑掛り余に其捕縛を命せられたり、然れとも他藩人たる余御藩の邸に踏込み御藩の士を縛せんこと甚た然るへからす、願くは御藩自ら彼を縛し之を朝廷に致されんことをと、某大に余の好意を謝して曰、謹んて命を拝せり、今夕必す広田を縛し明朝之を貴下に致さんと、翌日某来り謂つて曰く、昨夜広田捕縛の手配をなし置きしに彼れ早くも之を推知し藩邸の垣を越えて何れにか逃亡したりと」[18]

これによれば、米田は大久保利通など政府首脳に対して、地方における反体制運動の実態について知り得た情報を伝え、同時に政府首脳も米田レベルの地方有力者を利用することによって自己の保身を計り、地方における政情を認識する機会を得ていたのである。彼らはここでは柳川の広田彦丸、肥後藩河上彦斎に着目していることが分かる。同時に広田彦丸については米田自身が広田を捕縛するように広沢真臣から依頼されていた事情をも知ることができるのである。

引用文の文言はさらに続く。すなわち、長州の野村素助がきて米田につぎのように言ったというのである。昨夜広沢真臣が暗殺されたが、広沢の妾が云うに、暗殺者の風体は肥後の米田氏によく似たところがあったと。今朝廷や弾正台においてはこの妾の証言を信じる傾向強いものがあり、早い機会に弁明しないと犯人として疑いをかけられることも無いとは限らないのではないか。そこで米田は応えた。「何そ事の意外なるや、余は一昨日広沢に会ひ柳川の広田か事に就き議する所ありたり。其夜広沢書を余に送りて曰く、広田捕縛の事は貴下自ら之に任せよと。而して其書面は現に茲にあり」[19]と。野村はその書類を一見してこれで貴下の冤罪は雪がれた、しばらく自分にその書面を貸し与えよ、朝廷へ持参して貴下の弁明に用いたい、と。このような経過をたどり自分の嫌疑は否定されたと米田は云うのである。米田はさらに付言して野村素助との関係に触れ、野村がかつて黒川弥次郎とともに熊本に来たおり時局を論じて一夜を徹したことがあり、以後親交を重ねてきたと記し「野村の尽力に依りて嫌疑を免るヽことを得たれとも広沢を暗殺したるは肥後人なるへしとの嫌疑は依然として消滅することを得さりし」としてこの引用文を閉じているのである。ここにみるように、藩の高官でさえ身にふりかかる嫌疑を否定することに相当の努力を払わなければならない状況に、体制側のこの事件解決に対する不退転の決意と、下手人捜索の困難性を予想させせられるのである。

「探索書控」によれば、一月一五日広沢暗殺首謀者として巷間噂が高かった柳川藩広田彦丸をはじめ同柳川藩宇佐益人、甲州都留郡上吉田村富士御師浅間坊事小佐野高丸、久留米藩林重太郎など約二十名が広沢参議暗殺容疑者として捕縛されていた。[20]

また広沢暗殺の半月後の一月二四日取聞の西京捕縛方探索氏名によれば、柳川の広田彦丸をはじめ四一名が列挙されており、延岡（五名）、岡（八名）の各藩、あるいは駿府士族として勝麟太郎、長州人大楽源太郎が記されているし、熊本関係では古荘嘉門、毛利到、河上彦斎、木村弦雄など計九名の名があげられ、肥後鶴崎に結集した人物がことごとく要注意人物として嫌疑をかけられているのである。[21]

犯人捜索は困難を極めた。結論的にはこの広沢暗殺事件では真犯人を捕縛出来ず、迷宮入り事件として今日に至っているが、いま暫く事件捜索の過程をたどってみたい。

政府は捜索が思うように展開しないので、二月二五日つぎのような指令を出して犯人捕縛を強く督励している。

故参議広沢真臣ノ変ニ遭ヤ　朕既ニ大臣ヲ保庇スルコト能ハス又其賊ヲ逃逸ス抑維新ヨリ以来大臣ノ害ニ罹ル者三人ニ及ヘリ是　朕カ不逮ニシテ　朝憲ノ立タス綱紀粛ナラサルノ所致　朕甚焉ヲ憾ム其天下ニ令シテ厳ニ捜索セシメ賊ヲ必獲ニ期セヨ[22]

三月二三日には、政府は、丸山外務大丞（作楽）を福井藩へ御預処分にし、また反政府陰謀者として嫌疑のある諸官吏約一〇名を捕らえて各藩に託し拘禁した。また「小橋記録」によればつぎのような文言がある。

「三月在京少参事は左の如く口達して沢村高俊（旧名脩蔵）、小橋元雄（旧名恒蔵）、益田勇、鳥居直樹（旧名忠八）、近藤彦人、西島千郷（旧名仙五郎）、野口九平、久賀儀之助を東京龍口藩邸の一室に禁錮し、山田信道（旧名十郎）、長沼東夫（旧名英之助）、松村秀実（旧名深蔵）、青木保弘（旧名彦兵衛）、木村真史、佐伯関次を獄に下したり」[23]

このうち山田信道は江刺県知事であり、長沼東夫は記述したように弾正台小巡察であった。このように広沢参議暗殺に関する犯人捜索は外務大丞、県知事に及ぶ範囲にまで拡大したのであるが、確たる嫌疑証拠があってのことではなかった。ちなみに山田江刺県知事について、同県大参事某が山田知事を熊本藩邸の監獄に投じた理由を糺したのに対して当局は

「朝命なりと答へたるを以て更に行政官に禀申せしに藩の具状に基きたる旨指示され終に要領を得る能はさりき、蓋国事犯関係者と讒誣せし者ありしに因りて事茲に出しものなり」[24]

と応じるのみであった。それにしても藩邸における捜査態勢は厳重を極め、特に山田信道をはじめ肥後勤皇党関係者に嫌疑が集まっていることがつぎの引用文で明らかである。なおここでは当時肥後藩邸に集まっている藩幹部の動きも伺われて興味深い。

「仝四年正月九日暁広沢参議暗殺セラレシヨリ後ハ目附々々ノ張番ヲ増加シ、夜中ノ通行人ハ人別鑑札ヲ改ムルヤウニナリ、遂ニ藩邸ノ門ノ出入モ亦厳重ニ守衛スルコトヽナレリ。安場保和少参事ヨリ危険ノ世ノ中ニツキ御門ノ出入共厳守セヨトノ達アリタレドモ、其ノ何ノ故ナルカハ明示セザレバ予等ハ只門番頭トナリシモノヽ如クナリキ。但シ旧勤王家ト云ヘル人物ニ特ニ着目シテ警戒スル様ナリキ

時ニ藩庁詰ハ米田大参事（虎雄）、津田権大参事（山三郎信弘）、及白木為直、安場少参事、太田黒惟信等ナリシガ、其後護久公御上京（二月二五日着京也）アリテ下津休也、元田永孚、牛島五一郎、嘉悦氏房等モ追々ニ上京シ、其後ハ下津ノ御小屋（東御門脇）ハ藩庁ノ出店ノ如クナリテ人ノ出入モ繁ク其処ニテ種々謀議セラレタリ。予一日米田ノ差図ニテ下津ノ御小屋ニ往キタルニ主人ハ病中ニテ宛然釈迦涅槃像ヲ見ル如ク主人八十二畳半ノ座敷ノ中央ニ臥床シ、次ノ間ニ津田、牛島、嘉悦、安場等集会シ居リ謀議中ノ如クナリキ。頃クシテ米田亦来リ加リ旧勤王家連中諸方ニ奉職セル人々免職セラルヽ筈ニツキ直ニ其ノ人々ヲ召捕ルベシトノコトナリ。予等同勤中ハ兵士ヨリ選抜シテ捕手ヲ出スベシ。其ノ召捕ルヘキ人々ハ山田十郎信道、佐伯関次、西島仙五郎等ナリ。捕縛ニ往キシハ三月中旬比ナリシカト思フ」(25)

捕縛後の容疑者に対する尋問は苛酷を極めたという。例えば佐伯関次（阿蘇大宮司代）は、広沢事件に関知しない旨を再三陳述したが遂に拷問にかけられ、「獄舎へ返ラシムニ足痛ニテ起ツ能ハザルヲ、獄卒左右ヨリ手ヲ添ヘテ引立テ之ヲ擁シテ退出スルニ、佐伯ノ両足ハブラブラトシテ地ヲ引摩リ行ク状傍人ヲシテ見ルニ忍ビズ、面ヲ背ケシムル」(26)ほどであったという。結局佐伯は獄中で四月二五日に縊死したのであった。長沼東夫も、「栲木ト云ヒテ三角形ノ木数本ヲ並ヘテ台ヲ製シ、其ノ上ニ座セシメ膝ノ上ニハ大石ヲ抱カシメラレケレバ、其ノ重量ニ圧セラレテ向脛ハ台ノ三角木ニ喰入り苦痛堪へ難キ」(27)ほどの拷問を受けたのであった。長沼もまた取調べの苛酷さに耐え兼ねて縊死をはかり、また虚偽の自白をして拷問の苦痛を逃れたとかれ自身語っているのである。

一方中村六蔵も広沢真臣事件の犯人として当局の捜査線上に浮かび上がっていた。すなわち事件後二〇日ぐらい過ぎた頃、藩邸内米田虎雄大参事宅に複数の官吏が集会して広沢参議暗殺事件について意見を交換する場が設定され、このおり米田の招聘に応じて探索方を任務とする荘村省三が出席して中村六蔵に関する情報を伝えたのをはじめ、また他の出席者からも広沢事件発生直後の中村の動きについて証言がなされた。「広沢参議暗殺に関する探索報告」（荘村省三）によれば、荘村はつぎのように発言している。

「平井丈之助ト称候者在リ、彼平井ハ容貌甚米田ニ似タリト云。広沢公之妾茂亦云、賊之容貌米田虎雄ニ似たり、然して言語ハ肥後人之声音と認候ト云し由風聞在。荘村、熊本ニ而平井所業を承候処、彼不容易禍心を包蔵致、藩地脱走致候者ニ候。今既ニ東京ニ在ト承候。早々捕縛方着手有之度候ト云ふ。」(28)

平井丈之助（中村六蔵）と云う者がいるが、彼はその容貌が米田虎雄に似ているらしい。また広沢の暗殺現場にいた女性の証言によれば、犯人は米田の風貌に似ていた、またその言葉は肥後弁のようであったと云うことが伝えられている。一方平井の最近の行動を聞くに、彼は何の理由があってか現在肥後藩領を離れて東京に行っているらしい。早速捕縛に着手すべきであると云うのであった。これに対して平井と深い接触があった早川助作は、「平井は決してこの事件には関係してはいない、広沢事件十日前には東京を離れて帰郷したのではないかと思う。実は旧冬彼生活に窮して金子無心に来たことがあり、その折り一刻も早く帰国するよう説諭を加えた次第である。平井の知己である井上毅もまた頻りに帰郷を促し、少々金銭を与えて東京を離れさせた」(29)と反論した。

この「探索報告」は、中村の行動を巡っていろいろな論議がなされた事実が記録されているが、結局「平井ハ十二月某日東京を発し、同十九日横浜乗船、直ニ発洋仕候ニ相違無之、多態儀ハ為此横浜江罷越し、平井止宿之船宿等精々遂吟味、二十九日発洋為致事、此儀相違決而無之候」(30)という井上毅の言葉が結論となって、広沢事件における平井のアリバイは成立したことになったようである。この引用文中の多態は井上多久馬のことであり、明治五年に改名した井上毅のことである。なお井上毅はこの年二月には大学中舎長を免ぜられ、その後横浜にて「舌学演習」（仏蘭西会話）に精を出していたとされ、年末には司法省に出仕していた。(31)

この「探索報告」の中に平井（中村六蔵）について荘村省三が収集した調査内容が記されているので転載しておきたい。

「荘村云、僕熊本ニ於承候概略如左。山鹿新町士族冨永謙蔵来云、同村ニ平井丈之助ト云者在り。

《欄外》冨永ハ高山謙太二男、冨永之家を続。平井ト同郷之故ニ云。

平井之父某、菊池郡山林藪沢之事務を取扱候役ニ而、山林支配役と称す。此平井某ハ私実父高山謙太従弟之続ニ相当申候。平井之父某死去後、一家之活計立兼候ニ付、親族評議の上丈之助を廃して為僧ニ決す。冨永謙蔵養弟之名儀ニ致し、熊本泰勝禅林塔中某庵之従弟ト成る。然ニ平井僧業を謙（嫌）ひ、木下真太郎家塾ニ入り漢籍を学ひ傍剣法を習ふ。平井白昼托鉢して市井之米銭を乞、更、夜間学習甚勤。如此一年斗継而木下家塾之炊僕ト成る。朋友親戚其篤志を感し、往々米金を送り其志学を助候者在るニ到。其後丈之助、早川助作・桜田惣四郎・田尻彦太郎・志方仙等へ歎訴し還俗を期望せり。冨永云、親族中ニハ丈之助剛戻頑兇之性質能々熟知之者在り。還俗之後必ず不良之心を生し、遂ニハ親族之煩を引出し可申歟と掛念致、還俗不同意之者も多有之候得共、前条之人ニ如此周旋有之候事ニ付、親族中再議ニ及、丈之助江還俗為致、一時ハ早川・田尻両家之間江往来いたし、家僕同様之姿ニ而食客罷在り候。

川（河）上彦斎豊後鶴崎・野津原・佐賀ノ関郷士奇兵隊編成之時、古荘養拙・平井丈之助・高木治三兵衛（求右衛門兄）・木村弦雄輩前後鶴崎ニ入、当節平井ハ川（河）上之指揮を受、長防阿波予讃之間ニ奔走罷在り候と承候。……」(32)

中村六蔵が平井丈之助と呼称されていた幼少時の彼の生き方については既に述べたが、この「探索報告」によれば、まず第一に彼の父親である平井新八の職業が「山林支配役」であったことが判明した。第二に彼は木下真太郎家塾で漢籍を学び、また同家塾の炊僕の経歴があるとされているが、もしこれが正しければ井上毅との交友関係が容易に説明できる。しかし既述したようにこれは真太郎の弟の木下真弘（梅里）が開いた家塾「古耕精舎」とも考えられ正確は期し難い。中村六蔵の生い立ちを考えるにあたり、彼の学びの場を特定することが必要になるが、現在資料的限界があって判然としない。第三に彼は豊後鶴崎において河上彦斎の配下にあった時期、鶴崎近郊にて郷士奇兵隊の編成を意図して長防、阿波、予讃の間を奔走したとされているが、そのことの実態が正確になれば毛利到、河上彦斎、ひいては肥後勤皇党の性格、幕末における政治状況と肥後藩の性格の一面がより鮮明になるであろうし、同時に中村の若い日の軌跡がより正確に描けるようになると考えるが信頼すべき資料は未発見である。

九　捕縛

広沢事件以降より捕縛、裁判、判決までの中村六蔵の行動について信憑性のある史料は見当たらない。唯一東京の『報知新聞』より転載された新聞記事が存在しているのでここに引用しておきたいのだが、人名、場所など固有名詞にしても正確は期し難い。

「明治四年の七月中旬、斎藤源蔵の勧めに従ひ長崎を発して諫早へ渡り両肥の間を転潜し、翌五年の正月長崎に到り製茶所の雇夫となりたるが、同年の七、八月比佐野喜三郎の紹介にて中村某の名跡を継ぎ此後中村六蔵と改称し、翌六年の二月比まで長川東洲の塾に入りて身を潜め、同年三月中吉丸伝吉郎を伴ひ島原より熊本に流航し、山田彦三、矢野八郎、岡田次郎衛門等に旅費を請ひ受け豊後の竹田を経て鶴崎に出、小中島より船を傭ひ、明治六年の四月大阪着し宇治の黄檗山に到りて一泊、少許の金円を貰ひ受けしを旅費に東海道を上り桑名の渡船中三州刈屋の藩士族と語り会ひ、同人の世話にて四、五日間刈屋城下に止宿し、再ひ同所を発して同年六月中旬東京に着し、或は横浜高島英語学校附属小学校の助教となり或は横須賀製鋳所の鍛冶工夫に傭はれ、或は下谷池の端に住居の榎津某が従僕となり、又たは横浜耶蘇教会の手塚新が家に寄食なし居たるおり征蕃の師出るに会したれは、陸軍大尉横田棄に依頼し、同人の従僕となりて明治七年三月下旬東京を発し長崎に滞留中平川唯一、宮崎八郎等に面会せしに、台湾征伐の如きは瑣々たる兵役なれば日支紛議の生するを待つて従事せよとの意見に従ひ、同人等より金五拾円の旅費を得て船路神戸に着し、同年六月初旬陸路東上して芝露月町の旅店に寄寓し、其後古荘嘉門を訪ひ事務を談たるに未だ功業を立つへき機会あらされば、暫時商業にても営み傍ら勤学せよとの言に従ひ、学資金も月々五円宛嘉門より贈与すべきを約し置く。七月初旬再長崎に到り蘭人ヲローフに就て英書を学び、或は長崎の英語学校に入り又は佐賀の開成学校に到り勤学の後、八年五月長崎へ立戻り英人ヒーオントレールの家に通学し、九年二月漢訳の新旧約（聖）書十四冊を携へ熊本に到り、有馬源内、木村弦雄等に面会して教法の欠くべからざるを論し、仮に説教所を設て十余日間演説をなし続て水科五郎と交替し長崎に帰りしが、常に心裏の安らざるより断然前罪を自首すべしと決し、九年の四月同所を発して大阪に到り、熊本人露口弥太郎を頼み古荘嘉門に就て東京までの旅費を求めしに、嘉門は金を与へずして自ら来れと告げ越したるに依り、直に嘉門の家に到りて面会すれば、突然足下の東京へ到らんとするは自首する積りならんか、何ぞ其志の卑く且つ拙なるや、不若機会の至るを待ち国家の為に功を立て罪を償へよと喩さるゝ言葉を至当と思ひ、終ひに自首の念を絶ち東京へ来りて、築地の宣教師某方に通学、又近時評論新聞社に到り宮崎八郎を訪ひ、同人の紹介にて社長海老原某に面会し田中直哉宛の添書を請ひて長崎へ帰り、同年九月初旬教法書五、六十部を携へ鹿児島に到りて直哉と布教の是非を論せし折り、熊本に神風連の変起り、鹿児島の人心も亦穏かならされは其儘長崎へ戻り十一月中旬大浦にて手広なる家屋を借りて教会を開きたるが、翌十年の二月鹿児島の変起こるに際し教徒も集らされば、教会を鎖し小田の原最寄にて畑地を借り受け、通学の余暇には耕鋤の業に従事し居たるを、同年十一月廿二日の夜長崎浜の町の警察所に拘引され、同年十二月東京へ護送となり、警視監獄第一支所へ繫られたり」(33)

上記引用文中、明治五年中頃より中村六蔵と呼称を定めたこと、またキリスト教に接近していったことなどに注意を喚起させられる。中村と横田棄との邂逅については、若いころ肥後勤皇党に参加していた経験をもつ松山守善が両者を斡旋したものであったらしく、明治六年一〇月頃のことであったと、松山は自身の自伝の中でつぎのように述べている。

「余は冷気を感じ父より送りきたるわづかの金をもって本郷のある町に羽織りを買いに行き、薄暮店を出て路の一方を見れば一丁ばかりをへだて、肩の前後に白布に包みたるものをかけ、短袴をうがち来る人あり、よく中村六蔵に似たれども中村は広沢参議暗殺の嫌疑をうけ、面体付をもっての御たずね者なれば東都の真中を往来するはずなしと思いおるうち近づけば果たして中村なり。

たがいに相驚き相喜び、いづ方にか一泊せんと談話を交えつゝ余中村に問う、いず方より来りいずかたに行くや。中村答う。九州に潜伏しいたれども都合悪しく過日知人をたより横浜に来たりしに井上毅が探知したる由を聞く、危険なれば常州に養蚕の手伝いしてしばらく忍ばんと。また問う、広沢は君の手にかけたるや。答う、否々、しからず、広沢は雲井に同情したるがごとき人物にて有志間にはかえって評判よし。有志間には大久保、木戸、大隈暗殺の企てありしことは聞き及びたれども広沢暗殺は他に原因あらん。また問う、しからば何故にかくのごとく多年辛苦を忍んで所々に潜匿するや。答う、他に殺人事件あり。(ここで中村六蔵は鶴崎にて河上彦斎の命令により政府の密偵を殺人したことを話し、それ故逃亡生活を強いられていることを伝える)」(34)

「二、三日をへて中村、芳野塾に来る。共に散歩す。中村いう、常州も都合悪し、身を寄すべき人は知らずやと。余答う、横田棄というものあり、陸軍大尉なれども有志家なれば君が身を寄するもさしつかえなかるべし。中村喜んでいう、横田のことはほぼ承知しおる、横田もまた自分の名は聞きおらん。同行芝山内なる横田の宅に至り、余一人先に面会して中村門前まできたりおれりと告ぐ。余は途中横田が諾するや、否やもし諾せざればいかにしてよからんかと非常に心配したるが、以外にも横田は快諾し早くつれきたり二階に通れという。横田は中村に面会しほとんど旧知のごとし。余ようやく安心し中村はそのまま潜伏することとなれり。(35)」

引用が長くなったが、松山のいうところでは、明治七年二月古荘嘉門が大久保利通に見いだされて上京してきたのを機会に中村六蔵潜伏の事実を知らせると、古荘は非常に驚き、中村と密会して九州方面に適当な隠れ家を探し住むようにと月々匿名をもって金五円を送ることを約束したという。またこの年台湾出兵に際して中村六蔵は横田棄の従卒として品川沖を出帆したが、途中長崎にて軍艦の乗換えることがあり、このとき宮崎八郎に奇遇し、彼より「台湾征伐は一時にて平和に帰し支那と開戦するようの事はなかるべし、君が功罪をつぐなうことはむつかしからん、早く脱艦していず方にか潜匿すべし」との忠告を受けてまた行方をくらますこととなった、というのであった。宮崎八郎とは、熊本自由民権運動史のなかで常に高い評判をもって登場する人物で、中村とは知己の関係にあったという。

一九七七(明治一〇)年一一月中村六蔵は長崎にて捕縛され拘禁された。中村は沢田衛守に対する殺害容疑で逮捕されたのである。ところが彼は、長崎上等裁判所検事局から東京上等検事別局に移された際、故山口迅一郎なる者と共に広沢真臣邸に押し入り、山口が広沢を斬殺し自分はそれを見たとの自供を行なうに至った。さらに明治一一年一二月一二日には、司法卿は中村の審理を大審院に指令した。翌一二年三月三一日の大審院審理では、中村はさきの自供をひるがえし、沢田衛守を殺害した強盗犯人として処刑されるのはいかにも不名誉なことであるので、あえて虚名を博そうとして虚偽の申し立てを行なった、と告白したのであった。[36] このような経過を経て、中村にはつぎのような判決が言い渡された。なおこの裁判では、通常陪審制と呼ばれる「参座」制が採用されている。

申渡

元熊本県肥後国菊池郡深川郷神来村士族亡　平井新八男当時長崎県肥前国彼杵郡長崎十善寺郷　平民木藤淳蔵方同居平民

中村六蔵

其方儀故広沢参議暗殺事件ニ付審問ヲ遂ケ即チ本局裁判規則ニ因リ投票ヲ為セシ所無罪ニ決シタルヲ以テ　無罪

但シ沢田衛守殺害事件ハ追テ処断スベシ

明治十三年三月二十二日

大審院別調所

判事　青木信寅　鷲津宣光　筧　元忠

川村応心　黒岩直方　河野通故

香川景信　鶴峰申敬　尾崎房豊

中沢文治　木村喬一郎　藤崎成言(37)

以上の申渡の三ヵ月後、沢田衛守殺害事件に関する申渡がつぎの通り行なわれた。

申渡

元熊本県肥後国菊池郡深川郷神来村士族亡　平井新八男当時長崎県肥前国彼杵郡長崎十善寺郷　平民木藤淳蔵方同居平民

中村六蔵

其方儀明治三年三月旧熊本藩所轄豊後国鶴崎有終館ニ於テ亡高田源兵等当時ノ施政ニ不満ヲ懐キ不軌ヲ希図スルノ際同志毛利到ガ旧高知藩士族沢田衛守ノ為メ該事情ノ発露ヲ惧レ之ガ口ヲ緘スル為メ源兵ガ指使ニ因テ衛守ヲ殺害シタル科禁獄十年申付候事

明治十三年六月一日

大審院別調所

判事　青木信寅（他略）(38)

かくて中村六蔵に対する禁獄一〇年の刑は確定し、彼は明治一〇年代の長い歳月を獄中で過ごさなければならなかった。その出獄は一八八九年の大日本帝国憲法（明治憲法）公布による恩赦によってであった。

中村六蔵の世界（三）

一〇　はじめに

中村六蔵は西南戦争終結期の一八七七年（明治一〇）一一月長崎にて逮捕、長崎獄舎に繋留され、さらに東京鍛冶橋監獄に移されて、八〇年六月一日禁獄一〇年の刑を宣告された。判決の理由は肥後領の鶴崎において政府側の密偵を殺害したためであった。

元熊本県肥後国菊池郡深川郷神来村士族亡平井新八男当時長崎県肥前国彼杵郡長崎十善寺郷平民木藤淳蔵方同居
平民　中村六蔵
其方儀明治三年三月旧熊本藩所轄豊後国鶴崎有終館ニ於テ亡高田源兵等当時ノ施政ニ不満ヲ懐キ不軌ヲ希図スルノ際同志毛利到ガ旧高知藩士族沢田衛守ノ為メ該事情ノ発露ヲ惧レ之ガ口ヲ緘スル為メ源兵ガ指使ニ因テ殺害シタル科禁獄十年申付候事(1)

中村はその後石川島監獄に転送された。ここでは獄則の改変があって、在監者の洋書の読書が禁じられたという。中村がいつ洋書の読書能力を手に入れたか不明だが、彼自身は相当の英語の読解力を有していることは確実である。八三年八月にはさらに宮城集治監に移された。同房の脱獄囚幇助の嫌疑を受けたための転獄であったという。

かくて中村は長崎、東京鍛冶橋、石川島、宮城の各監獄にて、国事犯としての監獄生活を送らざるを得なかったのである。彼が出獄したのは一八八九年（明治二二）二月、大日本帝国憲法公布の恩赦によるものであった。在獄一二年に及ぶ。彼は明治一〇年代全部を監獄で過ごしたのであった。この間彼はひたすら思索と読書に日を費やした。その成果を形にして、出獄後間もなくかれは『大円真理』（現在の新書版で一三三頁）と三五〇頁を超える『東洋純正哲学』を出版するのであるが、その後者の序言の中で彼は獄中生活を回顧し、「粉々タル困厄、擾々タル事変ハ、此十余年間、余ガ生活ノ周匝ニ蝟集シ、時ニ閑暇無聊ノ好日月アリト雖モ、或ハ講読ス可キ書籍ヲ缺キ、或ハ夜間常ニ膏油ノ明ヲ借ル事ヲ得ザルヲ以テ、終ニ意ヲ縦ニシテ学ヲ講ズル事能ハザルナリ」と述べている。

特赦により宮城集治監を出て、中村が熊本に帰って来たのは明治二二年四月であった。この地方の諸新聞にその動静が報道されはじめるのはこの頃からである。帰熊早々から彼は各種集会に引っ張り出され、特異な経歴と人生観、社会観を語って人気を博した様子が報じられている。特に青年層の集会には頻繁に招聘を受け、聴衆を魅了したようである。また金峰山地震（明治二二年七月）に際しては、被災者救済のための義捐金募集のため積極的に各地を奔走し、ますます人望を募らせているようにみえる。今回は中村六蔵の帰熊の後、文学精舎と称する中等教育機関を創設して熊本の教育界に頭角を現す中村の姿を、教育勅語公布直後の熊本県における教育変遷史の中で位置づけてみたいと考える。文学精舎、いささか古い語感の学び舎、私塾と表現した方がより適切かもしれない。

二　中村六蔵と文学精舎

1　明治中期の私学と文学精舎

この期の熊本教育界の一つの特徴は、中等教育を担う私学の校数が前期比著しく増加していることである。『熊本県教育史』は「本期は私学の全盛期と言ふも過言ではない。本期に於て新設されたるもの八十余、前期より存続するもの二十余、合計百余の多数に上ってゐる」（中巻　二九五頁）と記している。また一八九一年（明治二四）四月に着任した熊本県知事の松平正直も、「顧みて本県を見るに、中等教育を司とる普通専門の私立学校無慮十数個にして生徒数も亦二千余名に出つ、実に盛んなりと云ふべし」(2)として、当時の熊本における中等教育機関の層の厚いことを指摘しているのである。

ところで、この期になぜ私学の林立傾向が見られたのか。その理由の一つは、第五高等中学校の熊本誘致の成功ではなかったかと考えられる。同校の設置に伴う上級進学機会の拡大、高等中学校へ入学するための予備校的施設の需要、総じて九州唯一の最高教育機関としての存在が醸し出す学問的雰囲気の高揚が考えられないだろうか。学校制度からみれば森有礼文教政策の地方的展開、すなわち明治一九年四月の「中学校令」の定着過程にみられるこの地方の特殊な現象と云えないだろうか。このような状況において、一八八九年（明治二二）九月、中村六蔵は文学精舎の設立を企図するのである。

大円真理の著者、否首唱者中邑（村）六蔵氏はこの度文学講習の目的を以て文学精舎なる者を熊本市北千反畑町七十七番地（製糸場内夜学校跡）に設立し、同志の者を集めて本科日本文学（即ち漢語、和文及び訳書類を云）及び別科洋学の二科を講授し、講授時間は毎日午前八時より午后三時迄となし、入会者の希望に応じて其学科を講習せしむるの都合なり。(3)

中村によれば、文学精舎には本科、別科が設けられ、本科、別科はそれぞれ初等、高等段階の教育課程をもつという。すなわち森有礼の中学校令における尋常中学校、高等中学校に相当する両方の教育課程の併設を構想しているのである。また「文学精舎規則」を報じた新聞記事によれば、文学精舎にて使用される教科書は、スペンサー氏原著社会進化論、社会学原理、スウイントン氏万国史、中江篤介訳理学沿革史、井上哲次郎訳希臘哲学、中村六蔵著神理哲学・近刊、有賀長雄訳近世哲学、山口松五郎訳哲学原理などであるという。(4) 果たしてこのような教科書による教育が文学精舎において実施されたか必ずしも正確ではないが、中村が意図する教育の中味、方向性の一部を推測させる資料であることには相違ないと考える。

文学精舎の教育方針、教育理念を参考のために記載すればつぎの通りである。同舎は附属女子学舎も併置している。

第一条　本舎ハ道徳教育ヲ主トシ兼テ人生ニ必要ナル普通並ニ高等ノ諸学科ヲ授ク
第二条　道徳教育ノ本旨ハ忠孝ノ大節ヲ発揮シ仁義ノ要道ヲ顕揚シ以テ国民的精神ヲ養成スルヲ主トス
第三条　倫理科ハ毎月第一及ビ第三土曜日ニ於テ舎長若クハ教育之ヲ口授シ且ツ毎週一回授業本ニ拠リ教員ヲシテ其理論ヲ講授セシム但シ舎長ハ授業時間外ニ於テ臨時之ヲ口授スル事アルヘシ
第四条　学科ヲ分テ初等高等ノ二科トシ別ニ予科及ひ特科ヲ置ク
第五条　初等科（四年課程）、高等科（三年過程）ヲ分テ各々本科、別科ノ二トス(5)

私立文学精舎附属女子学舎規則
第一条　本舎ハ道徳教育ヲ主トシ兼テ人生ニ必要ナル普通ノ智識技能ヲ授ケ優良ノ婦女ヲ養成スルヲ以テ目的トス
第二条　本舎学科ヲ分ケ本科及ビ専修科トシ本科ニ於テハ稍々高尚ニ普通学ヲ授ケ専修科ニ於テハ高尚ナル文学科ヲ授ク
第三条　本舎生徒修業年限ハ本科ヲ四年トシ専修科ヲ二年トス(6)

2　中村六蔵の九州義塾構想

開校して約三ヵ月、滑り出しは順調であったように思われる。明治二二年一一月下旬、中村は改めて「文学精舎設立の趣旨」と題する一文を新聞に寄稿した。それによれば「文学精舎は設立以来日尚浅きを以て内外の環境未だ整備できず、二棟の古屋、紙窓土壁にして頗ぶる修飾を欠げり、固より大廈（立派な建物）とその美を競うこと能はず、然りと雖も我文学精舎は今日の地位と境遇とに甘ずる者に非さるなり、今日の体裁と方法とに安ずる者に非さるなり——不屈不撓の精神を以て日に一歩を進み月に一歩を加へ漸次に其頭角を挺出し、竟には堂々たる九州の一大義塾と為し、即ち其名称を改め九州塾と倡へんと欲す、是れ文学精舎の目的なり」[7]として、ここに早くも「九州義塾」構想を打ち出すのであった。

彼はこの九州義塾構想の輪郭を翌明治二三年になってより鮮明にした。中村は大要つぎのようにいう。すなわち、文学精舎は開校以来、教員も事務担当者もともに無給にて職責を遂行しきた。その結果幸いに舎運は隆盛に赴き、今や新しい事業に着手することが可能となった。その事業とは九州義塾の設立である。そもそも文学精舎の目的は、熊本県下はもちろん九州全地域の子弟を薫陶し、山海遼遠な京阪の地に嚢を負うて遊学しなくてもよいような教育内容を持つことであった。今我が文学精舎は諸般の計画ようやくにして確定し、九州義塾の設立機会は熟してきた。これに加えて、世上多くの人の意見も九州義塾の創立を切望しているように思える。九州義塾は、まず、政党関係の機関となるものではない。また宗旨に拘泥してその牽制を受けるものでもない。すなわち、独立不倚、無偏無党の一旨義を確執し、卓然としてよく世上風波の外に屹立するものでなければならない。既存の学校は、往々政党、宗派の教育機関となり、学生をして自由にその才能を暢発せしむることなく、狭隘な教科の間に束縛し、辺頗な教育法で牽制することに務めた例が多い。これ九州義塾が極めて排斥するところである。九州義塾は、別の側面からいえば、わが国の独立を鞏固ならしめ、わが国固有の体面と品位とを保存することを目的とするものである。それ故に、教育の実際においてはいたずらに他国の言語文章によることなく、わが国従来慣用するそれを以てわが日本帝国の開明を目指したいと思う。だからといって外国文化を排除する訳ではない。現今海外の新しい学芸を教えたいとしても訳書に完全なものが見当たらず、結局原書を購入させなければならない。したがって、日本書籍による教育課程を本科、外国書籍を教授の主体とする過程を別科としたい。要するに九州義塾にあっては、第一に我が国固有の学芸道徳の振興を教育目的にすえるが、一方では外国文化に無関心であってもならず、空理虚飾の文芸を排除して社会日常の実用に適切な学科を教授し、殊に言語文章及び数学と道義学に意を用い、子弟をしてよく生活の意味を認識させ、人たるの天分を自覚せしめ、あわせて学生の高尚優美な芸能を発達させたいと考える。[8]

中村六蔵の九州義塾構想の表明は好評であったようである。新聞は「政党に関係して其の機関となるものにあらず、又た宗旨に拘泥してその検制を受くるものにあらずして、その目的とする所は特り学芸を講習し道徳を発揮し以て善良有智の人物を養成するにありと云ふ、之れ実に結構なる旨義、目的、及ひ教育の方法なり」[9]と述べ、続けて、「干渉に失せす拘束に過たす、真正なる教育の大法に則り、私立学校の長所を発揮して偉大なる特質を具有する九州男女の良性を開発せしめよ。蓋し小刀細工的の教育は九州男女を過つ所以なり」とつけ加えている。

3　中村六蔵の政争観

国会開設、総選挙をひかえ、政党間の政争の激化は避けられない状況にあった。一八八九年（明治二二）二月一日、熊本県は県令第六十五号を公布し、政争による国権、改進両陣営の摩擦激化の防止を訴えた。すなわち、屋外集会を催し、行進運動を計画する者は、いかなる集会にせよ主催責任者と幹事を定め、集会の場所、通行の路線、年月日を詳記し、集会の三日前までに管轄警察署または分署に届け出または許可を受けるべきこと、違反者は三日以上一〇日以下の拘留または五〇銭以上壱円九五銭以下の科料に処せられるものであること、ただし官公立学校関係、または婚儀葬式神仏儀式など従前の慣行による集会はこの限りにあらず、という内容であった。この県の通達の内容について新聞は、従来熊本県民の政治集会に対する県警察署がとった姿勢は寛大過ぎるものであったし、他県人が羨望するところであった、したがってこのような警察の取締まりの予告が県令第六十五号となって告示されたのは正当であろう、熊本県も他県並に集会規制が実施されるようになった[10]と評価するのであった。

一方このような政争問題に関する県通達が公布されれば、これに対して各政党も何らかの意思表示をしなければならなくなる。明治二三年二月三日、県下国権、改進の二大政党はつぎの申し合わせを行い、合意四項目を確認した。

一、新聞紙上の記事論説は務めて誹謗の言を為さず、只管誠実に記載すべき事
二、演説会に於て罵言讒謗は勿論、人身攻撃等の言語は決して為す間敷事
三、他党の演説会に臨み喧噪雑蹈して妨害を加ふるか如きは尤も謹慎すへき事
四、両党競争の時にあたっては公正穏当な運動をなすべく心掛け、深く粗暴過激の挙動を謹むべき事

しかし現実は、政争解消に関する県の通達、それを受けての両党の記事表現の申し合わせが有効に機能するほど、住民の政争認識は甘くはなかった。すなわち「老婆が近所近辺のワンパク小僧を膝近く集めて『汝等、喧嘩す可らす』『叩き合ふ可らす』と口説き聞かするが如き偶感せさらんと欲すとも夫豈に得へけんや、故に吾人は其ワンパク小僧が果して老婆の教訓を肝銘して日々に三省服膺するや否やを知すと雖も其教訓の条々に於ては寔に結構なりと称讃せさるを得す」(11)と冷笑気味に反応する記事も見られるのであった。政争の歴史、その本質から見れば、県からの布達、政党間の申し合わせ等によって簡単にその解消が実現するなど、およそ非現実的であったし、また世論もこれら政争解消の動きを評価する雰囲気はなかった。

このような状況において、中村はこの政争解消の呼びかけに真摯に反応しようとするのである。すなわち「両党の調和を賀す」と題して己の見解を公表し、社会に政争解消の必要性を真剣に訴えるのであった。その論理の概略はつぎのようなものであった。すなわち、熊本国権党と改進党との争賽(争い)は実にわが邦政治上の一大奇観である、その争賽の性質は害悪そのものであり、わが邦国の政党史上に一大汚点を印している。争賽は形而上のそれではなく形而下のもの、その軋轢は言論上のものではなく実行上の争いである。こん棒を振るって人を傷つけ、甚だしきに至っては白昼凶器を振い、諸方に徘徊するに至るは争賽極まった例である。政党の本領は政治の改良を促し、社会の発達を助け、国益民利を図るにある。換言すれば善を為すことである。今ここに、県の布達、新聞社の政争沈静の努力によって、両党の軋轢は形而下の区域を去り形而上に転じる様相をも示しはじめ、愉快の至りに思う。両党の調和

を賀し、さらにここに一言しておきたい。そもそも国権党の主張する国家主義と改進党の主張する個人主義は、その実は異なるもののようだが、学理上よりこれを見れば決して相矛盾するものではない。すなわちその趣旨を推窮して両者の帰着する一点を問えば、（大円真理の論法にしたがえば）国権と改進の二主義は同一に会帰、融合してしまうと考える。その理由についてはいつか詳論したい[12]というのであった。

政争の解消を叫ぶ中村は、いろいろな場所、機会を利用して、そのことを説いて回るのである。あるとき文学精舎では、学舎の増設を祝って開舎式を開く機会があった。新聞報道によれば、当日の出席者は、富岡知事はじめ県、市の首脳部、市内公市立学校職員、県会議員、それに国権党より古荘嘉門、佐々友房、堀善三郎の諸氏、改進党よりは宗像政、高田露の諸氏、その他総員およそ三百人を数えた、という。その後、このおりの情景を紹介して中村は舎生を集めてつぎのように己の信条を語るのであった。

諸君も已に熟知せらるゝが如く余は諸種の政党、若くは宗教、若しくは学術の外に立て、一家の見識を有する者なりと雖も、又全く是等政党、宗教及ひ学術を排斥するに非ず、即ち各種の党派、宗旨及ひ学説の中、其誤謬の点は之を排斥することを怠らずと雖も、其中有する所の真理及ひ合理の動作は、余務めて之を採納し之を発揚し、且つ之を遵奉せんことを欲する者なり。――我文学精舎の曩きに開舎式を挙行するや官民の別なく党派、宗派の異動を問はす、亦学説の相違を論せず、悉く皆其式場に列せられたるに非すや、即ち平生は相反目、疾視して仇敵も亦啻ならさる改進党員と、国権党員と、及ひ其党派に関係せる諸種の青年会員と、其相異なれる宗教家とは悉く我文学精舎の一堂中に集り、何れも憤怨の嘴を下して、喜悦の笑眉を開きたるに非らずや。是れは之れ余の平生主張する所の旨義と、及ひ我文学精舎の独立不倚無偏無党なる所以の実を示したる者に非ずして何ぞや。[13]

中村は、以上の言葉に続けて云うのである。世間では、自分は一定の「旨義」（主義、主張の意味か）を持っていないのではないかと噂されているらしい。例えば阿蘇青壮年会招聘に応じて演説するや、世間は自分を国権党の旨義に賛成する者と決めつけ、熊本聯合新青年会にて学術上の講演を行うと、人はその会員中多数者が示している旨義を助ける者と烙印を押し、肥後聯合新青年会では改進主義者、ある会合では仏教信徒のようにいわれる。しかしこれらの評は大抵自分の深意を知らないものの言であって、意に介する必要はないものの、このような誤解は大いに自分の身上および文学精舎の運営に影響を与えかねないものでもある。それゆえ今後は、できれば諸党派、宗教関係諸会合の招聘を謝絶したいと考えている。ただ学理を講究し知識を得たいとする目的の会合に出席を拒むことは、人をして学術を考究し真理を討究する人の志気を阻喪せしむるのならず、また職分を尽くさざるの責任を負うことになるので、今までの通り招聘に応ずることになろう。

中村はいう。「我カ文学精舎ハ、師弟ヲシテ広大無限ナル学海ノ中ニ遊泳シ、各々其ノ意ノ向フ所ニ随フテ真理ヲ求メシメ、本来自由ノ性ニ循カヒ、其ノ才能ヲ舒初シテ一モ制限セサル事ヲ旨トス」(14)と。

4 中村六蔵と九州学院

熊本県では一八八八年(明治二一)度の歳入出予算を審議する通常県会において、与党の国権党は野党改進党の反対を押切って、県立熊本中学校(明治九年、熊本千葉城趾に創立)の経費の計上を否決したので、同中学校は明治二一年三月限りで廃止され、県立としての中学校は県内に一校も存在しなくなった。国権党の主張によれば、熊本には済々黌と称する私立の中等学校が存在し、この学校は中学校として十分な教育機能を備えているので県立学校の存在は必要ないというのであった。これに対して改進党系議員は、済々黌は国権党系子弟の養成学校であり、熊本中学校は存続させるべきだと主張するのであるが、結果的に多数派であった国権党の主張が通過してしまう。かくして明治二〇年代の熊本県の教育政策は、政党間の政争の具としての性向を露骨に表現しながら推移していく。

一八九一年(明治二四)になると、教育勅語公布後の教育状況において中等教育政策に新たな方向性が示される。すなわち、政府は府県内に必ず最低一校の府県立尋常中学校の設置を義務づける、というのであった。このことは年末に公布された勅令二四三号の第六条、「尋常中学校ハ各府県ニ於テ一校ヲ設置スヘキモノトス、但土地ノ情況ニ依リ文部大臣ノ許可ヲ得テ数校ヲ設置シ又ハ本文ノ一校ヲ設置セサルコトヲ得」によって具体化された。

林立する私学群の中で一八九〇年（明治二三）初夏の頃、熊本市内の五つの有力私立学校の責任者（済々黌、熊本文学館、春雨黌、熊本法律学校、文学精舎）が集まり、学校合同について協議が行われた。これら五校のうち、済々黌と文学精舎は制度的には尋常中学校の、他の三校はそれぞれ文学、医学、法律の高等・専門教育課程の範疇に属していた。「主義目的に至っては毫も異なる所なし。故に之を合併して一大学校となし、以て県下の中等教育を拡張せん」[15]との意見が出されて、学校合同についての賛否が真剣に論ぜられたという。しかしこの会合では、結果的には総論賛成各論反対の声が盛んに挙がって結論に達せず、いざ合同となると各学校それぞれ事情があって簡単には合意に至らなかったという。しかし暫く間を置いて、この年一〇月に五大私立学校長は再度会合、つぎの通りの各項目に合意を取付る段階に達した。

一、五大学校は教育上・学問上、総て其の校に関することは、議員互に切磋して其共進の方針を取り、若し其の校に関して、少しの過失等あるときは、互に忠告すべし。

一、五大学校は若し其の学生の中に、不都合の点を以て退校申付けたる学生あらば、直ちに他の連合学校に、其の退校生徒の姓名を報知すべし。報知を受けたる学校は、決して其の退校生徒を入学せしめざるべし。

一、政党競争の余弊熊本学生の間に波及し来り、学生間互に敵視するの有様なきにあらず。之れ又各学校員の注意すべき一事なり。五大学校已に連合の策成る以上は、決して従来の如き、敵視の風あるを軽々に看過すべからず。今後は各学校生親睦の道を開き、時々連合大運動会等を設けて相互の親密を計り、且つ連合学校中の甲校乙校の徽章を戴きたる学生、途中にて相出会する時などは、必ず互に敬礼を表して、徳義を重んずべ

き精神を養成すべきこと。(16)

このように、生徒の教育に関する学校間連絡網の設置ともいうべきものを確認した後、以降五私立学校は連絡を密にしながら、それぞれの学校運営に努力することを確認しあったのである。私立学校にはそれぞれ創立の事情、建学の精神があり、学校合同といっても簡単に進行する訳にはいかない。合同に踏切らせる強力な動機、働きかけが必要である。この場合その働きかけの役をつとめたのが熊本県知事松平正直であった。松平は、明治二四年五月に宮城県より転出して熊本の知事に就任していた。彼はこの年八月、行政当局者を集合させ、教育勅語煥発の意義についての演説を行い、その中で、「余は思ふ、日本臣民は勅語に生れ、勅語に死し、勅語に因って進み、勅語に因って働くべきものなりと、故に一挙手一投足の間も悉く勅語の支配を受けんことを切望するものなり。是れ豈に余一己の希望のみに止まらんや、我日本帝国の国是は実に爰に在りて存するに在らずや」(17)と述べて、知事権力を十分に活用し教育勅語理念の地方的定着に積極的に務めた人物であった。松平知事は五大学校連合に興味を示し、積極的に斡旋に乗りだす姿勢を示した。すなわち明治二四年七月三一日、五大私立学校長を知事官邸に集めて五校合併を推進する旨の意志を正式に表明したのである。その中で知事は、本県のように私立学校が多いのは甚だ慶賀すべきことだが、そのことが過激な競争を生み学校間の軋轢となって多くの弊害が生じてくる危険性がある、その原因の一つに、本県に顕著に見られる政争問題があると述べ、続けてつぎのように発言したというのであった。

而して政党の弊害は猶救うべし。学統の弊害に至っては遂に救うに道なかるらん。故に予は謂らく政党うれうるに足らず、学統最も恐るべしと。依って予は赴任以来、頻りに学統の害毒を未然に防がんとし、遂に之を防ぐ策は、只私立の五大学校合併して、其の教育の主義目的を一定するの外他に道なきを信じたり。且つ普通教育に就いては、本省に於いても遠からずうち、是非とも各府県に尋常中学校を置き、以て中等教育拡張の方針なりと聞けり。果して然らんか、本県は尋常中学校を欠くを以て、之に代用する私立学校を選ばざる可からず。而して之を充つるに甲校を以てせんか、乙校の苦情あり、乙校を以てせんか、丙校の怨嗟を如何せん。これ当路者の最も心痛する所にして、各校にとりても最も不利益なる所以なり。故に今之を合併して一学校となし、もって普通専用の部を分ち、其の主義目的を同ふするに至らば、県下の利益のみならず、実に我が帝国の幸ひなり。其の他合併についての利益多々なりと雖も、前述の次第なれば更に贅弁せず、予は想ふ、この合併にして一たびならば、以て従来の政党の軋轢を止むるに足るべく、若し全く止まずとするも、以て幾分か其の熱度を冷却せしむるに足らん。予の合併を望むの意見大略斯の如し。希くは各位充分の考案を運らし、其の実行に賛同されんことを。幸にして各位の賛同を得んか、予は其の自力の及ばん限り、職権の許す限りは、為めに周旋の労を執りて尽力せん。[18]

学統の弊害とは、熊本における勤皇党、学校党、実学党間の伝統的な対立、抗争を意味している。松平知事は、この救うに道なき学統対立の弊害を未然に防ぐために私立の五大学校の合併を積極的に勧めなければならないというのであった。

知事の合同斡旋を受けて五大私立学校の校長はその後協議を重ねた。そして協議会は知事の斡旋について最終的に賛否を諮ったところ、春雨黌、熊本法律学校、熊本文学館、済々黌は異論なく賛成を表明し、文学精舎のみは賛意を渋ったのである。精舎は、大体のことについては「不同意の廉はないが、実質上賛同し難き所あり」とした。しかし五校協議は続けられ、つぎのような規約を確認する段階にまで進展した。

五校合同規約

一、明治二十三年十月の勅語を奉戴し、聖旨を貫徹するを務むる事

一、政治上の党派に関係せず、及び学校内に於いて宗教の儀式を用ふるを禁ずる事

一、評議員を選定し、学校の存廃に係る重大の事件は其の決議に一任する事

右の規約に違反する者は、職員生徒を論ぜず、直ちに退校を命ずべき事[19]

かくて合同規約も確認され、県の認可を受ける直前にいたって、文学精舎が正式に参加に不同意を表明したのであった。新聞はつぎのように伝えている。

規約已に整頓せしを以て、之を在京の中村文学舎に報じ、其の意見を諮ひしに、万事稲田教頭に委託するの返報あり、依つて、知事官舎に於て合併の決議に取掛りしに、稲田氏は合併の主旨は至極賛成なれど、実際に於いて、到底合同し難き事情ありと述べ、只管この合同を辞退するものの如くなりき。[20]

文学精舎の、したがって中村六蔵の五大私立学校合同辞退の真相は明らかではない。新聞が断片的に報ずるところによれば、文学精舎には負債があり、その額は五〇円とも、また一万円の多額にのぼるとも伝えられた。「斯かる莫大なる負債は、我々之を如何ともする能はずと、段々相談を遂げしも、遂に纏らずして退散したり。因に同日の協議は、午前八時に始まり午後三時に及び、其の間随分激烈なる議論もありし」[21]という状況もあったという。辞退の理由がこのように経済的要因にあるとすれば、合同辞退の理解は極めて容易である。学校創設以来僅か三年、恐らく経済的支援母体の確たる存在も想像されない文学精舎が、多額な借財を抱えていたことは容易に想像され、また文学精舎の廃校理由も後述するように経済的行き詰まりに原因していたことは確かであるからである。しかし辞退の理由は他にも存在するのではないであろうか。それは中村六蔵の社会、政治観に関するものである。すでに述べたように彼は熊本における国権、改進両党派の政争に大きな関心を示し、政争中止の動きが起きた時点で喜びを隠さなかった。しかし一方で中村の動きは、必ずしも中立的、無党派的態度に貫徹したものではなかったようである。事実日常行動におけ

る中村の態度は党派的に極めて曖昧な姿勢が目立ち、「当時済々黌が国権党の機関学校の如く思はれてゐたことゝて、文学精舎の創立は沼山実学党の流れを汲める自由改進の方面に大いに人気を博し、一時は入学志願者の多く、済々黌の好敵手たるの観があった」[22]とする評価もある。中村の場合、幕末の暗部で青春時代を送り、永い投獄生活を経験せざるをえなかったことを勘案すれば、ある態度決定を迫られた場合、大勢とは反対方向により魅力を感じざるをえない心理に立ち至るのではないかと、そのようにも思われるのである。とにかく中村六蔵は決定的な場において、松平知事が積極的に斡旋に乗出した私立五大学校合同から離脱した。

今般済々黌、熊本法律学校、春雨黌、熊本文学館ノ四校ヲ合併致シ更ニ九州学院ト称シ別紙規則書ノ通リ設置施行致度此段連署ヲ以テ願上候也

とする九州学院設立願を提出されたのは明治二四年一〇月一五日であった。設立主旨には「九州学院ハ明治二十三年十月三十日勅語ヲ奉体シ聖旨ヲ貫徹スルヲ務ム」なる文言が採用され、学校組織として尋常中学校程度の普通科、専門科の二種を備えるとして、総合学園の姿が描かれている。すなわち普通科は済々黌（校長・木村弦雄）を当て普通学部と称し、専門科には熊本文学館（館長・津田静一）、春雨黌（黌長・高岡元真）、熊本法律学校（校長・有吉立愛）をそれぞれ当てて文学部、医学部、法学部と称した。なお理学部も構想され、そもそもはそれに文学精舎が当てられる予定だったという。中村六蔵と理学部、いずれの方向からも絡み合わないのである。この割り当てが底流にあって、九州学院構想の出発点で文学精舎の合同辞退に連続したのかもしれない。九州学院は創立に当たって院長に松井敏之（男爵）、評議会員に長岡護美（子爵）、前掲松井敏之、米田虎雄（男爵）、安場保和、山田信道、清浦奎吾、溝口貞幹、沢村大八、佐々友房、古荘嘉門等を起用した。いずれもこの地の著名人、保守層を形成する重鎮連であった。

熊本文学館を創立し九州学院文学部長となった津田静一は、松平知事が大きな関心を示しながら私学の合同問題に

奔走していたころ、熊本の教育界には、私学連合による九州大学構想ともいうべき雄大な理想が存在したことを指摘している(23)。私立九州大学構想を含む九州学院構想は、明治中期熊本地方の私学隆盛期における、知事権力を利用しての国権党的教育構想の、そして当時の教育界にあって、あまりにも意識過剰な自己評価の一側面ではなかったかと考えるのである。

5　文学精舎の衰退

一八九二年（明治二五）九月中旬、文学精舎はつぎのような新聞広告を掲載した。

拙者儀今般文学精舎維持法並ニ負債消却ヲ判然二途ニ区別シ、右維持ノ方ハ二三有志ノ代表者福嶋政太郎氏ニ託シ置キ益々同舎ヲ盛大ナラシムル為メ高等ナル理科数学博物学等ノ専門学士ヲ増聘スル事ニ議決シ、負債償却ノ任ハ拙者自ラ之ニ当リ、先ニ広告致シタル通各郡各県ニ奔走シテ寄附金ヲ募集スルノ覚悟ニ有之、又別ニ有志者有リ文学精舎義済会ヲ各地ニ催シ寄附金ヲ企ツル等ノ挙モ有之、併シ拙者ハ右企ニ関係セス、来ル十五日ヨリ各郡ニ出張致シ寄附金募集ノ覚悟ニ御座候、又同舎会計長中村貞諒氏ハ今般会計ノ任ヲ解キ専ラ拙者ヲ助ケテ負債償却ノ事ニ周旋シ拙者不在中ハ拙者ニ代リ尽力可仕決定候間此段文学精舎賛成諸君並ニ生徒父兄諸君ニ告ク
　但シ拙者不在中同舎管理上不都合之ナキ為メ同舎幹事稲田綱吉氏ヲ拙者ノ代理ニ撰定致置候間此段併テ広告ス
明治廿五年九月十四日　　文学精舎長　中村六蔵(24)

中村六蔵の文学精舎が深刻な経済的危機に見舞われている文面である。このころ中村は鉱山事業に手を広げ、また定期問屋（実体不祥）を開設しているとの報道もあり(25)、かれの経済的窮迫の実情は否定すべくもなかった。また上記広告の中に文学精舎義済会とある。その実体は分からないが、当時軍談師として人気を博していた美当一調が「氏自

ら進んで文学精舎義済会なるものを起こして救助に充んとして――政党調和の講談をなして県下各地を巡回し其収益を以て義捐すること丶なったりといふ」[26]と報じられているから、あるいは中村の経済危機を見かねての美当一調の好意発露の一側面かもしれない。文学精舎を支える資金源は、あるいはこのような個人的寄付、あるいは頼母子講の類いであったと想像される記事が、精舎の発足時か付きまとっているのである。もしそうであったとするならば、文学精舎の経済基盤は希薄そのものであったし、予想外の早期閉鎖は当然であった。さらに経済危機発生と同時に教員六、七名が一挙に辞意を表明したとも伝えられている。ことについて、中村舎長はかつて「自ら誇って代議政体の組織なり」と組織運営の方針を語っていたにかかわらず、二、三親交の人物と詢って即断している、これは誠に不都合な行為であるという批判も見られるのであった[27]。正確な日付の確定はできないが、程なく中村六蔵は舎長を辞した。そしてその席を池松豊記に譲ったという。池松はかつて民権運動盛んなりし頃相愛社に所属し活動した経験をもつ人物であった。新聞報道によれば、池松は就任怱々から職員の人材確保に奔走し、また学校再建に努力したようであるが具体的動きは明らかではない。文学精舎は中村辞職の明治二五年の暮れには事実上の休業に追い込まれていったようである。そして無届休講により県から正式に学校運営、設置の停止を命ぜられるのは翌二六年一〇月二四日のことであった[28]。これと時を同じくして中村六蔵は教育界から姿を消し、同時に生活の拠点を熊本から他の地点に移すことになる。この年明治二六年三月、新聞広告によれば文学精舎は、池松舎長のもと私立九州中学校と改称して再出発していくようである。しかしその後大きく発展した形跡はない。

一方「当時全国的に見ても斯る大規模の私学は稀に見る」[29]と評価されその前途が期待された九州学院も、この年明治二六年、普通部を県立校と同一に認め管理するという制度改革が実施されて公費が配分されるようになり、この普通部はやがて私立九州学院から事実上離脱し、しだいに九州学院自体もまた解体の方向に進んで行く。かくて明治中期、日本資本主義の進展に沿って教育における国家的整備が急速に進行し、地方における特色ある私立の学校運営の範囲が狭められ、教育制度の国家的画一化が進行していくこととなるのである。

註

中村六蔵の世界（一）

（1）山口泰平『肥後渋江氏伝家の文教』全一五巻毛筆一巻百頁　未定稿
（2）『菊池郡誌全』名著出版復刻版　昭和四八年　三二一頁
（3）中村六蔵『東洋純正哲学』東京金鱗堂　明治二三年
（4）「中村六蔵記」『熊本新聞』明治一六年九月一六日より一〇月二〇日まで一九回連載
「中村六蔵」『九州実業新聞』明治四三年三月四日より同二七日まで一九回連載
以上がまとまった新聞記事である。前田信孝氏の御教示による。
（5）松山守善「中村六蔵小伝」『九州新聞』大正七年一二月二八日
（6）「中村六蔵氏の演説」『熊本新聞』明治二二年八月一四日
（7）「中村六蔵氏の演説筆記」『熊本新聞』明治二二年七月四日
（8）細川家編纂所『改訂肥後藩国事史料』図書刊行会復刻　巻八　昭和四三年　三六二頁　以下『国事史料』と略す。
（9）「明治十二年　熊本県政紀事　下」に「任上益城郡長　熊本県士族元熊本藩士　正七位　田尻彦太郎　五十年十一月」とあり同一人物か。熊本県立図書館蔵
（10）前掲（8）に同じ
（11）『国事史料』巻十　七四一頁
（12）（13）（14）前掲（8）に同じ
（15）（16）『国事史料』巻八　七四三―四頁
（17）松本健一「遠山みどり伝―革命的ロマン主義者・雲井龍雄」『幕末畸人伝』所収　文芸春秋　一九九六年　二一一頁
（18）同一六頁　甲村休五は甲村によると甲村久伍となっている。
（19）中村哲『明治維新』集英社版『日本の歴史』⑯　一九九二年　三〇頁
（20）前掲「遠山みどり伝」一八頁
（21）同　二五頁
（22）『熊本新聞』明治一六年九月二五日
（23）（24）同　九月二七日

(25)『国事史料』巻八　六八二―三頁　(26)同巻十　五九二―三頁　(27)同　五一一頁　(28)同　七四一頁　(29)同　八九一頁　(30)同　六四五頁　(31)同　八五八頁
(32)荒木精之『定本河上彦斉』昭和四九年　人物往来社　二四二頁
(33)角川『日本史辞典』昭和四一年　二〇三頁
(34)『国事史料』巻九　二九六頁　(35)同　三六〇頁　(36)同　五九八頁　(37)同　五九六―七頁　(38)同　五九八―九頁
(39)前掲荒木書　一九一頁
(40)『国事史料』巻九　五九九―六〇〇頁
(41)前掲荒木書　一九五頁
(42)『国事史料』巻十　三八二―三頁　(43)同　四一九―四二〇頁　(44)同　三九一頁　(45)同　三九二頁　(46)同　三九五頁
(47)同　三九七頁　(48)同　四〇二頁　(49)同　四〇三頁　(50)同　四一七頁　(51)同　四二四頁　(52)同　四二七頁
(53)同　四二八頁　(54)同　四二九頁　(55)同　四三一頁　(56)同　五二四頁　(57)同　五五七頁　(58)同　五七〇頁
(59)同　五七二頁「小橋私記」(60)同　八九三頁　(61)同　七七〇頁

中村六蔵の世界(二)

(1)細川家編纂所編『改訂肥後藩国事史料』第十巻　図書刊行会復刻　昭和四三年　四九三頁。以下『国事史料』と略す。五月八日本藩知事韶邦の致仕を聴許し世子護久をして家督襲職せしめらる。
(2)同　五六八頁、七月十七日本藩知事護久藩政を改革し藩士の俸禄を減省すると倶に民力休養を慮り正税外の上米等を免除す。〔熊本藩日誌〕村々小前共へ
(3)同　五四二頁、六月廿一日我藩鶴崎兵隊を解散するにつきて更に郡政軍備両局に示達する所あり。〔明治三年記室日記〕
(4)同　五五七頁、七月三日本藩鶴崎兵隊解散につき指揮士木村弦雄及ひ高田源兵衛の勤労を賞す。〔明治三年転職進階帳〕
(5)同　五七〇頁、七月十七日本藩鶴崎有終館を廃止し書生兵卒を解放す。〔慶応三年卯八月在中御達控〕
(6)同　五七二頁、〔小橋私記〕
(7)同　八九二頁、〔中村六蔵水雲事蹟〕句読点筆者、以下同
(8)同　六一二頁、同
(9)同　五九一―五九二　同
(10)同　六一二頁、同

(11) 同　六二八頁、同　九月某日岡崎恭輔江村等同志の策謀にて廻航中の秋田藩の仮装軍艦佐渡沖に於て破損せしにより政府襲撃の挙遂に水泡に帰す。
(12) 同　七〇三頁、〔中村六蔵水雲事蹟草稿〕
(13) 同　同
(14) 同　八二三—八二四頁、〔中村六蔵水雲事蹟〕　三月十六日久留米藩士吉田足穂等十数名謀りて大楽源太郎を欺き之を久留米郊外に誘殺す。
(15) 『熊本新聞』「中村六蔵略歴」（報知新聞より抄録）、明治一三年六月一七日
(16) 『国事史料』第十巻　正月九日参議広沢真臣東京の自邸にて暗殺せらる。〔防長回天史第六編下〕
(17) 同　七五七—七五八頁、〔佐々家文書〕　前弾正台巡察長沼東夫話佐々干城筆記
(18) 同　七五六—七五七頁、〔故護久公御事蹟調〕　米田虎雄話
(19) 同　七五七頁
(20) 同　七六三—七六四頁、正月十五日柳河藩広田彦麿広沢参議暗殺嫌疑者として捕縛せらる。〔明治三年ヨリ探索書控〕
(21) 同　七七〇—七七一頁、正月廿二四日本藩偵吏京都に於て広沢参議刺客連累者探索の厳重なる旨を報告す。
(22) 同　七九八頁、二月廿五日故参議広沢真臣刺客捜索に関し厳命を下し給ひ右大臣三条実美之に副書して下達す。
(23) 同　八二七頁、三月某日広沢参議刺客連累の嫌疑を以て江刺県知事山田十郎等数名の職務を免し我藩に拘禁せしめらる其外謹慎を命せられたるものあり。
(24) 同　八二八頁　〔小橋記録〕
(25) 同　同　〔加賀山興純（旧名権十）手記〕
(26) 同　八四六頁、四月廿五日本藩佐伯関次広沢参議刺客に関する嫌疑を以て訊問を受くる数次拷訊日に益甚しきを加へ終に此日獄中に縊死す後拷訊長長沼東夫に及ふ。〔佐々家文書〕　前弾正台小巡察長沼東夫話
(27) 同　八四七頁
(28) 広沢参議暗殺に関する探索報告　荘村省三。大隈文書　早稲田大学図書館蔵。『新熊本市史』史料編　第六巻　近代Ⅰ所収一七頁
(29) 同　一九—二〇頁
(30) 同　二〇頁
(31) 木野主計『井上毅研究』　続群書類従完成会発行　平成七年刊　三五頁
(32) 前掲　広沢参議暗殺に関する探索報告　一八頁

(33)『熊本新聞』　前掲中村六蔵略歴　明治一三年六月一八日
(34)『松山守善自叙伝』　熊本年鑑社　五―六頁
(35)同　六頁
(36)我妻栄編『日本政治裁判史録　明治・前』第一法規　昭和四三年刊　二六八頁
(37)同　二七二頁
(38)『熊本新聞』　明治一三年六月一二日

中村六蔵の世界（三）

(1)『熊本新聞』明治一三年六月一二日
(2)『九州日日新聞』明治二四年九月一六日
(3)『九州日日新聞』明治二二年九月一〇日
(4)『九州日日新聞』明治二二年一〇月一六日
(5)明治二五年三月刊の私立文学精舎規則から抜粋引用。
(6)『熊本新聞』明治二五年三月一三日
(7)『熊本新聞』明治二二年一一月二八日
(8)「九州義塾設立の趣旨」『九州日日新聞』明治二三年一月二九、三〇日、二月一日連載。
(9)『熊本新聞』明治二三年二月一日
(10)『熊本新聞』明治二二年一二月一日
(11)『熊本新聞』明治二三年二月六日
(12)『熊本新聞』明治二三年二月七日
(13)「中村六蔵の奇書」『熊本新聞』明治二二年一二月二五日
(14)私立文学精舎報告書　明治二五年三月一日
(15)『九州日日新聞』明治二四年九月一六日
(16)『九州日日新聞』明治二三年一〇月二日
(17)『熊本新聞』明治二四年九月一日、なお本演説は『熊本県教育史』にも全文が転載されている。

（18）（19）（20）（21）『九州日日新聞』明治二四年九月一六日
（22）山本十郎『肥後文教と其城府の教育』昭和三一年刊、四二九頁
（23）能田益貴『楳溪津田先生傳纂』昭和八年、二八九頁
（24）『熊本新聞』明治二五年九月一五日
（25）『九州新聞』明治二五年五月二五日
（26）『九州日日新聞』明治二五年九月一六日
（27）『熊本新聞』明治二五年九月二四日
（28）『熊本県教育史』中巻三〇〇頁
（29）『熊本県教育史』中巻三一七頁

※中村六蔵は一九一八（大正七）年一二月二〇日東京で死亡（『九州新聞』大正七年一二月二一日）。

原内閣の教育政策と志垣寛

一　はじめに

本論では一九二一（大正一〇）年原敬内閣の施政最後の年に提示された義務教育費削減政策について考察し、同時に大正期の教育に多少の足跡を残している熊本出身の志垣寛の若き日の姿を、これと重ね合わせて素描してみたいというのが論旨である。

周知のように原内閣の教育政策の中で特徴的に指摘されることは高等教育機関の大拡張を実施に移したことであった。すなわち一九一八年四一帝国議会に提出された「高等諸学校創設及拡張費支弁に関する法律案」によると、同年から向う六ヵ年に、高等学校一〇校、高等工業学校六校、高等農林学校四校、高等商業学校七校、外国語学校一校、薬学専門学校一校の計二九校の新設と、既設高・専・大学の規模の拡張、官立医専五校、東京高等商業学校の大学への昇格を含むという大計画であった。この大拡張計画に対しては批判が無かった訳ではないが、「御内帑金一千万円下賜を議会審議以前に工作し、御内帑金の権威を笠にきて、これに修正を加えることを事実上不可能にし、強硬に協賛を余儀なくさせるという政治的なものであった。また、この拡張費支出を理由に、義務教育費国庫負担金増額案を拒否していたが、拡張費そのものは、つぎの理由と事情によってそれほど多額ではなかった。政府は、当初こそ地方費を以てする寄附金は受けないことを方針としていたが、漸次これを歓迎するようになってきた。また地方自体も、創設校を誘致するために、競って土地の無償提供や寄附金の申し込みをするようになってきた」(1)というような諸事情の中で、計画の大半は実現し、沖縄を除いてほぼ全国的に各県に高等教育機関の設置が決定したのであった。

この高等教育政策に対して、国民教育としての義務教育に関する歴代内閣の教育政策は極めて冷淡であった。国策レベルでの義務教育費支出に関する論議は既に明治中期以降からみられるのであるが、一八(大正七)年三月、臨時教育会議(一七年九月―一九年五月)の答申を受けての市町村義務教育費国庫負担法の公布を画期として、初めて本格的な義務教育費国庫支出がようやく動きだす始末であった。すなわち原内閣は、小学校教育俸給費の一部国庫支出を決定し、年一、〇〇〇万円の額を決定したのである。

しかしその後小学校費は急増し、また物価騰貴、二〇年の経済恐慌と相まって、町村財政の窮乏化は進行の一途をたどった。資料の示すところによると、佐賀県本庄村においては歳出総額に占める小学校費の割合は八六・六%となっており、秋田県船岡村にいたっては九四%を示したとされている。佐賀、秋田の例は突出のきらいはあるが、二一年の町村歳出総額に対する教育費の割合が、一万一、九五七町村中、四、九八八団体が四〇%、一三五団体が七〇%以上を示したことを考えれば、教育費の地方負担過重は明らかであった。このような状況において、二一年第四四帝国議会で義務教育費に関する論議が展開されたのであった。この年七月政府は内閣総理大臣直属の「臨時教育行政調査会」を設置、地方教育費に関する審議を開始した。ところで同調査会の設立意図が、地方が負担する教育費の大幅軽減の名目のもとに三学級二教員制の導入などを内容とする教育費支出の大削減を図る性質のものであることが明確になると、国民的ともいえる反対運動が展開されて原内閣の教育政策が暗礁に遭遇せざるを得ない事態となった。その過程で批判運動を終始リードしたのが教育雑誌記者団を中核とする教育擁護同盟であった。

志垣寛(一八八九―一九六五)は大正期新学校で最もラジカルな性格をもつ「児童の村小学校」の創立者の一人とし

て知られる熊本出身の教育者である。彼は熊本師範学校を卒業後熊本県下の複数の小学校教員を経験し、奈良高等師範学校附属小学校で大正新教育の空気にも触れ、さらには一七（大正六）年上京して教育ジャーナリストとなり、同時に教育擁護同盟の若手構成員となって活躍、以降東京に居住して終始教育界に身を置きそれなりの足跡を残していく人物である。今彼が書き残した作品の若干に目を通しその生涯を辿ってみると、やはり豊富な研究課題をもつ大正、昭和前半期の教育の実態が浮かび上がってくる。いつかさらに詳しくその教育的軌跡をみていきたいと思うのだが、本論では若き日の志垣の足跡を簡単に素描して大正期教育の一面を明らかにしたいと考える。書き出しの途中とてあとがきは省略する。

二　臨時教育行政調査会と原内閣の初等教育政策

一九二一（大正一〇）年二月二六日、開会中の第四四帝国議会に政友会の井上角五郎外一三人による「市町村義務教育費ノ整理ニ関スル建議案」が提出された。この建議案が端緒となって、同年七月内閣直属の臨時教育行政調査会が成立し、原内閣は初等教育費の大幅削減を意図して自らの義務教育観の性格を衆目にさらすこととなった。いまその経緯を素描しておきたい。

井上は建議案提出にあたってつぎのように述べた。

政府ハ本議会ニ於テ言明シタルガ如ク速ニ調査機関ヲ設ケ市町村教育費ノ整理節約ヲ謀リ仍ホ必要アル場合ニ於テハ相当金額ヲ増加支出シ以テ教育ノ振興ヲ図ルト共ニ市町村教育費負担軽減ノ途ヲ講ズベシ

すなわち井上によれば、義務教育費を国庫が負担すべきことは世論の趨勢であって政友会もそのことは支持せざるを得ない、しかし第一次世界大戦後の戦後経営は財政上極めて厳しいものがあり教育費の支出に当ってはいま一度再考慮しなければならない。適正な国庫負担額を計上するに当ってもその前提として地方が負担している教育費に関しての再調査が必要である。さしあたり、二町村に一学校、三町村に二学校というように学校の統廃合を考える余地はないか。また複式学級を今以上に増加することや校長の二学校兼任制を実行することなど地方教育費削減の方法は多様であろう。このような具体案を考慮しながら更に再調査を実施するならば住民の教育費負担は相当軽減されるだろう。そのための調査機関を早急に創設したいというのであった。前年の一〇年三月には株式市場で株価の大暴落があり、大戦後の戦後恐慌が始まっている事実を考慮すれば、教育費削減問題が議会で論議される客観状況は確かに存在していた。

また一方で、井上建議案の内容が明確になると、教育界を中心に批判・反対運動が展開されるようになってくることも自然の成行きであった。その中で最も主体的先鋭的に批判的態度を表明したのは教育擁護同盟であった。この同盟の成立事情については次節でも触れたいが、ここでは教育関係ジャーナリストの集団であることだけ記しておく。この教育擁護同盟は井上建議案に素早く反応してつぎのような議決文を公表し批判活動開始を予告した。

決　議

吾人は地方教育費整理節約の如き提案を以て、国民教育の基礎を破壊し、国家の発達を阻害するものと認め、茲に結束して教育擁護運動を開始し、国家永遠の大策を確立せんことを期す。

大正十年三月八日(2)

さて井上角五郎の建議案は「市町村義務教育費ノ整理案」から「市町村教育費ニ関スル建議案」と題名を変更して議会を通過した。

政府はこの建議に基づいてその年の七月二三日臨時教育行政調査会の官制を突如公布し、紆余曲折の末会長には原敬首相自ら就任して三四人の構成員を決定したのである。官制は、

第一条　臨時教育行政調査会ハ内閣総理大臣ノ監督ニ属シ普通教育ニ関スル施設及教育費其ノ他ノ教育行政ニ関スル事項ヲ調査審議ス

第二条　臨時教育行政調査会ハ内閣総理大臣ノ諮詢ニ応シテ意見ヲ具申ス　臨時教育行政調査会ハ関係各大臣ニ建議ヲ為スコトヲ得

とうたい、首相直属の下に大規模な調査会開催を規定したのである。この調査会の変則的なことは、会長に原首相自ら就任していることで、諮詢する者とされる者とが同一人であることは官制の性質から疑問を抱かせるのだが、敢てそのことを犯してまでも調査会を発足させた原内閣の行政姿勢に強い危機意識の表出を伺わせるものがあった。

臨時教育行政調査会第一回総会で原会長はつぎのように挨拶した。

「……普通教育費ハ年々増加シ地方費中ニ於テ巨額ヲ要スルモノハ土木、教育ノ二費目ナルカ土木費ノコトハ暫ク措キ教育費ノ如キ追々参考ニ供スヘキ諸表ニ依リテモ知ラルヘキ如ク如何ニモ多額ヲ要シ地方ノ負担ニモ甚ダ困難ヲ感シ来リ又個人即チ父兄ノ負担ニ於イテモ年々増加スルヤウナ次第ニテ何トカ整理セスシテハ将来ノ結果甚ダ気遣ハシキ次第ニアル　之カタメニハ義務教育費国庫負担支弁ノ論モ起リ又既ニ一千万円ハ国庫ヨリ補助シ居ルモ尚ホ頻リニ増額ヲ要望スル様ナ次第ナルカ国庫トシテモ財政ニ余裕アルニアラス　其希望ニ応センコトハ容易ノコトニアラスシテ甚ダ遺憾ヲ感スルハ今日ノ実況テアル（中略）……我国従来ノ学風ハ外形ヲ飾ラス極メテ素朴ナリシコトハ諸君ノ知ラルル通リナルカ近来ハ此美風殆ンド去ッ

テ跡ナキニ至リタルカ如キ感アリ　故ニ教育費ノ問題ハ単ニ其費用ノミノ問題ニアラスシテ思想ノ問題ニモ影響セサルヲ得ナイ　殊ニ小学中学ト云フカ如キ程度ノ学生ハ国民性ニ大切ナル関係ヲ有スル年齢ナルカ故ニ教育費整理ノ目的ヲ達スルコトヲ得ハ国民性涵養上ニ於テモ稗益スル所少ナカラサルヘシト信スルモノテアル

要スルニ近年滔々トシテ増加スル所ノ教育費ニ向ッテ整理ヲ加へ国民ノ負担ヲ多少ナリトモ軽減シ依テ以テ穏健着実ナル思想ヲ涵養スルノ基ヲモ立テント欲スルカ故ニ諸君ノ充分ナル努力ヲ希望スル次第テアル」(3)

右の原会長の挨拶中、前段は教育費整理の主旨を述べているのだが、後段になると原会長の教育観が表出しており注目されるところである。このことについて「ここでは、教育費の問題は単に費用のみの問題ではなくして、思想の問題であるとして、教育費整理の目的は、もちろん国民負担の軽減にあるが、それによって穏健着実なる思想の養成に役立つのであるということを力説しているのである。人は順風にあるよりも逆境にあってこそ、学業を完成し成業するものであるという我国の美風を強調する。国民教育も逆境にあることがかえって、その目的を達成することになるという論理である。国民負担の軽減という大義名分も、論理のすりかえである。国民教育という国民的事業を貧困なる財政の町村に依存させ、国家財政の支出を消極的にして、そのしわよせを劣悪なる状況にある義務教育の内容を、濫費なるもとに一層節約しようとするものであった。そこには、ただ国民教育にたいする蔑視以外のなにものも存在しなかったのである」(4)とする指摘は首肯せらるべき内容であろう。

さて臨時教育行政調査会で審議された内容について、九月一四日提出された調査会幹事長（馬場鍈一）案によればつぎの通りであった。

議案第一号　小学校ニ於ケル学級ノ整理ヲ行フコト　（整理見込額、教員俸約費約三百四十九万二千六百九十三円余）

説明　全国小学校中ニハ比較的少数ノ児童ヲ以テ編制セラレル学級少カラス　斯ノ如キ学級ハ各其ノ他ノ地ノ

実情ニ応シテ適宜之ヲ整理スルヲ至当トス
議案第二号　資力薄弱町村ノ小学校ニ於テハ二部教授及三学級二教員制ヲ実施スルコト
説明　資力薄弱町村ニ於テハ二部教授及三学級二教員制ヲ実施シテ小学校費ノ節減ヲ図ルコトヲ要ス　而シテ之カ実施ニ当リ前号ノ場合ト同シク努メテ准教員、代用教員ヲ整理スルコトトセハ敢テ教育ノ効果ヲ減殺スルノ虞ナカルヘシ

さらに九月二八日にはつぎの四つの議案内容が明らかとなった。

議案第三号　補助教員ヲ整理スルコト（整理見込額、教員俸給費百六十八万三千五百二十六円余）
説明（小学校令施行規則第三五条、第三六号ヲ改メ）十八学級以上ノ小学校ニ限リ学校長ノ担任スル教授ヲ補助スル教員ヲ置クコトヲ得シメ且此ノ場合ニ於テハ該学校長ヲシテ他ノ小学校長ヲ兼任セシムルコトヲ認メ其ノ他ノ補助教員ハ総テ之ヲ整理スルコトトセハ大正十年一月現在小学校補助教員総数五千七百三人中約四千五百三人ヲ減少スルコトヲ得
議案第四号　専科教員ノ整理ヲ行フコト
議案第五号　校舎ノ新築・改築・増築等ノ節約
議案第六号　備品消耗品費ノ節約（説明略）

また一〇月二八日には議案第七号として、「学用品ノ節約ヲ行フコト」が提案され、整理案の全貌が明確となった。
以上臨時教育行政調査会の意図は、極めて大幅に学級の整理・統合を伴うことによって教員数を減少させ、合わせて積極的な二部教授制、三学級二教員制を学校教育に採用することによって人件費を大削減しようとするものであっ

た。これによる整理対象教員数は二万四、八二五人以上、その人件費は八三三万一、二二一円にのぼり、これに学校諸経費節約分を合算すれば約一、〇〇〇万円の教育費削減となり、したがって地方教育費負担がそれだけ軽減されることになり、もしこのまま整理案が実施されるとすれば、教員の余剰人員は当時の全小学校教員数一八万九、四七六人の一三%にも達するものであったという(5)。一三%といえば約二万五、〇〇〇人という数字となる。

ところでこの調査会でどのような審議が展開されたか、それは決定的に重要なことだが、今回「臨時教育行政調査会速記録」に接する機会を逸しているので詳細な記述はできない。伝えられるところによると委員の一人で当時東京商工会議所会頭であった藤山雷太は「小学生ヲ教育シマスノニハ、必ズシモ級ヲ分ツ必要ハナイ、全部ノ生徒ヲ校長ガ集メテ一時間人間ハ斯フ云フ国民ニナラネバナラヌト云フコトヲ教ヘマスレバ足リル、学科ハ一日読、書、算盤三時間学ベバ充分デアル、ソレニヨッテ大ニ費用ヲ減ズルコトガ出来ル(6)」と発言して前近代的教育認識を示し、期せずして当時の財界の教育観を伺う絶好の資料を提供した。

さて調査会で審議された議案は当時公表を避けて秘密にされていたという。ところが「滝沢は文部省の記者団と絶えず機脈を通じて、調査会の総会及び特別委員会に於ける議事の内容及び経過を悉くその通り翌日の新聞によって世間に伝えていたから、世論はいよいよ整理反対に傾いてきた(7)」という状況も展開され、秘密事項は完全に漏えいしていたとされている。ここでいう滝沢とは、調査会委員で当時青山師範学校長の滝沢菊太郎である。彼は「委員会に於ても終始一貫教育的見地から正々堂々と正論を強硬に主張し」た人物であったという。沢柳政太郎も調査会委員の一人であるが、彼は審議会開催中に政府から派遣されて欧米外遊の途についているが、その沢柳は滝沢菊太郎についてつぎのように評価している。

「君が臨時教育行政調査会の委員の一人として奮闘して教育界に偉功を樹てられたことは、我教育史上に特筆すべきことであると信ずる。この事は十分詳細に記録に致して置きたいものである。私も大体聞き知っているが、この大事件は恰も私の欧米旅行の留守中のことであり、即ち後で聞いたことであるから、他の適当な人に依りて詳しく記述して貰いたい。この事は我滝沢君の偉勲であると同時に、我が教育史に於ても十分明白に且つ詳細にして置く必要がある事件だと信ずる」(8)

一方調査会委員でこの整理案を積極的に支持し推進する姿勢を見せたのは貴族院議員江木千之であった。江木は一八七四(明治七)年文部省に出仕、以降長崎県師範学校教諭、大書記、少視学を経て文部省権少書記官、八六(明治一九)年視学官兼参事官、九一(明治二四)年普通学務局長、その後内務官僚に転じて茨城県知事などを務めた。熊本県知事時代に病気で隻脚を切断して退官、以降専ら貴族院議員として活躍し、一九二四(大正一三)年には清浦内閣文部大臣を歴任するなど教育通として名声があった。彼は熊本県知事時代のことについてつぎのように述べている。

「自分は日露戦役前後に熊本県の地方官をして居たが、其時に文部省の実施に先立って、四年の義務教育を六年に延長した経験がある。それは明治三十八年のことである。当時は戦役中であって、経費節減を急務とし、百五十万円の県歳出の如きも九十万円迄に節減すると云うような有様であったから、其際教育年限を延長するのは、容易ならぬことであったが、既に久しく行はれて居る四年の修業年限では、国民教育として如何にも不十分であると感じたから、断然これを実施することにした。尤もそれを実施するには、なるべく経費の膨張せざるやうに、二部教授等の制、三学級二教員の制等により、二学級に一教員又三学級に二教員を配する等の方法を取り、年限延長の為めに、校舎を増築したり教師を増員したりせぬことにし、担任時数の増加した教員には、必らず毎月三円以上五円位の手当を支給したので、一校平均二百円程の増額で済んだ」(9)

右の引用において江木の回想が事実体験に基づくものであったとすれば、二部教授制の実施、三学級二教員制の実施に関しては既に実験済みであったことになる。記述は飛躍するが、山口県豊浦郡小月小学校の小沢信吉校長も一四（大正三）年以降七学級五教員制度の実験に手をつけ、のち三学級二教員制の理論を活発に公表して一九（大正八）年には『三学級二教員の樹立』と題する単行本を発刊している事実がある。このように考えれば、江木の調査会における発言の基礎には彼の熊本における教育行政の経験と、小沢理論ともいうべき現場教員の教育費節約論の借用があり、そのことが彼の調査会での彼の言動を支えていることが明確になってくる。いずれにしても江木の見解は、教育を経済面からのみ解釈、分析し、教育原理の存在を故意に無視した教育政策を提示するものであった。

さて調査会の整理原案の内容が新聞紙上で報道されると教育界を中心に各方面から反対・批判の声が挙がった。このことについて徳富蘇峰主宰の『国民新聞』の記者四〇年の経験を持つ相沢熙は、この原内閣の地方教育行政整理が全国的に不人気、不評判であったことについて二つの理由があるとした上で、第一に整理案そのものがあまりにも過酷であり教育破壊的性格をもっていたこと、第二に原内閣の政友会多数派による議会運営の強引さを挙げている。

また既述したように最も熾烈に政府案に対する批判活動を行なった教育擁護同盟の、調査会に対する具体的批判の一例を示せばつぎのようであった。第一にまず調査会の構成員について、教育専門家が極端に少ないこと、それ故に江木氏のごとき時代錯誤の教育思想をもった人を唯一の権威者と仰ぎ、現実に江木氏の説が調査会全体の論調を支配した。第二に、調査会は審議内容を秘密にしていること、国家の将来に関することであれば調査会は公開の原則を確認しなければならない。第三に、今回の教育問題についてはこのような大規模な調査会は不要であること、文部省には督学官が設置されまた府県郡にはそれぞれ視学制度が確立されており、現今教育の実態に不経済な面があるとすればこれらの教育行政官組織を活用すれば事は足りるのではないか。第四に、教育改革は世界史視野に立脚して実施さるべきこと、極端な財政窮迫にあえぐドイツ、ロシアさえ、また英国、仏国においても昨年義務教育の年限を一カ年延長し補習教育の大拡張を遂行して高等小学校程度の大改革を断行した、それに比較して我国においては経済的に利益を得ているにかかわらず義務教育を破壊しようとしている、このことは単に教育関係者間の問題に限定さるべきでなく実に国民の休戚に関する大問題である。さらに加えて調査会は、従来教育を論ずるものややもすれば理想的教育論にのみ偏して理想と経済との調和を図るの点に着眼しないと云うが、これこそ我々教育家を侮辱した言葉である、われわれはわが国の予算規模も知っている、その中に占める軍事費についても、租税収入の内容についても、日本の義務教育費中国庫負担が一割にも及ばないことも、外国における教育費支出がわが国のそれの四倍、五倍になっていることも知っている、政府はわれわれに対して何故に経済に暗いと批判するのか、というのであった。(10)

沢柳政太郎を会長に仰ぐ帝国教育会も調査会批判の論理を展開した。雑誌『帝国教育』の編輯主任の三浦藤作は「原首相に与ふる公開状」と題してつぎのように述べている。

「貴下が曩に教育行政調査会を設けて、貧弱なる我が国の教育費に尚ほ一層の整理節約を行はんと企てたるは、あらゆる意味に於て得策ならざりしこと歴然たり。貴下は今日もはや教育費整理節約の可能不可能などを考ふべき場合にあらず、人類の為め、国家の為め、自己の政治的生命の為め、静思熟慮して善後策を講ずる必要あり。これ聰明を以て聞ゆる貴下の疾に自覚せる所ならん。若しも未だ自覚せざるならば、貴下に対して聰明の讃辞を呈するは当らず。貴下は現代の日本に多く見る平々凡々の一党人のみ。教育の振興を四大政綱の一に数ふる政府が、世界の大勢に顧み、大に増加せざるべからざる国民教育費を苦肉の策を回らして削減せんとすることの如何に矛盾なるかを知らざる程の貴下にもあらざるべし。されど正当なる方法によらずして、現在に於ても乏しき教育費を、更に削減せんとするに至りては、これを国民教育の賊と目せざるを得ず。……」(11)

以上に続けて、少しの常識ある者ならば、理由を探究するまでもなく三学級二教員制のような制度の不合理性は誰でも認識するところであると、痛烈な批判論理を展開したのであった。

一方で臨時教育行政調査会の教育費整理案は地方においても重要な問題として取扱われた。当時熊本では政友会知事川口彦治の施政下にあったが、反政友の憲政会熊本国権党は機関紙を通してつぎのように述べている。

「二部教授、三学級二教員迄実施して、費用の節約を教育費に於て認めざる可らざる程、今日の国家財政は逼迫を来せるや。義務教育費に対し節減を思及し云々する如きは、余りに国策に無理解、没理想な時代逆行の頭脳と謂はねばならぬ。義務教育の年限延長も愈其実行の切迫こそ認められてゐる今日である。義務教育費に関し逆捻的に之が整理乃至節減を云謂するが如き、義務教育なるものを軽視するも甚だしいと断ぜねばならぬ。……若し夫れ中央財政の逼迫は国費に大節減の已む能はざるものありとせば、寧ろ国費の五割を占むる軍事費の如きに斧鉞を加ふ余地を発見するに努力するを至当とすべきである。[12]」

このような批判に対して政友会側では、整理案を作成する意図は全国画一的に実施を目指すのではない、経済的状況が良くない町村にのみ二部教授三学級二教員制度の導入を計り、また校舎設備品消耗品を整理節約せしむるのがその主旨だ、と弁明に努めるのであった。しかし非政友の国権党側は、町村会長会等を催して、「地方教育行政調査会の提案を見るに二部教授三学級二教員制度の如きを設け教育費を節約せんとするは国民教育の能率を低下し文化の退歩を強いんとするものとして国民教育の根本的破壊なりと認むよって吾人は極力之に反対す」とする決議文を決定する状況にあった。しかもさらに県教育会そのものが総会においてつぎのような宣言文を採択可決するに及んで、地方段階においても調査会の整理案は決定的に批判されることとなった。

宣言

欧米列強は其第一歩として大に力を教育に尽くすの時に方り目下臨時教育行政調査会に於て審議中の小学校教育費節約に関する事項は時勢に逆行し著しく義務教育の程度を低下せしめ其本旨を没却するものと認む[13]

その後整理案は特別委員会付託となり多数を以て委員会は通過したものの、全国的反対運動の高まりの中で審議は実質的に進まず、そのような状況にあって二一（大正一〇）年一一月四日原敬首相は東京駅で刺客の兇刃に斃れる事態となった。

ついで一一月一三日高橋是清内閣が成立するのだが、高橋は調査会を開かず、遂に二二（大正一一）年九月一八日勅令第四〇八号を以て臨時教育行政調査会官制そのものを廃止してしまった。(14)

三　志垣寛と教育擁護同盟

志垣寛は一八八九（明治二二）年五月三一日、熊本県菊池郡津田村字中代に生まれた。現在でも噴火活動中の阿蘇山のふもとに生をうけ、多感な少年時代をそこで過ごした。生家について志垣は「村の豪家で表玄関から馬を乗り入れ土間を一巡して裏口から出られるような広大な家だった」と回想している。相当の資産家であったようである。

父の名は権八、志垣はこの父について、「布哇に渡航し十余年間在留、中途二回帰国す。殆んど家計を顧みず」と記している。事実志垣一家は、志垣が四歳の頃より彼が師範学校を了えるまでの長期間、権八の姉婿の矢野九郎八宅に同居、世話になるのだが、その理由は父権八の家庭を顧みない放らつな生活にあったという。

母の名はニシ、菊池郡大津町の出身、慶応元年に生まれ第二次大戦後四八（昭和二三）年没、八四歳。志垣は、自分の教員志望が母ニシの積極的な勧めによって形成されたことを熱心に力を込めて幾度となく書いている。

志垣が熊本師範学校入学に至るまでの経歴はつぎの通りである。

一八九八（明治三一）年　菊池郡津田村久保田尋常小学校卒業

一九〇二（明治三五）年　菊池郡合志東部高等小学校卒業。同年四月私立合志義塾入学、約二年間在学
一九〇五（明治三八）年　菊池郡隈府尋常小学校に准訓導心得として約一年間勤務

合志義塾は一八九二（明治二五）年に創立された農村私塾である。敗戦後の五七（昭和三二）年まで、その間組織変更はみとめられるにしても約六五年間、地方の青年の教養と農業思想の涵養に大きく貢献し、幾多の人材を輩出している。創立者工藤左一と平田一十は従兄同志、工藤は津田静一の熊本文学館に、平田は徳富猪一郎の大江義塾に学んでいる。

さて志垣は、一九〇六年四月、熊本師範学校に入学した。以降四年間学生生活を送ることになるのだが、在学中彼の感性は絶えず文学に傾いていったように思われる。彼は師範生活を回想してつぎのように述べている。

「二年生となりし頃よりそろそろと文学の道に入り候。その為大なる変動を精神上に及ぼし申し候。加ふるに外界よりの刺戟も亦甚しきものにて候ひき。五月には叔母君を失ひ七月には父上を失ひ、私の心は殆んど狂せん許りと相成り候。……筆を取りては自ら吾が身の事を書き綴り、小説などと銘打ちて楽しみ居り候。はてはかた苦しき幾何代数の難問をなさんより此の方遙かに面白く相成り候て寝食を忘るゝの域にまで至り申し候。」(15)

彼の文学開眼は叔父の古庄黙軒への出会いによると彼は書いている。古庄は当時九州日日新聞社の記者、彼は師範生の志垣を前にして自然主義文学の魅力を説いたという。

周知のように、明治後期自然主義が文壇に大きく抬頭していく契機をなしたものは、島崎藤村の『破戒』と田山花袋の『蒲団』の相次ぐ発刊であった。この二作が明治三九年と四〇年に順次に刊行され、明治四〇年代の文壇は自然主義時代の様相を示した。そしてこの文学的潮流は急激に地方の文壇を席捲していった。いや文壇のみでなく、広範

な青年層に深く影響を与え、熊本師範学校に学ぶ学生達も決して例外ではなかったようだ。志垣は、明治四〇年秋の学生生活の一コマをつぎのように書き残している。

「その年の秋、熊師はパラチブスに見舞はれ百数人が罹病した。文学同好の吾等の一団も悉くやられ、隔離された三寮の一舎で熱論激論、夜を徹して文学を語ったものだ。花袋の蒲団が発表されたのも丁度その時だった。「性慾と悲哀と絶望とが彼の胸を打った。冷たい汚れた天鵞絨の襟に顔を埋めて泣いた」とゆう蒲団の最後の一句が、しばしば吾々の間で口ずさまれた。そんなわけで、僕等は殆んど正科の学習を顧みず、欠課又欠課で小説をむさぼり読んだ。」(16)

『蒲団』の引用は正確ではないが、若き学生時代の回想文としてこれを書いたのは五一（昭和二六）年であり、相当の年月を経ても花袋の文章を荒筋において記憶していることに当時の学生達の文学的状況が推測できるように思われる。

さて、一九〇八（明治四一）年、熊本師範学校では学校騒擾事件が発生した。学生五人の退校処分事件である。学校記録にはつぎのように記されている。

本科第五学年　古内親男
吉田響鳴
本科第一学年　長尾鶩彦
尾前正行
簡易科第一学年　佐伯益良
右学業不進成業ノ目途ナキニヨリ退学ヲ命ス

明治四十一年三月廿二日

学校長

この処分の公式の理由は明記されていない。しかし恐らく、自然主義、社会主義等の時代思潮に興味を抱く学生の排除がその理由であろう。しかしこの処分は突如行なわれた訳ではなかった。志垣より一年上級生の田中正行はつぎのように述べている。

「それは明治四十年晩秋の或夜の深更、三人の学生が嵐の中の病室に相会して眉をあげ臂を張って何事かを密議していた。学生は谷口源吾、吉田響鳴それと私の三人であったが、其結末を云えば、血判の誓をしたのである。何を誓ったかと言えば一、われわれは所信に向って邁進する。一、学校の圧迫には飽く迄反抗する。其他三ケ条。末尾に三人がサインし各血を以てボ印を捺したもので、所謂血書ではないが血盟であった。何でそんな不穏な挙に出たかと言えば、当時この二人の外に一級上では得能叢、内田虎雄等、同級では右三人の外に北里利義、木川丸一、橋本俊明等一級下では黒田乙吉、志垣寛等、更にその下では林原吉次郎等を中心とした文学青年に学校がひどく圧迫を加えたからである。丁度此頃西欧に燃え上った自然主義はやがて日本にも渡来し燎原の火の如く拡がったが、其主義主張をこの地方で最初に感受したのが之等の文学青年達であった。元より適当な指導もなく、本人達にも何等の批判力も無い事とて、彼等はやみくもに此主義を信奉した。国木田独歩、島崎藤村は一種の偶像の如く信仰され、何が何でも自由自然の生活がこよなく貴重なものと盲信されておった。(17)」

右の田中の叙述は学校当局の学生指導の実態、文学にゆれる学生の姿、当時の文学、思想状況を適確に描写しているように思われる。

当時師範学校では学生が主体的に編集し、教師が検閲する形で、文芸雑誌『京陵』が発行されていた。志垣によると、学生処分が行なわれた後も、思想一覧という『京陵』特集号を作り、社会主義、自然主義、虚無主義、報徳主義を選んで刊行したという。志垣は自然主義を書き、虚無主義は黒田乙吉が執筆したというが、社会主義、虚無主義は学校検閲で削除されたと記している。さらに学校の検閲を避けて京陵文学会というグループを結成し、廻覧雑誌『京陵文学』という雑誌をも別に発行したという。創刊号と第二号は長らく保存していたが関東大震災で焼失し、「これ位惜しいと思ったものはない」と志垣は回想している。このように見てくると、当時の師範学校学生の明治四〇年代の社会的、思想的状況に翻ろうされている姿が眼前に浮かんでくるのである。

退学処分になった尾前正行は、当時発行されていた『熊本評論』の愛読者であり、尾前翠村のペンネームで詩を投稿する青年であった。周知のように『熊本評論』は、明治四三年の大逆事件で死刑を執行された松尾卯一太、新美卯一郎の断罪証拠となった雑誌であり、「このころ師範学校の文学グループは『熊本評論』との交流があったことがうかがわれ、黒田もその一員であったものと思われる」[18]とする見解もあながち否定できない状況があった。右にいう黒田は黒田乙吉のことである。彼は志垣寛と同級生、また志垣の妹タニを妻として両者姻戚関係にある。黒田は「熊本師範での生活の中で『熊本評論』に関係し、社会主義に近づき、トルストイやゴーリキイに傾聴し、熊本の春竹小学校訓導を七カ月で辞してロシアに赴く」[19]のだが、後一九一七（大正六）年モスクワで唯一人の日本人記者（大阪毎日新聞）としてロシア革命を体験し、ソヴィエト研究の先達となった人物であった。

このような同僚に囲まれ、志垣は多感な青年として成長していった。

しかしこのような文学的状況にいたにもかかわらず彼は、熊本師範学校を卒業後直ちに菊池郡原水尋常小学校に訓導として着任した。

当時彼にとって最も切実な問題は、母をはじめ四人の兄弟が一緒に暮せる住居をいかに構築・維持するかということであったという。結論からいえば、彼は卒業と同時に「亦楽村舎」と命名された独立家屋を持ったのである。その資金は、黒田乙吉ら同級生九名から二十円を拠出させ、叔父古庄黙軒の助力を乞うて用意したと記している。亦楽村舎の由来は論語に由来し、亦楽村舎の記にはつぎの文言があり、扁額に掲げられていた。

「昔は孔子野に在りて子弟を教育す、位と富を求めず。今志垣氏も亦郷に在りて其青年を指導格正し、勤倹尚武の良風を養成し剛健着実なる美俗を陶治せんとす。思ふに我国現時の状勢を考へて頗る適切なるを感ず。亦楽村舎の起る偶然にあらざる也。此の堂に集まるの士、事情を同じくし一たび肝胆相照さば心と物と適合して私慾の邪念忽ち消散し一致共同能く事に当り愛好親密互に相助け相益し以て郷党の模範たるを期せよ。」[20]

友人　田　黄牛

田黄牛とは志垣がかつて学んだ合志義塾の創立者平田一十の号である。志垣はこの塾とのつながりを強く意識し、思想形成の基盤はこの塾の教育にあったことを強調している。さて亦楽村舎は熊本市から四里の道のり、軽便鉄道の終点大津町からさらに西南の方向へ一里、わらぶきの小さな一軒家だったという。平田による亦楽村舎の呼称が意味するように、村人びとに開放することを前提にしていた。志垣はこの家での行為を夜学と呼ぶのだが、組織立った経営、例えば塾経営に類するものではなく、単に家屋を村人に自由に開放するといった程度であったらしい。村人はこの志垣の家を「先生の家」と呼び合ったという。教師志望を成就した志垣にとって、村の青年男女に独立した自宅、亦楽村舎を解放することは彼が抱く教育理想の具体的展開でもあったと考えられる。

一九一二年四月、志垣は菊池郡合志東部高等小学校訓導に転じ、翌年の一三年三月二七日菊池郡北合志村字小原の斉藤三次長女の美多と結婚式を挙げた。志垣二三歳一〇ヵ月、美多一九歳四ヵ月であった。志垣に云わせれば「斉藤家は斉藤実盛の末孫で、二重の峠(外輪山)を越えて来た郷士」であったとされる。美多は当時熊本女子師範学校四年に在学中であったが、同年四月大津尋常小学校に就職した。以降美多は志垣に伴って教師生活を送るのだが、二五年四月より刊行された全国小学校連合女教員会の機関誌『小学校女教員』の編集業務に携わったり、また晩年は堅山南風に師事して日本画の画業に精進、院展入選も果している程の芸術愛好家となった。

小学校教員生活も四年を経て志垣は当時の心情をつぎのように述べている。

「其頃私はすっかり天狗になりきって居た。所謂研究部会と称する八九校の職員団体の中で、自分より偉い人は一人もないと自ら思って居た。従って私の態度は聊《いささ》か傲慢で生意気であった。私は私自身の此の態度がつくづく嫌であった。『何て高慢ちきな奴だろう』怎《こ》う自ら戒め乍ら、さて自分ではどうともそれがならなかった。」(21)

かくて彼は、一五（大正四）年四月、熊本県第二師範学校訓導に転職した。「住み馴れた亦楽村舎を後にし、純真な村人の同情を無にし、いやがる母をすゝめ立てゝ私は都会への第一歩を踏み出した」(22)のであった。その翌年志垣は文部省の教員検定試験教育科に合格した。試験官は大瀬甚太郎、吉田熊次、森岡常蔵、乙竹岩造、中島半次郎、稲垣乙丙の六氏、当時の日本教育学会の権威者であって「私は口答試問でそれらの学者先生と面接し、吉田、森岡、乙竹、中島とはそれが機縁で親しくなった」(23)と記している。

熊本師範附属訓導二年経験して志垣は、一七（大正六）年四月郷里熊本を捨てて奈良女子高等師範学校訓導となった。周知のように奈良高師附属小学校は一九二〇年代から三〇年代にかけて「学習法」および「合科学習」の名において大正自由教育の一方の発信地ともいうべき役割を果たすことになるのだが、志垣が奈良に来た時期はまだ本格的な新教育は実施されていない。ただ志垣と同時に、奈良女高師附属小学校にはのちに「一切衝動皆満足」論を創造教育の一環として提唱した千葉命吉、東洋図書という出版社を経営して成功した永田与三郎、雑誌『教育文芸』を主梓した桜井祐男、など、以降大正新教育にその名を刻印している同僚が赴任したという。志垣を含めて五人、彼等同期生は正六組と称して附属小学校の教育を支えた。この年沢柳政太郎の成城小学校が創設され、ロシア革命が起った。

志垣の奈良附属小学校訓導時代は二年五カ月を数えたに過ぎなかった。一九年八月彼は奈良を後にして東京の出版社同文館に入社し、そこで教育雑誌『小学校』の編集に当ることとなった。そのことについて彼は「もともと私は作家志願だったが、教育者としてもそのころ万人あこがれの的だった高師訓導となれたので、これで一応成功、この上は、いよいよ作家生活にはいりたいと思って、それには雑誌記者は何かと有利だろうと考えたわけだ」(24)と述べている。そしてまた上京が決まった段階で大阪朝日新聞の著名な記者鳥居素川に誘われ、やがて創刊する大正日日新聞入社を勧められたが大阪毎日新聞の記者をしていた黒田乙吉に相談して断るという場面もあったと回想している。ところで志垣が同文館に入社した直接の契機だが、この年五月『小学校』主筆岸田蒔夫(牧童)が奈良を訪ね、大塚(東京高等師範学校)では研究雑誌『教育研究』を刊行しており、また広島(広島高師)では『学校教育』を出している、この奈良では『小学校』を機関紙として利用したらどうか、その為には編集主任を奈良から推薦して欲しいと声をかけられ、同じ志垣の同僚で前記の千葉命吉の熱心な勧めもあって決意したという。(25)かくて彼はこの年八月同文館編集部員となって岸田に協力、『小学校』編集に携わることとなった。

一九(大正八)年は志垣にとって記念すべき年となった。以降晩年まで東京を活動の根拠とする生活をはじめることになる。そして更に彼の生涯において記憶さるべきことは、この年一〇月、実質的に處女作とも云うべき単行本『教育物語』を上梓したことであった。新書判三四六頁、奈良時代に書留めていたものを東京弘道館から出版、その序に、「教育者としての偽らざる生活を展開する事によって天下二十萬の教員諸君が如何に悲痛な生活を營みつゝあるかを世の識者に訴へたいのが私の衷情である。今や教員問題は労働問題と共に社会の重大問題となって来た」と述べて執筆に当っての問題意識を表明しているが、適当に文学的手法を織り込んでいて堅い印象はない。以降彼は二〇冊前後の書物を書き残している。

一九年が記念すべき年となったことのもう一つの特徴は、今までの教員生活に規定された閉鎖社会から脱して教育ジャーナリズムの世界に身を置いたことであった。すなわち東京には志垣が上京する半年前の二月、東京在住の教育雑誌記者団が己未倶楽部という一種の親睦団体を結成し、相互の情報交換の場としていた。今構成員全員を列挙する資料は持たないが、この中には『小学校』編集主任の岸田蒔夫、啓明館を組織した下中弥三郎、『帝国教育』編輯主任の三浦藤作などが名前を連ね、評議員、幹事を置くなどの規約を掲げてその力量を発揮する準備をすすめていた。そして二年後の二一（大正一〇）年二月、既述したように第四四議会の衆議院において井上角五郎の「市町村教育費ノ整理ニ関スル建議案」の上程を迎えるのであるが、己未倶楽部の会員は直ちに反応して三月二日夜、志垣が勤めている神田の同文館に参集、帝国教育会専務理事野口援太郎を交えて下中弥三郎の提案により教育擁護同盟を組織したのであった。参加した人名は省略するが、この中に志垣寛、下中弥三郎、為藤五郎、野口援太郎の名前があり、この四人が関東大震災直後、大正新学校に不動の位置を占める児童の村小学校を創設したことを記しておきたい。換言すれば教育擁護同盟の結成が契機となって大正期を通じて特徴ある新教育実験学校が誕生したのである。

さて志垣等四人を含め、成城の沢柳政太郎、鰺坂（小原）国芳、早稲田大学の原田実など二二名で結成された教育擁護同盟の活動は、原内閣の義務教育費整理案を内容とする臨時教育行政調査会批判の先頭に立ち與論換起に大きな力を発揮した。このことについては前節で既述した通りである。結成当時の熱い空気を志垣はつぎのように伝えている。

「一同はほとんど毎夕、帝国教育会に集まり、小さな牛鍋をつつきながら夜おそくまで、熟議した、たちまちあらゆる教育雑誌が協力を約し、同盟の宣言は毎号その巻頭を埋め、教育言論機関総連合の態勢ができ上った。だが同盟には一銭の運動資金もない。同盟員各自の雑誌を通じ一般読者から資金の協力求め……そのころの金で万に上った。一同はそれに力を得、ポケットマネーを持ち出し、全国各地に反げきの旅を始めた。筆者はかけだしの若僧であった。[26]」

教育擁護同盟は若い志垣寛を山口県に派遣して、実際実施されていた三学級二教員制を視察させた。彼はその視察報告書を「三学級二教員制山口県小月小学校を見る」[27]と題して書き残している。その中で、教育力は分割され教授は上すべりとなり不徹底に終る事多し、教員は過労に疲れ、教育に生気を欠くに至るなど結論づけているが、短時間の観察ではあり正確な調査とは云えない。しかしそれにしても、この記録が教育擁護同盟の批判活動において志垣の果した位置を象徴する資料になっていることは確実である。

このようにして志垣寛は、教育擁護同盟を基盤に原内閣の教育政策の展開を批判的に経験したのち、教育の世紀社創立に参加して雑誌『教育の世紀』を主体的に編集し、児童の村小学校の教育実践にも携わっていくことになるのである。

註

(1) 久保義三『日本ファシズム教育政策史』明治図書　一九六九年三月刊　七〇頁　本論の記述は本書に負うところが大きい。
(2) 下中弥三郎伝刊行会『下中弥三郎事典』平凡社　一九六五年　七〇頁
(3)(4) 前掲久保著　七四―五頁
(5) 同　八一頁
(6) 同　八二頁
(7) 相沢熙『日本教育百年史談』学芸図書　昭和二七年六月刊　三四七頁
(8) 木戸若雄『大正時代のジャーナリズム』玉川大学出版部　一九八五年二月刊　一九七―八頁
(9) 同　二〇七―八頁
(10) 帝国教育会『帝国教育』第四七二号　大正一〇年一一月一日発行　六一―一二頁
(11) 同「首相に与ふる公開状」六〇頁
(12)『九州日日新聞』大正一〇年一〇月八日
(13) 同　大正一〇年一〇月六日　熊本県教育会総会第二日
(14)『明治以降教育制度発達史』第九巻　五三六頁
(15) 志垣寛『教育物語』弘道館　大正八年一〇月刊　九―一〇頁

(16)熊本大学教育学部『熊本師範学校史』 昭和二七年一〇月刊 五八〇頁 志垣寛「明治末期の京陵文壇」
(17)同 田中正行「二三の所感」 五七七頁
(18)水野公寿「若き日の黒田乙吉」 熊本近代史研究会『会報』一〇〇号 一九七七年
(19)新藤東洋男「ロシア革命をみた黒田乙吉調査メモ」 同『会報』一〇一号 一九七七年
(20)前掲『教育物語』 二一一頁
(21)同 一二八頁
(22)同 一三〇頁
(23)志垣寛『教育太平記』—教育興亡五十年史— 洋々社 一九五六年一一月刊 三頁
(24)志垣寛「わが遍歴」 雑誌『日本談義』一五四号 昭和三八年九月刊 四九—五〇頁
(25)前掲『教育太平記』 五四頁
(26)同 一五頁
(27)『帝国教育』第四七二号 大正一〇年一一月一日発行 三二—三九頁

なお小月小学校の三学級二教員制実施については、当時の東京大学助教授阿部重孝、同助手岡部弥太郎共同による調査記録報告書が「小月小学校外三校学校調査」として発表され、詳細な学術調査、分析がなされている。阿部論文の存在は、当時の原内閣の教育費削減政策が当時の教育界で相当重視されていたことを間接的に証明している。同論文は『阿部重孝著作集』第五巻に掲載されている。

追記、志垣寛の経歴については平田建一氏より貴重な示唆を得た。

志垣寛『ソウェート・ロシア新教育行』について

かつて筆者は志垣寛（一八八九―一九六五）について「原内閣の教育政策と志垣寛」と題する小論（熊本近代史研究会三五周年記念論集所収）で触れたことがある。一九二一（大正一〇）年政友会原敬内閣による義務教育費削減政策に反対する志垣の動きを素描したものである。当時大正デモクラシー的教育風潮の中で、教育雑誌の出版が盛況を極め、この教育ジャーナリストの集団が教育擁護同盟を結成し、原内閣の教育政策批判を展開、その同盟に加入していた志垣の行動に注目したものであった。この教育費削減計画は原の暗殺によって実現不能となったが、この教育擁護同盟に集まった人々の中から児童の村小学校の経営が実現していくことになる。この小学校は、大正自由教育を実践する新学校の中で、最もラディカルな存在であったと評価された。志垣はこの新学校を支えた有力なメンバーの一人であり、そのことを無視しては彼の全体像は浮上しないだろう。

いま志垣寛の文献収集に手間取っている現状にあるが、数少くない志垣の著書の一つに、『ソウェート・ロシア新教育行』と題する一書が手許にある。志垣が児童の村小学校に関係していた時期の終末近くの一九二五（大正一四）年一二月から翌一五年三月にかけての四ヵ月間、革命後のロシアを歩いた旅行記である。同書は大正一五年一〇月、平凡社から出版されている。

いまこの書について若干の紹介を試みたい。

さて志垣は離日する直前に「欧州の旅を志して」と題する短文をある雑誌に寄せているのだが、その中で「私の友だちがあちらに行ってゐて、大変都合がよいからやって来い」と誘いがあってロシア行きを決意したといっている。友だちとは、志垣と熊本師範学校にて同期生であった黒田乙吉（一八八八―一九七一）を指している。黒田は志垣の妹タニをのちほど妻にしており、両者は義兄弟の関係にもあった。黒田は当時『大阪毎日新聞』の記者としてモスクワに滞在していた。

この黒田乙吉の存在を知ったのは熊本近代史研究会会員水野公寿、新藤東洋男の二氏からの教示によるものであった。すでに三〇年も過去のことになろうか、水野は研究会の会報第一〇〇号で、福岡県三池郡高田村出身の黒田乙吉については菊池昌典が特に詳しいこと、黒田が師範卒業と同時に就職した熊本市春竹小学校を僅か七ヵ月で辞職してソビエト・ロシア行きを実行するのは、菊池が指摘しているトルストイ、ゴーリキイへの傾倒ということのほか、この年明治四三年の熊本では大逆事件に絡む社会主義者に対する捜査が行われており、当時熊本で発行されている『熊本評論』の読者への嫌疑の目は厳しく、黒田も捜査対象の中に入っていたのかもしれない、と指摘している。また新藤は、会報一〇一号に「ロシア革命をみた黒田乙吉メモ」と題する一文を寄せ、新藤自身黒田の生家を訪れ、また役場にも出向いて戸籍調査をした事実を報告するとともに、彼の思想の中にいつ頃から社会主義の影響がみられるか詳らかにしないが、生家の近くで小田頼三らによる社会主義「伝道」が行われている事実があること、明治四一年には近郊の渡瀬で熊本評論社主催の講演会が開かれており、大逆事件で犠牲になった松尾卯一太、新美卯一郎らが弁士として演壇に立っている史実も記録にある、と記している。

水野、新藤両氏が黒田乙吉について以上のような内容を紹介している一九七七（昭和五二）年は、ロシア一〇月革命六〇周年の記念の年に当っていた。新藤はその年八月、ハバロフスク、イルクーツクの調査に出かけ、のち写真集『ロシア革命とシベリア出兵』を刊行したのである。

さて菊池昌典は、晩年の黒田乙吉について次のように描写している。

昭和四六年一月二六日、黒田乙吉翁は八三歳の生涯を閉じた。ロシア・ソビエト研究に文字通り一生を賭け、本の山にうまり、本を買うのに金を惜しんではならぬと口ぐせのようにいっておられた翁の死は、ロシア革命を体験した最後の日本人が消えたことであり、ロシア、ソビエト研究者のよき先達を、我々が失ったことでもあった。

(『ロシア革命と日本人』筑摩書房、一九七三年)

黒田の人間像が、短い文章ではあるがよく描写され、また菊池の黒田に対する愛惜の情がよく表現された文章である。師範学校で同期、しかも義兄弟の関係、共に年齢は三七、八歳、モスクワ滞在の黒田乙吉の誘いで志垣寛のソビエト・ロシア旅行が実現したのは大正一四年一二月のことであった。おそらく黒田は新聞記者としての知識と社会的地位を利用して、四カ月わたる志垣の旅行日程を最高の配慮のもとに作りあげたであろうと推測される。

志垣はロシア語に関しては全く無知であったと告白している。だから旅行中は通訳を必要とした。通訳には黒田乙吉はもちろん黒田辰男、蔵原惟人に依頼したとしている。人名辞典によれば黒田辰男は早大露文科主任教授を務める人物であるが大阪府出身となっている。ところが志垣は彼を熊本出身と云っているので、人物の特定ができない現状にある。蔵原惟人はマルクス主義的文芸批評家として著名、父は蔵原惟郭で熊本バンド系キリスト者、熊本英学校、女学校の校長を務めたのち政治家となり、母は北里柴三郎の末妹終子である。惟人は両者の次男、東京府立一中在学中からロシア文学に関心を寄せ、さらに東京外語露語科を終了、当時二四歳の青年で『都新聞』の特派員の身分、モスクワにてロシア語、ロシア文学の研究に努めていた。

蔵原惟人と両黒田、三人ともども将来ロシア文学、ロシア文化の最高の理解者になる人物である。これらの人材に囲まれての志垣寛のこの度のソビエト・ロシア旅行であった。そして旅の舞台装置の仕掛人は黒田乙吉であったに違いない。

すでに述べたように志垣は児童の村小学校における教育者、一方黒田乙吉も教育養成施設である師範学校に学んだ間柄である。両者の媒介項は「教育」でなければならない。そしてまた志垣にとって、革命後のロシアの教育がどのように変質し機能しているかを知る絶好のチャンスでもあった。

志垣の著書『新教育行』の多くの頁に、黒田辰男訳「文部省国家学者会議の編纂になる新学校の教科課程並にその案の根基をなせるコンプレックスシステムに関する当局の代表的意見」が占めていることは本の内容構成上やむをえないことであろう。そして旅行中、志垣は多様多種な学校、博物館、社会施設を視察している。

周知のように革命後のソビエト・ロシアの教育は総合技術教育と称される。生産の主要な諸部門および生産の科学的諸原理についての知識を与え、生産労働に参加するために必要な、技術一般の実際的技能を身につけさせる教育であり、社会主義社会の全面的に発達した人間を育成する過程のもっとも重要な構成部分の一つである（『最新ソビエト百科事典』、一九六二）。革命後未だ一〇年も経ていないこの時期、総合技術教育の形成期に志垣は旅行をしている。ア・ヴエ・ルナチャルスキーは革命後の最初の教育人民委員で、志垣は日本における文部大臣に相当すると云っているのだが、そのルナチャルスキーに彼は執拗に面会を申し込み成功している。おそらく黒田の働きかけがあっての面会の実現であったと思われる。また『国民教育と民主主義』（岩波文庫所収）の著者でレーニンの妻でもあるナ・コ・クループスカヤとも間接的ではあるが接触しているようである。

大正一五年三月、この度の旅行の締めくくりに志垣はトルストイの旧居を尋ねるべく、ヤースナヤ・ポリャーナ行きを実行している。同行の通訳は蔵原惟人であった。またトルストイ旧居の案内人はトルストイが最も愛したという末娘のアレクサンドラであった。一万五〇〇〇冊を蔵する図書室の隣りの大広間には訪問者の人名簿があり、その一頁には次のような文字が並んでいたという。

千八百六十八年十月二十五日日本九洲に生る　徳富健次郎

「トルストイの家庭とロシアに恵みあれ」

アレクサンドラといえば、二八（昭和三）年の秋、彼女が日本を経てアメリカ亡命を計ったとき、黒田乙吉が献身な接待を行ったと菊池昌典が述べている（「黒田乙吉翁小伝」）。彼女の日本滞在は一年から二年に延び、黒田は小西増太郎や岩波茂雄らとはかり、日本で土地と住居を用意するなどしたが、結局アメリカへ旅立っていったという。またアレクサンドラが日本各地で行ったトルストイの回想講演には黒田がほとんど通訳の任に当ったという。黒田のトルストイへの傾倒の深さを示す一例であろう。志垣は、「森のなかの明るい草地」を意味するというヤースナヤ・ポリャーナ行きを自ら計画したとしているが、黒田の熱烈なすすめでもあったと思われる。

徳富健次郎の兄猪一郎も明治二五年にトルストイを訪れている。また最近では北御門二郎がトルストイの『復活』『戦争と平和』『アンナカレーニナ』を翻訳して東海大学出版部から発刊している。蛇足ではあるが黒田乙吉も含めて、トルストイと熊本人とでも名づけるべき精神史が一本考えられないかとも思うこの頃である。

「お墓です。」

馭者に云はれて下りた。はてしなく続く森の白樺の間に、僅かに盛られた一塊の土、墓木もなく勿論墓銘もあらう筈はない。傍なる白樺の小枝にぶらりとつるされた木札には僅に次の文字がよまるゝ。

―レフ、ニコライウッチが愛してゐた樹を可愛がつてやつて下さい。―

墓前に脆く事しばし、吾等は処女のやうなセンチメンタルな気持になつて、嘗て翁が愛したと云ふそこらの木を撫でさすり、或は軽きキッスなどを与へたりして、しばし時のたつを忘れた。

志垣寛は『ソウェート・ロシア新教育行』をこのような言葉で締め括っている。

志垣寛と『教育新聞』

志垣寛（一八八九―一九六五）は熊本出身の教育ジャーナリストである。志垣は大正期「児童の村小学校」の創設に参加し、下中弥三郎等と共に教育擁護同盟を結成して原内閣の教育政策批判を展開したのであるが、このことについては小論を発表したことがある。志垣は太平洋戦争が激しくなると栃木の熟田村に疎開し敗戦を待つことになるが、敗戦直後「虚脱状態になった民衆の状況、ヘマばかりやる政府の措置にどうしても我慢が出来なくなり、微力を顧みず再び出京の決意をもつに至っ」（『教育新聞』昭二〇・一二・一五　第一号）て成城に居をかまえ、週間新聞の発行を志した。それが志垣の『教育新聞』である。

その『教育新聞』の復刻版が昨一九九九年一〇月緑蔭書房より出版された。解説者の梶村光郎によれば、この『教育新聞』は戦後初期に発行された教育関係の新聞の全国紙の一つであり、いわゆる教育新聞としては全日本教員組合が組合結成のため一九四五（昭二〇）年一二月一日に急遽創刊した機関紙『日本教育新聞』に次ぐものであり、市販の教育新聞の全国紙としては戦後最初に創刊されたものである、という。主宰者志垣寛が経営する教育新聞社を発行元にして、一九四五年一二月一五日に週刊のタブロイド版形式の新聞として創刊され、大山恵佐が主宰する市販の『日本教育新聞』（一九四六年五月一日創刊）との合併号で終刊となった一九四七年五月三日号までの間に通算七一号発行された。用紙不足や印刷所難という戦後初期の混乱した状況のなかで、合併号や頁数の減少（四頁を原則としたが二頁になることもあった）、小型版による発行といった状況を余儀なくされた上での定期刊行であった、と解説されている。

いま志垣寛による「創刊の辞」と社説「これでいゝいのか」、論説「天皇制を考究すべし」の三編を誌す。

⑴ 創刊の辞（一九四五年一二月一五日・第一号）

言論集会結社の自由は与へられた。長い間二重にも三重にも口を嵌せられ、手足を縛られてゐた教育者にも満遍なく自由は与へられたのだ。今こそ思ふ事を思ふまゝに言ひ誰にも遠慮する所なく会合し研究を進め討議を行ひ、主張もし要望もすべきである。

教育新聞は全国七十五万教育者が、その思ふところを思ふがまゝに討議し、発表する機関として創刊する。これは全教育界の公器だ。教育者はこの機会に長く馴致された穏健好みや卑屈癖を一擲し勇敢に突進すべきである。猿轡は既にとり去られた。手枷足枷はたちきられた。今こそ伸び伸びした朗らかな態度で教壇に立つべきだ。かくてこそ民主主義教育の建設も可能である。

本誌は全教育者の伴侶として、提携協力の機関たる役割を果すべく努力すると共に、文化国家建設の一翼として特に左記諸項の実現を期する。

一、神秘的世界観の廃棄と科学的世界観の確立
一、軍国主義教育の一掃と国際教育の樹立
一、劃一教育の打倒と個我の自由発展
一、封建的生活の払拭と生活の合理的向上
一、教育者の地位擁護、待遇の上昇

マ元帥の日本管理の態度は寛大にすぎるといふ批難がアメリカ国内にも亦その他の連合国からも起こつてゐる。吾々日本人が受ける感じからいつても、やゝもするとこれが無条件降伏といへるだらうかと思はれる場合も少なくない。それは進駐軍の態度が極めて和平友好的で、毫も戦勝国らしい態度が見られないからかも知れない。然しこれは敗戦国日本にとつて却て恐ろしい事である。何故なら吾々はそのために日本が惨憺たる敗戦国であるといふ認識を失ひ否、むしろ負けた方が却つてよかつたなどゝ平気で言うものさへ出て来るといふ結果を来してゐるからだ。吾々は今頻りに自由を口にしてゐる。然し吾々に与へられた自由には大きな限界がある事を忘れてゐはしないか。悠久三千年の歴史を誇つた大日本帝国は既に亡び、金甌無缺と歌つた国体にも大きなひゞがはいつたのだ。この厳粛な事実の認識が失はれている。だから、政府も、官僚も、政治家も、資本家も、依然としてその日暮しで、新日本建設への根本的方策を建てようとせず、何時までも、壊れた茶碗をつぎ合はせて居るような態度でゐる。そして、何とかして旧日本の形態を存続しようといふ保守的な、生ぬるい態度である。

連合国の意図が那辺にあるか、日本の運命が如何に転廻するかに就て吾々はもつとより深く考へなくてはならぬ。一向信頼の出来ぬ政府に頼るよりマッカアサー司令部に頼んだ方が万事解決が早いといつた、この頃の傾向を押しすすめて行つたら、いつそ一思ひに、アメリカの属国になつて了つた方がいゝといふことになつて了ふのだ。それでいゝのか。さだきだに亡国的兆候が随所に現はれてゐる。政治の貧困は吾々の手で打開しなくてはならぬ。これを救ふの途は七十万の教育者の手中にあるといつても過言ではない。

全国七十万の教育者よ、自らの力を以て起て！　亡国日本を救ふものは卿等の外にない。卿等の手中にある一千五百万の学生を通じて、世界に比類のない無防備文化国家の建設に断固邁進せよ。無条件降伏国たる冷厳なる事実に上に立ち、一切の困難を克服せよ。

(3) 天皇制を考究すべし（一九四五年一二月一九日・第三号）

天皇制は今や世界をあげての問題となつた。そして日本を除く殆んど総ての国の輿論は之を廃すべしとなし日本に於ても共産党及び若干の人々は廃止を主張してゐる。わが教育界の人々はこれに対してどんな考を持っているであらうか。輿論調査を俟たなくてはその帰趨は判然しないけれども恐らくその九十九パーセントは支持論者であらう。

教育界が天皇制を支持せんとする理由は厳密なる科学的検討を経た結果でなく只だ伝統的な感情に起因するものであると思ふ。悠久二千六百年の伝統により深く培はれた国民的感情が天皇なしには生きられない、天皇あつての日本であると深く思ひ込ませてゐる結果であると思ふ。この感情この信念があつて初めて強大なる民族的団結があつたのである。もし今天皇制がなくなつたとすれば一時国民はその據り所を失ひ、より以上個人主義的となり国家としての統一に非常な困難を来すであらうと思ふ。さればこそ多くの政党も亦熟心に之を支持してゐるのではなからうか。国民の信仰と希望からいつても国家当面の措置上から考へても天皇制の存続は切実に要望されるところである。

けれども日本の要望が如何に切実であつても世界をあげての輿論に抗して完全之を守り続けることが果して日本のためによりよい結果を来すかどうかは一考も再考も要する問題である。若しも国民の大多数が天皇制を廃する程ならば吾等も共にこの際自決して了ふといつた程度に強固な欲求がるならば、これはむしろポッダム宣言を受諾した事が誤りであつたのである。あの際当局が頻りに国体の護持を強調し恰もそれが連合国によつて許容されたかの如き言説をなしたのであるが今にして考ふればそれが甚だ怪しかつたものである。

一体民主主義国家の創建が果して天皇制と両立しうるものかどうか。君主制と民主制とが截然相対立するものである位の事は誰が考へても分かることであるが、我国の輿論は天皇制を存続して尚且つ民主主義日本を創らうと努めてゐる。茲に於てか天皇制そのもの丶内容が問題となつてくるのである。そして輿論は漸く天皇が政治の限界から離れられたゞ国民信仰の中心、民族の宗家としてましますことを希ふ事に傾きつ丶ある。

陛下はさきに英国の皇室に対して非常な御関心を持たせらる丶が如きお言葉があつたと聴いてゐる。英国皇室のあり方については既に多くの紹介があるやうに「君臨すれども統治せざる」存在である。現実に政治の大権を総攬し給ふのでなく民のなす所求むるところに対して之を聴許し給ふところの崇高なる存在である。かくの如きあり方が日本の皇室のあり方としても適当であるかどうか。教育界は真剣に考究すべきである。

改正憲法の草案に就て未だ吾々は之を知ることが出来ぬが、恐らくその点にまでは及んでゐず、統治権の一部が議会に移され天皇大権の一部的縮小を以てしようとする仲間的妥協的なものであらうと思ふ。日本歴史が示す如く日本の革命は常に徐々として行はれている。その行き方がとられつゝあると思ふ。しかしそれは結局真の民主主義国家の樹立を遅延さする事になりはしないか、深く世界の與論を検討し真に国民と国家の前途を幸福にするものであつてほしいものだ。（志垣）

熊本第一高女におけるダルトン・プランについて

一　はじめに

新藤東洋男は熊本近代史研究会二〇〇〇年一一月の例会で「大正デモクラシーと教育・文化問題―福岡県筑後地方の場合」と題して、まず大正デモクラシーという歴史用語に関する見解を述べたのち、著書『大正デモクラシーと教育問題―『大牟田市案の教育』を中心に―』によって、大正一五年に東京イデア書店から出版された大牟田市教育研究会著『大牟田市案の教育』の内容を紹介して、当時大牟田の小学校全八校に導入されたダルトン・プラン学習の実態を明らかにした。新藤によると、大牟田地方のダルトン・プランの実践は市の視学であった梯《かけはし》英雄が中心となって推進したとされ、その梯はデューイ、フィヒテ、西田哲学に接し、またより多く思想的に依拠したのはディルタイの「生」の哲学であったとしている。梯はディルタイの哲学を「理想現実主義」と呼びその思想に共鳴し、「理想主義者の先駆的理性のみを偏重せず、現実主義者の心理主義に堕せず、生命そのものの体験的一切の根拠を見出そうとする企ては、確かに独創的の見解と称することが出来よう」「このディルタルの理論にもとづく教育観こそ」「実に教育が現実にたって理想を実現する真の理性そのものに最も符合する教育理想観」であるとする梯の言葉を紹介して、大正期一教育行政官の教育思想状況をも分析している。

梯のリードによって試みられた大牟田全市小学校のダルトン・プランによる新教育は一九二三（大正一二）年より始まり、三三（昭和八）年には完全に姿を消したという。この新しい教育の試みは、小原国芳によれば「大牟田市が揃いも揃って、八校共にすべてクツワをそろえて、グングンやっていかれるのは蓋し実に美しいことだと思わざるを得ませぬ。かくもきれいに揃っているのは壱岐の島と富山県と大牟田市と、この三つ位ではないでしょうか」と云うことになる。

炭鉱の街大牟田から南下して約四〇キロ、城下町熊本でも、大牟田市と時を同じくしてダルトン・プランを採入れた教育を実施し、全国的に名を馳せた学校があった。熊本県立第一高等女学校である。大牟田のダルトン・プランは全市挙げて小学校の五、六年対象に実施され、「地域プラン」の先駆けをなすものであったが、熊本の場合は小学校ではなく中等学校に導入され、当時部分的にダルトン案を採入れた中等学校はあったものの、それを全面的に採入れたのは第一高女のみであった。第一高女は当時ダルトン・プランの女学校として名を挙げ、当時の在学生はその教育体験を誇りをもって回想しているという。

第一高女におけるダルトン・プラン導入の立役者は、同校第三代校長吉田惟孝（一八七九―一九四四）であった。しかし彼が実施した期間は大正一二年四月から満二年の短期間であり、かれの離熊とともに熊本のダルトン・プラン学習はこの地から姿を消すことになる。以下、大正期、熊本型ともいうべき第一高女のダルトン学習について報告する。

二　吉田惟孝の履歴抄

一八七九（明治一二）年一〇月二〇日に富山県東砺波郡南般若村東石丸（現砺波市）に生まれた。一八九五（明治二八）年富山県師範学校入学、卒業後小学校教員を転々とする。

〇二（明治三五）年広島高等師範学校英語科に第一期生として入学、〇六（明治三九）年同校を卒業。新潟県高田師範学校教諭に就任。

一九一〇（明治四三）年に鹿児島県師範学校から分離独立した鹿児島県女子師範学校教諭に就任。当時の学校長は大正八年以降奈良女子高等師範学校において合科教授、分団学習の名で大正新教育に名を残す木下竹次であった。木下は鹿児島時代を回想して「当時の教育の仕方にはすこぶる不満足な点があったから、これを改良して真の意義ある学校を建設しようと考えた。それで生徒の自己活動を尊重して自律的学習法を樹立することに努力した」と述べており、このような教育観を抱く木下と同勤であったことが吉田自身の教育観形成に強く影響したように思われる。

一七（大正六）年は沢柳政太郎が成城小学校を設立して大正新教育に画期をもたらし、一方政府は臨時教育会議をひらいて第一次世界大戦時、大戦後の教育政策の方向性を模索し始めた年であった。この年ソビエト政権が成立。木下竹次の転出を受けて鹿児島県女子師範学校・同付属第二高女の校長に就任。当時の吉田の女性観を伺わせるつぎのような文章が残っている。

「私は強い女が作りたい、身体も精神も強いつよい、どんな艱難苦労にも辛抱の出来るやうな女を作りたい。首の細い、胸の狭い、撫肩の、くの字形に前屈みに出来た、一里も歩かせると息切れのする弱々しい女は聖代の畸形的産物である。世の中の男子は、こんな夢二式の女を求めもしよう。けれども斯かる女は亡国の前兆でしかない、日本の将来は斯かる女では駄目である。精神的方面に就いて言ふならば、確固の信念と時代的知識を有し、且つ尊き犠牲を解する女が作りたい。昔の貞女烈婦を今様にした物を作る、言はば之が本校の根本方針だと言へる。」（大正七年『鹿児島新聞』への寄稿文）

二〇（大正九）年五月に島根県師範学校長に転出。一二月、熊本県立高等女学校長に就任。以降吉田は四年三カ月の熊本時代を送ることとなる。

二一（大正一〇）年四月、熊本県立高等女学校は県立第一高等女学校と校名変更。吉田は来熊以降鹿児島時代の同僚教員を熊本に招聘して地盤を固める。教頭として吉田の片腕となった妹尾良彦もその一人。七月、県からの派遣要員として海外出張、行先を英国に定める。九月八日、日本郵船の北野丸にて門司から乗船、一〇月二八日、イギリス着。ダルトン・プランの研究に努める。

一九二二（大正一一）年ダルトン学習を実施しているロンドンのストレッタム女子中学校などを見学。またヨーロッパ旅行を終えて渡米。五月、パーカストが主催するニューヨーク児童大学、ダルトン中学校を視察、六月一七日帰国、横浜港に到着。帰国後地方新聞社など主催の講演会に数多く出演。九月、第一高女は学生の洋服着用許可。一〇月『最も新しい自学の試み・ダルトン式教育の研究』を刊行、研究者としての地位を確保する。

二三（大正一二）年一月、第一高女にてダルトン・プラン学習法の導入を開始、三年生のみを対象、採用科目は国語、地理、歴史、四月、対象を全学年に拡大、本格的なダルトン学習に取組む。三月、陸軍・文部両省軍縮の結果除隊する一、二〇〇余名の現役将校を短期講習を経て中等学校教員とする方針。四月、第一高女四年制から五年制へ組織替へ。一一月、天皇、国民精神作興に関して詔書を発する。一一月一九日、第一高女で学習公開、全国から一、二〇〇余人来校。一二月、県下公私高等女学校長会は県立女子専門学校設立建議書を熊本県会に提出。同県会は中等学校一学級あたり五〇円総額一五〇〇円の自学自習図書費を計上。

二四（大正一三）年三月、文部省森岡督学官来熊、第一高女を視察、自学自習を批判。四月、来日中のH・パーカスト第一高女を訪問。清浦内閣、総理大臣の諮問機関として文政審議会を設置する、日本教育の在り方を審議。八月、文部大臣岡田良平は地方長官会議にて「教育上ノ新主義ヲ鼓吹スル者」に対する監督を強めるよう指示。九月、質実剛健の民風作興に反するとして学校劇禁止。この月長野県で川井清一郎訓導、修身教育で非難される。知事「自由教育」弾圧の方針を訓示、川井懲戒免職。一一月一五日、第一高女は第二回目の学習公開、成城学園小原国芳ら三〇〇人出席。一二月、熊本通常県会でダルトン・プラン学習に批判発言目立つ。野口援太郎、下中弥三郎、志垣寛などが児童の村小学校を創設。一二月、学校教練の振策について文政審議会に諮問。教育擁護同盟は岡田文相の教育施策に反発して辞職を要求、学校劇禁止、軍事教育の強行、「新教育」に対する弾圧を批判。

一九二五（大正一四）年一月、吉田は「保守退嬰の教育を廃す」を『九州新聞』に投稿。同月一七日第一高女にて有志父兄会開催される。知事出席。文政審議会が学校教練振興計画案を可決、四月法制化。二月、衆議院は普通選挙法を修正可決。四月、吉田惟孝第一高等女学校長を辞職。小樽市立中学校長として転出。陸軍現役将校学校配属令、普通選挙法、治安維持法公布。第一高女は高等科を設置、吉田の置き土産となる。五月、福岡女子専門学校教授和田廉之助が第一高女の第四代校長に就任。

二六（大正一五）年四月青年訓練所令公布。

三二（昭七）年四月、吉田福井県立福井中学校長に就任。

四一（昭一六）年福井県立福井中学校長を勇退。

四四（昭和一九）年二月五日吉田惟孝逝去、六四歳。

三　吉田惟孝のダルトン・プランの実践

ダルトン・プランとはアメリカ人ヘレン・パーカスト（Helen Parkhaust, 1887～1973）発案による自学自習の一形態で、正式にはダルトン・ラボラトリー・プラン（Dalton Laboratory Plan）という。パーカストは一九一三年ラボラトリー・プランの作成に着手、一九年に試行、二〇年マサチューセッツ州ダルトン町のハイスクールで実施された。

パーカストはまたニューヨークに児童大学校（Children's University School）を設立して同案の普及に努めた。

このダルトン案は、発案以降アメリカよりはむしろイギリスにおいてその名を広めた。ロンドンタイムスが盛んにダルトン案を紹介し、ロンドン郊外の複数の学校でその学習案が採用された。

吉田惟孝は、大正一三年五月に東京厚生閣より『ダルトン式学習の実施経験』と題する一書を上梓しているが、この書で彼は、自分とダルトン・プランとの出会い、彼自身が理解するこの案の理念、米・英両国におけるダルトン学習を実施している学校の訪問記などを記録しているので、必要な部分を引用してみたい。

「私は大正十年の夏休みに、九十度以上の炎暑の下に汗みどろになって、欧米教育視察（注、県からの派遣）の準備を纏めていた。愈々自学輔導学習のみを視察して来ることに大体決めたが、自学輔導学習と一口にいっても、米国のプロジェクト法、白国のデクロリ法、以太利のモンテッソリー法、独国の自由時間割法など頗る数が多い。そんなに沢山なものを短日月に飛脚的視察をしても、皮相的なものになるやうな気がして、何うすればよいか大いに迷ってゐた。丁度其の時に倫敦タイムスの教育号（七月二日発行）が到着した。そしてヘレン・パーカスト嬢の寄稿にかゝるダルトン法案其の一を読んだ。一箇年前に誰かのダルトン学校視察記を読んだのを想い起こして、此の法案とデクロリ法だけを視察して来やうと定めてやっと安心した。そして彼の地に渡ってから、ダルトン式学習の視察記を県の教育雑誌に寄せやうと想ひ、その序言のつもりで「ダルトン方案」と題した原稿を県の教育雑誌に投じて、九月上旬英国に向つて出帆した。」

「ダルトン式学習が私の興味を強くひいたのは、何も此の学習は斬新奇抜にして人目を驚かす故を以てではない。私共教育の実際にたずさわつて居る者が、多年苦しみ悩み殆ど行き詰つて居る点に対して、解決の緒を与へて呉れはすまいかと思はれたからである。今迄に色々な自学輔導法は提供せられたけれども、或る者は高遠な理想に心酔するの余り、不完全な実際との調節を忘れ、或る者は根本の原理をおろそかにして方法の末枝に走つたために、共に健実な自学輔導学習に失敗した。ダルトン式学習は理想的方法ではないが、教師や設備の不完全な我が国の実状に施して、誤の少い最も適切な方法であると思はれたからである。」

「ダルトン式学習といふ名は目新しいものであるが、其の中味は別に珍しいものでない。何十年来我が国の識者が唱導してゐた、自学輔導学習の一方法に過ぎないのである。回り遠い理論よりも手っ取り早い実際を尊ぶ亜米利加に生まれたもので、深遠な哲学から割り出された学習ではないやうである。故に其の理論的根拠も未だ確立して居らぬと言つてよい。寧ろ実際が先ず生れて来て、今後生長するに従って其の中から原理が生れ出るのであらうと考えられる。」

「私は教育の実働に従事して居る教育労働者である。自由平等の哲理を口にし、筆にするのは、柄にもないことであるから、なるべく避けたい。かやうなことは、斯の道の専門家に聴いて、自分の納得出来る点だけを採って、以て教育の実際の生長に利用してゆけばよい。私が次に述べることは私の常識から割り出した一家言であつて、カントの哲学から得たのでもなく、又新カント派の哲学を借用したものでもない。」

「デモクラシーは自由と平等を高調する。此の基調に立つ教育は要するに自我の実現を期する。自我には個性と通性がある。個性の発展によつて社会生活を複雑にし、通性の発展によって社会生活を統一する。複雑の中に統一ある社会に生活することによつて始めて自我の実現を完了し得る。――ダルトン式学習に於ては、学校生活を改造して生徒は自ら活動して個性を助長し、自ら協調して通性を進展し得るに最も都合よき境遇をつくることに努めて居る。換言すれば、学校生活に於ては生徒は生活実験者であって教師は輔導者である。輔導者としては常に生徒の生活実験を観察し生徒の長短所を明らかにし彼らの質疑に対して適切な輔導を与へねばならぬ。」

「自立・協同・従順はデモクラシーの三大徳である。此の徳を備へて居ることは良生徒・良市民・良国民・良人間として欠くべからざる資格である。故に此の徳を育成する教育は、真の市民教育であり、国民教育であり、又人間教育である。ダルトン式学習は、斯のやうな教育を施さうとするものであると思ふ。」

以上冗長になるので引用はやめるが、上記のような考えを背景にもった第一高女のダルトン・プランによる学習は、それを受けた卒業生に深い印象を与えているようである。『大正自由教育とドルトン・プラン』の著者はそのまえがきで、「昭和四二年十月三十日のことであった。熊本県立第一高等学校の同窓会館で、かつて高等女学校時代、ドルトン・プランが同校で実施された大正期の卒業生の方から、いろいろ回顧談をうかがう機会があった。――彼女たちはその席上、「有難い教育をうけた」あるいは「尊いものを植えつけられた」など、異口同音にくり返し、その当時の熊本県立第一高女の教育、すなわちドルトン・プランを絶賛されたのである。学校教育というものが、人生の初期の経験として懐旧の情をもって断片的に語られることは数多くあっても、戦前の教育がその人生に多大の影響を及ぼした、効果的ですぐれたものとして生徒の側から語られるのを聞いたのは稀であり、私はいい知れぬ感動にひたっていた」と記している。

また在校生の一人はつぎのような文を新聞に投書している。

「凡ての人がダルトンは好きです。皆の人の頬には赤みがさして緊張して居ます。一時間なまけてもそれは自分の損としてはっきりとあらはれます。それで一人もなまける人がなくなります。――先生の講義ばかりをだまって聞いて居るでなく自分の力でノートを作り上げること、又興味がわいて来た時には一日中でもそればかりをして居られる楽しさの中に、自分自身の力を、明白に意識しながら、喜びに燃えつゝ学んで行かれます。」

山のわらび　　田んぼの麦の芽
ぐんぐんのびる　ぐんぐんのびる
春の日をあびて　雪の中をわけて
ひとりでのびる　ひとりでのびる

このような単純な歌が校歌とは別に毎日の朝会で歌われ、ダルトン学習の一日が始まったというのである。なおこの「伸びて行く」通称「山のわらび（蕨）」の歌は、第一高女でダルトン学習が終焉した遥か後の昭和六年頃まで歌い継がれて行ったという。

クラス文集の作製も当時盛んに行われたようである。作品は口語詩、和歌、童謡、散文、劇など、各クラスとも毎週一回、平均五〇〇ページ（一人一〇枚前後）ぐらいの文集を出していた。大正一二年には歌集『白梅集』が地元書店から発売され、その序文には「本校七百の生徒は、皆歌をうたいます。一週平均三千五百首、一カ年平均十五万の歌が彼らの文集に現れます。その中から一千三百首をぬいて見たのがこの白梅集です」と書かれているという。

学校劇も盛んに上演された。吉田は学校劇について、情操教育の一環としての学校生活における生徒の総合芸術、と位置づけ奨励したという。この学校劇は大正一三年九月文部大臣により禁止されるが、吉田はその年の一二月の学芸会に六幕の劇を上演させたという。

遠足、遠行も積極的に実行された。妹尾良彦教頭は吉田の片腕となってダルトン学習の推進に力のあった人物であるが、妹尾・吉田ともに鹿児島時代、生徒を遠路徒歩させた経験をもっており、その教育的意義について確認済みであった。すなわち鹿児島女子師範・第二高等女学校時代に一七里（約六八キロ）遠足を実施、その結果については、医師に依頼して疲労調査を行い、遠距離の歩行が女子の体力に何ら害はないという保証を得ていたのである。大正一一年一〇月第一回遠行は宇土郡の住吉までの往復、第二回は一二年甲佐往復一三里（五二キロ）熊延鉄道沿い、この時の参加生徒は五一八人、うち四五二人完歩（八七・三％）、落伍六六人、朝六時出発、先頭は午後一時一三分に到着したという。翌一三年は八代行きを計画したが、降雨のため中止となった。

大正一二年四月下旬、大阪毎日新聞社主催によるパーカスト来日講演行事が全国的に行われた。以下はパーカスト来熊の新聞記事である。

「前日熊本県市連合教育会の主催で第一高女に於てダルトンプランに就いての講演を試みたパーカスト女史は、四月三十日午前八時から県下に於て最初にダルトン教育を実施した第一高女を参観した。八時半から一時間吉田校長の案内で各学年の授業を参観し、九時半から同校講堂に開かれた生徒の歓迎会に臨んだ。吉田校長の挨拶があって生徒一同は米国国歌及び君ヶ代を合唱し奇麗な花束を贈呈してから二年村上きくえ嬢は英語で歓迎の辞を述べ四年赤星もも子嬢は之も英語で雛祭りのお話しをしたが、卓上に雛人形を示しての優しい話に女史は特に興味を覚えた如くであった。次にパーカスト女史は赤坂大毎記者の通訳で約三十分に亙って自分の今日の経験が直に母となった後の知識となるのであるから、しっかり勉強せねばならぬこと、徒に西洋を崇拝して外国かぶれしてはならぬことなど女生徒に適切な講演をし其れが終って生徒から記念品（有田焼、モスリン、白梅集、わか草□□□）を贈呈、山の蕨を合唱して最後に一同記念の撮影をなし十一時閉会、生徒は玄関から正門外まで両側に並んで女史の帰りを見送った。」

大正一二年一一月一九日には第一高女で学習公開が行われた。県下中学校、小学校、県外九州各県より来会者が会場に詰めかけ、溢れたという。当日学習公開を取材した新聞記者は「――ドヤドヤと講堂の方から詰め掛けて来る参観人、丸で寄せ来る潮のやうにとでもいふかそれは大変な人、何しろ何処の教室も仮処の教室も参観人が一ぱい、全体どうして可いか方針が立たぬ有様」だったと報じている。この時期第一高女のダルトン学習は熊本教育界の関心を独占していた印象である。

四　熊本県会とダルトン・プラン

一九二四（大正一三）年の熊本県通常県会で、一二月四日教育費予算内容の審議が行われた。中村理事官（県学務課長）は議案細目にわたる内容を説明するに当たり、第一高女の専攻科を高等科に組織変えすることについての予算計上を説明したのち、「郡部所在ノ高等女学校ニオキマシテモ、各学校熱心ニ自学設備ヲ要求致シテオリマスノデ、之ヲ財政ノ関係上ヤムヲ得ズ一学級参拾円宛トイフコトニ致シマシテ、自学設備ノ費用ヲ計上シタノデアリマス」として、この頃女学校にも自学自習の教育方法を採用する教育界の要望が強く存在していることを認めている。

その後、松枝至議員が質問にたち、つぎのようにダルトン学習に触れる質問をした。

「女学校ニ対スル教授ノ方針ヲ質問イタシマスガ、目下県設ノ女学校ト致シマシテハ十校アルノデアリマス。其十校ノ中デ第一県立女学校ハ殆ド熊本県ニ於ケル女学校ノ模範学校トナリ、手本ノ学校トナル所ノ資格ヲ具ヘナケレバナラナイ地位ニアリ、最初カラ県設ト致シマシテ経営サレテ居ルノテアリマス、此模範学校トスベキ学校ニ於テ、現在「ダルトン」式ノ教授ヲヤツテ居リマス。此「ダルトン」式ノ教授ナルモノハ、申スマデモナク沢柳博士ガ始メラレタ教授法デアルノデアリマス。今ヤ「ダルトン」式ノ教授法ト、在来ノ教授法ト比較致マシテ、何レガ宜シイカ、何レガ悪イカト云フコトハ、研究中デアリマシテ「ダルトン」式ノ教授ハ果シテ宜イト云フコトハ現在ニ於テハ断定シ得ナイノデアリマス。果シテ善イカ悪イカ判ラヌ試験中ノ教授法ヲ、此模範学校ニ対シテヤラレルト云フノハ、言ヒ換レバ、本県女子教育ナルモノハ、「ダルトン」式ノ教授法ニ進ンデ往クヤウナ形勢ガ見エルノデアリマス。果シテ私ガ考ヘマスヤウニ「ダルトン」式ノ教授法ヲ、本県ノ女子教育トシテ、番外ハ採用サレルカ何ウカ、其方針ヲ伺ツテ置キタイノデアリマス。」

この質問に対して中川知事はつぎのように答弁した。

「私マダ実ハ十分ニ研究ヲシテ居リマセンカラシテ、私ノ述ベル所ニ於テ若シ間違ツタ点ガアリマシタナラバ、是ハ更ニ参与員カラシテ、直シテ貰ウコトトシテ、私自身ノ考ヘトシテハ「ダルトン」式ト云フ、所謂自分デ自分ニ学ンデ行クト云フ趣旨ヲ以テヤルト云フコトハ、私ハ決シテ悪クナイダラウト思ツテ居リマス、唯式—形式ガアツテ、其通リニ合ツテ行カナケレバ、其式ニ嵌マラヌト云フコトデアレバ、其式ヲ私ハ何トモ申上ゲマセヌガ、大体ニ於テ自発的ニ教育スルト云フ式ヲ採ツテ居ルト云フコトハ是ハ宜イノテアルガ、併シ其ヤリ方ヲドウスルカト云フノガ問題ナノデアラウト思フノデアリマス。子女ハ高等女学校ヲ卒業シテ、多クハ其学校ヲ終ルト、一家ノ家庭ニ於テ一家ヲ経理スベキ主婦トナルノデアリマスカラシテ、其ノ子女ガ極健実ニ、而モ今日ノ時勢ニ適合シタル所ノ主婦トシテ、働ケルヤウニ教育シ、且ツ我ガ国ノ国体ニ最モ相応ハシキ家庭ヲ造ルヤウニ子女ヲ教育スベキコトハ、是ハ私ハ女子教育ノ基本デアルト思フノデアリマス。之ヲヤリマス上ニ、自カラ其自覚ヲ促シテ教育シテ行クト云フヤリ方ハ、今日ノ時代ニ措イテハ最モ必要ナコトデアル。其自覚ヲスルモノハ、自分勝手ニナラヌヤウニ、十分ニ注意スベキモノデアル。斯ウ云フヤウニ考ヘテ居リマスガ、併シ一ツノ式ニ合シテノ教育、極端ニ走ルト云フコトニナレバ、其弊ダケ採ツテ、利ヲ失フコトニナルノデアリマスカラ、実際ノ教育ノヤリ方ガ若シ只今申シマシタヤウナ、趣旨ニ合スル所ノ結果ヲ収メ得ナイヤウナ状況デアリマスレバ、其点ニ付イテハ相当ノ注意ヲ加ヘテ、サウシテヤツテ行クヤウニシタイト思ヒマス。」

以上の知事答弁に付け加えて番外中村理事官は、「ダルトン式の教授については教育上まだ議論の余地があるようだが、（第一高女の吉田）校長が外国にいってこのプランの実施状況を見て来て、そのプランの一部分を厳重な監督の下に実施しており、われわれとしては、その実施内容に十分な注意をはらっている次第である。本年三月には文部省森岡督学官に来熊願い、あの学校の授業方法を見てもらうなどしてダルトン学習の実施については十分な注意を払っている次第だ」と発言した。

一二月五日には三善信房議員が質問に立った。同議員は、県下男女中等学校に図書費が自学自習奨励の意味で増額されていることを慶びたいとし、次いでダルトン式教育法が、ある学校においてこの両一年前から実施されているので、その教育効果を発表されては如何かと要望した。「ダルトン」式教育は現代の流行語になっており、県はこれに対して一定の方針をもって対処しなければならないだろう、というのであった。これに対して番外中村理事官は、「ダルトン」式教育は昨年四月から第一高等女学校で試験的に行うことを許している。質問についてであるが、その方法そのものが教育界で議論があるように、教育効果についてもよい点もあれば、弊害もあるようである。したがってわれわれとしては、学科なり或いは時間数なりに一定の制限を加え、「正科目ヲ全週日ニ亙ツテ行フコトハ許サナイノデアリマシテ、其弊害ト認ムベキ点、或ハ生徒ノ負担ガ過重ニ流レル、或ハ其学習スル知識ノ不確実ト申シマスカ、此自信ヲ得ナイ知識デアルトカ云フ点ニ付テハ、十分匡正スルヤウニ学校ノ当局ニモ注意ヲ与ヘ実行セシメツツアル状況デアリマス」と答えた。

上記中村番外の答弁の中で、森岡文部督学官に付言されているが、その熊本市立高等女学校における講演の内容は大正一三年三月一七日付の『九州新聞』に「欧米被《かぶ》れの我教育界」との見いだしで紹介されている。ここで同督学官は、まず関東大震災のおり倒壊したのは西洋建築で、我が国の建物は割合無事であったと前置きして、自学主義は稍いき過ぎた感じがあり、自学主義は消失す可き運命にあると思うとのべ、続けて「例えば男女共学のごとき、ダルトンプランの如き之等は米国として米国人として実に止むなくして出来た物で、移して以て我国の物となし能はない」

と述べて国粋的教育を推進する姿勢を明確にしている。当時の文部省の教育観を代表しているのであろうか。

五　その後の吉田惟孝

森岡文部督学官の講演、一二月熊本県会におけるダルトン学習論争を経過する段階で、吉田校長の意志は揺らぎはじめたように思われる。時期を特定する資料はないが、大正一三年の秋以降のいつの日か、彼は第一高女転出の決意を固めたことは間違いない。吉田の小樽転出が決まった一四年三月段階で、中川知事は、自分が吉田校長を追放したとする新聞記事があるがそれは誤解であるとして、「(吉田が辞任を決意した) 最初の動機は県会前に至つてダルトンが県会の問題になると云ふことを耳にして頻りに頭を痛めていた矢先、之れも同様の噂を聞いた親友の一人が何とか善後策を講じては如何との忠告があり、傍ら潔く陣を引くことに決し或る文部省の視学官に転任方を依頼した」とその顛末を伝えている。さらに続けて知事はいう。自学自習の思潮は今や日本的なもので自分も大いにその趣意に賛成する、したがって吉田校長が所謂ダルトン式によって自学自習の習慣を養成し、而かも一種の熱と努力とを捧げて第一高女のために尽しつつあるを認めた時、出来得べくんば内外協力してこれを成功せしめ、範を天下に示さしたい考えでいた、と。すなわち中川知事個人としてはダルトン学習推進の考えであった、と明確に表明している。さらに知事は、吉田が最初から県（知事）に進退を相談すべきであったことを怠り、そのことを頻りに詫びていた、とも知事は明らかにしている。

大正一四年一月元日の『九州新聞』に吉田は、「ダルトン式学習とは何麼《どん》なものか――保守退嬰の教育を排す」と題する記事を載せた。すでに転出の意志を固めていた時期に書いたものと思われる。この論稿において彼は、その前半部分でダルトン・プランの概要を易しく解説し、後半で該案実施について留意点、自分の教育観などについて丁寧な文体で綴っている。若干引用すればつぎの通りである。

「教育は過去に生きる人を養成するのではない。学者や実際家の研究済みの後、始めて真似て見るといふやうな教育のやり方が穏健着実であるとすれば、穏健着実とは、保守退嬰の別名に過ぎない。」

このフレーズは、未だダルトン学習の実効性が証明されていないとする反対論が、ダルトン反対論の主流であったことに対する吉田の批判でる。さらに続けて吉田は云う。

「教育は機械ではない。生きた人間が生きた人間に全力を投げ込んでなすところの、生きた仕事である。生きた仕事は刻々に成長するものであって、其の刻々が試験であって、試験済みなのである。——常に進歩しやうとする者には、試みのあるのみである。失敗とか成功とかいふことは事の終わった後に、降り返つて見てつけた名である。教育とは、過去の経験の結果を背景として成功を期しての、理想への全力的精神の連続的試行である。」

若干息を詰めた印象の文章でもある。

六　離熊、小樽へ

大正一四年三月、吉田の熊本転出の一つの側面を「吉田日記」そのもので語らせよう。

一月一一日　午前九時中川健蔵知事官舎にゆき、学習上について一一時過ぎまで話す。知事は自学輔導学習について了解あり。

一二日　職員会を開き学習上の注意並びに父兄有志会の件について話す。ダルトン式自学輔導学習につき溝渕進馬第五高校長一派の反対あるものの如し。

一四日　午前県にゆき父兄有志の会合に出席希望の人名を知事に話す。之れは自学輔導学習につきて、父兄有志の意見を述べさせる会を開くべく知事よりの勧めありてなり。

一七日　午后一時父兄有志会を開きダルトン式学習について家庭より見たる意見を聞く。此の会は中川健蔵知事の勧奨により開きしものなり。多分溝渕進馬第五高校長より知事に進言せしものの如し。同氏長女は卒業後東京女高師に入学し一カ年たつかたたぬ期間に肺結核にかかり死亡す。その原因はダルトン式学習によって勉強しすぎたためならんとの考へを懐き心外に絶えず。かかる会を開いて大いに非難の声を高めん事との魂胆より知事に進言した事と思ふ。会合の結果は理論上非難の余地なく、ただ感情上不満というたやうなことで閉会す。出席者には父兄有志の外、中川知事、原田内務部長、中村恒三郎学務課長、山崎隆寿県視学あり。

一八日　午前知事官舎に行き昨日の会に出席のお礼を述べる。それより溝渕氏訪問不在、井芹済々黌校長を訪問、学校の世評をきく。

一九日　晩に溝渕校長を訪ふ。五高の生徒主事岡上梁氏あり。年酒にあづかる。ダルトン式学習の精神並びに方法につき説明す。十時辞去す。溝渕校長は東京高師の教授たりし方にて熊本在職の中等学校教師は時々お伺ひして、教育上の意見聴取に出掛けるとのことなれば、私にもしかせられた方がよからん云々と注意してこられた方がある。或いは然らんか。

二月　七日　文部省の福市君より手紙あり。小樽市立中学校長へ転任の件に関する書なり。

一一日　角君当打電「台湾に見込みあらば小樽を断りたし」

一二日　角君より入電「小樽にゆけ」

四月　六日　午后三時三〇分の急行で上熊本駅を発し小樽へ向ふ。

北海道の小樽市立中学校長となった吉田惟孝は、ここで作家伊藤整（若き新任時代）と邂逅する。伊藤整は『若き詩人の肖像』で、小樽における吉田について多く語り、吉田はここでもダルトン学習を採り上げたことを明らかにしている。参考になる資料である。

吉田が熊本から小樽に転じた大正一四年は、我が国初の普通選挙法、治安維持法が公布され、また陸軍現役将校学校配属令が出されて、学校教育の中に軍事教練が正式に位置づけられた年であった。その翌年には働く青年層を対象とする青年訓練所が、そのカリキュラムの半分を軍事教練に費やす形で創設されている。熊本教育界の吉田追放は、大正末期の政治・社会状況の変化に対応している。

（二〇〇二・七・二九）

戦後学制改革期における女子高等教育機関の設置事情

―熊本県議会資料を中心にして―

一　はじめに

一九四五年一〇月、連合国最高司令官マッカーサーは、日本政府に対して「五大改革指示」と称される占領政策遂行のための実質的な指令を発した。五大改革には労働組合結成の促進、学校教育の自由化などを含んでいるが、冒頭に掲げられた項目は「選挙権賦与による日本婦人の解放」[1]であって、日本における女性解放に大きな関心を寄せていることを明らかにした。

この指示を受けて間もなく、四五年もおしつまった一二月、日本政府は閣議諒解事項として「女子教育刷新要綱」[2]を公表した。この要綱は「男女間ニ於ケル教育ノ機会均等及教育内容ノ平準化竝ニ男女ノ相互尊重ノ風ヲ促進スル」ことを目的とした女子教育改革の方策を内容とするものであり、女子に対する高等教育機関の開放、大学教育における男女共学制の採用を提唱するものであった。周知のように、当時大学進学は旧制高校か大学予科で予備教育を了えた者を入学資格要件としており、旧制高校は男子のみに門戸を開いていたし、また大学予科も殆んど進学経路から女子を除いていた。したがって高等女学校を終了した者はもちろん、女子高等師範学校や女子専門学校を卒業した女子でも、官公立あるいは私立大学へも稀な例外を除いて進学は不可能であった。このような状況において公表された「女子教育刷新要綱」は、「日本女子教育史の中でかってない先進性、包括性をもつもの」[3]であった。そしてまた同要綱には「現ニ存スル女子専門学校中適当ナルモノハ女子大学タラシムル如ク措置スルコト」の記載もあって、女子高等教育機関の充実について極めて積極的であった。当時文部大臣であった前田多門は次のように回想している。

「民主的教育の徹底に欠く可からざるものは、女子教育の水準向上であるが、この点に関しては、根本的法規の改正に先立ちて、現行法規の運用範囲内に於て、出来るだけの事を取り敢へず実行しようと言ふので　研究の結果具体案を得たので、学校当事者の意見をも聞きたる上、十二月四日閣議の承認を得てその方針を発表した。これによれば、女子専門学校のうち、特に文部省の指定するものはこれを男子に於ける高等学校と同視し、その卒業生は男子同様に大学への入学試験を受けることを得しめる。従てそこには男女共学が可能となる。また女子のみの大学を設立することを認める。而して高等女学校に於ける教授内容も、基礎学科に就ては今後は男子と同等のものとなさしめるといふ趣旨である。これに準拠して既に早速発途を計画中の幾多の学校あることを聞くは本懐である。[4]」

ここに指摘されているように、教育制度に関する根本的法規の改正に先立って、高等教育機関を中心とする女子教育振興策が画策され具体的措置への方策を伴って「女子教育刷新要綱」の形で公表されたところに、戦後学制改革期にみられる女子教育の特徴があった。[5]

同要綱が公表された頃、熊本では敗戦後初めての県会（四七年から県議会と改称）が開かれていて、極端な食糧難、物資欠乏、外地からの引揚者問題など山積する行政懸案の処理を急いでいた。教育問題についてみても、この頃広がりをみせていた男子中等学校でのストライキ対策など、当面解決を急ぐ問題が数多く提起されていた。その中で女子教育振興に関する質疑が交わされ、後述するような内容の「女子専門学校創設建議案」が県会最終日に上程され、満場一致で可決されたのであった。この建議に沿って四七年には熊本女子専門学校が発足し、そして四九年にはそれを母体とする熊本女子大学が誕生したのである。ここに熊本県は史上初めて、設置者を県とする公立女子高等教育機関を持つに至ったのである。

小論は、戦後学制改革期に創立された熊本という地域社会での公立女子高等教育機関の創設事情を、設置者が県であるという意味で重要資料と考えられる県議会資料を中心にして、論文の態をなさないことを自覚しながら、できるだけ原文を引用することによって記述したものである。時間的制約のため、現在までの論議を展望することができず、創設前後の状況を略述するにとどめざるをえない。とかく問題尠しとしない「女子大学」の在り方に、「公立」という設置主体の問題も含めながら、歴史的アプローチを通して、「大学論」構築の一助にしたい気持ちがあり、そのことが小論執筆の動機となっている。

二　熊本県立女子専門学校設立経緯

設立の沿革

熊本県立女子専門学校の設立については昭和二一年熊本県立女子専門学校設立期成会が結成され、同年一二月開会の県議会に於いて当時の県立第一高等女学校高等科を母体として之を設置することに決議さる。

昭和二二年三月三一日設立認可、同年五月三日開校(1)

熊本県立女子専門学校設立の沿革は前記の通りである。第二次世界大戦における敗戦後、わが国が学校制度を全面的に改革し新制度による高等教育を、すなわち新制大学を発足させるのは原則として一九四九（昭和二四年）であるから、その二年前に設立されたことになる。

ところで設立の沿革は前記の通りであるが、設立の発想は、戦時中あるいはそれ以前にさかのぼることができる。(2) しかし女専設立の意図が具体性をもって論ぜられた最初は、敗戦直後まだ混乱期を脱しえない時期の、一九四五年の暮れの県会においてであった。

敗戦後最初の熊本県会は、一九四五年一一月二九日平井章知事（同年一〇月二七日地方官大異動で石川県より赴任）のもとで開催された。県会議長松枝至の開会挨拶は当時の社会的情況をよく表現していると思われるので引用しておきたい。

「敗戦ノ結果ト致シマシテ、我国ノ現状ハ容易ナラザルモノガアリマス。内ニハ将ニ厳冬ヲ迎エテ、戦災者ハ住ト衣トニ困憊シ、食糧ノ不安ハ愈々深刻ヲ極メ、外ニハ数百万ノ傷痍軍人及ビ同胞ガ苦難ニ陲ッテ居リマス。コレガ敗戦国日本ノ姿デアリマス。コノ戦争ノ犠牲トナッタ戦死者戦傷者並ニ其ノ遺家族各位ニ対シマシテハ、深甚ナル痛惜ノ情ヲ新タニ致スト共ニ、爆撃ニ依リ家ヲ焼カレ、家業ヲ失ヒタル方々ニ対シ衷心ヨリ皆様ト一緒ニ御同情申上ゲ、一日モ速カニ更生アランコトヲ切望シテ已ミマセヌ。当面吾々課セラレタル急務ハ、生活ノ安定、即チ衣食住、治安、悪性インフレ防止等ノ問題デアリマス。就中食糧飢饉ノ突破ハ急務中ノ最大要件デアリマス。」(3)

一般に県会で論議される主要な行政分野は勧業、土木、教育政策に大別できる。教育に関しては特に敗戦直後という事情があり、戦時教育体制批判、新教育創造をめぐり諸々の質疑が展開された。その中で高等教育に関する次の発言が注目される。

「第五ニ御尋ネ致シタイコトハ県治将来ノ根本政策ニ関スル問題デアリマス。我ガ熊本県ハ由来農業県デアリ教育県デアルト称セラレテ居ルノデアリマス。恐ラク今後ノ県治ノ根本方策モ此ノ二ツノ点ヲ育成スル以外ニ私ハ手ガナイノデハナイカ、斯様ニ考ヘ居ルノデアリマス。然ルニ現在熊本県ノ状態ハドウデアルカ、斯ウ考ヘテ見マスルニ、農業県デアル熊本県ニ高等農林学校ガナイノデアリマス。又農村ノ電力化ト云フコトニ付テ考ヘテ見マシテモ、アノ小サイ佐賀県ニ及バザルコト遠イノデアリマス。又文化ノ程度ヲ測ル尺度ナリト称セラレル道路ニ付テ考ヘテ見マシテモ、工業県福岡ニ及バザルコト遙カニ遙カニ遠イノデアリマス。教育県ト称セラレル我ガ熊本県ノ姿ヲ顧ミテ見マシタナラバ、其ノ教育県ニ文理化大学《(ママ、科か)》、師範大学ガナイ。即チ我ガ熊本県ハ農業県、教育県ト称セラレテ居リナガラ、実ガ挙ツテ居ナイ、有名無実ソレガ我ガ熊本県ノ姿デアルト私ハ断言シテモ宜シカラウト思フノデアリマス。何故ニ斯様ニ斯クノ如クニ空名ヲ擁シ、サウシテ虐待セラレテ来タノデアルカ、欺様ニ考ヘテ見マスト、是ハ恐ラク国家ガ過去ニ於テ農業ヲ軽視シ、農村ヲ馬鹿扱ニシタ證拠デアルト私ハ考ヘルノデアリマス。然ルニ世ノ中ハ転換シテ参リマシタ。大学ノ地方分散、農村ノ尊重、水力電気事業ノ拡大強化、土木事業ノ大量施設、是ハ国策ノ指示スル所デアリマス。春ガ向ツテ来タト言ハナケレバナリマセヌ。農業県、教育県タル我ガ熊本県ノ進出スベキハ正ニ此ノ時デアル、此ノ好機ヲ逸シテハ他日何レノ日ガ選バレムト云ヒタイノデアリマス。慈ニ大イニ政治的手腕ヲ発揮シテ高等農林学校或ハ師範大学、文理化大学《(ママ、科か)》ノ誘致ヲ図リ、高等工業ノ大学昇格ヲ図ルガ宜シイ。」(4)

この質問に対して平井知事は、教育県といわれている本県において、いかなる理由で教師養成の高等教育機関が存在しないのか、また農業県でありながら高等農林学校が設置されなかったのはいかなる理由があってのことか理解に苦しむ、と前置きして、今後機会があれば高等教育機関の設置に努力して参りたいと積極的な見解を述べたのであった。

すでに指摘したように、この県会において熊本県立女子専門学校設置の発議があり、県会最終日設立建議案の採択に至ったのである。以下このことについて記述したい。女専の設立について最も熱意を示したのは八番議員佐藤真佐男であった。佐藤は弁護士を業としており、一九四八年三月、戦後公選制第二回市長選挙に立候補し当選、四年間熊本市長を務めた人物であった。新日本の建設は教育の改善刷新以外にはないと前置きして、女子教育の振興、とりわけ女子の高等教育機関の設置の必要性について次のように発言した。

「更ニ女子ノ文化向上ニ付イテ私共ハ茲ニ大キナ目ヲ開イテ、其ノ指導育成ニ努メネバナラヌ、斯様ナコトヲ痛感致スノデアリマス。女性ニ参政権ヲ与ヘラレタノデアリマス。是ハ当然此ノ議会ヲ通過致シマシテ、愈男子ト同様ナル地位ニ立ツ、サウ致シマシタナラバ之ニ対シテ応急ノ策ヲ立テナケレバナラヌケレドモ、殊ニ家庭（ママ）制度ヲ根幹トスル我国ニ於テハ、此ノ有権者トナルベキ所ノ婦女子ニ対スル指導ノ根本方策ヲ立テナケレバナラヌ。先ズ其ノ第一助ト致シマシテハ、熊本県の県立第一高等女学校ニ於ケル補習科ヲ改組致シマシテ、之ヲ女子専門学校トシテ、茲ヲ中心トシテ母親ノ指導、或ハ婦女子ノ指導ニ充ツベキモノデハナカラウカ、斯様ナル所ノ見解ヲ持ツノデアリマスガ、不幸ニシテ予算面ニハ何等現ハレテ居ナイノデアリマスケレドモ、近キ将来ニ於テ斯ノ如キ文化施設、婦人指導ノ中枢機関ヲ造ルト云フコトハ教育ノ一ツノ根本方策デアル、斯様ニ存ズルノデアリマス。此ノ点ニ付キマシテ知事ノ御所見ヲ承リタイト存ジマス。」[5]

佐藤発言が行われた時期は、婦人参政権を含む戦後の選挙法に関する改正法案が衆議院において論議されている時期であって、婦人の地位向上、婦人解放が社会的に政治的に大きく衆目を集めていた。[6]佐藤の提案になる女専設置の趣旨は、全くこの社会的背景を忠実に反映させるものであった。佐藤の質問に対して平井知事は次のように答弁した。

「更ニ女子ノ文化向上ニ付キマシテハ、或ハ法律的、家庭的、社会的女子ノ地位ノ向上ト云フコトモ前提条件トシテ必要デアルヤウニ考ヘテ居ル点ハ八番議員ト全ク同感デアルノデアリマス。更ニ女学校ニ女子ノ高等教育機関ヲ設ケテハドウカト云フ御意見ヲ含メテノ御質問ガアリマシテ、吾々トシテ建物上、設備上許ス範囲ニ於キマシテ、女学校ニ補習科ヲ設ケマシテ女子ノ文化向上ニ資シタイト考ヘテ居ルノデアリマス。但シ正式ノ専門学校ト云フコトニナリマスト、文部省ノ問題デアリマシテ、折衝ヲ見ナケレバ御答ヘガ出来ナイノデアリマス。(7)」

平井知事の答弁内容は、旧制高等女学校が旧制中学校と比較して内容的に低レベルであったこと、これを補うために高等女学校に補習科を設置することによって女子教育の充実を図りたいとする当時の高等女学校対策を指摘したものので、女専の設置については消極的な見解を示したのであった。

女子教育の拡充について、二七番議員明瀬英之助も発言した。明瀬によれば、婦人参政権の実現は現状では時期尚早と思うが、既に女性が権利を獲得した以上、参政権行使の準備と資格を付与することが最も急務である、この意味で女子高等教育の内容を高めてもらいたい、また熊本県も早晩女子専門学校程度の学校が必要となろうが、差しあたり第一高等女学校補習科を拡張するか、あるいは第五高等学校に女子部を併設するか検討してもらいたい、というのであった。(8)

再度発言の機会を得た佐藤真佐男は、女専設置の必要性を熱意をもって次のように述べた。

「今更私ガ僂々理由ヲ申上グル必要モナイト思ヒマスガ、元来男子ニハ男子ノ立場ガアル、之ニハ如何ナル女子ヲ持ッテ来テモ男子ノ地位使命ヲ果スコトハ出来ナイト同時ニ、女子ニハ女子独特ノ使命ガアル、此ノ使命ハ如何ナル男子ヲ持ッテキテモ之ニ換エルコトハ出来ナイノデアリマス。社会国家ノスベテヲ性的ニ眺メテ見マシタナラバ男女各独自ノ使命ヲ遺憾ナク発揮スル所ニ国家社会家庭ノ進歩向上ト云フモノハアリ得ルト思フ。又斯様ナ見地カラ明治、大正、昭和ニ於ケル教育ノ状況ヲ眺メテ見マスト、洵ニ男子偏重デアル、男子ニ対シテハ官立ノ大学ガ幾ツモアリ、或ハ高等学校、専門学校ガ数ヘ切レナイ程アリマスケレドモ、女子ニハ只ノ一ツノ大学モナイ、僅ニ存スルノハ専門程度ノ高等師範学校ガ二校アルニ過ギマセヌ。私立ノ女子大学、或ハ僅ニ女子専門学校ガ設立サレテ居ル、斯様ナコトヲ眺メマスト私共ハ餘リニモ我国ノ伝統歴史ガ崇ッタモノデアルカモ知レマセヌガ、男子ニ対シテ厚ク女子ニ対シテ薄イ、斯様ナコトモシミジミ今日ヲ迎ヘテ考ヘラルルノデアリマス。殊ニ彼ノ「ポッタム」宣言受諾後ニ於キマシテ急速ナル女子ノ台頭ト云フコトニナリマシテ、既ニ女子ニ対シテ選挙権モ与ヘラレ、之ニ依リマシテ女子モ堂々ト中央に於キマシテ国政ヲ議スルコトガ出来、又之ヲ議スルトコロノ選良ヲ女子モ亦選ビ得ル、斯ウ致シマシタナラバ当然近イ中ニハ地方ノ府県会或ハ市町村会ニモ女子ノ進出ハ予測サレルノデアリマス。斯様ナ観点カラ致シマシテモ此ノ時勢ノ急テンポハ私ハ茲ニ女子教育ニ急速ナル躍進ヲ図ラネバナラヌ、是ハ為政者ノ務デアル、斯様ニ私ハ考ヘルノデアリマス。

振返ッテ我ガ熊本ノ女子教育ニ対スル歩ミヲ辿ッテ見マスルト、女子専門学校設置ニ付キマシテハ、是ハ本員ガ一般質問デ出シタ問題デハナイノデアリマシテ、大戦中ハ特別ト致シマシテ、其ノ以前ニ於テハ苟モ教育ニ志アル議員ハ皆熊本ニ女子専門学校ヲ設立シテ戴キタイ、斯様ナ希望的意見質問ヲ致シテ居ル者ハザラニアルノデアリマス。本員ガ茲ニ提唱シタ訳デハナイノデアリマス。本県ニ於ケル女子専門学校設立ノ輿論機運ト云フヤウナコトハ、恐ラク百五十万県民ノ切ナル期待ト見テ差支ハナイト本員ハ信ズルノデアリマス。斯様ナ点カラ彼是レ考ヘテ見タナラバ、此ノ平和日本ヲ建設スル上カラ輝カシイ文化日本ヲ建設シテ、サウシテ米英ト肩ヲ並ベルヤウニナッテ行クニ付キマシテ、先ニ述べマシタ車ノ両輪、鳥ノ両翼、斯様ニ考ヘマシテ私共ハ女子教育ノ躍進向上ヲ図ラネバナラヌデアラウト考ヘマスカラ、先ズ本県ニ於テハ文科或ハ理科、家事科、是等ノ三部ヲ内容トスル女子専門学校ヲ速ニ設立シテ、時代ニ即応セネバナラナイ。教育ガ日本ノ改造ノ本ダ、民主主義、人格主義教育ヲ茲ニ主張スルト云フコトニナレバ少クトモ女子教育ニ対シテハ、本県最高機関トシテ此ノ女子専門学校ヲ設立スベキ手ヲ打タネバナラヌ、斯様ニ私ハ信ズルノデアリマス。

若シ経費ノ点ニ難点ガアルト致シマシタナラバ、是ハ幸ヒ第一高等女学校ニ高等科ガアリマスカラ、此ノ学校ニ附設スルコトニ致シマシテ、三部包含シタ内容ノ女子専門学校ガ出来ナケレバ、家政科文科ヲ主ニシタモノデモ宜シイ、尚ホ出来ナケレバ家政科ヲ中心ニシタ学校ノ附設ト云フコトハ容易ニ私ハヤラウト思ヘバ断行出来ルト思ヒマスカラ、斯様ナ意味合カラシテ、須ク県当局ハ女子専門学校創設ノ企画ヲ立テ、之ヲ実践スルコトガ知事ノ予算説明ニモ私ハ適合スルモノデハナカラウカ。決シテ私共ハ手形ヲ振り出シタナラバ之ニ対シテ決済ヲシナケレバナラヌ、手形ガ不渡リニナッテハ真ノ行政ハ行ハレナイノデアリマス。斯様ナ意味カラ私ハ此ノ点ニ付キ県当局ノ強キ手ヲ速ニ打タレタイト云ウ要望ヲ持ツモノデアリマスルガ、之ニ対スル県当局ノ御見解ハ如何ナモノデアルカ此ノ点御伺ヒ申上ゲタイ。」(9)

以上のような佐藤の女専に関する構成学科、設置場所など具体案をもった質問に対して、熊本県部長橋爪清人は次のように答弁した。

「女子専門学校ノ問題デアリマス。此ノ点モ先達テ知事ヨリ一応ノ御答ハ申上ゲテ居ルノデアリマスガ、私共ノ考ト致シマシテ、只今八番議員ヨリ御話ニナリマシタ点ハ十二分ニ考慮致シテ居ルノデアリマス。在来日本婦人ノ教養ト云フコトハ高クナカッタ、是モ在来ニ於ケル欠点ノ一ツデアルト云フコトモ十二分ニ認識シテ居リマス。又斯ウ云フヤウナ意味合ニ於テモ、政府モ昨今新聞紙上ニ伝ヘラレマス通リニ、日本ト致シマシテハ画期的女子教育振興ノ方針ヲ取ッテ居リマスコトモ御承知ノ通リデアリマス。偖テ然ラバ熊本県ニ於テハ之ヲドウ処置スルカト云フ具体的問題デアルガ、私共ハ出来ルナラバ八番議員ト同様ニ女子専門ヲ造リタイ、斯様ニ存ジテ居リマス。併シ女子専門学校ダケヲ造リマシテモ能事終レリト云フ訳ニハ参ラヌ点ガ多イデハ無カラウカト思ヒマス。斯様ナ訳デ私共トシテハ実ハ考ヘテ居リマシテ、全般的ニ眺メマスナラバ数十万ニ及ブ是等ノ教育ヲ受ケナケレバナラヌ女子青年層ニ対シテ、一般的ニ教養ヲ与ヘルト云フコトガ県トシテハ一番先デハナカラウカ、斯様ニ考ヘテ居リマスノデ、知事モ先達ツテ申シマシタヤウニ、女学校ノ教科内容ヲ第一ニ強メル、是ハ政府デモ申シテ居リマス点デアリマス。中等学校ト同ジ内容ノ教育ヲスルヤウニスルト云フ原則ヲ示サレテ居リマス。ソレ以外ニ今マデ落チテ居リマス所ノ教養ヲ補充スルト云フ意味合デヤッテ居ル、更ニ又出来ルダケノ教養ヲ与ヘルト云フ意味合ニ於テ室ノ剰ッテ居リマス限リ募集人員モ殖シマシテ、出来ルダケ一般的ニ女子ノ教養ノ為善処スル、斯様ニ実ハ私共考ヘテ居リマスノデ、サウ云フ関係デ女子専門学校ヲ来年度ノ問題ニハシテ居ラナカッタノデアリマスガ、併シナガラ女子専門学校ノ問題ハ恐ラク私ノ見透シト致シマシテモ、将来ハ早晩問題ニナッテ来ヤウト存ジテ居マス。」[10]

県側の答弁は以上のごとくであった。相変らず女専設立の趣旨は理解できるが、今は高等女学校における教育内容の充実が前提条件であって、収容人員の増加を含めて女子中等教育の向上に財源を当てたい、というのであった。これに対して佐藤はさらに補足して、県下の女学校に補習科を置くことの重要性を決して否定するものではないが、女子専門学校の設置もそれに劣らず重要なことだ、本県に女子教育の最高峰として女専を造るということはやろうと思えば決して難事ではない、女子専門学校の設置について邁進されたい、一五〇万県民の総意を代表して訴える、と語気激しく発言したのである。

以上の過程を経て戦後初の熊本県会最終日次のような建議案が上程され満場一致で可決された。

女子専門学校創設建議案

一・時局ニ即応シ女子高等教育機構整備ノ為女子専門学校ヲ速カニ創設セラレンコトヲ望ム

理由

我熊本ガ教育県ノ嘖々タル名声ヲ誇ルヤシ然レドモ従来女子高等教育ノ機構ニ見ル可キモノ少シ

今ヤ時局ハ急角度ノ転換ヲ告ゲ女子ノ社会的活動ノ任重且ナルノ秋本県ニ於テモ速カニ女子専門学校ノ創設ヲ企劃シ男子偏重ノ弊ヲ是正以テ本県女子教育ノ水準ヲ向上セシムルハ県民多年ノ要望ニ応フル所以也而シテ県立第一高等女学校高等科ノ内容改善拡充ト相俟チ新日本文化建設ニ邁進スルハ寔ニ喫緊事ナリト云ハザル可カラズ

右ノ事態ニ鑑ミ速カニ女子高等教育機構ノ整備拡充ヲ要望シテ止マザル処也

右建議ス

昭和二〇年一二月二二日

提出者

熊本県会議員　佐藤真佐男　吉田定　中野雅城　松枝至　渡辺太賀次　岩山静喜　松木国治　橋本寿七　三原常雄　北里雄平

賛成者

熊本県会議員　村田源蔵　斉藤藤吾　石原司郎　隈田辰平　瀬川稲男　園田二三四　脇山真一　平野澄人　打出信行　高田陳作　渡辺又雄　渕田長一郎　小出政喜　古閑辰喜　橋本二郎　明瀬英之助　緒方貞雄　三牧万吉　三宮勝平　谷川忠直　中村友記　古田潔　篠原惟正　湯淺正二　小屋迫一　田辺元憲

熊本県会議長　松枝至殿[11]

上記建議案の提出者、賛成者三七名は、本県会登録議員数が三九名であるから、ほとんど全員の賛同があったことを示している。ついで佐藤真佐男は次のように提案趣旨の説明を行なった。

「只今上程サレマシタ建議案ニ付キマシテ、其ノ趣旨ヲ闡明致シタイト思ヒマス。平井知事ハ本県御就任以来県政ニ付イテ審カニ検討セラレテ居ルノデアリマスガ、私共開会以来質問ニ対スル所ノ御応答ノ御様子カラ拝見致シマスト、乏シヲ本県知事ニ承ケタト斯様ニ仰シャルノハ御謙遜ナ態度デアリマシテ、極メテ真摯真面目ナ態度ヲ以テ応酬セラレマス。尚ホ頭脳ノ閃キト申シマスカ決シテ凡ナルモノデハナイ、吾々ハ良二千石ヲ得タモノト県民ト共ニ喜ブノデアリマス。又行政面ニ於キマシテ知事ノ補助機関トナルベキ石塚課長ハ予テ本員ガ提唱シテ居リマシタ所ノ視学官課長ガ実現致シマシテ、練達堪能ナル所ノ腕ヲ振ッテ本県教育ノ面ニ於テ着々其ノ実績ヲ挙ゲツツアラセラレルノハ、是亦喜ビニ堪ヘナイノデアリマス。此ノ教育行政ノ方面ニ於キマシテ名コンビガ出現シマシタコトハ本員等頗ル欣快トスルモノデアリマス。提案サレマシタ所ノ教育ノ予算ヲ全面的ニ検討致シテ見マシテモ、急転換致シマシタ所ノ民主主義ノ主張ニ基イテ、或ハ人格ノ尊重、或ハ個性尊重ニ基ク所ノ大旆ヲ掲ゲラレマシテ、而シテ之ニ伴フ所ノ優良教員ノ再教育、或ハ日本ガ敗戦致シマシタト称セラルル一ツノ重大原因、即チ科学教育ニ付キマシテ、極メテ慎重ナル所ノ用意ヲ以テ臨マレタノデアリマス。是等ノ点カラ考ヘマシテ本県教育ハ将来茲ニ一紀元ヲ画スルモノト私ハ確信致スモノデアリマス。併ナガラ此ノ教育ノ予算ヲ拝見致シマシテ画龍點睛ヲ欠クノ憾ミハ女子専門学校設立ノ一手ヲ打タナカッタ此ノ点デアルノデアリマス。凡ソ教育ノ機会均等ハ之ヲ一ハ量ノ方面ヨリ考ヘナケレバナラヌ、一ハ質ノ点カラ之ヲ考ヘナケレバナラヌノデアリマス。予算ニ盛リ上ゲラレタル或ハ青年学校ニ於ケル女子教育ノ拡充、或ハ高等女学校補習教育ノ整備、斯様ナ点ハ即チ之ヲ量ノ方面ノ向上ト見テ宜クハナイカト思フノデアリマス。併シナガラ女子ノ活動ハ更ニ一層重大ノ意義ヲ加ヘマシタ秋ニ本県ハ女子専門学校ヲ設立致シマシテ之ニ対スル企画実現ト云フコトニ及バナカッタコトハ本員ノ甚ダ遺憾トスル所デゴザイマス。量ノ方面モ改善必要デアリマス。併ナガラ之ト並ンデ質ノ方面ノ改善ガ出来ナイトシタナラバ真ノ女子教育ノ改善ト云フコトハ私ハ望マレナイ、斯様ナ観点カラ致シマシテ速ニ此ノ女専設置ト云フ所ノ新企画ヲ更ニ加ヘナケレバナラヌ、斯様ナコトヲ私ハ強ク主張致スモノデアリマス。本県ノ高等教育ノ実情ヲ眺メマシテモ、女専ニ学ビタイ斯様ナ志望ヲ持ッテモ本県ニ其ノ機関ガナイ為ニ或ハ福岡、長崎ノ女子専門学校ニ入学シナケレバナラナイ、遠ク東京、京都方面ノ専門学校ニ入学スル者モ可ナリ多イノデアリマス。斯様ナ本県ノ実情ニ即シテ考ヘマシテモ、女子専門学校ノ設立ト云フモノハ急務中ノ私ハ急務ト思フノデアリマス。併シナガラ県経済已ムヲ得ズトシタナラバ、更ニ茲ニ私ハ熊本県立第一高等女学校ニ設立サレテ居リマス所ノ高等科ノ内容ノ拡充斯様ナコトニ手ヲ打タナケレバナラヌト思フノデアリマス。文部省ハ先程教育ノ機会均等ニ付キマシテ、其ノ方針ヲ明ニシテ居ルノデアリマスルガ、地方ニ女子高等学校ヲ指定スル、其ノ内容ニ嵌マルモノハ女子専門学校デアリ、又女子専門学校以外ニ於テハ専攻科或ハ高等科ヲ設置シタル所ノ学校ヲ其ノ指定校トスル予定デアルヤニ聴クノデアリマス。曩ニモ申シマシタヤウニ本県ガ教育上他県ニ嘖々タル所ノ名声ヲ博シテ居ルノニ唯此ノ女子ノ高等教育ニ付テハ極メテ不完全ナルコトヲ遺憾トスルモノデアリマス。斯様ナ点カラ申シマスト若シ女子専門学校ノ設立ガ急速ニ出来ナイト致シマシタナラバ戦時中改正セラレマシタ二箇年ノ高等科ニナッテ居ルノヲ三箇年ニ延長スル必要ガアルト思フノデアリマス。又収容人員ハ僅ニ一学級四十名ノ定員デアリマス。熊本県ニハ高等女学校公私併セテ二十ヲ算ヘルノデアリマス。一校カラ二名ヅツ高等教育ヲ志望致シマシテモ既ニ定員ノ四十名ニナル、時代ノ刺戟ヲ受ケ影響ヲ受ケテ高等教育ヲ受ケタイト云フモノハ非常ニ多イノデアリマス。斯様ナ実情ニ鑑ミマシテ少クトモ二学級ノ編成ヲ必要トスルノデハナイカ、斯様ニ本員ハ考ヘルノデアリマス。而シテ此ノ今芽生ントスル所ノ女子ノ指導者、女子ノ優秀ナル人ヲ迎ヘテ、サウシテ新ナル所ノ此ノ時勢ニ即応スルヤウナ手段ヲ県当局ハ構スベキ必要ガアル、斯様ニ思フノデアリマスカラ、本員ト致シマシテハ若シ専門学校ノ設立ハ急速ニ出来ナイ、斯様ナ事情ニアリト致シマシタナラバ高等科ヲ改善致シマシテ之ニ学力ノ程度ヲ高クシ収容人員ヲ多クシマシテ、サウシテ県内女子教育ノ要求ニ応ズベキ施設ヲスルコトハ正ニ当面ノ急務ト思フノデアリマス。斯様ナ意味ニ於キマシテ私ハ女子専門学校設立ヲ県当局ニ要望致シマス。万已ムヲ得ザル時ニハ高等科ノ内容改善ト云フコトヲ茲ニ強ク御願ヒ申上ゲル次第デゴザイマス。以上ノ趣旨ニ依リマシテ提出致シマシタル所ノ建議案デアリマスカラ何卒議員諸君モ満場一致御賛成ヲ御願ヒ致シタイト思フノデアリマス。(12)」

女専創設に関する佐藤真佐男の趣旨説明で明確になった創設理由は次の二点である。第一点は、隣接県には戦前から女専が存在しており、県民の教育充実のためこの際女子の高等教育機関を県自体で持つべきである、ということである。大正期には高等教育機関の増設期があり、女子高等教育機関においても大正年間一七校の専門学校が創設された。[13] その中に一九一九(大正八)年創設の長崎活水女子専門学校と、一九二三年福岡県女子専門学校が九州関係として含まれている。特に後者の福岡県女子専門学校は公立の女子専門学校としては全国で最初のものであった。[14] 隣県福岡に伝統をもつ県立女専がすでに存在し、しかも県施策において絶えず競争意識を潜在的にもつ熊本が、女専設置の意志を固めるにあたり、敗戦後の学制改革期を契機として促えることは当然考えられることであった。佐藤議員が挙げる第二点は、地方において旧制度による女子高等学校設置の気運があり、もしそれが事実であれば母胎としての女専を設置しておく必要がある、というのである。恐らく佐藤議員の発言の裏には、既述した「女子教育刷新要綱」の中の「女子高等学校ノ創設ハ追ツテ之ヲ考慮スルモノトシ差当リ現ニ存スル女子専門学校、高等女学校高等科及専攻科中適当ナルモノハ其ノ教科ヲ高等学校高等科ト同等ノモノタラシムル如ク措置スルコト」という文言が意識されていたに相違ないと思われる。しかし学制改革の中で女子のための旧制高校を設置するような具体的動きはなかった。この時期中央においても新学制についての基本的方針は何ら審議されていない段階である。ただ学制改革をめぐって、いろいろの風説が飛び交う条件は充分にあった。

かくて四五年の熊本県会は、女専創設建議を満場一致で可決するという県女子教育史に一つの記念碑を打建てて閉幕となった。

戦後二年目の一九四六年は、一月一日の天皇神格化否定の宣言によって明けた。この年三月には米国教育使節団が来日し、その報告書を公けにして戦後新教育体系の基礎的資料を提出する運びとなった。しかし高等教育政策については、中央段階においてもまだ明確な基本線を確定するに至らず、状況は極めて流動的であった。

熊本県では、この年一月平井章知事が在任僅か三ヵ月で辞任、替った永井浩知事も食糧供出不成績の責任を問われて、政府の辞職勧告に従い在任二ヵ月で辞任、次の鈴木直人知事も参議院へ転出のため辞職し、七月に至って桜井三郎が最後の官選知事として就任、以降公選三期一二年計一二年六ヵ月在任し、いわゆる桜井県政を樹立した。桜井知事の就任と同時に女専設置の動きも活発化し、七月には県立女子専門学校設立期成会(15)が発足、一二月定例県会においては女専設立が決議されて、若干額ではあるが建設費の予算化がみられた(16)。いま県会における質疑状況を概観すれば次の通りである。

まず四六年一〇月臨時県会において佐藤真佐男議員は、永井知事辞任直前に熊本県教育振興審議会が設置され、在熊単科大学を綜合大学に、あるいは女子専門学校の設立、社会教育機関の拡充整備などを前にして、審議会の責任は極めて重い、十分な機能の発揮を期待したいと前置きして、女専問題に関し次のように発言した。

「尚ほ具体例を挙げますれば昨年の県会から問題になって居ります女子高専の問題でありますが、昨年の五月でありましたか東京から軍政官が視察に見えまして、その際本員も市政県政についてお尋ねを受けたことがあります。その際女子を県市の単なる書記とか雇とかにするといふだけの問題でなくして、或は知事、課長、局長斯う云ふやうなものに任用すべきである、かやうな意見を視察に来られた軍政官からお承りしたのであります。その時私、日本の女子教育の実情から考へて見まして、果して今の女子を抜擢して局長、課長級になし得るか、かやうな点に疑心を抱いてアメリカの状況をお尋ね致しましたところ、女子大学を出た者が九十九パーセントである、かやうな話を承りました時、私は日本の女子教育の水準を急速に向上させなければならぬ、かやうに痛感したのであります。尚ほ画期的選挙によりまして婦人代議士が四十名選出されてゐるのでありますが、これに対する世評は家庭の問題の如き特殊なものについては兎角の噂はないのでありますが、政治文化、法律、これらの方面につきましては何だか物足りないといふやうな輿論があります。私は斯う云ふやうなことから致しましても茲に女子教育の水準を高める必要があると思ふのであります。かやうな点から致しまして、本県に於きましても昨年満場一致女子高専の問題が採択されたのでありますが、県当局のこれに対する御意図はどんなものであろうか、かういふことを私はお承りしてみたいと思ふのであります。」[17]

知事答弁は次の通りであった。

「教育振興協議会の件につきましてはお話のやうに現に活動致しておりますが、御意見も色々ありますし、又私共と致しましても大いに教育を振興する必要があるといふことはこれは衷心からの希望であります。只いかに立派な計画を立てましても、これに伴ふものは財源、要するに予算の点であります。あらゆる面に対しまして莫大な費用を使ふといふことは到底許されないのであります。県の財政も戦前に比較しましてキチッとした框に押へられてゐるのであります。簡単に許されない。非常に起債の許可といふものも困難になってゐるのであります。それは框がしっかり決められて、日本の政府としても如何ともなし得ない、決められてゐるその框の範囲内で仕事をして行かなければならぬのでありましてその点が計画と実行の難かしい点であります。又一方において資材といふ問題もあるのでありますが、考へ方としては八番議員に全然共鳴して居る訳であります。唯それを如何なる程度に実現するかと云ふことが畢竟財政の問題に索連致しますので、私どもと致しましても尚ほ十分に一つ研究をさせて戴きたいと云ふ風に考へて居るのであります。」[18]

すでに設立期成会は発足しているものの、知事更迭があい次ぐ県政不安定の中で、女専設立の意志を新知事に確認しておく必要があっての、佐藤議員の発言と思われる。これに対する桜井知事の答弁は、上記の通り慎重論に終始しているが、「考へ方として八番議員に全然共鳴」するとの言質があってか、これ以上追求してはいない。その背景には、佐藤議員が指摘しているように、総司令部軍政官を通しての女性解放への強い示唆、またこの年四月に実施された新選挙法による最初の総選挙で婦人議員が三九名誕生し、熊本からも一名の当選者を出したことなどあって、それに女専設置期成会も動き出しており、女専創設への環境は極めて良好であるとの判断があったと思われる。なお佐藤真佐男議員の女専創設を含む戦後教育振興への情熱的な発言は、以降の会議録には現われていない。おそらく翌四七年四月実施の熊本市長選挙への出馬準備に入ったものと思われる。

佐藤議員に劣らず、やがて国会議員に転出する一七番議員打出信行も、教育に関する多くの発言を記録している。

「今回熊本市に女子専門学校が設置せられるということは県民多年の宿願を果したものでありまして、これは県当局の少なからぬ御協力に対しまして私共は敬意と賛辞を惜しむものではないのであります。今回敗戦の一原因といたしまして、女子教育のレベルが低かったということも謳われておりますが、特に熊本県におきまして、かような専門学校が出来て女子が専門の教育を受ける機会を得ましたことは、熊本県の女子のために大慶に存ずる次第であります」(19)

と儀礼的発言をし、県教育民生部初代部長工藤太郎に対しては、「当面いたしておりまする女子専門学校、或は医科大学の復旧、工専の大学昇格、農業大学もしくは高等農林学校の誘致、かういうような問題は新部長の手腕にまつところ多しとかように存ずるのであります」(20)と指摘することも忘れていない。ここに表現されている通り、打出議員は、戦災で焼失した医科大学附属病院の復旧、熊本工専の工業大学への昇格、農業大学の創設を強く訴えたのであった。

二一番議員中野雅城は、女専の設立について、その主体は寄付金に拠ると説明しているが具体策はどうか、と質問し、執行部から、女専期成会が金融機関と連絡して寄附金を集めることになっている、との答弁を引きだした後、次のように発言した。

「女子専門学校の方は寄附者が期成会であるといたしますれば、なお突込んで確めておく方がよかろうと思うのであります。日本は御承知の通り天照大神様がお開きになった国であります。天照大神様が天岩戸にお隠れになるや日本は真暗になったということが歴史に謳われているのであります。そうして天照大神様は瑞穂国は朕の子孫の世々王たるべきものであるということを御せられまして、その大神様の御子孫がいわゆるこの瑞穂国の日本をお治めになったという歴史になっているようであります。随って日本においては女子が男子より優位でなければならぬというのに、どうした間違が、女が腰を叩かれて男が尻に敷くという社会状態に変って来ました。これは甚だ天照大神様の大御心に逆うような感じがするのであります。そうした意味合からどうも今日までの社会状勢の進化して行く有様は逆様である、こう私共は感じておったのでありますが、新憲法によりましてその逆様が是正せられて男女同権ということに改訂せられたのであります。しかしながらこの男女同権と申しましても形ばかりの男女同権ということではその実現は出来ないのでありまして、そこには男子と同等の智育とそして生活力というものがなければ現実的に男女同権にはならないのであります。男女同権といって感情的に女に同情をしてみたり、或は男のスネをかじっておって男に飯をたかせるというような男女同権では甚だ困るのであります。そういう意味合におきまして女子に対しても知識の向上を図る、それから生活能力をもう少し向上せしめてやるということが結局男女同権を実現する上におきまして非常に必要であるということは何人といえども疑えないところであります。そういう意味合におきまして女子専門学校というものを設立いたしまして、女子に知識を与え、そして又生活能力を向上せしめ、徳育を与え、男女同権というものはどういうものであるかということを説き、自分の身分を知るところの徳を与えるということの必要であるということは何人といえども疑はないところでありまして、私共もそう思い、もう少し女子の権力、知識が発達いたしますと、今度の敗戦によりまして我々男子の責任として二十歳以上の男子は全部辞職して女子に政治をやらせてみてはどうかということまで我々は考えているくらい女に同情をもっているのであります。そういう意味合におきまして私はぜひ女子専門学校の設立を希望いたすのであります。が、その専門学校の設立が寄附によるということであれば、その寄附が実現せんければ女子専門学校は建てられないということに勢いなるのであらうと思うのであります。そこで私は、その寄附をするものは期成会ということでありますが、その設立期成会というものの性質はどういうものであるか、期成会はどういう形において寄附しようというのであるか、寄附をしなかった場合はつまりその責任はどうなるのか、その責任は期成会がとるのであるか、この期成会の責任というものをはっきりしておくことが必要であらう、女子専門学校が建つか建たぬかという境目はその期成会の責任にあると私は思うのであります。その期成会の性格及び責任というものをはっきりしておく方がよからうと思いますので、その点を重ねてお尋ねいたしたいと思うのであります。[21]」

四六年一二月県会における女専設置問題の最後の発言者は、先ほど触れた打出議員であった。打出議員は具体的に敷地、校風問題について次のように発言した。

「私も熊本女専の問題について一、二御質問申上げてみたいと思うのであります。橋本議員は戦争に負けた原因は科学が劣等であったということを論ぜられ、先日経済部長さんは戦争に負けた原因の一つはジープと馬を競争させたからだということを申されたのでありますが、或は政治の貧困といい、或は外交の拙劣、或は経済問題等、いろんな原因がふくそういたしていると存じますが、たしかに女子教育の低劣であったということは重要な一因子ではないかと私は考えるのであります。熊本県における女子高等教育なるものが、僅に県立第一高女の高等科というようなものをもってお茶をにごしておったということは、私共多年遺憾に存じておった次第であるのであります。第一高女の高等科のその内容なるものがまことに貧弱な組織であったということも事実であらうと思うのであります。かように女子に対する高等教育機関が今日まで欠如しておったということは教育県として謳われている熊本の恥であったと云わざるをえないのであります。然るに今回天の時を得地の利人の和を合せまして、桜井知事の明快なる御判断によって、今日追加予算として熊本県の女子専門学校がいよいよここにこの声をあげるに至りますことは、まことに百五十万県民としまして祝福欣快に存ずる次第であります。この問題につきまして一、二お伺いしたいと思いますのは、第一は敷地を何れの地に求めんとするか、由来熊本県はどういうものか、昔から、例えば学校を建設するにいたしましても、建設した当時には広すぎたように思われたものも、二、三年すると更に拡張しなければならない、こういう状態におかれておったのであります。今日県立第一高女の校庭を見ましても、学級増加によりましてあふれる生徒諸君があの箱庭みたいような所で気の毒な運動をやっておられる、あれも第一高女を建設せられた時には或は広すぎるような運動場であったかも知れませんが、今日は箱庭みたような所でおひめ様がままごとをやっておられます。こういうことを考えますと、女子教育がだんだん進展してまいりますと、或は先達の郡都市婦人会の協議会においては、この次の総選挙には議員の半数くらいは男子から出さねばならぬというような御議論があったそうでありますが、もしそうなりますと、この県会の議場においても女子の議員が多数御当選に相成ると存じます。そうなりました暁にはこの女子専門学校では教育程度が低い、女子大学に昇格しろという名論も飛び出すであらうと存じます。そういたしますと、女子専門学校といような建前から取った敷地では、或は女子大学というようなことになりますと、更に拡張しなければならないというような問題が起って来るとかように信じます。この敷地の問題につきましては県当局はどういうような方策をもって、何処にお定めにならんとするかを伺ってみたいと思うのであります。申すまでもなく居は人心を移すと云われています。このゴミゴミした市街の真中にまさかお造りになるというようなことは想像できませんが、教育県である熊本県、教育市である熊本市、そこには立田山もあれば水前寺もある、江津湖もある、教育環境には恵まれているかのように信じます。この点について知事の御所見を承りたいと思うのであります。

第二は、折角生れ出でまする熊本女専の校風であります。学校はいずれも一種独特の校風をそなえていることは申すまでもないのであります。私が業を卒えました済々黌にいたしましても剛毅朴訥の精神をもって立っているのであります。五高にしても龍南健児の余韻じょうじょうたるものがあることは御承知の通りであります。で、ぜひともこの折角生れるところの熊本県の女専に立派な校風を持たせるということは私共産婆役の念願であるのであります。もちろん、これは専門学校令にしばられて教育内容等につきましては完全なるものがあるとは存じますが、私をもって云わせれば女子専門学校は学問の切り売りの場所であってはいけない、私は他府県の女専のことをとやかく申すわけではありませんけれども、ややともすればかような高等教育を授けます学校は学問の切り売りをもって能事終れりとする弊があるのであります。熊本女専に限ってかようなそしりを受けないようにしたい、又女専を卒業すれば高女を卒業した者よりもよい条件でお嫁さんに行ける、いわゆる卒業証書が直ちに嫁入り道具になってはならない、むしろ私はここに独得の校風を樹立し、いわゆる学問は学問でありますが、熊本女専としての独特の校風を樹立し、いわゆる女子の人格完成の校風を堅立したい、私はかように考えておりますが、知事においてはこういうことにつきまして何かお考えがあれば承ってみたいと思うのであります。」[22]

ここには学校敷地問題、校風問題が論議の対象となっており、も早や女子専門学校の創立は動じないものとなった。これに対する桜井知事の答弁は次の通りである。

「場所につきましては、とりあえず考えておりますのは、第一高女に来年だけは併設してまいりたいと考えております。次年度後につきましては最も適当な場所を十分の用意をもって物色してまいりたいと考えております。この場所につきましては只今十七番議員の御意向を十分参酌しまして、更に将来のことも十分見通して適当の地を探したいというふうに考えております。

校風につきましてはまことに御親切な御意見でございました。これはみだりに私共が型を作っておしつけるというべきものではなくして、本県には本県の気風というものがございます。最も本県のよい特長《ママ》が本県の女子の最高学府に入る人々の生徒の間には、自然に自治的に、特に向学心に燃える清新なる気持をもった女生徒が、学生が入ってまいるのでありますから、当然土地の特長《ママ》を中心とした校風が現れて来るものと私共確心をもって期待しているのであります。これは放任という意味でなくして、積極的にその人達の中から立派なものが生れて来ることを期待して関心をもって注視して行きたいかように考えております。」[23]

この後打出議員は次の言葉で質疑を終了した。

「只今の御説明によりまして了承いたしました。第一高女内に当分置いて、更に他に適当な敷地を求めるは過渡期としまして致方なく、又そうして生れ出でなければならぬと思うのであります。一言私の希望を申述べておきます。要するにこれは満場一致をもって可決確定されるものと信じますが、当面の、この設立の産婆役をおつとめになる工藤部長は、先達申上げました通りにわが郷土の出身であり、菊池の空気を吸い、龍南建児の意気を示されまして、熊本にお生れになり、熊本の教育の甘い辛いというようなことについては十二分御体験の主であり、又当面の責任者である永井課長さんは長らく熊本市立女学校の教授として女子教育の経験浅からぬ人であり、又識見も敬服いたしている方であります。こういう産婆役の方々の手から生れます熊本女専は前途益々祝福せられていると信じます。どうか知事初め当局者の熱心なる御努力が一日も早く実を結ぶように希望いたしまして私の質問を打切ります。」[24]

以上記したように、四六年一二月通常県会は女専設置を決議、確認したのみでなく、県下高等教育に関して新設女専を含む綜合大学構想を提起した県会となった。以下、この段階で論議された県会における高等教育政策をみるために、県会最終日提案され可決された建議案を記載しておきたい。

綜合大学設置についての建議案

一・一大構想の下に綜合大学設置に絶大の努力を払はれたし

理由

敗戦により武器を捨てたる我国は国是として文化的新国家を建設すべき運命に迫られて居る。由来本県は教育県としての誇りを有して居る。先に医科大学建設に際し福岡県に先鞭をつけられ悲憤の情うつぼったりしものあり。この情熱に燃えたる我が県民は県政上二大癌と称せられしが如き幾多の犠牲を払ひ県立医科大学を造り上げ現在の官立医科大学となった歴史を有している。不幸にして昨年の空襲により其の大部分を焼失して居るのである。之れが急速なる復興は全県民の熱願である。幸に県当局並に県民一致の努力により速にこれが復興を見んことを期し居る。これを基盤として今回設置せらるる女子高等専門学校等学制改革の現実と文部省令等の改革とにより女子大学に昇進せしめ、女子の教養を高めしめると同時に第五高等学校を文理大学に、高等工業学校を工業大学に、県立農学校を農科大学に、県立商工学校を商科大学とする綜合大学の実現を図り、名実共に教育県たるの誇りを確保し以て新文化新日本建設の基礎たらしめんことを期す。

提出者平野澄久他六名　賛成者松枝至他二六名　一二月一四日上程可決㉕

この建議案の通り女専設立は女子大学創設の前提であり、女子大学は綜合大学構想の一翼をになうものであった。当時の新聞はこのことをさらに明確に次のように報じている。

—女子大学一専門学校で設立—

「熊本女子大学設立は県当局で着々準備が進められ五ケ年計画で経費六百万円を投じ着手する予定で差当り三百五十五万円を二十二年度予算に追加今県会に提出するが、永井学務課長も文部省の意向を打診して四日帰任した。文部省としては新設校は原則として当分認めぬ事にしているが本県の特殊事情にかんがみ特例として大体認可の意図を有している模様で、ただ大学にする事は現行大学令では女子部は認められないので専門学校令による熊本女子専門学校に変更する事となった。従って内容も家政科、文学科などになるが具体的には新学制制度発表後に決定する方針で開校は明年四月、校舎は暫定的に第一高女を転用し一クラス四十名の三学級三年制とする予定である。」[26]

以上の経過をふまえ、熊本県立女子専門学校は、一九四七年三月三一日設立認可を得て、同五月三日、三年制英文科、生活科、被服科各四〇名定員で開校したのであった。そして六月、満州医科大学教授を経て熊本保健所長であった北村直躬が校長心得となり、八月校長の辞令発令となって、女専の教育体制が確立した。

三　熊本女子大学の発足

指摘するまでもないが、一九四七（昭和二二）年は、新教育制度六・三・三・四制のうち小学校、中学校が、日本国憲法・教育基本法体制の下で、義務教育機関として発足した記憶さるべき年である。すなわち、義務教育年限の延長はすでに大正期あるいはそれ以前から意識され、わが国教育制度の近代化過程で幾度か論議されてきたが、太平洋戦争終結まで解決されずに懸案事項として積残されてきた。敗戦にともなう占領政策の中であったとはいえ、小学校六年から一挙に中学校三年計九ヵ年に、しかも前期中等教育の機会を全国民に保障しようとする単線型義務教育制度の創出は、わが国教育史上画期的なことであった。しかも新教育制度を支える財政的、物質的基礎は極めて劣悪な条件下にあり、特に未曽有の食糧危機、極度の資材難の中での新教育制度の創出は困難を極めた。このような状況で政府は翌四八年度には新制高等学校を、さらに四九年度には新制大学を発足させ、教育制度大系の完成を意図するものであった。

熊本県立女子専門学校は、一九四七年五月、新制小・中学校の発足の年に創設されたのであった。したがって法的には旧専門学校令に規定された学校であったが、その出発は大学昇格を予定しての創設であった。

女専発足当時、新制度による初等教育機関は発足したものの、高等教育制度についてはは政府レベルにおいても初歩的論議の段階であって、事態は極めて流動的であった。

四七年度の最初の県議会は七月臨時に開催された。前年一二月県会において「綜合大学設置についての建議」が承認されており、七月臨時会においても当然このことが論議された。二七番議員山中大吉の、その後の大学設置経過についての質問に対して桜井知事は、総合大学設置について先般文部省を打診したところ「方針については、どういう条件をもってして総合大学をおくかとこういう問題については、八、九月頃にならぬと話がきまらない、その相談が決まらない限りは県の方でいかに話をもってこられても話にならんよ、という、こういう内情を聞かされたのでありますと答弁している。そしてまた一方の情報として、中央における大学政策が決定次第直ちに対応ができるように体勢を整えておかなければならない、ということもあるので、近いうちに関係大学、専門学校の責任者を集めて意向を打診したい、また国会議員とも相談して県としての基本線を打ち出していきたい、と補足した。[1]

県議会における桜井知事の答弁は以上のごとき内容であったが、一方では、既に発足している熊本大学誘致準備懇談会が発展的解消を遂げて熊本総合大学期成会が結成され、会長に桜井三郎知事を推挙して動き始め、また熊本市議会においても、「国立総合大学設立建議書」を可決していた。そしてさらに次に記載する「総合大学誘致に関する建議」

を熊本県議会でも可決するのである。これら一連の慌しい動きの背景には、新制大学設立基準の設定に大きく寄与したところの大学基準協会の成立があり、新制大学発足のための中央における体制が大きく前進していたのである。四七年七月のことであった。

さて熊本県議会では七月臨時会の最終日、次のような建議案が上程され可決された。

総合大学誘致に関する建議案

一・早急に本県に綜合大学設置に関し機宜の方策を講ぜられたい

理由

新学制の実施の好機に本県が文化の昂揚、学問の権威の為、南九州の中心地として此の地に総合大学を設置して、世界文化と平和の建設に寄与するは最も機宜に適したる措置といふべく、一方本県地方民の物心両面の収穫を期するは、亦喫緊の要事であると信ずる。幸本県に於ては今年設置せられたる女子専門学校を女子大学に昇格せしめ、同時に第五高等学校及び語学専門学校を文理科大学に、工業専門学校及び薬学専門学校を工業大学に、師範学校を文芸大学に、現在の医科大学を大学医学部としての総合大学となすは比較的容易の事と思料せらるるものがある。敢て早急に本県に総合大学設置に関し機宜の方策を講ぜられることを切望する所以である。

右建議する。

昭和二二年七月二五日

提出者

熊本県議会議員　瀬口龍之介　大塚逸雄　徳永泰憲　堀川光記　原九　菊川末吉　山中大吉　泉万次郎　岡崎伊十郎　高田光喜

賛成者

野上進以下四五人

熊本県議会議長　大久保勢輔殿(2)

この建議案は満場一致可決されたが、提案理由の説明には一四番議員瀬口龍之介が当った。長文になるが当時の県議会の新学制への期待と熱意が読みとれるので、敢て記載しておきたい。

「今や新学制が実施せられまして、教育の機会均等は必然的に学校の地方分散を招来しまして、国民文化の高揚と学問の権威の尊重となり、大いにこの点私共の慶賀にたえないしだいであります。しかして、文化国家の建設が、かかって最高学府の建設と、その運営よろしきにあることは勿論、この建設の場所、条件等この精神にそうべきはまた言をまたないところでございます。北九州にはすでに福岡市に総合大学が設置せられておりますが、南九州におきましては、我熊本こそ、あらゆる角度からみて、しかも終戦後の状況に徴して、伝統的に文化の一大中心地であり、地理的に総合大学の建設に最適地とぞんずるのであります。これが設置方につきましては、県民の願望であることはご承知の通りであります。由来我熊本県が、遠くは菊池、加藤、細川の文化の流れをくみ、近くは明治文化の歴史的中心人物を輩出して、文化的伝統を背景として、教育県ということはつとに我県民だけの自負でなく、世人の認むるところであります。この地に総合大学を設置することは当然であります。現在第五高等学校のぼう大なる敷地は、先覚によってこの地に総合大学を誘致すべく予定せられたのであります。あのような敷地を現在有しているということは、全国各地にその類例をみないのであります。しかして、わが熊本にはご承知の通り現に医科大学、工専、薬専、女専、語専、或は師範学校等の多数の官公私立の高等専門学校がございます。これを打って一丸として、単科大学《マ マ》として、学生を集めて総合大学を設置いたしましたならば、県民多年の要望である学問の最高殿堂を築くということは、新憲法の精神に則して、世界の文運の進展あるいは平和に貢献し、もって吾々が希求しております文化国家の建設という一大使命を達成するための、最短でありまた最善の道であると信ずるのであります。もしもこれが早急に実現いたしますならば、本県地方民の受けます文化的な恵沢、あるいは学問の恩恵に浴する精神的な収穫と、物資に恵まれた本県の生産的な資材の産出と、生産にたいする学問の裏づけによる物的収得の躍進的成果は、期して待つべきものがあることは申すまでもないのであります。

さきに、官立医科大学設置にさいして、本県が隣県福岡に機先を制せられ、或は運動の点に機を逸したがために、福岡県にこれを奪われまして、その後福岡県はこの官立医科大学を中心にして、今日あの隆々たる総合大学の設置をみております。その間に処した吾々先人の苦闘というものは、最後の一線において、その運動方法その他において一致を逸したため水泡に帰しまして、今日までいろいろの機会いろいろの人々によってくわだてられましたが、その目的を達成せず現在に至ったのであります。今日におきまして、私共がこの問題をじんぜんとして空しうしたならば、将来かかる機会が再びめぐり来るかどうかということは保証出来ないのであります。吾々は吾々の過去を考える時、吾々の子孫から笑われないような道を打立てたい、とかように考えます。本県の財政が、今日まで審議した結果におきましても、非常に苦しい状態にあることは存じております。そして、この問題に関してはご承知のように、これを確保せんがために全国各地に猛然な各種の運動が今日続行されておるのであります。すでにご承知と思いますが、金沢とか、鹿児島とか、岡山その他各県において、今日只今もこの運動がつづけられているのであります。これが誘致運動については一日の偸安も許されないまでにさし迫っているのであります。本県が相当の負担を受けることはやむをえないことかとぞんじます。しかしながら、この総合大学の誘致ということの意義がいかに重大であるかということを考慮いたしまするとき、その困難というものはこのさい挙県一致克服して、そして当面を打開して、県民が一体となって、これが実現のため万全を期したいと思うしだいであります。この新学制改革についての、今日只今のこのような機会を除いては、おそらくかような機会は二度とまわってこないのであります。この機会を逸したならば、本県としての不名誉は勿論、また私共の子孫からうける非難というものは、どれだけかということをおそれます。あえて早急な善処と積極的な措置を要望してやまないしだいであります。

この新学制度実施は、文化建設の光明と学問的尊重の聖火の中に、本県が総合大学設置のための絶大なる措置を講ぜられるのはこのさいであるが故に、最も機宜をえたものと思いますので、この許された唯一無二のチャンスということを銘記して、ぜひともこれが実現のため、なにとぞ議員諸君の満場一致のご賛成をお願いいたしたいと思うしだいであります。(3)」

このあと二〇番議員河野喜代治も特に発言して建議案の可決を訴えるのであるが、両者の発言に共通してみられることは、一九一〇（明治四三）年九州帝国大学設立に当って、その場が福岡に確定した歴史の評価が、誘致競争に負けたとの敗北感となって意識されていることである。「教育県」を自負する熊本が「あの当時の苦杯を再びなめるようなことがあってはならない。……この機を逸したならば、くいを後年にのこす」結果になる、というのである。このような対県意識を伴う感情が県民一般にもあり、そのことが女子専門学校の創設、総合大学誘致への積極的意思表示となって、この期県議会の熱い空気を醸成しているような印象を、議会会議録の行間に読みとれるように思う。しかしそれはそれとして、前年一二月県会では、女子大学、文理大学、工業大学、農科大学、商科大学、医科大学を構成要素とする綜合大学構想であったのに対して、今回の構想は、女子大学、文理科大学、工業大学、文芸大学、医科大学となっており、総合大学構想が流動していることが注目される。それは中央段階での大学構想の未成熟を反映しているのである。

八月に入り、総合大学誘致期成会を代表して中央にその実現方を陳上した県議会議長大久保勢輔は、「文部省の方針としては本年度末までに大学設置基準委員会を設置してこれに諮問し、その答申によって文部大臣が（大学設置の具体案を）決定する段取りとする考えである」[4]と報告している。

一〇月段階では、桜井知事が直接文部省と接触したことを報告し「つまり四校、五高、工専、薬専、医大であります。これを総合大学として昇格せしめて、国力の増加にともなって他の公立私立学校を合併するということが、最も容易に大学設置が出来ると思う。語専とか女専とかいうものは、それぞれ今までの私立は私立のまま、県立は県立のまま単科大学に昇格させて、その内総合大学にまとめるべく努力してくれという話でありました」[5]と述べた。ここに至って初めて、総合大学構想が官立既設大学または既設官立専門学校を構成要素として画かれている事情が県議会で明白となり、総合大学設立への具体化へ大きく前進することとなった。なお結果的には熊本の場合師範学校が教育学部として総合大学に統合されるが、この段階では師範学校は独自の立場で大学昇格を計画していた。

したがって女子大学昇格を前提として設立された熊本県立女子専門学校は、総合大学構想には含まれないことが明白になった以上、単科大学として存在する以外に方法はなかった。かくて知事発言があった四七年一〇月定例会の最終日、女専の大学昇格建議案が上程可決された。それは次のような内容をもっていた。

熊本県立女子専門学校を大学に昇格する建議案

今次の学制改革に当面して現在の熊本県立女子専門学校を昭和二十四年度から新制による熊本県立女子大学に昇格するよう方針を決定し且つ其の実現を促進するよう建議致します。

理　由

本県に独立の最高女子教育機関を設置したいとの要望は既に多年に亘り県民多数の間に熾烈でありましたが、諸種の事情に阻まれて実現の機会に恵まれず、僅かに当面の方策として県立第一高等女学校に専攻科を附設することに止められ、後之を高等科に改めて問題の解決を将来に俟つことになったのでありますが、昭和二十一年はじめて通常県議会の議決を経て熊本県立女子専門学校が設立せられ、時恰も本邦未曽有の学制改革に直面しつつも茲に一応県下に於ける女子高等教育機関の実現をみた次第であります。さて叙上の如き女子専門学校創設の経過に鑑みるとき新大学制の発足期たる昭和二十四年度を機として更にこれを県立女子大学に昇格せしめ、以て本県に女子教育最高学園を建設するという県民の意図を継承すべきであると信じます。今後男女共学制の実施により一般大学の門戸は女性に対して解放されるとはいえ、女性の天職と知能とに即した女性の為の大学は女子教養の向上に対する一般社会の要求と相俟って愈々其の設置の必要性が痛感せられるのであります。周知の如く大都市には既に女子大学が存置されていますが、今次の新学制実施を機として他府県に於て女子専門学校の大学昇格が陸続として企図せられつつあるのも全く右の理由によるものであります。

由来本県は文教の伝統を誇り、教育適地として自他共に許したのであるが、今般総合大学設置についてその期成会が結成されるに至り高等教育施設に対する県民の熱意は既に絶大なものがあると信じます。

女子高等学園の設置についても少なくとも他府県に先んじて雄県たるの実を示すと共に、茲に本県女性教育百年の大計を樹立せんことを切望する次第であります。

右建議する。

昭和二二年一〇月二七日

提出者

熊本県議会議員　河野喜代治　戸上第一郎　橘武徳　尾方彦太郎　吉本光義　倉田義明　岩尾豊　泉万次郎　加藤兵助　藤岡末彦

賛成者

熊本県議会議員　高木藤太他四四名

熊本県議会議長　大久保勢輔殿(6)

以上の建議案について提案理由の説明を二〇番議員河野喜代治は次のように述べた。

「県立女子専門学校が県民多年の要望によりまして本春から開校に至りましたことはまことに欣幸の至りでありました。しかし本員等はその多年の間に我が県に独立の最高女子教育機関を持たなかったばかりに、いかに子女の教育上の不便を忍び、いかに多大のぎせいを払ったかを回想せざるをえないのであります。もし福岡県その他の如く二十数年来女子専門学校の設立を見ておりましたならば、向学の希望に燃ゆる多くの子女が父兄の膝下を離れ遠く我が熊本の地を去って遊学するが如き不便は起らなかったはずであります。その間における物質的ないし精神的損耗がいかに大であったかはけだし思い半ばにすぐるものがあったと存じます。今や未曽有の教育制度大改革にさいし、昭和二十四年度以降は新制大学が施行せられ、女子専門学校の代りに新制女子大学が女子教育機関の首位となるのでありまして、従来の最高女子教育機関として存立していた女子専門学校は自然の成行として明後年からは新制大学となって発足し、新日本建設の一よくを高め、女性の智性と教養を高め、新日本建設の基盤となることになりました。男女同権の世となりましても男女の天職は原則として別があります。女性の天分と智性とに即した女性のための最高教育機関の確立は今後いよいよその必要を増すものと考えられます。将来いつかは我が熊本に綜合大学が出来、その一かんとしてその制度の実現の日が来るものと思われますが、私共は今にして来るべきその日のために基礎工作を施しておかねばなりません。

今回の制度改革を機として全国各地において新制女子大学設立の企図あることは周知の事実であります。文教の地をもって任ずる我が熊本県こそは、他府県に率先して新しい最高女子教育機関の実現に努むべきであると信じます。この度の機会においてこそ、過去において味ったぎせいと不便とを繰返さないようにしたいのであります。教育の尊重向上を県是とする我が熊本県が、県民の半を占むる女性の教育百年の大計を定める時期は今だと信じます。もともと只今の女子専門学校の沿革が、始めからして女子大学を目標としてあったことは設立期成会の趣意書にも明かでありますが、現行制度上女子の大学令がないので、一応専門学校令によって発足した次第であったことを申しておかねばなりません。願くば満場一致のご賛同により、熊本県立女子大学設立の建議を採択せられ、我が県文教政策の一つの基礎方向を定められんことを切望してやまない次第でございます。」(7)

建議案提出者、賛成者に議員全員が署名しているので、もちろん建議案は修正なく満場一致で可決された。かくて女子大学昇格へ向って、県議会を中心に活発に動き出すのであった。

一九四八年になると、総合国立大学設置のための動きは大きく前進することとなった。県議会二月定例会において予算編成説明に立った桜井知事は、「市町村におかれましては六・三制の整備に非常なる苦心をはらっておられ、県としましても戦災県立学校の復旧、高等学校の整備、女子専門学校の女子大学への昇格等重要問題がありまするとともに新に目睫にせまれる問題として総合大学の誘致問題があることはご承知の通りであります。本件はすでに昨年の県会において建議案が可決せられ、期成会の設立を見て極力努力してまいったのでありますが、福岡に総合大学が設置せられてあるという事情よりして地理的には必ずしも楽観を許しません。総合大学の誘致問題に関しましてかつて福岡と誘致を争いまして福岡のために苦杯をなめさせられた経験にかんがみ、県内各方面協力一致ぜひとも本件達成を切望してやみません」(8)と述べて、誘致運動における不退転の意志を表明している。しかしながら、一府県一国立大学設置の原則を含むところの、文部省とCIE合作の「国立大学設置の十一原則」と呼ばれる総合大学案が成文化されたのは四八年六月であるから、二月段階のこの時期が知事のいう「地理的には必ずしも楽観を許さない」状況であったことは事実であった。したがってこの期以降一府県一国立大学の原則が確認されるまで、総合大学誘致期成会の強化が計られたり、県議団、市議団一行が、大分、宮崎、鹿児島の南九州三県を訪問して大学誘致に協力方を要請したり、あるいは三月一四日、熊本市新市街朝日館において熊本総合大学設置運動県民大会を開催するなど活発な運動が展開されたのであった。また学生たちも誘致運動に自主的に参加して県内外へ巡回宣伝に出向き、「熊本市内だけやっておってもらっても不十分である。休暇等にそれぞれ郷里に帰ったならば、九州各県に郷里をもっているわけでございますから、各県に帰って運動をしてもらう。或は県内の各地方に出向いて、大いに一つ世論を喚起してくれるように、こういう意味におきまして話合をいたしているような次第」[9]と、知事にも期待されるような誘致運動を展開している。さらにまた国会議員団を中心に県出身有力者を構成員とする在京実行委員会も積極的に動き、文部省をはじめGHQ、CIE、国会大学設置委員会常任委員会等へ情報収集なり誘致陳情を働きかけているのである。したがってこの頃の大学誘致運動は、文字通り挙県的な広がりと密度を示しているように思われる。[10]

総合大学構想から一応はずれた女子大学昇格については、県立女子大学昇格建議以降しばらくは県議会で話題になることはなかったが、三月一八日県議会において、女子大学設置準備のため七万六，〇〇〇円が可決され、[11]四月一日には、県教育部総務課内に女子大学設置準備委員会が、また五月一日には女子大学設置準備委員会が設置された。[12]また七月三日には熊本女子大学設立期成会発起人会議、続いて期成会発会式が、熊本女子専門学校内において開催された。[13]この期成会において承認された「熊本女子大学設立期成会趣意書」内容は次の通りである。

「女子最高学府の開設に対する県民多年の要望と熱意とは嚮に女子専門学校設立期成会の結成となり同会の甚大な活動は県民有志各位の声援と相俟って昨年四月遂に熊本県立女子専門学校の生誕として其の実を結ぶに至ったのでありますが、同校は期成会の趣意書にも明記されたやうに其の生誕の日に於てやがては女子大学に昇格すべきものとしてその多幸の将来が既に予定されてゐたのであります。

しかしてわが新憲法の発布によって女性の社会的地位が画期的に向上すると共に女性の一般教養の高度化乃至女子教育の振興強化が企図され、他方新学制の実施は互に因となり果となって女子大学の実現を必至ならしめましたが、県議会に於ても此の澎湃たる趨勢に対応して昨年十月同議会議員全員一致を以て県立女子専門学校の大学昇格に関する建議案を採択可決し、県当局も亦本年四月女子大学設置準備委員会を設けてその大学昇格に必要な諸般の準備に着手し、今や其の大要を完了するに至ったのであります。

抑も女性の一般教養を高め婦人の指導層を育成し以て九州に於ける社会人としての女性の品性知能を最高度に陶冶し、女性の高等学術研究機関として地方女性の文化の向上並に崇高な目的と之を達成すべき貴重な使命とを想へば、その開設の一日も速かならんことは是れまさに万人の以て翹望するところでありますが、現在の社会情勢と経済事情とよりすれば其の前途たるや極めて多難なるものがあります。茲に県民各位の深い理解と力ある支援とによって熊本女子大学の設立を助成し以て県民による県民のための女子最高学府としての一大金字塔を本県教育史の上に打ち樹てんことを期して江湖の熱意ある御賛同を求むる次第であります。

昭和二三年七月三日

熊本女子大学設立期成会会長　桜井三郎

期成会は今後の事業として、(イ)施設の整備促進、(ロ)寄贈図書及び寄附金募集、(ハ)県民の助成運動喚起を確認した。また会長には熊本県知事桜井三郎、副会長には県議会議長大久保勢輔、熊本市長佐藤真佐男、県議会副課長野上進を推挙承認した。なお期成会発会式出席者は次の通りであった。

県議会から大久保勢輔他三名、県教育文化部長稲毛新他一名、市役所荒木辰広、女専期成会長福田虎亀他二名、商工会議所和田貞臣、女子大設置準備委員長緒方維弘他七名、県婦人会連合会長長野千鶴子、女専父兄後援会長円仏末吉他一名、女専内係北村直躬他一〇名、以上である。[14]

一府県国立一総合大学構想とかかわりなく、文部省が新制大学の設置に関する大綱を決定したのは四月であった。すなわち四八年四月一四日付の文部省学校教育局長日高第四郎名義での官公私立大学高等専門学校長、教員養成諸学校長宛の通達によれば、「新制大学えの切替え計画については種々御研究中のことと存じますが、今般新制大学に関する手引書が完成致しましたので御送付申上げます」[15]とあり、また当該手引書「新制大学設置について」のはしがきには「この基準は完成の域に達したものではなく、なお補足改訂を要する点も尠くないのであるが、それは目下各種の特別委員会に於て審議を進めて居るから、成案を得次第それぞれ正規の手続きを経て順次発表することが出来るであろう」[16]としている。一年後には新制大学の発足が前提になっているにかかわらず、関係法規の整備は非常に短かい期間に慌しくなされているように思われる。そして四九年四月開設希望の新制大学設置者は、大学設置認可申請書を四八年七月末日まで提出せねばならないことになった。熊本女子大学設置者である県知事桜井三郎が、文部大臣森戸辰男宛申請書を提出したのは七月二六日であった。申請書の大学設置理由書は次のごときものであった。

県立熊本女子大学設置理由書

一、諸言

女子最高学府の開設に対する県民多年の要望と熱意とは、嚮に女子専門学校設立期成会の結成となり、同会の甚大な活動は県民多数有志の声援と相俟って、昭和二十二年四月遂に熊本県立女子専門学校の生誕として其の美果を結ぶに至ったのであるが、同校は該期成会の趣意書にも明記されたやうに、其の生誕の日に於て、やがて女子大学に昇格すべきものとして其の将来の進路が予定されてゐたのである。果然、熊本県議会は昨昭和二十二年十月同議会議員の全員一致を以て、県立熊本女子専門学校の大学昇格に関する建議を採択可決し、次で昭和二十三年五月には女子大学設置準備委員会が本県教育文化部長を委員長として発足し、以て女子大学設置に必要な諸般の準備に着手するに至り、今般文部省に対し其の設置申請書を提出することになったのであるが、其の設置理由の要旨は次の如くである。

一、女子高等教育の振興及び拡充の急務

わが新憲法の公布と其の附随法令の施行とによって、女性の人権は本邦旧来の諸法制及び習俗に比し画期的に拡大されて、婦人の社会的地位も亦従って著しく向上することになったとはいえ、此の制度上の一大革新をして真に国民生活の上に顕現せしむるためには、先ず婦人の一般教養を高め、其の指導層を育成すべきであって、これが必須の対策としては女子高等教育を振興し、且つ其の施設を拡充することが極めて急務である。茲に新学制による女性のための大学の新設が当然に必要となるのである。

一、女子大学設置の必要性

新学制下に於ける男女共学の観点よりすれば、女性には新に既設若くは新設の諸大学に進学する機会が与へられて、女子も平等な立場から男子に伍して高等の学術を研習することの原則が明かにされたが、旧来の差別的な教育制度や社会因習に基くわが現在女性の学力知能の劣弱さを直視すれば、一般大学への女性の進学は理想として望ましいことではあるが実際に於ては却ってそれを阻まれる結果を生むの虞れがある。

しかのみならず過程生活乃至社会活動の諸分野に於て、一面女性には自然の使命があり、学修部門に対する女性本来の志向に於ても、男性と自ら異るものがあるので、之が対策として女性のために特定の教育機関を設けることが必要である。

過般日本女子大学、東京女子大学、津田塾及び神戸女学院が新学制による女子大学として認可されたことは、叙上の如き女子大学の必要性が事実によって肯定されたものと信じ得るのである。

一、熊本地方に女子大学の設置を必要とする理由

熊本県に女子大学を設置せんとする理由を明らかにするためには、まず本県及び隣接諸県の人口密度と居住民の一般向学心とについて考察せねばならぬ。

本県は総人口は現在百七十余万に達し、隣県たる大分、宮崎及び鹿児島の三県を合せた所謂南九州では大約五百五十万であって、本邦総人口の凡そ七％に当る。また本県住民の一般向学心は極めて旺盛であって例へば旧制高等女学校卒業生の進学状況について看るも、諸専門学校以上に対する其の入学志望者は頗る多数に上り、本県が由来教育県としての名声を博し得たのも、一つは此等進学者数の盛況に因るものであった。しかるに一般高等教

育機関の地理的分布は本邦全体としては、東京附近と近畿地方とに集中し、九州では専ら北九州に偏在し、南九州地域に於ては大学としては近年まで僅か熊本に一校を有するのみで、高等専門学校として既設のものも今次大戦までは合せて七校を算するに過ぎず、女子の高等教育機関に至っては特に然りであって、爾来女子専門学校の設けもなく、漸く最近に及んで南九州各県に凡そ一校宛が新設されただけである。いま其等の施設数の分布と人口数の分布の比率を倹すれば南九州の地域に於てその高等教育施設の貧弱なことは一見して明白となるのである。例へば大学高専校一校当り人口数は全国とすれば凡そ十五万四千であるが南九州では凡そ三十二万四千弱となり、又人口百万当りの学校数は全国とすれば六校半であるが、南九州では僅かに三校である。これを女子専門学校の場合について看るも、北九州の八校に対し南九州はその人口の優勢なるに係らず僅かに三校に止るのである。要するに南九州地域では一般大学高等教育施設の量に於て特に女子に対する其の施設に於て頗る寥々たるものあり。年来多数の若い女性は父母の膝下を離れて遠く東京若くは近畿地方の諸学校に進学せなばならぬという頗る不利不便な窮状にあったのである。これ即ち南九州地域特にその要衝たる熊本地方に女子大学の新設を必要とする所以である。

一、学校建設に対する熊本地方の立地条件について

本県は東に大阿蘇の高地、西に有明及び不知火の両海湾、中央に肥後の平野を擁して其の風光も雄大開豁であり、由来農産県として食料資源に富み、しかも既設工場数は少くして環境は頗る静穏であって、県民の性情また醇朴であり思想は封建的とはいへ甚だ堅実である。熊本が教育適地として普く知られてゐるのも此のためである。本県の中心たる熊本市は省線では鹿児島本線、豊肥線、肥薩、三角線など、私設線では熊本電鉄、熊延鉄道、産業交通バス路線など交通の要衝をなし、隣接の大分、宮崎、鹿児島三県に対しても四通八達であって、実に交通至便の位置を占め、自ら南九州全域の人文地理的中心部をなしてゐるのである。其の他人口二十五万の中都市として修学研究上の利便を具へ、また市民は学都としての伝統によって克く教育を理解し学術文化を尊重するの風が

厚いことなど、要するに自然的乃至人為的環境に於て熊本地方が学校の建設に最も適してゐることは明白である。

一、女子大学の維持営為に対する熊本県並に県民の富力について

本県は商工業に於ては東京附近、近畿地方、北九州一帯の如き経済中心地に一籌を輸するも由来一大生産資源地帯として農林産物に富み其の移出県として知られ貯蓄額、国税納税額、農家一戸当り耕作面積、同国税負担額、米穀生産高、繭生産高等の諸種経済統計に現はれた県民の平均富力は全国各府県の優位にあり、其の経済力は往年既に県立の医科大学或は薬学専門学校を興すことを得たのである。

男女を通じ県民子女の高等専門学校以上に進学する者の数が極めて多いことも本県民が十分の富力を有することを如実に物語るものであって、従って茲に建設さるべき女子大学の維持営為の将来については多大の確信あるものと云へやう。

一、熊本大学との協力に関する事項

近く熊本市には熊本大学が国立として新設されるが、之と熊本女子大学とは施設及び人事について唇歯輔車の関係に立ち、相互の協力によって各自の大学の目的及び使命を完全且つ円滑に達成することに努め、同時に所要資材並に資金の活用乃至節約を期せんとするものであって、既に施設の利用及び人事の交流については相互の善意ある了解の下に意識ある協定を結んでゐる。

一、結語

叙上の如く女子高等教育の振興拡充を目途とし、女性の使命並に志向の本然に即応した女子の大学を新設すべきことは、其の施設に乏しいわが国の現状に照して極めて急務とするところであり、またそれ故にこそ県民の斉しく之を翹望するところであったのである。

しかして大学教育施設の地方分布の均衡といふ点より云へば、女子大学は之を熊本の地に設置すべき十分の理由があり、また自然的及び人為的環境の諸条件に於て熊本は女子大学の建設に最も適合し、県民の富力も其の維持営為

に対して綽々たる余裕を有するものと信ぜられるが故に、茲に計画されたやうに早急に現熊本県立女子専門学校を昇して県立女子大学となし、南九州地帯唯一の女性最高学府として之を熊本の地に建設することは緊急且つ妥当のことであると言はねばならぬ。之れ即ち県立熊本女子大学の設置を企図し茲に其の申請書を提出する所以である。[17]

以上が女子大学設置理由書の全文である。学部学科の計画を示せば次の通りであった。

学部名	学科名	分科名
家政人文学部	家政学科	生活科学専攻（20）
		生活芸術専攻（20）
	文学科	英文学専攻（20）
		国文学専攻（20）

（　）内数字は一学年定員数

校舎の所在地は熊本市本丸町一番地（熊本城内）、校舎は元第六師団司令部、現熊本財務局庁舎としての国有財産に属するものを一時借用するものであって、体操場・研究室は狭隘と認められるので約二〇〇㍍の距離にある熊本医科大学の体操場を同学において支障のない限り使用する、としている。

なお将来計画として、学部および学科組織については、現在校地、校舎その他施設の関係上当分の間は申請通りとするが、「将来適当な校地、校舎に移転し得る場合など施設の点と、且つ県財政とを勘案し、また県民の之に対する世論等も充分調査審議した上で必要があれば音楽科、体育科等の設置をしたいと計画してゐる」とあり、また校地、校舎については、「県財政の都合を勘案し、成るべく近い将来に於て元熊本県立熊本中学校跡敷地に別紙計画に基いて校舎を新築する。此の件については本県教育部長を委員長とする女子大学設置準備委員会に於て既に議了内定してゐる」としている。その他備品、図書の整備についても触れていることは指摘するまでもない。

すでに記したように大学設置認可申請書が提出されたのは七月二六日であったが、この申請に基づく大学設置委員会の実地調査が行われたのは一一月六日であった。調査の詳細については詳らかにしないが、まず女子大学そのものの存立意義について質疑が交わされている。すなわち学科構成において文学科設置が予定されていることに関わり、国立熊本大学法文学部にも同じような文学科設置構想があり、男女共学の趣旨からも双方合して一本化した方がよいのではないか、女子だからといって特別扱いは不必要、したがって女子大学を独立設置させる理論は成立しないのではないか、とこのような指摘が委員によってなされた。これに対して設置者側は、「かりに同じものがあっても、例へば競争講座の意味で差支はないと考へる。教授が違へば教授研究上その内容も違うて来るし、今後大いに内容充実奮起して特色を発揮し熊本女子大学に文学科ありと一般に認めしめたい」[18]「本県民の間には、男女共学は勿論としても、他方女子単独の方を希望する向が多いし、共学にしたために実質的に女子の文科進学の門を狭められる虞が現在の情勢では多分にある」[19]と応答している。また家政学科が生活科学専攻と生活芸術専攻を構成要素としていることに関して設置者側は、『大学設置基準』によりますと食物被服住居学科等の例を挙げてあったが種々考慮の結果独自の内容を盛りたいと考へ、理論と趣味を兼ねたものにし、即ち看板は狭い意味の家政科になりますが要するに高い教養と広い専門知識と深い芸術味を与へたいと考へました」[20]と説明した。委員にとっては、生活芸術専攻に関心があったらしく、設置者側から美学専攻の教授を擁していることの説明があるに及んで委員の納得が得られたようで、「大学の家政学としては一般基礎科学部門、応用部門があり、要するにどんな理念でやるかの問題であり、科学的か芸術的か社会学的かによって内容を作って戴くがよいと思ふ」[21]と論評しているにとどまっている。その他医科大学の運動場、研究室を使うことが設置委員会で問題となったのでこの点を早急に改善するよう努力すること、名称は県立を除いて単に熊本女子大学とすること、移転地は予定通り確保すること、図書を充実すること、将来計画として提示されている音楽、体育科の増設は、大学の性格が特殊となるので申請大学構想にはなじまず、もし実現するとすれば学芸大学構想に傾くこと、等について、委員側から要望なり示唆があっている。そして最後に委員側から大学経費について説明を求められたのに対して設置者側は、「教授の給与、研究費については国立の大学程度否寧ろそれ以上に計上したいと考える。（研究施設費等については）予算技術で十分にカバーして行きたい、本県は従来教育県として著聞しその方面は行政上重視されて来ました、今後も女子大学の経費については責任を以て万全を期したい」[22]と説明しているのである。

大学設置委員会の実施調査が終了すると間もなく、一二月定例県議会では女子大学新築に関わる年次計画案を追加議案として上程、異議なく可決した。それは次の通りである。

追第一号　営造物の設置について

熊本県立女子専門学校を昭和二四年度から女子大学に昇格せしめることとし其の校舎及必要な建物は左記計画にて建設するものとする。

記

昭和二四年度　本館その他　七〇七坪
昭和二五年度　教室その他　六七一坪
昭和二六年度　教室その他　六二二坪
計　二，〇〇〇坪

昭和二三年一二月一九日提出

熊本県知事　桜井三郎[23]

この議案について二七番議員山中大吉は次のように説明した。

「只今ご上程の追第一号「営造物の設置について」の議案につきましては、さきにこの県議会におきまして、女子専門学校を女子大学に昇格する案が満場一致をもって可決せられておるのであります。九州地方に女子大学の新しく生まれますことは、まことに女子教育向上のために喜ばしいことでありまして、しかも、将来の国民を育てはぐくむところの女性の教育の向上は、熊本県下の国民の品性、文化に及ぼすところが大きいものがあらうと思慮いたすのであります。女専が県の管轄になりました関係上、視察いたしましたところ、その内容において、教育者の陣容において、充実をいたしておるのであります。ただ望むところ、建物においてその設備がないという点が一つの欠点でありますが、これが認可せられると否とは、その建物の設置せられるか否かにかかっておるのでありまして、本日県当局として、その容装をそなえるために本議案を提出せられましたことは、まことに時宜に適しているところと思慮いたしまして、私賛成いたすものであります。どうぞ満場一致をもってご可決あらんことを希望いたすものであります。」(24)

追加議案上程背景には大学設置委員による実地調査での施設不備の指摘があることは山中議員の説明で明らかであって、その結果、議案としては正確度を欠く如上の粗案を慌てて議決せねばならない状況があった。

一九四九年は新制大学創設の年である。したがって四九年が明けると、総合大学としての（国立）熊本大学、単科大学としての（県立）熊本女子大学の発足を目睫にひかえて、関係者の慌ただしい動きがみられることになる。熊本大学の場合は、これらの動きについて『熊本大学三十年史』が詳細に経過を追っているので、大学成立過程は今日この公刊書によって事情を識ることが可能となっている。そして熊本大学の場合は、熊本医科大学を中心として複数の専門学校、旧制高等学校が構成機関となるので非常に複雑な動きを示さざるを得ない。これに対して熊本女子大学の場合は、単科大学組織であるから熊本大学ほどの複雑さはない。しかし大学創設という意味では同一レベルで要求される要素は共通であり、この意味で現在熊本女子大学が保有している「大学設置認可申請書」意外に補助資料が必要であるが、今の段階では資料収集に厳密さを欠いている状況にある。したがって県議会での論議のみで設立事情をみる外にない。

四九年二月定例県議会において、二一番議員河野喜代治は、総合大学と女子大学問題について質問したいとして、熊本大学については、設立委員会で決定した募金額一億円の募集方法と応募進捗状況、教授連招聘の計画、五高、工専、薬専、師範諸学校における教授のうち大学教授として不適格者が出た場合の処置の仕方などについての当局の意向をただしたのち、女子大学について次のように質問した。

「次に、女子大学設置の問題でありますが、これも本県会といたしまして、非常な熱意をもってその実現にたいして努力しつつあるのでありますが、ご承知のように只今の女専は校舎をもちません。財務局の家を間借りしておるのでありますが、そのためにこの大学設置委員会におきましては、女子大学として発足する事の審査の面におきまして非常なる難色があるというようなうわさも聞いておるのでありますが、一方また大丈夫だというようわさも聞いております。この点いかようになっておりますか。[25]」

この質問に対して桜井知事は次のように答弁した。

「女子大学につきましては、大体専門委員会で可決いたしまして、三月上旬委員総会にかけるということになっておりますが、この見通しにつきましても大体順調にゆくというふうに考えられるのであります。先般上京いたしましたさい、只今ご質問のように校舎等の設備が完成ではないという話がありましたが、これは暫定措置でありまして、新たに熊中跡に作るんだということを申入れたのでありまして、基準委員会におきましてはその点につきまして不安をもっておったのででありますが、知事が責任をもってこの点についてご返事を申上げておるからそれ以上むづかしいことをおっしゃる必要はないじゃないかということを申出でたのでありまして、この点は委員会の方でも大体了解をしてくれたようであります。県といたしましては、これにたいする予算を昭和二十四年度においてお願い申上げようと考えておるのであります。[26]」

桜井知事の以上の答弁は、申請に対する認可は疑いないものとしての自信を示しているように思われる。以上の経過で熊本女子大学が認可されたのは三月二五日であった。認可の文言は次の通りである。

校学二号

昭和二四年三月二五日

文部省学校教育局長

熊本県知事殿

大学設置認可について

昭和二三年七月一六日附をもって申請の標記のことについては別紙指令の通り認可になったから右御了承の上指令に示された条件の実施については万遺漏のないよう御取計い願いたい。(27)

熊学一号

熊本女子大学設置者　熊本県

昭和二三年七月一六日をもって申請の学校教育法による熊本女子大学設置のことは、大学設置委員会の答申に基き次のように認可する。

昭和二四年三月二五日

文部大臣　高瀬荘太郎

一、位置　熊本県熊本市本丸町

二、学部学科　学芸学部　文学専攻　生活学専攻

三・開設学年　第一学年

四、開設時期　昭和二四年度

五、設置条件

(1)一般教養及び専門の図書を充実し研究教授上の機器器具標本を整備すること

(2)一般教養の社会科学及び生活学専攻の基礎部門の専任教員を強化すること

(3)移転校舎建設の年次計画を予定通り実施し施設の整備をなすこと

(4)昭和二四年度の開設は第一学年からとすること

(5)以上の事項についてはその実施につき報告を徴し又必要ある場合は委員会として実地視察する

尚教員組織についてはその充実にいたるまでは大学設置委員会に協議しなければならない。(28)

ここで申請と認可における最大の相違点は学部学科組織である。すなわち、申請では家政人文学部であったが、認可では学芸学部となり、また家政学科は生活学科と変更され、文学科は申請通りとされている。ところで如何なる理由で学部、学科名が変更されたか、文部省と設置者の間で交渉経過があると思われるが詳らかにしない。周知のように学芸学部なる名称は国立大学における教員養成学部が冠した名称として当時普遍的であった。このことから推して、女子大学が当時の教員不足という実情から教員養成を期待されたか、設置者側が積極的な教員養成への意志を示したか、このような事情が学部名称の変更に反映しているのかもしれない。また一方で家政という表現をことさら避けているようである。このことについては、前年一一月の大学設置委員による実地調査の折、設置委員側から「家政といふ言葉は封建的響があり、家庭に改めた方がよろしいとの説もありこの点中々むづかしい」と示唆を受けている経緯があり、当時このような字句解釈の雰囲気があったものと考えられる。

「新制大学設立のトップを切って西日本唯一を誇る熊本女子大学が木の香も新しい門札をかかげた。同校は昭和六年県立第一高女に付設された高等科が昭和二十二年に県立女専に昇格、そして卒業生を出さぬままに西日本の先輩女専校をしり目に一躍スピード昇格したもので、今年度開校する西日本唯一の女子大だけに九州各県からも入学願書がとどいている。[29]」

これは写真入りで報道された新聞記事の内容である。福岡女専が創立以降二〇数年を経て女子大学へ昇格するのは熊本女子大学に遅れること一年後の一九五〇年であるから、文字通り西日本唯一の公立女子大学の誕生であった。四九年四月九日県は初代学長に現女専校長北村直躬を、同時に教授一〇、助教授七、講師一六を発令した。[30] 四月二一日から三日間入学試験が実施され、五月二日開学式を挙行、九日から授業を開始したのである。

四　熊本女子大学創設直後の論議

一九四五年一二月、敗戦直後の混乱期にもかかわらず熊本県会は「女子専門学校創設建議」を可決し、県独自で高等教育機関をもつべく戦後教育復興への強い意欲を示した。そして予定通り四七年五月に女子専門学校を、さらに四九年五月にはそれを母体とする熊本女子大学を発足させたのである。ここに熊本県は、戦前からの懸案でもあった高等教育機関設置の宿望を、女子大学という形で果すことになったのであった。女専設置に関する建議可決から女子大学発足までの三年有半、この間における学校設置への意欲は県議会資料でみる限りまことに積極的で、女子高等教育機関設置に対する疑問ないし反対論は一切見出せない。恐らく県民の間にも、県議会の空気と同じ程度の教育的期待感が存在したものと思われる。

ところが、大学が発足して間もなく、熊本県議会の女子大学をめぐる論議に変化が生じてくる。すなわち大学が夏期休暇を初めて迎えた八月、熊本県議会八月定例会において、大学の将来方針に関する批判的質疑が次の通り交わされたのである。質問にたったのは四二番議員森岡光義であった。

「まず第一に、県立女子大学問題について、知事は去る昭和二十一年県会におきまして打出信行議員から新しく誕生するところの県立女子専門学校の校風をいかにするかという問題について質問がありましたのに対し、女子専門学校は、当時女子教育が大学、工専に対し門戸が閉鎖されている、そこで福岡、長崎等においては県立の専門学校があるのに、教育県をもって誇る本県に女子専門学校がないので女子教育の水準をたかめるためにつくるものである。学校の校風というようなものは他国の人間であるわれわれが一定のワクにはめるということは適当でないということを答弁されたのであります。知事は公選知事として本県に骨を埋める覚悟で知事に当選されました今日においても、当時と同様の考えをもっておられるかということを承りたい。そもそも女子教育が成功したのは、ほとんど例外なくその校長の徳望なり或いは特徴ある校風を慕って生徒が集まるのではないかと私は思いますが、この女子専門学校が新しい制度で女子大学に昇格したこの学校の将来について、なんらの定見なく、単なる知識の切売であるかどうか、その点に関して知事及び教育長はどのように考えておられるか、ということを明快に承りたいのであります。

次に女子大学に対する将来の方針はどうか。女子に大学の門戸が開放され、男女共学が実施された今日において、女専設立同時の経営方針を修正するの必要はないかどうか。私見をもってするならば、女子大学なるものは特色ある講座を設くる必要はありはせぬか。例えば家政科とかその他女子の情操を高めるような特殊な講座を設けずして、国立熊本大学と同様な講座をもって教育した場合に、その県立女子大学に優秀なる生徒を集めることが出来るかどうか。一部若い青年の間には、今のような方針で女子大学を運営するならば、一部資産家の子弟にして国立大学に入り得ない者のみが集まるであろう、したがって県立女子大学は熊本県の女子学習院化するのではなかろうかという危惧の念をもっているのであります。県費でもってつくるところの女子大学が女子学習院化されていいかどうか、その点に関して知事、教育長はいかに考えておられるか、承りたいのであります。

次は学校敷地の問題であります。先般来元熊中あとの敷地に女子大学を設立するということになっていたのでありますが、熊中の同窓会から猛烈な反対運動があって非常な紛糾をしておったようでありますが、二、三日前の新聞ではその了解がついたように伝えられております。はたしてさようであるかどうか。私の考えをもっていたしますならば、環境は心を映すということがあります通り、新しく女子大学の校舎をつくりますならば、都塵をさけた閑静な地に特色ある校風を純化する校舎をつくる必要がありはしないかと考えるのであります。また元熊中あとには生徒ならびに父兄が多大なギセイを払って作った五十メートルのプールがあるのであります。このプールだけでも今新しくつくるならば優に一千万円以上の工費を要するということでありますが県立女子大学は二階堂女子体操学校のまねをする必要はない。パーマネントをかけベニをつけておるような女子大学生を集めるところでプールはさほど必要でない。そこでその一千万円以上のプールは遊休施設となるおそれがある。さような点からいたしましても、私は熊中あとは熊本高等学校に譲ってそうして新しいところにさきほど申上げましたような熊本県伝統の肥後女性の特質を生かすにふさわしい建築物をたてる必要があるのでなかろうかと思うのであります。(1)」

森岡議員の以上の質問に対して桜井知事は、まず校風問題について、校風というものが実在するのか、もしくは校風を作るべきであるか、こういう問題は簡単な解答はできないとし、「むしろ若い人が純真な気持ちで、そうして自分達がスクスクと思うまま伸びてゆくものを伸ばしてゆく行き方というものを周囲の者は親切心をもって眺めてゆく、そうしてその方向があやまった場合は極力そこで出て行って話し合をするとか何とかする方がいいではないか」と考えている、と答え、また校舎敷地問題については、適地があれば現在の予定地を変更して差支えない、認可を得る為の手段として一応熊本高校の敷地を文部省に申請したに過ぎない、として、女子大学の経営方針について次のように答弁した。

「それからとくに女子大学を存続してゆく上についての独特な科目の問題でありますが、とくにどうして女子大学を存続して行かなければならぬかというような問題に関してのご質問であったと思いますが、これは実はいろいろの考え方があろうかと思うのであります。男女同権ということになっているわけでありますが、なかなか従来女子の方は男子に比べまして基礎的勉強をいたします場合に、余分な勉強をする面もありまして、どうも今までのところ、学力の点が歩調が合っておらぬじゃないかというふうなことも一応は考えられぬのであります。これはキ憂であるかしれませんが、そういう点も考えられないでもないのであります。それからまたご家庭ないし周囲におきましても、年頃になったんだからどうも男と一しょの学校にはあんまり通わせたくないというような場合もまたないでもないということも考えられるのであります。これは考え方が間違っているといえばそれまでありますけれども、このことはなかなか啓蒙が行きどどきにくい場合もあるかと思います。さような意味におきましても、すくなくとも暫定的―絶対的に暫定的ということでありませんが、暫定的理由として、ある程までたくさんの女子を高等教育に引出すという考へ方におきましても、そういうことが考えられると思うのでありますが、またさらに女子大学にとくに家政科の如き男子のやらないものも置いてあるのであります。かたがたそういうようなことを考え合せてみまして、やはり女子教育として独特なものを一つ置いてみてもよかろうじゃないかと考えたわけであります。女子教育が相当発達しておりますアメリカにおきましても、女子専門の大学もあるそうでありますが、そういう意味で私も女子大学として置いてもいいじゃないかということを考えているわけでありります。(2)」

知事答弁は以上の通りであるが、女子大学存置の意義を探しあぐねていて、説得力を著しく欠いたものとなっているように思える。

ところで大学発足後半年も経過しない段階で上記の女子大学批判が県議会で交わされた背景はどのようなものであったか。考えられる一つの原因は、第一回入学希望者が予想を下回って少数であったことにあると思われる。すなわち入学願書受付けの段階で「九州唯一の女子大だけに入学志願者は二十日が締切というのに早くもぞくぞくと現れ女専からの転校生を入れるとすでに定員に達しそうな形勢」[3]と予想されていたにかかわらず、実際は「受験者は文学科、生活学科計八十名の定員に対して計七十八名(うち女専からの転入受験が五十七名)と〝あこがれの女子大〟としてはちょいとさびしい風景だった」[4]のである。この定員割れの入学試験に対して、熊本県下の女子の高校卒業生は約一，〇〇〇名で、このうち大学受験資格の前提になっていた大学進学適性検査を受験した者は六〇名に過ぎないという現実があった。すなわち新制大学発足当時、女子の大学希望者は絶対的に少数であったのである。「それでも他所の新設女大にくらべたら成績はいい方」[5]だという評価が正確であるか比較資料を持たないが、この現実が、以降の女子大学維持に関する不安材料になったことは否定できないと思われる。それに熊本大学には文学科に関する限りは全く競合する同一課程があり、生活学科の内容にしても、女子入学者を積極的に魅きつける説得力をもつものでは必ずしもなかったと考えられる。

このような状況において、開学直後、女子大学の存在を問う市井の声が地方新聞の投書欄に反映している事実がある。すなわち「女大反対に回答」の標題で熊本県は次のように女子大見解を述べているのである。

「女大反対論にお答えする。女大の設置は一昨年県議会で議員提出による女専を大学に昇格する建議が満場一致可決された。これは県民多年の要望と熱意の反映と思われる。

(1)現在女大（四年制）に併置されている女専（三年制）は昭和二十五年度で廃校されるので大学と専門学校とは多

少経費の内容は異るが、廃校の上は一年分の経費負担の延長となるに過ぎない。

(2)女大は教員の養成機関としても特に英語、家政、体育、音楽の県下の女教員補充に資するので一般県民の間接的に恩恵を蒙ることは少くない。また女大の在学生にはブルジョアの子女は見当らず中産以下の勤労階級の子女である。女大は有閑階級のための存在ではない。

(3)女大は単位制であるから二年でも修業には差支えない。また二年制の別科の設置について考慮中なので実現すれば要望にそえると思う。

(4)新学制で女子に対する一般大学の門戸は開かれたが旧来の差別的な教育制度や社会因習等によって現在では遺憾ながら女子の学力知能の劣弱さを認めざるを得ない。従って一般大学への進学は理想として望ましいが現在のところ未だしの感がある。持に女子には家庭生活ないし社会活動の諸分野において特有の使命があり、その意味からも学習部門に総合大学と女大と自ら異るものがあり子女のため特別の教育機関を設けることも又必要である。（熊本県）」[6]

地方新聞投書欄での女子大批判であるとはいえ、県自体が批判に答えるような形で以上のような県解を示さざるをえないこと自体、新設女子大学への県民の関心の強さを証明しているようにも思える。このような背景があって、すでに述べた八月県議会での森岡議員の発言となったのであろう。

当時、一方では高校進学における女子の不振もさることながら、実は男子も含めて全日制高校入学希望者自体が予期に反する不振を示し、そして夜間定時制高校希望者が激増の傾向を示したのであった。このような状況で、世論は夜間大学設置への希望を強め、このことは国立大学への夜間大学併設要望となって具現した。しかし発足間もない国立熊本大学にその実現の見通しはなく、代って女子大学に併設する案が真剣に協議された経緯があった。すなわち四九年一二月定例県議会において、民生文教委員会委員長は次のように発言したのである。

「次にこれは教育委員会関係でなく総務部の所管になりますけれども、内容的に考えまして文教委員会においても決議いたしたのでありますが、熊本女子大学内に夜間大学設置の件であります。各方面経済苦境に追込まれてきまして、今日の高等学校入学希望者は激減の現象であります。物に恵まれない、しかし向学の熱意に燃える働きつつ学ぶ勤労学徒のために夜間定時制希望者は逆に急激に増加しつつあるのであります。それら求めてやまない燃ゆるような青年学徒の希望をみたしてくれるものがこの夜間大学だと思います。女子大に男女共学の夜間大学はおかしいというような意見もありましたが、将来はそうなることを期待いたしますが、現在のところでは熊本総合大学内には夜間大学が設置できない事情にありますので、この際大きくこの方面の世論喚起に過渡的な施設として女子大学内に夜間大学の設置の建議案を提出することに委員会の意見一致いたしましたので、この件も皆さん方のご賛同を求めたいと思うのであります。」(7)

この発言によると女子大学に夜間大学設置の建議案を議会に提出することになっているが提出された形跡はなく、従って夜間大学が併置されたという事実はなかった。(8)

一九五〇(昭和二五)年になると、女子大学維持に関する論議は活発の度を増していった。三月定例県議会において一六番議員岡崎伊十郎と桜井知事の質疑応答にこのことをみてみたい。

岡崎「第三は、女子大学の問題でありますが、年々三千万円程度の金を出してゆかねばならない女子大学の将来は相当大きな県の負担であると思います。これに対して女子大学に対しては将来どんな見通しをつけておられるか。ことに総合大学における男女共学が徹底するようになりますと、その場合において現在の女子大学はどういうふうに運営されてゆくのであるか、その点をお尋ねいたします。……これは単独でずっとこのまま存続されるおつもりか。あるいは暫定的にですね、今のままにして将来総合大学の一科に入れられるかという問題です。」

知事「これはたしか昨年でも一応問題になったかと思いますが、これはマア理想的には何と申しますか、総合大学の中におりこませるということが考えられるのでありますけれでも、現在の段階におきましては、これはやはり女子は女子としての一つの専門の大学があったほうがよいのじゃないか、こういう考え方でご相談を申上げまして女子大学の設置をみたわけであります。従いましてこれはそのまま続いて置くということが考え方であります。暫定的なものではないのであります。しかしながら将来長くたちました後に、これは一つの科にしたほうがよいという状勢になりましたならばそれはその時の問題であります。現在の考え方といたしましてはこのまま一つやっていきたいとかような考えであります。」(9)

以上の質疑応答において、岡崎議員の質問で明確になった重要な事実は、女子大学に対する県費支出が財政的な過重負担として意識され、そのことがはじめて公言されたことである。また知事の答弁においては、理想的には将来総合大学の中に解消していきたいこと、だからといって女子大学の存続は暫定的なものではないことが県執行部の見解として明確になったのである。

六月定例県議会では七番議員岩尾豊が知事との間に女子大学の位置づけをめぐって次のような質疑応答を展開した。

岩尾「女子大の件でありますが、先般来財政問題として取上げられ、不肖私も三月の当初予算総会において知事の見解を承ったのでありますが、その後一向この女子大の問題については関心が薄いという感じをもつものであります。現在この女子大の存在価値というものを考えます際、また将来の見通しというものを考えます際に、何とかこれをもっと存在価値、意義を高めるような方向にお考えになる必要があるんじゃないかという感じを非常に強くもつものであります。そのためには、行き方といたしましては、女子専門教育というものをもう少しはっきりとした体系と内容をととのえて、専門教育に重点をそそぐ行き方もありはしないか。或いはさきごろ私が申上げましたように、これを最近しきりに要望されておりまする夜間大学に切替えるということは考えられないか。或いはもっと思い切ってこれの方向の転換を策される場合は、現在熊本総合大学というものが、その内容施設が現在の文部省の設置基準案に照しますす際少々不安な点もあるのでありますが、これを折角完全なより立派な総合大学に完成するために、この女子大学の内容施設というものを思い切って転換されてはいかがであらうか。そうして、その際に女子教育というものに対する門戸がかりに閉ざされるという場合は、それはそれとして一定の女子教育のワクと申しますか、門戸を設けてそれで必要限度内において女子教育に支障なからしめるということも考えられるのではないかと考えるのであります。以上のような観点から女子大のもって行き方に対して知事の考えを承りたいのであります。」

知事「女子大学に関する問題でありますが、いろいろ建設的なご意見を拝聴いたしましたわけであります。ただ、この熊本大学にとけこましてしまう、こういうことになりましても、それを女子部として一つ独立させたものといたしますならば、あまり大きな財政的な影響もないではないか、こういうこともまた一応考えられるわけでありまして、当初の趣旨からいたしまして、九州に一つくらいとにかく文教の県といたしましても熊本県に他の県に率先して女子の専門教育機関を設けるということが必要じゃないかということで、議会のご意向にもよりまして設置いたしたものでありまして、現在の段階におきましてはなお一つ女子大学としてこのまま育成してまいりたい、かように考えているわけであります。従いまして夜間大学の点につきましてはなお研究を要すると思うのであります。専門的にもっと教育に重点をおくようにというご意見につきましては、十分学校当局にご趣意を伝えまして、十分一つ研究するようにいたしたいと思います。」

岩尾「女子大の点でありますが、これはいわゆる女子大を設置する当初において、県の世論によって、この県会の意志によって、設置したものであるからというご答弁でありましたが、その当時の構想は構想といたしましても、現在までの女子大の実績がそれではどうであらうか。若干時期も経過いたしましたし、現実に照しましてこの女子大の在り方というものも現在の形のままで存続するのがいいか。さきほど私がお尋ねいたしましたような方向にこの際積極的に、利用価値と申しますか、その存在意義を高めるような考え方をお取上げになってはいかがであろうかという感じをもつのであります。いま一ぺん知事のご意向を承ってみたいと思う次第であります。」

知事「女子大の問題につきましては、これはまだ卒業生も出ていないことであります。従ってこれは熊大と見合ってみますと熊大の方には女子の学生が極めて少いのであります。現在女大の方には女子の専門の家政科がありまして、これで入ってまいります。なお県民の皆さんのご希望は、女子教育に対するご希望は、やはり女大を単独に育成してほしいというのが皆さんのご希望じゃないかというふうにも私は考えるのであります。内容につきまして充実するということにつきましては、われわれさらに努力をいたしたいと考えるわけであります。[10]」

岩尾議員の女子大に対する認識は、以上の質疑応答の内容から読みとれるように、一応大学の専門教育の強化を訴える側面は有するものの、基底的には総合大学としての熊本大学への吸収、または夜間大学への組織替えといった、女子大学否定論に傾斜しているといえる。また知事の答弁にしても、積極的な女子大学存続理由を見出しえないでいることは改めて指摘するまでもない。

さらに一〇月定例県議会では、二年制女子大への編成替え論が提起されるに至った。すなわち四二番議員森岡光義は、再三女子大学問題について質問を重ねてきたがと前置きして、次のように発言した。

「先般京都に立寄ったさい、私は京都府会において府立女子大学を二年制の短期大学に切換えたいという請願を採択されたということを聞いてきたのであります。しかもその理由は本員がしばしば主張したところと全く一致し、国立大学のある地方都市、東京都以外の地方都市において、しかも国立大学が女子に門戸を解放した今日において、四年制度の女子大学をもつ必要があるか否か。むしろ二年制度の短期大学として女子に必要な専門教育を徹底して行きたいというところにあるようであります。女子専門学校として古き伝統とよき設備をもつ京都女子大学の名を捨て実を取るこの行き方こそ、真に女子教育に関心をもつ父兄の学ぶべき点でなかろうかと思うのであります。知事はこの問題にたいして真剣に研究されるとともに、憲法が保障するところの教育の機会均等のために女子大学の設備と教授陣を活用し、貧乏なために昼間働かねばならないところの勤労学徒のために、法文経済等の男女共学の短期大学を設置される意志なきや否や承りたいのであります。(11)」

これに対する桜井知事の答弁は次の通りである。

「女子大学の問題についてでありますが、これはご意見といたしまして十分研究を要すると思うのであります。ただ一つの点と申しますと、これは四年生のものは卒業いたしますと学士号が貰えるのであります。それから中学校、高等学校の普通教諭免状の授与資格が与えられるのであります。また女子大学についてでありますが、栄養士の免許資格が貰え、あるいはまた国家公務員の公職についての受験資格が与えられる、こういう点で二年制に比べていろいろいい特典もあるわけであります。ただお話はせっかく熊本大学もあることだからそちらのほうにもかねてのご意見であります。これは京都と熊本とその地方のお方々とのお気持というものも考え合せてみたいと考えますのでもう少し研究させていただきたいと思うのであります。(12)」

大学発足後の県議会での熊本女子大学をめぐる論議は以上の通りである。発足前の女子高等教育機関設置へのあの積極的姿勢は全く影をひそめ、夜間大学への転換論を含めて、論議の方向は女子大学批判へ大きく傾斜しているのである。

五　むすびにかえて

第二次世界大戦後のわが国の学制改革にとって特徴的なことは、明治期から意識的に構築されてきた天皇制を基底とする中央集権的教育体制が否定され、地方における教育意思が尊重されなければならないとする、いわば地方分権主義とでもいうべき教育原理が、大きな度合で確認されたことであった。このことはかつてわが国近代教育の歴史に例をみないことであった。地方自治体は、戦前、戦中に比較して、かつて予想もされなかった自由独自の立場で、地域社会における教育構想を描きうる可能性をもちえた。敗戦にともなう異民族支配という特殊な状況があったにも拘らず、否そうであったからこそかえって、教育行政における地方自治体の主体性が保障されるという側面が確かに存在した。

指摘するまでもないが、地方自治体の政策決定機関は、府県段階でいえば府県議会である。熊本県に則してのことだが、この期の県議会の審議風景を一瞥すれば、そこには戦後新教育への熱い想いが横溢し、展開される言論の闊達さには驚かざるをえない。議員は等しく旧体制を批判し、新生地方文化構築の責任を一身に意識しているかのごとくである。小論が、通常の論文の態をとらず、議会記録の抜粋に多くの紙数を費やしたのは、敗戦直後の地方議会の雰囲気を記録に留めておきたいとする筆者なりの思い入れがあってのことであった。

さて戦後学制改革期に発足した熊本県内の高等教育機関は、国立総合大学としての熊本大学、県立大学としての熊本女子大学、私立大学としての熊本短期大学である。その発足を年譜的に一覧表として提示すれば次の通りである。

戦後学制改革は、一覧表からも明らかなように、約四年という短期間に初等教育から高等教育にいたるまで、学校制度全般に根本的変革を加えるものであった。恐らくこのように短期間での学制改革は世界史的に例をみないものであろう。したがって学制に関する徹底した討議ないし見通しは、必ずしも十分に保証されていた訳ではなかった。国

年	月	事　　　項
1945	12	閣議〈女子教育刷新要綱〉諒承
	〃	熊本県会「熊本女子専門学校創設建議」可決
1946	3	米国教育使節団来日、報告書を提出
	4	第22回衆議院議院総選挙、婦人代議士39名当選
	〃	熊本医科大学の帝国大学昇格運動有識者間で話題となる
	10	教育刷新委員会で高等教育制度改革問題始めて提起される
	12	県会「一大構想の下に総合大学設置に絶大の努力を払わんことを要望する」意見書を採択（医科大学、女子大学、文理科大学、工業大学、農科大学、商科大学を構想）
	〃	教育刷新委員会新制大学の年限4年（原則）編成の大綱を決定
1947	2	文部省新学制実施方針を発表、中学校47年度、高等学校48年度、大学49年度より発足
	3	「教育基本法」「学校教育法」公布
	4	新制小、中学校発足
	5	熊本女子専門学校旧専門学校令で発足
	7	大学基準協会設置、大学基準制定
	〃	熊本市議会「国立総合大学設置建議」可決
	〃	熊本総合大学期成会発足、会長知事桜井三郎
	〃	県議会「早急に本県に総合大学設置に関し機宜の方策を講ぜられたい」建議可決
	〃	同時に国会請願
	11	熊本教育大学設置準備会発足、会長知事桜井三郎
	12	教育刷新委員会など中央において大学の地方移譲問題議論起る
	〃	県議会「熊本女子専門学校を大学に昇格する建議」可決
1948	1	〈大学設置委員会官制〉公布
	3	期成会主催〈熊本総合大学設置運動県民大学〉開催、この前後期成会の動き活発
	〃	大学設置委員会例外的に新制大学12校を決定答申、4月発足（㊣神戸商科大学、㊫日本女子、東京女子、聖心女子大学、津田塾大学、神戸女学院大学、国学院、上智、同志社、立命館、関西、関西学院大学）
	4	新制高等学校発足
	5	国立熊本大学設置準備委員会発足
	6	文部省一府県一大学構想の国立大学設置に関する原則を内容とする国立大学設置案を決定発表
	8	大学設置委員会、新制大学審査申請の219校を発表
	12	閣議、国立新制大学を49年度より開設することを決定
	〃	文部省、新制大学推進本部設置
1949	2・3	大学設置委員会、国公私立大学を数次にわたり発表
	5	熊本女子大学発足
	9	熊本大学発足
1950	4	熊本短期大学発足

立総合大学構想にしても、一府県一大学の原則が確認されたのは、新制大学発足の一年前という慌しさであったのである。しかしそれにも拘らず、学制改革における地方議会の対応は非常に積極的であった。恐らくこのことは熊本のみでなく全国的にみられる現象であろうが、国立大学構想が国のレベルで策定をみない時期から県は議会活動を通じて積極的な対応姿勢を示しているのであって、このことは県議会における意見書、建議案の確認となって表現されている。そこには国立大学における財政的な地方負担の原則があり、府県が大学構想において主体性を要求される側面があったにしても、高等教育政策における地方主義の要請という民主的原則が確認されたことは戦後教育の特徴的なことであった。

この意味において熊本女子大学の設置は、それが公立であるという意味で一層積極的な意味をもつものであった。すでにみてきたように、熊本女子大学の前身である専門学校は、敗戦後初の県会によって全員一致による建議案確認を基礎として創設されたのである。県が高等教育機関を主体的に維持運営しようという場合、この期の女性解放、女性の社会的進出の必要性を基調とする社会的風潮の中で、女子高等教育機関に着眼したことは決して特異なことではなかった。女専の発足から女子大学昇格まで、熊本県議会では一つの反対論もなく、極めて順調に進捗したのであった。隣県福岡には、すでに二〇年を起える歴史をもつ県立女専があり、女子高等教育への機会を地元で、という設置理由は説得力のあるものであった。教育に限らず、隣県福岡との対比において県行政が推進されていく熊本の対県競争意識も確かに存在しており、このことが女子高等教育機関の設置に踏み切らせた契機になっていることも否定できない。いずれにしても敗戦を契機とする学制改革期に、「教育県熊本」として女子高等教育機関を自前で持つことに熊本県民の大きな批判は無かったと思われる。女専そして女子大学の創立は県民歓迎の中での県の教育政策であった。

しかしながら熊本県は産業構造的には農業県であり、学制改革期に当り戦前からの懸案でもあった農業に関する高等教育機関を持つことも十分可能であった。そして事実そのような動きは戦後早い時期から意識されており、また総合国立大学創設に当っても一構成要素として農学部を設置すべしとする意見も確かに存在したが、結果的には実現されなかった。このように考えれば、県が女子高等教育機関を持つに至ったことは選択の問題であったのであり、この点十分な審議が議会を通じて行われたかどうか疑問が残るところである。また男女共学制が一般原則として承認されていく過程で、女子のみの高等教育機関の設置意義についての討議が十分であったかの点についても同様である。すでに述べてきたように、女子大学創立直後の体質改善を含む批判論の展開はこのことを直截に証明することとなった。

註

一　はじめに

（1）五大改革とは一．日本婦人の解放、二．労働の組合化促進、三．より自由主義的教育を行ふための諸学校の開校、四．秘密検察等諸制度の廃止、五．独占産業機構の民主化を指す。戦後日本教育史料集成編集委員会編『戦後日本教育史料集成』第一巻、一九八二年三一書房、三三頁。

（2）近代日本教育制度史料編『近代日本教育制度史料』第一八巻、昭和三九年、講談社、五〇六～七頁。

（3）太田尭編著『戦後日本教育史』、一九七八年、岩波書店、四四頁。

（4）前田多門「終戦直後五箇月在任の記録」前掲『戦後日本教育史料集成』所収二〇七頁。

（5）一九四五年敗戦以降四七年四月まで旧学制による専門学校は七九校創設され、このうち女子専門学校が四七校を占めている。熊本女専もこの中の公立一三校の中の一校である。国立教育研究所編『日本近代教育百年史』第六巻、一九七四年、三九二頁。

二　熊本県立女子専門学校設立経緯

（1）熊本女子大学蔵『大学設置認可申請書㈡』なお本文中数字は算用数字に、旧字体は必要以外は新字体に改めた。

（2）「大戦中は特別ト致シマシテ、其ノ以前ニ於テハ苟モ教育ニ志アル議員ハ皆熊本ニ女子専門学校ヲ設置シテ戴キタイ、斯様ナ希望的意見質問ヲ致シテ居ル者ハザラニアルノデアリマス。」（『昭和二〇年熊本県会議録』一二月一七日八番佐藤真佐男議員発言）、「或ハ三原議員ノ女子青年教育問題、打出議員ノ第一高女、女子専門学校昇格問題、又ハ女教員再教育問題、其ノ他各議員ヨリ連日熱心ニ質問応答ガ続ケラレタノデアリマス。」（『昭和一七年一月熊本県通常県会議録』一一月二八日一五番北里雄平議員発言）などの記録をみれば戦前、戦中にも女子専門学校設立は県会で意識され討論されているようである。

（3）『昭和二〇年熊本県会議録』一一月二九日。

（4）同一二月八日二一番議員中野雅城発言、文理化大学は文理科大学の誤植、師範大学構想については師範教育制度調査委員会答申（一九三四年）にみられるが、構想の域にとどまり実現しなかった。なお高等工業は熊本高等工業学校を指す。
（5）同八番議員佐藤真佐男発言。
（6）婦人参政権、大選挙区制、制限連記制などを含む「衆議員議員選挙法改正」が公布されるのは一二月一七日である。
（7）（5）と同じ。
（8）同一二月一三日。
（9）（10）同一二月一七日。
（11）（12）同一二月二二日。
（13）桜井役『女子教育史』日本図書センター昭和五六年（復刻版・初版昭和一八年）、二四八頁。
（14）福岡県教育百年史編さん委員会『福岡県教育百年史　第六巻　通史編（Ⅱ）』福岡県教育委員会昭和五六年、二一五頁。なお設置経過について次のように説明されている。「福岡市においては地元の名流婦人たちの活動が始められ、『福岡婦人会』という団体を結成し、大正一〇年福岡市須崎裏で『共進会』が開催された際、婦人会の有志三八人は茶亭を会場内に設けて茶菓を供し、手作りのヒナ人形、楽焼を販売して収益九，〇〇〇円をあげ、女専設置の資金として県に寄付し、県知事・県会方面に活発に設立を働きかけた。ここにおいて知事・県会もようやく設立の方向に動き出し、大正一〇年一二月一三日の県会において、女専創立費二四万九，八〇〇余円が可決された。用地は福岡市須崎町の県有地約五，〇〇〇坪（一万六，五二九平方メートル）をあてることになった。大正一一年六月七日に認可をうけ、大正一二年四月開校した。第一代の校長は東京帝国大学講師の小林照朗が任命された。定員は文科四〇人、家政科四〇人、修業年限は三か年であった。」
（15）「県立女高専設立期成会第一回発起人会は十七日午後一時から第一高女で開催、準備委員長福田市長はじめ、委員、県下各界の有力者百数十名が参集、期成会の結成会を可決、ついで期成会の発会式および初総会に移り会則を決定、会長に福田市長を推したが散会後発起人会を開き校地校舎の選定を会長に一任、さらに県市当局および県会市会その他要路に設立助成法を懇請するなどいよいよ第二段の活動を開始することとなった。」『熊本日日新聞』昭和二一年七月一八日。
（16）女専設立のための初めての予算化が、「追第三号　昭和二一年度熊本県歳入歳出追加予算」として可決された。教育費（科学教育研究所、県立玉名中学校荒尾分校独立費、県立女子専門学校設置費用）計四，〇三四，二九六円。
（17）（18）『昭和二一年熊本県会会議録』一〇月一七日。
（19）同一二月六日。
（20）同一二月一二日。

(21) 同一二月一三日。
(22)(23)(24)(25) 同一二月一四日。
(26)『熊本日日新聞』昭和二一年一二月五日。

三　熊本女子大学の発足

(1)『昭和二二年熊本県議会会議録』七月定例会七月一七日。
(2)(3) 同七月二五日。
(4) 同八月定例会八月二五日。
(5)(6)(7) 同一〇月定例会一〇月二七日。
(8)(9)『昭和二三年熊本県議会会議録』二月定例会二月二八日。
(10) 当時の誘致運動状況については『熊本大学三十年史』に詳しく記載されている。
(11)(12)(13)(14)『大学設置認可申請書㈠』。
(15)(16) 同㈡。
(17)(18)(19)(20)(21)(22) 同㈠。
(23)(24) 前掲『昭和二三年熊本県議会会議録』一二月定例会一二月一九日。
(25)(26)『昭和二四年熊本県議会会議録』二月定例会二月二五日。
(27)(28) 前掲『大学設置認可申請書（一）』。
(29)『西日本新聞』昭和二四年四月六日。
(30)『朝日新聞』昭和二四年四月一〇日。

四　熊本女子大学創設直後の論議

(1)(2)『昭和二四年熊本県議会会議録』八月定例会八月二九日。
(3)『朝日新聞』昭和二四年四月五日。
(4) 同昭和二四年四月二三日　ちなみに熊本女子大学の最初の入学試験は四月二一日から三日間実施された。期間中は文部省認可をうけて特別に大学進学適性検査も行われた。

（5）『熊本日日新聞』昭和二四年四月二二日。
（6）同昭和二四年六月八日。
（7）前掲『昭和二四年熊本県議会会議録』一二月定例会一二月一九日。
（8）夜間大学設置に関する要望は当時非常に強いものがあり、五〇（昭和二五）年三月県議会には、夜間大学設置請願書が、一つは高等学校長連名で、他は熊本大学工学部が主体となって提出され受理されている。また七番議員岩尾豊は、女子大学を廃止して夜間大学に組織替えすることは考えられないか、と問題提起的発言（三月一七日）を県議会で行っている。
（9）『昭和二五年熊本県議会会議録』三月定例会三月一七日。
（10）同八月定例会八月二四日。
（11）(12）同一〇月定例会一〇月一七日。なお新制大学は四年制を原則としており、当面四年制大学に昇格できない専門学校を二年制課程の大学とするいわゆる短期大学の発足は一九五〇（昭和二五）年からであり、語学専門学校を母体とする熊本短期大学が発足するのは同じ五〇年である。

参考文献

熊本大学三〇年史編集委員会『熊本大学三十年史』、一九八〇年、第一法規
宮原誠一他編『資料日本教育史』一・二巻、一九七四年、三省堂
海後宗臣他編『大学教育』「戦後日本の教育改革」九、一九六九年、東大出版会。
清水義弘編『地域社会と国立大学』、一九七五年、東大出版会。
国立教育研究所編『日本近代教育百年史』第六巻、一九七四年、国立教育研究所。

「熊本女子大学郷土文化研究所」について

一　はじめに

一昨年の晩秋のある日、文学部弘谷多喜夫教授とお会いする機会があった。その折、地方大学と地域性といった一般的な大学問題に話が及び、県立大学がかって女子大学と呼ばれていた頃の「熊本女子大学郷土文化研究所」が話題となった。弘谷教授は熊本に来られて日も浅いのでその内容については全然見当がつかないということであった。私はこの研究所について詳しいという訳ではないが、それについての若干の資料が県立大学附属図書館貴重資料室に所蔵されているはずであると申し上げた。すると弘谷教授は、研究所に関する資料もこのままでは風化するおそれが多分にあるから、その資料を使って纏めておいた方が大学の歩みを知る上からも意味のあることではないか、との意見を歴史研究者の立場から述べられるのであった。

周知のように熊本女子大学は熊本市大江の現在の県立劇場の敷地にあった。私が女子大に勤め始めたときには研究所は既に閉鎖状態であったので、研究所の実態は知らないままであった。ただ熊本女子大学本館の二階の廊下東端に高さ一メートル位のカメ棺が飾るとも無く放置してあり、その出土品の前の部屋は考古学専攻の乙益重隆教授の研究室であった。入り口に「郷土文化研究所」の看板が掲げてあったので、この看板をみて研究所の存在を知った次第であった。乙益教授は一九七〇年に国学院大学に転出され、その後任には法学の生野一路教授が就任された。したがって研究所の看板は若干の研究所資料とともに自然に生野元教授の手許におかれ、生野元教授は専門からいっても関係は薄いので、少し迷惑そうに看板等を部屋の隅に放置しておられた。生野元教授の停年後、看板と資料は私が貰い受けて保管することにした。私の退職後は附属図書館貴重資料室に保管していただくように特にお願いしておいた。

日時はすっかり忘れたが、今のキャンパスの県立大学に乙益教授が特別講義で来学された機会があった。私は乙益教授を私の研究室に案内して郷土文化研究所の看板をお見せしたところ、懐かしそうに手に取ってそれを眺められ、よくも保存していたと労われ、女子大時代の若き日々を回想されている様子であった。そんなことも今思い出している。

一九八五年図書刊行会は、『熊本県資料集成』全一四集別冊一集を完全復刻した。この「集成」こそ熊本女子大学郷土文化研究所が発行したものである。原本は一九五二年（昭和二七）より一九五九年（昭和三四）までの発行で、時代も古く、それに発行部数も極めて少ないので古本屋の書架を飾ることはほとんど無くなったが、復刻版は今日でも相当需要があって動いているようである。

このような状況もあって、今回郷土文化研究所に関する残された資料を、その創立趣意書等を含めて記録に残しておきたいと考える。早く手をつけなければと思いつつ打捨てていたものを、弘谷教授の示唆をきっかけとして、纏めてみたいと思うのである。それにしても研究所に関係のあった先輩教授はすべて亡き人となられてしまった。聞き書きをしておけばよかったと悔やんでいる。

熊本県立女子大学内に郷土文化研究所が誕生したのは一九五〇年（昭和二五）七月二六日であった。（ただし研究所の有力所員であった乙益重隆教授は創立の時期を昭和二六年夏頃としているが一年の記憶違いであろう。また乙益教授は研究所の解散時期を昭和四五年三月としているが、どのような根拠で断定しているのか不明である。）学芸学部のみの一学部制女

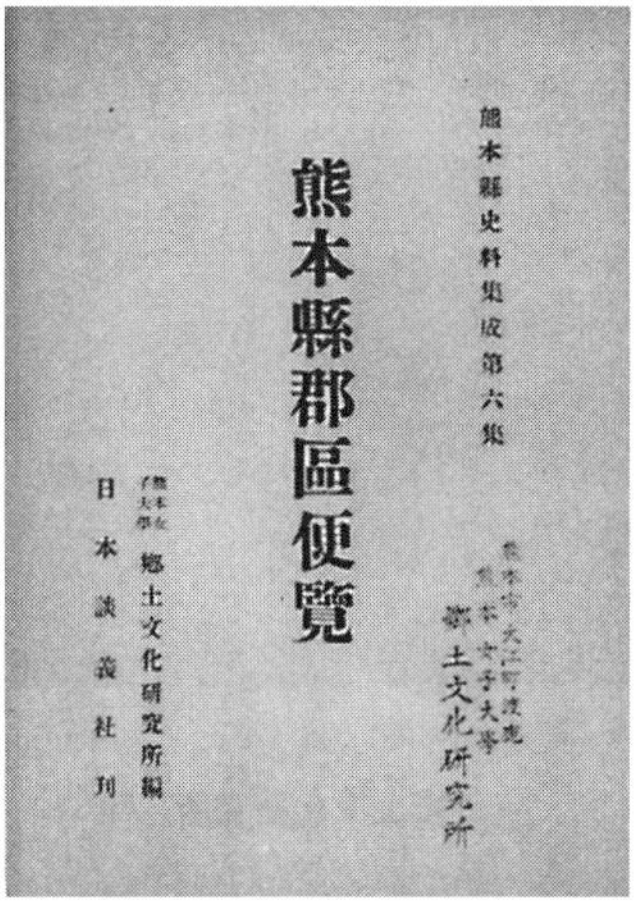

出 版 物

「郷土文化研究所」看板

熊本県史料集成1～15

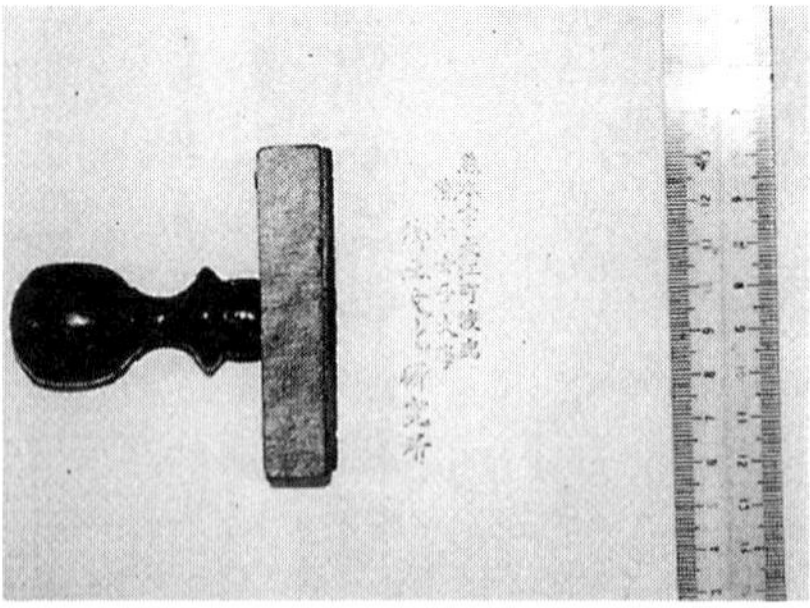

「郷土文化研究所」印

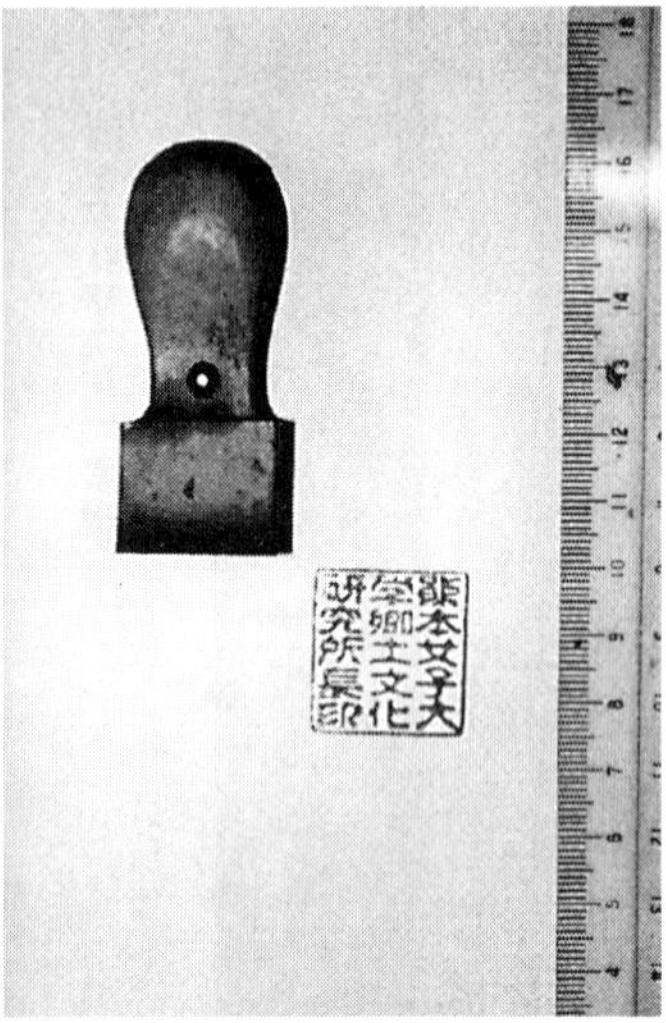

右同、所長印

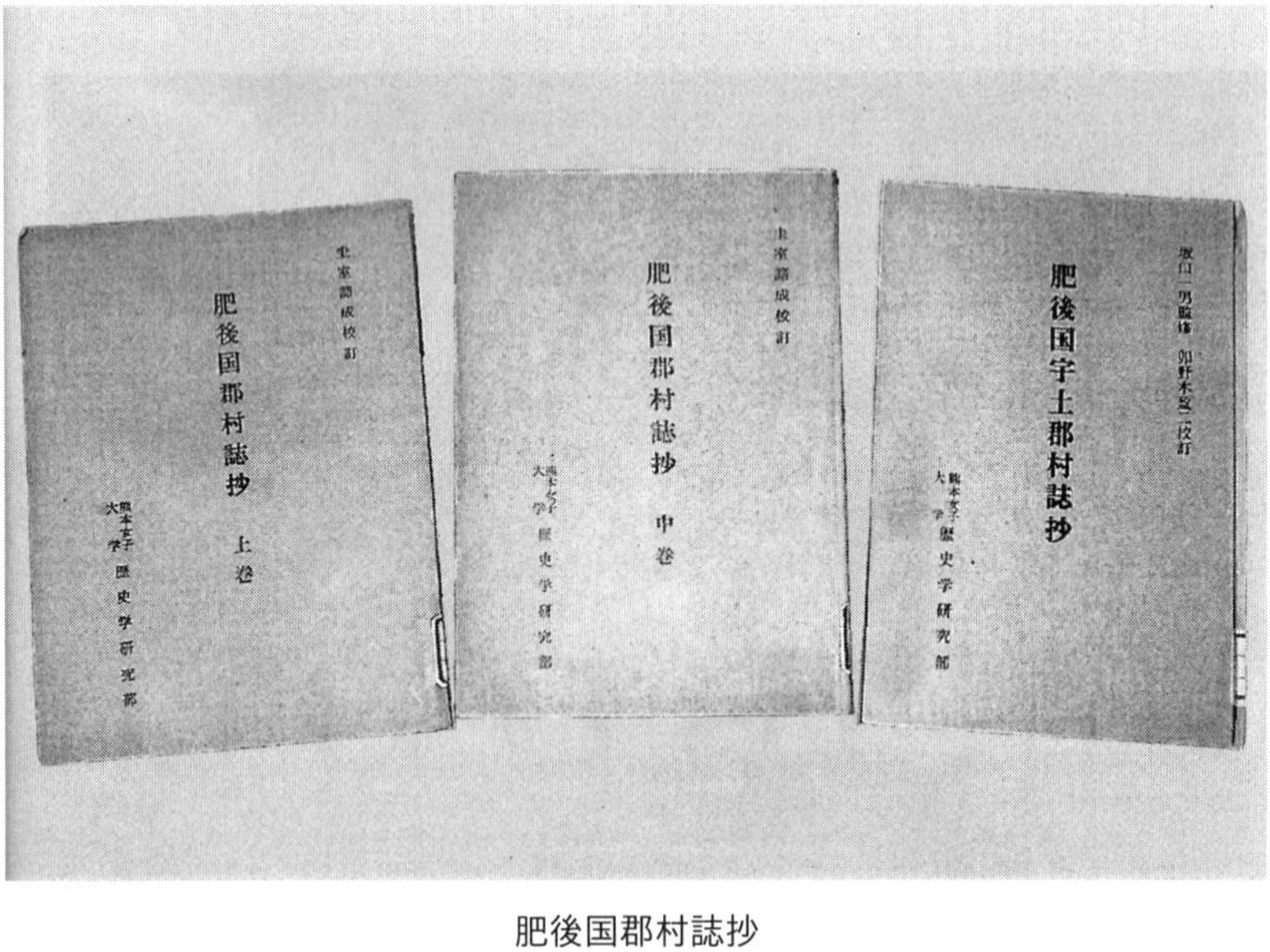

肥後国郡村誌抄

子大学が新制大学として創設されたのは前年の四九年であるから、大学設置の翌年に研究所はできた。しかも大学キャンパスが熊本城内から大江町（現県立劇場）の新校舎に移転して来たのが五〇年六月であるから、何もかも整わない混沌とした雰囲気の中で研究所は発足したことになる。「予算措置が得られないまま、大学附属の研究所としてではなく、いわば同好の研究機関としてスタートし、存続したといわれる。したがってその名称の表記は不明確であり、研究所の上に『熊本女子大学』とつけられているのは、大学の付属研究所たらんとする期待に終わったことを示している」（冨田啓一郎「郷土文化研究所とその仕事」復刻版『熊本県資料集成』各巻五 - 一〇頁、国書刊行会　一九八五年）とする、研究所の性格についての説明は正鵠をえた記述であろう。この冨田啓一郎の論文は、皆無とも思える郷土文化研究所についての唯一の資料的価値を持っているものである。冨田はこの中で、「農業、政治の分野においては、農民・庶民サイドの視点で史料を体系づける、という姿勢で際立っている」というような評価をしている。地方史叙述に求められる基本的な一つの立場であろうし、叢書をひもといてみれば異論のない視点であろうと思う。

ここに熊本女子大学郷土文化研究所に関する、残されている史料を記録しておくため、この小論をまとめた。大学史のひとこまを記録しておきたかったのである。もう一つの視点は、戦時の皇国史観から解放され、敗戦後の科学的歴史観にたつ地方史研究の成立過程における一例をここに見たかったのも事実である。しかしそれは戦後歴史学の動向に関する幅広い知識が必要であり、筆者の能力を超えた、単なる希望であったと判断せざるを得なかった。

二　熊本女子大学郷土文化研究所の発足

残存資料に「郷土文化研究所記録」と題する大学ノートが一冊残されている。これには一九五〇年（昭和二五）七月から五三年八月までの研究所の歩みが日誌風に記録されている。記録者は、確証はないが当時の熊本女子大学事務局の平山國廣と推定される。「記録」によれば一九五〇年七月二〇日と二六日の両日発起人会を開き、設立趣旨を承認したのち、二六日を以て「郷土文化研究所発足」を宣言している。まず発起人会の記録を掲げ、その構成メンバーなどを確認したい。

また発足以降の研究所の活動について、日誌風「記録」から若干引用しておきたい。ただしこの「記録」は、後になって浄書し体裁を整えた形跡があり、またそれに伴い記載に日付のずれなども見られる。しかし研究所運営資金の調達に、文化財調査に、地域社会の啓蒙に、発足に伴う活発、多忙な所員の動きが随所に表現され、研究所発足時の雰囲気はある程度読みとれるので、『熊本県史料集成』第一集『熊本区誌』が刊行される間の事項を抜粋、記載しておきたい。

1、発起人会の開催

郷土文化研究所設置発起人会

〔一九五〇年（昭和二五）〕七月二〇日午前一〇時より　教育庁会議室

（出席者）

熊本大学　医学部　忽那将愛

理学部　松本唯一

法文学部　森田誠一

教育学部　杉本尚雄

教育庁　社会教育課　中島秀雄　平島澄雄

県立図書館　兼松龍雄

熊本短期大学　佐々　久
熊本県史蹟名勝天然記念物等調査員
　上妻博之　下田曲水　坂本経堯
熊本市役所　平岡
白川中学　布村一夫
熊本女子大学　北村直躬　圭室諦成　平山國廣　乙益重隆
　計一七名
（自己紹介）
（経過報告）女子大学長　戦後の熊本には史学会、民族民俗学会など発足し学術研究の機運が高まっているのは慶賀に堪えない。一方全国の学術団体の状況を見るに各地の共同調査事業は盛んに行われていて、従来の個人的な部分的な調査研究は団体的な綜合的な研究調査へと移りつつある。そこで我が熊本にもこれ等学会の中核体ともいうべき研究所設置の必要を認める。一方九州ではすでに福岡に九州綜合文化研究所が設置され着々と実績をあげつつある。先般毎日新聞西部代表藤田氏と面接した際に今度熊本に郷土文化の研究所を作るについて精神的にも物質的にも援助を乞うたところ、出来得る限り援助するとの言を得た。それについては万事熊本支局長平氏と打合わせてもらいたいとのことであった。研究所は一応仮に郷土文化研究所と名づけることにした。
設立趣意書の内容を読み上ぐ（別紙）。
（個人的意見発表）
《中島》今般施行された文化財保護法によれば中央には外かく団体として研究所が設置されることになって居り、本県でもその必要に迫られている。又一部の有識者及び県当局でも県史編纂の話もおこっているので、このような研究所が出来れば更に有意義な成果をおさめ得るであろう。

《圭室》熊大原田教授は九州民事部よりの視察立会のため出席出来ない旨連絡があった。

（事業内容の説明）圭室教授より（別紙）

《布村》この方面の調査に関しては新聞社等と連繋をとることが必要である。報道に写真撮影に、録音に、又啓蒙に。現在各地の調査団が大きな成果を収めている。又小、中、高校の社会科の教材の面でもこのような設備があれば得る所多大なるものがあると信ずる。

《坂本》本県下の文化財は目下極めて憂慮すべき状態にある。これが保存の意義を徹底させる意味においても研究所設置の必要を認む。

《圭室》連合軍より神道に関する指令以来境外《ママ》仏堂小神社の類は荒れつつあり早急に保護の手段を講じなければならない。

《杉本》史料と説明にあったものを誌又は資にあらためては如何。

《学長》資料に決めたい。

《杉本》民間研究家の含め方如何。

《学長》何等かの形で必ず実現すべく評議員又は賛助員のメンバーを考えている。

（具体的事業説明）圭室教授より
《坂本》石器時代、古墳時代地名表の作成については肥後考古学会の援助を得れば、割合簡単に出来るであろう。又小岱山麓祝部カマ跡製鉄趾古墳群等の調査は目下の急務ではないかと思う。

《圭室》郷土文化の研究上地理学者の援助をうける必要があり教育学部岩本氏をメンバーに推薦したい。

《忽那》北九州石器時代地名表出版成功の例から資金の一部を得るため早急に出版したがよかろう。又これだけメンバーがそろえば団体的研究として文部省の奨励金をもらうこともよかろう。その第一の手初めとして球磨五ヶ庄の共同調査を提案したい。

《学長》色々御意見を発表していただいたので、その意見をとり入れ機構その他の案を作成し、第二回目の会合を開き、早急に実動の態勢に移したい。

次回の会合は七月二六日水曜后一時より本会議室に於て行うことに決定した。

郷土文化研究所第二回発起人会

七月二六日　水曜　后一時より　教育庁会議室

（出席者）

熊本大学　医学部　忽那将愛代理手塚良彦

　法文学部　原田敏明　森田誠一

　教育学部　岩本政教　杉本尚雄

　理学部　松本唯一

毎日新聞熊本支局　平正一代理横田一男

熊本短期大学　佐々久

白川中学　布村一夫

教育庁社会教育課　平島澄雄

県史蹟調査員　坂本経堯　下田曲水

熊本女子大学　北村直躬　圭室諦成　平山國廣　乙益重隆

　計一六名

（経過報告）北村学長より

（草案別紙の各項審議）可決す

昭和二五年七月二六日を以て郷土文化研究所発足。（一同拍手）

研究所の構成メンバーを決定す。

研究所は熊本女子大学内に設置することに決定。

構成メンバー

所長　熊本女子大学長北村直躬

所員　熊本大学法文学部原田敏明　同松本雅明　同森田誠一

熊本大学教育学部杉本尚雄　同岩本政教

熊本大学医学部忽那将愛

熊本短期大学丸山学　同佐々久

熊本女子大学圭室諦成　同乙益重隆

白川中学布村一夫

客員　熊本大学医学部長佐々木宗一　同理学部長松本唯一　法文学部長原田敏明　熊本女子大学大内覚之助

参与　教育庁社会教育課長阪田貞雄　県立図書館長赤星利雄　熊本市教育課長下条靖　毎日新聞熊本支局長長平

正一　熊日編集局長小堀周二　熊本女子大学平山國廣　県立図書館兼松龍夫　教育庁社会教育課中島秀雄

同平島澄雄　熊本県史蹟名勝天然記念物等調査員上妻博之　同下田曲水　同坂本経堯

顧問　文化財保護委員細川護立　熊本県知事櫻井三郎　熊本県副知事橋爪清人　参議院議員矢島三義　同谷口弥

三郎　同城義臣　衆議院議員坂田道太　同藤田義光　県会議長大久保勢輔　県会文教委員長福田令寿　教

育長横田正人　熊本市長佐藤真佐男　毎日新聞西部代表藤原勘治　熊本大学長鰐淵健之　熊本短期大学長

高橋守雄

幹事　平山國廣　中島秀雄

賛助員　阿蘇郡黒川村坊中笹原助　葦北郡佐敷町矢野彩仙　天草郡本渡町松田只唯　熊本市九品寺町一七四荒木精之　玉名郡玉名町岩崎（市内保田窪八八）中川齋　上益城郡木山町角田政治　阿蘇郡山西村農業開拓団内村政光　熊本市役所高野直之　熊本商業高等学校卯野木卯一郎　下益城郡隈庄町小林久雄　熊本市洗馬橋西詰（文林堂）丹部総次郎　球磨郡上村字上永里高田素次　菊池郡隈府町高野瀬佐藤忠恕　菊池郡隈府町菊池神社宮司櫻井勝之進　熊本市清水町打越山口泰平　熊本市井川淵町藤崎八幡宮司岩下忠孝　九州女学院高等学校鈴木登　上益城郡六嘉村上六嘉高森良人　熊本市大江町九品寺津下正章　熊本市北水前寺町後藤是山　熊本市坪井町一二六藤木邦彦　熊日新聞社岩下雄二　天草郡本渡町（みくに社）吉見教英　熊本県観光課長平島洋三　県教組文化部長和田重則　県教組熊本市支部文化部長稲田勇　阿蘇郡坂梨村市原分　熊本県広報室山口白陽　熊本市観光課長紫藤秀延　八代市松井家資料係宮本謙吾　熊本市慶徳中学校長中原春芳　九州産業交通観光課長河野正夫

（その他協議事項）

1、共同調査の件

阿蘇の共同調査　これが実行に当っては小委員会を設けて別途協議する。

運営委員長原田敏明　委員◎圭室諦成　杉本尚雄　坂本経堯　布村一夫　中島秀雄　乙益重隆

球磨川流域の綜合調査　球磨川ダム工事の実施に伴い同流域の綜合調査を事前に行う

運営委員長松本唯一　委員◎乙益重隆　坂本経堯　中島秀雄　杉本尚雄

◎印の者はこれが企画の草案を作成する。

2、次回の委員会には熊本県の史跡地図を作成することの企画委員会を開催することに決定する。

2、日誌

〔一九五〇年（昭和二五）〕

八月一〇日　小委員会　於女子大学長室　白川中学社会科研究会においてスライドを作成する案があり、すでに予算通過し、その準備にかかっている。ついてはスライドに郷土の文化財を二巻位に仕上げ、これを研究所の資金に当てるために複製し、販売したい。そのテーマ及び製作指導を研究所に担当してもらいたい。白川中学としては来る一〇月中旬スライドの研究講習会にこれを使用したい。以上布村所員より提案、一応作成することに決定。

八月一四日　ミシガン大学教授リチャード・K・ビズリー氏夫妻来熊、飽託郡西里村西福寺部落調査、布村、乙益随行す。一、家屋の構造　二、民具の調査　三、慣行の調査　同日午後一時の汽車で阿蘇へ出発、布村随行す。

一〇月一一日　中島秀雄氏事務打合せのため来らる。所長、平山幹事と面談。郷土文化研究所の予算案作成について打合わせを終る。

一〇月一五日　郷土文化研究所・昭和二六年度事業計画案及び予算案を作成し、県費補助を受けるため提出す。草案別冊に綴る。

一一月六日　一一月六日より同二七日迄行われる九州文化綜合研究所、大分県主催の大分県国東町安国寺遺跡発掘に乙益所員、坂本参与の両名調査員として参加す。

〔一九五一年（昭和二六）〕

一月五日　同一三日迄行われる九大金関教授、本所小林賛助員、京大樋口講師、坪井副手等一行の下益城郡御領貝塚発掘に乙益所員参加す。

二月一日　熊本市役所主催郷土文化講座の講師斡旋について本研究所に依頼を受く。
古代・坂本経堯　人物・豊福一喜
民俗・杉本尚雄　文学・荒木精之
宗教・圭室諦成　政治・下田曲水
郷土研究・原田敏明　経済・森田誠一
美術史・松本雅明
以上の諸氏に決定、承諾を受く。
五月一六日　圭室所員発見の菊池郡城北村役場に保存されていた検地帳その他古文書三一四点熊本女子大学に寄贈を受く。そのため圭室所員、同役場に出張。
六月七日　圭室所員、ロータリークラブの席上に於て「郷土の歴史について」講演
六月一四日　柏原書店（天野屋）所蔵古文書の調査、圭室、乙益。同日乙益は熊本城内本丸の観音板碑を調査す。
七月六日　河島又生氏（上通町河島書店）所蔵古書の調査。圭室、乙益。
七月二四日　大江町東光彦氏所蔵考古遺物（古瓦一一箱、弥生式、縄文式関係三七箱、土師、祝部関係五一箱）研究所に寄託を受く。
八月六日より九日まで　布村、天草郡牛深町大島における婚姻関係調査。
八月一五日より二〇日迄、圭室、布村、県立図書館所蔵明治初期文書及び地図約二千冊の整理調査
九月二八日　古典地理研究会にて、圭室、飽託郡の巻を発表
一〇月三〇日　乙益、鹿本郡平小城村チブサン及びオブサン古墳の調査
一一月一五日　圭室、西日本史学会総会（於佐賀）において熊本支部代表として「阿蘇神話研究」を発表
一二月二一日　所長より『熊本区誌』編纂費として一〇〇〇円也寄附を受く。熊本短大学生重岡君に筆稿を依頼す。

〔一九五二年（昭和二七）〕

一月二一日　熊本中央放送局より郷土文化の時間番組編成に関し打合わせ会あり。圭室、松本、丸山、杉本、乙益、出席す。

二月八日　かねて圭室、布村の手で編纂を進めていた『熊本区誌』完成す。

（以下略）

三　創設趣意書、規約など

1、郷土文化研究所創設趣意書

愛するわれらの郷土を新日本の建設にふさわしく民主的文化郷土として再建するためには、まず郷土の史跡はもとよりすべての文化財を尊重して之が保存整備をはかり、それ等の実証的検討を進めると共に正しい郷土文化史を創生して新世代の依るべき基盤を明らかにすることが必要である。

この事業は現在郷土が直ちにつながっている大きな世界と、その動力をなす世界観を培うための根底をなすものであって、之を怠っては文化郷土の建設はこれを求めても到底えられないのであるが、現実にはそれが歴史や文化の研究であるからと言って世人からは極めて敬遠され軽視されているのである。ここに吾々は郷土文化財の尊重と、之が研究とに対して重大な意義を認めるものである。

これまで吾が郷土には文科系の大学が存在せず、従って郷土文化の研究は少数の郷土史研究同好者に委ねられ現地には専門科学の研究所もなくて多くは知名歴史家の来訪に依存するに過ぎなかったので、総合的或は継続的の研究は著しく制約されて究局は遺憾ながら他地方に比して郷土文化研究の停滞を来したのである。そうしてその影響は国民教育の面にもあらわれているのであって、例えば新学制に於ける学科中のホープともいうべき社会科についてみても、その学習のためには郷土文化の科学的資料が不可欠のものであるにもかかわらず、現在では之の要求をみたすものはわずかにかつて忽卒の間に編集された郡史だけに過ぎない。新世代を担うべき青少年は、何によって郷土社会の実証と之を基礎とした確固たる建設能力を養うことができるであろうか、実に寒心にたえない現状である。今こそ吾等の郷土に吾々の手によって郷土文化研究所を創設し、教育者の手を通じて以て彼等学徒に対してその行くべき道を照らすべき時ではなかろうか。

しかし今や熊本の地には三つの大学が開設され文科系の研究室が夫々置かれるという好機を迎え加うるに関係学科の各専門家も逐次来任しつつあって、昨年に至り当地に史学会と民俗民族学研究会とが発足し、文科研究の分野は頓に殷賑を呈するに至ったのである。ここにおいて新設各大学の研究室及び本県史跡調査員を中心として、在来の郷土史家並びに各専門家の協力をもとめ、併せて関係各有志各位の援助を仰ぎ共同一致して郷土文化研究の成果をあげ、以て郷土文化を尊重し、文化教育充実振興のために寄与せんことを期する次第である。

昭和二五年七月二六日　　発起人一同

2、郷土文化研究所規約要綱

第一条（目的）郷土文化の歴史的研究を行い、以て熊本県の文化振興に資する

第二条（所在）熊本女子大学内に置く

第三条（事業）

一、郷土文化資料の調査

二、郷土に現存する文化財の調査

三、郷土文化資料の蒐集

四、現地調査の実施
五、研究報告書の作成
六、郷土文化陳列室の開設
七、郷土文化講座の開催
八、郷土史研究会の育成
九、その他必要なる事業

第四条（組織）本研究所の事業を遂行するための組織を左の通りとする
所長一名　本研究所を代表し所務を総理する
所員若干名　研究事項を担当し所務を処理する
客員若干名　重要研究に参画する
参与若干名　所員に協力し研究に参与する
幹事二名　所長を補佐し庶務を処理する
本研究所に顧問を置くことができる
本研究所の事業を賛助する者を賛助員に委嘱することができる

3、事業計画
本研究において、まず着手したいと思う事業計画としては次の如きものがある。
（古代）
（1）石器時代地名表（縄文式文化、弥生式文化）
（2）古墳時代地名表

浜田耕作、梅原末治両博士を中心とする発掘調査以来、郷土における考古学の発展はめざましい。研究の一層の前進のため、又郷土史的にいえば古代史編年、そして古代文化圏究明の基礎として従来の研究成果を一応地名表の形式で整理することが必要であると思う。

（3）肥後西北部地方の共同調査

有明海沿岸、特に小岱山麓及び玉名地方は筑後を結ぶ文化の接触地帯として古代史の解明上重要な意義を有する。特に最近この地方から発見せられている考古学上の資料にはめざましいものがある。しかも共同調査によって立体的にこれ等の文化を把握することは大きな成果が期待し得るであろう。

（上代）

（4）上代資料の集成

上代の郷土については古事記、日本書紀、風土記、日本霊異記、延喜式、倭名類聚鈔等に散見しておる。かゝる史料を断簡零墨にいたるまで剰すところなく集録することは容易の業ではないが、上代史研究の礎石として早急に実現すべきであらう。

（5）班田制実施地域の調査研究

大化改新の土地制度である班田制実施の痕跡は、郷土においてもこれを見出すことが出来る。これを系統的に組織的に研究することは上代史研究において最も緊急なことである。

（6）阿蘇の共同研究

郷土の誇り国立公園としての阿蘇は自然科学的には火山研究所を中心として着々その研究が推し進められておる。しかし文化科学的、つまり神話学的、民俗学的、考古学的、歴史学的研究はきわめて幼稚である。共同調査の必要なる所以である。

（中世）

（7）中世史料目録編纂

中世史研究はまず荘園から始むべきである。この基本線に無関心であったところに従来の郷土史家の研究にみる貧弱さの原因があると思う。郷土には皇室領を始め藤原一門、叡山、醍醐、加茂、岩清水、宇佐等の荘園があった。かかる荘園の分布図を作成するとき中世史研究の飛躍は期して待つべきであろう。

（8）中世佛教芸術の調査と研究

郷土において仏教芸術の調査はまだ不十分である。従って組織的な科学的な研究が必要である。特に境外仏堂安置仏の調査は焦眉の問題であろう。

（9）金石文の集成

金石文は上代史、中世史の史料としては注目すべきものである。従って一六〇〇年頃に一線を劃して集録したらいいと思う。

（10）球磨及び五箇庄の共同調査

ジョン・エンブリーの名著『須恵村』によって世界的に宣伝された球磨盆地は民俗学的にも宗教学的にも考古学的にも歴史学的にも興味津々たるものがある。郷土史的には美術史資料の宝庫ともいうべき地方で特に重視すべきであると思う。更に関連して、数世紀にわたり新しい文化の恩恵に浴しなかった五箇庄一帯は人類学的に特殊な体質を有し、又文化史的には古い時代の庶民生活様式を維持していて、これ等の共同調査は学問のあらゆる部門に重要な意義をもたらすであろう。

（近世）

（11）近世資料目録の編纂

近世の史料は最近庶民生活史料として注目されはじめた。かゝるとき憂慮すべきことはいろいろの名目を以てする県外への流出であろう。目録を作成することによって、識者の関心を昂め、現地保存の重要性を説いてその県外流出を阻止すべきであろう。

（12）細川家所蔵記録の調査研究

旧藩主細川家には数千点に達するであろう記録が現存しておる。しかもそれは政治、経済、産業、文化の各分野について、詳細な記述を含んでおるにもかかわらず、従来殆ど研究されておらぬ。これ等の記録の調査によって郷土の近世史を組立てることが出来るであろう。

（13）地検帳の調査研究

郷土が日本史学会に誇り得る文献、終戦後惜しくもその一部が焼失しておるが、しかもなほ現存するもの三千五百冊、まさに天下の偉観、全国にその比をみない。その究明は近世土地経済の実態を明らかにするとともに、荘園制、班田制の研究にも寄与するところ尠少でないであろう。

（14）古地図の調査研究

約三百点に達する藩政時代の古地図も郷土の至宝たるを喪はぬ。府内図、郡図、平永図、その他菊池川、緑川図などの他の記録と対照研究することによって、近世史の解明に寄与するところ甚大であらう。

（15）天草の共同調査

天草島は産業振興、文化振興、さらに観光のためにも徹底的に調査する必要がある。たとえばこゝは切支丹伝道の中心地帯であった。天草学林ではローマ字や国字で九種の切支丹版が刊行されておる。また切支丹禁圧後も有名な潜伏地であった。にもかゝわらず切支丹遺跡の研究はその緒にさえついていない。上代、中世の天草にいたっては全く模糊たる状態である。

注、本資料は以上の通りであり、近代に相当する部分が抜けている。近代に関する原文がそもそも書かれなかったのか、紛失したのか不明である。

4、熊本県史編纂趣意書

全世界の耳目を集めた対日講和条約も九月九日をもって無事終了し、人類の歴史には未だかってない一新世紀が描き出されようとしている。すなわち講和の内容が和解と信頼の条約とよばれるだけに全世界の人々は絶大なる信頼と祝福とをもって新日本の平和と主権回復に期待している時である。このような時機に際会して、愛する我々の郷土熊本県を新日本の建設にふさわしく、民主的、文化的郷土として再建するためには、先ず郷土の実体を正しく把握することによってこそ、新しい進路が開拓されるべきであろう。それがためには先づ郷土の史跡はもとよりすべての文化財を尊重して、これが保存整備をはかり、それ等の実証的検討を進めると共に、正しい郷土の歴史を編纂することによって新世代の拠るべき基盤を明らかにすることが肝要である。

この事実は現在郷土が直ちにつながっている大きな世界とその動力をなす世界観を培うための根底をなすものであって、之を怠っては文化郷土の建設を求めても到底得られないのであるが、現実には単にそれが歴史や文化の研究であるからということで、世人からは極めて敬遠され軽視されがちである。しかし我々はかつて郷土があゆんで来た政治・産業経済・文化の面を歴史的に研究し、これを編纂集大成することは単に文化財保護のみならず直接に県政につながるものとして重大な意義を認めるものである。

これまで我が郷土には文化系の大学が存在せず、従って郷土文化の研究、調査、編纂の面では少数の郷土史研究同好者によって局部的な試みはなされて来たが、現地には専門科学の研究所もなく、多くは知名歴史家の来訪に依存するに過ぎなかったので、綜合的或は継続的な研究、編纂等の事業は著しく制約されて究局は遺憾ながら他地方に比して立ちおくれの観を呈するに至った。由来教育県を以て誇りとする熊本県においても、これが欠陥に着目し、しばしば県史編纂の継続的事業を企画し、或時は実動態勢までも整えたのであるが、色々な障害に直面して挫折の止むなきに至った。殊に各郡に在っては古く、郡役所の廃止に伴い、郡誌の編纂が行われたこともあったが、何れも怱卒の間に編集せられたものであるだけに誤りも少からず、今や時代的要求をみたすためには余りにも貧しい存在である。しかもそれさえも現在では入手し難い状態であり、新世代を荷うべき青少年は何によって郷土社会の実証と、これを基礎とした確固たる建設能力を養うことが出来るであろうか、実に寒心に堪えないものがある。

しかし状勢はいつまでもこのように悲観的ではない。今や熊本の地には三つの大学が開設され、文化系の研究室がそれぞれ置かれるという好機をむかえ、加うるに関係学科の専門家も逐次来任し、一昨年には当地に史学会、民俗民族学会を始め各種の学会が発足し、更に昨年は熊本女子大学内に関係学者を網羅した綜合的な「郷土文化研究所」をも設立され文化研究の分野は頓に殷賑を呈するに至った。こゝに於て外的には対日講和条約が締結され、新日本の門出に最も意義ある時期に際会し、又内的には文化郷土の建設が最も強く叫ばれている時、我々は各専門家の協力を求め、併せて有志各位の支援をあおぎ、熊本県史編纂の大事業を完成することによって真に郷土の実体を把握し、郷土の政治、産業、経済文化の面に寄与せんことを期する次第である。

一九五一年対日講和条約調印の日

注、本趣意書は大学の前身の女子専門学校用罫紙に記された、鉛筆書きの、明らかに下書きとしか思えない半紙九枚の遺稿である。執筆者は圭室諦成であろうと推測される。もしそうだとすれば、一九五〇年前後から早くも熊本県史編纂の意志が圭室によって意識されていたことが明確になる。それにも増してこの趣意書の筆者の、この地方の新制大学設置における文化系研究条件の整備への希望と喜び、講和条約観などが伺えて貴重である。

四　刊行物について

熊本女子大学郷土文化研究所は『熊本県史料集成』一四集別冊一集、計一五冊を刊行した。一九五二年（昭和二七）

から六〇年（同三五年）の期間内の出版であった。一九五二年といえば大学発足三年目、この年二月に第一集『熊本区誌』が刊行されるのに続いてこの年計五冊が出版された。この翌年は三冊、第一集の増補改訂版を加えれば計四冊、いずれも財政的希薄さと時代を反映して謄写版刷りである。以降原則として年一冊出版になるのだが、年を追うごとにページ数も増えている。昭和三〇年代に入ると『熊本県史料集成』とは範疇を異にしているが類似した内容の刊行物が、熊本女子大学歴史学研究部出版というかたちで出されている。いま各刊行物の「凡例」「解題」「はじめに」「例言」の中から引用して原著書の表現そのものを並べることによって、関係出版物のすべてを紹介したいと考える。

既述したように『熊本県史料集成』の原著書の入手は困難、一九八五年国書刊行会がそれを復刻再刊した。復刻に当たり乙益重隆がこの集成の刊行事情について記載しているので、まずこれを転載しておきたい。

『熊本県史料集成』の刊行事情について

国学院大学文学部教授　乙益重隆

熊本女子大学（県立）内に郷土文化研究所が設立されたのは昭和二十六年夏頃であった。当時大学は新校舎が出来たばかりで新興の機運に燃えていた。学長北村直躬博士は人文、社会、自然科学の各分野からなる、県立の綜合研究所を設立すべく、雄大な構想をもって企画を進めておられた。その第一段階として郷土史に関する研究機関を設立するため、熊本大学や熊本商科大学、熊本女子大学の歴史学・民俗学・民族学・考古学などの専門研究者に働きかけ、一応名目だけの研究所を発足させられたが、何分資金が集まらず自然解消の止むなきにいたった。

そこで最初の企画の一部だけでも実現しようということで始めたのが『熊本県史料集成』の刊行であった。この頃になると研究所は大学内部の者だけによる小規模な機関となり、学長兼所長の北村博士を中心に、所員には圭室諦成教授（後に所長）と布村一夫・乙益重隆の両講師四名で構成され、後に渡辺宗尚助教授が加わられた。そして名称も熊本女子大学郷土文化研究所となった。しかし相変わらず資金はなく、史料の刊行は容易ならぬものがあった。その時以来最後まで、最も困難な出版を引きうけ、数々の尽力をいただいたのは日本談義社の主宰荒木精之氏であった。それも第一冊から第八冊までは一〇〇～二〇〇部の少部数であったため、印刷はもっぱら謄写版刷であった。たまたま当時大陸から引き揚げてきた小早川隆熾さんというガリ版切りの名人がおられた。そのため初期の刊行物はたとえ紙質はわるくても、見とれるばかり美しい文字であった。

その後刊行を重ねること一五冊におよんだが、昭和三十五年六月、所長として中心になって編纂をつづけてこられた圭室教授が、明治大学に転出されて以来急速に衰微した。それは一に熊本県による県史の編纂が軌道にのり、それまでに果たしてきた研究所の役割を、県史編纂室が行うようになったことによるものである。こうして昭和四十五年三月をもって、熊本女子大学郷土文化研究所は名実ともに解散した。この度国書刊行会によって『熊本県史料集成』が復刻され、ふたたび世にまみえることになった。ここに発足当時を想いおこし、今は故人となられた北村直躬学長や圭室諦成教授、荒木精之氏をしのび、まことに感慨深いものをおぼえる。

昭和六〇年三月

1、熊本県史料集成関係

①熊本県史料集成第一集

『熊本區誌』

編著者　熊本市大江町渡鹿熊本女子大学内・郷土文化研究所

発行者　荒木精之　発行所　熊本市大江町九品寺一七四・日本談義社

昭和二七年二月一一日初版発行

同　一一月二十日増補改版発行

一〇一頁　頒価百五十円

凡例

○本書は郷土文化研究所長である熊本女子大学北村直躬学長これを監修し『熊本県史料集成第一集』として刊行される。
○本書の原本は「明治一四年一月起稿同五月定稿」の稿本『熊本區誌』である。
○稿本は半紙仮綴、全四十八枚の一冊本である。
○本書に対する解説は、郷土文化研究所研究員である熊本女子大学圭室諦成教授によって執筆され、編集構成は同研究員である布村一夫講師によってなされたが、同研究員である乙益重隆講師の多大の御援助をえた。
○この『熊本県史料集成』の刊行は日本談義社荒木精之氏の御慫慂とその御協力とによってなされた。

解題　圭室諦成

『熊本區誌』は、明治一四年、熊本県庁が内務省地理局の指示にもとづいて編纂した熊本区の地誌である。ちなみにいまの熊本市は、明治十一年七月二十日公布の郡区町村編成法によって、熊本区と改称され、二十二年四月一日市制施行まで熊本区であった。ところで『熊本区誌』と同時に編纂された他の諸郡市の分は多く湮滅するもの絶無に近い。従って小冊子といえども、この『熊本区誌』は、郷土が天下に誇っていい文献の一つである。

これまで刊行された熊本市に関係する歴史、地誌においては、明治前期、詳しくいえば明治二十二年四月一日市制施行以前は、神風連・西南役関係を除いては空白にひとしい。しかもその時期において熊本市の性格は決まっておる。かかる現状において、この書の発見、刊行の意義は大きいと思う。むろんこの小冊子、明治前期の熊本をうつして余蘊なしとは言わぬ。しかしそれが明治初期の熊本を研究する場合の橋頭堡的役割をはたすにたることは断言してもいいと思う。

舊藩名士小伝にその伝の収められているのは、堀平太左衛門勝名・稲津弥右衛門頼勝・島田嘉津次貞孚・秋山儀右衛門定政の宝暦組をはじめ鹿子木量平・鹿子木謙之助・池部啓太・横井小楠・寺倉秋堤・照幡烈之助など十名である。これらの人々を選択したところに、明治一四年ごろにおける熊本人の先哲観の健康さを知ることができ、興味深い。

伝記自体も簡単にしてしかもよく、その人柄をあますところなく描き出しておる。

熊本戦場記は、明治十年二月十九日熊本城炎上に筆を起こし、四月一七日総督本営が熊本城に移るまで、約六十日間の苦闘をうつしておる。西南の役に関する軍人の記録、記者の報道はすくなくない。役後四年、それらとはちがった角度で、やゝ冷静にこの事変をまとめておる。巷にのこる西南の役にかんする逸話が、多分に誇張され、神話化されたものであることを、この記録は立証してくれる。いつもながら、なまの史料は有難いと思う。

②熊本県史料集成第二集
『肥後国郷帳』
編纂者、発行者、発行所ともに第一集に同じ
五二頁　昭和二七年四月二十日発行　頒価七十円
解題　圭室諦成
我々の生活しておる町や村は、いかなる過程をたどって生れでたのであろうか。これはだれしもがもつ、むしろ本能的ともいうべき疑問である。しかしまことに遺憾なことであるが、かゝる基本的な問題に対して、今までの郷土史にかんする書物は、はっきりした回答を準備していないというのが実情である。わたくしども郷土研究を志すものは、この空白をうめることに、もっともっと熱意を示すべきであると考える。かかる意味において郷土文化研究所は、郷土の町村の生い立ちを研究する一連の資料を用意、まづ新発見の肥後国郷帳から公刊することとした。
わたくしどもは、直接政治に役立つものをねらっているわけではない。しかし組織的に、科学的に郷土研究をおしすすめるとき、それは必ず現実の政治に寄与するであろうことを確信する。たとえば焦眉の急とされる町村合併のごときも、町村の歴史的発展を克明に分析することによって、円滑に進行させることができるであろう。
上代および中世の町村については、研究資料が断片的にあるので、資料集のかたちでまとめるのは容易でない。た

とえまとまったとしても、その操作にはかなり高度な専門的教養を必要とするので、誰でもすぐ研究できるわけではない。しかも、すでに熊本県教育庁社会教育課の提唱によってできておる古典地理研究会において、過去一箇年にわたって研究討議、一通りの見通しはついておる。日本談義社刊「郷土文化叢書」の一冊として近刊される『熊本の歴史』は、その要約であるという現状においておやである。

今の町や村を考える場合、上代や中世まで追究することがこのましいが、すくなくとも細川入国までさかのぼることが必要である。まずいまの町村のかたちは、明治二十二年市町村制実施に伴う合併によってきまったものであることを銘記すべきであろう。それまでの行政単位としての村が大字として保存されておる。そのまえの町村合併は、地租改正に伴って明治七年ないし九年に行はれておる。したがっていまの町村はむろん、大字も文明開化の所産である。しかし明治七年ないし明治九年の町村合併は、細川藩時代の町村を基盤として行はれておる。ところで細川藩における町村の形態は、寛永十一年の「肥後国郷帳」までさかのぼることができる。

かくて町村の生い立ちを研究するには、1、寛永十一年「肥後国郷帳」、2、文政元年「肥後国郷村帳」、3、明治八年「白川県下區劃便覧」、4、明治二十一年「町村合併調査書」、少なくともこれだけはぜひとも必要である。そこで『熊本県史料集成』第二集として『肥後国郷帳』、同じく第三集として『白川県下區畫便覧』を刊行することとした。

「肥後国郷帳」は寛永十一年十一月八日、藩主細川忠利が幕府に提出したものである。ちなみに忠利の熊本入城は、寛永九年十二月九日である。したがってこの郷帳は、むしろ加藤家時代の村落形態を示すものとして珍重すべきものであろう。ただし藩政時代を通じ、対外的には、すべてこれが基準となっていた。

おそらく二本作製され、一本が幕府に提出され、一本が藩庁に保存されたものであろう。本プリントの底本は藩庁に保存されたもので、いま熊本図書館に架蔵されておるものである。大判美濃紙で六十七枚、紺紙の表紙二枚を加えて全六十九枚一冊本である。

③熊本県史料集成第三集
『白川県下區劃便覧』
　編纂者、発行者、発行所ともに第一集に同じ
　一一三頁　昭和二七年六月十五日発行　頒価百三拾円
解題　　圭室諦成
『白川県下區劃便覧』は「肥後国郷帳」、「肥後国郷村帳」明治二十一年「町村合併取調書」とともに、熊本県町村成立史研究にかんする基礎資料である。特に近世的なものから近代的なものへの移行過程を具体的に示すものとして貴重であると思う。
　明治八年七月現在であるので、地租改正に伴う町村合併はかなりすすんでおる。すでにいまの町村の行政区劃にちかいところまできておるところもあり、そうかと思うと旧藩時代のままでいるところもある。歴史的断面を示すものだけになかなか興味深い。
『白川県下區劃便覧』の編者は水島貫之、明治八年十二月、熊本活版舎の出版である。上下二冊よりなり、半紙判で上巻は百二十三枚、下巻は七十三枚（ともに表紙をのぞく）計百九十六枚である。
　上巻の表紙表に「水島貫之編輯、白川県下區劃便覧、明治八年十二月、熊本活版舎版」と記されている。下巻の表紙に「水島貫之編輯　白川県下區劃便覧下」、奥附に「官許。編集兼出版人　白川県士族水島貫之、第一大区六小区熊本北新坪井住。賣弘所、第一大区七小区本坪井新町、近藤富八。第一大区三小区新三丁目、永田儀八郎。第一大区二小区新古川町、中山貞吉。発兌、白川県下熊本塩屋町、活版舎書肆」とみえておる。
　白川県というのは、熊本県の旧称である。明治四年藩を廃して、熊本、人吉の二県が置かれ、十一月十四日、熊本、人吉二県を廃して、熊本・八代二県が置かれた。五年六月十四日、熊本県を白川県と改め、県庁が二本木村に移された。六年一月十五日、八代県が白川県に合併され、九年二月二十二日、白川県庁は熊本に移され、県名は熊本県と改

められた。したがって明治八年十二月は、八代県を併合してからのちのことであるので、その範囲はいまの熊本県そのまゝである。

最後に『白川県下區劃便覧』をお貸しいただいた上妻博之先生に対して、会員各位とともに深甚の誠意を表したいと思う。

④熊本県史料集成第四集

『仁助咄』

編纂者、発行者、発行所ともに第一集に同じ

一〇六頁　昭和二七年九月二五日発行　頒価百三拾円

凡例

〇本書は、幕藩制下における農民の生活を如実に描出しておるものとして、最近、学会において、とみに注目されはじめたものである。筆者は詳らかでないが、一応上益城郡矢部郷浜町の医者渡辺質としておく。著作年代も未詳、ただし内容からみて一七八五―一八〇三頃と推定していいと思う。封建思想の金城湯池とされた肥後において、これだけ零細農に膚切する思想をもつ知識人がいたことは驚異とすべきであろう。

〇本書の底本は、熊本大学法文学長原田敏明教授の所蔵本である。文化九年十月十一日麗松軒主人（印章）の序がある。現存する諸本中、最も原本に近いものであろう。とにかく井田衍義第三十五巻所収のものよりはるかに善本である。

解題　圭室諦成

かなり大胆に藩政を批判しているので、藩当局の忌憚にふれることを怖れて、筆者はその名を記録しておらぬ。ついでこの書を識者に紹介したと考えられる麗松軒主人も、序の中で〝民間の五味を嘗めし学生の士の肺肝より出で、辞を鄙俗に仮托せしものか〟と筆者をぼかしておるのみか、紹介の労をとることさえ忌憚に触れるであろうことを怖

れて、麗松軒主人という匿名で序文を書いておる。

⑤熊本県史料集成第五集
『肥後国古塔調査録』
編纂者、発行者、発行所ともに第一集に同じ
一五六頁　昭和二七年十一月二十日発行　頒価弐百参拾円
解題　乙益重隆

本書は俗に「古塔調査録」の名で呼ばれているが、実際の内容が肥後国内だけの範囲に止まるので、あえて『肥後国古塔調査録』の表題をかかげることにした。本書の内容は明治十六年を期とし、これより四百年以前、すなわち文明十五年以前の記年銘ある古社寺・堂・塔碑を集成し、考証ならびに解説を附したもので、全部で七十三件が取り上げられている。勿論中には木造建造物二件と、文明十五年以降の古塔碑が若干含まれているが、何れも各物件に関係の深いものだけが選ばれている。

上妻博之先生によると本書の原本は美濃版の罫紙を用い、絵図は磐水引の紙に極彩色をもって描いた美麗な和装本二冊から成っていたという。もとは熊本県立図書館に所蔵され、貴重図書の扱いをうけていたが、昭和二十年の戦災で焼失した。かって明治十七年頃水島貫之が『新編肥後国誌』を刊行していたさいに、その一部を考証の史料として引用しているので、部分的には早くから知られていた。しかし本書の生命ともいうべき極彩色の絵図を印刷に付することが困難であったのと、古塔碑や建造物という一般受けのしない物件を扱っているため、ついに印刷されることがなかった。今日現存するものには本書の底本となった熊本県立図書館所蔵の草稿本の他に、丹辺総次郎氏所蔵の抄写本、中川斎先生所蔵の玉名郡関係だけの抄写本、柏原俊喜氏所蔵の写本等がある。また上妻先生の御教示によると玉名市の武田某氏も写本の一部を所蔵されていたといい、東京大学史料編纂所にも完全写本が一組あったという。その

他にも時おり本書を写した人があり、福島県白河市の岩越二郎氏や、下林繁夫氏などもその一人であったが、何分にも貴重図書の館外借出しが厳重であったため、全文写した人はほとんどなかったらしい。（以下略）

⑥熊本県史料集成第六集
『熊本県郡区便覧』
編纂者、発行者、発行所ともに第一集に同じ
一一三頁　昭和二八年二月一〇日発行　頒価百二十円

解題　圭室諦成
『熊本県郡区便覧』は、明治十二年現在の熊本県行政区劃である。詳しくいえば、熊本県は、明治十一年七月二十二日太政官布告第十七号をもって発布された郡区町村編制法にもとづき、翌十二年大区、小区制を廃し、明治二十二年市町村制実施に伴う市町村合併の基礎となった郡区町村を編制しておるが、かかる劃期的な行政区劃について、本書は詳しく、そして正しい記録を残しておる。

ところが郡区町村には、それぞれ郡長・区長（都市）・戸長が置かれ、また区町村は便宜会議をおこし、地方税以外の人民協議費徴収を議することを許され、戸長は町村の行政事務に従事するかたわら、町村の理事者たることが認められた。

戸長は数カ村ごとにおかれた。明治十二年一月二十日、戸長選挙法が定められておる。それによれば選挙人は、その町村に本籍をもつ満二十才以上の男子、被選挙人は、その町村に本籍をもつ満二十五才以上の男子である。納税額の多少による選挙資格の制限がなかったことは注意していいことである。

「明治十七年戸長役場町村名」は、明治十二年の行政区劃が実情に即する如く修正されておる点、さらに言えば、明治二十二年における行政区劃の県庁試案が完成しておる点において重要である。

「明治二十二年町村分合改称」は、いまの町村が誕生したときの模様を眼前に彷彿させる。市町村制は、明治二十一年四月十七日法律第一号をもって公布せられ、二十二年四月一日から実施された。政府は新法実施に先立って町村の合併を断行せんとし、府県知事に訓令して、町村合併の見込みを立て、これを内申させることとした。また行政区劃の基準をつくり、町村の区域が広くして人口も多く、かつかなりの資力をもち、独立自活の目的を達することができると認めらるるものはそのままでよいが、貧弱町村で、とても独立のできぬものは合併させることにした。適正規模は三百戸以上五百戸未満、そして同一戸長役場区域つまり「明治十七年戸長役場町村名」にみゆるそれを目安としておる。

⑦熊本県史料集成第七集
『続肥後国古塔調査』
　編纂者、発行者、発行所ともに第一集に同じ
　印刷者小早川隆熾　九二頁
　昭和二八年七月一日発行　頒価百八拾円

解題　乙益重隆

本書は先に刊行した『肥後国古塔調査録』に集録されていない、残りの三十一件分を天野屋主人柏原俊喜氏所蔵写本により補ったものである。ときに前者と区別する意味で『続肥後国古塔調査録』と名づけた。

本書の定本は美濃罫紙にカーボンで複写した仮綴本で、先に刊行した熊本県立図書館所蔵の草稿本に比べると、内容も文面もはるかに整備されていて、それが明らかに昭和初期の写本であることがわかる。ことに絵図には色彩がなく、鉛筆で敷き写した上を墨で描いているだけで、何となく線が弱く生硬い。陰影は細部にわたる瑕のごときも省略され、各物件の終りに附せられたはずの現地見取全図のごときは全部割愛されている。しかし原本が戦災に会った今日では、全容を知りうる完結本としては唯一のもので、その点貴重な存在といわねばならない。

しかし本書は既刊『肥後国古塔調査録』に比べると若干内容を異にし、玉名郡肥猪村字中原、文明十七年の碑のごときは収録されていない。おそらく写しもれであろう。また既刊本にはない絵図として飽田郡高江村字居屋敷地蔵塔二葉があり、また上益城郡甲佐郷上揚村字宮上廟碑一葉と、玉名郡高瀬町下町五輪塔二葉は異なった絵図が掲載されている。これは少しでも内容を豊富ならしめ、附録として収録することにした。

本書の成立事情、ならびに調査担当者杉尾宗堅、小山多乎理、吉永秀直、絵を担当した衛藤真毎については、すでに『肥後国古塔調査録』の解題でのべたので、ここではくりかえさない。しかし先の解説にのべた「明治十五年、内務省乙第五十八号達」の布達目的については、明確な理由となるべき史料を見出せなかった。それでもやがて同三十年に制定された「古社寺保存法」成立の基本的データとなったことだけは確実視されよう。それとともに明治十四年、内務省地理局が全国に指令して提出せしめた「県誌」「郡誌」「村誌」の編纂事業とも何らかの関連があったにちがいない。何ぶん交通の便もなかった当時にあっては、わずかの期間に延べ七十三件にわたる古社寺や古塔碑が、よくもこれだけ丹念に調べられ、記録編纂されたものである。もちろんその背後には明治政府の強力な指令もあったであろうが、それにもまして県側における調査担当者たちの熱心な探求意欲が、これだけの成果をもたらしたことも事実であろう。

⑧熊本県史料集成第八集

『明治前期熊本県農業統計』

編纂者、発行者、発行所ともに第一集に同じ

二三七頁　昭和二九年四月一日発行　頒価百八拾円

凡例

○本書は、明治一八年から二一年までの四冊の『熊本県統計書』のうちにふくまれている明治一四年から二一年までの農業関係の統計をぬきだして編集したものであるが、明治一八年以前の『熊本県統計書』はみあたらず、明治二

二年以降のものは統計作業の変化のために統一編集ができない。第一部には明治一七年の『府県統計書様式』のうち農業、牧畜、山林、漁業の部にしめされたもの、第二部にはそのほかの関係ある統計をおさめた。
○本書の編集は、布村一夫が石原通子の協力をえておこない、解説もこの二人によってそれぞれ執筆された。

⑨熊本県史料集成第九集
『高木熊太日記』
編纂者、発行者、発行所ともに第一集に同じ
一九四頁　印刷者稲本篤行
昭和二九年七月五日発行　頒価三百円

解題　圭室諦成

1、(略) 2、昭和二十七年もおわりに近いころのことであった。そのころまだ家政科四年の学生として、稼穡調を中心に、農村の生活を研究、現地調査のために岳間村に出向いて佐藤瀧さんが、高木熊太一代記を拝借してきた。そのまえ江戸後期の庄屋の日記を発見、農民の日記にふかい興味をもっていたので、こおどりして喜んだ。その生涯を、幕藩制のおわりから明治前期にかけて、農村の百姓として送った高木熊太翁の記録、しかもその大部分は、こく明にしるされた翁自身の日記から、翁自身が注意ぶかく抄録したものである。明治前期のいかなる歴史的著作よりも面白く読んだ。のみならず、島崎藤村の『夜明け前』、江馬修の『山の民』よりも、すくなくとも私には興味ふかいものであった。

卒業論文を提出すると、佐藤さんは原稿の作成にとりかかった。四〇〇字づめの原稿紙で五三二枚、なまやさしい仕事ではなかった。解読しにくいところが多く、わたくしの校訂もなみたいていのことではなかった。しかも苦労することによって、いままでの文献に洩れているかずかずの歴史事実をこの日記から学ぶことができた。たとえば神風

連について、西南の役について、地租改正について、その他明治前期のあらゆる問題について、高木翁のすなおな眼は、私どもに歴史的真実を伝えてくれる。いまの日本を解くかぎが明治前期にあるとすることは、すでに学界の常識である。明治前期をとくかぎは、この日記にあるとさえ思った。

そののち、私は明治を研究しておる人たちに、この日記の史料としての素晴しさを力説した。いつしか何人かの協力者をえた。江上芙佐子さんもその一人である。江上さんは、何回も高木三平翁を訪ねておるうちに、明治十四年萬日記などの存在をしり、その借覧書写を許された。

かくて一連の高木熊太日記は、農村生活の研究にふかい関心をもつ女子学生の手によって学界に紹介される機縁をもつに至った。

3、高木熊太一代記は、一八三五年（天保六）六月一九日にはじまり、一八九〇年（明治二三）十一月三十日におわっておる。一代記の性質上誕生日にはじまるのはむろんであるが、最後は熊太翁の逝去した一八九一年（明治二四）四月二十二日をさかのぼる五箇月まえである。一八七〇年（明治三）までの記事は簡単、一八七一年（明治四）から一八七四年（明治七）までは空白に近い。一八七五年（明治八）からかなり詳しく、一八七七年（明治一〇）から精彩をましてくる。そのことは、一つには西南役という歴史的大事件にあい、その記録を子孫にのこしたいという気持ちと、すでに齢四〇をこえて、毎日の生活を克明に記録するという精神的ゆとりをもつに至ったためであろう。

明治十四年萬日記は、一八八一年の日記、一月一日にはじまり、十二月三十一日におわっておる。丹念にしるされているので、明治前期における農村生活の断面が、あますところなくうかがわれる。たんに歴史学といわず、民俗学、宗教学、社会学、農学など、いろいろの方面からみて、興味津々たるものがある。弓懸正久氏の話によれば、明治一四年萬日記のごときものが、高木家にはかって沢山のこっていたとのことである。それらの日記から抄録してできたのが高木熊太一代記である。ところでどの程度抄録したのであろうか。一八八一年（明治一四）についていえば、明治十四年萬日記は四〇〇字づめの原稿紙になおして一〇九枚あるのに、それを抄出した高木熊太一代記同年の条は、わずかに一六枚、つまり、約七分の一に圧縮されておる勘定になる。

⑩熊本県史料集成第一〇集

『肥後藩の農民生活』

編集者、発行者、発行所ともに第一集に同じ

印刷者稲本篤行　二二六頁

昭和三十年五月十日刊行　頒価三五〇円

凡例

○『肥後藩の農民生活』は、肥後藩の農民生活にかんする史料集である。かく断片的な文章・記録を集めた史料集を刊行するのは、熊本県史料集成としてははじめての試みであるので、その理由について一言しておくことが必要かと思う。終戦を契機として、近代庶民史料にかんする関心がとみにたかまり、その調査も着々とすすみ、すでに厖大な目録さえ刊行されておる。しかしその割に出版は伸びていない。なぜだろうか。上代や中世の史料にくらべて分量が多すぎる、数千倍できかぬかも知れぬ、したがって選択して刊行することが必要になる。選択のめやすがたたぬところにも問題があると思う。かりに学的価値のたかい記録を選択刊行しえたとしても、読者がつかねば、豊富な資金を背景とする官庁団体の出版物でないかぎり、中途で挫折すること火をみるよりあきらかである。といって目録をとっただけで、貴重な文章記録をしみに食わせてしまうのは勿体ない話である。

かくて学界の急需に応ずるため、近世庶民史料を刊行する具体的方法いかんということになる。いかなる財政的援助も受けえず、ただ日本談義社の好意によって第九集まで刊行してきた私たちの結論は、つぎのごとくであった。現在研究者がもっとも関心をもつ問題にかんする文章記録を体系的に編集すること、そしてなるべく詳しい、やさしい解説と見いだしをつけること、かくすることによって、つまり史料集を一歩単行本にちかづける方法によって、読者

を三百にもって行こうとする構想である。もしかかる考え方が成功する見透しをうれば、肥後藩にかんするものを、まず農村・農民・農業ものから逐次編集して公刊したいと思っておる。
○肥後藩の農民生活にかんする史料の調査、編集、解題は圭室諦成がこれに当たった。史料の浄書は主として布田節子が担当した。なお現地調査その他では江上芙佐子・花崎英子（他一四名の学生）らが協力した。
○史料としては、熊本女子大学に所蔵するものの他、熊本市森下功、黒田憲之輔、山鹿市坂田茂男、鹿本郡鹿本町内田寧麿、同郡米野岳村多田隈尚の諸家の蔵せらるる文章記録を利用させていただいた。

⑪熊本県史料集成第一一集
『肥後藩の政治』
編集者、発行者、発行所ともに第一集と同じ
印刷者園木是信　二七四頁
昭和三十一年九月十五日発行　頒価三五〇円

凡例
○『肥後藩の政治』は、肥後藩の政治にかんする史料集である。第一〇集『肥後藩の農民生活』においては、おじけを振わずにはおられぬ農民生活の惨めさを、史料的に描いてみた。第一一集『肥後藩の政治』においては、かかる惨めな農民生活を将来した肥後藩の政治のからくりを追いかけた。つまり庶民の、もしくは庶民的な眼で捉えた肥後藩の政治である。
村役人・会所役人はむろんのこと、藩士・家老のなかにさえ、庶民の生活を護ることに直接間接努力した人々がいたことを知り得たのは嬉しかった。結局そうした善意も、はじめには封建体制の維持確立に汲々たる役人によって、のちには自分の私利私欲に目のくらんだ人たちによって、むざんにふみにじられたけれども。庶民の生活をしめつけて

いく政治、底知れず堕落してゆく政治を辿る間に、庶民の痛烈な批判とともに、それら先哲の良識を収録するに努めた。五章とした。第一、寛永を中心として、第二、享保を中心として、第三、宝暦を中心として、第四、文化を中心として、第五、天保を中心として、である。第一が初期、第三が中期、第五が末期、第二、第四は中間をとったのである。肥後藩の政治にかんする未刊の文献・代表的文献は、ほゞ満足すべき程度に収めたつもりである。
○肥後藩の政治にかんする史料の調査・編集・解題、及び校正は圭室諦成がこれに当った。史料の浄書は主として江上芙佐子が担当した。なお調査・浄書その他で、多田隈恭子、吉井佐紀子（他一二名の学生）らが協力した。
○史料としては、女子大学に蔵するもの丶ほか、熊本県立図書館、熊本市上妻博之、黒田憲之輔、弥富秀次郎、鹿本郡鹿央村多田隈尚、上益城郡朝日村藤岡光一、矢部町井手久雄、御船町佐久間政紀、河原村矢野寛、益城町福島時雄、八代郡龍峰村花岡興輝等の諸家に蔵せらるる文章・記録を利用させて頂いた。

⑫熊本県史料集成第一二集
『明治の熊本』
編集者、発行者、発行所ともに第一集と同じ
印刷者園木是信　三〇四頁
昭和三十二年九月二十日刊行　頒価四〇〇円
はじめに
○『明治の熊本』は、明治時代の熊本にかんする史料集である。熊本における明治変革の過程、つまり幕藩体制の終末から一八八九年（明治二二）帝国憲法が発布されるところまでのいわゆる明治前期、その間において現在の熊本における政治・経済・文化を大きく規定しているところのものを選びだし、史料的に体系化してみた。したがって、夢よいま一度といった郷愁的甘さと、せんさく好きにこびる網羅性とを極力さけた。読者諸賢が、現在における庶民

生活の実態をたえず念頭におくことによって、本書のなかにみ出されるであろう興味を、さらに一層掘り下げられる機縁ともならば幸いである。

全篇二十二章、第一章革新の限界にはじまり、第二十二章小作人の生活に終わる。うち、はじめの二章において明治の熊本に多くの問題を残した幕末における革新の動きとその限界を展望、つぎの十八章において、明治前期の推移を叙述、さいごの二章において、明治後期における庶民生活の断面を描写してみた。ところで史料集成の性質上、未刊ないし入手困難な刊本の場合は、できうる限り全文採録、刊本の流布しているものは抄録にとどめた。

○『明治の熊本』にかんする史料の調査・編集・解題、および校正は圭室諦成がこれに当った。史料の調査・浄書について、緒方稔子・河野粋子（他三名の学生）らが協力した。

○史料としては、熊本女子大学および編者の所蔵にかかるもののほか、熊本県立図書館、熊本市立博物館、熊本城趾保存会、上益城郡矢部町役場、および熊本市野口挙一郎、山鹿市坂田茂男の諸家に蔵せらるる記録を利用させて頂いた。

⑬熊本県史料集成第一三集

『西南役と熊本』

編集者、発行者、発行所ともに第一集と同じ

印刷者園木是信　二九三頁

昭和三十三年十月十五日発行　頒価四〇〇円

はじめに

○『西南役と熊本』は、西南役の史料を主戦場となった熊本での動きにかんするものに限定、それを立体的にとらえた史料集である。全篇十一章、明治九年十二月中旬以来時々刻々、危機切迫を伝える探偵報告、熊本鎮台司令長官谷干城の守城戦略、熊本隊、協同隊など熊本部隊の活躍、薩軍に協力し官軍に敵意を示した百姓一揆、田原坂の激斗、

それにつづいて山鹿・新町・味取・植木・滴水・原倉・小天にわたる十余里に対峙した二十六日間の戦記、薩軍を危地に追い込んだ衝背軍の活動、さいごに庶民の眼でとらえた戦記を収めた。なお西南役の全経過は拙編『明治の熊本』（昭和三二、日本談義社刊、『熊本県史料集成』第一二集）を参照していただければ幸甚である。なお本集においても、前集同様夢よもう一度といった郷愁的甘さと、せんさく好きにこびる網羅性とを避けた。

○『西南役と熊本』にかんする史料の調査・編集・解題および校正は、圭室諦成がこれに当った。史料の浄書については中島ミドリ、吉田倫子（他六名の学生）諸氏の協力をうけた。

○史料としては編者の所蔵にかかるもののほか、熊本図書館・熊本博物館・熊本城趾保存会などに蔵せらるる記録を利用させて頂いた。

⑭熊本県史料集成第一四集

『人吉藩の政治と生活』

編集者、発行者、発行所ともに第一集と同じ

印刷者園木是信　二九四頁

昭和三十四年十月十日　頒価四〇〇円

はじめに

『人吉藩の政治と生活』は、江戸時代の人吉藩の政治と農民生活にかんする史料集である。人吉藩にかんする史料が、熊本・人吉在住の文化人の奔走と、県庁・県議会の協力によって県立図書館の架蔵に帰したのを機会に、その史料を縦横に駆使して政治と生活を描いてみた。史料の購入に東奔西走して荒木精之氏の主宰する日本談義社の手によって出版の運びに至ったこと、編者の喜びとするところである。

全編一〇章、第一章中世の球磨にはじまり、第一〇章明治の球磨に終る。第一章において相良長頼入国直前の球磨、

ぐんぐんその勢力をのばしてゆく相良氏、そして室町時代における相良氏の活躍を概観した。第二章ないし第五章において、行政・財政・貢租・武士の生活など、主として人吉藩の政治を、第六章ないし第九章において、法律・宗教・農民の生活・一揆など、主として農民の生活を描いてみた。第一〇章においては、おくれた政治・みじめな農民の生活が明治維新後変貌する様相に焦点をあててみた。

○『人吉藩の政治と生活』にかんする史料の調査・編集・解題および校正は圭室諦成がこれに当った。史料の浄書については西上スミ子・丹辺愛子らが協力した。

○史料としては『相良家文書』（東京大学史料編纂所刊）、『相良家史料』（渋谷季五郎氏書写のもの・県立図書館蔵）、『相良家近世文書』（相良家より購入した原史料・県立図書館蔵）、斎藤嘉七氏所蔵『相良家近世史料』、稲留敏秀氏所蔵『球磨風土記』などを利用させて頂いた。

⑮熊本県史料集成別冊第一集
『熊本県古地図目録』
編集者、発行者、発行所ともに第一集に同じ
印刷者園木是信　九五頁
昭和二九年二月一日刊行　頒価百六拾円

○この目録は、九州大学教授竹内理三、熊本大学教授原田敏明、熊本県文化財保護調査委員上妻博之を顧問、熊本女子大学長北村直躬を監修、熊本女子大学郷土文化研究所副所長圭室諦成、および所員布村一夫、乙益重隆を責任編集者として刊行中の『熊本県史料集成』の別冊第一である。

○本目録は前篇『肥後藩絵図目録』と後篇『明治前期地図目録』の二篇より成る。前篇は圭室諦成、布村一夫、乙益重隆の共編によて昭和二七年四月に『スクール・ライブラリー』誌に発表されたものであり、後篇は、熊本高等学

校教諭森下功によって、このたびあらたに作成されたものである。この二篇が『熊本県古地図目録』として森下功によって統一編集された。（例言より引用）

2、熊本女子大学歴史学研究部刊行物関係

以下に掲げた刊行物は熊本女子大学歴史学研究部が出版したものであり、『熊本県史料集成』とは範疇を異にしている。しかしこの研究部の成立、活動は、圭室諦成を中心とする郷土文化研究所の存在なくしてはあり得ないものであり、事実その指導によって史料の収集、編纂がなされた。内容的には高水準を維持している出版物であり、またその大部分の出版年月は『熊本県史料集成』のそれと重なっている。名目的には学生クラブ活動の一環としての出版物という体裁をもっているが、内容的には郷土文化研究所の実態を補完するものとなっている。これが熊本女子大学歴史学研究部刊行物を掲載する理由である。

①熊本女子大学歴史学研究部

『肥後藩の農業構造』

発行人　熊本女子大学　江上芙佐子

発行所　熊本市大江渡鹿　熊本女子大学歴史学研究部

昭和三十年五月一日発行　謄写印刷　一七五頁

熊本女子大学歴史学研究部が自治会の一クラブとして認められたのは昭和二九年五月であった。『熊本県史料集成』第八集『明治前期熊本県農業統計』が発行される頃で、大学のなかでは郷土文化研究所の業績が単行本の形で次々と刊行され、その存在が大学のなかで確実に承認されつつある時期であった。歴史学研究部はそのような雰囲気のなかに誕生したのであった。同研究部が指導を仰いだのは圭室諦成教授であった。「いわばこの書物は我々の処女作である。とにもかくにもこれだけのものをまとめ得たのは、ただひとえに圭室諦成教授のいいしれぬ御指導と御援助があったからである」（「凡例」）と記しているように、この頃の圭室教授は、出版活動を通して研究所の運営に、学生の指導に極めて多忙であったと想像される。

『肥後藩の農業構造』の内容は、山鹿郡中村手永に関する、第一、中村手永稼穡調書、第二、中村手永御蔵納手鑑、第三、中村手永御蔵納御給知新知方請免一紙御帳、第四、伊藤雲記雑録鈔の四つの史料と、最後に掲げた小論文『山村の研究』とよりなっている。なお、四つの史料には最初に手引きの意味で解説が試みられている。

②熊本女子大学歴史学研究部

『肥後藩の農村構造』

発行人　熊本女子大学　吉井佐和子

発行所　熊本市大江渡鹿　熊本女子大学歴史学研究部

昭和三一年五月三〇日発行　謄写印刷　二一一頁

肥後藩の農村構造の内容は、第一、肥後国手鑑（抄）、第二、飽田、託麻手鑑、第三、内田手永手鑑、第四、山鹿、中村手永手鑑、第五、山鹿、中村、河原、深川手鑑、第六、深川手永手鑑、第七、河原手永手鑑、第八、大津手永手鑑、第九、北里手永手鑑、第十、矢部手永手鑑、以上の史料より成っている。

③熊本女子大学歴史学研究部

『肥後藩の経済構造』

発行人　熊本女子大学　佐藤たか

発行所　熊本市大江渡鹿　熊本女子大学歴史学研究部

印刷所　熊本市呉服町三丁目三七　青潮社
昭和三二年五月三〇日発行　タイプ印刷　一一二頁
幕藩体制下の経済は、現代の経済にたいする常識では、到底理解することは困難である。畢竟それは幕藩の側についていえば、いかに巧妙に、いかに多額の貢租を吸いあげるか、庶民の側についていえば、いかにしてその鋭鋒をそらし、いかにして生存を維持するかにあった。したがって幕藩体制下の経済を知るためには、何より先に貢租関係を追求することが必要である。かかる理解にもとづいて貢租の全貌を示す、しかも稀覯の文献五種を集録、肥後藩の経済構造と名づけて公刊することとした。
中心をなすのは、第一の『肥後国田物成惣帳』である。これによって貢租にかんする全貌を知ることができる。つぎに第二餘米地方坪々覚によって、一方的押しつけにたいして農民がいかにして生存を維持したか、また地主はいかにして土地を集積し、また小作料を引上げたかをとくことができると思う。さらに第三の肥後国侍帳によって、貢租の行方を、第四の肥後の記によって、精緻なる貢租によってしめつけられた庶民生活の貧しさを、理解することができるであろう。第五中富手永手鑑は、第一線の徴税官惣庄屋のもっていた村明細帳である。（凡例より引用）

④熊本女子大学歴史学研究部
圭室諦成校訂『肥後国郡村誌抄　上巻』
発行人　熊本女子大学　佐藤たか
発行　熊本市大江渡鹿　熊本女子大学歴史学研究部
印刷所　熊本市大江本町一八三　青潮社
昭和三四年三月三〇日発行　タイプ印刷　二〇二頁
明治前期の地方史研究に不可欠の文献は郡村誌である。郡村誌を刊行してほしいという声はたかい。かかる要望にこたえて、『熊本区誌』が昭和二七年『熊本県史料集成』の第一集として、『玉名郡村誌』が三十三年田辺哲夫氏の奔走により玉名民報社の手によって公刊された。この機に残り全部の公刊を計画してみたが、到底不可能であることを知った。そこで歴史研究部の学生諸君を動員して、取敢えず社会経済史研究に直接必要な部分を抄録して刊行することとした。上巻に熊本付近、つまり熊本区・飽田郡・託麻郡・山鹿郡の一区三郡を、中下巻には、その他、つまり山本郡・菊池郡・合志郡・上益城郡・下益城郡・宇土郡・球磨郡の七郡、それと郡村誌編集関係資料・解説・索引を収める予定である。『玉名郡村誌』を省いたのは、田辺哲夫氏・玉名民報社の労に敬意を表したからである。（校訂者のことばより引用）

⑤熊本女子大学歴史学研究部
圭室諦成校訂『肥後国郡村誌抄　中巻』
発行人　熊本女子大学　高倉ゆき子
発行所　熊本市大江渡鹿　熊本女子大学歴史学研究部
印刷所　熊本市大江町本一八三　青潮社
昭和三十五年五月三十日発行　タイプ印刷　二六八頁
本書は、山本郡誌、山本郡村誌、菊池郡誌、菊池郡村誌、合志郡誌、合志郡村誌、上益城郡誌、上益城郡村誌より構成されている。

⑥熊本女子大学歴史学研究部
坂口一男監修・卯野木盈二校訂『肥後国宇土郡村誌抄』
発行人　熊本女子大学　中馬美子

発行所　熊本女子大学歴史学研究部
印刷所・発売元　熊本市大江五丁目　(株)青潮社
昭和四十七年十二月十日発行　定価一五〇〇円　九七頁

監修者のことば

故圭室諦成教授の校訂によって『肥後国郡村誌抄』上、中巻が発行されてから、すでに十年以上になる。圭室教授の明治大学教授への転任後歴史学研究部の諸嬢と乙益重隆教授の手により下巻発行の準備がつづけられたけれど、乙益教授が国学院大学へ転出されたため再度中絶されたままになっていた。このたび歴史学研究部諸嬢の熱意によって『肥後国郡村誌抄』の下巻（一）にあたる『肥後国宇土郡村誌抄』を単行本として刊行することになり誠に喜ばしい。喜んで監修を引受けた次第である。地方史研究に志す方々に少しでもお役に立つことができればこの上ない幸せと思う。又青潮社社長高野和人氏、ならびに卯野木盈二氏に多大の謝意を表したい。

昭和四十七年八月　坂口一男（布村一夫）

⑦熊本女子大学歴史学研究部
坂口一男監修・卯野木盈二校訂『肥後国求麻郡村誌』
発行人　熊本女子大学　平山みどり
発行所　熊本女子大学歴史学研究部
印刷　熊本県印刷センター
図書出版（株）青潮社
昭和五十年九月一日発行　定価二五〇〇円　一四七頁

『肥後国求麻郡村誌』は肥後国郡村誌中で年代的に最も古く、郡村誌の原型ともいうべき様式をそなえている。この郡村誌は明治八年に求麻郡地誌調掛の高田苗清、渋谷得蔵によって報告された草稿を編纂したものである。それで大区小区制がとられている。この大区小区制は明治五年から明治十一年の郡区町村編成法の成立によって廃止されるまで続いた制度である。また特色としては他の郡村誌と異なり郡誌はなく、これに相当するのが『肥後国求麻郡四十村地籍産物寄』『肥後国求麻郡第十四大区地誌物価調』である。村誌の中に人吉市の項がないのは奇異に感じられるかもしれないが、人吉町は明治六年一月に大村と間村にわけられたので、この二村の項に記されている。（校訂者のことば及び解説）

五　郷土文化研究所を支えた人びと

熊本大学で日本近世史、近代史を講じた森田誠一は、熊本における敗戦後の地方史研究の発足状況を回顧してつぎのように述べている。

「（考古学会の発足にくらべて）文献史学の方の立ち直りは遅れていた。それは何といっても「愛郷心」「愛国心」即「国体明徴精神」を説き廻った郷土史からの脱却には時間と人とが必要であったからである。先に述べたように、ちょうどこのころ熊本に大学が設立された。そして熊本は中央の学界で活躍していた二人の優れた学者を迎えた。

その一人は原田敏明である。鹿本郡の産で東大宗教学科の出身、夙に日本の神道の研究に従事していたが、決して神がかり的御用神道学ではなかった。敗戦直後の民主化のため行われた教職員資格審査に、原田氏の書いた戦前・戦中の一〇〇を超える論文が一つも問題にならなかったことは、当時の神道学者としては全く珍しい事であった。それは彼の神道史がデュルケム流の宗教社会学の立場にあったからであろう。さて、このようにして原田が熊本大学の法文学部国史学科の主任教授に迎えられたのは、昭和二十四年のことである。

他の一人は圭室諦成である。圭室も同じく鹿本郡の出であり、東大国史学科の卒業である。彼は原田より一年遅れて熊本女子大学教授として故郷に迎えられた。仏家の出身で日本仏教史の専攻であった。

このように二人は奇しくも宗教史の専攻であったが、原田は主として農村社会の村落共同体の調査研究を通じて熊本の地方史を確立し、圭室は東大史料編纂所出身であったから、主として文献史料の編纂に努めて『熊本県史料集成』第一集（昭和二七）から第一四集（昭和三四年）までを出版した。

この出版に際して積極的に協力したのが荒木精之である。荒木は日大史学科の出身でしばらく東京にあって文筆活動に従事したネオ・ロマン派の作家であるが、郷里の歴史にも造詣が深く、帰郷後は戦前・戦中を通じて熊本で日本談義社を経営し、その主宰として今日に及んだ人物である。」（『地方史研究の現状』吉川弘文館　一九六九）

森田の叙述に示唆を受けて、郷土文化研究所を支えた人々について、とくに研究所の中心的人物であった圭室諦成を主に、その履歴、業績など補足説明をしておきたい。

圭室諦成（たまむろ　たいじょう　一九〇一―一九六六）は、明治三五年熊本県阿蘇郡草部村（現在高森町）永秀寺に生まれた。一九一六年（大正五）熊本県立鹿本中学校（旧制）入学、同時に日輪寺の養子となる。二一年鹿本中学卒業、曹洞宗大本山永平寺に入る。同年東洋大学に籍をおき、東京帝国大学選科に入学、本科に移って二八年東京帝国大学国史学科卒業。東大史料編纂所入所。三五年同所辞任、駒沢大学教授に就任。四二年同大学辞任、司法省所管湘風会日本学研究所長。四五年（昭和二〇）四月第三回応召、家族は山鹿市日輪寺に疎開。同年八月二五日復員。日輪寺で晴耕雨読の生活を始め、地名の研究に入る。四六年社会教育委員会発足と同時に熊本県社会教育委員（長）となり、社会教育を通じて地方史研究に従事する。手付かずのまま放置されている郷土史料の整理・編纂・および県史など地方史の編纂を企図。四九年日輪寺を後任に譲り、研究の便を得るため熊本市島崎町百梅園兼坂家に仮寓、精力的に郷土史料の探訪・収集にあたる。五〇年熊本県立女子大学教授に就任。『熊本県史料集成』の刊行を企画、着手する。五二年県庁および市役所地下室に埋蔵されている尨大な記録文書を発見、整理。五五年かねての持論であった熊本県史編纂を提唱。五七年（昭和三二）熊本城宇土櫓地下室に埋蔵されていた『従西日記』はじめ西南役関係文書多数を発見。六〇年明治大学教授として転出。六六年死去、六五歳であった。以上の経歴から、圭室は敗戦前まで東京で、戦後一五年間は主として熊本女子大学教授として熊本で生活し、以降短期間、明治大学に勤めて必ずしも長くはない生涯を研究と教育とに捧げた。

圭室の戦前における業績を挙げれば、『道元』（日本評論社・一九三五）、『道元』（楽浪書院・一九三七）、『日本仏教論』（三笠書房・一九三九）、『明治維新廃仏毀釈』（白揚社・同）、『日本仏教史概説』（理想社・一九四〇）、『道元』（三笠書房・一九四二）である。戦前のある日、古墳時代の竪穴居住跡を調査中に偶然圭室に初めて対面した乙益重隆は、「この方が有名な『日本仏教史概説』を書かれた先生かと畏敬の念をもって現地を案内した」（「圭室先生の思い出」）と述べていることからも明らかなように、圭室は戦前すでに日本仏教史の研究者としての確かな評価を受けていたのである。敗戦そして帰郷後圭室は、戦前の仏教史、仏教思想史の研究から離れ、対象を地方に絞って精力的な研究活動を開始した。まず社会教育関係に携わって手をつけた地名研究から出発し、熊本女子大学教授に就任して研究条件が保証された後、本格的に地方史研究に取り掛かるのである。この時期の研究的雰囲気について、圭室の研究に大きな刺激を受け現在でも近代史研究に貢献している花立三郎（元熊本大学文学部教授）はつぎのように述べている。

「圭室の本領は史料の発掘にあった。圭室の仕事はしだいに地方から文献資料発見に移って行った。未発見の尨大な史料のあることに気づいたからである。その仕事は、いちはやく昭和二十六年九月「県史・郡誌・村誌―明治初年における熊本県の大編纂事業について―」（『教育委員会報』第十四号）に表れていた。これは明治五年から明治一八年頃まで、熊本県庁が政府の指示によって県史・郡誌・村誌を編集したことについて紹介したものである。脱稿するごとに、県史は政府に進達したが、市誌・郡誌・町誌・村誌は、託麻郡関係のものをのぞいて、ついに提出しなかった。その分が地誌計四十六冊、関係文書綴二冊となって、現在熊本県立図書館に残っていることを紹介したものである。この史料が、その後の圭室の仕事に十分に生かされて行ったことは、言うまでもない。圭室の本格的な史料発掘の仕事は、二十七年に始まり、それは『熊本県史料集成』十四冊、別冊一冊として見事に実った。」（「熊本近代史研究の成果と課題」『近代日本と熊本』所収、熊本近代史研究会、一九七五年発行）

戦前、東京帝国大学史学科、史料編纂所を中心とするいわゆる「実証主義」的学風がアカデミズム日本史学の主流を形成していった姿を、いま圭室の着想と研究姿勢に見いだす思いである。

『熊本県史料集成』一四冊のうち、圭室が解題を書いたものはつぎの一二冊である。第一集『熊本区誌』、第二集『肥後国郷帳』、第三集『白川県下区画便覧』、第四集『仁助咄』、第六集『熊本県郡区便覧』、第九集『高木熊太日記』、第十集『肥後藩の農民生活』、第十一集『肥後藩の政治』、第十二集『明治の熊本』、第十三集『西南役と熊本』、第十四集『人吉藩の政治と生活』、別冊第一集『熊本県古地図目録』

なお別冊第一集『熊本県古地図の目録』は同名の『熊本県古地図目録』（発行者赤星利雄、発行所熊本県立図書館発行、一九五四、九五頁）を、（編纂者郷土文化研究所、発行所日本談義社）として新に刊行したものである。

すなわちこの叢書の大部分は圭室の史料発掘によって成立しているのである。加えて同時期に刊行された熊本女子大学歴史学研究部発行の、つぎの五冊もすべて圭室の校訂になるものである。圭室は学生を熱心に指導して歴史的関心を覚醒させ、学生もこれに応えて地方に埋もれている新史料の発掘に協力している。その状況がこれらの刊本のページをめくることによって実感させられるのである。

『肥後藩の農業構造』　一九五五年

『肥後藩の農村構造』　一九五六年

『肥後藩の経済構造』　一九五七年
『肥後国郡村誌抄　上』　一九五九年
『肥後国郡村誌抄　中』　一九六〇年

その他「明治初年熊本県関係農民騒擾録」を『熊本史学』（熊本史学会発行　五六年八月―五八年六月）に計四回にわたって連載していることも、圭室の歴史観を分析するうえで重視しなければならない。

『熊本の歴史』（日本談義社・一九五四）刊行後の『西南戦争』（至文堂・一九五八）、『西郷隆盛』（岩波書店・一九六〇）は圭室の熊本女子大学教授時代における記念碑的著作で、前者は「西南戦争に関する本は多い。それになぜわたくしはこの書物を書いたか。これまでに出ている西南戦争関係の単行本が、ほとんど例外なく、特殊の政治的立場にたち、そのためにこの大事件の真相がゆがめられているからである。まず軍部がこれをゆがめた」と書き出して、女子大教授時代に発掘、発見した新史料に基づいて新しい西南戦争観を展開した。後者は従来の英雄としての西郷論ではなく「慶応の功臣・明治の賊臣」的観点を表面に出した著作で、両書とも当時少なからず話題を提供したものであった。また『熊本県史』の編纂事業がすすみ一九六一年に「近代編第一」が、また『熊本県議会史・第一巻』が六三年に出版され、以降続刊された。『県史』にせよ、『議会史』にせよ、圭室が以前から編纂の必要性を主張していたもので、当然それらの監修を担当した。

一九六〇年に居を熊本から東京に移してのちの著書には『日本仏教史概説―現代仏教名著全集第八巻』（隆文館・一九六〇）、『葬式仏教』（大法輪閣・一九六三）、人物叢書『横井小楠』（吉川弘文館・一九六七）がある。『横井小楠』は逝去の翌年の出版された著者の遺稿であるが、書き出しの「はじめに」のなかで著者は「横井小楠は、幕末維新の日本が生んだ最高の思想家・政治家である。私はこれまでの維新史において過小評価され、熊本においても埋もれたまま発掘されようとしない、この偉大なる思想家・政治家小楠を、日本歴史の正しい位置に引戻さねばならぬと考えるものである」と述べ、今日ますます盛んになっている横井小楠研究に先鞭をつけた書である。

乙益重隆（一九一九―一九九一）は大正八年熊本県球磨郡免田町に生まれた。一九三六年（昭和一一）熊本県立人吉中学校（旧制）卒業、直ちに国学院大学予科入学、四一年同大文学部国史学科卒業。在学中「肥後国免田町本目出土の弥生式土器」を発表。敗戦後の四六年熊本県立球磨農業学校教諭、四九年熊本女子大学に転職。以降積極的に遺跡発掘に精励、六三年考古学上の貢献により「熊日社会賞」を受賞。七〇年国学院大学教授就任。七五年日本考古学協会委員長。八〇年文化庁文化財専門審議員。八八年国学院大学定年退職、名誉教授。九一年死去。七二歳。

業績としては『肥後上代文化史』（郷土文化叢書八　日本談義社　一九五四）、『装飾古墳と文様』（古代史発掘八　講談社　一九七四）、その他共著多数。郷土文化研究所『熊本県史料集成』のうち乙益が解題を記しているのはつぎの二冊本である。

第五集　『肥後国古塔調査録』　一九五二

第七集　『続肥後国古塔調査録』　一九五三

布村一夫（一九一二―一九九三）は戦時中旧満州にて、満鉄奉天図書館、同大連図書館に勤務、『月報』、『満鉄調査月報』などを通じて盛んに論文を発表して研究者としての地位を確立、帰国後は学術雑誌に「未開と野蛮―モルガンの時代区分について」（『歴史評論』一九五〇）「家族共同体理論の批判―M・コワレフスキーの生涯と業績において」（『思想』同）など研究発表の場を確保し、一九五一年（昭和二六）熊本女子大学に職を得た。大学時代は『マルクス古代社会ノート』（未来社、一九七六）、『モルガン『古代社会』資料』（共同体社、一九七七）、『正倉院籍帳の研究』（刀水書房、一九九四）など家族史、民族学的著作多数、学界に貢献したが、大学に招かれた当初は郷土文化研究所の活動に積極的に関心を示し、まず、圭室諦成の尽力による大学への寄贈文書である「菊池郡城北村文書」について『熊本県菊池郡城北村文書目録』（一九五二）を編纂出版した。

『熊本県史料集成』では第八集『明治前期熊本県農業統計』（一九五三）に、石原通子と共に詳細な解題を付している。また圭室諦成が校訂し熊本女子大学歴史学研究部発行になる『肥後国郡村誌抄』上、中巻を引き継いで、『肥後国宇土郡村誌抄』（一九七三）、『肥後国求麻郡村誌抄』（一九七五）の二冊を、坂口一男（布村一夫）監修、卯野木盈二校訂という形で上梓している。

渡辺宗尚（一九一八―一九九九）は所員として記録されているが、熊本女子大学では時期的に遅く一九五七年に初めて教鞭を執っているので、具体的な研究所活動への貢献は見られない。

なお学長の北村直躬は、第一集から第九集（五四年七月刊）まで郷土文化研究所の所長であり監修者となっているが、大学行政の責任者として位置づけられているに過ぎないと考えられる。研究所顧問の九州大学竹内理三（一九五九年東大教授に転出）、熊本大学原田敏明（同年東海大学教授に転出）、県文化財保護調査委員上妻博之はいずれも圭室に近しい人物で、研究所構成上必要な研究者として要請されたものであろう。とくに圭室は植物学者でもあった上妻を郷土研究において高く評価した。

「私事に亙って恐縮であるが、熊本での郷土研究十五年間私はいつも史料についての教示を仰いだ。たまたまこちらの求めている史料がないとさがし求めて拙宅迄持参し玄関で手渡してさっさと帰っていかれた。また四〇〇冊に近い粒よりの郷土資料を恵んで頂いたこともあった。さすが私するにしのびず上妻博之文庫として熊本女子大学に寄贈しておいた。」（『地方史研究』第一一巻二号、一九六一）

現在の熊本女子大学附属図書館所蔵の「上妻文庫」は、この時期の両者の信頼関係から実現したものである。また熊本高等学校教諭であった森下功は、別冊第一集『熊本県古地図目録』のうち「明治前期地図目録」の解題を担当している。

注、圭室諦成、乙益重隆の業績については熊本県立図書館西田光子氏にご教示をいただいた。感謝申し上げる。

六　あとがき

『熊本県史料集成』第一集が一九五二年（昭和二七）に上梓されたころ、熊本県議会一月定例会が開かれていた。二月五日、この日原本一利議員は、熊本女子大学についてつぎのような質問を行った。県立の大学としては注視しなければならない議会であった。

「生徒数においてこれを見まするに、一年生は比較的多いのでありますが、二年、三年からだいたい半減を致しております。このように一年かぎり退学をせられる方は、おそらく花嫁学校のような気持で入学するのでなかろうかと想像するのでありますが、かかる人達は（間もなく開学する）尚絅（女子短期）大学のほうに希望されたらその途があるのであります。なお上級まで研修せられる方々は熊本総合大学がありますので、ここに生活学科なり設けていただいて、このほうに入っていただけば、必ずしも途がないというわけではないと思うのでありますから（「賛成」拍手）。だいたい現在の生徒数が約二百、これに要する経費が約二千万円、これとても十分な経費ではないのでありまして、おそらく経費の基礎にあたられる方々は非常にご苦心をはらっておられると思うのであります。――かくのごとくいろいろと検討いたしますに、今後一段とめざましい飛躍発展を予期せざるかぎり、女子大の問題は一応再検討さるべき段階にきているのではなかろうかと思うのであります。」

これに対して桜井三郎知事は概要つぎのように答弁した。女子大の存廃問題は以前にも本県会で一応問題になったが、設立からの日なお浅く、今の段階で存廃を検討するのは時期尚早ではないか。また女子独特の学科を熊本大学に設置し女子大の学生を移し持ってゆくとしても、学科新設問題が生じ文部省が簡単に当方の要求に応じるとは考えにくい。多数の中途退学者がでている問題は過渡期的現象ではないかと考える。われわれは本県を教育県と自負している。そしていま女子大をつくったということで、そしてそれは九州唯一の女子大ということで、ここを目指して各県から学生が入って来ている状況もある。経済効果のことはあとに回して考えては如何がか。

以上が質疑応答のあらましであるが、新聞が、県会で女子大廃止論議とセンセーショナルに書き立てた割りには、質問者、知事の両者間には特筆すべき刺激的な発言も緊張感もみられず、いわば形式的質疑応答に終始した議会風景であった。創立以来三年、戦後の高揚する平和的、文化的雰囲気のなかで創設され期待された高等教育機関であってみれば、それを潰すことは時期尚早であるとの認識は、県当局にも質問する側にも共存していたはずである。しかし一方では当時県の財政状況についていえば、花嫁学校とも評価されている女子大学に十分な予算を配分する余裕はなかった、といえよう。そうであれば別の方向で女子大廃止論を終結させなければならない。果たせるかな新制大学発足当初から、県内大学のいずれかに農学部を設置すべしとの意見はかなり強いものがあった。そこで議会は、議会最終日の閉会直前に「農業大学設置に関する建議案」を議員提出議案として上程し、可決することによって県立女子大学廃止論議に終止符を打ったのがこの定例会の実態であった。

実はこの女子大廃止論提起の背景には避けて通れない県財政の貧困性が存在していた。すなわち一九五六年（昭和三一）四月には、熊本県は地方財政再建整備措置法の適用指定を受けなければならなかったのである。以降五年間、いわゆる赤字県となって国指導の行政下におかれ、県主体の事業に着手できなくなったのであるが、このような県財政の脆弱性は、近代産業の誘致に弱い農業県としての宿命であるのかもしれない。創立間もなく大学廃止論が女子大発足直前から度々浮上するのは、このような県財政の貧困性に由来していると考えざるを得ないのである。財政的に将来展望に暗い状況で、新設大学を運営していくには難しい舵取が要求される。五五年に熊本女子大学は、構内に県立保母養成所（現保育大学校）を併設した。児童福祉事業を通して社会貢献にも努めている事業を地域社会に示すことは、女子大学経営として常識的な無理のない着眼であったともいえるが、その真意は大学運営の一環として、廃止論を静めるためのやむを得ない施策であったと評価せざるを得ない。指摘したいことは、このような厳しい経済状況にあって、大学の体質を強化し、研究条件の更なる向上を目指す郷土文化研究所のごとき施設について、財政支出の可能性は全くと言っていいほど期待できなかった、ということである。発足当時、女子大学を越えて、全県下の研究者を網羅した郷土文化研究所構想が県当局から一顧だにされず、まして女子大学内のみの研究者による活動に対して予算的に無視されることは、財政的に決して豊かではない県の財政状況にあっては当然であった。だから「熊本女子大学郷土文化研究所」という名称は、財政的、経営的に大学の附属研究所でありたいとの願望を表現したものに過ぎなかったといえよう。

それにしても、いやそれにもかかわらず、圭室諦成を中心とする郷土文化研究所のあり様は、今日顧みて、その存在を十分に評価しなければならないと考えている。

その第一は、当時としては新鮮な、そして現在でも十分利用できる基本的な近世、近代の歴史史料を精力的に収集、編纂して刊行本にまとめているということである。第二は、収集された史料が地域の民衆生活に密着した内容をいずれも備えており、極めて啓蒙的であるということである。第三は、研究者の熱心、適切な指導のもと、学生が史料の収集・編纂補助に積極的に働いているということである。以上のことから国書刊行会はこの叢書の今日的価値を認め、一九八五年（昭和六〇）に『熊本県史料集成』全冊を復刻したのである。そして何よりも重要なことは、新制大学発足間もなく、熊本大学は雑誌『熊本史学』（一九五二年四月創刊、現在も続刊中）を、熊本女子大学は『熊本県史料集成』などの刊行を通して学術の相互補完、相互交流を実現し、結果として歴史学、とくに地方史研究の水準の向上に、民間の研究者にも刺激を与えながら貢献していったことである。

熊本市教育委員会編『熊本市政資料目録』と題する小冊子がある。現在熊本市立図書館が所蔵する戦前市政資料の目録である。発行は一九五六年（昭和三一）六月、当時の熊本市長坂口主税は「序」のなかでつぎのように述べている。

「熊本市の歴史的考察の上に欠くことの出来ない資料として、本庁舎の地下室に保存してあった各種の貴重な文書は、去る昭和二十八年の大水害のためにすべて失われ、江戸時代より明治、大正、昭和と、城下町より今日の大熊本としての近代都市となるまでの推移を知るよすがも、また失われました。古地図を始め、土地家屋、各種統計、証憑書類、或は事件綴等々、数百年来の熊本のあらゆる面に関する彪大な資料は、ことごとく泥土にまみれて、一冊を残さず遺棄せざるを得なかったのであります。未曾有の大災害によるものとは申せ、これを防ぎ、救うことのできなかったことを、かえすがえすも残念に思います。

たゞ不幸中の幸であったことは、昭和二七年十一月、熊本郷土文化研究所の要請により、その研究資料として熊本女子大学に持ち出されてあった約二千冊の資料が、この水害に遭うことなく、分類整理された上にその目録を刊行するまでに至ったことであります。失われた数に比べれば極く僅かな資料であっても、研究所が資料として持ち出される際に、特に価値のあるものを体系的に選ばれたものであって見れば、特に今日ではより一層の貴重さを感ずるもので、もし、研究所の要請がなかったとすれば、この僅かな資料さえも空しく泥土の中に葬り去らねばならなかったと考えるとき、私共はこのことのあったのを、後世のためにも衷心より欣ばずには居られません。」

研究活動は全く予期しない結果を招来することがある。郷土文化研究所の存在は、図らずも、このようなかけがえのない歴史的資料の保存にも貢献した。印象的なことである。

注、写真撮影については文学部米谷隆史講師にお世話になった。感謝申し上げる。

注、資料の閲覧にあたっては熊本県立大学図書館中島典子氏に便宜をはかっていただいた。感謝申し上げる。

なお崇城大学教授松本寿三郎氏、熊本県立大学非常勤講師水野公寿氏には拙稿執筆に当り貴重な助言をいただいた。お礼を申しあげたい。

勤務評定反対闘争

一　教育勤評実施への序章

任命制教育委員会の成立

一九五六年（昭和三一）六月政府・自民党は「地方教育行政の組織及び運営に関する法律」を、国会内における異常な政党的対立の中で成立させた。略して「地教行法」と称されるこの法律は、地方住民の直接選挙による教育委員の選出を規程した四八年（昭和二三）七月公布の「教育委員会法」を改変したもので、「地教行法」成立以降教育委員は、地方公共団体の長が議会の同意を得て任命することとなった。「教育が不当な支配に服することなく、国民全体に対し直接に責任を負っておこなわれるべきものであるという自覚のもとに、公正な民意により、地方の実情に即した教育をおこなう」（教育委員会法第一条）ために、地方住民の直接選挙による教育委員会の理念は、戦後民主化の一環として期待されたが、一〇年にも満たない命脈で戦後教育の歴史の中に消えた。「地教行法」すなわち任命制教育委員会法の成立は、戦後の教育基本法を根幹とする教育行政のあり方の根本的変更を意味するものであった。この法律によって地方教育委員会の独立した教育予算編成権は否定され、教育行政における官僚統制主義が貫徹する素地がより強固となった。文部省は五六年一〇月全国校長協議会を開いて「地教行法」施行下の教育行政の趣旨徹底を意図し、その席上清瀬文相は「校長は毅然たる態度で教育の政治的中立を堅持するように格段の努力を願いたい」（大田堯編著『戦後日本教育史』七八年）と述べた。この頃を契機として文部省は都道府県に学校管理規程の作成を急がせ、特別権力関係論を背景とする営造物管理権はもとより、教師の教育課程編成権に制限を加え、校長の職権を強化し、教科書採択の実権を教育委員会が確保するなど教育課程管理の例面をも強化する意図を明らかにした。これら一連の施策は「それまで多かれ少なかれ教師・教師集団に事実上の責任があるとされ、またはそうあることが当然だとされたことがらについて、微に入り細にわたって規制がおよび、教師は教育活動を行なう主体者としての地位を法制面で掘り崩された」（宮原誠一他編『資料日本現代教育史2』七四年）内容をもつものとなった。一方自民党は、教育政策遂行に当って最大の批判勢力である日教組に大きな関心を寄せ、五七年一〇月「自民党の日教組対策方針（草案）」を明らかにした。この中で文部省の措置すべき事項として、

㈠ 日教組の性格を明確に認識して、これに対し交渉的態度で臨まない。

㈡ 新教育委員会法に規程された文部大臣の「措置要求」を適正に実施し、文部省の指導性を強める。

㈢ 都道府県教育長をよく握って各種の措置を通じて服務の厳正をはかり、状況によって文部大臣は教育長の進退について事実上の措置をとる。

㈣ 文部省地方課を強化拡充、教育委員会を完全に握ると共に教組運動を主管する機構を整備する。

（前掲『資料日本現代教育史2』）

ことなどを計り、また教育委員会の措置すべき事項として、

㈠ 県教組とは勤務条件以外の事項について話合いをせず、また事業の共催などを行わない。

(二) 学校管理規則を速かにかつ的確に制定し、学校管理を厳正にする。
(三) 教職員の服務監督の強化をはかり、勤務評定を励行する。
(四) 校長、教頭の管理的立場を明確にし、その給与体系その他必要な措置を講ずる。
(五) 教職員団体の専従職員を必要最小限にとどめ、いわゆるヤミ専従をなくする。
(六) いわゆる組合人事を排し、人事管理を適正化する。(同)

ことなど日教組対策方針を確認した。ここで明らかにされたように、教員の勤務評定はこの段階で自民党の日教組対策の主要部分として強く意識されたのである。

そもそも教員の勤務評定の実施が法制上明記されたのは五〇年改正の「地方公務員法」および「地方教育行政組織運営法」であったが、その後実施されることなく推移していた。「地教行法」には第四六条に「県費負担教職員の勤務成績の評定は、……都道府県委員会の計画の下に、市町村委員会が行うものとする」との規程があり、これが勤務評定の法的根拠となっている。そして前述の「自民党の日教組対策」の具体的方針が勤評実施の速度を速めたのであった。

愛媛の勤評実施と日教組の非常事態宣言

勤評問題が最初に提起されたのは愛媛県においてであった。すなわち愛媛県では「地教行法」が成立した五六年、県財政赤字克服の一環として成績主義による昇給実施を決め、勤務評定による教職員の昇給査定を行ったのである。この勤評実施にともなう愛媛教組の反対闘争はその後激しさを増して日教組全体の問題に発展するのであるが、この過程で文部省は、五七年八月「文部省本省職員勤務評定実施規定と実施要領」を通達し、さらに九月国立の大学教官を除く文部関係全教職員に対する勤務評定実施を文部省訓令によって指令した。以降日教組は、これら一連の文部省の態度に批判的体制を固める方針を確認し、一〇月に開かれた日教組第四四回中央委員会は、勤務評定阻止のための全国統一行動についての方針を決定するとともに、つぎのように声明した。

「勤務評定をやめよ

われわれは文部省が各都道府県教育委員会を指導し、全国的に実施を強行しようとしている勤務評定にたいし、次の点を強く指摘し、反対の意志をくり返し明らかにしてきた。すなわち第一に、子どもの自主性と学力を伸ばす国民のための教育はできなくなる。第二に教育の特殊性から科学的客観的な評定を行うことは不可能である。そして第三に、昇給昇格のストップや不当転退職に悪用されるおそれが多分にある。しかし勤務評定の真のねらいは、戦前のように教育を文部省で統制し、教師を権力でしばり、時の政府の思うままに教育する仕組みをつくることであり、教師のひとりひとりの自主的な行動を抑圧し、父母とともに子どもと教育を守ろうとする教員組合運動を圧迫することにあることを強く主張してきた。

政府、自民党がまったく党利党略のための「任命教育委員会」を強引に発足させてからまる一年になる。この間の文部省は視学官制度を復活し、教科書の国定化を進め、きわめて一方的な学校管理規則を作らせ、いままた勤務評定をおしつけ、権力による教育の中央統制を急速にはかろうとしている。さらに彼等は、日本の教育をこのような仕組において、道徳教育振興の美名にかくれ、天皇制を中心とする修身科の復活を企図しているのである。……

教育に対する官僚支配を排除し、教育を真に国民のものとするために、われわれはますます全労働者との提携を強化し、全国の父母とともにいかなる弾圧にも屈せず、勤務評定粉砕のためあらゆる手段をつくして闘いぬくであろう。……」

（大原社会問題研究所『日本労働年鑑』第三一集、一九五九年版）

かくて日教組は、一一月一日から開かれた臨時国会に対し勤務評定阻止、年末手当二ヵ月分支給などを要求する一方、五日には約一〇〇〇人の各県代表が上京し、「教育を守る中央大会」を開いて、国会・文部省などに対する集団交渉を行なった。また一一月八日日教組と日高教は共同して、全国都道府県教育長協議会に対し、

「権力の抑圧から民主教育を擁護するため、権力追随の態度を払拭し、政府権力者の意図に盲従することなく、敢然として勤務評定の一方的強行に反対し、慎重であることを希求する」

（前掲『資料日本現代教育史2』）

とする共同申入書を提出した。勤評問題に関する最初の大規模な衝突は、愛媛県教組による勤務評定阻止のための闘争をめぐっておこった。日教組は一一月二九日愛媛県松山市で全国代表者会議を開き、愛媛県を先頭とする勤評阻止闘争の展開について討議を行ない、

「いまや愛媛県教組の同志は、五十万教師の先頭にたち、言語に絶する困難な条件を克服し、ねばり強い闘いを継続している。……無法にも校長を一室に閉じこめ、評定書の提出を強要する教育委員会の暴挙を西宇和で本日まのあたりにみた。自民党愛媛県連合会は、報復手段として不法にも年末手当の支給にまで干渉し官憲による弾圧まで行われはじめた。われわれは愛媛県教育委員会に勤務評定の撤回を強く求め、愛媛県教組の闘いを五十万全教師の闘いとして推し進め、物心両面にわたる支援体制を強化し、弾圧に対してはさらに強力な全国統一行動をもって闘うことを決定した。」（同）

とする声明を発した。

愛媛県において、体制側の勤務評定に関する不退転の態度に接した日教組は、五七年一二月二二日第一六回臨時大会を東京で開催し、日教組結成以来第二回目の「非常事態宣言」を発表した。この宣言は、

「権力による教育の統制が、型にはまった人間をつくりあげ、国民全体を大きな不幸におとしいれるものであることは、われわれがあの悲惨な戦争をとおして、骨身に徹するまで思い知らされたことであった。しかし、戦後十余年をへたこんにち、日本の教育は、ふたたび重大な局面に立たされている。……勤務評定は、われわれの強い警告にもかかわらず、いまや全国の各都道府県で具体的な問題となる段階になった。このように教育を混乱におとしいれ、ふたたび日本を不幸にみちびく暴挙にたいし、教師の良心は心からの憤りを感ぜずにはいられない。ここに、全国五十万の教師は、こんにちの状態こそ民主教育の非常事態であることを確認し、覚悟を新たにし、ゆるがぬ団結と統一行動をもって、勤務評定を阻止し、教育の権力支配を粉砕するため、ねばり強く強力に闘いぬくことを宣言する。」(同)

としている。

一方全国都道府県教育長協議会は、日教組の組織を挙げての反対闘争にも拘わらず、この年一二月各都道府県の勤務評定のモデルともいうべき「〇〇県市町村立学校職員の勤務成績の評定に関する規則案」を作成した。そしてこの試案にもとづいて各府県では教員の勤務評定実施計画が推進されていったのである。

かくして五八年の日本の教育界は、勤務評定の実施をめぐって大きく揺れ動く状況となった。同時に熊本の教育も全国の動きと軌を一にして大きく動揺した。

二　勤評反対闘争態勢の確立

愛媛の教訓に学べ

熊本県での勤務評定反対闘争の最初の取組みは、日教組指令第一号に基づく五七年九月二八日高教組の、勤評試案阻止のための職場集会の開催であった。ついで県教組は一一月二一日第三二回臨時大会を開いて「抵抗のないところに発展はない。愛媛の教訓に学び、勤評が県段階に下りてきた場合あくまで阻止する決意である。尻ごみはしない」との執行部の決意表明のあと

教育危機突破大会（57. 3. 4）

「われわれは本大会において、この勤務評定をめぐる諸情勢について検討を加えた結果教育の官僚支配を排除して教育を真に国民のものとするために、ますます全労働者と提携を強化し、全県下の父母と共にいかなる弾圧にも屈せずあらゆる手段をつくして闘う方針を決定した。闘いの前途は多難である。われわれ熊教組に結集された一万二千の教師は、この決定のもとに、今こそ職場のなかで徹底した話し合いと仲間づくりを深め、友愛と信義に基づいて結び合い、勤務評定粉砕を目ざして総力を行動に移し、勝ち抜くまで断固闘わんとするものである。」

（『熊教組二〇年史』六八年）

との大会宣言を採択した。

一二月五日には高教組、県教組合同で県教育委員会に対して、「勤評を実施

しないよう」にとの申し入れを行った。そして同月二五日両教組主催のもとに、熊本市第一高校講堂において、勤評情勢説明会、勤評阻止第一次県集会を開催、直接勤評反対闘争を体験した愛媛県周桑郡の校長や教師の実情報告によって組合員に勤評の不当性を訴えた。さらに高教組は五八年二月に至って愛媛闘争調査団を編成、その報告会を各地協ごとに行い、事態の重要性の認識に務めた。同月高教組は第一二回定期大会において、「道徳教育振興の美名にかくれて修身科の復活を企図し、科学的人事管理といつわり、勤評の強引な実施をはかろうとしている」(『熊本高教組一〇年史』)との文言を含む非常事態宣言を行った。そして各支部ごとに闘争委員会を設置して職場態勢の確立を図った。三月四日両教組は熊本市をはじめ一八カ所で「教育危機突破大会」を開き、熊本会場にあてられた熊本市花畑公園には、熊飽地区および菊池郡の一部組合員ら約二〇〇〇人が集まり、勤評阻止、教育予算の大幅増額、道徳教育特設阻止、不当人事排除などの大会宣言を採択した。

勤評反対闘争の本格的展開は、一九五八(昭和三三)年四月の新学期に入ってからであった。全国的には先ず四月二三日の東京都の一〇割休暇闘争、続いて和歌山、福岡、高知等が同じく一〇割休暇闘争に入った。熊本では四月一日両教組は、実施が予定されている勤務評定について一四カ条からなる公開質問を県教委に申し入れたが、七日県教委は両教組代表を教育庁に招き、「準備ができ次第実施したいと考えているが、研究に当っては組合の意見もよく聞くようにしたい」旨の回答を行った。回答内容の主な点は、

(一) 教職員に対する勤務評定はいろいろな方法でこれまでも行われてきた、今回はその方法をよりよい方法に改めようとするに過ぎない。
(二) 勤務評定は人的条件の整備のため行うものであると考える。
(三) 教職員が勤務評定の対象から外される性質のものとは考えない。
(四) 教職員の指導、研修適正配置その他人事管理上必要なことに役立たせたい。

㈤　職階制を勤務評定の不可欠の条件とは考えない。

㈥　校長は現在でも所属職員の勤務状況を評価している。今回の勤務評定はその方法をより客観的に改めようとするものであるから、その趣旨を理解すれば職員が混乱したり、教員相互間の人間関係がそこなわれたりしないものと考える。

（『熊本日日新聞』四月八日）

というものであった。かくて県教委の勤評実施の意思は明確になった。そこで日教組は四月一五日九州ブロック共闘会議を熊本に招集し、「四月下旬が規則制定のヤマになること、規則と内容をわけてくること、どの県も緊迫してくるが熊本が一つのヤマとなること」（『熊本県総評』四月二〇日）との状況分析を行い、熊本に日教組九州ブロック共闘本部を設置するとともに、各県のオルグを熊本に投入し、対県教委交渉を強化した。県総評も同日第六回執行委員会を開いて日教組闘争を全面的に支持することを決定し、また両教組からの申入れに応えて熊本県労働金庫では八〇〇〇万円の闘争資金調達を完了した。勤評反対闘争では教員・労働者のみが動いただけではなく、市民層にも少なからぬ広がりがみられた。少しさかのぼるが二月三日には熊本県学生自治連合会（熊本大学、熊本商大、同短大、熊本女子大）は次のような勤評反対声明書（要旨）を出した。

「教職員への勤務評定のもたらすものは、一つは管理職の主観的判断に基く評定によって、教職員の良心に圧迫を加え、教育を自己の政策の道具にするための忠実な手先とすることを目的としたものであり、第二に現在の平和と民主主義を守って闘う国民運動の中心部である日本労働組合総評議会の基幹部分である日教組を分裂させ、平和と民主主義を守る国民の運動を弾圧しようとする目的をもつものである。故に勤務評定は単なる教育問題ではなく、全国民の民主的権利の問題である。熊本学生自治連合会は、以上の理由で勤務評定の実施に反対すること

勤評反対のプラカードを先頭に

を表明するとともに、熊本県教組及びその他の民主勢力とともに、断固たる反対闘争を展開することを表明する。」（『熊本教育新聞』五八年二月三日）

また三月一日荒尾市議会は「勤務評定反対の決議」を動議として提出、動議採択後賛否活発な論議を展開して一七対一四で可決した。県下の地方議会決議の最初にして唯一のものであった。さらに四月一五日荒尾市教育委員会は、熊本県教育委員会に対して、

㈠ 教職員の勤務評定実施は学校教育に悪い影響を与えるものと考えられる。
㈡ 日本教育学会、同教育政策特別委員会の発表要旨は尊重さるべきである。
㈢ 地方教育委員会の主体性は確保されなければならない。
㈣ 勤務評定は校長の職務内容以外の仕事の強制である。
㈤ 勤務評定に対する荒尾市議会及び教職員などは反対の態度をとっている。

（同四月二五日）

と上申して勤評実施に当っては研究期間を設けて慎重に審議してほしいと要望した。同時に市内の第三中学校、緑ケ丘小学校のＰＴＡ総会でも勤評反対決議を行い、また市内各小中学校のＰＴＡが、学年、クラスごとに反対決議を行った。

四月中旬から下旬にかけて反対闘争は激しさを増していった。一九日勤評をめぐる教組と県教育委員会との団交では、日教組中央執行委員や九州各県オルグ団を交えた組合側の執拗な期間明示の要求があったが進展は見られず、団

交は決裂した。そして翌日から県教育庁前で組合員が団交再開を求めて座り込みに入るなどの行動があった。二五日熊本県議会は教育庁学務課長を招いて総務委員会を開き、勤評に対する教育庁の意向を審議した。中央では、二三日東京都教組が行なった勤評反対の一斉休暇闘争につき、二六日警視庁公安二課は地方公務員法違反の疑いで、日教組本部、同都教組本部をはじめ日教組中央執行委員長小林武など、日教組、都教組幹部二一人の自宅と事務所計七七カ所を一斉家宅調査するという動きもみられた。高まる勤評反対闘争のなかで熊本の県教組、高教組は二七日に両教組始まって以来の大集会を熊本市で開催した。この日花畑公園を会場とする「熊本県勤評阻止要求貫徹教職員全員集会」には、宮之原日教組副委員長をはじめ参加人員は一万人を超えた大集会となった。この日の模様を教組機関紙『熊本教育新聞』はつぎの様に報じた。

「この集会はわれわれが本県教育の混乱を防止するために開いたもので、教育への情熱と子供への愛情を断ち切り得ない一万の教師は、夜来の雨をついて北は荒尾から南は水俣、人吉、球磨、さては海路遙かな天草の島々から、勤評阻止のプラカードを押したて、車を連ねて集まった。あいにくの雨降りしきるなかを支部名入りのハチ巻き姿で集まった組合員の顔々は、烈しい怒りにみちみちていた。花畑公園前の会場は、定刻十時には身動きならぬ人波となり、勤評に対する闘争力の盛り上りを示した。」（五月五日付）

さらにこの日両教組がチャーターした飛行機が約一時間にわたって熊本市上空を旋回、勤評反対をマイクで市民に訴えるとともに、二〇万枚のビラを撒いたと伝えている。

県教委による勤評書の提示

五八年五月九日県教委は問題の焦点である「県立学校および市町村立学校職員の勤務成績の評定に関する規則」作

成を完了した。そして一五日には教育長名をもって各地方教育出張所長宛実施要領を伝えた。この段階から勤評問題は現実性を著しく増幅させた。勤評実施要領によれば、勤評の意義を

「勤務評定制度は、職員の執務についての勤務成績の評定を行って記録を作成し、これを職員の指導及び監督の有効な指針並びに人事管理の公正な基礎の一つとする制度であって、職員が割り当てられた職務と責任を遂行した実績並びに執務に関連して見られた職員の適性、性格等を評定し公正に記録するものである。」

と規定、評定に当っての留意事項として、

「常に職員の勤務状況を観察し、勤務実態の把握に努め、職員の勤務成績について公正な評定を行わなければならない。評定を行うに当たっては、被評定者の勤務の実態をよく知っている者（例えば教頭、分校主任等）の意見を聞く等の行為により、公正に評定するよう努めなければならない。なお評定の結果に応じた適切な指導を行う等必要な措置を講じなければならない。」

と記している。勤務評定書は第一、第二の二表から成り第一表は原則として評定を受ける者が自分で記入するもの、第二表は管理者が記入し、教育長に提出する分と校長控えの分と二通作成することになっている。その形式の一部は次の通りである（第一表は五〇九頁、第二表は五一〇頁）。

標記の第二表では、試案にあった評価の欄を全面的に削除し、イ、学級経営、ロ、学習指導など県独自の創意を加えているなどの抹梢的変更はしているものの、全体的にみれば文部省の意図する内容と大差ない。評定書の提出期限は本年に限り一〇月一〇日となったが、次年から九月一日と決定した。

対立激化と宿日直拒否闘争

勤務評定書を県教委が発表して以降、教組と教委との対立は一層激しくなった。もはや実力行使に入らざるをえない状況となった。そしてその手段は、日宿直は教職員の本務ではないとの認識に立っての日宿直拒否であった。日教組は「勤務評定の対象となる日宿直は教師の職務ではないので、高教組全組合員は五月二六日までに、日宿直を警備員に切り替えるための措置要求を行い、五月二三日より一斉に日宿直を拒否せよ」との指令を伝えた。そして熊高教組は「日本教職員組合執行委員長の指令にもとづき、熊高組全員組合員は五月二六日より一斉に日宿直を拒否せよ」との指令第一号を発した。しかし県下四三校が足並揃えて実力行使に突入した訳ではなく、二七日教育庁調べでは、一九校が宿日直拒否、態度保留が一五校、組合指令返上が九校（『熊本日日新聞』五月二八日）といった状況であった。またこの過程で県立高校の教頭会は三〇日組合脱退届を提出した。六月三日公立高校長会は

「組合の指令のまま日宿直を拒否している者が多く、

別記　第1表　　勤務評定書　定期・条件・臨時

（昭和　年　月　日現在）

通し番号		学校

氏名（ふりがな）		性別	男　女
担当授業		教科外活動	
職名		給与	等級　号給　円
校務分掌			
生年月日	明治 大正 昭和　年　月　日生	研究事項	
研究発表			
本籍			
現住所		研修	
最終学歴	大正 昭和　年　学校　部 科　卒業 中退 修了（　年）（　年）		
教員免許状		兼職	
所属団体			
現在症又は既往症		前校勤務名	
通勤　所要時間		賞罰	
通勤　方法			
住居の状況			

家族の状況

氏名	年令	続柄	職業又は学校名	同居、別居の別	健康状態	扶養手当受給の有無

長期に亘り勤務を離れた期間	
県内教育関係者との続柄	
趣味・特技	
希望事項	

別記　第2表の2

勤　務　評　定　書

定期・条件・臨時

（教諭・助教諭・講師）　評 定 日　昭和　　年　　月　　日

評定期間　自昭和　年　月　日至昭和　年　月　日

通し番号	

所属	学校	職名		給与	等級　号給　円
氏名		性別	男・女	生年月日	明治 大正 昭和　年　月　日生　満　年　月

A　勤務成績

(1) 職務の状況

評定要素	A	A′	B	B′	C
イ 学級経営					
ロ 学習指導					
ハ 生活指導					
ニ 研究修養					
ホ 校務の処理					

(2) 特性・能力

評定要素	A	B	C
イ 指導力			
ロ 誠実			
ハ 責任感			
ニ 公正			
ホ 協力			

(3) 勤務状況

(イ) 勤務態度はどうであったか

A　　B　　C　　事例

(ロ) 私傷病休暇　　日　(ハ) 欠勤　　日　(ニ) 遅刻　　回　(ホ) 早退　　回

B　適性・性格

(1) 適　　性

(イ) 次の学年を担当させるのに　適している＿＿＿＿　適していない＿＿＿＿

(ロ) 次の校務を担当させるのに　適している＿＿＿＿　適していない＿＿＿＿

(ハ) 次の教科・科目について特に指導力が　ある＿＿＿＿　ない＿＿＿＿

(ニ) 次の管理又は指導的な職務を担当するのに適している＿＿＿＿

(2) 性　　格

C　特記事項

(イ) 勤務について特記すべきよい点、悪い点、指導注意を行った事項等

(ロ) 本人の勤務環境について特記すべき事項

D　総　　評

(1) 職務に要求されている水準に照らしたこの職員の勤務成績

評定　A　A′　B　B′　C

調整　A　A′　B　B′　C

(2) 職員中この職員の勤務成績の占める位置

評定　上　中　下

調整　上　中　下

昭和　年　月　日

評定者職名　氏名　㊞

昭和　年　月　日

調定者職名　氏名　㊞

校長として各現場職員の指導不十分を遺憾に思う。教職員が管理規則に基く日宿直を拒否するのは学校運営の上から正常ではない。一日も早く闘争態勢を解き、職務に専念することを切望する。」（同）

との談話を発表して実力闘争の中止を呼びかけた。六日の県議会総務委員会でもこの問題がとりあげられ、委員会側から「県教委は組合と話合いの場を作って早く解決をはかるよう」要望した。また六月一一日には県高校ＰＴＡ連合会が闘争反対の声明を出すなど、高教組の宿日直拒否闘争をめぐる周囲の状況は厳しくなってきた。かくして高教組は六月二二日一応日宿直闘争を中止することを決定した。熊本高教組の日宿直拒否闘争は、傘下四三支部で全てが参加した訳ではないことは既に述べた通りであるが、部分的にせよとにかく二十数日間続けられた。『熊本高教組一〇年史』は闘争を総括して、

「このように初期の目的を達成せずして、ついに矛を収めた拒否闘争ではあったが、この闘争の成果は決して少なくなかった。組合員一人一人が任命制教委の実体を見抜き、教育の主体性は教師自身にあり、組合こそ教師の生活を守り良心を守ってくれるものであることを認識し、そして自分の要求、自分の持っている問題を強く要求し、行動することの自信を深めることができた。」

と自己評価したが、一方では、

「日宿直拒否が一人一人の拒否する闘争であるため勇気を必要とするが、日宿直が本務でないという理論的武装が徹底していない支部があり、又旧い教師観と相俟ってそれを克服し得ない組合員が相当いたこと、闘争の意義の認識が欠ける中で、処分問題を怖れる支部があったこと」

など率直に反省点を挙げて自己批判している。

県高教組が宿日直拒否闘争に入っている六月上旬、日教組は六日から六日間にわたり山形県上山市で第一七回定期大会を開いた。この大会最終日は役員選出で混乱を呈するのであるが、その底流には「精鋭主義的拠点闘争方式」をとる平垣派と「多角的柔軟な闘争方式」を採用する宮之原派の対立があり、日教組として戦術が必ずしも一本化している訳ではなかった。この大会で県段階における状況を指摘しておけば、日教組中央執行委員選出にあたり、本県からは県高教組から水谷進、県教組から津島幸生が立候補の意志を表明したが、両者の一本化体制が確立できず、選出規約により両氏とも立候補資格が得られない結果になるという状態を現出した。ここには日教組内部での義務教育職組と高教組の主導権争いが端的に表現されており、勤評反対闘争にも影響なしとはしない状況があったとも考えられる。高教組の宿日直拒否闘争においても、県教組の同調はみられなかった。

三　勤評実施をめぐる状況

実施に当惑する校長会

高教組の宿日直拒否闘争は勤評反対闘争の大きな節目であった。しかし日宿直拒否闘争が終っても、勤評をめぐる問題が解決した訳ではなかった。七月一日県小、中学校長会は勤評問題について管理者の立場から次のような声明書を発表した。

「教職員の勤務評定実施をめぐる問題については現場の学校長としてまことに憂慮にたえない。全国的に一律これを強行しようとする当局の立場も、是非ともこれを阻止し撤回させようとする教組の立場も一応理解できるが、これまで教育の中立性を堅持し、平和な学園の建設に努力してきた学校長の立場から本問題をして再び政争の具たらしめないよう、県教育委員会も県教職員組合も広く話合いの場をもって、あらゆる手段を講じて現場の混乱を惹起させないように努力されんことを切望する。」

教育現場の責任者として板ばさみになっている校長の立場の表明であった。しかし事態は校長会の憂慮を超えて進んでいた。この声明の直後、全県的、全労働者的な規模で「勤評阻止熊本共闘会議」を組織する動きがあらわれていた。七月四日の準備会には、県総評、県職組、自治労、熊本機関紙研究会、中小労連、県蚕糸連、私学、大学教組、熊学協、高教組、県教組など一三団体が集まり、共闘組織・運営などを協議し、同一五日を期して正式に共闘態勢を確立することを確認した。そしてまた県下地方組織の整備をはかるため、地協を中心に組織化を進めること、また社会党など政党関係は、共闘の中核組織のメンバーに入れることは若干の問題があるとして一応はずし、組織の拡大をはかるため子供を守る会や農民組合にも呼びかけることとした。この共闘会議は予定通り結成され、八月二三日「勤評反対、民主教育擁護集会」を熊本市の中央集会をはじめ、玉名、水俣、松橋など各地で開催した。中央集会は花畑公園で開かれ、約三〇〇〇人が炎天下の集会を開き、デモ行進をして気勢を挙げた。

このような状況下で県下各地に微妙な動きがみえはじめた。まず八月一日阿蘇郡阿蘇町教育委員会は、「現在の情勢下で評定を実施することは、いたずらに教育界を混乱させ、子供たちを犠牲にすることになり、望ましい結果は期待できない」(『朝日新聞』九月五日)との理由で、勤評実施期日は県教育庁の示した規定にとらわれず独自の立場から一時延期すると管轄下各学校長に通知した。また玉名郡市小、中学校長会は八月一四日勤務評定について協議した結果、

㈠ 勤評を教育委員会が行わず校長に行わせるのは法的に疑義がある。

㈡ 人格評価も含まれるので客観的な評価が不可能である。

との二点から第一次評定者になることを辞退すると申合わせ、郡、市教育委員会にこの旨申入れた。（『西日本新聞』八月一六日）

荒尾地教委が勤評反対を表明

八月一八日荒尾市中、小学校長会は、「勤評の実施は、いたずらに民主教育を破壊するものであり、また学校長が第一次評定者となることには疑義がある」（『熊本教育新聞』八月二五日）として、地教委と一体となって勤評実施に反対し、評定書の提出を拒否する、と決定した。この決定をもとに二八日には、地教委全員と教組、学校長の代表が勤評問題を討議し、地教委は学校長会の態度を了承し、今後地教行法四六条などの研究を深めて、評定についての結論をだすことにした。地教委が校長会の意を受けて評定書の提出を拒否する態度をとったことは、県下の勤評反対闘争に大きな影響を与えるものであった。阿蘇、玉名、荒尾の例は別としても、一般論として、㈠学校長を一次評定者とする法的根拠、㈡学校教育法二八条「校長は校務を掌り、所属職員を監督する」の規定と勤評との関連については、校長層に必らずしも共通理解がある訳ではなかった。事実この点について県小、中学校長会は県教育庁に質問していたが、八月三〇日横山県教育長は次の通り見解を示した。

㈠　学校教育法第二八条で校長は部下職員を監督する義務があるから、市町村教委が県教委の計画に従い評定を実施する場合評定行為を校長が行うのは当然である。校長の評定義務は市町村教委の職務命令があってはじめて生じる。

㈡　校務には人的管理が含まれているので部下職員の勤務状態を把握しておくのは校長の職責であり、教委が評定を命ずればこれに従うのが義務である。

（『朝日新聞』八月三一日）

日教組は九月一五日を勤評阻止・勤評撤回を目標とする全国統一行動日と決定した。本部の指令内容は、

一、正午授業打ち切り、休暇届による全組合員参加の、市町村単位を原則とする措置要求大会を開くこと。
二、正午授業打ち切りはあくまで最低の規制であり、各県教組は可能な限り一〇割休暇闘争を実施するよう最大限の努力をすること。

というものであった。この本部指令をうけて県教組・高教組の両教組は九月一〇日合同臨時大会を開催した。

㈠ 九月一五日正午授業を打ち切り、年次有給休暇届を提出し、全組合員参加による市町村単位の措置要求大会を開く。
㈡ 不当弾圧に対処するため、第二執行部を構成する。また行政処分を受けた組合員の資格は完全に保障する。
㈢ 犠牲者の救援を行うために救援資金を拠出する。

との三項を絶対多数で可決決定した。

一方、県総評は九月四、五の両日第一〇回定期大会を開催して、教組の九月一五日の実力行使を支援するために、

㈠ 各組合は一斉に三〇分を最低とする休憩時間中の職場大会を実施する。
㈡ 両教組の当日の措置要求大会に積極的に参加する。
㈢ 組合員子弟の正午からの早退を実施する。

等を決定した。また八、九日の宮崎における九州ブロック各県評事務局長会議においても、九月一五日の日教組の実力行動を積極的に支援する態度を表明した。さらに県内各大学（熊本大学、熊本商科大学、熊本女子大学）教官有志一三五名は次のような声明書を発表して勤評問題に大きな関心を寄せた。

「県市町村立学校職員に対するいわゆる勤務評定は、その実施をめぐって昨今ますます論議が激化し、しかも本来それが純粋に教育の問題であるにもかかわらず、いまや深刻な政治闘争へ発展しつつある現状は、まことに憂慮すべきものであるといわねばならない。われわれは学問と教育にたずさわるものとして、かねてより、この問題の推移に少なからぬ関心を払ってきたが、現下の情勢においては、問題の真に建設的な解決は期待しえず、ただいたずらに教育の混乱を招くのみであることを案じ、ここに声明書を発表して当局の反省を求め、紛争の収拾について広く良識に訴えたい。

そもそも当局は勤務評定の目的として、それが人事の科学的管理と、教育効果の向上を期するものと言明しているが、段階評価を含む複雑な評定方式それ自体について、日本教育学会の見解にみるとおり、わが国では専門家の間ですら、学問上の裏付けが未だ十分ではないといわれ、なお一層慎重な検討が望ましい。のみならず、かかる不完全な評定を「法によって定められたもの」との理由のみで実施しようとするのは、明らかに法の適用に関する独善的な解釈にもとづくものであり、その背後には教育を権力によって統制しようとする強い政治的意図を感じさせるものがある。すべて学問と教育とは、憲法および教育基本法の精神に則り、一切の政治権力から中立でなければならず、学問と教育に対する不当な支配は、絶対に排除されねばならない。以上の理由により、われわれは一、勤務評定の実施を一時中止すること。二、学識経験者を交えた非政治的な中央審議機関に、実施の可否について研究を委任し、かつその結論を尊重すること。の二点を、問題解決の具体的方策として提案し、これの採択を強く要望するものである。

昭和三三年九月一三日」

（『熊本県教育新聞』五八年九月一五日）

九・一五統一行動と組織の動揺

日教組指令による五八年九月一五日の正午授業打切りを内容とする統一実力行使は、勤評阻止闘争過程の大きな節目ともいうべき性格をもっていた。この日の実動に向けて教組は闘争態勢確立に努力した。また既述したように総評も教組支持体制を確立強化し、市民も大きな関心を寄せた。

九月一五日を前にして連日新聞は勤評闘争に関する記事でその紙面を埋めた。中央においては事態を憂慮した蠟山政道、下中弥三郎、矢内原忠雄などの大学学長、著述家グループは、灘尾文相に勤評の一時中止を申し入れた。これに対して文相は勤評実施の意思に変わりないことを伝え、その斡旋を拒否した。文部当局の態度は、県段階における教育委員会、教育庁のそれと同様であった。

本県においては、九月一日県教組、高教組による勤評実施一時中止の申し入れに対して、県教育委員会は、同一三日、勤評を中止する考えはもっていない、本県で実施する勤務評定は民主教育を破壊するものでもなく、教育界を混乱におとしいれる筋合のものでもない、と回答し、一五日の実力行使に対して、

「両教組は勤評に反対して一五日休暇闘争を実行し、総評は組合員の子弟を同日早退させるが、教育公務員がこのような争議行為を行うことは法の禁ずるところであり、半日といえども職場を放棄し子弟を紛争の渦中にまき込むことは教師として許すべからざる態度であり、父兄として子弟に早退を強いることは教育上ゆゆしい問題である。」（同）

とする声明書を発表した。さらに両教組に対しては、「一五日午後の授業打切り休暇闘争に参加することは教職員として職務義務に違反するばかりでなく、地公法第三七条にも違反する。また職場を放棄する行為は教師として断じてとるべきではないので、休暇闘争を実施しないよう警告する」（『熊本日日新聞』九月一四日）との警告書を示した。

一方では組織そのものにも問題がないわけではなかった。すでにふれたように高教組宿日直拒否闘争過程において、高教組教頭会が組合脱退届を出したのはこの年五月のことであった。そして八月には第二組合ともいうべき県教員連盟が結成された。さらに九月一〇日八代市小中学校長会は、勤評問題では管理職にある校長としては支障を来すとの理由で日教組を脱退する意思を表明した。同時に勤務評定書については、

㈠　第一次評定者として評定書の提出は拒否しない。

㈡　県教委が定めた評定書の内容については修正を要する点がある。

㈢　県教委に対しその修正とそれに要する期間の延長を交渉する。

などの態度を確認し、一五日の教組の実力行使に対しては、教員の一斉休暇は承認できない、これを強行すれば職務命令を出す、労組子弟の一斉早退届けに対しては県市教委の善処を要望する、との態度を確認した。このように組織内における脆弱性を露呈しながらも、九・一五統一行動日を直前に控えて新聞は、

「教組と各地教委の激突は避けられない情勢となった。県教委は一三日の県教組、高教組との交渉で正午からの一せい早退は争議行為であり、取り止めるよう警告し、これを両教組は拒否するなど最後の話合いの機会もつぶれた格好だが、県下各地でも各地教委は荒尾を除いて実施を決意しており各教組支部は指令どおり勤評反対の統一行動に入る。」（同、九月一四日）

と報じた。

九月一五日、日教組、高教組、総評は勤評阻止の全国統一行動に入ったが、全国的には福島をはじめ東京、大阪など一七都道府県が正午から授業を打切り、他の県は、午後三時以降や放課後から全国各地で組合員多数が集まり、措置要求大会を開いたにとどまり、正午からの授業打切り、学童生徒の早退戦術などはかなり弱められ、闘争に参加した人員も低調で、授業への影響はほとんどない状況であった。

県教組では、

㈠　権力側や地域反動の圧迫が強まったこと

㈡　職場組合員の勤評への本質把握の不十分さ

㈢　支部執行部態勢の動揺

(『熊教組二〇年史』)

などのため、前日徹夜で審議した結果、九月一〇日の大会決定を変更し、闘争指令を正午から午後三時に下すこととなった。高教組も、日教組の指令通り正午から授業打切りを常任代議員会で決定しながら、県教組が午後三時よりと後退したことも影響して、県教組各支部の行動に合せて行動せよといった指令に変更した。しかし両教組とも実際上は闘争の中止にも等しき状況となった。

この中でも唯一の例外は荒尾支部の行動であった。荒尾市教組は一五日午後の授業を二〇日土曜の午後にふりかえることにして、既定方針通り正午一斉に早退した。市内一五小・中学校の児童生徒のうち、半数以上は一四日までに早退届を提出しており、一五日午前の授業ベルと同時に下校する姿がみられた。また同市では市公会堂において抗議大会が開かれ、約七〇〇人の教師と父母を前にして藤本教育委員長は「市教育委員会は一〇月に入っても独自の立場で絶対に勤評は実施しない。むしろ反動文教政策の防波堤となり民主教育を守る闘いの先頭に立つ」(『熊本県総評』九月二〇日）とのメッセージを寄せて、勤評反対の態度と決意を表明した。荒尾についてさらに付言すれば、荒尾市教委は九月三〇日臨時教育委員会を開き、教職員の勤務評定を一時見合わせる態度を確認して、この旨の通知書を一〇月一日県教委に提出した。

その後勤評阻止闘争は、一〇・二八、一一・二六、一二・一〇と全国統一行動が設定されたが、いずれも熊本では日教組本部指令を下回る行動しかとりえず、県教組は

「こうして、はじめての大衆行動として闘った勤評阻止の闘いは、大きく傾斜した闘いとなり、支部間の落差を生み、統一闘争と阻止闘争の結合の不十分さや、執行部の闘争指導の不備、職場闘争態勢の不徹底さ等の組織上の欠陥を露呈し、勤務評定書は、十月十日の提出を時期的には遅らせたものの一月下旬には殆んど抵抗なしに提出されてしまった。」

（『熊教組二〇年史』）

と勤評闘争を総括した。

高教組もまた

「すでに勤評規則が制定された府県も多いという実情の中では、このような月例的な統一行動のくりかえしに対して組合員の間から批判の声も強くなった。また警職法を粉砕した大衆のエネルギーが急速に拡散した客観情勢もあって、一一・二六の統一行動は全国的に後退し、高教組は完全に脱落した。」

（『熊本高教組一〇年史』）

としている。実力行使の不成功は組織の動揺という副産物を伴う。両教組とも執行部批判が表面化したことは当然で、組織問題が深く潜行することは避けられない状況となったが、これとは別に一〇月には熊本市内八中学校長が組合を脱退し、同じ頃、飽託郡天明村天明中学校の校長以下二五人が県教組を脱退した。一一月には阿蘇郡小国町の九小・中学校のうち六校長が組合脱退を決意した。

勤務評定書の提出期限は一〇月二五日であった。この間の勤評をめぐる動きについて新聞は次のように伝えている。

「勤務評定の提出期日まであますところ後一週間となった。県下小中学校のうち記入または提出を終った学校はまだ一校もない。県教組と高教組ではあくまで提出阻止のため、評定書の第一表（身上調査票）の記入拒否、対校長、父兄、地教委工作を粘り強く行っている。教組の働きかけに刺激されてか、各市郡の校長会の間に校長会総会を開いて勤評に対する意見交換を行い、態度をはっきりさせようという動きも起ってきた。県教委はこれに対し態度を静観しているが評定書提出をめぐる教組、校長会の動きはますます活発化している。両教組の話では県下小中学校長の大部分が評定書第一表に記入するよう職場の教員に命じているが、過半数が教組の指示に従って記入を拒否している。しかし鹿本高校では職員間で第一表を記入すべきかどうかについて採決したところ記入賛成が幾分多かったため第一表を提出した者もあった。熊本市第一高校、熊本高校などでは交渉班を組織し交替で校長の説得に当り、「評定書を提出するなら評定結果を秘密にしないで公開せよ」「公平に行うために評定委員をつくって検討せよ」「自己評価の形にせよ」など具体的方法を提案している。中には校長と口をきかないだんまり戦術や、校長に対する一切のサービス拒否という方法をとっているところもある。」

（『朝日新聞』一〇月一九日）

四　処分問題とその後の闘争

宿日直拒否闘争に係る処分

実力行使を伴った闘争に処分行為の発生は必然であった。高教組の勤評阻止闘争の一環として闘われた宿日直拒否闘争は、宿日直は教職員の職務ではない、とする解釈のもとに闘われた闘争であった。高教組はこのことについて、

㈠　宿日直勤務は教職員の職務でないことを法的に明らかにされたい。
㈡　警備員を置くよう措置されたい。
㈢　学校教育法第二八条に明記されている教職員の職務内容を明らかにされたい。
㈣　県立学校の管理規則のなかの宿日直に関する規定は無効であるから取り消されたい。

との四項について県人事委員に見解と措置を求めていた。これに対して同委員会は九月四日、「宿日直は教職員の職務の一環である」との見解を示し、次のように理由を説明した。

「学校教育法第二八条に規定された教育とは学校教育のことである。学校教育は校舎など物的施設の整備保管と密接な関係にあり、これを除外してはその教育は行われ難い。したがって施設の整備保管は広い意味の教育活動の一部であり、学校教育に内在する活動であるから、教育の実践に当るものが直接行うのが学校教育上最も効果的である。もちろん教育基本法第一〇条第二項に定めるとおり、教育諸条件の一つとしての物的施設を整備確立することは教育行政機関の任務だが、それはここにいう教育活動としての物的施設の整備保管ではない、との立場に立ち要求者（県高教組）は教職員の職務内容を教育の実践そのものに限定して解しているようだが、その

実践に要する施設の保管整備も教職員の職務内容に含まれると解するのが当然であり、したがって学校の施設、設備、書類の保全、外部との連絡などを内容とする宿日直もまた職務に含まれる。」

（『熊本日日新聞』九月六日）

したがって人事委員会は、高教組が要求した㈡項も「是非とも教職員が自ら宿日直に当る必要はないが、だからといって教職員が宿日直をやめて、必ず警備員をもってこれに当てねばならぬというものでもない」とし、また㈣項についても取り消す必要はないとして、高教組の全要求を拒否する見解を明らかにした。

県人事委員会の以上の見解を基本にして県教委が高教組の宿日直拒否闘争に対する処分を発表したのは、学校が冬季休暇に入ろうとする一二月二二日のことであった。処分の内容は、戒告七人、文書による訓告六七〇人、口頭による注意五一六人で、高教組のほとんど全組合員に及ぶものであった。戒告処分対象の七人は馬場昇高教組委員長をはじめ高教組幹部であって、処分の理由は、争議行為をあおりそそのかした、というものであった。

以降処分の撤回交渉が重ねられたことは当然であった。しかし争議権を剥奪されている教職員組合にとって、団交による処分撤回の闘いは困難をきわめた。高教組は団交による撤回闘争と並行して法廷闘争をも意図した。五九年一月一日まず戒告処分を受けた七人について県人事委員会に対し不利益処分の審査を請求した。日教組本部もこれを重視して代理人に日教組顧問弁護士をつけた。しかし人事委の審理は遅々として進まなかった。そこで高教組は人事委闘争と平行して法廷闘争にふみきり、同年一一月二一日熊本地裁に対して、懲戒処分無効確認ならびに取消請求の行政訴訟を提起した。熊本地裁における裁判は二カ年半にわたって行われた。この間県教委側は校長、教頭、組合脱退者を中心とする証人二九人を出廷させ、高教組執行部が各学校現場をオルグしたことを証言させ、教唆煽動の事実を立証しようとした。組合側は日教組書記長宮之原貞光他二九人の組合員を証人として立て、日宿直拒否闘争が全組合員の討議にもとずく機関決定として指令されたこと、執行部が決定事項の執行に当ることは組合運営上当然の職務であること、宿日直を教職員にさせることが実質的に教育を阻害するものであることなどを主張した。しかし六二年四月三日熊本地裁は組合の請求を棄却する判決を下した。県教組の機関紙である『熊本教育新聞』は「東京・熊本二つの判決をめぐって」と題して論説を掲げ、四月一八日東京地裁は、都教組の勤評闘争に対する刑事弾圧事件である七人の地公法三七条違反事件に対して全員無罪の判決を下したことを報じ、

「この二つの判決を並べてみると、一方は明治憲法時代の裁判所の判決であり、他方は新憲法下のそれであるような錯覚さえおこす。全国でも最も反動的だといわれている熊本地裁の面目躍如である。」（六二年四月二五日付）

と記している。ちなみに県が、高教組が提起した宿日直制の廃止を認めたのは、六八年（昭和四三）三月のことであった。

二年目の勤評阻止闘争

勤評阻止闘争は問題が提起された五八年のみで終った訳ではない。二年目の五九年に入ると、教組は観察阻止、勤評書記入阻止、勤評用紙返上、勤評書不提出確約という手段で反対運動を展開した。また七月一〇日県教組、高教組は連署で県教委に対して次のように申し入れた。

「申入書

教育の権力支配という民主教育を破壊する教職員の勤務評定について、貴教委は昨年充分なる交渉ももたず、一方的に規則を制定し、教育現場の混乱も無視して強行されたが、教育行政がこのような措置により益々ファッショ化してきていることを県民も批判している。県教委はこのような批判を率直に受け入れ、反省されるとともに教育委員会本来の姿にかえり、文部省の教育行政に対する不当なる干渉を排除し、真に民主的な教育行政が確

立することを要求するものである。従って本年再び強行されようとしている勤務評定に対し左記を申入れる。

記

一、教職員に対する勤務評定の規則を撤回し、昭和三四年度は勤務評定を白紙に還元されたい。

一、両教組と研究期間を設け、充分話し合われたい。」

（『熊教組二〇年史』）

これに対する県教委の回答は、勤評を廃止する考えはなく本年度も実施する、組合に意見があれば聞くが研究期間を設ける考えはない、というものであった。県教組熊本市支部は九月中旬約一週間にわたり、延四〇〇〇人の組合員を動員して阻止闘争を展開した。「ここに県教組は、結成後初めて県下全地教委に対する集団交渉の統一行動を闘った。その結果、県下一〇五地教委のうち、九八地教委に対し交渉がもたれた」（同）という状況であった。したがって県教組は、初年度より二年目の反対運動をより激しく展開したのであった。三年目以降も毎年九月一〇日前後に、「勤評不承認のつどい」を開いて、勤評反対の意思を確認していった。

抵抗姿勢を捨てない荒尾市教委

勤評阻止闘争の成功という面では荒尾市の状況を記しておかなければならない。荒尾市教育委員会は、五八、九の両年勤務評定を実施しなかった。その背景には一七の労働組合から成る荒尾地区勤評共闘会議の強力な支援があった。荒尾市では五八年一二月、教組、ＰＴＡ、市教委、市議会の代表で構成された勤評研究協議会も発足しており、さらに勤評共闘会議がまさに重戦車的な動きを示して勤評反対体制への原動力となったのであった。県教委がこれを放置することはありえないことであった。事実県教委はこの間、県下唯一の勤評未実施教委である荒尾市教委に対し、勤評体制を確立するよう再三勧告した。勤評実施三年目の六〇年は、日本労働運動史上最大の三池争議が最も激化した年であったが、この年後半には地元荒尾市では、三池労組に第二組合ができたこともあって、革新市政から少数与党市政へ変質していく年であった。荒尾市教委もこの影響から免れることはできず、勤評反対闘争は次第に困難性を増していった。しかしそれにもかかわらず県教組荒尾支部は、勤評が強行される場合、宿日直拒否戦術で阻止闘争に臨む態勢を確認した。一〇月に入って荒尾市教委の態度は勤評実施の方向を明らかにした。一一月交渉は決裂、荒尾支部はさきの決定にしたがって、一一月二九日から一斉に宿日直拒否闘争に入った。一方、市教委は一一月三〇日勤評実施を決定、各校長に対して勤務評定書の提出命令を出した。荒尾支部の宿日直拒否闘争は翌六一年三月七日までの長期にわたって実施された。そしてこの闘争に対する処分は、文書による訓告三四四人、口頭訓告三二人といった内容であった。

荒尾市の勤評反対闘争は、熊本県下で最も激しいものであって、これは稿を更めて述べる学力テスト反対闘争へと接続していく。かくて荒尾市を最後として県下の勤評体制は完全に確立されていったのである。

学力テスト反対闘争

一　文部省と日教組の対立

文部省と学力テスト

ここでいう学力テストとは、一九六一年（昭和三六）から六四年まで実施された文部省の「中学校全国一斉学力調査」――悉皆調査――を指す。文部省は、五六年度の国語・算数を皮切りに全国的な学力調査を開始し、五七年度には社会・理科を、五八年度以降は、さらにほとんどの教科にわたり、小・中・高等学校の最高学年を抽出し、学力調査を行ってきた。これによって文部省は「教育課程の改善、教育条件の整備に役だつ基礎資料」を得ようとしたのであるが、特に六一年度からは従来行ってきた小学校と高等学校の抽出調査を続けながら、中学校に対しては、二・三年生を対象として、全国一斉学力テスト（国語・数学・社会・理科・英語の五教科）を行うこととした。これまで文部省による学力調査の費用は、せいぜい五〇〇万円ほどであったが、六一年度にはその二〇倍が用意された（『日本労働年鑑』第三五集・六三年版）という。文部省が発表した「昭和三十六年度全国中学校一せい学力調査実施要綱」によれば、調査の趣旨に次の四点が掲げられている。

㈠、教育課程に関する諸施策の樹立および学習指導の改善に役立たせる資料とすること。

㈡、自校の学習の到達度を、全国的水準との比較においてみることにより、その長短を知り、生徒の学習の指導とその向上に役立たせる資料とすること。

㈢、学習の到達度と教育的諸条件との相関関係を明らかにし、学習の改善に役立つ教育条件を整備すること。

㈣、能力がありながら経済的な理由などからその道が妨げられている生徒、あるいは心身の発達が遅れ平常の学習に不都合を感じている生徒などの数を把握し、育英、特殊教育施策などの拡充、強化に役立てる等、今後の教育施策を行なうための資料とすること。(『日本労働年鑑』第三五集・六三年版)

以上の趣旨を掲げ、さらに調査の法的根拠としては、「地方教育行政の組織及び運営に関する法律」(地教行法)第五四条の二項の「文部大臣は地方公共団体の長又は教育委員会に対し(中略)都道府県又は市町村の区域内の教育に関する事務に関し、必要な調査、統計その他の資料又は報告の提出を求めることができる」に求めるものであった。

日教組の学力テスト批判

教育の実際に当って、その効果を測定する追跡調査の必要は万人が認めるところである。従って学力調査を実施することは当然であって、教育行政当局の責務であるとしても納得されるところである。しかし問題は調査の方法にあった。悉皆調査が果して科学的な調査方法なのか、五教科調査に限定するのは妥当かどうか、文部省の画一的なテスト内容による一斉の調査方法で充分な教育調査ができるかどうか、問題は簡単に片づくものではなかった。

これらの疑問は、教育委員会でも中学校長会内部でも議論があるところであった。実施要綱が発表された直後の日本教職員組合(日教組)第二三回定期大会においては、これらの疑問が提起され、結果的には、この調査は文部省が意図する教育課程改訂の押し付け手段であり、中学校をテスト準備のための予備校化し、知育偏重、学校格差を拡大し、総じて民主教育を破壊するものと把握したことは、現場で実際の教育に携っている主体として当然であった。したがって日教組はこの大会で、「各職場とも全面的に拒否体制を確立し、強行される場合はテスター補助等の一切の労務提供拒否をもって闘う」との方針を確認した。一方文部省に対しても日教組は「学力テストの実施に関する質問書」を提出し、全国一斉学力テストを強行しようとする文部省の意図、調査結果の活用、入試・就職との関連、学力調査実施の法的根拠、標準化換算点の指導要録記入の根拠、文部省の現状認識と責任の自覚などについてきただす手続きもふんだ。日教組の主張を知る上で、文部省が調査の趣旨に挙げた教育的諸条件の整理に関する日教組の反論と学力テストの法的根拠に関する疑義を掲げておきたい。

文部省は今回の一斉学力調査で「学習の到達度と教育的諸条件との相関関係を明らかにし、教育的諸条件、即ち学校の施設設備の充実に資したい」と述べていますが、施設、設備の調査を行わないで、五教科（国語、数学、社会、理科、英語）のペーパー・テストでもって当該学校の施設、設備の充実度合や相関関係が解るとしたら、それは魔術に等しいと考えます。本当に文部省がその任務である教育諸条件の整備、充実を計ろうとするならば、学校設置基準の再検討と適切な施設、設備の基準を定め、これにもとづく充実度合の実態調査を行い、予算措置を講ずるべきだと考えます。

文部省は今回の学力調査の唯一のよりどころとして、地教行法第五十四条第二項をあげておりますが、この項は法律条文に明らかなように「教育事務に関する調査、統計、資料の報告の提出」即ち、生徒、児童の学令別人数、教職員の配当数、教師一人に対する生徒児童数、学校面積と生徒児童数の関係、その他施設設備等外的条件の調査であり、教育内容に関する調査権は文部大臣（教育委員会）には与えられておりません。したがって文部省が、この法律条文にもとづいて、教育内容にかかわる学力テストの問題を作成し、その実施を強制し、採点を行なわせ、個々の生徒、学校、地教委単位、県別の成績評価を行なうことは法律の拡大解釈或は乱用といったたぐいのものではなく、明らかな違法行為であると考えます。（『日本労働年鑑』第三五集・六三年版）

このように日教組の学力テストに対する疑義提出、文部省との応答が繰り返される中で、文部省は六一年一〇月二六日全国一斉学力テスト実施の意志を崩さず、また予定通り実施した。

二　県教組の反対闘争

学力テストの実施状況

熊本県教職員組合（熊本県教組）は一〇月一三日執行委員会で、テスト当日はあくまで平常授業を行うことを前提に、

(一)　各中学校単位に早朝集会を開く。
(二)　交渉班を組織して各地教委にテスト中止を働きかける。
(三)　説得班をつくってテスト執行者（校長）と前夜からでも話し合う。
(四)　一般教師は早朝集会のあと説得班に加わる。
(五)　採点事務は拒否する。
(六)　結果がでても指導要録には記入しない。

以上の態度を確認した。また県教組熊本支部は同一七日熊本市教育委員会に対して、

(一)　テスト立会人をおかないこと。
(二)　採点はその学校の各教科担任教師にまかせること。
(三)　結果を指導要録に記入しないこと。
(四)　結果報告書の6表中B下表だけ提出すること。
(五)　各学校で実施している平常テストと同じ方法で行なうこと。

を申し入れ、同教委から拒否された。同二三日は、結成して間もない（結成は六一年四月二二日）県教職員連盟の代表が横山県教育長に対して、テストに協力すること、職務命令違反者には厳しい態度で臨まれたいことを申し入れた一幕もあった。以下荒尾市の状況を中心に学力テスト反対闘争の実態を概観したい。

荒尾市は県下唯一の学力テスト完全拒否地域であったが、当時県教組荒尾市部青年部長であり、事件後免職処分を受けた寺本了は、当時の反対闘争を回顧して次のように述べている。

戦術委員会が終わってから、深夜、二中に行ったわけです。宿直室にはいりましたら、先生方酒を少し傾けながら、ふとんをしいた横でですね、対策を練っていました。私も、茶を飲んで、「あした何時に来るだろうかな」なピと話しながら寝たんです。「どっちにしても、あしたははやかろけん、はよねろか」ってですね、そして四時すぎ僕の横に寝ていた西島先生が「来た！」って、起こしてくれたんです。バンドをゆるめて寝ていたのを締め直して玄関から飛び出したら雨が降っていた―。そして、校舎の昇降口の所に人声がするもんだから走って行ったら、ある先生方二人、何かぼそぼそ話をしている。で、僕も割り込んでいって「何しに来たか、今ごろ！」と言って、その時暴言を大分やったと―。「どけ今までかくれとったか」言ったら、瀬上校長が来たんですけれど、例の調子で、もごもご言って何が何か分からんのですね。とにかく「何人で来たっか」なんて、向こうは二人できていたんですが追及しているうちに「二階の方で何か物音がするんですよ」って耳うちしてくれる先生がありました。で、駆け上がろうとした時に丁度、吉住法制部長が来たんです。現在の松橋の校長ですね。で、二人で駆け上がって行ったら、階段を上がったすぐ左手の教室から、ヌレッと二人出て来たんです。「お前たちゃだるかっ」と言ったら、下向いてて物言わんのですね。名前二、三回聞いたら、「市教委の…」って言うんです。今は、仲良く話しもするんですが、その時はもう、頭に来てたもんですから「出てけーっ」って言ったら、はなれたんですよね。それで二人が出てきた教室を調べたら梱包が見つかった。それで、その後二中は、梱包と調査要員を隔離する戦術をとって、その教室を封鎖してしまったんですよ。机・椅子で—。封鎖し終わってから、二、三名中に残って、あとは全員ドアの前部の入口にピケをはったんですね。

そして夜がしらみかける頃、三池労組の方がみえられました。先生たち、おれたちが前面に立つとおっしゃったけど、不測の事態も予想されるから、私たちの方でかたがつきそうですから、と後方にひかえてもらった。

三池労組がこられてから、ちょっと時間がたったころE氏を筆頭にして玉名から応援のテスト用員が続々と上がってきた。これは、あんたたちと関係ない荒尾の問題だから下がっとけ、と追い返して時間をかせいだ。そうこうするうちに、三中中止の報が来た。そのことをすぐ申しこんで、それで中止をしろ、と交渉して、そんなら中止しようということになったが、言葉だけではいつもだまされているということで、確認書をかけという闘争が一時間以上続いた。向こう側は、実質的な指導者はS課長で「書かん」、「書け」とやりあいになった。みんないきり立って「今までだまされっぱなし」、「信用できん」と、とうとう書かせた。それを朗読してもらって中止をかちとった。


（県教組城北支部荒尾単教『権力に抗して』—学力闘争二〇周年記念誌）

	調査対象校	調査実施校	調査不能校
国立	一	一	〇
公立	二六九	二六二	七
私立	六	六	〇
計	二七六	二六九	七

学力テスト当日の県下の状況は上の表の通りであった。

調査不能校は熊本市の江南中、桜山中、荒尾市の第一、二、三、四、五各中学校合計七校であった。江南、桜山の両中では一部生徒がテストを拒否し、教室外に出てしまったり、テスト時間中に弁当をたべたり、とくに桜山中学は一部生徒によるテスト用紙を破るという事件が発生した。


（『県労政文書』）

ちなみに一斉学力テスト実施状況を全国的に概観すれば、北海道では一三二三校中完全拒否校が一一〇〇校を数え、岩手県では三六七校中三三〇校、福岡県では三〇四校中二五三校、高知県では二二〇校中一四〇校が学力テスト完全拒否校となった。このように学力テストは教組の反対にあって、文部省が意図する悉皆調査は所期の目的を達成することなく、その実施は不完全であったし、国民各層からの疑惑を残すこととなった。

警察の介入と逮捕・起訴

実力行使を伴う反対闘争に処分問題が提起されることは、高教組の勤評阻止闘争の例からみて、当然予想されることであった。県教委、熊本、荒尾両教委が処分実施の意図を示すという事態となって、県教組は一〇月二八日次のような声明書を発表した。

㈠、われわれは全国学力テストをめぐり、再三話し合いを要求したにかかわらず、教委側は不誠実にも話し合いに全く応ぜず、一方的にテストを強行した。われわれは二十六日の学力テストに当り、教育関係諸法によって保証された教育権に従い、平常の教育活動を行ったに過ぎないのであって、教育の正常化を阻害し、一せいテスト強行によって混乱を起した責任はひとえに教委側にあると言わなければならない。㈡、教委側は職務命令違反者に対し、厳正処分を行なう旨を声明しているが、もともと今回の一せいテストはわれわれの本務ではなく、法に照らして職務命令の出せないことは勿論、職務命令を出すこと自体が違法である㈢、県教委があえて違法不当な処分を強行するならば、われわれは組織の総力を挙げ、全労働者とともに法廷闘争を含む強力な処分撤回を闘うものであることをここに声明する。

（『熊本教育新聞』一〇月二五日）

熊本教育新聞

荒尾の現場に不当弾圧

7日早朝、瀬戸 山村 両氏を不当逮捕

教組直ちに弾圧排除へ立ち上る

責任転嫁のデッチあげ

妨害、暴行の事実なし

弾圧を報じる『熊本教育新聞』

学力テスト実施日から二週間経過した一一月七日、警察は教組関係の手入を行った。すなわちこの日午前五時五〇分、荒尾署は熊本県警本部の応援を得て、公務執行妨害罪の疑いで県教組荒尾市部組合事務所など六カ所を家宅捜査、証拠書類を押収し、県教組荒尾市部代議員で荒尾三中教諭山村美明、同三中職場委員長で同中学教諭瀬戸慶一郎の組合幹部二人を逮捕した。逮捕者はこの二人にとどまらず、一一月一八日には同じ疑いで荒尾三中教諭内田政友、同一九日荒尾市立緑カ丘小学校教諭岸本剛正が逮捕され、荒尾市立第三中学校は三人の逮捕者を出す結果となった。

山村、瀬戸の二教諭逮捕と同時に、県教組は連日抗議行動を展開した。すなわち同日午前一〇時から県教組は執行委員会を開いて対策を協議し、「全労働者とともに抗議運動を起し関係当局に逮捕者の即時釈放を要求する」との声明を発表、同日県教組荒尾市部は荒尾署への抗議を行い、県総評大仲議長、常見県議等一五人は県警、熊本南北署へ抗議し、日本共産党も県警本部へ抗議文を手交し、また日教組本部からは抗議電報が県警本部長あて届けられた。翌八日にはこの問題に関する弾圧対策委員会が発足した。この委員会の構成は、立木日教組顧問弁護士、江藤熊本県教組顧問弁護士、田代弁護士、津島県教組副委員長、米森同書記長、吉住同法制部長、和田熊本市支部委員長、藪田同書記長、田川荒尾支部委員長、吉田同書記長、田上弘県総評副議長、田上重時同事務局長、藤崎、酒井両県議（社）の一四人であった。同日夕刻瀬戸、山村両教諭は身柄拘束のまま送検された。この日坂本泰良、豊瀬禎一両国会議員は小田荒尾署長に即時釈放を要求し、またこの日の県議会文教治安委員会では、藤崎、西島両社会党選出議員が、両教諭逮捕には政治的圧力があったのではないか、早朝逮捕ではなく任意出頭でよかったのではないか、各校に私服警官を出したのは本部長指示か等の質問を行った。これに対して稲富県警本部長は、政治的圧力は絶対になかったこと、証拠確保のため早朝逮捕したこと、テスト当日は混乱が予想されたので、普通の警察活動として各校一、二人の私服警官を出動させたこと、などと答弁した。

一一月九日弾圧対策委員の主催による「不当弾圧反対、瀬戸・山村両教諭即時釈放要求総決起大会」が熊本市花畑公園において開催され、県教組をはじめ県総評傘下各単産組合員および福岡、大分など各県教組代表など約一五〇〇人が参加した。同時に荒尾地評主催「不当弾圧撤回総決起大会」が荒尾市公会堂で開かれ、約五〇〇人が参集、関係当局に対する抗議文、両教諭とその家族に対する激励文を採択、市内をデモ行進した。この日両教諭に対する一〇日間の拘置延長が熊本地裁で認められた。一一日「第八回九州地区母と女教師の会」が熊本市で開かれ、両教諭釈放決議を採択し、大会終了後各県代表は両教諭を激励するため熊本刑務所を訪れた。

一一月一二日荒尾市労働会館内に設置された不当弾圧対策本部は、瀬戸・山村両教諭即時釈放のための署名運動、ニュースカーによる情宣活動などを続けていたが、この日、教委が行政処分を行った場合は宿日直拒否闘争に入ることなどをも決定した。一方この日荒尾市議会文教委員会で学力テスト当日の実情聴取が行なわれ、また荒尾市校長会は小田荒尾署長に両教諭の釈放を陳情した。同一三日日教組、福岡、熊本県教組の抗議団は今田荒尾市教育長を訪ねて、両教諭逮捕問題につき激しく抗議した。

一一月一四日熊本地裁は両教諭に対する拘置理由開示の公判を三山裁判長係りで開いた。苑団検事は「両教諭は調べに対し黙秘権を行使している。いまの段階で釈放すれば証拠隠滅の恐れがあるので拘置が必要である」と釈明した。一方坂本泰良等弁護団は「両教諭の拘置は組合の組織を崩すもので権力の不当弾圧である。二人とも社会科担当だし拘置が続けば生徒の学力も低下する」として釈放を求め、両教諭も「事件は全くのでっちあげである」と釈放を訴えた。

この日荒尾市校長協議会は、学力調査実施についての見解を、「学校長は市教委の命令で責任者としてテストを実施する職責にあった。またテストが実施不能になった経緯の報告を命ぜらたから市教委に報告した。校長が故意に事実を歪曲《わいきょく》して報告した事実はない。警察権は警察独自の立場で発動されるものである。両教諭の逮捕は生徒に与える影響が大きいために早く釈放されるよう望む」という内容で発表した。これは、両教諭の逮捕が校長が事実を歪曲した報告をしたために行われたもの、とする当時の管理職にある校長の位置を批判する声に対して、校長の立場を訴えたものであった。同一五日は荒尾地評、社会党荒尾市議団など約七〇〇人は荒尾市において「学力調査不当弾圧反対決起集会」を開催した。また八代地区労でも抗議集会を開き、県教組、高教組代表は県教育長を訪れ、両教諭の早期釈放を実現すべく善処して欲しい、と抗議した。

一一月一七日夜、熊本地検は荒尾三中の瀬戸、山村両教諭を身柄拘束のまま熊本地裁に起訴した。両教諭の拘留被疑の理由は次の通りであった。

被疑者山村美明、瀬戸慶一郎は、荒尾市教職員組合の組合員で、かねてより昭和三十六年十月二十六日執行の文部省昭和三十六年度全国中学校学力調査に反対していたが、同日午前四時三十分頃から午前五時頃までの間、荒尾市本井手七〇〇番地所在の荒尾市立第三中学校において荒尾市教育委員会の業務命令により、同校の前記学力調査を実施するため同校の調査用紙等を携えて登校した同校校長月田茂馨、荒尾市教育委員会事務職員塚本知己、荒尾市教育長今田三七男を認めるや前記教職員組合員等数十名と共謀の上、前記月田校長等を取り囲み、その所持する調査用紙を引き、あるいは押すなどして同人等を廊下或は玄関外に押し出し、同梱包を破損させて調査用紙を散乱せしめた上、これを蹴り、或は踏みつけ、あるいはその一部を持ち去るなどの暴行を加えて同校の学力調査実施を断念せしめ、もって同人等の公務の執行を妨害したものである。

(『熊本教育新聞』一一月一五日)

両教諭が起訴された翌一八日、弁護団が保釈申請をしていたことに対して、熊本地裁は、証拠隠滅のおそれありとしてこれを却下した。すでに述べたように、この日荒尾三中内田政友教諭が逮捕された。警察の調べによると内田は、起訴された両教諭と行動を共にし、月田校長の左手の指をドアーではさみ、一週間程度の傷を負わせた疑いによるものとされた。翌一九日の緑ヶ丘小学校岸本剛正教諭の逮捕は、上記逮捕者三教諭とともに、荒尾三中のピケ応援者として、月田校長を廊下に押し出し、テスト用紙の包みを破り散乱させた疑いによるもので、一一月はじめから任意出頭が求められていたが応せず、この日熊本市二本木町鉄道病院前の道路上で逮捕されたのであった（『県労政文書』）。二〇日熊本地裁は、同地検から出された内田政友教諭に対する拘置請求を却下した。このため同地検は直ちに準抗告と釈放の執行停止の申立を行った。地裁は同夜釈放の執行停止を認め、準抗告の取扱いについて合議した結果、二一日夜熊本地検の申立を却下した。これにより内田教諭は二一日夜釈放された。また岸本剛正教諭も拘置期限切れの二二日をまたず二一日夜釈放された。二二日熊本地検は、瀬戸・山村両教諭について、弁護人側からの保釈申請を認め、両教諭を保釈した。これで逮捕された四人の教諭は全員釈放された。なお内田教諭は二九日公務執行妨害の疑いで起訴され、岸本教諭は同日犯罪行為が軽微であるとして起訴猶予処分となった。

三　行政処分と抗議行動

免職七人を含む大量処分

逮捕された四人が釈放されると、一一月二四日県教育委員会は、公務執行妨害容疑で起訴された荒尾三中の瀬戸・山村両教諭に対して、地公法二八条を適用して休職辞令を発令し、同時に後任人事を発表した。

この行政処分に対して県教組は翌二五日常任執行委員会を開き、

(一)宿日直拒否闘争は行政処分、刑事事件の推移とにらみ合せ全体的な態度で行う。
(二)瀬戸・山村両教諭に対する休職処分は地公法二八条の適用に異議があり、県人事委員会に不利益処分として提訴する。
(三)県教育庁に対し休職処分撤回の連続交渉を、熊本、荒尾中心に行う。

の三点を確認した。闘争手段としての宿日直拒否は、勤務評定反対闘争において、教組(荒尾市部)が四ヵ月にわたる一二六日間の経験をもち、荒尾市部としては逮捕者を出して以降、闘争戦術として強く主張しているものであった。事実両教諭に対する休職処分が発表された直後の荒尾市部執行委員会では、一一月二五日から宿日直拒否闘争に入ることを確認したが、県教組ではこの闘争方式には慎重であった。したがって荒尾市部では二五日からの宿日直拒否闘争を一時延期することとした。

一一月二六日は日教組主催の「不当弾圧を排除し民主教育を守る総決起大会」が国鉄荒尾駅裏広場において開催された。県総評約六〇〇人、県教組二五〇〇人、九州各県教組二五〇〇人、荒尾地評一四五〇人、計五〇〇〇人参加の大きな大会となった。逮捕された四教諭の挨拶など高揚した雰囲気の中で、「不当弾圧排除、民主教育確立の闘いを全国の働く仲間の闘いに発展させよう」との中心スローガン、「教え子を戦場へ送りこむ日韓会談、核武装に反対しよう。働く仲間への不当弾圧、差別、組織介入に反対しよう。働く仲間の統一と団結を更に強化し、政暴法を紛砕しよう」とのサブ・スローガンを採択した後荒尾市内をデモ行進した。

これ以降教組側の行動は、対県教委、地教委に対する休職処分をめぐる交渉に主体が移った。まず一一月二七日県弾圧対策委員会の田上県総評事務局長、藤崎県議(社)、津島県教組副委員長らは県教育庁を訪ね、二六日の総決起大会での決議文を手渡した後、両教諭休職処分撤回交渉を行った。この席上横山県教育長は処分理由と法的根拠について、「起訴事実を地公法第二八条に照らして行ったが、荒尾市教委からの内申にもとづき、生徒に与える影響や地域社会の教育に対する正しい信頼感をうるために休職辞令を発令した」と回答した。しかし組合側は「荒尾三中PTAは逮捕事件を不当と決議し生徒会も同様に教師への信頼を失っていない。荒尾市教委内申だけを信用して判定した処分は一方的である。県教委はよく調査する必要がある」と反論、これに対して永田県教育次長は「ＰＴＡや生徒会の意向は行政ルートを通じて再調査する」と回答した。一方荒尾市部は今田荒尾市教育長を訪ねて休職理由の提示を求めた。これに対して同教育長は、「刑事事件で起訴された教師が教壇に立つことは教育の適正を欠き、子どもに与える心理的影響もよくない。又今後両教諭は法廷に立たねばならないので教育に専念できないなどの理由があり、地方公務員法によって休職とした」と回答した。この回答に接した組合側は、月田荒尾三中校長からも休職処分は困るという具申書が出されているはずである、と重ねて追及した。

一二月二日荒尾三中月田校長、山田ＰＴＡ会長、塩田職場代表らが今田荒尾市教育長を訪ね、また同四日荒尾三中ＰＴＡ会長、荒尾、玉名教組代表ら六〇人が県教育次長を訪ねて、休職処分の理由、両教諭の学校復帰等について交渉、要求した。しかし何れも進展はみられなかった。一方四日には、三池鉱山新労（第二組合）の竹本三川支部長等代表八人が今田教育長と会見して、七八一人の署名簿を添え、荒尾三中の授業の正常化を訴え、また五日には県下地教委連絡協議会代表者会議が開催され、荒尾、熊本の両地教委を支援していくことを申合わせる状況もあった。

五日県教組常任代議員会は当面の闘争方針として、

㈠　再び刑事弾圧があれば即時学校毎に抗議集会を開く。

㈡　教師の大量処分など行政処分があれば同じく学校毎に抗議集会を開くとともに雑務拒否闘争などを行う。

㈢　学力テストの結果は指導要録に記入させない。

ことを決定した。

一二月七日県教委は、一一月二九日起訴された荒尾三中内田教諭を地公法第二八条二項により休職処分とした。これに伴って直ちに後任人事を行った。これに対する教組側からの抗議が行われたことは以前と同様であった。

一二月九日今田荒尾市教育長は、休職処分を受けた三教諭に代って、後任三教諭が早急に教壇に立つ手続きをとるように強く月田校長を指導した。翌日このことに関しては同校長と同中職員会との間に、処分問題と復帰運動とは切り離して考えるとの決定がみられ、同一一日休職処分になった三教諭は生徒に離別の挨拶を行なった。翌一二日から新しい教諭達が教壇に立った。その後荒尾市教組に批判的な父兄による「荒尾市教育正常化推進協議会」結成準備会が結成されたり、荒尾市議会における学力テスト問題についての激論が展開される状況の中で、一二月二六日、県教委は一〇月二六日の学力テスト阻止闘争関係者の処分を次の通り発表した。

免職

荒尾三中教諭　寺本　了　県教組荒尾市部　組織法制兼青年部長
〃　瀬戸慶一郎　〃　職場委員長
〃　山村　美明　〃　職場委員
〃　内田　政友　〃　〃
荒尾一小教諭　林　止　〃　副委員長
〃　吉田　和男　〃　書記長
〃　寺田　巌　〃　厚生部長

停職

停職三カ月　荒尾一中教諭　本山　武士　県教組荒尾市部情宣部長
〃二カ月　平井小教諭　高見　哲司　〃代議員
〃一カ月　荒尾三中教諭　津山　正　〃職場委員
〃一カ月　豊富小教諭　吉住　和郎　〃法制部長

減棒

五九人（1―10二ヵ月　一九人、1―10一ヵ月　四〇人）

戒告　三二八人
県立学校関係　減棒1―10ニカ月　一人
合計三九九人、このうち荒尾市教組関係一五二人、熊本市教組関係二四六人、高校関係一人であった（『県労政文書』）。
また免職、停職者はすべて荒尾市部関係者であって、荒尾教組の反対闘争が如何に厳しいものであったかがうかがえる。

拡がる抗議行動

処分当日、県教組緊急執行委員会は不当弾圧粉砕決起大会の開催、処分取消しの対県教委交渉、県人事委ならびに法廷闘争、処分辞令の一括返上、学校現場における公的公簿以外の記入、提出を拒否する権利擁護闘争の開始など、以降の戦術を審議し、次のごとき声明を発表した。

教育の国家統制をねらう学力テストに反対し、平和教育を守るため当然の義務として平常授業を行なった組合員に免職七人を含む不当行政弾圧が行なわれた。今日の弾圧は学力テストのもつ反民主的政策を国民の目からごまかし、今後の反対闘争をつぶし、組織の分断をねらうため打出された重要なものである。その意図はさきに企られた刑事弾圧とまったく同じ政治弾圧である。県教委が文部省のあやつり人形であることをはっきりと示している。一万二〇〇〇人の組合員は民主教育と組織を守るため団結を固め、法廷闘争をふくむ長期の撤回運動を行う。

（『県労政文書』）

一二月二七日県教組、高教組、県総評、熊飽地区労、社会党の五者共催「不当弾圧粉砕決起大会」が熊本市花畑公園において組合員八〇〇人が参集して開かれた。免職処分をうけた七人の教諭が登壇して決意を表明するなど盛り上った大会となったが、このうち一五人から成る抗議団が編成され、教育庁を訪れて処分撤回交渉が持たれた。席上

横山教育長は、

㈠　処分撤回要求については不当と考えないので撤回しない。

㈡　県教委が熊本市教委にテスト妨害者の内申書を提出するよう重圧をかけたということだが一切やった覚えはない。

㈢　処分を受けた先生が裁判所や人事委に提訴した場合教師が審理に出れば学校で授業が不可能となるということについては、指導力を強化して対処する。

㈣　それによって他の教師の授業時間がふえることは過去の実績や教育上の通念によって行う。（『県労政文書』）

など回答した。当日は交渉の間に警官らしい姿が見えたとして双方に激しいやりとりが行われるなど、交渉は深夜まで続いた。一方荒尾市では、市教組関係者一〇〇人が市教委に抗議した。

かくて六一年は大量処分をめぐり厳しい対立の中で暮れた。そして六二年正月明けから再び双方の交渉が継続した。交渉は対県教育庁、熊本、荒尾市教委と頻繁に行われたが、その詳細を省略し、主な動きのみを拾いあげれば次の通りである。

六二年一月八日、日教組九州ブロック弾圧対策委員会が熊本市内で開かれ、九州各県教組書記長、日教組中央執行委員計一五人が参集、まず熊本、福岡両県における刑事弾圧は組織の破壊弾圧と政治弾圧であることを確認して、

㈠　当面する熊本の処分撤回闘争には九州各県、日教組本部からオルグを投入し強力な法廷闘争を行う。

㈡　九州ブロックとしては大衆行動による各県教委交渉を行ない反弾圧闘争を強化して処分の拡大を防ぐ。

㈢　社会党国会議員団による抗議、調査を要請し、国会に問題をもちこむ。

㈣　各県に処分があれば日教組、弁護団などの大量オルグにより弾圧排除の闘いを強化する。（『県労政文書』）

ことなど闘争戦術を確認した。

同一三日県教組、高教組、社会党、県総評、弁護団の代表で組織されている県弾圧対策委員会は、学力テスト処分問題について次のような声明を発表した。

県ＰＴＡ連絡協議会は一月一二日の幹事会で学力テスト反対闘争に対する不当処分について「県教委が下した処分はやむをえない」と決議した。会員の意向を無視した形で行った決議には意味がないばかりか、その責任は厳しく追及されねばならない。また一月一〇日の県議会文教治安委員会において、処分のもとになった事実に誤りがある、と指摘され、その結果が明らかにならない段階で、「県教委のとった態度はおおむねよかった」という多数意見を発表した。このような行動はテストを強行したねらいと同じ政治的動きである。教育をあくまで国民のものとして守るため政治的な策動ははねのければならない。これが教育正常化運動であることを県民に訴える。（同）

組合側の要求による県教育委員会全員との正式交渉も開かれた。一月八日、日教組九州ブロック弾圧対策委員会が開かれた当日、県教組、高教組代表者二〇〇人は、教育長室で県教育委員会とはじめての撤回交渉を開いた。この交渉には県選出の川村代議士、矢嶋参議院議員も出席、組合側から、

㈠　処分基準があったか。

㈡　答えられないならその理由。

㈢　処分理由に暴言をはいたことが挙げられているが、暴言は地公法のどの項に該当するのか。

㈣　職場放棄により処分が行われたが、教育庁出張所職員の中には通勤列車を理由に毎日の出勤が遅いものがいる。これに対す見解。

㈤　熊本市教委は組合交渉の中で校長の職務命令違反者を戒告したが、県教委と協議して意見が一致したので処分したと言明している、県教委の見解はどうか。

など質した。これに対して県教委は、

㈠　処分は違法行為の程度によった、その基準はいえない。

㈡　処分審議の内容なので答えられない。

(三) 答えられないが一般的に暴言は地公法第二九条違反になる。
(四) 学力テストとは関係がないので切離して考える。
(五) 当委員会は答えられない。

と答弁した。この交渉は一月一六日第二回目が開かれたが、処分の基準明示を組合側が迫ったのに対して県教委は、「処分の基準は秘密会で決めたものだからいえない。処分をうけた本人から事情はきかなかったが、疑わしきは罰せずの方針で処分しているので、処分には確信がある」と回答した。以上のような質疑内容でやりとりは終始し、結局交渉は物別れに終った。

一月一四日荒尾では、教組による教育運動に関する支援組織と批判組織が別々に結成された。すなわち前者は、荒尾地評の「校区協議会結成大会」で、荒尾第二小学校に約四〇〇人が集り、「革新陣営に加えられている弾圧をはねかえしていくため各校区毎に班を設け、団結をはかる」ことを申合わせた。後者は、「教育正常化推進協議会」の結成であって、荒尾市教組のあり方に対する批判的な六〇〇人が市公会堂に参集、「偏向教育から学童を守ろう。神聖な教壇をけがす教師をしめだせ。教壇を放棄する教師を追放し、良識ある教師を応援しよう」と申合わせた。この集会には三池鉱山新労組合長、県教職員連盟代表が挨拶を贈り、また大会後日の丸に見送られて、自動車、オートバイを連ねて市中パレードを行なった。このように学力テスト阻止闘争は、荒尾市においては市民層を巻きこむ運動へと展開していった。

六二年一月中旬以降、学力テスト処分撤回運動としての対教委交渉は不成功のまま一段落し、教組は既定方針通り県人事委員会に対し処分取消しの審査請求を提出することとした。すなわち一月二三日荒尾市教組は、処分対象者一五二人中、教組脱退者三人、未提出者一人を除く一四八人分の審査請求を提出した。そして熊本市教組は同二五日、処分対象者二四六人中、提出をとりやめた六七人を除く一七九人分の審査請求を提出した。なお高教組関係一人は提訴を断念した(以上の数字は『県労政文書』に拠る)。これを一覧表に示せば次のページの通りである。(本表は前掲『権力に抗して』に拠る。『県労政文書』と数字が相違しているが詳細は不明)

被処分者一覧

	十二・二六の被処分者	審査請求をした者	現在の審査請求者
免職	七	七	七
停職	四	四	四
減給二	一九	一九	一九
減給一	四一	三八	三六
戒告	三二八	二五九	二一三
計	三九九	三二七	二七八

なお学力テスト関係の全国各県行政処分一覧を示せば次表の通りで、岩手に次いで熊本が厳しい内容となっている。

全国各県行政処分一覧

都道府県	免職	停職	減給	戒告	その他
北海道		七一	九七	一二一	
青森				二一	訓告 一二
岩手	九	四五	三三八	四七七	
秋田		一	二	九三	
山形		一	三	一〇四	
福島			四	六	文訓 二七・口訓 一一
東京	三	一二	四	六一	
京都	四	六	二一	一三	

和歌山	二	一	一二	四二	
大阪		三		一	訓　六
鳥取			二	三八三	
山口			九	六一	訓　一三五
滋賀			一	一八	訓　二一一
高知	二	五	二四六	二二一	降任　二
福岡					
大分		一	四	一〇七	訓　一三〇一
熊本	七	四	六〇	三二八	
宮崎			二	一六三	
計	二五	一五〇	八〇五	二、二二〇	

（『権力に抗して』に拠る）

県人事委員会による審理

県人事委員会による学力テスト処分第一回公開口頭審理は、六二年五月四日熊本市自治会館三階ホールにおいて開かれた。この日ハチマキ姿の組合員で同ホールは埋まり、この姿が審理の場にふさわしくないとの委員会側の申し出などあって混乱する状況もあり、このような形での審理方法が事態の真相究明にふさわしいものであるか、最初から問題をはらんだ審理風景が展開された。組合としては人事委員会審理という闘争方法を採用するに当り、

㈠　文部省実施の一斉学力テストにおける憲法ならびに教育基本法への違法性を明らかにすること。

㈡　テスト拒否が教師ならびに生徒の教育権を守るための正当行為であったこと。

(三) この闘争に当っての校長の職務命令の有効性に対する疑義。

(四) 県教委の処分が中央権力と結びついた組合弾圧の手段であったこと。

などを明確にするための方法であるとの認識があったことは当然であった。審理は次表で示す通り長期間にわたって開かれ、青木宗也、宗像誠也、兼子仁など法、教育学者も請求人側の証言を行った。審理経過は次表の通りであった。

回	日時	場所	備考
1	37・5・4	自治会館	代理人人定尋問
2	37・7・7	建設業会館	請求の趣旨、出席問題 楠本弁護士の黙れ事件
3	37・7・28	農協会館	処分者説明、請求人求釈明
4	37・8・31	慶徳小	同
5	37・9・5	建設業会館	同
6	37・10・9~10	自治会館	公開審理のしかた問題となる
7	37・10・30	建設業会館	県教委側に必要に応じて発言させる件を確認
8	37・11・14	自治会館	請求人の出席者義務免の扱いをめぐって紛糾
9	37・12・26	建設業会館	求釈明
10	38・2・14~15	建設業会館	請求人の陳述
11	38・3・1~3	建設業会館	同
12	38・5・30	自治会館	請求人の陳述への処分者側求釈明
13	38・7・23	建設業会館	田中証人の陳述補足
14	38・8・20~21	熊本女子大 建設業会館	処分者陳述
15	38・9・5~6	熊本女子大	処分者陳述への求釈明
16	38・10・24	建設業会館	同
17	38・10・30	建設業会館	同提訴者の差別せぬように要望
18	38・11・21	建設業会館	処分者処分理由陳述
19	39・2・14	建設業会館	人事委県教委へ出席扱いで勧告

20	39・2・14	建設業会館	千葉弁護士代理人となる請求人の求釈明
21	39・4・21~22	建設業会館	処分者陳述への求釈明吉住、福岡地裁判決を提示
22	39・5・8~9	税務講習所	同、求釈明
23	39・6・10~11	建設業会館	求釈明、田中代理人出席の件
24	39・7・9~10	建設業会館	求釈明、帯山中減給者を主として
25	39・10・15~16	建設業会館	求釈明、帯山中、藤園中その他に
26	39・12・4~5	建設業会館	処分側からの求釈明に答弁
27	40・1・27~28	福祉会館	証人、文部省調査課長奥田真丈証言
28	40・4・9	福祉会館	奥田証言への請求人側反対尋問
29	40・4・14	福祉会館	田中徳之次長証言
30	40・5・10	福祉会館	同　前
31	40・6・18	福祉会館	請求人側田中徳之への反対尋問
32	40・7・7	福祉会館	同　前
33	40・7・8	福祉会館	上土井松芳への処分者側証言
34	40・9・16	建設業会館	上土井への薮田、田中反対尋問
35	40・9・18	建設業会館	上土井への工藤等の反対尋問
36	40・10・12~13	建設業会館	枦本孝次郎への処分者証言 同氏への請求人吉良、薮田反対尋問
37	40・12・14	建設業会館	平田邦治証言
38	41・8・31	建設業会館	請求人側青木宗也、宗像誠也証言・処分者側田中次長反対尋問
39	41・9・17	建設業会館	平田証人への請求人側田中、吉良反対尋問
40	41・12・3	建設業会館	橋本直敏の証言薮田等の反対尋問
41	42・2・23	建設業会館	猿渡幸男の処分者証言

42	42・6・7	県庁第二会議室	右同氏への請求者側反対尋問
43	42・9・19	県庁第二会議室	古城勤の処分者証言
44	42・10・12	県庁第二会議室	右同氏への請求人側反対尋問
45	42・11・15	県庁第二会議室	津島幸生の請求人側証言
46	42・12・8	県庁第二会議室	右同氏への処分側反対尋問
47	42・2・24	県庁第二会議室	兼子仁への請求人側証言

（『熊教組二〇年史』に拠る）

荒尾三中関係公判・熊本地裁判決

学力テスト阻止闘争関係で公務執行妨害で起訴された元荒尾三中教諭瀬戸、山村、内田の三人に対する第一回公判は六二年二月二一日熊本地裁安東裁判長係りで開かれた。この刑事事件は「昭和三六年熊地裁（わ）第五三〇号公務執行妨害事件」として取扱われることとなった。『県労政資料』によると、法廷における公判の模様は次の通りであった。

苑田検事の起訴状朗読に対し立木弁護士等弁護団から、「①テストそのものの法的根拠、②市教育長、荒尾中校長の行為が公務につながるかどうか」の点を主に学力調査とテストとの関係、共謀したという日時、場所のほか暴行の内容について八項目にわたる釈明を求めた。

一方検察側は、「テストは地方教育行政法五四条により正当性があった。今田荒尾市教育長は教育委員会の調査に関する職務権限をもっている。月田校長は学校教育法にもとづいて行動しており、公務性ははっきりしている。学力調査とテストは同じ意味と解釈する。共犯関係はその場でおきているが、残り二〇人の組合員については立証の段階で明らかにしたい。テスト準備時間が荒尾三中の場合くり上ったのは同校の特殊事情によるものである」と答えた。

引き続き罪状認否に入り三被告は夫々「学力テストは反動文教政策のあらわれで自民党の謀略である」と述べ、起訴事実を強く否認した。

この公判における教組側の弁護人は毛利与一、坂本泰良、衛藤善人、増永忍、立木豊地であり、特別弁護人として出廷した熊教組法制部長吉住和郎はB五判一〇五ページにわたる弁護書類を出したという（『熊教組二〇年史』）。七月一六日検事論告求刑があり、その判決は六二年九月一四日言渡された。熊本地裁安東裁判長による判決は次の通りであった。

主　文

被告人瀬戸慶一郎、同山村美明　禁錮四月　被告人内田政友　禁錮三月

但し、被告人らに対していずれもこの裁判確定の日より一年間右刑の執行を猶予する。

理　由

〔事実行為について〕荒尾市今田教育長の指示により、月田、今田、塚本が、第三中学校校長室に共同してテスト用紙梱包他二個を搬入しようとしたのを、面前に立塞がったり梱包に手を掛けて引いたり、押したり、組合員二〇名共に意志合い通じ、共同して月田等の公務の執行を妨害した。〔法律論について〕1、公務の違法性　学力テストが政治的に不当であり、違法違憲なものであるのと見解が一応対立し得るとしても、適法と見る解釈も存在し、社会通念上、刑法上保護すべき公務と解するを妨げない。2、教育権との関係　被育者の一生の運命を支配する程重要なものであるから、教育者の行う教育課程の活動にはどうしても自由と独立のふん囲気が認められ

なければならない訳である。従って、教育基本法においてもその第十条において、教育は不当な支配に服することなく国民全体に対して直接責任を負って行れるべきこと、及び教育行政が教育目的を達成するに必要な諸条件の整備確立を目標として行わるべきことを規定している。（中略）なお、教育には前記の如く創意的な広範な活動分野があり、その面における教育者の自由と独立とは充分に尊重せられなければならないこと、もとより当然といわなければならないから、若し仮に右の如き教育活動のすみずみまで干渉があり、教育活動が危険に陥るということになれば、それが国又は公共団体の管理権の作用としてなされようと、或は民間や教師の団体等を通じてなされようと、等しく自由を侵害する不当の干渉として、これを違法視し得ないではない。以上の諸点を考察すれば、今次の学力テストには、その方法、取扱い等に将来なお研究すべき点の存することが認められるけれども、その目的とせられるところが、直ちに有害か、又は違法なものであるとなすのは当らない。（『熊教組二〇年史』）

右判決文の要点から明らかなように、安東判決は教育の本質に理解を示し、組合側の立場をある程度容れながらも、結論的には検察側の主張を認める内容となった。

この日熊本地裁正門前には熊教組関係者三〇〇人が参集して、抗議集会が開かれた。この集会には立木弁護士の判決内容報告、坂本弁護士の感想などあり、また佐賀、大分教組からの参加者もあって、それぞれの闘争報告にもとづいて、今後の団結を誓いあった。

福岡高裁への控訴・判決

熊本地裁における第一審敗訴後、熊教組は日教組本部と相談協議して、更に福岡高裁へ控訴した。高裁では「昭和三七年（う）第八三六号事件」として審理がすすめられ、六四年四月二七日青木亮忠裁判長は次の通り判決を言渡した。

右の者等に対する公務執行妨害各被告事件につき、昭和三七年九月一四日熊本地方裁判所で言渡した有罪の判法に対し、被告人等三名の原審弁護人毛利与一、同坂本泰良、同衛藤善人、同増永忍、同立木豊地、同斉藤鳩彦及び原審検察官斉藤正義の双方からそれぞれ適法な控訴の申立があったので、当裁判所は、つぎのとおり判決する。

主　文

本件各控訴を棄却する。

当審における訴訟費用は、全部被告人等三名の連帯負担とする。（『熊教組二〇年史』）

控訴棄却の理由は、㈠被告等がテスト用紙搬入阻止の共同謀議に参加した共同正犯であることが認められる。㈡法令解釈に誤りがあったとしても、法に基づく義務と解して執行された公務員の職務の執行行為は、刑法により保護される、というものであった。それにもかかわらず同判決は、文部省学力一斉テストそのものについて次の通り述べた。

しかし本件全国中学校一斉学力調査は、その期日、時間割、調査教科、問題作成、実施手続き及び結果の利用方針等の一切は文部省当局において予め詳細に定め、その上で前示法条に基づき調査結果の報告が順次求められたものであることも証拠上明らかなところであるので、その実質において種々の問題点を包含している。先づ第一に、地方教育行政法第五四条第二項は、もともと右の如き調査要求を予想しておらず、強いていえばむしろ同法第五三条第二項にもとづき調査事務を機関委任するの方法によるべきであったと考えられる。しかしそれよりも第二に、本件学力調査は全国一斉に行う五教科悉皆調査で学習指導要領の到達度を見るものである、とされているので、通常の行政的事実調査の域をはるかに超える学力調査、学力テストの実質をもち、これを右のような調査事務の性質をもつものとして行うのは無理を強いる嫌がある。のみならず第三に、文部大臣は学校教育法第三八条、同法附則第一〇六条により中学校の教科に関する事項を定める権限を有するものであるが、その権限は教育課程の大綱的な国家基準設定権に止まると解するのが相当であるので、文部大臣が全国一斉学力調査の試験問題作成権を有するかは疑わしい。その上右試験問題は文部省において学習指導要領を法的基準とし、問題作成委員会の手で作成されているが、この点もまた決して妥当とはいい難い。その他本件学力調査の実施手続にも当日の授業計画の変更命令、テスト補助員の任命等重要な問題を内包しているのであって、……これを要するに、かかる全国中学校学力一斉調査をしようとするならば、よろしく特別の根拠規定を新設整備することを要し、これなくして単に既存の前示関係法規の解釈に拠ろうとしたのは失当であって、被告人等教職員の強い反対を呼んだ所以でもあると思われる。(『熊教組二〇年史』)

熊本地裁の判決理由、ならびに福岡高裁の控訴棄却理由双方から理解できるように、全国一斉学力テストは必ずしも法的整合性を得た上で実施された訳ではない。特に福岡高裁は、文部大臣の権限について、文部大臣が全国一斉学力調査の試験問題作成権を有するか疑わしいと述べて、その行為に疑問があることを指摘しているし、また既存の関係法規に準拠した解釈で学力テストを強行したことは失当であると明記しており、学力テストの違法性を明確に指摘していることは注目されねばならない。このようにして荒尾三中事件は、学力テストの違法性を暗示しつつも、行政の実際を優位させる側面を強調して有罪判決となった。全国的にみれば学力テストに関する法廷闘争は次表の通り展開されており、熊本の事件が最も早い時期に判断されている。そして判決の結果は多くの事件が学力テストを違法行為と断じているのである。

六三年六月二六、二七の両日、三年目の全国一斉学力テストが小学校を含めて実施された。県教組はこれに先立つ定期大会で「実力による阻止はしないが、職務命令が出されるまで労務の提供はしない。調査結果の採点集計はしな

学力テスト事件一覧（学力テストの違法性を認めたもの○、認めなかったもの×）

	事件名	当事者	地裁	高裁	備考
一	熊本荒尾三中事件	三	×全員有罪（熊本地裁　三七・九・一四）	○全員有罪、学テ違法（福岡高裁　三九・五・一三）	公務執行妨害
二	高知佐喜浜小事件	一	×全員有罪（高知地裁　三八・四・一四）	×全員有罪（高松高裁　三九・六・三）	公文書毀棄
三	福岡南原小事件	五	○全員有罪、学テ違法（福岡地裁小倉支部　三九・三・一六）	○全員有罪、学テ違法（福岡高裁　四二・四・二八）	建造物侵入、公務執行妨害
四	山形西郷中事件	二	×全員有罪（山形地裁鶴岡支部　三九・四・一七）	×全員有罪（仙台高裁秋田支部　四一・六・一）	公務執行妨害
五	大阪淀川工高事件	四	○一名無罪、学テ違法（大阪地裁　四一・四・一三）	検事・被告双方控訴	公務執行妨害、傷害、建造物侵入、暴行
六	北海道旭川事件	七	○三名無罪、学テ違法（旭川地裁　四一・五・二五）	○三名無罪、学テ違法（札幌高裁　四三・六・二六）	検事上告、建造物侵入、暴行、公務執行妨害
七	岩手県教組事件	七	×全員有罪（盛岡地裁　四一・七・二二）	○全員無罪、学テ違法（仙台高裁　四四・二・一九）	検事上告、地公法違反
八	高知佐川中事件	二	×全員有罪（高知地裁　四五・一〇・二三）		建造物侵入
九	山口神原中作文事件	三	○原告全員勝訴（山口地裁　四六・一〇・二六）		懲戒免、停職処分取消請求事件
一〇	大阪茨木市役所事件	一	○有罪、学テ違法（大阪地裁　四七・五・二二）		公務執行妨害、暴行
一一	山口県教組作文事件	四	○原告全員勝訴（山口地裁　四八・三・二九）		懲戒免職処分取消請求事件

（宮原誠一他編著『資料日本現代教育史3』に拠る）

い。また前年の荒尾三中のように生徒がテストを拒否した場合は、テストに反対でも職務命令がでれば説得する」（『県労政文書』）という態度を確認していたが、次表の通り緑ヶ丘小学校、荒尾三中で多数の拒否者を出した。なお両校は三井三池鉱山の炭住街にあり、三池争議における旧労組系の子弟が八〇％以上の比率を占めているとされている。

学校名 区　分	日別	緑丘小	第一中	第三中	第五中
テスト予定者	26 日	460 人	1,116 人	893 人	757 人
	27 日	—	1,116 人	893 人	—
テスト拒否者	26 日	350 人	8 人	598 人	18 人
	27 日	—	4 人	556 人	—
受　験　率	26 日	24%	99%	33%	98%
	27 日	—	99%	38%	—

四　学力テストのもたらしたもの

当時荒尾市教組副委員長であり、免職処分をうけた林止は、「学テ反対闘争二十周年に当って」と題する一文に、荒尾における学力テスト阻止闘争の背景について次のように語っている。

第一に、組合員はよく学習し討議しました。学力とは。抽出テストから悉皆調査にしたねらいは。教師の日常のテストとの違いは。地域の条件、環境の違いの中で一片のペーパーテストで学習到達度が調査できるのか。人材開発とは等々。特に父母の理解を求めて、部落懇談会にひとりひとりが参加するようになると、学習、討議は熱心になりました。第二は、各労働組合、民主団体、父母との連帯をはかり共闘したことです。地評と連絡を密にし、闘争の意義を訴え、当日の動員、部署を決め行動を共にするとともに、事後の反弾圧闘争でも三池闘争の教訓を生かして闘ったことです。特に、県評の事務局長田上重時氏が職場会に参加し、指導激励を受けたことが強く印象に残っています。第三は、組合員の意志を統一し団結したことです。職場会、代議員会、執行委員会を連日のように開いてよく討議し、交渉も団体交渉を原則にし全組合員の闘いにすることに努力したことです。勤評、三池、職場等の闘いの積み重ねが、組合員の質を高め大きな力となったと思います。特に、前日の深夜に及ぶ執行委員会で各中学校区の情勢を分析した時、不安材料や危険な部分的要素もありましたが、「組合員を信頼して闘おう」と意志統一ができ、方針通り闘うことを決め、泊りこみの部署に散っていったことを印象深く心にとめています。第四に、ち密な計画と対策をたてた事です。県教組の指導もあった事ですが、学習会の計画、職場での闘い方（テスター拒否、普通授業の確保、前夜の泊りこみ体制など）弾圧対策（県教組の法制部長を招き、挑発にのらない対策、逮捕されたときの黙否等々）臨時執行体制までも決定していたことです。

（『権力に抗して』）

一斉学力テストの強行実施はさまざまな教育荒廃を生んだ。『香川・愛媛「文部省学力調査問題」学術調査団報告書』（宗像誠也・梅根悟ほか）によれば、全国一、二位となった香川・愛媛県では、学力テストに備えての補習授業はもちろん、日常の教育活動も学力テストに従属することになったという。またテストの当日は成績の悪い子を、よくできる子の隣りに並ばせ、ちえ遅れの子どもに欠席を強いるといった事例もあった。一斉学力テストの強行裏にはまさに教育と教師の退廃状況が展開された。その後日教組はもちろん、学界も、全日本中学校長会も一斉学力テストの再検討を強く要請することとなり、文部省も六五年度から、中学校における悉皆調査を取止め、抽出調査へと方針を変更したのであった。

第二部　覚え書き・資料紹介

澁江家私塾について

肥後渋江家は約一六〇年に及ぶ私塾経営の実績をもっているようである。塾開祖の渋江貞之丞（紫陽）の開塾は一七四八年（寛延元）とされ、藩校時習館の創設が一七五四年（宝暦四）であるから五年早いことになる。閉塾は一九〇六年（明治三九）、塾主は渋江公木（晩香）、塾名を遜志堂といった。漢学塾である。渋江家の学統は古学派、二代塾主渋江宇内（松石）には、『洙泗正旨』『古学規』等の著作がある。本発表は渋江家歴代の私塾の概観を内容とする。

テーマ設定の視角、資料

戦中、皇国史観の担い手の第一人者は平泉澄であった。周知のように平泉には『菊池勤王史』（一九四一年《昭和一六》刊）の一冊があり、彼の歴史研究の素材の重要な一部に肥後菊池氏歴代諸事蹟が挙げられる。この頃また菊池寛の『勤王菊池一族』（一九四三年《昭和一八》）など菊池一族讃美の歴史読物が多数発刊され、天皇制イデオロギーの補強材料として広く利用された事も指摘するまでもないことである。同四三年策定の「熊本県教育是」はこの線上にあるものであり、その綱領の筆頭に「菊池伝来ノ遺風ヲ発揚ス」とあるのは、このような歴史的精神風土の直截な教育的反映であった。

菊池神社（別格官幣社）が勅令により創建されるのは一八七〇年（明治三）である。地元において菊池一族の事蹟が信仰にまで昇華され、神社創建という形で結実していく過程には、それを支える教化運動の存在が前提になろう。その教化母胎が如何なるものであったか、筆者には興味ある研究課題であった。今回熊本近代史研究会の有力メンバーである堤克彦氏から、故山口泰平氏の原稿「肥後渋江氏伝家の文教」の存在を指摘されたことは全く僥幸なことであった。以下山口氏の草稿を「山口本」と呼ばせていただきたいのだが、管見の限りでは「山口本」は、渋江氏歴代の私塾に関する唯一の文献といってよいと思う。その上梓実現を心から期待している。

渋江氏私塾は漢学塾であり、中国古典の読解を中心とする文化の伝承が中心的教育営為となろうが、もう一つの側面では菊池氏歴代の事蹟の顕彰、讃美が歴代塾主に強く意識され、この地方の郷土意識の形成に大きく貢献しているように思われる。遜志堂塾主渋江公木は菊池神社の神官でもあった。山口氏は日清戦争勃発前後の二年間この公木、公寧父子から遜志堂において直接教育を受けており、したがって山口本に流れる大きな一本の糸は菊池氏礼賛の思想である。渋江家私塾はこの意味で一つの教化母胎たる性格を顕わにしつつ地域社会に機能したように思われる。

渋江氏私塾の流れ

一．渋江貞之烝、私塾名は集玄亭。寛延元年創設、閉塾一七九二年（寛政四）、この年塾主没。渋江家の家業は水神祭事である。旱ばつ祈祷をはじめ、疫病、虫害、土木、海陸の旅行に至るまで幅広く祭事に従事し、その行動範囲は豊後、筑後、日向、薩摩の一部にも及んだという。儒学系統は古学、蘐園、堀川の流れを、先学水足博泉、加々美鶴灘に就いて学ぶ。集玄亭に学んだ者三〇〇余名という。俳人であり豪商でもあった宗伝次と共同して菊池武光墓碑を建て、菊池一族顕彰に努力している。

二．渋江宇内、松石と号する。私塾名は星聚堂。時習館第二代教授藪茂次郎（孤山）に入門、その他時習館教師に師事する。古学派。星聚堂は開塾一七九二年（寛政四）、閉塾一八二八年（文化一一）。この年宇内没。歴代塾主中最大の学者。「菊池風土記」「肥後郷名考」「洙泗正旨」「古学規」「儀礼凡例考筌」等を残す。「菊池武朝申状」が塙保己一篇『群書類従』に採録されたのは宇内の尽力であったという。

三．渋江安宅（龍渕）、私塾名は銀月亭。一八二九年（文化一二）より一八五二年（嘉永五）まで。この年嘉永五年安宅沒。宇内の長男。銀月亭では経書を講じ書道を授けた。藩命により菊池郡文芸指南役に就任の経歴をもつ。資料としては詩文集『龍渕遺稿』一巻が残っているという。木下真太郎（韡村）は彼の門外生。菊池重朝創建とされる孔子堂を礼賛。

四．渋江忠多（涒灘）、宇内の第三子。安宅とは異母兄弟。私塾名は梅花書屋。一八二九（文化一二）年より一八四六年（弘化三）まで。この年弘化三年五九歳にて沒。時習館助教大城多十郎（文卿）に学び、詩文に秀れ、また武術的教養を積む。文化一三年より四年間、天草富岡にて学習塾を経営する。資料『天草廻村袖日記』『天草郡行袖日記』（著者名なし、山口本に紹介）によれば、横井小楠との交流もあったという。

忠多の行動範囲は広く、天草はもとより豊後日田においては咸宜園の広瀬淡窓とも交友関係を結んでおり、塾経営の情報交換を行ったことが記録されている。柳川の牧園茅山とも交友の事実があったという。

門下生には、昌平黌にも学び後祉水塾を開設した大久保宣春、大原義塾主吉川原南、原南の弟で県会議員、衆議院議員になった紫藤寛治等が挙げられる。

五．渋江公穀、忠多の第二子。山口本によると塾名は特に挙げてなく、恐らく忠多の私塾を継いだと思われる。近藤淡水に学ぶ。菊池文芸教導師を経て八代郡種山郷文芸教導師となる。種山では塾を経営し、当時名和範蔵（童山）の野津塾、岩間某の髙田塾と彼の種山塾を八代郡三郷塾と呼んだという。公穀性格豪放、その碑文は中西牛郎が書いている。

六．渋江公木（晩香）、渋江忠多には三子あり、長男公温が家業を継いで水神司職、次男が公穀、そして三男が公木である。私塾名は遜志堂。一八七三年（明治六）より一九〇六年（明治二九）まで継続。菊池神社神官。

公木は一八四七年（弘化四）より三年間木下真弘（梅星）の古耕精舎に学び、一八五〇年（嘉永三）より一八六三年

（文久三）まで熊本京町の木下真太郎（韡村、梅星の兄）の木下塾で漢学を学ぶ。木下塾は藩公認の官塾であり、この塾は、井上毅、竹添進一郎、木村弦雄、古庄嘉門、上田休、池松豊記など明治初、中期著名な活動をした人物の養成機関として著名である。木下韡村塾は一八四九年（嘉永二）より一八六八年（慶応二）まで存続した。その門人九〇〇余名を数え、九州各地はもちろん、中国、四国からも塾生を集めたという。

公木は木下塾に在籍中藩家老小笠原の私邸文芸教導役を勤め、一八六四年（元治元）大津郷文芸指南役（その塾名紫翠山房）を七年間勤め、一八七〇年（明治三）藩制改革により勤務免除、翌年菊池郡文芸教導職就任、一八七二年（明治五）菊池神社第二代祠章、翌年祠官、一八七八年（明治一一）禰宜、一九〇八年（明治四一）宮司の経歴を持っている。

公木には長子公寧（龍伏）があり、公木、公寧の父子二人によって遜志堂は経営されることになる。公寧は一八五八年（安政五）生まれ、彼は明治七年より日誌を残しているという。山口本による遜志堂の記述は、完全には揃っていないこの公寧日誌と、山口氏自身の入塾体験から成っている。遜志堂は数回移転しているが、最初は神社構内の公木自宅、ここでは論語会が中心で、公木の講義、公寧の代講という形で進められ、教材には四書、左氏伝等、特に公寧は外史会を開いて日本外史等歴史物を講じたという。教授方法としては、塾主の講義を主とする講、討論式学習法としての会、達読練習を目的とした読会があったという。

公木は礼に厚く、他人に接するに丁寧を極め、まさに神官としての性格を備えた人であったとされる。これに反して公寧は活達、強く政治指向性を示して短い生涯を生きぬいたものの如くである。公寧は一八八九年（明治二二）県会議員、一八九四年（明治二七）衆議院議員となり、一八九六年（明治二九）三九歳にて病死した。遜志堂の塾教育はこの公木、公寧の二人によって維持された。

塾の教育目的は次の三点に集約される。

一、忠信礼譲ヲ本トシ廉恥ヲ重ンスルコト

一、偏理ヲ正シ忠孝ヲ励ムコト

一、知識ヲ拡メ事業ヲ主トスルコト

この三綱領がいつの時点で作成標示されたか詳細不明である。

山口本によると、西南戦争は遜志堂にも大きな影響を与えたようである。菊池神社に戦火が及ぶ懸念も生じ、公木は独り神体を守り、安全地帯に避難したことが記されている。また塾生間にも政府、西郷両軍の何れに荷担するか論議があったという。結果は政府軍に労力を提供している。

翌明治一一年、二人の塾生が土佐に出向くというので、全塾挙げて送別会が催されている。その中の一人はH・スペンサーの『権利提綱』（尾崎幸雄訳）を持ち帰り、同僚間で回覧されたという。また隈府には民権結社の相愛社員が、あるいはキリスト教牧師が乗り込んできて、地方民の政治的覚醒をうながすといった状況も展開されている。

明治一三年、渋江公寧は愛親社と称する政治結社を組織した。その創立当初の『公寧日誌』には「愛親、相愛両者連結締約成就の件申来る。及び相親雑誌第一輯贈越す」とあるという。この頃の状況を山口本から引用しておく。

「菊池愛親社の盟主は今年廿四歳菊池中学在職の公寧先生、その社員は概ね遜志堂塾生並にその門に教を受けた人々が多きを占めていたようである。社の事業は文芸の研究も行はれたけれども、その主たる活動は政治的訓練であった。十四年七、八月の比よりは頻々として演説会を開き、熱心に智を磨き弁を練った。」

「思ふに愛親社演説会の猛訓練は紫溟会の立党に備えたものであった。」

菊池愛親社はその後熊本の保守的土壌を構築していく地方結社紫溟会―国権党の事実上のこの地方における支部として若干の機能を発揮したと思われる。

渋江家私塾について

一．一六〇年続いた私塾経営において、内容的に連続、非連続の面が今後解明されなければならないが、一族による私塾の維持経営は全国的にみて多くの例はない。

二．経済的背景としては家職たる水神祭司による収入が考えられる。また水神祭主として広い行動力を持ち、知的情報収集が容易であったことが指摘される。

三．漢学塾として学統的には古学派に属しているが、藩校時習館との接触が深く、学統的な特徴を強調することはあまり意味がない。

四．歴代塾主は菊池氏事蹟顕彰に貢献している。このことが日常的な漢学的素養の育成という塾本来の目的と重さなり、継続的塾経営に機能している。

五．渋江家私塾は、この地方の人材育成、教育風土形成にどのように係わっているのか、意味ある研究素材を提供しているように思われる。

（一九九〇・一〇・一八）

桃節山『西遊日記』『肥後見聞録』について

改めて紹介するまでもないと思うが、一九七二年に出版された『日本庶民生活史料集成』第二〇巻（三一書房）に、標記の史料が収録されている。大阪、一一二頁に及び内容は豊富。

最近送られてきた『自游書院文献情報』を手にしているうち、桃裕行『上代学制の研究』という文献紹介が目に留まった。桃という姓はそう多くないので、もしかしたら節山と関係があるかもしれないと考えているうち、桃裕行は節山の孫であることが判明した。というのも三一書房刊の『西遊日記』『肥後見聞録』の解題を書いているのは裕行であって「ちなみに節山のあとは…次男敏行が嗣いだ。解題筆者の父である」と記しているからである。私はこの解説者の名前を忘れていた。

桃節山（一八三二—一八七五）名は好裕、通称文之助、松江藩医杉家に生まれ藩儒桃翠庵の養子となり、藩校修道館教授を務めた。慶応元年の松江藩では、藩校文武館を諸学諸道を総合した学校に改め、その名も修道館と改称するという学制改革に着手していた。当時節山は儒教助教の役職にあり、藩命によって九州地方を旅行する機会に恵まれた。その紀行文が『西遊日記』であり、この旅行には約五ヵ月が費やされた。この間彼は肥後に前後約二ヵ月滞在していろいろな知己を得、また肥後藩の行政組織を研究する機会に恵まれた。すでに亀井南溟の『肥後物語』などは読了し、肥後藩については相当の知識をもって出発したように思われる。
一一月一三日の条にはつぎのような記事がみえる。

「一、横井氏學校問答之儀ニ付色々致議論候處、横井氏之主意も大抵相分り候。然處横井氏又近来被説候ハ、朱子語類之内ニ、學ハ第二ノ事と有之候を本として論し候ニハ、世人皆書を讀而知識を開き候とのみ相心得候ハ間違なり。先ツ日用之事実ニ渉り我か心ニ問而我か誠心を運ひ候處にて書物ニ照合せ候心得ニあらすしてハ眞之学問ニあらす。故ニ日用五倫之間ニ学問あり。然る後之學校也と論せし由。」

引用は横井小楠との対談記録である。桃節山はこの旅行で小楠を二回訪問していおり、またかなり詳しい対談の状況を記録している。恐らく出発以前松江において小楠を訪ねることは計画されていたことであろう。

その他池部啓太、木下真太郎などとも往き来している。内容は省略せざるを得ないが、ただ肥後藩士の食生活の質素な実態について書き留めている一文があり、興味深い。肥後では粟が良くできる、粟は民食のみならず、士分之人も食し候、と書き出して

「…池部啓太方へ罷出候節、初而参り候とて酒を出し候處、からし付架（茄）子・甘海老の塩辛・ザボン、以上三品之外何も無之、飯ハ豆腐汁ニ当分付香物の外何も無之、又木下真太郎方へ初而被招候節も、大抵啓太方之馳走振ニ髣髴たるものニ御座候。それニても格別気之毒なる模様ハ無之、寛々種々議論等仕居候。」

と述べ、酒だけはいつも用意されていて、肥後の士族は良く飲んでいると記している。時は越えても酒なくして文化は語られないようである。

『肥後見聞録』はこの九州旅行にあたって藩に提出した公式の出張報告書である。その内容の大半は肥後時習館の教育課程、経営の実態に関することで、貸し与えられた時習館資料にもとずく情報記述であって単なる時習館見聞録ではない。時に三四歳、桃節山は自藩の藩校の教員組織の一員であり、恐らく九州旅行の主たる目的はこの時習館資料の収集にあり、そのことを通じて自藩の学制改革に寄与することが求められていたのであろう。

閑話休題。越後長岡藩の河井継之助も安政六年九月の二日間肥後を訪れ、時習館経営の資金調達のための学領である飽田郡上松尾村、海路口村の広大な土地を眺めて、さすがに肥後は雄藩、と感嘆し、また時習館助教であった木下真太郎塾に到っては「…家塾にて此の如く大なるは初めて見たり」と感服したという。

幕末、藩を越えての教育調査の記録は貴重である。

（一九九六・六・二七）

「教育勅語」の定着過程

―小国町役場史料に触れて―

この夏の熊本近代史研究会員有志による二泊三日の小国町役場史料調査は、役場当局のご好意のもと、幕末からの史料の山を前にして三伏の暑気も忘れさせるほどであった。特になか日の七月二七日は、ロッキード汚職事件による前首相田中角栄なる〝超大物〟の逮捕というビッグニュースが飛びこんできて、昼の休憩時間など私共の仕事場に指定されていた宿直室は、テレビを観に来た役場吏員によってまたたく間に占拠されてしまう始末であった。史料の発散する「近代」のいぶきと、「現代」のどうしようもない状況とが混在して、著名なテレビアナの、日頃よりはるかに上気したような甲高い声だけが耳に残り、昼食のカレーライスは吟味の対象とならなかった。

教育史資料についての役場文書であるから学校設置運営に関する行政側の指令書、学校が提出する報告書は可成り豊富であって、小国郷における近代学校成立史に必要な研究条件はある程度満たしているとみた。数年前〝明治期学校行事の考察〟という副題の『近代教育の天皇制イデオロギー』なる刊行物を手にしたとき、行政史料が自在に活用されていることに気をひかれた記憶があるが、更めて実物に触れてみると、資料のもつ重味が今さら意識されるのであった。明治二〇年代、森有礼の国家主義教育政策が制度的補完として地方に定着していくプロセスにおいて、予想を遙かに超える就学不能児（経済的貧困等の理由で）が存在しながら、敢えて就学督促にかりたてられた地方行政当局の姿に明治教育の内容を発見するのは、この役場資料を前にすればさして困難ではない。
天皇制教育浸透過程で、天皇御真影と、教育勅語謄写本交付状況に関するかなりの数の役場文書は、日本近代教育のイデオロギー的側面を象徴的に語りかけてくれた。

教育ニ関スル勅語奉読式施行ニ関シテハ疑惑致居候向モ有之由ニ候処該謄本及文部大臣ノ訓示ハ追テ其筋ヨリ送付可相成通報有之候云々

という訓令が阿蘇郡役所より南小国村長宛に発せられたのは明治二三年一一月二二日であり、勅語公布後ひと月も経ていない事実は勅語理念の定着化をいかに急いでいるかを物語るものであろう。さらに奉読式挙行の手続、式典の順序、参列者の選定、服装に関することなど細微にわたって次々に訓令しており、内容の浸透を儀式の形式性で補完する陶冶の原理を存分に発揮している事実に、当時の学校教育の実態をかいま見る思いであった。勅語奉読式の模様は「該式挙行セシ実況ヲ…翌日限無相違報告スヘシ」という訓令によって遂一報告がなされている。保存されている報告書綴りを手にすると、この期教育の内実が伺われて一段と興味を覚えさせるものであった。

しかし、このようにして役場資料に埋もれながら、私は、改進党系の『九州自由新聞』が教育勅語公布の事実を無視して敢て掲載していないことを国権党機関紙『九州日日新聞』が批難していることについて思いをめぐらしていた。今駄文を綴るにあたり古新聞のコピーを探してみると、明治二四年一月二七日付『九州日日新聞』は「勅語を蔑視する上益城郡高等小学校」と題して、「同郡七滝村に限り村長始め村役場吏員より各小学校教員に至るまで一人も（勅語奉読式に）出席せざりしよし」とあり、村長は〝熊本改進党の熱心家某氏なり〟と附記しているのである。政党新聞のこととてその真偽は保証の限りではないが、そのような状況が否定すべくもなく存在していただろうことは、充分推測できるのである。

小国ではかかる傾向の資料は見出せなかった。
今回の調査結果、熊大猪飼氏によって資料目録が作成されるという。これを基本にして、政治経済の各分野にわたり、熊本近代史研究はさらに飛躍するだろう。

（一九七六・八・三〇）

第二回衆議院議員総選挙と憲兵派遣請願と予戒令

一八九二（明治二五）年二月一五日の標記総選挙が空前の選挙干渉を背景として展開された事実は幾多の文献で指摘されている。この過熱した状況を示唆するものとして憲兵派遣要請に関する資料を紹介したい。

○〔憲兵派出ノ儀請願〕

衆議院議員改撰ノ期日愈切迫スルニ随ヒ県下政党ノ競争亦愈其度ヲ高メ各郡不穏ノ状況ハ新聞紙上明白ノ事実ニ有之本郡ノ如キ表面未タ擾乱ト申程ニハ無之候得共裏面ノ実況ニ至テハ誠ニ言フニ忍サルモノ有之銅臭以テ民心ヲ惑ハシ威権以テ愚民ヲ圧シ詐術欺罔《カ》至ラサル処無之立憲治下捜シテ有間敷ノ風評続々トシテ絶ヘス、此際更ニ一段ノ御取締無之ニ於テハ眼前如何ナル変態ヲ生スルヤモ難計実ニ憂慮ニ堪ヘ不申候、回視スレハ目下各地多クハ憲兵ノ設ケ有之大中至正竊カニ景慕罷在候儀ニ付仰キ願クハ本郡危機ノ未タ大ナラサルニ先チ速ニ憲兵派出ヲ命セラレ十分ノ御保護相成候様特別御詮議ヲ仰キ度実ニ切望之到リニ堪ヘス連署ヲ以テ此段奉請願候也

明治廿五年二月八日

葦北郡田浦村長　元山康雄㊞　佐敷村長　今村名興㊞

湯浦村長　伊藤弘綱㊞
大野村長　徳永大蔵㊞
水俣村長　深水頼寛㊞
吉尾村長　本村忠義㊞

熊本県知事松平正直殿

○〔憲兵派出請願〕

今般衆議院議員改撰ニ付テハ両党軋轢シ不穏ノ情況アルノミナラズ双方之壮士各撰挙人ノ自宅ニ踏込競候ニ付同人等ハ日夜自宅ヲ離レ他ニ潜伏スル位ニ立至リ愍然之事ニ付警察官ニ於テモ投票所取締行届兼候儀モ有之旁保護上直チニ憲兵出張之御詮議ヲ仰キ度候間閣下愍ミヲ察シ願意御聞届被下度大至急及御請願候也

明治廿五年二月十一日

葦北郡日奈久村長　村田英晤㊞

熊本県知事松平正直殿

以上は熊本県立図書館蔵熊本県公文類纂からの引用である。日奈久からの請願については次のような指令案が添付されている。

葦北郡日奈久町《ママ》長ヨリ憲兵派出之儀出願ニ付御指令案（熊本県指令発第二一二号）

葦北郡日奈久村役場

本年二月十一日附願憲兵派出之件詮議ニ及ヒ難シ

年　月　日

知　事

本指令案は二月一三日に立案されており、主査属、知事、内務部長、第一課長の捺印があるので、知事による憲兵派遣に関しては慎重であったようである。しかし「二月十三日夜、熊本県日奈久で、吏党派壮士百名と、自由党派村民四十名ばかりと、根棒をもって争闘しようとしたが、憲兵が制止して解散させた」（松下芳男著『暴動鎮圧史』一九七七年　柏書房）ともいわれており、これが事実だとすれば事態切迫に伴う知事段階での指令変更か、または他の形式による出動か議論の分かれるところである。

同著が紹介する憲兵派遣の若干の例を挙げれば次の通りである。

○二月十五日、佐賀県知事より、第六師団長野崎真澄に対して、吏党・民党の争闘激甚の故をもって、兵士一中隊の派遣を要求してきたので、師団長は、熊本憲兵隊の内一分隊を派遣したが、兵戈に訴えることなく、三月八日に引き揚げた。

○二月十六日、鹿児島県下においても、同様の事件が発生したので、広島憲兵隊から、士官以下七十九名を派遣し、三月十三日に、事件が鎮定したので帰着した。

鹿児島については著者は、「その所管隊たる熊本憲兵隊の出動によらず、遠い広島憲兵隊の出動を見た理由」として、「九州地方における民衆の動向から見て、熊本憲兵隊は待機の姿勢をとり、比較的平穏な中国の広島憲兵隊を出動させたのかもしれない」と推測している。前記憲兵派遣要請の葦北郡は鹿児島と境を接し、八代・球磨両郡と共に熊本県第五選挙区を構成するもので、熊本県選出八議員のうち唯一の民党議員（山田武甫）を選出した選挙区であった。

前記著者は、民党弾圧の法的基礎に予戒令の存在を指摘し、「およそ明治年間に、法令の数多しといえども、この予戒令ぐらい愚劣な法令はない」としているが、「愚劣」とはどういう意味か、確かに著者もいうように「官憲の事実認定は、どのようにでもできるであろうし、従って民党に対する弾圧は、どのようにでもできる」法令であることは間違いない。
ところで一月二八日、緊急勅令として立法化された予戒令に対して、『民党』は次のようにうけとっている。

過日来噂さ高かりし予戒令は愈々去月廿九日緊急勅令を以て発布し即日より執行を命ぜられたり嗚呼予戒令とは果して如何なる法律なるか世人伝へて浮浪人取締規則なりと云ふ未だ知らず浮浪人とは果して如何なる人を指す乎若し夫れ撰挙場裏に奔走する壮士を呼んで浮浪人と為さば吾人は差し当り熊本国権党の為めに吊せざるを得ざるなり何となれば彼れ国権党……彼れ虐民亡国党は目下県下の各撰挙区に幾多無頼的壮士を仕簇し以て撰挙人を恐嚇しつつあれば也然れば此の法律一たび施行せらるるの日は則ち彼等は復た壮士を仕簇して虐民の運動を逞ふする能はさるべし是れ吾人が予戒令の発布を聞て彼等に吊詞を贈る所旨なり

（『民党』創刊号　明治二五年二月一日）

新聞記事としていろいろ読み方もあろうが、予戒令に対する民党の対応の仕方に問題を含んでいることも事実であろう。予戒令を背景とする一八九二（明治二五）年の総選挙は、日本近代史の一つの分水嶺であったように思われる。

〈資料紹介〉

明治廿四年十月三十日紀（ママ、記）念日勅語奉読式挙行ノ実況報告

一．全体ノ実況

校内ニ国旗ヲ交叉シ、門前掲示場ニ参列員并拝観人心得ヲ、又玄関ニハ兼テ御衙ヨリ達セラレタル式場ノ順序ヲ掲ケ、階下第一年級教室ヲ以テ生徒扣所ニ、生徒扣所ヲ以テ参列員扣所ニ充テ、階上全体ヲ以テ式場ト定メ、正面ノ机上ニ勅語ヲ納メタル櫃ヲ安置シ奉リ其傍ニ菊花ヲ揷シタル花瓶ヲ置キタリ。

一．首席教員誨諭

生徒諸子ヨ、本日是昨明治廿三年十月三十日畏クモ教育ニ関スル勅語ヲ下シ賜ヒタリシ紀（ママ、記）念日ナルヲ以テ玆ニ恭シク奉読式ヲ挙行シタル訳ナリ。勅語ノ御主意ハ兼テ修身科ニ於テ御話申シタル通ニ付今日我臣民克ク忠ニ克ク孝ニト仰セラレタリシ御語ニ付御話申ス積ナリ。夫レ忠ト云ヒ孝ト云フ名目ハ漢学渡来ノ後新ニ出来タルニ相違ナキモ、彼ノ古歌ニ

海行かはみすくかはね陸行かはこけむすかはね大君の傍にこそしなめかえりみはせし

ト云ヘルニテモ古代君ニ忠ヲ尽スノ実アルハ明ニ、又畏クモ皇祖神武天皇葦原ノ中津国ヲ平ケ賜シ大和定鼎ノ後親シク皇祖天神ヲ祭ラセ給ヒタリシカ如キハ、即チ親ニ孝ヲ尽スノ実ナリト謹テ察シ奉ル。カヽレハ忠ト孝トハ我邦開闢

以来今日迄両ナカラ伝ハリテ欠ケサルノミナラス、我邦ハ此忠孝ヲ以テ経トナシ緯トナシテ国ヲ統治シ賜フコト歴史ニ徴シテモ了然タリ。然ラハ則チ吾々臣民ハ吾々祖先カ列聖仕ヘ奉リシ忠ニモ優リテ赤心ヲ以テ今上陛下ニ仕ヘ奉リ、吾々子孫ハ吾々カ祖先ノ其父母ニ仕ヘシ孝ニ劣ラス赤心ヲ以テ父母ニ仕ヘザルベカラス。唯忠ト云ヒ孝ト云フ名ハ異リト雖其赤心ヲ尽シテ仕フルニ至テハ一途ニ外ナラス。諺ニ云フ忠臣孝子ノ門ニ出ツト、宜ナリト云フベシ。諸子今幼ニシテ家ニ在リ朝夕父母ノ膝下ヲ離レサレハ、常ニ孝道ヲ尽シツヽアル事ハ信シテ疑ハザル所ナリ。諸子ノ心腸ニシテ腐敗ノ媒□《不明》ヲ含ズ。平素ノ訓誨ニ従テ諸子ハ孝子タルヲ失ハザルベク又忠臣タルヲ失ハザルベシ。今皇恩波濃ニ四海ニ溢シ時平ニ世穏ナリト雖、治ニ居テ乱ヲ忘レサセ給ハザルノ御思召ニテ海ニ陸ニ各兵備アリ。年丁ニ至リ兵役ニ服セントスル□《不明》営ニ入ラントシテ家ヲ出レハ則惆々離別憐ムベキノ色ナルモノ、滔々タル天下ノ人概ネ皆然リ。豈ニ此ノ如クニシテ忠ヲ陛下ニ尽シ臣道ヲ全クスル事ヲ得ベケンヤ。諸子長シテ丁トナラバ奮テ此醜弊ヲ洗滌シ、一旦緩急アレハ國ヲ思ヒテ家ヲ忘レ、死アルヲ知テ生アルヲ知ラス。一向ニ一身ヲ以テ皇恩ノ万一ニ酬ヒ奉リテ敢テ或ハ不忠ノ行ヲ以テ乃祖ヲ地下ニ辱シムル事忽レ。唯夢寐造次ダモ忘ルベカラザルモノハ忠孝ノ道ナリ。諸子ニシテ若シ此道ヲ忘ルヽモノアリトセン乎、ソハ即チ此優渥者聖恩ヲ忘却シタル不忠ノ臣ニシテ、日本臣民以外ニ放逐スベキモノナリ。父子ノ大倫ニ悖逆シタル不孝ノ子ニシテ又以テ日本人類以下ニ放逐スベキモノナリ。此類之ヲ人頭獣畜ト謂ヒ人面獣心ト謂ヒ又人非人ト謂フ。諸子ハ此ノ如キノ人タラン事ヲ希フカ、否々諸子ハ忠孝ナル日本臣民ト称セラルヽ事ヲ希フナルベシ。然リト雖之ヲ希フテ赤心以テ其道ヲ尽サヾレバ其志ヤ遂ニ空シ。之ヲ悪テ其行ヲ修メスンバ終ニ又此等ノ放逐者トナランノミ。諸子ハ将来能ク此等ヲ思ヒ恐ルヽカ上ニモ恐レ謹ムカ上ニ謹ミ、以テ予カ今日諸子ニ望ム所ヲシテ啻一場ノ談柄トシテ(カ)空シカラシメス、深ク皇恩ノ辱キヲ感戴シ孜々カメテ怠ラス忠孝ノ実ヲ挙ケラレン事ヲ深ク希望スル所ナリ。

一・生徒総代答辞

謹テ聖意ヲ奉体シ深ク聖恩ノ辱キヲ謝シ奉ル

一・参列者
警部古川権九郎外巡査壱名、村長上野正平、村会議員松崎盛、笹原秀一、高等校教員松崎軍太、堤連八、河部仙吾、梅木伴次郎、本校教員北里直樹、髙野研、宇都宮房喜、一時雇河部早喜
一・生徒出席数九十七名　在籍生徒百九名
一・有志并ニ父兄出席数有住兵次郎外拾五名

阿蘇郡北小国村尋常宮原小学校訓導

北里直樹　㊞

明治廿四年十月廿日

注

北小国町役場蔵『明治二五年・学事一巻』句読点筆者。

教育勅語頒布後満一年、勅語奉読式の模様を役場に報告したもの。一八九一（明治二四）年六月には「小学校祝日大祭日儀式規程」が公布されており、挙式形式はもちろん、首席教員誨諭の内容についても幾種類かの雛型が示されているものと想像される。

『同志社文学』と熊本

『同志社文学』（正確に言えば第一次同志社文学）は明治二〇年三月から同二八年四月まで発刊された京都同志社関係者の学生を含む投稿月刊雑誌である。全八七号。原本は同志社大学、天理大学の図書館または個人所有と分散されており、全巻がゼロックスで複写されて同志社大学図書館に完備されたのは最近のことらしい。

『同志社文学』の文献的価値については論及する資格をもたないが、その総目次を掲載している同志社大学人文科学研究所編『人文科学』（一九六九年二月、一巻二号）は「まだ掘りつくされていない宝庫である」と評価しており、社会科学、哲学史等から総合的な研究が進められることが期待される、としている。『六合雑誌』『早稲田文学』にも匹敵するものだとする研究者もいる。

熊本バンド関係者が大挙同志社に出向くことについての史実に触れる必要はないが、『同志社文学』が発刊されている当時彼等は同志社の中枢となって教育に学校運営に従事しており、したがって数多くの投稿がこの中に発見できるのである。たとえば浮田和民、森田久万人、金森通倫、山崎為徳、小崎弘道、下村孝太郎、海老名弾正、宮川経輝、市原盛宏といった人達のものである。これらの人物の著作については、前記、人文科学研究所編『熊本バンド研究』（昭和四〇年刊）に詳細な紹介があり、その精力的な文献蒐集で定評を得ているが、『同志社文学』掲載の諸稿ははずれている。将来補填さるべきものであろう。浮田和民は特に発行責任者の地位から多数の寄稿をしており、彼の思想研究には『同志社文学』は重要な意味をもつものと思われる。

その他の熊本関係者としては、明治二五年熊本英学校における「奥村事件」の奥村禎次郎の寄稿が四編ある。大江義塾を卒え、同志社で学んだ奥村禎次郎の青春の軌跡がここにある。また、柏木義円が多数寄稿しており、来熊以前すでにこの雑誌を通じて奥村と相識っていたことが伺われる。柏木は明治二六年以降編集責任者として論陣を張り、井上哲次郎と華々しく論争を展開するのであるが、その舞台は本誌である。徳富猪一郎の演説草稿、徳富健次郎の最初の活版印刷物といわれる「孤墳之夕」、遠藤能定の寄稿も散見される。

また奥村事件については第五一号に「熊本の近事に就て」という論説があり、事件発生後、直ちに記載しているところを見れば、それへの関心の強さを考えずにはおれない。その他五七号には広告欄に『大江』という雑誌を紹介している。これは奥村事件で熊本英学校が分裂した結果できた東亜学館の機関誌である。英学校の機関誌『九州文学』は散見するが、東亜学館発行の『大江』は現在のところ未発見のもののようである。

第二次教育勅語案について

水野公寿氏の「太平洋戦争中の民衆統合」（『近代熊本』二六号掲載）は、一九四三（昭和一八）年四月、熊本県が、戦時下の学校教育の目的を明示した文章である「教育是」の成立過程とその意義を詳細に分析し、その教育是が学校教育の範疇を越えて民衆レベルにまで及ぶ統合機能を果たすことを期待されたとして所論を展開した力作である。ところで、紹介された教育是の書き出しは「国体ノ本義ニ徹シ、教育ニ関スル勅語ノ聖旨ヲ奉体シ、……」となっている。このように、戦前の教育についてのこの種の公文書の冒頭にはまず例外なく〝教育勅語ノ聖旨（趣）ヲ奉体シ〟という文言が枕詞のように冠せられているのである。ここには戦前教育における「教育勅語」の教典としての絶対性が無前提に読み取れるように思われる。

ところで、はたして明治憲法がその美称として「不磨の大典」と言われたごとく、教育勅語も不滅、不朽の教典としてその絶対性を、無批判に持続したのであろうか。いな（否）、教育勅語は公布後数年にしてその内容をめぐり異論が提起された事実があったのである。

大阪女子大学の小股憲明氏は、「日清・日露戦間期における新教育勅語案について」（一九八九）と題する論文で、明治年間に教育勅語再検討の試みが複数あったのではないかと推測し、まず、周知の西園寺公望文相のいわゆる「第二次教育勅語」計画がその嚆矢である。つぎに明治三四年初期にマスコミで問題化し、第一五議会にも質問書が提出された教育勅語「撤回」風説事件がある。さらに、渡辺幾次郎の一連の著書に紹介されている伊藤博文「教育勅語追加ノ議」によってその存在が知られる「教育勅語追加」案、および同じく渡辺幾次郎が紹介している牧野謙次郎「先朝遺聞」に記述されている「文部次官某」の「教育勅語撤回」説の四例を挙げ、広範、緻密な文献調査に基づいて論述を展開している。このうち最初の「第二次教育勅語」計画については、まずこの計画が西園寺が二度目の文相（明治三一年一月一二日―四月三〇日）在任時以前にはできていたと推論し、またこの計画の内容については「「第二次教育勅語」の草案すら未発見の現時点で、その内容について議論することは、無謀とも、無意味とも言うべきかもしれないが、しかし、草案の細かな内容は別として、そこに盛り込まれていたであろう思想性ないし大筋は、西園寺のいわゆる「世界主義」や竹越（与三郎）の著作などによって、ある程度的外れでなく知ることができると思われる」として推測による内容を記述しているのである。ところが立命館大学編『西園寺公望伝』が、昨九七年一〇月に完結した。全四巻別巻二。その別巻二に「第二次教育勅語案」が掲載されているのである。そこには日清戦争、条約改正締結後の新しい社会の展開に見合う内容が伺われる。だが文字どおり案であって文章全体の調子は、明治二三年の「教育勅語」より数段劣るようだ。

第二次教育勅語案

教育ハ盛衰治乱ノ係ル所ニシテ国家百年ノ大猷ト相ヒ伴ハザル可カラズ。先皇国ヲ開キ朕大統ヲ継キ旧来ノ陋習ヲ破リ、知識ヲ世界ニ求メ上下一心孜々トシテ怠ラズ。此ニ於テ乎開国ノ国是確立一定シテ、復タ動ス可カラザルヲ致セリ。朕曩キニハ勅語ヲ降タシテ教育ノ大義ヲ定ト雖モ、民間往々生徒ヲ誘掖シ後進ヲ化導スルノ道ニ於テ其歩趨ヲ誤ルモノナキニアラズ。今ニ於テ之ガ矯正ヲ図ラズンバ他日ノ大悔ヲ来サヾルヲ保セズ。彼ノ外ヲ卑ミ内ニ誇ルノ陋習ヲ長ジ、人生ノ模範ヲ衰世逆境ノ士ニ取リ其危激ノ言行ニ彷《さまよ》ハントシ、朋党比周上長ヲ犯スニ俗ヲ成サントスルカ如キ、凡如此ノ類ハ皆是青年子弟ヲ誤ル所以ニシテ恭倹己レヲ持シ、博愛衆ニ及ホスノ義ニ非ス。戦後努メテ驕泰ヲ戒メ謙抑ヲ旨トスルノ意ニ悖ルモノナリ。今ヤ列国ノ進運ハ日一日ヨリ急ニシテ東洋ノ面目ヲ一変スルノ大機ニ臨ム。而シテ条約改訂ニ結果トシテ与国ノ臣民ガ来テ生ヲ朕ガ統治ノ下ニ托セントスルノ期モ亦目下ニ迫レリ。此時ニ当リ朕ガ臣民ノ与国ノ臣民ニ接スルヤ丁寧親切ニシテ、明ラカニ大国寛容ノ気象ヲ発揮セザル可カラズ。抑モ今日ノ帝国ノ勃興ハ発達ノ時ナリ。藹然社交ノ徳義ヲ進メ、欣然各自ノ業務ヲ励ミ、責任ヲ重シ、軽騒ノ挙ヲ戒メ、学術技芸ヲ煉磨シ、以テ富強ノ根柢ヲ培ヒ、女子ノ教育ヲ盛ニシテ其地位ヲ崇メ夫ヲ輔ケ子ヲ育スルノ道ヲ講セサル可カラズ。是レ実ニ一日モ忽諸ニ付ス可カラサルノ急務ナリ。朕ガ日夜軫念ヲ労スル所以ノモノハ、朕ガ親愛スル所ノ臣民ヲシテ文明列国ノ間ニ伍シ、列国ノ臣民ガ欣仰愛慕スルノ国民タラシメント欲スルニ外ナラズ。爾有衆父兄タリ、師表タリ。或ハ志ヲ教育ニ懐クモノハ深ク朕カ深衷ニ顧ミ百年国猷ノ在ル所ニ遵由シテ教育ノ方向ヲ誤ルコトナキヲ勉メヨ。

（巻紙に墨書。折りたたんで薄葉に包まれている。この薄葉には青鉛筆で「?·勅語案」と記されているが、誰の筆跡であるか判然としない。この史料は一九九四年夏、かつて清風荘に置かれていたと考えられる書画骨董、図書、雑誌、文書類の中から発見された。――立命館大学編『西園寺公望傳』別巻二、三八九頁、一九九七年一〇月刊）

（一九九八・一一・二）

義務教育無償制の確立について

一九〇〇（明治三三）年八月、勅令によって小学校令が改正された。この小学校令の特徴は、尋常小学校における授業料徴収を全廃して、名実ともに義務教育制度の内実を作り上げるものであった。「この小学校令において、いっそう重要なことは、市町村立尋常小学校においては、授業料を徴収することが許されなくなったことであり、公教育の理念が、ここに明確に制度化されたのである。この意味で一九〇〇年は、日本の教育制度史の上で、文字通り画期的な年であるということができる」（土屋忠雄他編著『概説近代教育史』川島書店　一九七八年）とする評価は一般的であり、筆者もその翌一九〇一年四月から無償制が全国一律に実現したものと考えてきた。ところが義務教育無償制は、必ずしも全国一斉に実施されたのではなく、地方の公共団体の経済状況を反映して、その実現にずれがあることが、次の資料によって判明した。

⑴　諮第一号　尋常小学校授業料徴収ノ義ニ付申請ニ関スル諮問案

尋常小学校授業料徴収ノ件左ノ通リ申請セントス

尋常小学校授業料徴収ノ義ニ付申請

部内各尋常小学校共従来授業料ヲ徴収致来候処今般小学校令改正ノ結果尋常小学校ニ於テハ全ク授業料ヲ徴収スヘカラサル事ニ相成候ニ付テハ当然本令ニ従ヒ明年度ヨリハ授業料ヲ廃止可致義ニ有之候処本市ノ如キハ近年汚物掃除其他種々ナル事業勃興ノ為メ経費著シク膨張シ市民ノ負担荷重ニ失シ殊ニ客年末第九銀行支払停止以来金融頓ニ閉塞シテ商工業ノ不振沈淪セル状況ハイフベカラサルモノ有之然ルニ教育費ハ小学校々舎改築等ノ為メ明年度ヨリハ一層経費ノ増加ヲ見ルニ至リ候ニ付テハ此際俄ニ授業料ヲ全廃シ市税ヲ増徴スル義ハ実際ニ於テ何分断行致シ難ク若シ強テ之ヲ断行センニハ折角計画シタル学校改築等ノ如キモ中止セサルヘカラサルノ実況ニ有之斯クテハ教育ノ改良進歩上大ニ遺憾ノ次第ニ有之候條明治三十四年度ヨリ来ル三十六年度迄向後三ヶ年間各尋常小学校共別紙定額ノ授業料ヲ徴収致度候ニ付特別ヲ以テ御認可被成下度市会ノ意見ヲ聞キ客年県令第百号第百四条ニ依リ此段申請候也

年　月　日　　　　　　　　　　市　長

知事宛

右及諮問候也

明治三十四年三月十一日　　　　熊本市参事会

熊本市長　辛　島　　格

熊本市会議長　吉　永　為　巳　殿

(2) 議第十号　授業料徴収継続ニ関スル議案

本市尋常小学校授業料徴収ノ件左ノ通リ本県知事ヘ申請スルモノトス

熊本市参事会

明治三十七年二月八日提出　　　　熊本市長　辛　島　　格

授業料徴収継続ノ義ニ付申請

本市尋常小学校授業料ハ去ル三十四年度来御認可ヲ得徴収致来リ本年度ヲ以テ徴収満期ニ有之候処本市ハ先年各銀行破綻以来金融頓ニ閉塞シ経済界ノ不振ハ今ニ依然トシテ恢復ヲ見ルニ至ラズ其ノ影響ハ直接本市財政上ニ波及シ徴税頗ル困難ヲ極メ居レリ加フルニ本市市区改正ノ事業ハ三十五年度ヲ以テ工事完成ヲ告ケタリト雖モ地所ノ売行予定ノ如クナラズ従テ公債ノ償還元利金ニ不足ヲ来シ之ヲ補充スル為メ市税ヨリ弐万六千余円ヲ支弁シ居ルノ際ニシテ明年度ヨリ直ニ尋常小学校ノ授業料ヲ全廃スルコトトセンカ之ニ代ルベキ財源ナキヲ以テ勢ヒ市税ニ増課セザルベカラズ若シ従来尋常小学校授業料トシテ徴収シ来リシ金額ヲ悉ク市税ニ賦課ストセバ各戸平均七拾銭余ノ増徴ヲ要スル為メ市税戸数割一戸平均四円四拾銭内外トナリ本市目下ノ状態ヨリシテハ負担甚タ荷重ニ失シ何分実際ニ於イテ断行致シ難キ次第ニ付尚三十七年度ヨリ三十九年度迄三ヶ年間従来ノ通リ各尋常小学校ノ授業料ヲ継続徴収致度左スレバ市経済界ノ状態モ漸次恢復ヲ見ルト同時ニ市区改正ニ属スル公債償還ノ方法モ整理モ緒ニ就キ授業料全廃ノ余地モ相生シ可申候間右事実御取調ノ上特別ノ御詮議ヲ以テ尚ホ三ヶ年間徴収継続ノ義御認可被下度別紙必要書類相添へ此段申請候也

年　月　日　　　　市　長

知事宛

追テ関西各市ニ於ケル授業料徴否ノ現況調査候処三十四市中授業料ヲ全廃セルハ鳥取、下関、福岡、鹿児島、松江、高知ノ六市に過ギズ其他ノ二十八市ハ現ニ徴収致シ居リ又二十八市中徳島市ヲ除クノ外ハスベテ向後継続徴収ノ由ニ有之現ニ名古屋、福井、広島、尾道、津ノ各市ハ本市同様本年度迄徴収ノ許可ヲ受ケ居候処此頃更ニ明年度以後継続徴収ノ許可ヲ得タル趣ニ有之候御参考迄此段添申候也

（別紙省略）

以上の資料は『熊本市会会議録』から引用したものである。明治三七年以降の会議録に当たっていないので正確を期すことはできないが、推測するに、尋常小学校授業料の徴収は大正期に入ってもなお継続されていたように思われる。一九一六（大正五）年二月の通常市会を報じた『九州日日新聞』には「尋常小学校は元来義務教育なるが故に児童の授業料を徴収せざるを原則となす、然れども本市の財政状態上全然之を徴収せざる事になし難き事情あるをもって……」（二月一五日付）とする記事があるので、少なくともこの期までは授業料徴収は実施されていたと考えられるのである。

（一九九九・三・二六）

内村鑑三の非戦論素描

二〇〇三年一一月九日熊本市にて、熊本近代史研究会の呼びかけによるシンポジウム「非戦・自由・人権　平民社一〇〇年と『熊本評論』」が開催されました。日露戦争に抗して平民社が創設され、幸徳秋水や堺利彦らが『平民新聞』を刊行したのが一九〇三年一一月のことであって、その一〇〇周年を記念しての集会でありました。当日はあいにくの小雨模様で、それに衆議院議員選挙の投票日と重なって来会者も多くは望めないのではないかと危惧されましたが、思いのほか多数の参加者を得て盛会裏に日程がこなされました。このシンポジウムの内容は「平民社一〇〇年と『熊本評論』主催・協賛・助成・後援団体」事務局の熊本出版文化会館廣島正氏による同名の報告書（〇四年五月三一日発行　一二一頁）に詳しく記載されています。私は「非戦論」について、今までほとんど関心を払う機会がありませんでしたので、山泉進（明治大学教授）氏や各シンポジストの発言に耳を傾けながら、当時の非戦論の内容についての私自身の知識の貧弱さを恥じ、かつ反省させられたのでした。

この会合に出席して遺憾に思ったのは、学生層をはじめ若い人たちの姿がほとんど見当たらなかったことです。もちろん、集会への働きかけにもよりますが残念に思ったことでした。若い人たちにこそこの会の雰囲気を味合わせたかったのに。

非戦論をとりあげると云っても簡単にはいかないようです。社主黒岩涙香が主戦論に転じ、それを期として内村鑑三、幸徳秋水や堺利彦などが『萬朝報』を退社する事件があります。幸徳や堺などは、今日初期社会主義者とよばれている人達で、彼らは労働者や農民すなわち「平民」の立場から戦争に反対し、戦争の階級性を暴露する「反戦」の姿勢であると思います。これに対して、内村などキリスト者は当然キリスト教信仰によって絶対非戦を訴えようとしたのであります。また各論者の立場、個性も無視できず、非戦論と云ってもなかなか平板には処理できないようです。

ここでは内村鑑三の非戦論について若干書き綴ってみたいと思います。

一九〇三（明治三六）年四月、田口卯吉らが主戦論をとなえて指示運動を展開し、また六月東大戸水寛人ら七人の教授たちが満州問題に対する建議書（開戦論）を政府に提出したのを契機に内村は『萬朝報』（六月三〇日）紙上に「戦争廃止論」と題するつぎのような短文を掲載しています（『内村鑑三全集11』岩波書店、一九八二年）。

「世には戦争の利益を説く者がある、然り、余も一時は斯かる愚を唱へた者である、然しながら今に至て其の愚の極なりしを表白する、戦争の利益は其害毒を贖ふに足りない、戦争の利益は強盗の利益である、（中略）勿論サーベルが政権を握る今日の日本に於て余の戦争廃止論が直に行はれやうとは余と雖も望まない、然しながら戦争廃止論は今や文明国の識者の世論となりつゝある、爾《さ》うして戦争廃止論の声の揚らない国は未開国である、然り、野蛮国である、余は不肖なりと雖も今の時に方《あたつ》て此声を揚げて一人なりとも多くの賛成者を此大慈善主義のために得たく欲《おも》ふ、世の正義と人道と国家を愛する者よ、来て大胆に此主義に賛成せよ。」

周知のように内村は、日清戦争時には義戦論を展開しました。彼はいうのです。日清戦争は朝鮮の独立を確定するための戦争であり、支那を懲戒して再び頭をもたげないようにするためものであり、文化を東洋に布きその平和を維持するためになされる戦争であると。すなわち内村に言わせれば、日清戦争は弱い朝鮮を守るための「義のための戦争」であり日本国の「欲の戦争」ではないのです。しかし内村は、翌一八九五（明治二八）年四月の講和条約の直後にはすでに義戦論が誤りであったことを自ら認め、義戦論を撤回したと云われています。内村ならずともこの期「義戦論」から「非戦論」への論調の変化をどう説明したらよいのか、検証してみる価値があるように思われます。

さて、最近発刊された富岡幸一郎氏の『非戦論』（ＮＴＴ出版、二〇〇四年九月刊）は重厚な労作であるように思えます。一読してもなかなか歯が立ちません。その内容は「平和」論の虚妄、非戦論の源流、天然論、家郷論、《戦争神学》に抗して、平和という約束の地の計六章から構成されています。何れの章にも内村鑑三の非戦思想が底流にあり、理解するのに時間がかかるのです。このうち、《戦争神学》に抗しての章ではカール・バルト神学思想を第二次世界大戦のナチズム批判に対峙させて論じ、内村神学に重ねて説いています。天然論はエコロジーと人間存在に問題を広げ、また最終章ではイスラエルとパレスチナ対立問題の現実を神学的考察を通して深めています。私には啓蒙的かつ説得的な文献です。

富岡氏はつぎのように述べています。

「内村鑑三の非戦論は、したがって彼の聖書への集中の中から生まれたものであることは疑いえない。これはキリスト者である内村としては当然のことのように見えるが、きわめて重要な点なのであって、その非戦論が聖書から導き出されているという事実に徹頭徹尾目を向ける必要がある。つまり、内村鑑三の非戦論は、彼の聖書研究と信仰の全体に深く関わっているのであって、決して政治的・状況論的な「反戦」論ではないということだ。また、内村の非戦論の本質は、人類愛やヒューマニズムといった普遍的な考え方から生じたのではない。それはあきらかに一九一八年（大正七年）頃から具体的に文章化され明確化される、イエス・キリストの再臨信仰、キリスト教の終末論思想と分かちがたく結びつけられているのであり、一九一四年七月に勃発した第一次世界大戦という『世界未曽有の大戦争』（内村の言葉）との対峙のなかから生まれたのである。」（四八—四九頁）

内村は一九〇〇（明治三三）年秋に宿願であった『聖書之研究』という月刊雑誌を創刊します。これは日本最初の聖書研究誌であり、彼の死まで約三〇年間続き、内村全集の大きな部分を占めています。この中に非戦論の内容が余すところなく展開されているようです。キリスト教における再臨信仰、終末論がいかなる内容をもっているか、それに規定される内村鑑三の非戦論をどのように理解すべきか、正確な理解に少しでも近づきたいものと考えているこの頃です。

〈資料紹介〉

『文部省思想局　思想調査資料集成』

熊本県関係

(1) 第五高等学校社会科学研究会発覚ニ関スル件（学校報、警察報）

去ル九月末ノ熊本県下ニ於テ極左分子一斉検挙アリタルガ其結果五高内ニ社会科学研究会ノ組織セラレアルコト判明シ十月初旬全校生徒四名検束取調べヲ受クルニ至レリ　目下右ノ内一名ハ送局セラレ居リ　他三名ハ釈放セラレタルガ釈放生徒三名ニ対シテハ学校当局ニ於テ夫々本学年間ノ謹慎処分ニ附シタリ

学校当局ノ取調べノ結果前記生徒四名ハ本年四月中旬九大法文学部学生某ノ来熊ヲ機会トシテ研究会ヲ開キ以後七月上旬迄ニ戦旗其他ノ極左図書ヲテキストトシテ数回会合ヲ続行セル外無新等ヲ購読セルコト判明セリ

（『彙報』第五輯　昭和六年一一月末日編　極秘　文部省学生部）

——第一五巻　五—一九頁——

(2) 社会科学研究会発覚ニ関スル件（学校報読報）

標記ノ件ニ付キテハ既報（彙報第五輯）ノトコロ右事件関係生徒四名中未釈放ナリシ文二甲組生徒某ハ一二月二十一

日検事局ニ於テ起訴猶予トナリ仝日実父ニ引渡サレタリ。取調ノ結果右生徒ハ昭和六年四月中旬九大法文学部学生某ノ来熊ノ際勧誘ニヨリ研究会ヲ計画シ五高生徒数名ヲ之ニ引キ入レ又前記九大生ノ紹介ニヨリテ在熊本全協関係実際運動家某ト交際シ八月二十七日頃全協関係者五名ト相謀リ産業別協議会ヲ開キ活動範囲ノ分担ヲ定メ自ラハ教育部長並ニ図書部長補助者トナリ且協議会書記ニ就任シ活動シ居リタルトコロ十月初旬警察ノ知ルトコロトナリ検挙セラルニ至レルモノナリ。而シテ右生徒ハ上記諸活動ノ外ニ九月八日熊本市内婦人オルグ会ヲ開催シ仝月一二日ヨリ三回に亘リ婦人オルグ養成ノ目的ヲ以テ集会シ又仝市営林局タイピスト某女ヲアドトシテ無青本社ト連絡シ無青其ノ他ノ不穏印刷物ノ送付ヲ受ケ前記産業別協議会メンバーニ配布回読セシメタルノミナラズ五高生徒ニモ之ヲ購読セシメ居リシ事実判明セリ。

学校当局ニ於テハ一二月二十日仝生徒ノ実父ヲ招致シテ諭旨退学ノ処分ヲ申シ渡セリ。

（『彙報』第七輯　昭和七年一月編　極秘　文部省学生部）

——第二五巻　七一—二八頁——

(3)　熊本県立第一高等女学校生徒の全協支持団組織に関する件

昭和八年二月一七日標記女学校に於ては生徒四名検束取調を受けたるが其の事件の概要左の如し

昭和七年二月頃当時同校在学中の児玉某は校内に全協学生支持団を組織せるが其の後更に社会科学研究会をも組織せんと計画し同校生徒四名を勧誘して研究会を数回に亘りて開催せり

然るに同年九月頃に至り全協学生支持団を解体するや児玉某は外部の分子と連絡をとり共青の指導下に実際運動を行はんと計画し又党オルグとも連絡をとり「赤旗」の配布を受け之もメンバーに閲読せしめたる等の事実判明せり

本事件は目下取調中たる為学校当局に於ては関係生徒四名中一名は自発的に退学せるが他の三名に対しては不取敢謹慎を命じ司法処分の決定を待ちて更に適当の処置を為す筈なり

（『彙報』―乙号―第七輯　昭和八年五月編　極秘　文部省学生部）
――第二八巻　七―一九頁――

(4)（参考）文部省思想局の変遷

昭和三年十月三十日　文部省専門学務局内に、思想問題に対処するために学生課新設
昭和四年七月一日　学生課を学生部に昇格させ思想対策を強化
昭和九年六月一日　学生部を拡充して思想局（思想課、調査課）を設置
昭和十二年七月二十一日　思想局を廃し教学局（庶務課、企画部、指導部）を設置

※『文部省思想局　思想調査資料集成』は全二八巻、日本図書センター、昭和五六年刊

（一九九六・九・一八）

第三部　近代熊本教育の展開

熊本と教育勅語

一　勅語の精神消えず!?

今も暗唱できる年配者

かつて内藤誉三郎という文部大臣が、その就任あいさつの中で「いま教育勅語そのものを復活させようとは思わないが、教育勅語の精神は現代でも生きている」という意味のことを語ったことは記憶に新しいところです。また「再興・日本の精神、復活・教育勅語」というような文字を車体に大書した、ある政治団体の宣伝カーが動き回っていたりして、どうやら教育勅語はいまでも、ある層の日本人の心の中に消し難く生きているようです。私の推測では、昭和五年（一九三〇）前後それ以前に生まれた日本の教育を受けた人たちは、現在でも教育勅語全文を必ず暗唱でき、あるいは、あの難しい漢字まじりの文章を誤りなく原文を見ずに書くことができると思います。暗唱し、文章化できることと、教育勅語を価値的に評価することは別問題ですが、とにかく戦前の日本の教育において、非常に重要な役割を演じたことは誰《だれ》も否定できないと思います。

教育勅語、正確には「教育ニ関スル勅語」といいますが、それは戦前の憲法（大日本帝国憲法）が公布された翌年、明治二三年（一八九〇）一〇月三〇日に、教育の基本理念を天皇が直接示すという形で国民に「下付」されました。それ以後、教育は天皇大権の重要な柱としての性格を持つようになります。すなわち、国民の教育は、法律によらなければならないとする人権意識と、それにねざす近代法治主義の原則は否定され、「臣民」（国民）の幸福を増進するため、天皇はほとんど無制限に命令（勅令）を発しうるとする慈恵主義的撫民思想によって性格づけられました。これを私たちは形態的に教育における勅令主義と呼んでいます。日本の教育の極めて特徴ある形で、教育勅語はその根幹をなすものでした。

ここに「熊本と教育勅語」と題しましたが、次のような論旨のもとに話をすすめたいと思います。一つは、教育勅語の成立過程に関することで、周知のように熊本は元田永孚と井上毅という二人の先覚者を生みだしており、この二人が教育勅語の製作にきわめて重要な役割を演じたということ、このことを明治の教育状況の中で考えてみたいと思うのです。つぎに、教育勅語の定着過程についてで、ここでは熊本でおきた教育勅語不敬事件に言及し、教育勅語は、公布された直後から問題をはらみつつ極めて意図的に国民に強制されながら教育の中に浸透していったこと、したがってそのイデオロギー的性格に注目していきたいと考えています。

二 「学制」から「教育令」へ

儒教主義者元田永孚の登場

日本の近代教育の出発は、明治五年（一八七二）の「学制」施行でした。この「学制」では、従来の封建的教育が空理空論に流れていた傾向を批判し、これからの学問は「身を立てるの財本」であるとして、個人の幸福を保障するものとしての学問という規定の仕方をしています。すなわち教育の目的は個人の幸福追求にあるとする、教育における個人主義の強調です。したがって教育の内容は、日常生活に密接した「実学」でなければならず、このような教育を受ける機会が全国民に平等に与えられなければならない。「邑《むら》に不学の戸なく家に不学の人なからしめん事を期す」と説いています。ここに示された教育観は、文明開化の教育思想、啓蒙主義教育思想と呼ばれるものでした。

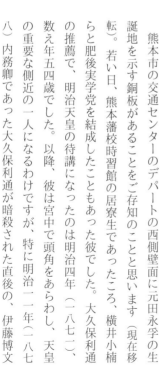

　このような考え方で出発した日本の近代教育は、その規模において、国民皆教育にふさわしい雄大なものでした。しかし明治維新間もなくのことであり、これを支える財政的基盤がなく、さらに最後の士族反乱ともいうべき西南戦争もはさんで、その手直しは必然的でした。明治一二年（一八七九）「学制」は廃止され、代わって「教育令」が、「学制」的就学強制をぐんとゆるめる形で公布されます。ちょうどこのころ、全国的に自由民権運動が高まり、教育の考え方も変わってきます。その象徴が儒教主義者元田永孚の登場でした。

元田永孚の碑

元田永孚

　熊本市の交通センターのデパートの西側壁面に元田永孚の生誕地を示す銅板があることをご存知のことと思います（現在移転）。若い日、熊本藩校時習館の居寮生であったころ、横井小楠らと肥後実学党を結成したこともあった彼でした。大久保利通の推薦で、明治天皇の侍講になったのは明治四年（一八七一）、数え年五四歳でした。以降、彼は宮中で頭角をあらわし、天皇の重要な側近の一人になるわけですが、特に明治一一年（一八七八）内務卿であった大久保利通が暗殺された直後の、伊藤博文を中心とする官僚派に対する宮廷派重鎮としての元田の活躍は非常に印象的です。すなわち彼は、大久保暗殺直後、混乱する政局の中で、天皇に親政の実を示すよう強く要請すると同時に、政府に対しても、天皇が直接政治に関与することを容認するよう申し入れたのでした。結局、元田の意向は、伊藤ら官僚派によってつぶされることにはなるのですが、教育面では元田が大きく浮かび上がってくることになるのです。「教育令」が審議されている過程で、明治天皇は自分の考えを「教学聖旨」と題して伊藤博文内務卿、寺島宗則文部卿に示します。そしてこの「教学聖旨」の草案を天皇の命によって書いたのが元田永孚でした。これに対して伊藤は「教育議」で反論、そして元田は「教育議附議」で再批判を試みています。

〝道徳の管制〟に反対と官僚派井上毅

いまこの論争の大略をみたいと思います。教育勅語成立の前史的意味をもつと考えられるからです。

「教学聖旨」は「教学大旨」と「小学条目二件」から成っています。明治天皇の北陸、東海諸地方巡幸の折、「学制」以降の教育が民衆の実生活から離れているという認識に立って、天皇が元田に草案起草を命じたものといわれています。その中で現今の教育については「其流弊仁義忠孝ヲ後ニシ徒ニ洋風是競フニ於テハ将来ノ恐ルル所」と述べ、今後の教育は「仁義忠孝ヲ明ラカニシテ智識才芸ヲ究メ以テ人道ヲ尽スハ我祖訓国典ノ大旨、上下一般ノ教トスル所ナリ」としております。説明するまでもなく、儒教主義的徳育重視の文教政策の要求です。文明開化をうたい、実学的個人主義を強調した「学制」の教育理念とは全く異質であるといわねばなりません。

儒教主義的、復古主義的教育への転換を示唆した「教学聖旨」を受けて、明治新政府の実力者としての伊藤博文は、直ちにこれに対する彼の意見を「教育議」にまとめて天皇に提出しました。この「教育議」なる意見書ですが、実は伊藤の腹心であった井上毅《こわし》が草案の起草に当たっています。

周知のように井上毅は、熊本市内の坪井に生まれ、米田家の臣飯田氏からおなじ米田家の臣井上氏の養子となった

井上　毅

熊本市立必由館高校にある井上毅生誕地の碑

人であり、その生誕碑は、熊本市立高等学校（現・熊本市立必由館高校）の校庭にあります。元田と同じく時習館に学び、若いうちから東京、長崎に遊び、さらにフランス、ドイツに留学して司法省に入り、有能な官僚として伊藤博文のもとで縦横にその才を発揮しました。明治一二年（一八七九）ここに元田、井上という熊本出身の二人の先達が、日本の教育方策の構築過程で出会ったことは非常に興味あることに思えます。二人は、ここで話の主題としている教育勅語の作成にまた重要な役割を果たすことになるのですが、そのことについては後で触れたいと思います。

ところで「教育議」の内容ですが、まず「教学聖旨」の中で指摘された当時の社会的道徳的混乱を率直に認めつつも、その原因については、明治維新の際、社会的諸変革を急速になしたことに基づくものとして、「抑弊端ノ原因ハ、既ニ専ラ教育ノ失ニ非ス」と表現し、教育というものは、この社会的混乱を除去できるような、そんな大それた力を本来持っているものではない。だから「学制」に不備の点があれば、それを匡正《きょうせい》するだけでよいのではないか。いま儒教主義的教育を採用して教育の基本を改めようとする動きは、いたずらに「旧時ノ陋習ヲ回護スル」ようなものだとして、極めて批判的です。なぜなら、一国の道徳的基礎を確定し、国家レベルで直接国民に教示するとは、「政府ノ宜シク管制スヘキ所」ではないというのです。ここに伊藤博文の、したがって井上毅の論理の近代性をみるように思います。

このような批判を受けて、それを黙認するような元田ではありません。早速反論を展開します。それが「教育議附議」と呼ばれているものです。元田の立場は国教論に立脚するものです。すなわち、天皇をもって道徳的権威となし、歴代天皇の遺訓が国教である、と論じるのです。私たちはここに、教育勅語の精神と非常に近似した論理の展開をみるように思います。それはすぐれて元田永孚のものでした。私は教育勅語ができ上がっていく起点を明治一二年の、この論争過程に見いだしたいと思うのです。ただ一言、断っておきたいことは、「教育議」にみられる伊藤の、したがって井上の近代性は、彼が絶対主義官僚としての本質に付属する限りでの近代性であって、明治一〇年代に高揚する自由民権運動に対しては厳しい弾圧的姿勢を堅持していることを申し添えておきたいと思います。

三　教育勅語の成立

地方長官会議、天皇親裁を望む

「教学聖旨」をめぐる一連の論争は、教育令制定という教育制度改革の時期に表面に現れた、支配層保守派の伝統的徳育中心の教育観と、開明官僚派の西欧化推進の教育観との対立を意味しております。この支配層内部の教育観の対立は、ただちに結論のでるべき性質のものではなく、以後明治国家体制の形成過程の中で、必要に応じて対立し、あるいは利害関係の中で結合し、微妙な関係を保ちながら進展していきました。ただ開明官僚派が自由民権運動の抑圧に忙殺されている間に、儒教主義的立場の保守派が主導権を掌握するようになってきました。幾多の変遷を経る中で、小学校教科の首位に「修身」が位置づけられ、その中身が儒教主義的色彩を濃くしていくことにそのことが表現されていると思います。

明治一〇年代後半から二〇年代前半にかけて、西村茂樹、福沢諭吉、加藤弘之、杉浦重剛といった、当時の主だった思想家が、いまだかつてない規模と多様性で徳育論争を展開しています。たとえば福沢は儒教主義的論調を批判して「恰も文明世界に古流回復の狂言を演ずる」ものといい、初代文部大臣として本格的に学校制度の整備を手がけた森有礼は、「今の世に孔孟の教を唱ふるは迂濶なり」といって、立憲政体に見合う国家を考えて、それを支える教育内容について付言しています。加藤は宗教に基づく学校徳育の重要性を強調し、杉浦は道徳教育主義の必要性を強く論じました。まさにこの時代は各種の徳育論の盛大なパレードを観るような趣がありました。しかしこのような傾向は、必然的に官の権威による徳育方針の確定化を求める条件を、結果的につくり出すことになりました。特に地方における教育関係指導者の間では、実際の教育に当たって、どの方向で指導原理を策定するか、現実の問題となったのです。

明治二三年（一八九〇）二月に開かれた地方長官会議は、徳育方針の確定をめぐって論議が集中したといわれています。それは「徳育涵養ノ義ニ付建議」という建議案の審議過程がそのことを明らかにしています。地方長官というのは府県知事のことです。彼らの集約的意見の中には、条約改正交渉のための欧化ムードなどによる危機感が強く、わが国固有の倫理に基づく道徳観の確立を政府に求める方向にあったといってよいと思います。「我国ニハ我国固有ノ倫理ノ教アリ、故ニ我国徳育ノ主義ヲ定メント欲スレハ、宜ク此固有ノ倫理ニ基キ其教ヲ立ツヘキノミ」と建議案はいっています。

審議の内容は長くなるので省略しますが、一、二例を引けば、翌明治二四年に熊本県知事になる松平正直は建議案に賛意を表した後「其目的ハ我国ノ成立ヲ基礎トシ我国人倫ノ道等卑近ノ例ヲ採リ、其足ラサルヲ外国ニ採ルモ可ナリ、総テ我国家ヲ知ラシムルヲ勉メ、眞ノ日本人タルニ耻サル者ヲ養生センコトヲ冀望《きぼう》ス」と発言しております。また会議の方向に重要な役割を果たしたのが熊本県知事であった富岡敬明の発言でした。彼は「尋常ノ手段ヲ以テ挽回ハ到底望ムヘカラス、故ニ陛下直接御親裁ヲモ望ム所ナリ」といっています。すなわち、道徳観の混乱は尋常の手段をもってしては救うことはできない、この際天皇が直接指示してこの難題を解決した方がよい、という方法論の提示でした。この富岡の発言は、その前日宮中で陪食のことがあったので、その際にこのような考え方があったのか、あ

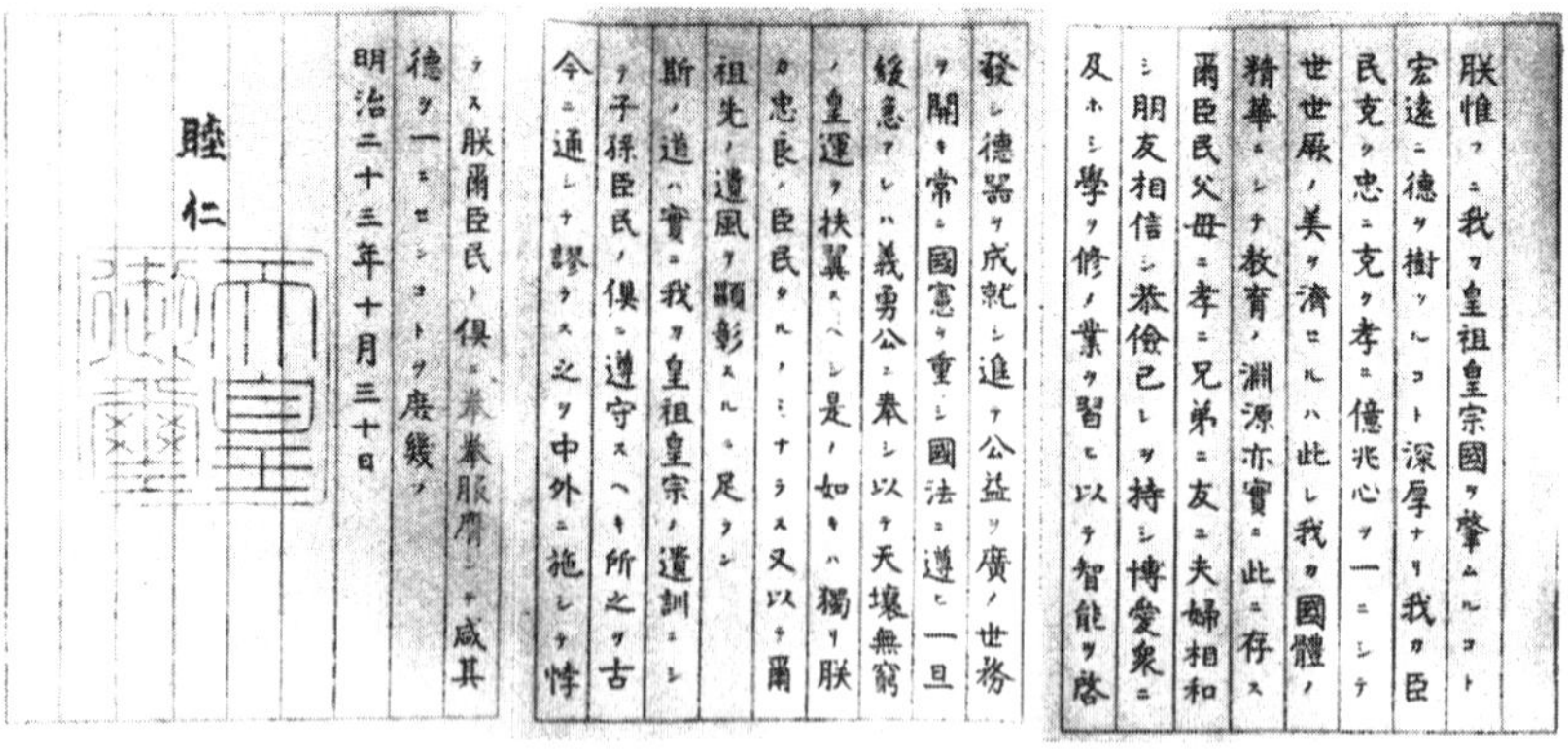
朕惟フニ我カ皇祖皇宗國ヲ肇ムルコト
宏遠ニ德ヲ樹ツルコト深厚ナリ我カ臣
民克ク忠ニ克ク孝ニ億兆心ヲ一ニシテ
世世厥ノ美ヲ濟セルハ此レ我カ國體ノ
精華ニシテ教育ノ淵源亦實ニ此ニ存ス
爾臣民父母ニ孝ニ兄弟ニ友ニ夫婦相和
シ朋友相信シ恭儉己レヲ持シ博愛衆ニ
及ホシ學ヲ修メ業ヲ習ヒ以テ智能ヲ啓
發シ德器ヲ成就シ進テ公益ヲ廣メ世務
ヲ開キ常ニ國憲ヲ重シ國法ニ遵ヒ一旦
緩急アレハ義勇公ニ奉シ以テ天壤無窮
ノ皇運ヲ扶翼スヘシ是ノ如キハ獨リ朕
カ忠良ノ臣民タルノミナラス又以テ爾
祖先ノ遺風ヲ顯彰スルニ足ラン
斯ノ道ハ實ニ我カ皇祖皇宗ノ遺訓ニシ
テ子孫臣民ノ倶ニ遵守スヘキ所之ヲ古
今ニ通シテ謬ラス之ヲ中外ニ施シテ悖
ラス朕爾臣民ト倶ニ拳拳服膺シテ咸其
德ヲ一ニセンコトヲ庶幾フ
明治二十三年十月三十日
睦仁
天皇御璽

るいは富岡自身の発想に基づくものであったか不明とされていますが、以後の会議は、徳育問題と天皇親裁を結びつける方向に流れたといわれています。これを受けて安場保和福岡県知事も「海陸軍ノ如キハ総テ親裁ニ出ルヲ以テ、教育ノ如キモ是ト等シクセラレンコトヲ望ム」と述べました。

勅語反対の井上、論敵元田と草案作り

かくて首相山県有朋は、軍人勅諭と同じような勅諭が教育に関しても必要だと判断するようになりました。この年五月、山県の腹心芳川顕正が文相となるに及んで、ただちに具体化が進みました。

まず帝国大学教授中村正直に勅諭の作成を依頼し、「徳育の大旨」と題する草案ができるのですが、この草案は忠孝を人倫の大本と設定しつつも、その根幹を個人の良心と敬天尊神の宗教的心情に求めるという性格のものでした。ところが中村草案が文部省原案として内閣に示されると、当時、法制局長官であった井上毅は、この草案の宗教的立場ないし哲学的立論を批判して、これでは国民的合意は難しいと判断したといわれています。このような勅諭は、中立不偏の立場を堅持しなければ効果は上がらず中村草案のごとき内容は、かえって宗教的思想的対立を激化する恐れがあるというのです。かくして井上は、勅語立案そのものを断念するように山県に進言したのですが、どのような事情があってか、最終的には井上が中村草案に代わる勅語案を作成することになりました。

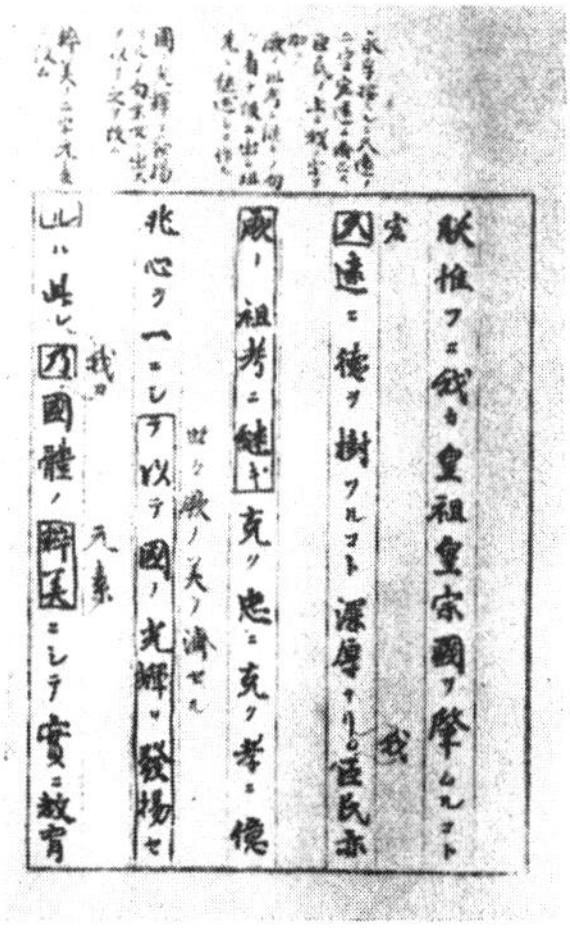

教育勅語謄本㊨と井上毅の草案。元田永孚の朱が入っている

一方、元田永孚は、中村草案ができ上がると時期を同じくして、別個に「教育大旨」と題する勅語案を起草していました。これは政府が依頼した訳ではなく、個人的に書いたものです。元田案は、天祖以来の君臣関係を内容とする国体観念に道徳および教育の根元があるとし、それを儒教的な臣民徳目に整理し直すというものでした。

中村案を没にした井上ですが、彼は勅語そのものについては、「今日之立憲政体之主義に従へば、君主は臣民之良心之自由に干渉せず」との立場をとっていたといわれています。天皇が直接勅語のような形で、国民の道徳的領域に踏み込むことは、立憲政体のもとでは望ましくないということでありましょう。この井上の考え方は非常に評価すべきものがあるし、同時に、教育における天皇親政に疑義をもつ考え方の存在を示すのではないでしょうか。井上の考えはその象徴であったと思われます。さらに井上は、いま勅諭を発して教育の方向を天皇が示すという行為は、「社会上之君主の著作公告として看ざるべからず」とも述べています。これも非常に興味ある見方と思います。しかしいずれにしても井上は、以後数種類に及ぶ原案を作成しています。海後宗臣著『教育勅語成立史の研究』の中には、井上の勅語案が二六種でており、その苦心の跡が歴然としています。修正に修正を加え、最終的には元田に唯一の信頼しうる人物として協力を要請し、元田は修文に専ら協力しています。

こうして、ここに井上案を原案として勅語は完成し、明治二三年（一八九〇）一〇月三〇日「教育ニ関スル勅語」と題して文部大臣に下付されました。全文三一五字、教育の根本理念を天皇制に基づく国体観念に結びつけ、臣民の守るべき徳目を一四にわたって述べ、「一旦緩急アレハ義勇公ニ奉シ以テ天壌無窮ノ皇運ヲ扶翼スヘシ」としております。いったん有事の場合はすべて万難を排し、天皇のもとに馳《は》せ参じなければならないというのでした。

四　〝天皇の分身〟への反応

内村鑑三、勅語謄本に敬礼せず

教育勅語公布以前から、政府は各学校に天皇の写真、すなわち御真影《ごしんえい》というのですが、それを配布して、教育現場に天皇の威光を定着させる努力を重ねておりました。教育勅語が「下賜」されるに及び、それらは二点セットとして、天皇制教育体制確立のために非常に有効な働きが期待されました。明治二三年一一月から翌年にかけて、全国約三万の官公私立各学校に、ほぼもれなく勅語謄本が下付されました。これを受けた各学校は、荘重な奉読式を挙行し、しだいにそれは、祝祭日、卒業式当日の儀式の中核となりました。とりわけ「小学校祝日大祭日儀式規程」が公布されると、御真影への礼拝と勅語奉読とを主内容とする厳粛な学校儀式が定型化されることになり、各学校における宿直の制度も、これらを護るために制度化されたといわれています。御真影、勅語謄本は、学校に頒賜された天皇の分身であり、教育の本尊でした。

当時の民衆の教育水準から推量すれば、おそらく熊本の住民であれば、旧藩主細川氏の名前は知っているとしても、天皇がどのような政治的位置にあり、自分らとどのようにかかわり合うのか、大部分の人たちは理解に苦しんだのではないでしょうか。それだけ、教育勅語などの取り扱いについては、為政者は気をつかったことと思われます。

明治二四年一月九日、第一高等中学校（旧制一高）で教育勅語の奉戴式がありました。校長の式辞と勅語奉読の後、教授と生徒とはひとりひとり壇上に昇って、勅語に敬礼することになりました。この時、内村鑑三は教員の一人として列席していました。内村はあとで、この日のことについて次のように述べています。

「その敬礼は、われわれが日常仏教や神道の儀式で、祖先の霊宝の前にささげている敬礼です。この奇妙な儀式は校長の新案になるもので、従って私はこれに処すべき心構えを全く欠いでいました。しかも私は第三番目に壇上に昇って敬礼せねばならなかったため、ほとんど考慮をめぐらす暇もなく、内心ためらいながらも、自分のキリスト教的良心のために無難な途をとり、列席の六十人の教授（すべて未信者、私以外の二人のクリスチャンの教授は欠席）及び一千人以上の生徒の注視をあびつつ、自分の立場に立って、敬礼しませんでした。おそろしい瞬間でした。その瞬間、自分の行動が何をもたらしたかがわかったのです。」

その数日後、内村は重い肺炎を患ってしまい、ようやく回復した時には、すでに教師の席を失っていました。これが有名な内村鑑三不敬事件です。当時の文献を調べてみますと、国粋主義者や仏教徒らの、教育勅語に対してとった内村への非難は非常に厳しいものでした。それはまさに国賊扱いでした。彼はその後、全国の学校を転々として、口の悪い人たちは、彼に「学校荒し」の異名を捧《ささ》げたといわれています。この間、明治二六年（一八九三）には、わずか三カ月でしたが、熊本英学校の教壇にも立ちました。

奥村禎次郎

「国家なし」と英学校で奥村禎次郎発言

明治二〇年代の約一〇年間、現在の熊本市大江の市電車庫のあたりに、先ほど触れました熊本英学校という、キリスト教主義の学校がありました。このころ私立の済々黌が、熊本の保守層である国権党員の子弟を集めて大きな存在を示していましたが、規模は小さくても、反国権党的人材を集めていたのがこの熊本英学校でした。蘆花徳富健次郎も、この学校で教鞭を執っています。余談ですが、英学校の女子部が後に熊本女学校となり、さらに大江高等学校として現在に至っております（大江高校は現在開新高校に統合）。

明治二五年（一八九二）一月一一日、熊本英学校は、英国エジンバラの大学に留学中であった蔵原惟郭を新校長に迎えて、その就任式を挙行しました。その席

蔵原惟郭

熊本英学校の跡

上、教師団を代表して奥村禎次郎という若い教師が校長歓迎の祝詞を述べました。それは次のようなものだったといわれています。

「本校々育の方針は日本主義に非ず、亜細亜主義に非ず、又、欧米主義にもあらず、乃ち世界の人物を作る博愛世界主義なり、故に我々の眼中には国家なく外人なし」

私はこの資料を当時国権党の機関紙である『九州日日新聞』から取材しました。もちろん現今のように録音技術はなく、また公文書として残るような性格のものではないので、奥村の発言として正確なものかどうか不明です。新聞記事は当時の雰《ふん》囲気を次のように伝えています。

「此演説中、心ある来賓は皆気色を損じ、続々退場する者あり、之を見兼ねてや耶蘇熱心者某氏の如きは大声を発し、簡単々々と叫び、他の来賓に聞ざる様注意せしも遂に其の甲斐なかりし」

この記事も、状況を正確に描写しているのか保証の限りではありません。ともあれ新聞は連日、関連記事を載せて世論をあおっていることは間違いないことです。奥村禎次郎は眼中国家なしなど平気で公言した、このことだけで教員の資格はない、というのでした。明らかに教育勅語の趣旨にもとる発言だ、というのです。

知事が介入、校内真っ二つ

その二週間後、先に紹介した松平正直熊本県知事は、突如「貴校教員奥村禎次郎は解雇すべし」との命令を、熊本英学校あて発しました。熊本市名誉市民故福田令寿は、当時のことを次のように回想しておられます（『百年史の証言』）。彼はこの時、英学校の一生徒でした。

「奥村さんの演説というのが、私はどうもはっきりと覚えておらんのですがね。とにかく聞いておって、異様な内容とはちっとも思わなかった。問題の個所なども、いたって平凡に考えて、きょうの喜びは内外の人種の別を問わず、西洋人も日本人も国境なんか忘れて、みんな喜ぶんだというぐらいの意味に解して、いっこう、とがめるところもなく、まぁ立派な話だと思っておったのです。」

「さぁ大騒動です。知事の命令に従うか、従わないかということで、議論沸騰ですね。英学校は、先生も生徒も真っ二つに割れました。教会も二派に分かれました。校長の蔵原さんなどは、ああいう激烈な議論をやる人ではあったけれど、官の命ずるところには従順であるべし、という意見で、私なんか、むしろその方に従った方でした。これに対して、知事の命令といえども、人間のやることは神の命令ではないから、どこまでも反対すべきだ、と強硬に主張して譲らなかったのが柏木さんでした。」

引用がながくなりましたが、私が直接お聞きしたことでもあり、あえて記しました。

結局、英学校は知事命令の妥当性について文部省にも伺いを立てたようでしたが、文部省も不当解雇だとは言明せず、ついに奥村禎次郎を解雇しました。同時に英学校は分裂、知事命令は断固拒否すべきだと主張する人たちは、新たに東亜学館と称する学校を建てました。英学校は「命令を奉ずるの理由」と題する声明文を出して、その中で「此命令を奉ずるが為に涙を呑んで多年教員として信任し、兄弟として親愛する奥村氏を解雇するに至れるは実に痛心の至りに堪えず」として惜別の情をとくとくと述べ、「吾人惟へらく、法律は政府の施行する所、知事は天皇陛下の信任し玉ふ所、故に日本臣民としては一毛も国家の法律を破らず、其職権を重んじ命令を奉ぜざるべからず」とその立場を表明しています。美しい文体で、英学校の苦衷が横いつしている文章です。

奥村事件後、松平知事は町村長、町村会議員を招いて演説し、「苟《いやしく》も勅語に悖《もと》れる個人とか自由教育主義とかを主張さるあるは、予は断乎として之れが処分を為すべきのみ、諸君能く勅語の趣旨を奉戴し、造次顛沛《ぞうじてんぱい》も敢て怠るなく、宗教に習はず、個人を尊ばず、真正なる日本国民の資格を有すべき忠良の人物を造り出さんことに熱心し、結局此勅語と討死する精神覚悟なかる可らざるなり」と述べています。かくて教育勅語は、地方長官の教育行政を支える理論的根拠として、あますところなく利用され、その威力を教育界の隅々《すみずみ》にまで及ぼし、天皇制教育体制が確立していくのでした。

御真影に物投げた、八代南部高小で事件

奥村禎次郎が、知事命令によって熊本英学校を追放されてから約半年後、まだ田園風景が広がる八代の地でまた学校騒動が起こりました。八代南部高等小学校事件というのがそれです。

一つの事件が起こると、それに尾鰭《ひれ》がついて、非常に拡大されて広がるものです。熊本では当時、『国教』という仏教雑誌が発行されておりました。それには、

「嗚呼畏多くも暴逆にも、臣下の分として為さんと思ふだに身ふるひをなす。不敬大不敬にも持ちたる扇子を以て、丁々発止、遂に聖影を床下に打下せり」

というような調子でこの事件を報じています。このことは早速、中央でも話題となり、全国的に有名な不敬事件となりました。正確にこの事件を説明すれば次のようになります。

八代南部高等小学校には、明治天皇の御真影を安置している一室があり、ここは神聖なる場所として、生徒はみだりに出入することが禁止されていました。六月二三日、この日は風雨強く、生徒達は仕方なく教室で戯れておりました。ところが一羽の雀が安置所に飛び込んできたというのです。それを見た生徒は騒ぎ出し、その中の蓑田元卓という一生徒が扇を投げあげて雀を捕えようとしました。これを他の生徒が教師に言いつけ、その結果、御真影に向かって意識的に扇を投げあげたのではないかという話題が全校に広がることになります。出入禁止の御真影安置室で、物を放り投げるなど不謹慎もはなはだしい、不敬だということで、次のような処分となりました。

八代南部高小の跡（右端に標識が立っている）

「右者学校長より厳重なる訓諭を加へある御真影安置所の場所に至り、本年六月廿三日戯に雀鳥を追立たるは不敬の所為にして、平素の不注意より生ずることに付改心の実蹟顕はるゝ迄昇校を差止む」

現在の教育基本法の下では、到底考えられない事件だと、皆さんお考えにならないでしょうか。私はこの事件を調べるに当たり、「八代南部高等小学校不敬事件顚末」という資料を用いました。これは当時の山鹿郡国家教育会という団体が、調査団を結成して調査した報告書です。この一事からも、事件がいかに話題になったかがわかると思います。

実はこの事件には背景があるのです。そもそも八代から芦北にかけては、国権というよりは民権を主張する指導者が多い。すなわち芦北の徳富蘇峰が若い日そうであったように、反国権党的色彩が強い地域でありました。そしてまた、民権の主張者はキリスト教的な物の考え方に親近感を示す層が強く存在しました。蓑田元卓の家がキリスト教徒であったといわれています。地域社会ではまだ少数派で異端でした。内村鑑三不敬事件でも触れたように、教育勅語公布以後、キリスト教徒に対する弾圧は日毎《ひごと》に強くなっていく状況では、この事件の内実が少年の戯れであったにしても、それを社会問題にまで昇華していく素地は十分に存在したといわなければなりません。この事件を論評して、『九州日日新聞』は次のようにいっています。

「今や天下の教育者は皆な争ふて此の国是を尚《たっと》ひ、以て孜々《しし》其教鞭を奮《ふる》ふて其心血を勅語の趣旨を貫徹するに注くこと。而るに此時に当りて此国是に反対し、或は勅語を非難し、或は真影を敬して之を遠けんと欲するが如き、誰か教育界の国敵に非ずと云ふを得んや。」

山鹿高小ではキリスト教徒の子弟退学に

八代における事件と同じ時期に、山鹿においてもキリスト教徒の生徒退校事件が起きています。事件の概要を説明すれば次の通りです。

当時、熊本県知事松平正直は、キリスト教徒を学校から排除するのに躍起となっていました。そのことは先に触れた奥村事件を思い起こされれば容易に理解できると思います。七月の初め、山鹿高等小学校では四人の生徒がキリスト教徒であることが判明しました。校長はこの四人を呼んで「今暫くの間宗教に心を費さず、勉強する方がよい。卒業後信仰の道に入ったらよいではないか」と諭したのですが、その中の一人佐久間敏彦という生徒はどうしても承知しない。父兄を通して宗教活動を一時止めるように説得してみたが、これも無駄でした。したがって、学規を紊《みだ》す恐れがあるということで、学校は退学処分に付した、というのが事件のあらましです。

この事件が発生すると、熊本のキリスト教徒は、在熊本基督教信徒代表退校事件取調委員会というのを結成して、事件の真相を究明すべく努力します。校長、郡長、県庁を訪れて、信教の自由を規定した憲法条文を示し、その不当性を訴えるのですが、事態は好転しません。そこで東京の有力なキリスト教指導者に連絡して、退学処分の取り消し運動に力を貸してくれるよう依頼します。早速、熊本出身の横井時雄、原田助といった有力者が、当時の文部大臣であった河野敏鎌に面談し、事件の収拾を訴えるのですが、これも不調に終わりました。

このような雰囲気で、当時のキリスト者の危機感はつのるばかりです。その年九月、日本のプロテスタントを代表する植村正久、井深梶之助、竹越与三郎ら十人は連署をもって次のような公開状を世に公《おおやけ》にして、世論の換起を促しています。関係部分のみ記しておきます。

山鹿高小時代にキリスト教信仰で退学処分を受けた佐久間敏彦（右）佐久間の父英次郎（左）、彼は県下で最初の弁護士であり、息子の信仰と退学処分取消し運動に力があったと思われる（上田穣一氏提供）

公開状

某《それがし》等此処に基督教徒有志を代表し我帝国憲法第二十八条に明示せる信教自由を擁護せんが為めに此書を我立法者と有司とに呈し併せて我公衆に訴ふ

一、本年六月中旬熊本県飽田郡横手町長国寺に於て熊本県知事松平正直氏は町村長町村会長を集めて演説して曰く、小学校教員に禁止すべきもの二、一は政党政礼に関することなり、二は耶蘇教を信ずることなり、耶蘇教は外国の教なり決して信ずべきものに非ず、小学校教員は宜しく去年頒布し玉へる勅語に殉ずべし若し耶蘇教を信ずる者あらば猶予なく処分すべしと。

一、本年七月廿五日熊本県山鹿郡山鹿高等小学校長亦星某は、警察官の密告によりて同校生徒佐久間敏彦、高木秀雄、今井義亮、高木友次郎が耶蘇教聖経を研究することを知り、四人を遣責《けんせき》して其研究を已めずんば退校を命ずべきが故に三日間に返答すべしと言ひ、佐久間敏彦が之を肯んぜざりしを以て校長の命に背く者なりとなし終に退校を命じたり。

以下省略しますが、この事件が全国的に注目され、その深い危機感の中に立ったキリスト者の苦悩を読みとっていただければと思うのです。結局、生徒は退校処分となり、そのあおりで学校教育も一時中断するという事態にまで発展していきました。

井上哲次郎と教育宗教衝突論争

教育勅語公布以後の顕著な特徴の一つは、キリスト教徒への弾圧が非常に強化されたことです。明治絶対主義体制は、異質の文化を抱え込んでいる異教徒としてのキリスト教徒を極力排除する方向で進んでいきました。教育がその原理として、国民の育成に優れた内在的機能を宿していると認められた時、まず為政者が関心を示したのは、教育現場からの西欧的合理主義の考え方を持つ者の排除でした。教育勅語の公布は、その場合、極めて有効な働きを示す契機を作りあげたのでした。日本の教育は、偏狭なナショナリズムに彩られて、急速に教育勅語の内包する理念の中に収れんされていきます。

『教育ト宗教ノ衝突』の表紙
明治26年（1893）4月刊

福岡大宰府出身の井上哲次郎、彼は帝国大学の教授で、日本型観念論哲学の確立者といわれるのですが、先ほど述べました不敬事件が熊本で起こった後、『教育と宗教の衝突』と題する一冊の本を刊行します。彼はすでに、教育勅語公布直後、『勅語衍義《えんぎ》』なるものを著し、教育勅語を教育現場に定着させるのに大きな力を発揮した人物でした。『教育と宗教の衝突』の中では、もちろん内村鑑三事件のことも、熊本で起こった三つの不敬事件のことも、そして全国的に起こっている不敬事件についても詳細に紹介、論評されています。これを契機として、日本の思想界は「教育宗教衝突論争」という固有名詞で表現される時代になります。熊本に起こった三つの事件は、この論争の中で重要な位置を占めているのです。

非戦論者柏木義円の反抗精神

奥村禎次郎が熊本英学校から追放された、いわゆる奥村事件について述べた折、福田令寿の言葉を引用した中で、知事命令にはどこまでも反対すべきだ、と強硬に主張した人として柏木という名がでてきました。この柏木という人は、今日非戦論者として知られている柏木義円のことです。京都同志社で新島襄に育てられ、熊本には一年前、校長代理として学校教育に当たっておりました。彼は奥村解雇命令が知事より出されると、この理不尽な命令には絶対承服できないと公言して最後まで反抗し、学校が命令受諾の態度に出ると間もなく京都に帰っていきます。英学校の態度を次のように批判しながら。

「争ふ可き権利と理由ありて、上知事に向て之を為さず、反て下信任す可き教員に向て不当にも解雇の処置を為す、是れ義挙か、是れ正を踏んで懼《おそ》れさる者か。嗚呼是れ不羈《ふき》独立正を踏んで懼れずと公言する学校の精神なるか。果して是れ小事、殉死するの価値なきか、平素公言せし精神を実行すると否との判ずる所、是れ小事なるか大事なるか。一言の為に死し穴て言責を重する、是れ義烈なる丈夫の精神に非すや。我熊本英学校は平素公言せし所の教育主義の為めに殉死する義烈なる精神なかりしか。」

柏木義円

この激しい言葉に、私は柏木義円の不退転の反抗精神を読み取りたいと思うのです。反抗のための反抗であれば私達はそれを評価することはできないでしょう。彼は次のようにも述べています。

「我国人の最も短所とす可きは、自家の権利の神聖を重せざる事に在り。曖昧《あいまい》なる命令に容易に服従する、豈立憲政下に生息する不羈《ふき》独立を重する自由人民の行為ならんや。」

曖昧なる命令に服従しないこと、これは立憲政体下における人民の権利ではないか、というのです。思想が思想として評価されるためには、現実の日々の行為にそれが反映されねばならないでしょう。ここに要求されるのは思想と行為の一貫性であり、その徹底性でしょう。私は奥村事件における柏木義円の態度を高く評価したいと思います。

京都同志社に復帰した彼は、井上哲次郎の『教育と宗教の衝突』に真正面から対決致します。その反論の中で天皇観について触れ、立憲政体の下では天皇は政治的領域では最上至高なる位置にあるけれども、学問上倫理上にまでその権威を及ぼすようなことがあれば、それは立憲政体下の君主のあるべき姿ではない、といっています。これはわかりやすくいえば、天皇というのは政治上の天皇であって、教育勅語のごときものを発して個人の内面にまで干渉することはできない、これが立憲政体下の天皇の在り方ではないか、ということであります。天皇による教育勅語の倫理的教典化を批判しているのです。天皇は宗教界の法王であってはならない。「陛下若し、基督の説き玉ひし如き詔勅を発し玉はば、是れ越権なり、非立憲的行為なり」とも述べています。

仕組まれた勅語の定着

柏木はやがて京都を離れ、群馬県の安中《あんなか》の教会牧師としてその生涯を終えます。そしてそこで『上毛教界月報』というミニ・コミ誌を、絶えることなく発刊し続け、明治以降の日本の流れを批判し、戦争反対を叫び続けるのです。ある時には警察から発行停止処分をうけながら、衆民の中に埋もれつつ、しかし精神的には高い調子で自らの信念を吐露していきました。私は、柏木の思想と行動における首尾一貫性、徹底性が、奥村事件の体験なしには出てこなかったのではないかと思っています。

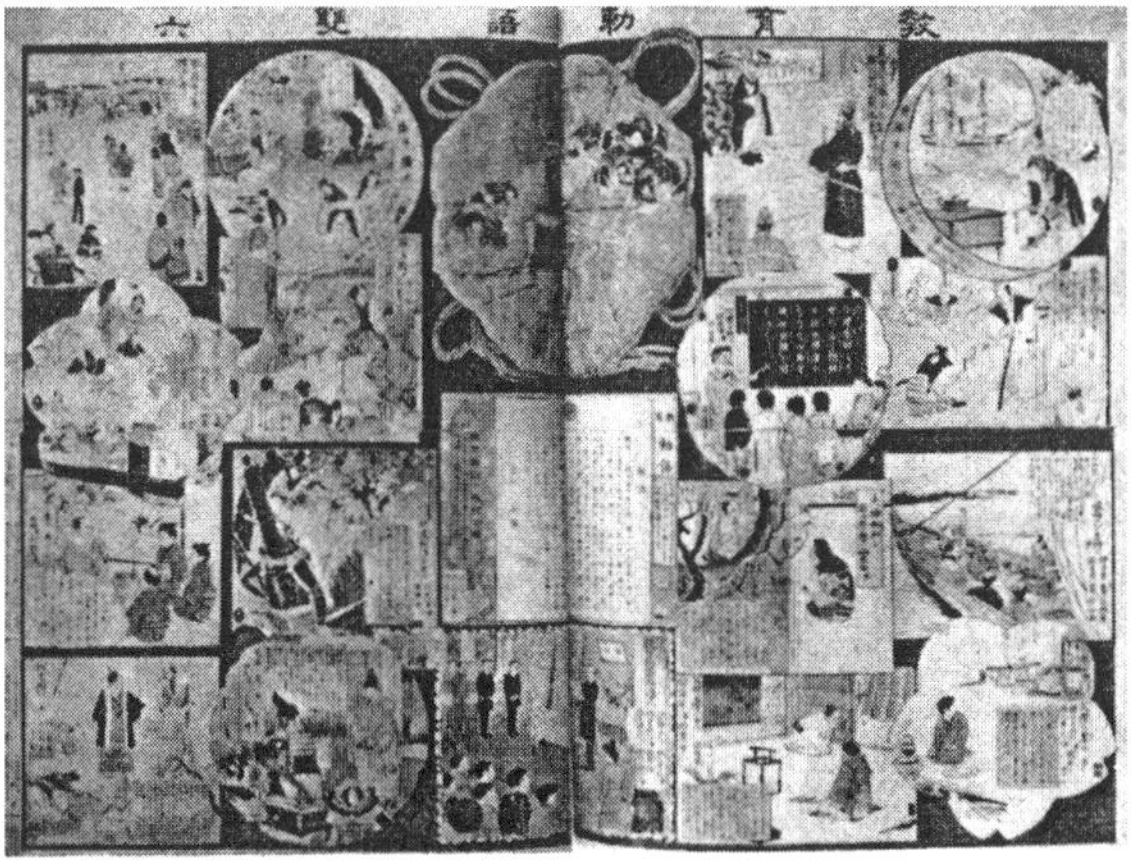

定着させるために作られた「教育勅語雙六」

教育勅語は、公布から敗戦まで、日本人の内面を規定するような絶対な偉力を発揮したようにも考えられますが、果たしてそうであったのでしょうか。柏木にみられるような批判者も、まだたくさんいたのではないかとも思っています。さらに申し上げたいことは、教育勅語は、その成立過程からいろいろの疑点を残しつつ国民の中に次第に定着していきました。いや日本の指導者によって無理に定着するように仕組まれていきました。批判力を持たない教育者は、何かに踊《おど》らされて、教育勅語的人間の育成に努力してきました。

昭和二三年（一九四八）六月、教育勅語は衆参両院の失効確認・排除の決議によって、法律的にも否定されて今日に至っております。教育勅語復活を叫ぶ前に、教育基本法の成立過程、その精神を学ぶべきだと思っています。

教育と宗教の衝突

「教育と宗教の衝突」

日本型観念論の確立者といわれる井上哲次郎（帝国大学文科大学教授）は、明治二六年（一八九三）四月『教育と宗教の衝突』と題する小冊子を公にした。この著作は二四年刊の『勅語衍義』と軌を同じくするもので、この二著によって井上は時事問題に深い関心をいだく国家主義者、国権論者として学的、社会的位置を確立していったという。

明治二〇年代に学校を主たる舞台として全国的に教育論争が起こるのだが、この論争は、教育勅語の趣旨にもとづく教育とキリスト教主義教育が相容れるものであるかどうかを主題として展開されたものであった。論争の口火を切ったのは井上哲次郎であって、この論争は彼の著書の表題を冠して今日「教育と宗教の衝突論争」と呼ばれている。そしてこの論争における井上は、当時高揚しつつあった保守主義者によるキリスト教攻撃を論理的に擁護する立場にたち、キリスト教は教育勅語理念と相容れないと主張するのであった。さて井上は『教育と宗教の衝突』をつぎのような文言で書き始めている。

余は久しく教育と宗教との関係に就いて一種の意見を抱き居りしも、其事の極めて重大なるが為め、敢て妄に之れを叙述することを好まざりき。然るに或時教育時論の記者余を訪ひ、現に熊本県に於て教育と宗教と衝突を来せるが、抑々勅語の主意は耶蘇教と相合はざるものにや、如何に問はれたれば、余は最早平生懐抱する所を隠蔽すること能はず、少しく其要点を談話せり。(1)

この引用から推測すれば、井上をしてこの著書を書かしめた直接の動機は「熊本県に於て教育と宗教の衝突を来せる」事件ということになる。執筆にあたり彼はこの地が日本近代キリスト教の三大源流のひとつに数えられる熊本バンドの温床であったことも想起していたであろう。この著書で井上は熊本でおきた学校を舞台とする三つの不敬事件について簡単に紹介しているが、ここではそれぞれの事件について少々考察を深めてみたい。

熊本英学校事件

明治二四年一月、第一高等中学校において天皇署名入りの教育勅語拝読式が行われた際、勅語謄本に拝礼をしなかったとして強い批判、抗議を受け、けっきょく教員の地位を放棄せざるをえなかった内村鑑三不敬事件は史上あまりにも有名である。ちょうどその一年後、キリスト教主義を掲げる熊本英学校において、同校の一教員による発言をめぐり、それが教育勅語の趣旨にもとるとして地元政党機関紙が告発した事件が大きく世間に報じられた。これを熊本英学校事件、また問題を引き起こした教員の名前を付して奥村事件と呼んでいる。この事件を『開国五十年史』(2)は「是れ第二の内村事件とも云うべきものなり」(下巻一二四頁)と述べ、また「奥村禎次郎なる人あり、博愛主義を論じ眼中国家なしとの一句に及べり」(同前)と記している。熊本英学校事件が別名「眼中国家なし事件」とも呼ばれるのは、この著書が刊行された後に広まったとされている。

さてこの事件の概要は次のとおりである。熊本バンドの温床であった熊本洋学校、そして民権私塾であった大江義塾の教育的伝統を継承した熊本英学校は、明治二五年一月一一日蔵原惟郭校長(初代校長海老名弾正が転出後は柏木義円がその代理を務めていた）の就任式を挙行した。その席上同志社出身の若い教師であった奥村禎次郎が教員代表の資格で次のような新校長歓迎の祝辞を述べたというのである。

本校々育の方針は日本主義に非ず亜細亜主義に非ず又た欧米主義にもあらず乃ち世界の人物を作る博愛世界主義なり。故に我々の眼中には国家なく外人なし。況んや今日の来賓をや。余輩は只人類の一部として之を見るのみ（『九州日日新聞』明治二五・一・一二）。

この報道が新聞で広まると熊本英学校は、とくに国家主義者から強い批判を受けなければならなかった。まずこの記事を載せた熊本国権党の機関紙である『九州日日新聞』は早速「熊本英学校の教育主義を質す」と題する記事を掲載し、この演説が英学校の教育理念を表現しているとすれば教育社会に及ぼす影響少なしとせずとして、英学校批判を開始する姿勢を示した。英学校は以後同新聞社への奥村発言の記事の訂正申し入れ、蔵原校長の県庁出頭など慌ただしい空気に包まれるのであるが、突如熊本県知事松平正直は「貴校教員奥村禎次郎は解雇すべし」とする厳しい内容の解雇命令書を英学校に伝達した。これに対して英学校は解雇命令の理由の開示を知事に要求するのであるが、知事の回答は「奥村禎次郎を解雇すべき旨命せしは教員に不適当と認めし儀にして、右伺に対しては別に指令するの限りにあらず」という簡単なものであった。すなわち知事は、私立学校の人事に介入することへの法的不適合性を認識しながらもあえて解雇理由の明示を意識的に避け、英学校の要求を拒否したのであった。そこで英学校が局面打開のために採った方法は、知事命令の当否を裁判によって決着すること、直接文部大臣に知事命令の当否を質すことの二つであった。このうち裁判による解決は着手はしたものの事件そのものが早期に解決したので実行するには至らなかったが、文部大臣に判断を求めることについては、英学校の職員であった渡瀬常吉が当時の文部大臣大木喬任に直接面会するために上京している。しかし大木文相は解雇の当否について判断を示さず、両者の対話は抽象論に終始し結局事件解決になんら役立つものはなかった。そこで英学校が採った第三の事件解決の方法は、全国のキリスト教徒に訴えて世論を巻き起こし、解雇命令の撤回を知事に迫ることであった。さっそく柏木義円は巖本善治を通して『女学雑誌』に論稿の記載を依頼し、巖本はこれに応えて「熊本英学校事件」をはじめ数回にわたり事件の経緯を掲載し、知事命令の不当性を強く社会に訴えたのであった。しかし事態は英学校が期待する方向には動かなかった。

このような経緯を経て熊本英学校は、蔵原惟郭を中心とする知事命令受諾派と柏木義円をリーダーとする命令拒否派の二派に分裂した。受諾派は「命令を奉ずる理由」、拒否派は「吾人の心事を開陳して男女両学校諸氏に告別す」と題する文章を残してその立場を世間に訴えた。前者は校長蔵原惟郭を中心に学校再建をめざし、後者は英学校と袂を分かって東亜学館と称する新しい学び舎を創設して教育にいっそう献身する姿勢を示した。柏木は程なく古巣の同志社に帰って教壇に立つのだが、天皇制と教育をめぐり『同志社文学』を舞台に井上哲次郎と激しい論戦を展開するのである。

熊本英学校事件を述べるにあたりぜひ触れなければならないのは、事件発生の社会的背景についてである。衆議院第二回臨時総選挙は、内相品川弥二郎による民党撲滅のための選挙大干渉を伴ったものとして日本選挙史上特筆さるべきものであるが、熊本においても数人の死者が出たほどの激しい選挙干渉が行われた。そして熊本英学校事件はこの選挙戦の渦中に提起されたものであった。英学校の人脈は主に反国権派に連なるもので、完全に優位に立つ国権党の攻撃対象となった。さればこの事件は、知事の公権力を利用して熊本国権党が強引にひき起した選挙戦遂行のための手段であったし、教育が政争の具として利用される典型的な事例を示したものであったといえよう。

八代南部高等小学校不敬事件

この事件は明治二五年（一八九二）六月、キリスト教家庭に育った蓑田元卓という高等小学校の一生徒が、天皇の「聖影」安置室において戯れに扇子を投げ上げ、この行為が天皇を冒涜する不敬事件に相当するものとして問題化した学校騒擾事件である。しかし真相は、この生徒が、部屋に闖入した雀を捕獲しようとして扇を投げ上げたという稚戯にもひとしい行動が露見し、この行為が、当該生徒は聖影を打ち落とそうとしたとして作為的に喧噪され、匿名投書のかたちで表面化したのであった。

既述の熊本英学校不敬事件と同様に、この事件の背後にも選挙を控えての政争が絡み、事件のメカニズムはまったく同一であることを指摘しておかなければならない。すなわち一〇月には県会議員半数改選が予定されており、熊本国権党、反国権党派の両陣営はすでに選挙前哨戦に入っていた時期に事件は発生したのである。国権党側は八代地方のキリスト教的風土について次のように述べている。

元来八代地方より葦北に掛けては県下にて最も耶蘇教信徒の多き所にて、青壮年中には前大江義塾にて徳富猪一郎の教育を受けたる者及ひ西京の同志社にて修業したるもの多数ありて、一体に耶蘇教主義の空気を呼吸する者其大部分を占め、八代青年会と云へるものゝ如き此派の青壮年より組織したるものにして、朝夕新訳全書を繙き日常に天帝を唱ふるの徒より成り立ちたる団体なり。蓑田元卓の如き即ち八代青年会に属するものにて、南部高等小学校内には之れと同臭味の生徒尠なからず。此等の輩は常に耶蘇教の事を物語り往々聖書を懐にして昇校することさえある由にて、陛下の御真影を拝す式日杯には間々欠席し種々不敬の語を吐きしことありと（『九州日日新聞』明治二五・九・三〇）。

このような論調で国権党は反国権派のキリスト教に寛容な体質を激しく批判するのである。それにもかかわらず半数改選の結果は反国権派の圧勝となって八代地方全三議席独占となった。全県的には国権党圧勝の中での県会議員選挙であったことを考えれば、この地方がいかに強い反国権派の地盤であったかを証明している。したがって国権党側のこの選挙戦に臨む意気込みは異常に強いものがあり、事実双方は政党機関新聞を利用して激しい論戦を展開したのであった。

さてこの不敬事件は天皇の御真影、聖影すなわち天皇のポートレイトに対する冒瀆事件であって、天皇肖像の認識をめぐる論争、すなわち偶像論争といってもよい性格のものであった。反国権派は「聖影を拝する偶像的礼拝なり。猶ほ古代蛮民の猫を信仰し牛に神事するに異ならず」と国権党を誹謗し、これにたいして国権党は「聖影尊拝は偶像迷信に非ず、唯陛下を尊崇敬愛するの情溢れて、聖影を尊拝せざるを得ざるに至るのみ」「甚だしきは論を古代蛮民猫を拝し牛に事ゆるの卑俗に取る、世に悪魔外道なるもの有りとせば吾人は自由記者を以て之れが巨魁となさゝるべからず」と反論するのであった。さらに国権党は「誅奸斬賊論」なる題名のもとで「上に在りて其職に尽すことなく徒に其禄を盗む者は之を奸と云ひ、下に在りて僻説を逞ふし邪論を主張する者は之を賊と云ふ。奸賊の徒斬せざれば、勅語の光輝決して四表に遍照せず」（『九州日日新聞』明治二五・一〇・二五）と注釈を加え、知事職権によるキリスト教徒撲滅の実行を松平知事に強く迫るのであった。

山鹿高等小学校生徒退校事件

明治二五年七月初旬、山鹿高等小学校ではキリスト教を信ずる生徒の実数を把握するため四年生全員の所持品検査を実施した。この折、とくにキリスト教信者とおぼしき生徒の所持品を中心に調べられたが、聖書、賛美歌、宗教書などの物件は発見されずただ一通の書状が発見され、これには「目下自身は余儀なき事情あれば暫らく聖書の研究に出席すること出来さるも、ますます宗教の必要性を感じ熱心研究する積りなれば左様承知ありたし」なる文字があり、キリスト教徒が四人いることが判明したという。この書状はこの中の一人の生徒が、佐久間敏彦など三人の級友に宛てたものであった。この学校では日頃、在学中は宗教活動、聖書研究を禁じていた。そこで校長は四人の生徒を招き学校方針を確認させたところ、この中三人は了承したものの、佐久間敏彦のみが聞き入れず、学校当局はこの生徒をついに退校処分にした。以上が事件の梗概である。

この事件は、明治憲法第二十八条「安寧秩序ヲ妨ケス及臣民タルノ義務ニ背カサル限ニ於テ信教ノ自由ヲ有ス」と規定する信教の自由を否定するものであるとして、地元熊本のみならず、全国のキリスト教徒の強い関心を集めた事件となった。

すなわちこの年九月、当時の日本プロテスタントを代表する植村正久、本多庸一、竹越与三郎、横井時雄など一〇人のキリスト者は連名で、「某等此処に基督教徒有志を代表して、我帝国憲法第二十八条に明示せる信教自由を擁護せんが為めに、此書を我立法者と有司とに呈し併せて我公衆に訴ふ」とする公開状を発表した。そしてその中で「熊本県知事及び赤星某なる高等小学校長の処置たる、我憲法の明文に背戻せしこと明瞭なるのみならず、此の事実たる独り一県の弊害に止まらず」として、この事件が日本のキリスト者にとって無視できない深刻な弾圧事件であると指摘し、同時にこれに加えて、かつて熊本県知事松平正直が、小学校教員が政党に加入したりまた耶蘇教への信仰を禁止するような演説を行った事実があるが、これら知事の言動も信教の自由を踏みにじるものでありまったく不当であるとして、強く批判したのであった。

公開状が発せられて地元熊本では、在熊本基督教信徒代表が学校長と面会して佐久間敏彦に対する退校処置の経緯を批難し、また松平正直知事に会って、生徒処分に関する知事としての見解を質したうえで山鹿高等小学校長の処分行為は不当であるとして処分取消を強く迫った。また横井時雄と原田助の二人が文部大臣河野敏鎌を訪問してこの事件に関する所見を求めるという局面も展開された。この文相交渉では「信教の事に至っては、文部省管理外の事にして、之を一個人の自由に放任して問う処に非ず。されば教員が仏教であれ、耶蘇教であれ又無宗旨であれ、文部省に於ては関するところにあらず」との文部大臣見解を得たのみで、事態の解決はまったく期待できなかった。

強い危機感をもって公開状を発表し、また中央で、地元で局面打開に奔走したキリスト教徒であったが、事態はいっこうに好転の兆しを見せなかった。山鹿においても八代においてもキリスト教徒は、野党である反国権派と結び付き、地方選挙を背景にして高等小学校を舞台とする学校騒動に巻き込まれた。このうち山鹿高等小学校においては、学校教育の場からのキリスト教生徒の追放という、憲法に規定されていた信教の自由を否定する事件に遭遇し、事態はいっそう深刻化していったように思われる。

注

（1）『続・現代史資料8　教育1』（みすず書房、一九九四年）より引用。なお『九州日日新聞』も明治二六年三月七日付で「教育と宗教の衝突」全文を記載している。
（2）『開国五十年史』発行所、明治四一年。本書は大隈重信監修の形をとっている。

私学の発展

青年期教育熱の高揚

明治二二年（一八八九）八月熊本市の郊外（当時は飽田郡黒髪村）に第五高等中学校の近代的洋風の校舎が姿を見せた。のち名称を変更して第五高等学校（五高）と呼ばれるこの学校は、以後国家のエリートを養成する教育機関として、またこの地方の知的シンボルとして存在を誇示し続けるのであるが、第一から第五まで全国で五ヵ所、九州で唯一のこの高等教育機関の設立は、当時のこの地の教育熱高揚に大きく貢献するものであった。一方その翌年には戦前の教育基本法ともいうべき教育勅語が発布された。その勅語草案の起草者が井上毅、元田永孚という熊本出身者であったことが地方住民の自負となり、結果として教育への関心を強く刺激するものとなったに違いない。このように考えれば、明治二〇年代の熊本には教育の季節ともいえる雰囲気にあったといえる。「教育県熊本」という言葉が、ある実態をもって存在するとすれば、あるいはこの時期の状況を指しているのかもしれない。

明治二五年（一八九二）の文部省統計によれば、中等教育において熊本県下の学校数は全国八位、教員数、生徒数では三位、また九州全体の中等教育機関に通う生徒数の四五パーセントが熊本県内であるとしている。また『熊本県教育史』は、当時の熊本は私学の全盛期であったとして、明治二〇年代に新設された私学が八〇余、明治一〇年代より存続しているもの二〇余、その合計は一〇〇施設以上に及んでいると記している。この当時公的機関が未整備の状態にあったことを考えれば、中等教育はそのほとんどを私学が担っていたのである。このような教育状況について松平知事は「余は是まで数県を経歴し来りしものなるが、学事の盛んなる未だ本県の如き所あるを見ず、前任所宮城県は旧仙台侯の治所にして東北の中枢たるにも係らず、是れに遊学する生徒僅かに三、四百人に過ぎず、而して顧みて本県を見るに中等教育を司る普通専門の私立学校無慮数十個にして生徒数も亦二千余名に出づ、実に盛んなりと云ふべし」(『九州日日新聞』明治二四・九・一六)と述べて「私学の全盛期」を裏付けているのである。まことに明治二〇年代の熊本は青年期教育熱の高揚期にあったといってよい。

この期に発足した私学の中には、中学済々黌、尚絅高等女学校、熊本女学校(現在開新高校に統合)のように、校名、組織を変えて今日いまなお存続しているものもあるし、熊本英学校、合志義塾のように短命ではあったが特色ある校風を発揮した私学、廃校日時も確定できない小規模施設も存在していて千差万別である。ここでは個々の私学についての記述は避けて、明治一〇年代の私学に比して、この期の特徴を挙げておくことにとどめたい。

①漢学的教養重視の傾向が薄れ、開設された教科目が多様化してきた。
②数学、英語、簿記、産科など専門的に教授する私学が増加してきた。
③寺子屋的単独教師の教育から学級教育への変化の兆しが現れてきた。
④施設の充実が要求され小資本による運営が困難になってきた。
⑤高等小学校が農村部にも整ってきて初等教育が充実し、また社会が就職条件に中等教育卒業を要求する傾向がみられ、その結果として私学の需要を刺激した。
⑥熊本市およびその周辺に私学の集中傾向がみられるようになった。

(『熊本県教育史』中巻 二五六頁)

九州学院の成立

明治二三年（一八九〇）一〇月教育勅語の発布と期を一にして、「私立五校条約」という学校間協定が交わされた。私学間の競争を避け経営の安定をはかるというのがその目的とされたが、内実は熊本国権党の子弟教育の強化を意図したものであった。

一、五校に於て事故あり、生徒に退学を命じたるときは五校互に其趣を通知すること。

一、五校の生徒は各自争論等を生せさる様互に注意すべきこと。但し学術品行等の優劣は可成競争すること。

一、生徒奨励の為め五校連合して学習遠足を為すことあるべし。

以上が条約の内容の一部であるが、当時の教育界では連合学校の成立ということで話題となったのである。この五校とは高岡元真の春雨黌、有吉立愛の熊本法律学校、津田静一の文学館、木村弦雄の済々黌、中村六蔵の文学精舎を指し、いずれも明治一〇年中期以後に創立された有力な私学であった。このうち文学精舎を除くいずれの創立者も、熊本国権党に連なる有力な人物であった。

五校条約が成立した翌年の四月、知事交替があり松平正直が第三代熊本県知事に就任した。彼は知事に就任すると間もなく「一挙手一投足ノ間モ悉ク勅語ノ支配ヲ受ケン事ヲ切望スルモノナリ」と述べ、天皇制教育を強力に推進することに自己の使命を自覚した有能な官僚であった。彼はのち貴族院議員、枢密院顧問官を経歴している。この松平知事は熊本の教育界を次のように分析し、記述した私立五校条約参加の各学校に積極的に働きかけて本格的な私学合同を指導し実現させていくのである。

本県の如く私立学校の多ふき、学術技能を以て競争するは甚だ嘉みすべきことなれども、その極変じて軋轢となるときは其の弊害実に言ふべからざるに至らん。聞く旧来本県の政党は、その原因学派の分裂にありと。而して政党の弊害は猶ほ救ふべし。学党の弊害に至つては遂に之を救ふに道なからん。故に余は謂らく政党憂ふるに足らず、学党最も恐るべしと。依て余は赴任以来頻りに学党の害毒を未然に防がんとし、遂に之を防ぐの策は只だ私立の五大学校が合併して其の教育の主義目的を一定にするの外他に道なきを信じたり（『九州日日新聞』明治二四・九・一六）。

明治二四年（一八九一）七月松平知事は五校の経営者を自邸に招いて強く合併を勧めた。そして次のような「五校合同規約」の締結を要請したのであった。

一、明治二十三年十月の勅語を奉体し聖旨を貫徹するを務むる事。
一、政治上の党派に関係せず及び学校内に於いて宗教の儀式を用ゆるを禁ずる事。
一、評議員を撰定し学校の存廃等に係わる重大の事件は其の決議に一任する事。
一、右の規約に違反する者は職員生徒を論ぜず退校を命ずべき事。

（『済々黌百年史』）

しかしながら五校のうち文学精舎のみはこの規約確認に躊躇し、間もなく五校連携を辞退するに至った。不参加の理由は負債過剰、学校経営において他の四校に迷惑はかけられないというものであったが、土壇場での文学精舎の辞退の真意は必ずしも明確ではない。かくて文学精舎を除く他の四校は、九州学院（現在熊本市に存在している同名の私立高等学校とは無関係）と称する校名を冠して設立願を県に提出した。明治二四年一〇月一五日の日付であった。施設の場所は熊本市南千反畑町三八番地、生徒数一一五〇人、うち普通学部五〇〇人、医学部二〇〇人、法学部三〇〇人、文学部一五〇人とされ、当時としてはまれに見る大規模、かつ一大総合学園の姿を示しているのである。いま規則の一部を掲げこの九州学院の学校としての教育理念と組織を見てみたい。

私立九州学院規則

第一条　九州学院ハ明治二十三年十月三十日勅語ヲ奉体シ聖旨ヲ貫徹スルヲ務ム。

第二条　九州学院ハ普通科専門科ノ二種ヲ以テ組織ス。

第三条　普通科ハ尋常中学科ヲ以テ之ニ当テ、実業ニ就カント欲シ又ハ高等ノ学校ニ入ラント欲スルモノニ須要ナル学術ヲ授ク。

第四条　専門科ハ法学医学理学文学ノ四部ニ分チ学術技芸ノ理論及応用ヲ教授ス。但シ理学部ハ当分ノ間之ヲ設ケス。

（『熊本県教育史』中巻　三二一頁）

まず普通学部と称する基礎過程をおき、その上に法学、医学、理学、文学の専門課程を乗せて今日の大学組織と類似する組織形態を構想したのである。またこの中の第四条但し書きにいう理学部は文学精舎の担当分野として予定されていたものであったが、突然の参加辞退で実現しなかったものである。院長には男爵松井敏之が就任し、幹事には普通学部長津田静一、法学部長有吉立愛、医学部長高岡元真、評議員会会頭に子爵長岡護美、副会頭に松井敏之、評議員には男爵米田虎雄、同安場保和、同山田信道、同藤村紫朗、同清浦奎吾、溝口貞幹、木村弦雄、有吉立愛、津田静一、高岡元真、沢村大八、佐々友房、古荘嘉門等を選出しており、いわば当時の県内における上層保守層の有名人物をことごとく網羅したものとなっている。すなわちここに名を連ねている人脈が当時の国権党を支え、その国権党は知事権力と結託して「当時全国的に見ても斯る大規模の私学は稀に見る鬱然たる大私学」（『熊本県教育史』中巻　三一七頁）を造り上げたのである。このようにして熊本国権党は、当時としては全国にその例を見ない構想と規模をもって後継者養成機関を実現させたのであった。

しかし三年後普通学部が独立して九州学院の組織を離れる事態が生じ、これを契機として九州学院は解体を急ぐことになるが、それは同時に高等、中等教育における国家政策が軌道にのり、明治二〇年代末期の公立学校設置の奨励期に重なるのである。

県立尋常中学済々黌の成立

以上の成立経緯と組織をもって発足した九州学院であったが、学院の基礎部門である普通学部に組織変更の論議が浮上した。ここにも国権党の教育政策が功奏する事例をみるので、若干時間を溯って説明しよう。森有礼文相による「中学校令」（明治一九年）によれば、府県が設置する尋常中学校は「地方税ノ支弁又ハ補助ニ係ルモノハ各府県一個所ニ限ルベシ」となっていて、一府県一公立中学主義が採用され、他はすべて私立学校とした。すなわち森は、この方法を採ることによって公的支出の拡散現象を防ぎ、中等教育の質的向上を図るという経済主義に立ったのである。ところで熊本県は、明治一〇年代を通して維持運営してきた県下唯一の県立熊本中学校の存続を、中学校令公布の翌二〇年一二月の通常県議会で否決してしまった。「第五高等中学校ニ於テ追々予科別科等被設置候由ニ候ヘバ之ヲ廃止スルモ敢テ妨ゲナキト認メ候」というのが公式の廃止理由であった。しかしこれはあくまで表面的な理由であって、じつは「本県には既に此の中学校に匹敵する私学黌もあるべし。故に此の如く漠大の費を出して此の校の如き者を建つるに及ばず」とする紫溟学会所属議員の発言内容が実現したものであった。ここにいう「中学校に匹敵する私学黌もあるべし」の意味が、保守派紫溟学会の人物養成機関たる済々黌を指していることは明らかであって、県会定員四四人中三二人の圧倒的多数を占める紫溟学会の意見であった。かくて済々黌は私学でありながら、県立学校と同等の資格を獲得することに成功し、以後県立中学校と同等に取り扱われることとなった。このようなことがあって明治二四年一二月を迎え、文部省は「尋常中学校ハ各府県ニ係ルモノ一校ヲ設置スベキコト」とする通達を県に送って、一府県一公立学校主義のさらなる徹底をはかった。この段階においても県は、別に県立尋常中学校を設置していなくても現行のままで中学教育上差し支えはないので、現状を認めてほしいと要望し許可を得たのであった。

明治二六年（一八九三）に入り熊本県はやっと県立尋常中学校の設置に向けて動きだした。すなわち県は「九州学院普通部ヲ県立尋常中学ニ改メラレ度儀ニ付願」を学院評議会より提出させたのである。この願には「明治二七年四月一日ヨリ県立尋常中学トナシ県庁ニ於テ御管理被成下度」という内容に加え、付記として尋常中学校を設立維持するに足る相当の金額を寄付すること、名称は熊本尋常中学済々黌と称すること等の文言が付されていた。

私立の九州学院普通学部が県立熊本尋常中学校として改革されるにあたり、相当の寄付行為が条件になっていたことは既述のとおりであるが、その寄付金のうち一五〇〇円を九州学院の評議会が拠出し、他に八七〇〇円を県財政から支出することが予定され、このことに関連して明治二七年度追加予算議案が明治二六年一二月の県議会に提出されたのであった。このことは、紫溟学会が絶対多数の議席を利用して県立熊本中学校の廃止を決議した明治二〇年一二月の県議会を想起させるものであった。今回も前回と同じく紫溟学会・熊本国権党が多数議席を占めて県議会の予算審議案に臨んだのである。議会では「諸君が過年、中学校を廃したるときは何と明言せしぞ、済々黌がある、立派な中学相当のものがある、別に尋常中学を置くの必要はない、済々私校で足れりと言張り、予算反対の地位に立ちて、抗弁せしも聞き入れざりしにあらずや。しかるに今日となり尋常中学を置く必要があるから是非普通部済々黌の変名児を擁護して拡張するなどとは前後矛盾顛倒の言ならずや」「余等此の如き議案が不幸にも議場を貫通するあらば余は一大絶叫せんと欲す。すなわち地方費を以て政党費に変用するものなりと断言せんのみ」（『熊本新聞』明治二七・一二・一〇）といった発言が少数派の反国権党議員から相次いで発せられた。もちろん反国権党議員の発言は容れられる余地はなく、国権党の主導権のもと予算案が原案どおり議会を通過した。

文部大臣の認可を得たのち松平知事が「九州学院普通学部ヲ県立学校ト同一ニ認メ管理スル件許可ス」との公文書を学院に送付したのは三月二日付であった。かくて熊本県尋常中学校済々黌は明治二七年（一八九四）四月から発足したのであった。熊本国権党はみずから経営してきた教育施設を公立へ移管することによってその存立基盤を不動のものにしたのであった。

私学の全盛期といわれた明治二〇年代の熊本の教育は、このように政争の具として利用される性格をあらわにしつつ推移する一面を見せた。その限り知事は公権力を行使して政争に積極的に介入し、同時にこれを利用して私学行政の整理統合を実行した。そして結果として天皇制教育の地方的展開に貢献したのであった。

参考文献

熊本県教育会編『熊本県教育史』中巻　熊本県教育会　一九三一年
教育史編纂会編『明治以降教育制度発達史』三　龍吟社　一九三七年
第五高等学校開校五十年記念会『五高五十年史』第五高等学校　一九三九年
筧田知義『旧制高等学校教育の成立』ミネルヴァ書房　一九七五年
寺崎昌男・成田克矢『学校の歴史』四　大学の歴史　第一法規　一九七九年
「新・熊本の歴史」編集委員会『新・熊本の歴史』七　近代(中)　熊本日日新聞社　一九八一年
宮本雅明『日本の大学キャンパス成立史』九州大学出版会　一九八九年
伊ヶ崎暁生・松島栄一『日本教育史年表』三省堂　一九九〇年
新正緑『旧制第五高等学校における人間形成』熊本大学教育学研究科修士論文　二〇〇一年

新教育運動広がる

はじめに

天皇制教育強化の中で

明治天皇という権威の死は、社会的に両極分化現象をもたらしたように思われます。一方には権威再編の試みとして天皇制の強化、国体観念の強調があり、他方権威からの解放現象として民衆の台頭および進出があります。これを大正期の教育の側面に引き移しますと、前者は大正六年（一九一七）に内閣直属の教育諮問機関として設置された「臨時教育会議」における天皇制教育の再編強化政策の決定と国体観念の強調を中核とする教育政策の樹立であり、後者は、ここで主題としております民間レベルでの新しい教育運動の展開であります。

臨時教育会議設置の目的は、明治後期から意識されてきた教育制度の矛盾、すなわち義務教育期間の延長問題の解決など、制度改革を主とするという建て前で開かれたものでしたが、結果的には、「兵式体操振興ニ関スル建議」とか「教育ノ効果ヲ完《まった》カラシムベキ一般施設ニ関スル建議」といった、極めてイデオロギー的性格をもった教育政策に焦点が当てられて、家族国家観、家父長制家族制度を基盤とする教育の再編強化、大正一三年（一九二四）に公布された

「陸軍現役将校配属令」といった教育への軍事介入を許容する素地を作りあげる方向に機能したのでした。

臨時教育会議が設置された大正六年（一九一七）は、世界で最初の社会主義政権が樹立されたあのロシア一〇月革命の年でもありました。激動する世界の中での為政者の危機感を、この会議は象徴的に示しているということができましょう。他方、大正新教育運動史の中で、重要な位置を示している東京の成城小学校が誕生したのもこの年でありました。創立者は、開明的な文部官僚であり、京都大学長をつとめた、進歩的教育学者として著名な沢柳政太郎であります。成城小学校は、個性尊重の教育、自然と親しむ教育、心情の教育、科学的研究を基礎とする教育の四つの希望理想を掲げて誕生いたしました。ここには明治期の教育にはみられなかった「児童中心主義」教育の高らかな旗揚げがありました。沢柳は、修身科を低学年では廃止したり、国語教育では聴方科という教科を特設したり、当時の国定教育課程を大胆に変更して、子供を原点とし、あくまで科学的な教育研究を推しすすめる姿勢を示しました。かくて成城小学校は、大正新教育運動の本山のような様相を示しました。明治期からの伝統的教授法であった「注入主義」教育に批判的な進歩的教師は、成城の教育を参観し、教育研究会に積極的に参加しました。

臨時教育会議が開催され、成城小学校が創設されたこの年、大きな志をもって郷里熊本を捨て、中央で新教育運動に主体的に携わっていったひとりの若い教師志垣寛の足跡を概観し、また熊本での新教育の展開、ならびに新教育終末期の熊本でのいくつかの事件をとりあげて、ここでの話の筋道にしたいと思います。

一　志垣寛と教育擁護同盟

高師訓導から教育ジャーナリストに

志垣寛（一八八九―一九六五）は、明治二二年熊本県菊池郡津田村（現菊陽町）に生まれ、明治四三年（一九一〇）熊本師範学校を卒業、原水小学校、第二熊本師範学校付属小学校の訓導を経て、大正五年、文部省教員検定試験で教育

志垣　寛

科に合格しております。志垣は自伝とも称すべき一冊の書物『教育太平記』を出版していますが、その中で、

> わたくしが奈良女高師に赴任したのは大正六年四月であった。その同じ年に千葉命吉、藤本光清、永田与三郎、桜井祐男の四人が来任した。わたくしを加えてこの五人は年齢も近く、奈良にいた期間も二、三年であったので大正六年組、略して正六組とよばれた。正六組はいずれも文検の有資格者であり、鼻っぱしが強かった。

志垣の著書
『新教育行』のトビラ

と書いています。詳細に述べる時間がないので省略しますが、志垣が言う「正六組」五人は、いずれも大正新教育運動の中では著名な人たちであって、奈良女高師付属小学校に就職できたことが志垣のその後の生き方を大きく規定しているように思います。彼らはお互い交友を絶やすことなく生涯を送ることになるのです。

奈良女高師は、周知のことと思いますが、大正新教育運動の一方の基盤でもありました。しかし志垣は、「もともと私は作家志望だったが、教育者としてもそのころ万人あこがれの的だった高師訓導となれたので、これで一応成功、この上はいよいよ作家生活にはいりたいと思って、それには雑誌記者は何かと有利だろう」と考え、大正八年には上京して出版社同文館に入社して教育雑誌『小学校』を編集しております。このころ野口雨情、北原白秋、島崎藤村、有島武郎などと交わり、文芸関係に携わって『教育物語』という小説風評論書も刊行しております。「馬鹿に歓迎されて数版を重ね、一躍教育ジャーナリストとしての地位は高まった」と言っていますから、このころの志垣は満足した生活であったといえるかもしれません。

大正一〇年（一九二一）原敬内閣は教育費の大削減政策を発表します。すなわち、三学級に二教員、あるいは二学校一校長制を実施することによって、二万数千人の教員の人員整理をするというものでした。この政府案に対して教育関係はもちろん多方面から批判の声があがり、結果的には撤回されるのですが、反対運動の過程で特に教育ジャーナリストの団体である「教育擁護同盟」の活躍は目立っておりました。志垣は「かけだしの若造であったが、文相江木千之が三学級二教員制は山口県小月小学校で実施の結果、その成績良好であると発表したのに対抗すべく、いち早く数日にわたって小月校を参観し、付近の学校の成績とも比較研究の上、好成績とはもっての外との意見を開陳した。それはただちにパンフレットとなり各方面にまかれた」というような活発な動きを示します。教育擁護同盟は全国的に教育費削減をめぐる反対運動を展開し、積極的に地方遊説を試みております。熊本では志垣と、下中弥三郎―この人は日本最初の教員組合である啓明会の創立者ですが―の二人がやってきて、熊本公会堂で大演説会を催し、大変な盛況であったと新聞は伝えています。

下中弥三郎

児童の村小学校創立に参加

教育擁護同盟における積極的な行動もさることながら、志垣の大正新教育運動での最も重要な活動は、私立池袋児童の村小学校の創設に参加していることであると考えます。この児童の村小学校は、大正期新教育運動の中ではシンボル的存在といっても決して誇張ではないと思うのですが、しかし児童の村小学校の全体像は今日まだ完全には研究されていないようです。ほんの最近、中野光他著『児童の村小学校』という一冊の本が刊行されたので是非ともご一読を勧めたいと思います。

先に名前を挙げました下中弥三郎、平凡社の創立者としても著名な人ですが、この下中と志垣は、教育擁護同盟における反政府運動の過程の中で急速に近づいていきます。そして二人の間で、全く新しい学校を創設することによって、教育理想の実現を図ろうとの合意が成立いたします。志垣は当時の雰囲気を次のように書いています。

大正八年八月同文館に入社して満四ヵ年をゆかいに過した筆者にも、抑えきれない志望があった。創作をもってたつことである。サラリーマンをしていては創作はのびない。この辺で乾坤一擲《けんこんいってき》、俸給にはなれて創作に専念しようと、強く決心していたある日、それは京王小学校の某訓導が不当かく首されたという件で、下中と二人都庁に抗議に行った帰りだった。お茶でものもうというので二人は東京駅内の喫茶店にはいった。その時、下中は破天荒のプランを筆者に打ちあけた。大正十二年四月だったろう。

その企画というのは同志を語らって一大教育運動にのりだそうというのだ。制度上の運動でなく、実際教育上の運動だ。そのためにまず教育雑誌を出そう。教育上の著作を公刊しよう。実験学校を作ろうという。野口（野口援太郎のこと、上河）も大賛成だ。君はぜひ主事となって参加してほしいというのだ。創作に専念しようとやっと決心がついた即下だし、筆者はためらった。すると下中はいった。

「何、創作は生きた人間でやるんだよ。その方がほんとうだ」

「よしやろう！」

「君がいなくちゃ学校が始まらんのでね」

「三人でいいか」

「為藤はどう？」

「いいね」

そこで四人のメンバーがきまった。

志垣の表現に虚構があるかどうか不明ですが、志垣が児童の村小学校創立に大きな役割を果たしていることは疑いないと思います。また次のようにも書いています。

> 九月一日四人はそろって下落合の高台を校地とすべく検分した。ながめはよし、環境はよし、麦畑だからきっと地価も安かろう。ここに決めようと一同の話がまとまり四人がそれぞれの事務所か自宅にちょうど帰りついたところでガラガラッときた。下中は店を焼かれる。志垣は家を焼かれ、私財のすべてを失う。もうこれでおじゃんかと思われた。
>
> だが四人はくじけなかった。われわれの情熱は大東京をなめつくした大震災の災よりも更に凄じかったものだ。

下中弥三郎、野口援太郎、為藤五郎、志垣寛の四人によって、児童の村小学校は予定地を中野下落合から池袋に変更し、野口援太郎の私邸を解放して、大正一三年（一九二四）四月に開校されます。同時に出版の方も「教育の世紀社」という名称で事業に着手しました。

教育の生活化、個性の尊重をめざす

ここに志垣寛が書いた『私立池袋児童の村小学校要覧』という小冊子があります。そして新しい実験学校の教育精神を次のように五ヵ条にまとめております。大正新教育、大正自由教育の精神を汲《く》みとっていただきたいと思います。

㈠吾々の信ずる教育は、個々人の天分を存分に伸展せしめ、これを生活化することによって人類の文化を発達せしむるにある。

㈡吾々の信ずる教育は、児童の個性が充分に尊重せられ、その自由が完全に確保せらるる教養の形式においてのみ、その目的を達しうる。

㈢吾々の信ずる教育は、児童の自発活動が尊重せられ、その内興味に対して新鮮なる指導が行はれる時にのみ可能である。

㈣吾々の信ずる学校生活は、生徒および教師の自治によって一切の外部干渉を不要ならしめ、進んではそれ自体の集団的干渉をも不要ならしめん事を期する。

㈤吾々の信ずる教育に於ては、自己の尊厳を自覚すると同時に、他の人格を尊重する人たらしめ、全人類に対する義務を尽すに勇ならんことを期す。

教育の生活化、児童の個性の尊重、自発的活動の重視、外部干渉の排除による学校教育の自律性の尊重、人格の尊厳、ここに謳《うた》いあげられている教育精神は、現代の時点からみても批判の余地のない、すぐれた教育価値だと思います。また志垣は「子供は教師を選択するの権利がある」とも述べています。しかし子供が教師を選択する、裁判する権利を有するると、ここに至れば若干いさみ足の懸念がないでもありません。教育の実際についてお伝えする時間がないのが残念ですが、志垣は、「生徒に教師を択ぶ権利や教材をきめる権利さえ認めたのだから、教室は全く雑然たるものであった。一クラス二十人たらずの子供だったが、訓導たちは懸命な努力でヘトヘトにくたびれてしまった」とも言っています。生徒の中には久布白落実や天野貞祐の子女たちもいて、児童の村小学校は知識階層の関心を引いたのでした。

絶望的言辞残して転換

児童の村小学校は昭和一一年（一九三六）まで、一二年間存続しました。その間分校も開かれて、その中の御影児童の村小学校では熊本の人河野通頼が、志垣の紹介で教鞭をとっております。この間、志垣寛は『新興芸術と新教育』という著作をものにして文筆活動も続けております。しかし志垣は児童の村小学校在職一年にしてここを辞職し、大正一四年（一九二五）にはソビエト旅行に出発いたしました。義兄の黒田乙吉（毎日新聞特派員）を頼って行くのですが、児童の村小学校創立間もないこの時期、あれほどの情熱を傾けた実験学校を後にしたのは如何《いか》なる原因があったのでしょうか。詳細は不明です。ただ彼はソビエト旅行を前にして『教育教授の没落』と題する一書を刊行し、その中で次のように述べています。

これは一切の自己批判である。自己嫌厭の爆発である。教員であり、教育者であり、文化人であり、都会人であり、ジャーナリストである僕自身へくってかかった言葉である。文化の夥《おびただ》しき氾濫《はんらん》のために、僕は神経衰弱にかかっている。僕ばかりではない。文化人は弱っている。救われなければならない。然し救いはなかなか来そうにない。之を救うものは原始である。本書は原始憧憬への熱叫である。僕のたましいは今、やすらいの故郷を求めてすすり泣いている。僕は文化を超克しなければならぬ。諸君のたましいは健全であるか。

教師よ、文化人よ、教授法よ、学習法よ、自由教育よ、体験教育よ、教育学よ、哲学よ、学校よ、教育よ、卿等はみんな嘗《か》っては僕を生かしてくれた。然し今はすべて空しい矣。僕は卿等のすべてに弓ひかんとする。

教育教授の上に没落あれ、諸君よ、亡び行く教育の挽歌をきかずや。

教育擁護同盟、あるいは児童の村小学校立案当時の志垣の教育への熱情は、僅《わず》か数年を経る中で雲散霧消して、以上の表現にみられるように、絶望とニヒルの色濃き言葉となって表出されています。文学志望者志垣の修辞上のあやと理解すべきか、教育実践上の一つの帰結とみるか、あるいはまた大正新教育の将来への絶望的認識の表出として読みとるか難しい問題ですが、志垣の教育観ないし教育的実践に大きな転機が訪れたとみて間違いはないと思います。ソビエト旅行は人生上の転換期に立った志垣の、どうしても選ばざるを得なかった一手段であったかもしれないと理解しています。

二　第一高女でダルトン・プラン実施

近代教育史に刻む吉田校長

大正期熊本の新教育運動といえば、誰でも熊本県立第一高等女学校におけるダルトン・プランの実施を挙げると思います。申すまでもなくダルトン・プランとは、アメリカの女教師ヘレン・パーカストが発案した学習方法の改革案であって、彼女がダルトンという田舎町の中学校で実施したことでそう呼ばれるようになりました。ダルトン・プランの教育意図は、例えば伝統的な画一的時間割を廃止して、生徒各自の興味や能力に従って教科の学習時間を自由化するなど学習方法を改革して、自主的積極的な人間の育成を図ることにありました。

熊本の第一高等女学校でこの新しい学習方法の改革案が実施に移されたのは、校長であった吉田惟孝と、吉田の考えを積極的に支持した首席妹尾良彦をはじめ少数の教師たちの努力でした。吉田惟孝は折あって欧米視察に出張し、特にイギリスにおけるダルトン・プランの実施状況を深く観察して、その成果をもとに慎重に実行に移しました。その実施期間は、大正一二年と一三年の二年間に過ぎません。しかし僅か二年間といえども、大正新教育における熊本第一高女の名称と校長吉田惟孝の名前は熊本のみならず、日本近代教育史に深く刻印されております。吉田校長の人柄については、作家の伊藤整が『若い詩人の肖像』という自伝的作品の中で次のように書いています。

吉田惟孝という校長は、五十四、五歳に見え、顎《あご》のよく張った丸顔で、頭の禿げ上ったところに片側の髪を撫でつけ、窪《くぼ》んだ眼で、部下の教員や生徒たちの顔をじっと見る癖があった。吉田惟孝は、肩が張っていて、ガニ股であり、背が少し前に屈んでいた。彼の洋服の上着はハッピのように肩から下って揺れ、ズボンは股引のようにくの字になっていた。しかし最初逢って、その窪んだ目でじっと顔を見られた時から、私は、生まれてからこれまで逢った人間のうちで、この男が一番偉いかも知れないという、妙なことを考えた。学問とか地位とかいうものと別な、人間としての確かさとか、人間を見定める力の確かさと云うべきものが、彼のその大工の棟梁じみた風貌に漂っていた。

この校長は、教育の方法があることを信じ、他人の子を教育してゆく自信を持っていると私は感じた。教育ということを自信をもってやる人間のいることが私には意外だった。一体この校長は何をここでしようとしているのか、というのが私の疑問であった。それは少しずつ分って来た。彼は熊本県立第一高等女学校という専攻科のある大きな学校長の職を棄てて、この北国の市が建てようとしている小規模な、全部出来たとしても十学級にしかならない学校へやって来たのである。吉田惟孝は、彼の理想を実現する最上の条件をこの学校が持っていると考えたのであった。

吉田惟孝

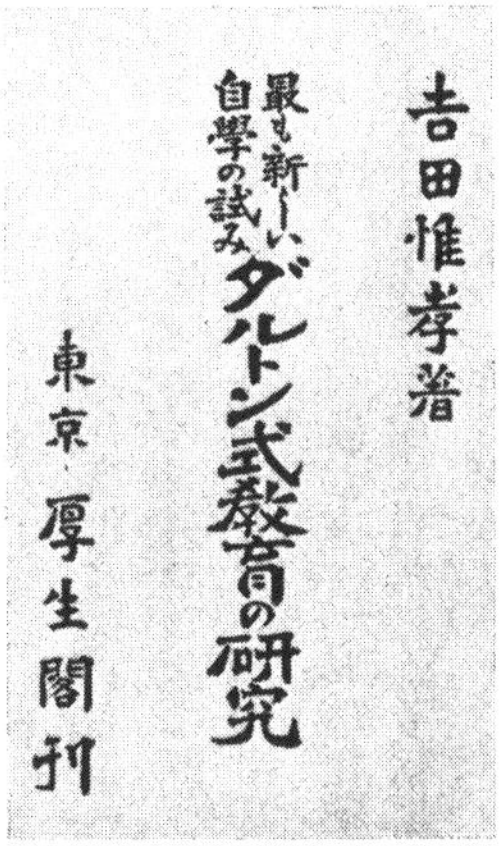

大正11年発行の吉田の著書『ダルトン式教育の研究』のトビラ

引用が長くなりましたが、伊藤整の筆を借りて、吉田惟孝という人物を描いてみたかったのです。大正新教育を語るにあたって、むしろその実施の様相を申しあげなければならないでしょうが、第一高女のダルトン・プランについては他に文献もありますので他日ご覧いただきたいと思います。

文部大臣訓示と県側の態度

伊藤整は創設期の市立小樽中学校で吉田惟孝と邂逅《かいこう》します。伊藤は英語教師、吉田は校長としてでした。大正一四年（一九二五）四月のことでした。すなわち吉田は、同年三月三一日付で新設の小樽中学校長に発令されたのでした。伊藤整がいうように、吉田の転出の動機は、彼の理想を実現できる諸条件が新設校に備わっていると考えてのことであったかもしれません。しかしそのように吉田の自発的判断による転出であると断定することはできない資料があります。すなわち、大正一三年一二月の熊本県通常県会では、新教育に関する質問が数多く提出され、その中で当局は、『ダルトン』式ハ昨年四月カラ第一高等女学校ニ行フコトヲ一試験的ニ行フコトヲ許シテアルノデアリマス。現在ノ教育界ニ自発的ニ自学自習ノ生徒ヲ養成スルト云フコトニ付テハ、是レハ勿論問題ノナイコトト信ズルノデアリマスガ、其ノ中ノ特殊方法デアル所ノ『ダルトン』式が良イカ悪イカ、之ハ教育上デモ亦議論ノアルコトト思フノデアリマス」とその見解を述べています。これは学務課長の答弁であり、吉田のダルトン・プランの実施に異議があるとする当局の認識を表明しております。

さらに付言しますと、この年八月、文部大臣岡田良平は地方長官会議で次のように訓示しています。八月二二日付『九州新聞』記事の引用です。

近来時勢の進展に伴ひ種々の名称の下に教育上の新主義を鼓吹するものが出で学校教員であって軽卒に教育上の新主義に共鳴して実際に之を教育上に試みんとするものが少なからず、其甚だしきに至っては往々法令上の規定を無視するが如きものがあると云ふことを聞くが、凡そ教育の局に当る者は常に研鑽に努め以て教育の発達改善を図ることは固より論ずるの要なき事と雖も、之を教育上に試みるに当っては先づ以て厳正なる批判を加え、慎重考慮研究して後初めて之を実行する様にせねばならぬ。

この文部大臣訓示と、熊本県会における当局の新教育に対する見解とは決して無関係であるとは考えられません。したがって吉田惟孝の第一高女転出は、伊藤整の言うような吉田自身の主体的判断に基づく積極的な行動ではなくて、転出せざるを得ないような事情が彼の周囲で派生したと考えなければならないと思います。

県が校長を放逐と九州新聞

吉田は大正一四年元旦の『九州新聞』に、「ダルトン式学習とは何麼《どん》なものか―保守退嬰の教育を排す――」と題する長文の記事を載せています。

私は、此一篇を綴るに当り、私の預っている学校に実施している学習は、成功しているものと信じて、之れを吹聴しようとする気は少しも持って居らぬ。私は細心の注意と努力を傾けてダルトン案を加味した学習を建設することに、日夜思ひを砕いている積りであるが、不敏の致すところ未だ満足すべき結果に到着せぬことを遺憾に思ふて居る。ただ過去二箇年の経験はダルトン案を我が国の学習に加味するには、如何なる点を如何に注意してゆけばよいかということが、大体わかり得た気持がするので、勇躍して自学輔導学習の建設に当っているのに過ぎないのである。

このような書き出しで始まる吉田の文章は、伊藤整が描いた吉田像と二重映しになって、その誠実さを強く印象づけ、そうであるだけに新教育批判を顕わにした体制への反批判への姿勢が説得力をもって迫ってくるような読後感をもちます。

何はともあれ、「吉田校長は多少功を急ぎ過ぎた様な感じがする。尚かかる新らしい試みに際しては第一必要なものは之れに当る人の問題が主となるべきものと信ずるが、同校の当事者が果して其の人を得て居たか否かは疑問としなければならぬ」（中村学務課長談、三月一五日付『九州新聞』）という言葉に象徴される雰囲気の中で、吉田惟孝は熊本を去って北海道小樽に転じ、その地で再びダルトン・プランの教育的意味を探究するのでありました。吉田の離熊と同時に妹尾教頭をはじめ吉田支持の教師グループは第一高等女学校から去り、校長後任には福岡女専教授であった和田廉之助が着任し、熊本における大正新教育の灯は消えていきます。「県当局が、吉田校長を放逐―敢て放逐と云う―

した真実の理由は、彼の教育に対しては、教育家仲間にも父兄側にも、多少の批難や不平があって、兎角物議を惹き起し易いから、此の際彼を追い出した方が、安全第一たるべしと云うのではあるまいか。殊に県当局を脅威したのは、昨年秋の県会に於ける質問ではなかったか。斬様なことで教育家の地位が動かさるることは、教育そのもののために憂慮すべきである」（同）という新聞記事を、吉田はどのような感じで読んだのでしょうか。

三　訓導退職と御真影焼失

「自分の幸福は国家に通ずる」

大正一三年（一九二四）八月には、熊本市内の一小学校教員が思想問題で教壇を追放される事件が起きております。すなわち熊本市山崎尋常小学校訓導江藤迫が八月一八日突如退職辞令をつきつけられ、やむなく退職したのでした。この事件に関する確実な資料は皆無であって、ただ新聞報道からうかがい知るのみですが、事の真相は別にして「今回の場合の如きは、県当局から文部省に具申して其の指令を待った」（九月四日付『九州新聞』）という市視学官の談話を信用すれば、江藤事件は当局にとっては重要な出来事であったとおもわれます。

江藤訓導は阿蘇郡内牧出身で、大正一一年、熊本第一師範学校卒業、直ちに山崎校に着任、事件当時は四年生の担任であったといいます。彼はある時「国家観念養成法案」と題する論文を発表して、「国家は即ち人であり、自分は即ち国家である。故に先づ自分の幸福利益を思うことはやがて国家に通ずる」といった主旨の内容を研究会で発言したといわれています。このことが徹底した個人主義的思想だと受けとられ、これが直接の追放原因になったというのです。彼は次の様に述べています。

さうだ、人間が真にすべてのものから捨てられ、すべてから突きはなされたとき、そうして又神からも、仏からも、自分自身からも捨てられたとき、始めて総てである私に触れるのである。それで彼は教育を説いている時に却って教育家でなく、又道徳を話している時彼は道徳家ではないのである。道徳の上の知識を暗記している人は、素より道徳家ではない。定義づけられた教育者を以て自分は教育者であると自ら信じて傲然として他を見下しているときには、そのものは常に教育者ではない。先人達が築いた教堂をそのままもちつづけている教育者も前者と同じである。

彼の願っている教育は生命の殿堂の生活で、総ての肯定された個にして全なる総体である。それで彼の世界は、内的に苦しむもののみに与えられる救済界で、知識的の言葉で言いあらわすことのできぬ真実の世界である。苦痛や悲哀の外の歓びの殿堂でなく、それぐるみの絶対唯一の生活の姿として、それが教育としているのである。

「極端ナル個人主義」と処分

右は江藤の新聞への投稿の一部であり、これから彼の思想を理解することはできないが、大正自由教育の中でよくとりあげられる「教育の生活化」としての教育思想の江藤なりの理解が論述の主流をなしております。そしてそれに付随して伝統的教師像への批判が展開されているのは当然の帰結であります。

江藤は自分でも言っているように「教育は魂と魂の接触によって初めて真の教育が展開される。中には貧しい家の子もあって弁当にも事欠くものがある時など自分の金で面倒をみてやったこともあり、医者の世話もしてやったこともある」ような教育熱心家でもありました。道学者的とも言えるストイックな彼の性格からみれば、彼をとりまく教育状況と教師仲間に、歯に衣を着せぬ言辞を不用意に発したことは想像できます。事実彼は、当時の教科書で有名な「水兵の母」を愚直と評し、忠義のことなら忠義屋に聞け、雀さえもチュウチュウと嘲《あざけ》っているではないかと公言していたとも言われています。吉田惟孝は、求めに応じての江藤評の中で「用語の適否に咎《とが》むべき点ありとしても、氏の精神は正しいものと思う。忠義屋という語は、我が国民精神の核心ともいうべき忠義を嘲笑したような気分を与える甚以て不穏当な語であると思うが、之れも口には雀の囀《さえず》るが如く滔々《とうとう》と忠臣義士を説き、空涙を流して慷慨《こうがい》悲噴してもって糊口《ここう》する輩徒も全くないではない時代に際して、左様な偽忠臣を蛇蝎《だかつ》の如く嫌悪するの余り用いた語であるとすれば咎むべきではないと思う」と述べております。

江藤訓導退職事件は、県議会でも大きくとりあげられました。脇山真一議員は質問の中で次のように述べています。

山崎校ノ江藤訓導事件ニ関シテ、其真相ニ付テハ、我々ハ未ダ窺《うかが》ヒ知ルコトガ出来ヌノデアリマスガ、社会ニ伝ヘラレテ居ル所ニ依レバ、此江藤訓導ハ、一説ニハ非国家主義ノ思想ヲ有シテ居ッタト云ヒ、又現在ノ教育形式、教育方法ニ対スル絶対的反抗ノ態度ヲ以テ居ル人デアルト云フヤウナ風ニ伝ヘラレテ居ルノデアリマス。又或ル方面カラハ、決シテサウデナイ、従来ノ伝統的ノ国家主義ニ対スル反抗者デアッタケレ共、国家主義其モノニ対スル反抗者デハナカッタノデ、従来ノ国家観念ヲ以テシテハ、将来ノ国民ヲ支配スルコトハ出来ナイ、新ナル基礎、新タナル根拠ヲ以テ、今後ノ国民教育ヲ為サナケレバナラヌト云フ、非国家主義デナクシテ、真国家主義デアッタト云フ説モアルノデアリマス。

議員の質問は、右のような理解を含んでの思想対策を今後当局はどのように考えるか、というものでした。これに対する答弁は、「江藤訓導ノ思想ハ、極端ナル個人主義デアリマシテ、是ガ教育家トシテ適当デナイト云フコトヲ認メマシタ為ニ、文部大臣ノ認可ヲ得テ、退職セシメタ」（内務部長）というものでありました。ここにまた新教育運動に共感をもった若い教師が、この段階で教育界を去らざるを得ないことになるのでした。

鉄筋で奉安所をつくれと県通達

江藤訓導退職事件が惹起《じゃっき》した大正一三年一〇月三〇日、当時でいう天長節祝賀日に、上益城郡高木尋常小学校では大変な事件が起こりました。すなわち祝賀式準備のため講堂を整理し、職員室にある御真影奉安室で天皇、皇后の御真影を調べたところ、あるべきはずの御真影が箱から消えていたというのでした。数日後同校勤務の代用教員の犯行と判明し、御真影は学校裏手のやぶの中に、灰になって埋められていたという県下初めての御真影焼失事件となりました。原因は学校長への私怨ということです。

周知のように御真影は、教育勅語とセットにされて学校に「下付」され、明治二四年（一八九一）の「小学校祝日大祭日儀式規定」によって、必ず祝祭日に勅語を奉読し御真影に最敬礼させることが定式化されました。天皇制教育の定着過程において、この二点セットの意味は極めて重く、その取り扱いは学校長の責任とされ、学校火事などによってこれが焼失した場合、学校長が責任をとって自殺するなどの悲話は数多いとされています。

高木校における御真影焼失事件が起こると、県は早速、御真影の奉衛に関する通牒を発しました。日付けは一一月二四日です。その対応の速さが当局の関心の重大性を表しています。

御聖影ノ奉衛ニ関シテハ平素厳重ナル御監督相成居リ候事トハ存ジ候ヘドモ過般上益城郡高木尋常高等小学校ニ於ケルガ如キ不敬事件ヲ惹起セルハ其ノ奉安設備ノ不完全ナルト奉衛ノ任務ヲ怠リタルトニ依ルモノニシテ誠ニ恐懼《きょうく》措ク所ヲ知ラズ教育上ハ勿論一般民心ニ及ボス影響亦憂慮ニ堪エザル次第ニ候就テハ此ノ際左記事項特ニ御参考ノ上奉安設備ノ完成ヲ図ルト共ニ奉衛上ニ遺憾ナキヲ期シ斯カル不詳事ヲ再セザル様充分御監督相成度此段依命及通牒候也（『熊本県教育史』）

右の前書きに続く具体事項には、奉安所の建物は鉄筋コンクリートか煉瓦石材、または堅牢なる木造とすること、設置場所は宿直室より奉衛不便ならざる位置に定めること、校舎内に設くるときは火災盗難にあわないよう特別の配慮をすること、一ヵ月一回御聖影の安否を奉伺すること、奉衛当番およびその任務を定むること、奉安所を新しく特設する場合は、校舎位置および校地周囲の状況を明らかにした図面に奉安所建設地点および宿日直室との距離を明示すること、など詳細な規定を掲げております。また県内務部長は、郡市長および中等学校長に対して、特に御真影および勅語の保管については宿直勤務の厳重な注意を促し、翌大正一四年一〇月には、県内務部長がさらに郡市町村長に対し、経費支出上支障のない限り校舎と離して奉安所を創るべきであると指示し、特に鉄筋コンクリート建ての建設をと勧めております。天皇制教育の内実を形式によって補完しようとする教育政策の具体的実例であり、同時にまた臨時教育会議の問題意識とストレートに結びつく体制側の教育的営為でありました。

むすび

史的意義を現代に生かすために

私は、大正一三年における教育状況について、熊本で提起された江藤訓導退職事件とか、高木小学校御真影焼失事件といった、今まで県教育史でさえもほとんど触れることのなかった小さな出来事に、時間を費し過ぎたのかもしれません。またこの年、第一高女におけるダルトン・プランの指導者吉田惟孝の離熊確定が、真相において体制側からの放逐であったことを、若干の資料を使って強調いたしました。そしてこれらの諸事件が、その源において岡田良平文部大臣の訓示に象徴されるような、国家教育政策の地方への浸透現象にほかならないことも申しあげました。したがって本日のテーマは「新教育運動閉じる」としなければならなかったのかも知れません。新教育運動の展開に触れたのは、志垣寛と児童の村小学校について説明した時のみであったことを恐縮に思います。

その志垣寛は、大正新教育運動の展開を回顧して、「戦後の新教育も一向めずらしいものではなく、すでに大正期ににおいて日本の進歩的教育者が考えかつ実践したことが多く、今更驚く何ものもない」と述べています。実践者としての自負がそう言わせるのでありましょう。しかしこの言葉の背後には、大正新教育と敗戦後の新教育を全く同じレベルで把握しようとする、志垣の教育現象に対する認識の質の問題があるのではないでしょうか。大正新教育運動は、結局、体制側の教育政策が欠落した範囲内での、教育方法における改革運動にとどまったとする評価には説得力があるように思います。しかしそのような評価が大正新教育運動の史的意義を矮小化《わいしょうか》する方向にのみ機能することを恐れます。熊本における大正新教育は、ダルトン・プランのみではありません。まだ明らかにされていない実践例が数多くあります。今後研究を重ね、大正期の貴重な新教育運動を史的に評価して、現代日本の教育に生かすべきは生かさなければならないと考えています。

第一高等女学校におけるダルトン・プランの導入

熊本において大正期の新教育運動の実践を取り上げるとすれば、まず県立第一高等女学校におけるダルトン・プランの導入であろう。ドルトン・プランとも呼ばれるこの教育方法はアメリカ人ヘレン・パーカスト考案になる自学自習の一形態であって、マサチューセッツ州ダルトンの町で試みられたことからこのように名付けられた。

自学自習の奨励と学校長の海外派遣

第一次世界大戦の終結するころから県当局は中等教育の在り方に検討を加え、これまでの伝統的な講義形式の授業を変革して自学自習の時間を大幅に取り入れる方針を確認し、教育方法の転換を奨励した。ここには被教育者の主体性、自主性の育成を重視する、大正期の特徴ともいえる教育観が県の教育社会にも自覚され始めたことを意味する。すなわち県当局は大正九年（一九二〇）度の中学学校長会に自学自習の学習導入を強く要望し、同一二年（一九二三）にも「自発的学習態度養成の法案如何」（『熊本県教育史』下巻六九四〜六九五頁）とする諮問を行い各学校長より漏れなく答申を要求するなどして改革の姿勢を示した。

いっぽう県当局は中等学校長を大正九年度から毎年一人、公費による海外視察をさせる新しい制度を創設した。学校長が先進欧米諸国の政治、教育事情など戦後経営の実態を視察し、わが国の青年期教育にその反映が期待できれば制度創設の意義はじゅうぶんに評価できるというのであった。県が公費を支出して学校長の海外視察を奨励したことは空前のことであった。視察期間は半年ないし一年、支給公費は一人一律六〇〇〇円、視察にともなう条件はいっさい付けないというのであった。

この制度の第一回適用者は県第二師範学校教諭であった。そして第二回がここで主要人物として登場する県立第一高等女学校長吉田惟孝（一八七九〜一九四四）であった。吉田は熊本赴任以前から自学自習的教育方法の推奨者であり、県の海外視察制度を絶好の機会と捉えてダルトン・プランの研究に焦点を当てた。

吉田惟孝の着任

吉田は明治一二年（一八七九）富山県東砺波郡南般若村（現、砺波市）に生まれ、広島高等師範学校英文科を第一回生として卒業、明治四三年（一九一〇）から約一〇年間を鹿児島女子師範学校に勤務し、同校の校長であった木下竹次に接した。木下はのち奈良女子高等師範学校に移り、自著『学習原論』を通じて全国的にその名を馳せ、自律的学習法を樹立し大正新教育にその名を残した人物であった。両者職場を共にし、吉田は年長の木下から教育観、教育方法理論に大きな影響を受けたようである。彼は鹿児島を離れる前に日記に木下の教育方法論を克明に記録しており印象的である。吉田は木下の跡を継いで同女子師範学校長を務めた。当時彼の女性観をうかがわせる短文を残しているので掲げておきたい。

私は強い女が作りたい。身体も精神も強いつよい、どんな艱難苦労にも辛抱の出来るやうな女を作りたい。首の細い、胸の狭い、撫肩の、くの字形に前屈みに出来た、一里も歩かせると息切れのする弱々しい女は聖代の畸形的産物である。世の中の男子は、こんな夢二式の女を求めもしやう。けれども斯かる女は亡国の前兆でしかない、

吉田惟孝と家族（県立第一高等女学校寄宿舎『大正11年度卒業記念』熊本県立第一高等学校清香会蔵）

日本の将来は斯かる女では駄目である。精神的方面に就いて言ふならば、確固の信念と時代的知識を有し、且つ貴き犠牲を解する女が作りたい。昔の貞女烈婦を今様にした物を作る。言はば之が本校の根本方針だと言へる。

（大正七年、『鹿児島新聞』への寄稿）

短い文章であるが自立する骨太の女性像が描かれていて、吉田の姿勢をうかがわせるのである。

吉田は鹿児島を離れたのち半年間島根県師範学校長を経験して、大正九年（一九二〇）請われて熊本に赴任し県立第一高等女学校長に就任した。冒頭に述べたように当時熊本の中等教育界は自学自習の授業が推奨されており、自分の関心と重なる状況が熊本には存在することを確認して来熊したのであった。そして彼はその翌年海外研修の幸運を入手した。

私は大正一〇年の夏休みに、九〇度以上の炎暑の下に汗みどろになって、欧米教育視察の準備を纏めていた。愈々自学輔導学習のみを視察してくることに大体決めたが、自学輔導学習と一口にいっても、米国のプロジェクト法、白国のデクロリ法、以太利のモンテッソリー法、独国の自由時間割法など頗る数が多い。そんなに沢山なものを短日月に飛脚的観察をしても皮相的なものになるやうな気がして、何うすればよいか大いに迷っていた。丁度其の時に倫敦タイムスの教育号（七月二日発行）が到着した。そしてヘレン・パーカスト嬢の寄稿にかゝるダルトン法案其の一を読んだ。一箇年前に誰かのダルトン学校視察記を読んだのを想い起こして、此の法案とデクロリ法だけを視察して来やうと定めてやっと安心した。

（吉田惟孝『ダルトン式学習の実施経験』厚生閣　大正一三年　一頁）

吉田が海外研修へ出発したのは大正一〇年（一九二一）九月であった。かつては鹿児島時代に同僚であった妹尾良彦教頭に第一高女の学校経営を任せての研修旅行であった。まずロンドンを本拠地に選び、ヨーロッパの主要地を歩き、学校視察ではロンドンでダルトン式学習を実施していたストレッタム女子中学校など数校を訪ね、またアメリカに渡りニューヨークではパーカストが経営している児童大学そしてダルトン中学校を視察、パーカストと意見交換の機会も持った。ニューヨークでは沢柳政太郎、赤井米吉、小原国芳などこの筋の教育研究家がすでにパーカストを訪ねていたことを知っていっそう研究的刺激を受けたことと想像される。かくて約一〇ヵ月の海外研修を終えて大正一一年（一九二二）六月職場に復帰した。そしてこの年一〇月には早くも『最も新しい自学の試み、ダルトン式教育の研究』と題して、研修の成果報告ともいうべき内容の自著を出版し、大正新教育界に頭角を現した。

吉田のダルトン式学習の理論

吉田は現代社会生活の基調はデモクラシーであるとする。学校生活もデモクラシーの精神に基礎をおくもの、この精神の漲れるもの、この精神を涵養するものでなければならない、という。このデモクラシー社会における道徳的主調は敬愛であって、敬愛とはお互いに助け合って、お互いの本務を精一杯尽くすことにほかならない。この敬愛の心をもって自己に対すれば自立の人となり、友人に対すれば協同となり長上に対すれば従順となる。自立、協同、従順はデモクラシーの三大徳である。自立に対応する学習形態が「独自学習」であり、協同のそれが「相互学習」、そして従順のそれが「輔導学習」であるとする。すなわち自分独りで自学自習する独自学習、友人と切磋琢磨して学び合う相互学習、教師の輔導を受けて精錬していく輔導学習、これが学習の三形式である。ダルトン式学習はこれら三つの異なる学習方法の組み合わせで日々の学習行動が形成されるとする。だから従来の講義形態にみられる時間割は撤廃され、個人個人の学習軌跡を記録する進度表が重要な意味をもつことになるのである。また学習の目的をどのように考えるか。吉田によれば学習の目的は、いかに多くを知り感じ行い得たかの結果を直接の目的とするのではなく、いかに多くを知り感じ得るかの能力の養成を目的としなければならないという。結果ではなくて過程が重要だというのであった（吉田惟孝『ダルトン式学習の実施経験』厚生閣　大正一三年　一八頁）。

吉田のダルトン・プランの実践

吉田がダルトン式学習を実施したのは大正一二年（一九二三）一月から一四年三月までの二年三ヵ月の短期間であった。しかも実施開始から三ヵ月間は三年生のみの実施であるから、全学年対象の完全実施は大正一二、一三年度の満二年間にすぎない。一年生は国語、数学、二年生は国語、理科の二教科、三年生は国語、数学、歴史、理科、四年生は国語、数学、地理、理科の四教科で、一、二年生は一週に一日だけ午前中四時間を、三、四年生は一週二日午前中四時間（計一週八時間）をダルトン式学習に当てている。だからすべての学習時間をダルトン式学習に当てているわけではなく、その短所を補う学級学習の時間は確保されているのである。生徒は四週単位の指導案（アサインメントという）に従って学習を行う。学習室（ラボラトリー）で参考資料を駆使して自由学習を行い、部屋の四隅に配置してあるテーブルで相互学習の時間を費やし、そして教師より輔導学習を受ける、という具合に進行していく。

ダルトン式学習が展開された時期、第一高女の教育的雰囲気は大いに高まり、躍動的ともいえる活発な空気が校内を覆ったようである。すなわち第二校歌ともいうべき「伸びてゆく」別名「山のわらび」という歌が毎日の朝会、あるいは集会ごとに歌われた。「山のわらび、ぐんぐんのびる、春の日をあびて、ひとりでのびる」という簡単な歌詞である。明るくて直線的で、乙女の感傷に逆らわない印象の歌である。また口語詩、和歌、童謡、散文、劇など思い思いの創作を集め、表紙をつけた文集がさかんに製作された。そしてこの文集はクラス単位に編集され、したがって競争原理もはたらいてか生徒の創作力を大いに刺激したという。学校劇もさかんに上演された。この学校劇は、普通は生徒の日常の作品から選ばれ、題材は学校生活から採ったものが多く、歌が挿入されてミュージカル的な作品も見られた。遠行もさかんに奨励された。大正一二年（一九二三）は甲佐まで往復一三里（五二キロメートル）の遠行が実施され、全体の八七・三パーセントの生徒が完全に歩き通したという。周囲では女学生には無理だという声もあったが吉田校長は鹿児島時代の経験を通して自信をもっていたという。かくして学校にはかつてない生徒の高揚感が漂う状況が出現したのであった。

自学自習の導入は時代の要請であったとはいえ、この地域社会でダルトン式学習の導入でその先端を切った第一高女は、その実態を地域社会に知らしめるため、大正一二年一一月に学習活動の一般公開を実施した。予定三〇〇人ほどに対して当日の参観者は一三〇〇人にも上るという盛況ぶりであった。来観者は、校長の日常の授業活動の報告、モデル授業参観、文集の展示閲覧、学校劇見物など混雑でごった返した会場を忙しく駆け回っていた、と当時の新聞はニュース性を豊かにしてこの日の学校風景を詳細に報道した。

翌一三年四月にはダルトン・プランの創始者ヘレン・パーカストが来校した。パーカストの来校は全国遊説の一環として実現したものであった。二年前ニューヨークにて教育論を交えたことのある吉田が、再会を喜びそして歓迎したことは当然であった。またパーカスト自身によるダルトン・プランについての講演は、生徒たちに大きな喜びと自信、誇りを自覚させたようである。

ダルトン式学習の退潮と吉田の離熊

文部省の督学官が市内教職員を集めて「自学主義は稍行き過ぎた感じがする」（『九州新聞』大正一三・三・一七）として第一高女のダルトン式学習を批判したのはパーカストの来校約一カ月前のことであった。また文部大臣岡田良平が「教育上ノ新主義ヲ鼓吹スル者」に対する監督を強めるように指示し、質実剛健の民風作興に反するとして学校劇禁止の見解を示したのもこのころであった。このように中央レベルでは大正一三年（一九二四）後半には新教育批判の空気が醸成されていたことになる。この傾向は直接地方にも反映し、同年一二月熊本県会でのダルトン式教授法批判に連結するのであった。県会の論議の趨勢は、教育的効果の証明がいまだ定まっていないのに、この案の導入には疑問があるというのであった。知事中川健蔵は、自発性を養う意味でも自学自習の風潮は今や全国的なものになりつつあり、趣意に賛成するとしてダルトン擁護論を展開した。しかし行政当局から、生徒の負担が荷重であり、また学習する知識に不確実性が認められる点について、なお研究するよう学校当局に注意を与えていると、ダルトン式教授法に批判的見解が示され、そのような空気が議会全体を覆う状況に立ち至って、吉田の辞任の意志はいよいよ固められていったように思われる。のち中川知事は、自分が吉田校長を追放したとする新聞報道があるがそれは誤解であり、最初に吉田が辞任を決意した時期は県会前であって、ダルトンが議会の問題になるということを耳にして彼はしきりに頭を痛めていた、と述べている。おそらく吉田は、大正一三年夏以降には早くも新教育に不利な空気を感じ、年末県会を迎えて決定的な決断の意志を固めたことであろう。

大正一四年（一九二五）一月の新聞に吉田は元旦所感を載せた。すでに辞任の意思を固めていた時期の執筆であった。

教育は過去に生きる人を養成するのではない。学者や実際家の研究済みの後、始めて真似て見るといふやうな教育のやり方が穏健着実であるとすれば、穏健着実とは、保守退嬰の別名に過ぎない。（中略）教育は機械ではない。生きた人間が生きた人間に全力を投げ込んでなすところの、生きた仕事である。生きた仕事は刻々に成長するものであって、其の刻々が試験であって、試験済みなのである。（中略）常に進歩しやうとする者には、試みのあるのみである。失敗とか成功とかいふことは事の終わった後に、振り返って見てつけた名である。教育とは、過去の経験の結果を背景として成功を期しての、理想への全力的精神の連続的試行である。

（「ダルトン式学習とは何麼なものか—保守退嬰の教育を排す」『九州新聞』大正一四・一・一）

試行二年半も経ていない時期に挫折せざるを得ない不本意な気持ちが横溢しているような文章である。

吉田は一月の日記にある出来事について書いている。すなわち、知事の勧めにより、ダルトン式学習について家庭より見た意見を聞くために父兄有志会が開かれた。推測するにこの会合は、第五高等学校長が知事に進言して開かせたものと思う。この校長の長女は、東京高等女子師範学校に入学し一年経つか経たぬうちに肺結核に罹り死亡したという。死亡の原因は第一高女時代にダルトン式学習によって、勉強し過ぎたためと信じているらしいが、これは私としてはまったく心外のことである。おそらくダルトン式学習について大いに非難の声を高めようとの魂胆からこのような会合の開催を知事に進言したことと思う、と。そしてこの校長は県教育界の権力者であり、私が彼に疎遠にしていたことも私の災いの原因になったのかもしれない、とも付言している。かくて吉田は、いよいよ孤立していく自分を確認せざるを得ない状況に追い込まれていったように思われる。

大正一四年（一九二五）四月吉田惟孝は北海道小樽市立の新設中学校の校長として赴任していった。ここで吉田は作家伊藤整と邂逅する。新任の英語教師伊藤は、彼の自伝的作品『若い詩人の肖像』を書き、その中で相変わらずダルトン・プランの意義を説く吉田を幾度か登場させている。われわれはこの作品を通じて吉田惟孝像の一面を知ることができるのである。

吉田が熊本から小樽に転じた年は、わが国で初の普通選挙法が成立し、同時に治安維持法、陸軍現役将校学校配属令が公布されて、思想対策の強化、学校教育への軍事教育の定着が始まる時期であった。総じて時代の転換期に差しかかったことを意識させる年であった。吉田の熊本からの追放、転出はこれら近代日本の政治、社会の変動に対応しているように思われる。

軍国主義、教育への投影

はじめに

「始末する教育」観の貫徹

軍国主義とは、戦争とそのための軍事力強化を国民生活の中で最優位におき、政治、経済、文化、教育などをこれに従属させようとするイデオロギーや体制をさす、と定義することができましょう。改めて述べるまでもなく、昭和六年（一九三一）満州事変勃発から敗戦までの昭和期は、まさに日中戦争、太平洋戦争を含んで一五年間続く戦争の時期、軍国主義時代でありました。

「教育で始末する」という言葉があります。明治中期「教育勅語」が作制される過程で、地方長官（今の知事）会議の席上、一地方長官によって発せられた言葉でありますが、教育のもっている機能（はたらき）を国民意識の形成ないし統制に利用し、教育を国策遂行の手段にしようとする考え方を示したものでした。このような考え方によって歴代の内閣は一貫して教育を国家の事業として強く意識し、重要政策として重視してきました。原理的に考えれば、教育というものは、人間能力の全面発達、人間性の尊厳の確立を目指すという、すぐれた自律的機能をもっているはずです。しかしこのような教育観は戦後のものであって、昭和期敗戦以前はまさに「始末する教育観」とでも名付けてよいような教育の考え、その基礎に立っての教育政策が貫徹していました。そしてそのような形が最も強く現象したのは戦時中の教育でした。今ここに「軍国主義、教育への投影」と題し、昭和前期の熊本における教育の諸相をみていきたいと思います。

一　軍国主義への母胎づくり

大正一四年、まず現役将校の学校配属

この期において、軍国主義の黒い影がはっきりした形で教育の中に入ってくる最初の時点を大正一四年（一九二五）の「陸軍現役将校学校配属令」にみたいと思います。その第一条は次の通りです。

官立又ハ公立ノ師範学校、中学校、実業学校、高等学校、大学予科、専門学校、高等師範学校、臨時教員養成所、実業学校教員養成所又ハ実業補習学校教員養成所ニ於ケル男生徒ノ教練ヲ掌ラシムル為陸軍現役将校ヲ当該学校ニ配属ス但シ戦時事変ノ際其ノ他已ムヲ得サル場合ニ於テハ此ノ限ニ在ラス

前項ノ規定ニ依ル将校ノ配属ハ陸軍大臣文部大臣ト協議シテ之ヲ行フ

配属将校ハ教練ニ関シテハ当該学校長ノ指揮監督ヲ承ク

配属令が勅令として公布されるに至るまでには多くの反対論が展開されました。たとえば、ジャーナリストとして著名な長谷川如是閑は「精神と身体の訓練に於て軍国的に仕立られた人間は国民として全く出来損ひの人間である。今日の国民教育は、『社会的』機能の発達に全力を傾倒すべきであって、骨董的愛国者や個人主義的商人や、半泥棒や

全泥棒や、土佐犬やを養成すべき機関ではないと信ずる」と述べて、現役の陸軍将校が中等学校以上の学校に配属され、軍事教育が学校教育の本来的目的を阻害する危険性を痛烈に批判しています。また熊本出身で大正自由教育に名を残した志垣寛も「(軍事教育は)勿論不可、普通教育を破壊し、ひいては国民のすべてを軍隊化し国際協調の上にも暗い影をなげる。全教育界の教師学生生徒がこぞって之を拒否しなければならぬ」と述べています。志垣が属した教育擁護同盟では軍事教育反対の集会を東京で開いて、「陸軍在営年限短縮の名に於て現役将校を学校に派し軍事教育を施さんとする文陸両省の立案は学校教育本来の目的を破壊し、その能率を低下するのみでなく明らかに軍部の教育干渉である。吾人は極力その実現に反対する」と決議しています。また学生も東京を中心にして全国学生軍事教育反対同盟を組織し、活発に反対運動を展開しました。

ところで、配属令が公布されると直ちに中川熊本県知事は談話を発表し次のように述べています。

本年度から実施することに決定して居る中等学校以上の軍事教育は、国民皆兵の主意からしても、規律範誡を重んずる上からも其の他国防等の方面からみても私としては大賛成である。殊に近年の様に国民一般の綱紀が頽廃して学生生徒の如き浮華文弱を事とするの時に当っては厳格な規律的軍隊訓練によって気分を作興し、剛毅質実の国民精神を復活せしめなければ駄目だと思う。(『九州新聞』)

青年訓練所でも〝下級兵士養成〟

大正一四年四月のこの時期は、熊本における大正自由教育の代表的事例ともいうべき第一高等女学校のダルトン・プランの終息期と一致します(本書「新教育運動広がる」の項参照)。すなわちその推進者吉田惟孝はこの年四月初めに熊本から放逐されて北海道の小樽中学校に転じました。中川知事の談話にある「学生生徒の如き浮華文弱を事とするの時」という認識の中に、私は、このころがまさに、教育の転換期にさしかかっていたことの実感を読みとりたいと思うのです。一方、学校に配属将校を受け入れる側の立場として安井済々黌校長は「学校の校長以下職員生徒の気分を了解して徐《おもむろ》に訓育の手を下してもらいたい。何れにしても現役の軍人と中学校の生徒とは其の体格に於て格段の差がある。従って甲種合格の現役兵と同様な心持ちで学生を教練されては堪《た》まらない」(『九州新聞』)と語り、教員との調和、教練実施上の方法について要望しています。しかし「要するに時代が学校教育にも軍事思想を要求して居る以上我が国に於ても之が普及徹底を必要とすることは云ふ迄もない」として配属将校受け入れの態度を示しています。「国民精神の振興を計るため中等学校以上の学生生徒に軍事教育を施すことは世界の大勢に鑑《かんが》み又我々の体験よりして最も適切な方法と考へる」(能勢第一師範校長談、『九州新聞』)と述べて、配属令の積極的な歓迎の態度を示した第一師範には、第六師団歩兵第一三連隊付で植村大尉が配属されました。彼は「学生生徒の心身を鍛練し特に規律範制団結忍耐等の諸徳を涵《かん》養し併せて国防能力を増進せんとする重要なる国家の一大施策でありまして、責任の重且大なることを自覚します。実に私共は此重要なる点の一部を担任するので決して軍事教練でなく又軍隊である軍事教練の一部を学校に移すと云ふ意味は毫もないので、学校を軍隊化し生徒を兵卒化するのではありません」(『九州新聞』)と語っております。全体の論調から推測するに、配属将校に初めて選ばれた者として、慎重に言葉を選択しながらその抱負を語っておるように思われます。

この年はまた、小学校卒業だけで、実業につく青年を対象として、軍事教育を目的とする青年訓練所が開設された年でもありました。実業補習学校に接続させ、四年間入所させてその大部分の時間を軍事教練に当てるというものです。中学校以上を対象とする現役将校の配属制度が将校教育を目的とするものであるとするならば、この青年訓練所は下級兵士養成の教育機関と言えましょう。かくしてこれら両制度の発足は昭和ファシズム期における教育の軍国主義化への母胎を形成するものであったと考えます。

第一高女で授業内容が問題に

昭和初期に入ると昭和恐慌といわれるように、日本の資本主義は一段と危機的状況を呈してきました。為政者は支配体制の危機意識を強く持って反体制運動に弾圧的姿勢を強化し、同時に教育面にもいろいろと統制を加えていきました。昭和五年（一九三〇）二、三月の熊本における出来事を拾ってみますと、八代では大正期に次いで再び郡築争議が大きな社会問題として提起され、小作人の不満が爆発して揺れ動いています。また熊本合同労働組合運動弾圧で治安維持法違反という名目で検挙された人達の公判判決の記事があります。教育界では教員の制服問題で背広、詰めえり論争が県視学の間から出て盛んに論じられ制服化の方向が強くなってきております。このような雰囲気の中で、県立第一高等女学校を舞台にして一教諭の授業内容が社会問題化するという事件がもち上がりました。いまこの事件を当該教諭の名をとって高原事件と呼びましょう。当時の新聞はこの事件に関連する記事を大きく取り扱っています。少し記事を紹介しましょう。

熊本県立第一高等女学校教諭に絡む不祥事件が端なくも発覚し今それが広く社会的の問題とならんとして居る。本紙はしばらく其の成行きを静観して居たが問題の渦巻が大波紋を描かんとして所詮は隠し了せない事実となって現はれ来ったので、その一端を報道する事とする。それは本月（昭和五年三月）五日の事である。今まで黙して聴いて居た女生徒の一人が猛然として立ち上り、日本の伝統の精神から今日の国家安泰、国民融和、幸福の事実を力説して女生徒とも思へぬ程の弁舌と雄々しさとを以て猛烈に突つかゝり、

「苟も先生が左様な事を申されて好いでせうか。此事許りはお教へに従ふことは出来ませぬ」

と真剣になって絶叫し其処からも此処からも之に共鳴する女生徒達が盛んに詰問の矢を放ち教室内は喧々囂《ごう》々 霎時《しょうじ》収拾すべくも非ず、遂に高原教諭は寧ろ教へ子達にやり込められた形で立ち往生、喧噪裡にその時間は終ったのである。（『九州日日新聞』）

高原事件の第一報は以上のようなものでした。翌日はまた「高原教諭の失言問題其成行を注目する」という見出しで次のように報じています。

熊本県立第一高等女学校教諭高原武雄氏が去る五日同校四年生乙組に対し歴史の時間においてポーランドの国家主義勃興問題に端を発し人類愛を説き近くは労農ロシヤから我国体問題までに言及せし事件に就ては、我熊本県教育界に意外なるセンセーションを捲き起し純真なる乙女達に斯くの如き矯激の言辞をなした事は由々しき問題として其成行きを注目されて居る。（『九州日日新聞』）

思想統制の前兆、父兄が騒ぎ出す

高原武雄教諭は香川県の出身で広島高等師範学校を卒業し延岡中学校教諭を経てこの事件が起る前年八月に第一高女に転勤してきた若い教師でした。そして戦後も教師生活を続け、昭和三七年（一九六二）当時は、徳島県撫養高校の校長でした。前田信孝氏の努力による、当時を回想した記録から引用しますと次のようになります。

西洋歴史の時間に、ポーランド分割に触れ、ポーランドが分割された主な原因は、ポーランド自体にあるというより外からの侵略をうけたことにある。そしてその侵略という行為がよくないと講義をした。当時としてみれば突飛な講義だったであろう。第一高女は秀才を集めた学校だったので、ただちに前の方の生徒から「それでは秀吉の朝鮮征伐もよくないのですか」という質問を受け、ちょっとたじろいでしまった。そのことが突然新聞に出て、私の素行、思想方面も相当曲げられて書かれていた。つまり私が社会主義思想をもっていて侵略戦争を否定しているというようなもので、別の新聞にはそうではないという趣旨の記事がのり、前後二～三回書かれたと記憶している。

当時の新聞記事によれば熊本憲兵隊が最初にこの事件を知って調査を開始したとありますが、どうやら事の真相は女生徒の中の父兄に騒ぎたてるものがあり、それが報道機関の関知するところとなって騒ぎが大きくなっていったようで、決して真実が報道された訳ではありません。事実、高原氏も語っておられるように、別の新聞――『九州新聞』と思われる――は冷静にこの事件を報道しています。事件は結局、学校当局、県視学の調査によって別に取り立てるほどのことではないということで終止符がうたれました。しかし学校の中での授業内容がこのような形で世間に問題化される状況、教育行政当局が動く前に生徒の父兄が騒ぎ出すという雰囲気、それが授業の内容に関するだけに、迫りくる思想統制の前兆として象徴的事件に思われるのです。

新興教育研、四年間の闘争

第一高等女学校で高原事件が起こった昭和五年には、東京に「新興教育研究所」が創設されました。ここには当時の進歩的な教師、教育に関心をもつ若い活動家が集まりました。彼等はここを舞台として社会科学的認識に立脚して教育を考え、労働者意識を強くもって新しい教育運動を全国的に展開しました。新興教育研究所創立宣言には次のように述べています。

> 現段階に於ける日本の教育を展望する時、分けても自己に属する学問を安く買ひたがる教育界は、先進資本主義国の文化に見る如き自由なる発展期を有ち得なかったばかりでなく、封建的残存物を清算する遑《いとま》なかりしため、甚だ未発達であり、未熟である日本ブルジョア文化の運命を、より強度に反映してゐる。現実の社会問題の具体的分析並に一切の科学の真理に対する教育労働者の眼は、支配階級の企図に依る政治的疎外に依って全く曚昧にされた。そのことこそ現在の如き反動教育の硬化を招来したのである。社会生活に対して政治が支配的である限り、教育の目指す人間的解放は、政治的自由の獲得なしには、幻想以外の何物でもあり得ない。組織には組織を以てする教育者の政治的実践の現実形態は××的教育労働者の団結に依る教育労働者組合運動でなければならない。教育労働者組合はわれわれの城塞であり、「新興教育」はわれわれの武器である。

親愛なる全国の教育労働者諸君、新興教育の旗の下に集れ！

新興教育研究所は合法的文化団体で二年間存続し、その後は新興教育同盟準備会と改称、また非合法組織体である「日本教育労働者組合」などと重なって教育運動を展開しました。その活動期間は約四年間に過ぎないものでしたが、全国的に支部も結成され、満州事変以降日中戦争、太平洋戦争と一五年間続くファシズム体制の初期の段階で反権力闘争の歴史を刻印し、そして弾圧されていきます。

南小国で〝地域に根ざした教育〟

現在も元気で熊本市において商業を営んでいる田代官次・てる夫妻は、県下の数少ない新興教育運動に主体的に参加した教師でした。てる夫人は次のように、昭和初期の教育状況、夫妻が検挙された時の様子について話してくれました。

両親とも教師であった私は、菊池郡大津に生まれ、高等小学校を卒えて、女性として郡から唯一人、師範学校に入学しました。在学中関東大震災があり、修学旅行は行先変更を余儀なくされて朝鮮経由で満州に行きました。師範には大正期盛んだった自由教育を熱心に実践された先生も居られましたが、別に新しい考えに染まるといったこともなく、平凡に、大正一四年（一九二五）に卒業し、教師となりました。

私達夫婦は教員として阿蘇郡南小国の満願寺黒川小学校に赴任しました。当時の田舎の人達は純朴そのものでした。初めて満願寺に来た日は、日の丸の旗が門毎に立っている、聞けば「新しか先生のこらすけん」と、私達を歓迎してくれてのことでした。黒川小学校は生徒数一二〇～一三〇ぐらいの複式学級の小さな学校でした。この地方は山林が多く、水田はあるが畠が非常に少ない土地柄でした。また印象的なことは政争が激しいことでした。田植えでも政友、民政と分かれて協同作業をしておりました。貧乏な家庭も多く、毎度の食事にも事欠く子供がいるので昼食をこさえ、学校に頼んで食べさせていました。さしずめ給食のはしりといったところでしょうか。髪も刈ってやりました。また生徒達を連れて、近くの温泉にも行っておりました。青年達をはじめ村の人びとも、よく私達の家を訪ねてきてくれました。青年達が寄ってくれると、だご汁を作ってもてなしました。皆喜こんで食べてくれるのでいつもメリケン粉は一袋余計に用意するほどでした。青年達は、演劇と登山をよくやっていたように思います。今の言葉でいえばさしずめ〝地域に根ざした教育〟ということでしょうか。この意味では表彰されてもよいと思う、そんな日常生活でした。

演劇青年らとともに検挙されて

熊本日日新聞社刊の『熊本昭和史年表』は、昭和八年（一九三三）一二月二四日の項に「田代官次ら新興教育同盟熊本支部、志津農民劇団員ら十四人検挙」と、記しています。もちろんこの中にてるさんもいました。当時のことを続けて次のように回想しています。

ちょうど、今の皇太子が生まれた日でした。世間はお祝い気分に満ちていました。歳の暮れも迫って二学期の通知表を書いていたと思います。夜中に警察から呼び出し状を受け取りました。私達には四歳と二歳の乳飲み子がおり、駆けつけてきた私の父と主人の兄は「こんな状態でどうするか」と心配してくれて、長男の四歳の子を預ってくれました。私達は宮地の警察に収容されました。私は乳飲み子を持っていたので留置場の隣の宿直室に入れられました。登山をしたり演劇をしたりしていた青年達も検挙されており、留置場はこれらの人で一ぱいになりました。女性は私一人でした。宮地は寒いところで、警官に連れられてではあったが風呂には行かせてくれました。私は女ですからそうでもなかったが、男性に対する取調べは厳しかっ

新興教育運動を
展開した田代官次

たようです。夜になると竹で叩く音がピシーッ、ピシーッ、ピシーッと聞えてきました。「ああっ、やられよるばい」と思って身を縮めておりました。先ごろ主人が指圧して貰ったら「ずっと前に相当ひどく病んだことがあるようですな」といわれたそうです。いまだに主人の身体には当時の取調べで受けたきず跡の後遺症が残っているのでしょうか。

事件があったころ私の父は村長候補になっていましたが、私の事件のため選挙を辞退して朝鮮に渡りました。もちろん私は教員を辞職させられました。主人は懲役二年六月の判決を受けました。

新興教育運動に関する弾圧は、この年二月に長野県下で大規模なものが発生し、次いで静岡、茨城、東京、青森と続き、一二月の熊本の弾圧となっていきます。すなわち田代夫妻の弾圧は新興教育関係最後のものでした。その後夫妻は生計をたてるに勢いっぱいの苦しい生活を強いられていきます。もちろん夫妻の背後には、もっと広い層の労働者の広範な反体制運動が展開されていました。その総体の中に田代夫妻の新興教育運動を位置づけなければならないのですが、今は触れる余裕はありません。

今年は新興教育、日本教育労働者組合結成の五〇周年に当たります。あらためて戦前の良心ある教育者達の教育運動の軌跡を明らかにし、その意味を知らなければならないと思っております。

二　松岡来熊めぐる教育論議

学童出迎え、県会で問題に

新興教育運動が弾圧によって終息した昭和八年（一九三三）は、日本が国際連盟を脱退し、自ら国際的な孤立化の道を選択してファシズム体制の確立に大きく一歩を踏み出した年でもありました。国際連盟全権の松岡洋右《まつおかようすけ》はこの年一二月代議士をも辞任し政党解消運動を精力的に展開しました。周知のように戦前の日本の諸政党の解消は、昭和一五年（一九四〇）「紀元二千六百年記念行事」が国を挙げて盛大に行われた年に、実現するのでありますが、国際連盟脱退当時、英雄として国民的歓迎を受けた松岡洋右が政党解消運動に残した足跡は実に大きなものがありました。松岡がその運動の一環として地方遊説を行い、熊本に来たのは翌年の昭和九年一一月でした。四日間の在熊中、菊池郡隈府町（現菊池市）の政党解消連盟支部発会式では次のように演説しています。

今日の非常時局は明治維新とはとうてい比較できぬほどの前古未曽有の大非常時である。今や東京方面では政党、財閥輩の無反省、民衆の懶惰《らいだ》、無自覚に、憂国青年たちや若き軍人たちの憤激甚しく、いついかなる事変の勃発するやも測られぬほどである。まず老廃し腐敗せる既成政党を解消せしめよ。しかれば必ず新鮮にして清浄なるものが現はれて来る。もはや議論などしている時ではない。まず政党を解消すべきである。（『九州日日新聞』）

松岡洋右の名声は天下にとどろいており、熊本県での歓迎振りは盛大をきわめました。歓迎の人並の中に教師に引率された小学生の列もありました。

さて一一月末から一二月にかけては熊本県会が開かれる時期です。そして県予算を審議する通常県会も終わろうとする一二月末に実は松岡洋右の歓迎をめぐって議論が展開されます。教育が、なしくずしに政治によって汚濁されていく教育史の一面を、この当時の県議会の審議風景を通じて指摘したいと思うのです。昭和初期の熊本の県会は民政党、政友会の二大政党対立の中に運営されておりますが、県出身の安達謙蔵が中央で国民同盟を結成しこれが県会にも反映して民政党所属の大部分の議員はこの段階では国民同盟に所属、したがって国民同盟と政友会の対立で熊本県会は展開されております。知事は官僚出身の鈴木敬一、議長はまだ民政党に留まっていた古閑又五郎でした。

政党解消に反対の政友会が処分要求

議論の発端は政友会岩山静喜議員が、「立憲政治ノ要諦ハ、所謂政党政治ノ正シキ歩ミ方デナクテハナラナイ」と述べ、松岡洋右が県下を遊説した折、ある小学校長が授業時間をさいて松岡出迎えに生徒を動員した事実を挙げて、「斯様ナコトハ些細ナ事柄ニ過ギナイノデアリマスガ、併シ今日政党解消或ハ政争解消ノ声ニオビエテ、政治教育ノ認識ヲ誤ッテ居リハシナイデアラウカ」と発言し、生徒を引率した校長ならびに職員の処分を求めたことに始まりました。これに対して県行政の執行部を代表して久慈学務部長は「所謂帝国全権トシテ当時新聞紙等ニ大々的ニ宣伝セラレマシタ松岡洋右其人ヲ出迎ヘル、サウ云フ風ナ単純ナル考ヘ方カラ出迎ヘタンデアルト云フ風ニ承知シテ居ルノデアリマス」と述べ、政党解消運動家としての松岡洋右を出迎えるために生徒を引率したのではなく、帝国全権として活躍した松岡その人の顔が見たいという単純な気持ちの出迎えであったから、小学校長、職員を処分するには当らない、と云うのでありました。「授業時間ヲ割イテ出迎ヲスルト云フコトハ、人ヲ出迎ヘル其コトニ依ッテ、ソコニ教育ノ効果ヲ挙ゲヨウト致シマス場合ニハ、是ハ法令上ノ差支ハナイ」とも述べています。

学務当局のこのような態度に対して菊池郡選出の政友会所属議員菊川末吉は次のように発言して執行部を追求しました。

「松岡君ガ隈府ニヤッテ来ラレタ時、其随員ノ中ノ七・八名ノ者ガ政党解消ト大書シタル肩襷《たすき》ヲ掛ケテ、サウシテ随行シテ居ルノデアリマス。而モサウ云フ襷ヲ掛ケテ練リ歩イテ、サウシテ菊池神社ノ社頭ニ於テ校長先生生徒ガ松岡氏ニ敬礼ヲシテ敬意ヲ表シタノデアル。私ハ政党解消ト大書シタ肩襷ヲ掛ケテヤッテ来タノハ、松岡氏ガ政党解消ノ蓆旗《むしろばた》ヲ押立テテヤッテ来タト云フコトト同然ダト思ヒマス。其蓆旗ヲ自分デ押立テテヤッテ居ル其眼ノ前デ生徒ニ之ニ敬意ヲ払ハスト云フコトハ善イカ悪イカ。私ハ思フノデス、少ナクトモ先生生徒が其旗印ノ下ニ敬意ヲ払ッタトキノ其瞬間ノ感ジガドウデアッタラウカ、成程偉イ全権松岡洋右氏ハ政党解消ノ親玉ダナト云フコトヲ先ヅ生徒ハ直感シタラウト思フ、サウシテ其直感シタ其感ジハドウデアッタラウカ、将来其感ジガ精神ニ及ボス所ノ影響ハドウデアラウカト云フコトモ序ニ伺ッテ見タイト思ヒマス」

右の質問に代表されるように、政友会は執拗に発言を重さねて食い下がるのですが、学務当局は松岡洋右の動静は個人的なものであり、関知すべき事柄ではないと繰り返し述べ、また彼の演説の内容も立憲政治否認ではないとして、松岡を出迎えた校長、職員の処分は全然考えていないと言明するのみで、双方の議論は平行線をたどりました。

国民同盟は寛容、雲散霧消

政友会と県執行部の激しい質疑応答の中に割って出た、国民同盟のこの問題に対する態度はどうであったか。球磨郡選出の小出政喜議員は次のように述べています。

「日本ノ運命ヲ双肩ニ担ッテ軍縮会議ニ活躍シタ松岡洋右氏ガドウ云フ人物デアッタカト云フコトハ、全県民モ見タイト熱望シテ居ッタ所デアリマス。ソレヲ国民教育ノ職ニアル教員ガ、児童ヲ引率シテ出迎ヲスルト云フコトハ私ハ何等差支ナイト思ヒマス。教育家ガ斯ウ云フコトニビクビクシテ居ッテハ実際本当ノ活気アル教育ハ出来ナイト思ヒマス。斯ウ云フ点ニ付テハ県当局モ余リ干渉ノナイヤウニ希望シタイト思ヒマス」

このように国民同盟の松岡来熊に対する見解は実に寛大なものでありました。結局この問題は少数派政友会側の「若シ知事デモ、学務部長デモ、或ハ課長デモ、或ハ教員ノ中ニ、松岡氏ガ唱ヘル政党解消ヲヤルガ宜シイト云フヤウナ考ガ若シアリマシタナラバ、男ラシク正々堂々職ヲ辞メテ其連盟会ニ加入シテ、旗ヲ押立テテ運動サレタ方ガ宜シイト思フ」（前出菊川議員）という捨てゼリフみたいな感情論で終結し、校長処分問題は雲散霧消してしまいました。

私は思うのです。学校長が規定の教育課程の中で特別行事を組む場合は必らず行政官庁の了解が前提になると。したがって、当該学校長は生徒を松岡歓迎の列に参加させるに当たっては、事前に学務当局に打ち合わせしたに相違ない。このような行動は校長専決事項では絶対に出来ないことであった、と。それにも拘わらず学務当局は松岡来熊は個人的な動静であって当局の関知する所ではないと言明しております。およそ教育の実態はこのような形で、推移していくものでありましょう。私は現実の教育が、真空の中で行われることなどありえない、そのようなことは空論であると思います。必ず社会的諸条件を反映して推移していくものだと思います。それ故に教育はイデオロギーの注入装置になる性格を濃厚に持っている。為政者の意志、国家意志を国民の中に浸透させるにはまず教育に注目する、教育を利用する。政党解消論を浸透させる目的の松岡来熊は、前述のような教育論議を呼び起こし、教育における政治への隷属性を示す好個の事例を提供しました。

ファシズム確立〝前夜の論戦〟

松岡来熊をめぐっての教育論議は、その後大きく発展して政友、国民同盟の対立激化という現象をもたらし、政友会議員林原吉春（玉名郡選出）は熊本県議会始まって以来初めての登院停止処分に付されます。すなわち林原は「独裁政治の中心勢力は軍部である。衆議院における国民同盟も独裁政治に傾き政党政治を否定している。松岡洋右が国際会議に出席したからといってイタリアやドイツあたりの独裁政治にかぶれて政党政治を否定して地方を廻っているのは思い上りも甚だしい」といった意味のことを発言します（花立三郎「民政党と政友会の対立」参照、『新・熊本の歴史7』熊日刊）。これに対して国民同盟側は、「軍部を批判することは欽定憲法を否定することであり、それは同時に天皇を批判することである」として猛烈に政友会を糾弾します。この両者の論争は、当時の議会風景を知る上で非常に興味深いもので、地方レベルでの軍国主義の定着過程を知る貴重な資料です。翌年以降の議会議事録をみてもこのような政党間の激しい論議の展開はないようです。だとすれば、昭和九年の熊本県議会の審議風景は、まさにファシズム確立前夜の様相を示す重要なものといえましょう。松岡洋右の遊説はこのようにして熊本県議会におけるファシズム論争を提起しました。教育が政治への隷属的性格を深く内包していることの象徴的出来事として、この事件をみなければならない、そしてそれは不幸なことであったと思っております。

三　熊本県教育是の制定

内閣情報部長出身の横溝知事が提唱

昭和一七年（一九四二）ともなればミッドウェー海戦の敗北にみられるように、太平洋戦争における日本の劣勢は否定すべくもない現実でした。この年七月横溝光暉という人が第三〇代熊本県知事として岡山県から転じて就任しました。横溝知事は内閣情報部長の経歴もあり、大物知事との評判がありました。在任中は食糧や木材の増産など国からの要請に応ずべく努力する一方で、特に教育の振興に精魂を傾けました。人柄はむしろ学究肌で精神主義的傾向の強い人であったと当時を知る人たちは言っております。

熊本県では前任雪沢知事時代に戦時体制に見合う教育を創造するため、県教育審議会の設置が決定しておりました。横溝知事は県教育審議会の機能を利用して、まず「熊本県教育是」の作製に乗り出しました。教育是とは教育指針とでも申しましょうか、教育目標を具体的に成文化したものです。国段階では教育勅語があり、その趣旨に添って地方の独自性を盛り込んだ教育指針の提示を意図するものでした。横溝知事はこの教育是を作制するに当たり県視学官に原文作成の指示を与えました。選ばれたのが当時菊池高等女学校長から転じて視学官をしていた石塚菊二郎でした。石塚は他の視学官の協力を求めて知事の期待に添うべく懸命の努力を払いました。字句の選定に当たっては漢学に造詣の深い野田寛の教えを乞うたと云われています。昭和一八年四月一日に公表された全文は次のようになっています。

熊本県教育是

国体ノ本義ニ徹シ教育ニ関スル勅語ノ聖旨ヲ奉体シ錬磨育成以テ天壌無窮ノ皇運ヲ扶翼シ奉ランコトヲ期ス乃チ茲ニ綱目ヲ定ム

綱領

一、菊池傳来ノ遺風ヲ発揚ス
一、肥後文教ノ精神ヲ紹述ス
一、日新又新ノ規模ヲ開拓ス

実践條目

一、勤皇愛国ノ大義ニ生キ去私奉公以テ至誠純忠ノ臣節ヲ完ウス
一、敬神崇祖ノ源流ニ沿ヒ孝友和順以テ斉正醇美ノ家風ヲ樹立ス
一、隆師親友ノ郷俗ヲ成シ礼譲相保以テ重厚典雅ノ民風ヲ作興ス
一、文武不岐ノ遺範ニ拠リ心身磨礪《まれい》以テ清廉剛毅ノ士風ヲ陶冶ス
一、学問技術ノ振興ニ努メ修習精練以テ体察独創ノ学風ヲ昂揚ス
一、度量識見ノ恢弘ヲ図り和衷戮力《わちゅうりくりょく》以テ生々発展ノ気魄ヲ涵養ス

字句の難解もさることながら、修辞上も細心の苦心の跡、誠に歴然たるものがあります。

菊池精神を強調　副読本や歌も

教育是の中の「菊池傳来ノ遺風ヲ発揚ス」の解説には、「菊池氏歴代の一貫せる勤皇の事蹟は本県の最も誇るべき臣道実践の亀鑑である。西陲《せいすい》の一隅に於て行はれた為、十分に全国民の認識を得るに至ってはゐないが、大義の明かな

らざる時代に、祖孫相伝へて孤忠を守り、臣節を堅持すること廿数代、……この一家伝承の勤皇の事蹟こそは、単に熊本県のみが独占すべきものではなく、遍く全国に宣揚すべきものである」としております。周知のように当時菊池一族の勤皇精神は、歴史観の主流ともいうべき皇国史観に乗って宣伝され、天皇制補強の有力な手段でありました。熊本県教育是ではこの菊池精神の強調が中心になっております。少なくともそれを強調することによって熊本県の特徴を押出そうと意図していることは明らかです。事実横溝知事は地方長官会議で天皇に対し教育是制定由来を説明し、菊池精神発揚の部分が最大の眼目であることを述べたとされています。また彼は学年別の副読本を作製し教育是定着の補助手段としました。あるいは「菊池尽忠の歌」を、県会の開会式の折、県会議員に斉唱させたとも伝えられております。横溝知事の菊池精神への肩入れは大へんなものであったようです。

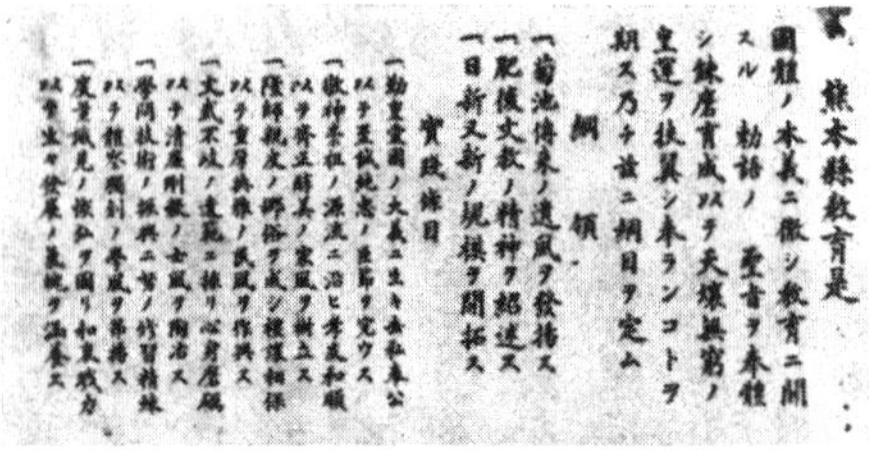
熊本縣教育是
國體ノ本義ニ徹シ教育ニ關スル勅語ノ聖旨ヲ奉體シ錬磨育成以テ天壤無窮ノ皇運ヲ扶翼シ奉ランコトヲ期ス乃チ茲ニ綱目ヲ定ム
綱領
一、菊池傳來ノ遺風ヲ發揚ス
一、肥後文教ノ精神ヲ紹述ス
一、日新又新ノ規模ヲ開拓ス
實践條目
一、勤皇奉國ノ大義ニ生キ無私奉公以テ至誠純忠ノ臣節ヲ完ウス

熊本県教育是

昭和 16 年に女子の軍事訓練も始められた

(一)

むらさき霞む鞍岳に
あしたあかねの雲消えて
旭日燦《さん》とかがやけば
咲ききわまりて麓《ふもと》べの
菊池の川に影うつす
満山にほふ桜花

(二)

かをる誉と清き名の
純忠菊池一族が
神と鎮まる宮どころ
ここ城山の土古く
心つつしみぬかづけば
さやかに聞ゆときの声

これが「菊池尽忠の歌」の一部です。作詩は鹿本郡広見国民学校訓導出田聰明、作曲は熊本市白川国民学校訓導の丹後正でした。いずれも公募作品です。横溝知事はこの歌を県民歌に選定して普及に努力したのでした。教育是の制定は正に天皇制教育の内実に全く合致した、県段階での教育的営為でありました。

学徒出陣や動員の潮流

以上、大正末期の陸軍将校学校配属令のこと、第一高等女学校における高原事件、熊本における新興教育運動、松岡洋右来熊遊説をめぐる県議会でのファシズム論争、そして横溝知事主唱による県教育是の制定のことを申しあげてきました。まだ触れなければならないことがたくさんありますが、他日を期したいと思います。

昭和一八年秋になれば、戦局は極度に深刻化し、国内そのものが戦場のような状況を呈してきました。高等教育機関の学生は学徒出陣で徴兵され、中等教育の生徒は通年学徒動員で軍需工場に、そして初等教育の国民学校の児童も勤労作業を強制されるという非常事態になっていきます。同年一〇月第五高等学校では、徴兵受験適齢者一二〇名中約五〇名が学徒出陣で学校を去ることになり、そのための壮行式が開かれました。そして席上出陣学徒代表が「我等敵弾に先づ両脚もぎ奪はるれば両手もて掻き進まむ、更に両手飛散らば体ゆさぶりて横転し敵陣に肉迫、身体敵弾に砕くれば歯に草かみ鮮血にまみれ骨砕け乱れて形なき軀を引ずり行かん」と死を覚悟の挨拶を述べて戦場に赴きました。そして二〇年八月、日本は敗戦という厳しゅくな事実に直面するのであります。

教育とは人間の全面発達を目的とする営みであり、人間性の尊厳の確立を希う営為であります。したがって望ましき教育の発展には平和が何よりの前提になることを強く意識しなければならないと思います。

陸軍現役将校の学校配属

中等学校の入学難

大正期は新しいタイプの学校が創設され、教育方法の改革が進んで、学校教育の環境は大きく変化した。都市化の進行によって地域共同体の解体は進み、教育家族ともいうべき新しいタイプの家庭が増加し、教育的関心がいっそう高まってきた時期であった。そして進学競争が刺激されて入学難が大きな教育問題となってきた。小学校尋常科をおえると少年少女たちは進路決定を迫られるのだが、中等教育機関へ進学する場合、まず入学試験を突破しなければならない。学校現場では、激化する入学競争をなおいっそう刺激するとでも考えてか、「準備教育」という言葉の使用を避けて「復習教育」と呼ぶなど、用語にも神経を尖らせていることが報じられているほどである。「家庭において十二時すぎても試験勉強に余念なく、色んな手蔓を辿っては試験学校の教師に会うて、試験の心得を聞くとか、様々に児童も父兄も苦心をしてきた」と報じた記事（『九州日日新聞』大正一〇・三・二〇）が当時の受験風景の現実をよく表現している。

『熊本市統計書』の示すところ、全県平均では高等女学校では大正九年（一九二〇）、中学校（旧制）では大正一〇年が入学競争率のもっとも高い年に当たるようである。高等女学校の大正九年の「入学志願者百ニ付入学者」の例を挙げれば、県立高等女学校（翌年四月より第一高等女学校と改称）が二二・八三、私立尚絅高等女学校が四〇・六五となり、中学校の大正一〇年のそれは、県立中学校済々黌が四四・三四、同熊本中学校が二七・五六、私立鎮西中学校が三九・三九の数字となっている。きわめて厳しい進学競争であることが解かる。かかる状況で少年少女の心身に及ぼす影響が憂慮されたのである。

かくて、昭和二年（一九二七）一一月文部省は省令で「中学校施行規則」を改正して従来の筆記による入学試験を廃止し、同時に高等女学校、実業学校なども入学試験廃止に追従した。「小学校在学中ヨリ只管之カ準備ニ没頭シ知ラス識ラスノ間ニ其ノ心身ノ発達ニ悪影響ヲ及ホスハ国民ノ将来ニ対シ洵ニ寒心ニ勝ヘサルナリ」というのが廃止の理由であった（「中等学校入学志願者選抜試験廃止ニ関スル趣旨貫徹方」『熊本県教育史』下巻）。改正された試験の方法については、小学校最終二学年の学業成績、口頭試問などによる人物考査、身体検査等を総合して合否を決定するというのであった。「熊本県中等学校入学志願者選抜方法」によれば、一連の選抜を試みた後なお「優劣ヲ判定シ難キモノアル場合ハ再ヒ口頭試問ヲ行ヒ入学者ヲ決定スルコト　但シ此場合ニ於テハ筆頭試問ノ方法ニ依ルコトヲ得」との規定があり、完全に筆頭試問がなくなったわけでもなかったようである（同前下巻）。

昭和三年（一九二八）三月下旬、新方式による最初の入試が行われた。中学済々黌での考査第一日目の二五日の情景について次のように伝えられている。

三四四名の受験生は何れも父兄兄弟、受持ち教師に連れられてまず雨天体操場の控室に集まると、竹田校長から丁寧に受験心得の注意があって直ちに口頭試問と身体検査が開始された。而うして校長室に於ける午前中の口頭試問は中妻教頭と池田教諭が立会いの上、竹田校長から受験番号順に、旅順は何処にあるか、旅順はどんなことで有名か、釜山からの道順はどうか。攻防両軍の将は誰々か、今何時か（時計を示して）、長短針を取換へたら何時か、コロンブスはどんな事をした人か、コロンブスはどんな人柄か等について口頭せしめ、午後は問題を変え

て試問した。（『九州新聞』昭和三・三・二六）

なお中学済々黌、熊本中学校、熊本商業学校の三校では、小学校の内申、口頭試問だけでは不十分だとし、入学定員のいくらかを保留して従来の筆記試験同様の選抜試験を行い第二次合格者を発表した。このようにして口頭試問を中心とする入学試験制度の改革はかならずしも所期の目的を達することにはならなかったようである。このことについて今村熊本商業学校長は、「筆記試験に魅力を感じる。何故といふに今回の方法は学校当局としては選抜に頗る苦しむと共に審問の座に据えられた児童に従来見ぬ不安な状態を実見したからである。なお僕としては今回の合格せる児童の入学後二、三日を経て筆記試験をやって見て比較対照の上、各方面から見て選抜法に過ちなかったか研究して見たいと思っている」（『九州日日新聞』昭和三・三・二二）。熊本に限らず当時全国的に入試改革批判が展開されているようである。

予備校壺渓塾の発足

熊本城の景観を彩る坪井川の中流に、旧制の高等学校、専門学校や軍隊関係の上級学校を目指して入試を失敗した、いわゆる中学浪人のための進学予備校が壺渓塾と名付けられて誕生したのは昭和五年（一九三〇）の暮れ近くであった。塾名は創立者木庭徳治の、坪井川にちなむ雅号から採ったという。塾は同七年八月一九日付けで「高等予備校壺渓塾」として熊本県知事から正式に設置認可を得た。

木庭は塾設立の趣旨を次のように述べている。

武藤元五高校長ハ嘗テ予ニ告ゲテ曰ハク「思想未ダ鞏固ナラザル中等学校卒業生ヲ他県ノ而モ訓練徹底セズ取締不十分ナル私立予備校ニ送ルガ如キハ頗ル危険ニシテ種々ノ誘惑ニ罹リ易ク幸ニ上級学校ニ合格セル者ト雖モ不

健全ナル思想ヲ抱ク者多クストライキノ首謀者ノ如キハ概ネ予備校出身者ヨリ出セリコレ二、三ノ高校ニテ経験セシ所ナリ」ト真ニ寒心ニ堪ヘザル所ナリ、余ハ熊本市唯一ツノ高等予備校ダニナキヲ遺憾トシ昭和五年一一月敢テ浅学菲徳ヲ顧ミズ聊之ガ救済ノ一助タラント欲シ独力私立高等予備校壺渓塾ヲ創立ス（熊本壺渓塾学園編集『壺渓塾五十年』一九八〇年）

木庭は、青年の思想善導を強く意識しながら予備校設置の意義を説き、また授業に当たっては、毎週一回塾長みずから修身訓話を行うこと、毎朝始業前に静座をさせて精神修養の一助にすること、体操を課して心身を訓練すること、毎日校舎内外の除草、清掃を課すことを宣言し、県下唯一の予備校を創設したのであった。

当時県は中学浪人対策として、大正期から上級学校進学を目的とする中学校（旧制）に補習科を併設して事態に対処していた。昭和期になると進学競争率は著しく上昇し、『熊本市統計書』による補習科の競争率をみると、県立中学済々黌の場合、昭和五年度募集一〇〇人に対して応募者一六五人で入学率六〇・六一パーセント、同六年度五五・六八、熊本中学校の場合一〇〇人に対し昭和五年度で五五・六八、昭和六年度五七・八〇となっており、受験浪人にとって補習科入学そのものが非常に厳しい事態となっており、受験競争がいちだんと激しくなっていたことを示している。このように試験競争にあえぐ受験浪人群を前にして壺渓塾は発足したのであった。

木庭徳治（一八七一～一九五九）は、第五高等中学校予科を中退後郊外の石貫山まで早朝から毎日漢学塾の村井貫山塾に通い、心身ともに鍛えたというエピソードを残している。その後東京物理学校聴講生となって数学に関心を示したという。いっぽう、大正末期に「東京考え方社」の藤森良蔵と好誼を深めていったようである。熊本で唯一の進学予備校の開校の動機として、元来向学問的資質を豊かに備えていたと評されていること、病気による左腕切断の不幸に見舞われたこと、それに藤森との邂逅による青年教育への開眼と示唆など、いろいろ考えられるが、おそらくこのような諸因子が複合されてのことであったろう。木庭は還暦を迎える年代になってこの事業を始めた。開塾以降経営は順調であったか資料は乏しいが、太平洋戦争の終結も間近い昭和一八年（一九四三）一二月、戦況の深刻さから文部大臣の指令で予備校事業が一時閉鎖せざるを得ない状況に立至るということもあった。もちろん敗戦後はいち早く塾を再開し戦後の混乱期を乗り切ったのである。そして木庭は昭和三四年（一九五九）二月、八八歳で逝去した。その後は木庭令一が後を継いで今日に至っている。木庭が県教育委員会より「熊本県近代文化功労者」として表彰されるのは没後二〇年を経た昭和五四年（一九七九）一一月のことであった。

陸軍現役将校の学校配属

大正一四年（一九二五）四月一三日、勅令第一三五号陸軍現役将校配属令が公布された。この配属令と関連の法規によって、中等学校以上の官公私立諸学校に現役の将校が配属されて教練（学校で行う軍事訓練）を担当することとなった。熊本県ではさっそく内務部長名義で「教練実施に関する件」を該当する各学校に通達して実動に入った。

一般に学校教育のなかに軍事的訓練を導入するという考えはこの時期に突如考案されたわけではない。その歴史は明治中期にさかのぼる。すなわちこの配属令と同時に示された文部省訓令第五号「学校教練実施に関する要旨」の中に「明治一九年教育法ヲ改正スルニ当リ特ニ学校ニ於テ兵式体操ヲ課スルコトトセリ。当時一般ノ学校ニ於テ教師モ生徒モ熱心ニ事々此ニ従ヒタレハ其ノ教育ノ実績ヲ進メタル功顕著ナルモノアリタリ」（『熊本県教育史』下巻、六七九頁）とあるように、初代文部大臣森有礼のいわゆる諸学校令の中で兵式体操としてすでに教育課程の中に位置づけられていた歴史を持っているのである。ただ森文相の場合の兵式体操の導入の考え方は、学校教育のなかで軍人を養成して戦争に備えるといった発想ではなく、学校教育上の必要に基づくその一環として、すなわち彼独自の学校教育観によって導入されたものであった。だから陸軍省は、人材の派遣については文部省の要求に積極的に応じたわけではなかったという。

大正期になると事情は大きく変化する。すなわち第一次世界大戦が始まると、寺内内閣は新しい事態に対応する教育制度の確立を求めて臨時教育会議を開くのであるが、そこでは動議の形で「兵式体操振興ニ関スル建議案」が提出され、「学校ニ於ケル兵式教練ヲ振作シ以テ大ニ其ノ徳育ヲ裨補シ併セテ体育ニ資スルハ帝国教育ノ現状ニ鑑ミ誠ニ緊要ノ要務ナリト確信ス。速ニ適当ノ措置ヲ取ラレムコトヲ望ム」[1]とする建議の内容を決議した。世界大戦の戦争形態は小銃、野砲による人力中心の武力戦から化学兵器を装備した大規模な殺戮総力戦に変化しており、しかも国家が近代戦に遭遇する機会はいちだんと多くなってくることが予想される。このような状況で多数の常備軍を持つことは経済的に負担が重い。それよりは平時に潜在的な兵力を養成して有事に備えることが合理的である。すでに明治中期に兵式体操の導入という形で軍事教育を学校教育の中に取入れた経験を持っていることに留意するならば、この制度の強化を図ることは当然であろう。臨時教育会議において兵式体操の振興が議論の焦点の一つに挙げられたことは容易に理解できることであった。

臨時教育会議で検討された教育改革案を具体化し、さらに新しい事態に対処すべき事項を検討するように設置されたのが、清浦内閣の「文政審議会」であった。清浦内閣はわずか半年の短命に終わったが、それに続く加藤高明内閣（文相岡田良平、陸相宇垣一成）の下で大正一三年（一九一四）一二月文政審議会に「学校ニ於ケル教練ヲ振作セムカ為中等程度以上ノ学校ニ現役将校ヲ配属セシメ学校長ノ指揮監督ノ下ニ之カ教授ニ当ラシメントス。右ニ関スル意見ヲ求ム」[2]とする諮詢第四号が提出され、満場一致で可決されたのである。これは、全国の中学校以上の学校に現役将校を配属し、軍事教練を行い、必修科目として検定を経て合格者には在営年限短縮などの特典を与えるというものであった。この諮詢案を基にして、この項の冒頭に掲げた陸軍現役将校配属令が交付されたのである。かくして実現した軍事教育政策は、教育制度に対する軍部の積極的介入を容認し、その拡大強化を許容することとなった。

学校教練に対しては勅令公布の前から反対論が展開されていた。長谷川如是閑、教育擁護同盟の反対論ないし反対行動は有名である。前者は、精神と身体の訓練で軍国的に仕立てられた人間はまったく出来損ないの人間である、と喝破し、後者は東京を中心に各地で集会を開き、文陸両省の立案は学校教育本来の目的を破壊するものと批判した。また小樽高等商業学校における軍事教練は図らずも配属令の本質を暴露するものとなった。そもそも配属令は「体育ヲ促進スルト共ニ徳育ヲ裨補シ併セテ国防能力ノ増進ヲ図ルノ必要」を目的として立法されたものであったが、小樽高商の教練は無政府主義者と「不逞鮮人」を殲滅《せんめつ》しようとする内容を持った訓練であったことが明らかになって、配属令への不信感はいっきょに高揚したのである。

熊本では大正一四年（一九二五）四月早々各学校に配属される将校の人選も終わり、教練の授業は平穏に実施されていったようである。実施半年後地方紙は「軍事訓練好調」と題して次のような社説を掲げている。

各方面の観察を総合するに頗る好調にあり、良好の成績を収めつつあるは何人も否認し得ない所となさねばならぬ。過半小樽高商の仮想敵国問題より、早大、立大等の一部学生間に反対の声が揚げられたやうであるが、素より問題とするに足りぬ。一部者の反対は何事にもあることとて、政府は断々乎として其施策の遂行に忠実であって欲しい。（『九州日日新聞』大正一四・一一・二六）

また安井清雄中学済々黌校長は、将校の学校配属は大体において成績佳良だね、と前置きして「現在の配属教官は単に本黌ばかりでなく一般に余程立派な人格者を選んだものと思われる。常識も円満だし生徒に接するも同僚にも何等コダワッタ事はない。学校訓練と軍事訓練と全く協同一致で何等干格するような事は認めない」（『九州日日新聞』大正一四・一一・二五）と語った。学校長とすれば現役将校と一般の教員との人的融和が最高の懸念事項であったが、今となっては最初の心配も徒労であった、として安堵の気持ちを伝えている。

現役将校配属令に基づくこのような軍事教育政策は、その背景に軍縮とそれにともなう陸軍将校の戦闘能力の温存政策が存在していたとしても、軍部の教育制度への積極的介入を承認するものであり、わが国教育制度へ重大な汚点を刻印したと評価しなければならない。そして翌大正一五年には青年訓練所が発足して勤労青少年をも包み込んだ国民的軍事化が動き出すのである。

高原事件

高原事件とは昭和五年（一九三〇）三月、県立第一高等女学校にて授業内容が問題化し、担当教師が思想偏向の容疑があるとして指弾され、県の行政当局が真相究明に奔走、憲兵隊も関心を示したとされる事件で、教師の名前から高原事件と呼ばれるものである。

この事件を報道した新聞は、「第一高女教諭に絡む不祥事件が暴露す、授業の際の失言問題女生徒達が猛烈に詰問」と見出し句を並べ、「熊本県立第一高等女学校教諭に絡む不祥事件が端なくも発覚し今それが広く社会的の問題とならんとして居る、本紙はしばらく其の成行きを静観して居たが、問題の渦巻きが大波紋を描がかんとして所詮は隠し了せない事実となって現はれ来たので、その一端を報道する事とする」（『九州日日新聞』昭和五・三・一六）とセンセーショナルな記事を流した。すなわち五月五日、高原武雄教諭（二七歳）が四年生の歴史科教授の時間にポーランド分割問題を教材に取上げ、マキャアベリズム、国家主義、社会主義などの名辞を用いて説明したところ、聴いていた生徒たちが騒ぎだし、高原教諭の思想は偏向していると「猛烈に詰問」したというのであった。また熊本憲兵分隊高等部が神経をとがらしているとも付言している。

この事件に対する新聞報道は徐々に落ち着きを取り戻してくるが、じつは生徒が猛然と質問に立ち教室が騒然となったこともなかったし、憲兵隊が動いた事実もないようである。生徒に至っては、「全く今朝の新聞を見て驚いてしまった、自分たちはその時はいろいろ質問もしたが、しかし社会主義云々のことはクラス皆記憶にはない、そんな問題があったことさえその後すっかり忘れていた、私どものクラスから起こった問題で学校や高原先生に迷惑をかけることにでもなればなんと申し訳してよいか全く困ってしまう」（『九州新聞』昭和五・三・一六）と証言しているほどである。

教育行政側は和田廉之助校長や教頭を県に呼び事件の真相究明に当たったが、三月二四日要旨次のような視学官談を発表して事件を終息させた。

授業内容が誤り伝えられ、高原教諭の思想についての記事が新聞紙上に掲載されたことは、本人はもとより学校も頗る迷惑を感じている。我々としては初めからそのようなことは無いものと信じていたが、事柄が事柄だけに慎重に調査を続けた。その結果本人の思想について何ら変だとか妙だとか思われる点は寸毫も無いと断言できる。元来県は学校教員の採用には慎重な調査を行い特に人物思想に関しては近来最も慎重になっている。同教諭は広島高師で修身歴史を専攻し武道、体育にも相当の心得を持っている人で、昭和三年延岡中学に奉職し昨年八月第一高等女学校に招かれた人である。ただ歳が若く教職にも年限浅く教授にまだ習熟しないために、当日の授業においても多少拙い所があったことは認められる。当校は生徒の自発活動を重んじ師弟間の問答、生徒相互の研究も盛んであるので論議の進むにつれ生徒たちも時にはやや感情を伴うこともあろう。生徒はまだ頭の程度も幼稚だから何々主義とかいうような言葉の使用には余程用心しなければならぬ。なお父兄や一般の方々に希望したいことは、学校内の出来事は先ず学校当事者についてよく確かめ、疑問を解いて貰いたいということである。事教育に関するものは随分広く且つ深く影響するのであるから、特に慎重に入念に取扱って貰わないとつまらぬ結果を生ずる。(『九州新聞』昭和五・三・二六)

ここにはジャーナリズム批判をベースに、身内を守ることができ、結果的に自己保身に安どの気持ちを隠さない教育界の姿が見える。それにしても不況、恐慌と思想対策がいちだんと深刻化していく昭和初年の歴史の一齣が、象徴的に女学校を舞台に展開された事例をここに見るのである。

註

(1) 久保義三『日本ファシズム教育政策史』五三頁、明治図書　一九六九年
(2) 阿部彰『文政審議会の研究』三七九頁、風間書房　一九七五年

皇国の道・国民学校

昭和一六年（一九四一）の四月、桜の季節にくり広げられた子どもたちの学びの風景は、例年と趣を異にしていた。

ミンナデベンキョウ　ウレシイナ　コクミンガッコウ　一ネンセイ

子どもたちが通う学校は、日本近代教育制度が発足した明治の初めから呼び慣わされてきた小学校の名称が消えて、この年から「国民学校」と呼ばれるようになったのである。国民学校の歴史は六年間であった。敗戦後の昭和二二年（一九四七）四月新学制の発足とともに小学校の名称は復活した。戦後民主教育といわれる時代となったのである。

学校の名称変更は当然教育内容の変更を伴った。たとえば授業の実際にしても、「小学唱歌」として親しまれてきた音楽の音階はそれまでドレミファで表現されていたが、「ハニホヘト」に変更された。だからよく口ずさまれた「でた月が」の唱歌は「ソミソミドレミ」から「トホトホハニホ」に変えられた。また教育評価の表現にしても家庭への通知表には、甲、乙、丙に代わって優、良、可が用いられるようになった。

国民学校の成立

わが国の教育制度改革は、明治の後期から審議会方式に基づいて実施されてきた。国民学校を誕生させたのは教育審議会であった。すなわち昭和一二年（一九三七）七月、日中戦争が始まる直前に成立した近衛内閣は、その年の一二月「我ガ国教育ノ内容及制度ノ刷新振興ニ関シ実施スベキ方策如何」とする諮問を教育審議会に付託した。同審議会は精力的に審議を重ね、その答申に基づいて政府は昭和一六年（一九四一）三月国民学校令を公布し、四月より実施した。そしてつぎのように国民学校の教育目的を設定した。「国民学校ハ皇国ノ道ニ則リテ初等普通教育ヲ施シ国民ノ基礎的錬成ヲ為スヲ以テ目的トス（国民学校令第一条）」と。ちなみに以前の小学校令による目的規定は「児童身体ノ発達ニ留意シテ道徳教育及国民教育ノ基礎並ソノ生活ニ必須ナル知識技能ヲ授クルヲ以テ」本旨とするというのであった。すなわち小学校令の穏やかな規定に代わって国民学校令では「皇国ノ道」「錬成」などの文言が登場し、軍国主義的戦争教育の到来を実感させたのである。「皇国ノ道」とは教育勅語にある「斯ノ道ハ実ニ我カ皇祖皇宗ノ遺訓ニシテ子孫臣民ノ倶ニ遵守スヘキ所」の「斯ノ道」を指すとされ、「錬成」とは「錬磨育成の意」で教育方法に関する用語であるとされた。

この国民学校令をうけて熊本県知事雪沢千代治は熊本県訓令第二二号を発して、国民学校令が意図する教育制度の特徴をつぎの八項目にして県民に伝えた。一、皇国民の錬成を主眼としたこと。二、知徳相即心身一体の修練道場たるべきこと。三、全一的統合の下に新たに教科を再編成したこと。四、教科用図書に根本的刷新を加えたこと。五、義務教育年限を延長して八年としたこと。六、国民学校の課程を初等科と高等科に分けたこと。七、就学義務の徹底を図ったこと。八、国民学校職員の組織待遇を改善したこと。このうち三の教科の統合再編成については、国民科、理数科、体錬科、芸能科、実業科（高等科のみ）の五分野とされた。また五の義務教育八年制構想（初等科六年、高等科二年）は、結局戦時体制が厳しくなって実施延期となり実現されなかった。明治後期より課題とされてきた義務教育の延長問題であったが、これが解決したのは戦後六・三制の実施を待たねばならなかったのである。

御真影奉還記

すでに述べたように国民学校教育の目的は「皇国の道」すなわち教育勅語の内容を忠実に実践する少国民の育成にあった。だから各学校に保管してある御真影（天皇の肖像）と教育勅語謄本は学校における最高の備品でなければならなかった。奉安殿はそれら貴重品を「安置」する堅牢な建築物であった。だから御真影などを空襲による被害からいかにして護るか、各学校、教育行政責任者は万策を講じなければならなかった。

硯台国民学校は熊本市内を貫流する白川のほとり、藤崎八旛宮にちかく、人口は密なるも清閑な文教地帯の雰囲気を濃厚にもつ地帯であった。熊本市は昭和二〇年（一九四五）七月一日猛烈な夜間空襲を受けたが、この日、硯台校も周辺一体猛火の接近に緊張する状況にあった。学校ではかねての計画どおり教職員による御真影の安全な場所への移動が始まったのである。当時の硯台校教員真崎義雄は、この時の情景をつぎのように文章化している。

「われわれは奉安殿を、御真影を死守するのだ。」無言の中にうなずき合えば覚悟はきまる。もう第一波から三十分はたったろうか。執念深い攻撃はひっきりなしに続く。友軍機が迎撃しないと見てか、思う存分暴れまわる。いよいよ攻撃はわが硯台校をねらって来たらしい。落下弾が付近に落ち始めた。校庭にも異様な金属音がする。「不発弾らしいぞ、近づくな。さわるな。」火の粉は八旛宮の屋根を越え、校庭に降り注ぐ。青葉がバチバチ音を立てる。前衛に佐間野教頭、続くは桐の二重箱に収めた御真影を背にした真崎訓導、教育勅語類を奉持した小崎訓導、最後に平野青年学校教諭の護衛。「後は頼んだぞ。」「大丈夫、心配無用だ。」「寺原田畑に出て、折りを見て清水国民学校に奉還申上げるつもりだ。」「よし、承知した。」

かくて御真影は、碩台国民学校から無事に、被災危険度がより少ないと思われる田舎の清水国民学校に奉還（移動）されたのであった。真崎は、戦中の貴重な学校記録を残しており、それに基づき「御真影奉還記」をしたため学校史に寄稿しているのである。

さて敗戦後に御真影はどのように措置されただろうか。碩台校史によれば、御真影は敗戦の翌年の昭和二一年一月に県内各学校から碩台国民学校の校庭に集められ、その場において焼却することになったという。そして二月二日、やがて立春を迎えるころ、寒風の中焼却作業は秘密裏に県庁係員によって進められ、教師が周囲を警護する中御真影は赤い炎、渦巻く煙のなかに消えていったと報ぜられている。

空襲と分散教育

政府は昭和二〇年（一九四五）三月一八日「決戦教育措置要綱」を閣議決定し、国民学校初等科を除き四月一日より一年間原則として授業停止、学童疎開の強化を指令した。この決定を受けて熊本県は、同四月一九日付「学校教育決戦非常措置ニ関スル件」を公示し、その中で「生徒児童ハ之ヲ地域別分散形式ノ弾力アル機構ニ改メ」随時、随所、格物致知の綜合教育に意を用い、行学一体生活教育の実を挙げざるべからず、と指令した。分散教育実施への誘導である。熊本市では、大都会に見られる強制学童疎開は適用されなかったが、自主的な疎開現象はかなりみられ児童数も減少傾向を示した。さらに空襲の頻度が増してくると学校への集団登校が事実上不可能となった。かくて出水国民学校では分散教場が覚法寺、同支坊、閣雲寺、法雲寺、出水隣保館、林田喜熊宅、坂本格次郎宅の七ヵ所に設定された。分散教場の教育は異学年構成の複式教場が普通で、自習、漢字の書取り、慰問文作り、読み方、図画、工作、その他精神訓話、時事解説めいた話などあり、形式を繕うだけの、間に合わせの授業風景が展開された。いっぽう校舎には数名の教員が分担して居残り、連絡と校舎防衛に当たった。校庭には職員の夜間作業によって築かれた防空壕が並び、空き地には南瓜畠が造られていたと、学校史は伝えている。戦争による歪んだ国民学校教育の一面をそこに見るのである。

ミッションスクールの苦悩

上林高等女学校の同盟休校

昭和九年（一九三四）一月五日、上林高等女学校・女子商業学校（現、信愛女学院）の父兄有志は、臨時に会合を開いて次のような決議文を学校に提出した。

一、アンデレア校長は我国民教育の根本を破壊するものと認む、我等は誓って同校長を排斥す。

二、我校現下の教育は前柴田校長代理の手腕に待つもの洵に多し、速やかに再び迎えて父兄の不安を除かんことを期す。

三、右の希望を達するまで断然生徒の昇校を見合わす。

右父兄総会に於て決議す

昭和九年一月五日

上林高等女学校・女子商業学校父兄一同（『九州新聞』昭和九・一・六）

これに対して学校側は一月七日に声明書を発表して反論した。その中で「アンデレア校長は国民教育の精神に反するが如き行為ありたることなく、教育勅語精神に則り国民精神の作興に努め、例えば神社参拝の如きは率先して之をなし、父兄会の決議の如き事実断じてなし」と記し、校長代理の再任はすでに後任人事が決定しているので覆ることは絶対ないとした。また学校側の声明には同窓会も「母校の教育方針の正しきを信じて居るが故に母校を非難するが如き行動に出でたることなきを声明す」として同調した。

当日父兄側は学校を訪れ、前記学校側声明書の引用文の内容を巡って質した。メール・アンデレア校長はローマカトリックの修道女であり、神社参拝は信仰上不可能ではないか、というのであった。学校側もこの指摘に率直に従い、「神社参拝の如きは率先して之をなし」を「神社参拝の如きは本校は率先して之をなし」と訂正したいとした。「率先して之をなし」の主語に本校と明記することによって、アンデレア校長の責任を問わない方向にもっていきたいというのであった。学校側が示したこのような妥協的態度を前にして父兄側もより以上の追及的態度を放棄した。しかしもう一つの論点である前校長代理の復職問題では学校側が態度を硬化して妥協せず対立は続いた。父兄側では子女を市内の私立校へ転校させたいとする意見も出始め、事実二〇数人が手続きを取りつつあるとの新聞報道もみられた。

翌八日は新学期始業式の予定日であった。在籍生徒三五〇人のうち登校者は式開始予定の午前一〇時にはわずか四〇余人で、学校はほとんど同盟休校状態となった。その後生徒も増えたので始業式はどうにか挙げることができたが、式終了後ただちに学校・父兄側の会合がもたれた。しかし結局話し合いはつかず事態はさらに紛糾した。この過程でアンデレア校長は、この際校長職を退き校主となって学校経営に専念するという事態収拾策を示したが、なお父兄側のもう一方の要求である前校長代理の復職についての話し合いは暗礁に乗り上げ事態は動かなかった。この間、熊本憲兵分隊員が来校し事件を聴取するという光景もみられたという。行政側もまた視学官を学校に派遣して事件の進展について情報収集に努めているが、表面的な動きを示すには至らなかった。

九日、アンデレア校長の排斥、カトリック教に基づく教育方針の改革を叫んでなお一層学校側の反省を促す父兄側は、学校側に声明に対する反駁文を起草して対処姿勢を明白にしたい、一三日に父兄大会を開き今後の対策を協議したいこと、などを確認した。学校側も、譲るべきものは譲ったのでこれ以上の譲歩は不可能であるとした。また登校生徒は前日に比べ増加はしたものの正常な状態にはほど遠いものであった。かくして事件の急速な解決は絶望的となったかにみえた。

ところが同日遅くなって両者の対立が激しさを増す中で突如調停への動きが出始めた。熊本市内の複数の私立高等女学校校長が事態収拾を表明したのであった。すなわち大江、尚絅、中央の三高等女学校長がまず学校、父兄側の意向を質した。その結果妥協成立の見込みが立ったという。一〇日になり三校長は父兄側代表と正式折衝して妥協点の一致に努めた結果、強硬な態度を示していた父兄側も調停に応ずることとなり、また学校側も態度を和らげ、両者の妥協が成立した。この結果さきに発表した学校、父兄、同窓会の声明は撤回されることになった。父兄側は一三日に父兄大会を開催し、事件の経過報告後学校側が解決の諸点について釈明、「そこで正式手打ちとなる見込である、紛争突発以来不安の空気に包まれた学園も愈々博愛の魂が甦って平和の日が訪れそうである」（『九州新聞』昭和九・一一・一一）と新聞は報じた。

ミッションスクールの校名変更

九州学院（一九一一年創立）と九州女学院（一九二六年創立、現、九州ルーテル学院中学・高等学校）は、戦前、ともにプロテスタント系ルーテル教会派私立ミッションスクールとして設立された中等教育機関で、特徴ある存在感を発揮して現在に至っている。ところで歴史を誇る両学院は、昭和一八年四月の新学期から昭和二〇年八月の敗戦までの短期間、九州学院は九州中学校、九州女学院は清水高等女学校へと校名を変更せざるを得なかった歴史を持っている。第二次世界大戦の終末期になぜ両学院が校名を変更せざるを得なくなったか、その歴史的意味を問うことによって戦争に奉仕する教育の問題を考えてみたい。

そもそも両学院は、この種の学校がそうであるように、この時点まで各種学校として経営されてきた。その原因は明治三二年の条約改正時にまでさかのぼる。すなわち内地雑居が予想される状況において外国人が日本で学校を開設する事例が考慮され、その監督の必要性に促されて文部省は私立学校令を制定し、同時に「一般ノ教育ヲシテ宗教ノ外ニ特立セシムルハ学政上再必要トス」という、わが国宗教教育史上有名な文部省訓令第一二号を公布して、教育宗教分離に関する基本方針を明確にしたのである。これによって官公立学校ではいっさい宗教教育は禁止され、私立学校で宗教教育を実施し得るのは便宜上各種学校扱いとされていたのである。ただ両学院とも専門学校入学資格検定規程等による指定を受けていて、上級学校進学に関しては公立中学校、高等女学校と同一扱いを受けていた。

さて両学院は、いうまでもなく建学の精神にキリスト教主義をうたって運営されていくのだが、戦争中はことさら建学の精神に矛盾する国家干渉を避けることはできなかった。たとえば九州学院には昭和八年一〇月に「教育勅語」謄本が公布されているが、「教育への締付け干渉を感ずる稲富（院長）が今後のキリスト教主義教育への不安を強く感ずるのはこの時である」（『九州学院七十年史』）と表現している。また九州女学院は、創立当初の入学案内には「基督教ノ主義ニ基キ女子ニ須要ナル高等普通教育ヲ施シ堅実善良ナル婦人ヲ養成スルヲ目的トス」としているが、昭和二年（一九二七）のそれには「教育勅語ノ本旨ヲ遵法シ基督教ノ主義ニ基キ……」（『九州女学院の50年』）と表記しており、天皇制教育のキリスト教学校に対する教育内容への介入は公然たるものがあった。

昭和一八年（一九四三）は、年が明けると間もなくガダルカナル島では日本軍の撤退が開始され、五月にはアッツ島の守備隊の全滅が伝えられるなど、あるいは「撃ちてし止まむ」の決戦標語の流布など、日本軍の戦局は極度の非勢に傾いていった。

この年一月政府は、勅令第三六号「中等学校令」を公布した。「国民学校ノ教育ヲ基礎トシ、更ニ之ヲ進展拡充シ、教学ノ本義ニ則リ皇国ノ道ヲ修メシメ、各其ノ分ヲ尽シテ皇運ヲ輔翼シ奉ルベキ中堅有為ノ国民錬成ヲ完ウ」すべく制定されたものであると定義し、それまでの中学校令、高等女学校令、実業学校令を統合して一本化したものであった。そして同時に「皇国ノ道ニ則リテ初等普通教育ヲ施シ国民ノ基礎的錬成ヲ以テ目的トス」という国民学校教育目的を中等教育にも延長、適用し、初等、中等教育段階での法的統一を図る目的で制定されたのがこの「中等学校令」であった。したがって「中等学校令」の適用は、各種学校として運営されてきたキリスト教主義学校にもその適用が問題化しないわけにはいかなかった。九州女学院が学校史で「各種学校を廃して中等学校令による正規の高等女学校にすべきであると考えた。ただその場合においても何故に校名まで変更したのか、その理由は見出せない」と記し、九州学院が「文部省令による中学校にと組織変更をすることによって九州学院の存続を計った。それは賢明な選択であった。名称を中学九州学院にしようと計ったがこれは一蹴された」と述べているのはこのような事情を表現したものである。すなわち各種学校のままでいけば学校存在の法的基礎の不安定性は持続されるし、「中等学校令」の適用を受ければ、ミッションスクールとしての機能を希薄にせざるを得ない状況にあったのである。ここにおいて両学院とも「中等学校令」の適用を選択して学校のさらなる発展を期待したということになろう。「名を捨てて実を残さざるを得なかった」というべきかもしれない。

九州学院が「中学九州学院」なる名称を否定され、九州女学院がなぜ校名まで変更しなければならなかったか理由が見出せない、というその背景に、「皇国ノ道ニ則ル」戦中日本の批判を許さない教育イデオロギーの存在を認識すべきであろう。

青年学校

青年学校が日本教育史に登場するのは日中戦争が始まる二年前の昭和一〇年（一九三五）である。昭和二三年（一九四八）に最後の学生が卒業して制度的に廃止されるまで一三年間存続した。

青年学校は実業補習学校と青年訓練所を合併し一本化したもので、小学校卒業後中等学校に進学しない勤労青少年を対象に設置された学校である。これら勤労青少年は同世代の約八割といわれているから、当時の青年層の圧倒的多数の収容を予定して設置されたことになる。戦前の青年期教育は中等教育と勤労青年教育とに分裂し、典型的な二重構造的形態を示していた。

青年学校は普通科、本科、研究科、専修科の課程をおき、普通科は尋常小学校卒後二年、本科は普通科修了または高等小学校卒業の者を入学させ、修業年限は、男子は五年、女子は三年であった。また研究科は一年以上、専修科は年限を定めないものとされた。本科の授業科目は修身および公民科、普通学科、職業科、教練科とされ、このうち教練科の時間がもっとも重要視された。教練の重視は、軍隊予備軍の養成を重視して、昭和初年に設立された青年訓練所の本質を強く継承したことを意味していた。女子には教練科の代わりに体操科と家事および裁縫科が課され、就学年限も短いものであった。青年学校は多くの場合小学校に付設されていた。独立した校舎をもたず、教員も小学校教員との兼任が圧倒的で、さらに生徒は日常的に勤労に従事していたので、青年学校における授業は原則として夜間に行われ、学校としては独立性にきわめて乏しい体質をもっていた。だから専任教員の充実、独立校舎の設置が青年学校運営のもっとも重要な解決されるべき課題であった。

青年学校の設置事情

熊本県では青年学校令の発布を受けて昭和一〇年六月一日より学校設置を始めた。熊本市では、従来公立として運営してきた碩台青年訓練所のほか一〇訓練所と春日補習学校を五月三一日付けで廃止し、新たにつぎの一二の公立青年学校を設置した。第一青年学校（碩台校）、第二（城東校）、第三（五福校）、第四（本荘校）、第五（大江校）、第六（春日校）、第七（島崎校）、第八（花園校）、第九（池田校）、第一〇（出水校）、第十一（白坪校）、第十二（画図校）の順といった具合であった。この年市内の公立青年学校就学者は初年度一四六七人であった。ちなみに昭和一七年の在学数は二五一九人であるから約二倍に増加し、その後は戦時体制の強化に伴いむしろ減少傾向を示した。青年学校における主要行事としては、心身の鍛練を目的とする行軍演習（行き先は菊池、阿蘇、天草、雲仙）が重視され、また査閲が学校最大の行事として重視された。査閲とは、カリキュラムに則った軍事訓練の成果を現役軍人が視察、評価するもので、査閲の期日、場所はあらかじめ告示され、当日は査閲官として派遣された陸軍現役将校が学校教練の成果の評価を行った。あらためて指摘するまでもなく査閲は、大正一四年に陸軍現役将校学校配属令が公布されて以降、あらゆる男子の中等以上の教育機関で一般化し、青年期教育の軍事色化を象徴した重要な学校行事となっていった。

熊本市の青年学校（公立）数の変遷を示せば、制度発足の翌年女子を主体とする青年学校が一校増設されて一三施設となり、昭和一四年（一九三九）には第十四青年学校（清水校）、昭和一五年には川尻、日吉、力合、昭和一六年には黒髪、慶徳、一新、向山、昭和一八年（一九四三）には白川、春竹、古町、砂取に青年学校が設置されて量的に拡大していった。青年学校には商工会議所、農会などの公共団体、私人が設置主体の私立青年学校も存在した。昭和一七年の熊本市公文書には営林局、肥後農機、藤田鉄工所の各青年学校の名前が挙げられている。

昭和一七年（一九四二）戦況が不利に傾き始めるころ、田園都市熊本に重工業が進出して来た。三菱重工業株式会社熊本航空機製作所が市内健軍地域の広大な空き地に工場を建てたのである。そしてその翌年四月にその工場内に三菱熊本青年学校が創設された。生徒数一五〇〇人の大規模な青年学校であった。設立の趣旨の文頭には「青年ノ思想精神ヲ確立シ智能体力ヲ向上シ以テ国民精神ノ振作、産業ノ進展ニ寄与スルト共ニ国防力ノ根基ヲ培フハ洵ニ喫緊ノ要務ナリ」と述べ、教育綱領には「国体ノ本領ヲ弁ヘ忠孝ヲ第一義ト心得ヘシ」を筆頭に五項目を並べていた。いずれも時局を反映した戦時の表現構成である。登校は週三日制であって、非登校日は工場労働に従事した。朝礼ではまず教育綱領を唱和し、気分を統一して日課の研修に入ったという。教練では空腹を覚えながらも秋の査閲に向かって懸命に訓練に励んだと当時の在学生は述懐している。

青年学校の義務制

昭和一三年（一九三八）四月、東京において第一回全国青年学校専任教員協議大会が五〇〇余人の会員を集めて開かれている。この大会の中心議題は青年学校義務制実施の促進であった。大会は「一層斯教育の重要性を認識し更に覚悟を新たにし研鑽攻究邦家の待望に応え奮励協力弥々其の実を挙げ以て斯教育の使命達成に邁進せんことを期す」との宣言を発し、一、我等は国民精神総動員の第一線に立ち以て銃後の守りを完うせんことを期す、二、我等は青年学校義務制実施の方針に則り以て之が有終の美を収めんことを期す、三、我等は青年学校教育の重要なるに鑑み一層研鑽を以て所期の目的を達成せんことを期す、との決議を可決し散会した。このころ教育審議会の論議においても帝国議会においても、青年学校の義務制実施の雰囲気は十分に高揚し、それを反映してか、前述の協議大会に参加した専任教員たちには学校振興の熱意が充満していたようである。

教育審議会の答申に基づく青年学校義務制は翌昭和一四年四月より実施と決定された。そして義務制実施により満一二歳以上一九歳未満の男子勤労学生は青年学校就学がいっそう強く奨励される状況となった。しかし法律的に義務制は敷かれたものの、就学が強制され、その結果就学率が急上昇し、またじゅうぶんな予算的裏付けに支えられて急速に教育内容が充実した訳ではなかった。たとえば義務制施行の一年後の昭和一五年に、熊本市内で青年学校振興協議懇談会が、就学徹底方策、学校振興策を議題にして開催されているが、この段階に至っても教練資材備品の充実、専任教員の充足、学校経費増額、独立青年学校の増設要望が声高に叫ばれ、また保護者に対しても青年学校義務制実施の趣旨徹底が強く要望されるという状態であった。これらの諸要望は青年学校出発時点以来論じられてきたもので、義務制実施後といえども課題の解決はほとんど進んでいないことを示していた。この協議懇談会の出席者は陸海軍省代表（佐官級）、熊本聯隊区代表、文部省社会教育官、県学務部長など七〇人で、軍人と教育当局者が同席しており、青年学校の軍事的性格を余すところなく示す会合であった（『九州日日新聞』昭和一五・二・二二）。熊本市では義務化に沿って昭和一五年（一九四〇）より五年間計画で青年学校入学該当者の全員就学を目指した。しかし当局の努力にもかかわらず、計画初年時、尋常小学校卒業者で上級学校に進学しない青年学校就学該当者は市内で約二〇〇〇人であったが、市当局で調査したところ実際の登録者は一一六人で、約六〇パーセント弱であったという（『九州日日新聞』昭和一五・七・一二）。そしてこの義務制施行という制度改正は、その後の日本が戦時非常体制に入ったために完全実施に至らず敗戦を迎えたのであった。

教員養成

熊本青年師範学校は青年学校の教師養成機関であった。敗戦一年前の昭和一九年四月、師範教育令の改正にともない設置されたものである。しかし実業補習学校の教員養成という側面にまで視野を広げれば、その学校史は大正期にさかのぼる。すなわち大正九年は実業補習教育の重要性がさけばれた年であるが、この年県立熊本農学校内に熊本農業教員養成所（修業年限一年）が創立された。これを起点とすれば二〇数年の歴史を刻んでいたことになる。実業には商業、工業、農業の分野があるが、指摘するまでもなく農業は熊本の基幹産業であった。その後多少の変遷を経て昭和一八年（一九四三）県立青年学校教員養成所と名称を変更し、翌年前述の（官立）熊本青年師範学校となった。敗戦後新制大学の発足にともない熊本大学教育学部に併合されてその使命を了えた。

学徒動員と学校工場

勤労奉仕

学校教育の戦時体制化は、その始期を昭和一二年（一九三七）七月の日中戦争開戦時にみることができる。すなわち同年八月「国民精神総動員実施計画」が閣議決定されると間もなく、その運動目標として「勤労奉仕」「資源の愛護」が掲げられ、勤労奉仕の端緒が表現されているのである。翌一三年四月「国家総動員法」が制定され、これに付随して六月に「集団的勤労作業運動実施ニ関スル件」が通達されると、初めて「集団勤労」という言葉が用いられた。実施期間はおもに夏季休暇の始期と終期におおむね五日（中等学校最低学年は三日）、作業の種目は校庭、農場の手入れ、応召遺家族、家族に対する農作業等の手伝いとされ、その作業運動の意味は「実践的教育実施ノ一方法」というのであった。さらに一四年三月になると、動員日数については夏季、冬季の休業のみに限らず漸次恒久化を図り、出欠点検を実行するなど正課に準じて取り扱うとした。昭和一六年七月には、勤労作業の種類は防空関係作業、飛行場の補修、軍需品の製造修理その他国策遂行上緊要な国防事業と拡大し、同年一一月には「国民勤労報国協力令」によって国民皆働体制を整備して、緊要な産業部門の業務について協力させることとし、従来の各種の勤労奉仕の全国的総合調整を図った。

熊本商業学校では昭和一六年度より勤労奉仕の記録が始まっている。すなわち五月二六日全校麦刈奉仕作業、日吉、力合、松橋方面、六月二日水前寺作業地作業、七月二四日より九月一六日までの間二五日間、水前寺畑地作業・段山植林地作業・砂取畑地作業という具合である（『熊商百年』）。熊本中学校では、昭和一七年は、麦刈り・稲刈り・飛行場の桑の根引き・射的場や連隊区司令部作業・師団兵器手入れ作業・校内作業など多岐にわたったと記録されている（『熊中・熊高八十年史』）。

また昭和一六年には学校報国隊が結成された。学校報国隊は「指揮系統ノ確立セル全校編隊ノ組織ヲ樹テ隊ノ総力ヲ結集シテ適時出動要務ニ服シ其ノ実効ヲ収ムルノ体制ヲ完カラシムルト共ニ、学校教練・食糧増産作業其ノ他各種団体訓練等ノ実施ヲ効果アラシムル」ことを目的とした。この学校報国隊は毎年役員等を変えて編成されるが、学徒動員は形式上学校報国隊として出動することとなっており、そのことは昭和一九年三月の「決戦教育措置要綱」により「学徒隊」が結成されるまで続いた。

学徒動員

昭和一八年、アジア・太平洋戦争は決戦段階に近づいていった。この時期以降動員はこれまでの勤労奉仕的性格からその様相を大きく変化させていった。以降工場動員が常態化していく。この期から敗戦までの学徒動員関係の法律、規則が数多く発表された。いまその主たるものを順序を追って列挙すればつぎのとおりである。

昭和一八年六月「学徒戦時動員体制確立要綱」、同一〇月「教育ニ関スル戦時非常措置法案」、昭和一九年一月「緊急学徒勤労動員方策要綱」、同二月「決戦非常措置要綱」、同三月「決戦非常措置要綱ニ基ク学徒動員実施要綱」、同八月「学徒勤労令」、同「女子挺身勤労令」、昭和二〇年三月「決戦教育措置要綱」、同五月「戦時教育令」

動員先の職種は、食糧増産、国防施設建設、緊急物資生産、輸送力増強など多岐にわたり、動員期間については、昭和一九年二月から「一年常時」の無制限となり、「勤労即教育」の教育観に支えられて学徒動員は実施されていった。

以下学徒動員の主な具体例を挙げよう。

鹿屋海軍航空隊への動員

昭和一九年六月二日より約一ヵ月、県下の総動員数は一一中学校四、五年生二六〇〇人、二日に済々黌・鎮西・玉名・鹿本・御船の各中学校が、翌三日に九州・熊本・八代・大津・天草の各中学校が出発した。このうち九州中学校（現、九州学院）の鹿児島県鹿屋出発の模様をつぎのように伝えている。「寄宿生・下宿生を除いて九中部隊三百五十名近い生徒は生まれて始めて親の許を離れて他県に行くのである。生徒は授業や軍事教練から解放されて自由の身になる修学旅行の気分であったが、親たちは心配で、送別を控えるようにという学校の指令にもかかわらず送りに来ていた」（『九州学院七十年史』）。動員中の作業は、爆風や攻撃から避けるため、飛行機一台を収容する目的で、土手を崩した土でコの字型に積み上げた掩体壕を作るための土運びの作業であった。宿舎には兵舎が与えられ、配られた毛布は二枚、生徒は雑魚寝の状態で、汗を流す風呂の設備もなく川に行っての水浴びもときどきにしかできなかったという。決定的なのは食料の貧しさであった。「食事は大陸産の大豆入りの御飯だが、その大豆が半煮えで、一週間程すると腹痛と下痢患者が出始め、入室者（病室入り）が増えて来た。鹿本中学では一人亡くなるという事態も起きた」（『熊中・熊高八十年史』）のであった。引率教師の一人は、作業終了後熊本に帰るにあたり「熊本駅に着いてから、出迎えの人々との挨拶もそこ〳〵に、弱っている生徒を出迎えのお医者さんに診て貰って、夫々の父兄に引渡すのが精一杯だった。後で聞いたことだが、私が熊本駅に着いた時はほお骨が出て目ばかりぎよろ〳〵しているので、出迎えの人々もすっかり驚いたという。今から考えるとあのような生活、よくも一人の欠損者も出さずに帰れたと、思い出す度に肌寒くなる思いがする」（同前）と、述懐している。

三菱長崎造船所への動員

対象生徒は熊本工業・熊本工商（現熊商）・市立商工・八代商業三、四年生、昭和一九年六月二〇日夜一〇時熊本駅から乗車、当時の知事にも見送られて長崎に向かった。宿舎は長崎市小力倉水源地近くの小力倉寮、職場の三菱長崎造船所まで徒歩、渡船、構内鉄道と乗継ぎ片道一時間半を要した。熊本工業学校冶金科の一学生は造船所の空母の勇姿に感激し、与えられた作業に全力を打ち込んで当たらねばならぬと決意を新たにしたと少年らしい感慨を述べている。また不幸なことだが夜勤で帰寮中渡船の衝突事故で化学科の一学生が振り落とされて犠牲になるという事故も発生した。食料にしても建物の構造にしても寮の生活環境は劣悪で、「一年と三ヵ月余の間、私たちは持参していた教科書の一ページすら学習を受けることなく、空腹、暑さ寒さ、水不足（朝から満足に顔を洗えなかったし、足のひざぐらいまでしかない茶色をした湯の共同浴場でイモ洗い同然の入浴）、毒虫（ノミ・シラミ・蚊など）との闘いであった」（『熊工百年史』）という。しかし三菱長崎造船所動員でもっとも悲劇的なことは、八月九日の長崎原爆で、熊工冶金科三年在学の一生徒が犠牲になったことである。その状況について工場長は、彼は工場の出口のところまで逃げたところで息絶えた、わたしは燃えさかる中でその生徒の認識票だけ引きちぎり持って来た、と語ったという。しかもその時、工場長自身も頭から顔にかけて被爆で火傷を負っていたということである。

三菱重工業株式会社熊本航空機製作所への動員

鹿屋動員から二ヵ月後、第二回学徒動員令が出され熊本市内のほとんどの中等学校が三菱重工業株式会社熊本航空機製作所へ動員された。飛行機製作という高い精密度が要求される分野にまで学生動員が要請されたことに、当時の日本の戦時体制がいかに窮迫していたかが読みとれる。九州中学校では四、五年在学の生徒が動員され、日系二世、台湾人、朝鮮人それに身体虚弱者、素行不良者は除外されたという。飛行機工場は軍需工場で最新兵器を作っており、秘密漏洩の必要上の措置であったという。作成される飛行機は重爆撃機、動員学徒たちは部品工場、鈑金工場、組立工場に分散配置された。熊本中学校の一引率教員は当時の工場の実態について、機材がなくもっぱら工員や動員学徒の退避のためのタコツボ掘りを行ったと回想している。そしてまた、動員が始まって四ヵ月後の一二月末、熊本は空襲を受け市内ではたびたび空襲警報のサイレンを聞くことになったが、工場ではまったく鳴らさず、頭上に敵機が来襲しても退避命令も発せず、このことを工場長に糾すと「空襲時にも仕事をやってくれ」とのこと、ついにたまりかねてみずから退避させることにしたと述懐している。そして昭和一九年九月から終戦まで一二ヵ月の間に、すべての部品が整って完成をみた機は数機にすぎなかった、と付け加えている（『熊中・熊高八十年史』）。

学校工場

昭和一九年一月「緊急学徒勤労動員方策要綱」に「状況ニ依リ工場事業場ヲシテ学校ノ校地、校舎内ニ設備ヲ講ジ又ハ材料ヲ供給セシメ学校内ニ於テ学徒ヲシテ生産ニ従事セシムルコトニ付テモ方途ヲ講ズルコト」とあるのが学校工場に関する最初の規則である。同三月には「決戦非常措置要綱ニ基ク学徒動員実施要綱」が発表されて、「学校校舎ノ軍需工場化ニ付テハ各種ノ学校特ニ女子ノ学校ヲ主流トシテ急速ニ之ガ具体化ヲ図ル」とした。また同四月に各学校長宛て文部次官通達として「学校校舎転用ニ関スル具体的実施要綱ニ関スル件」を示して学校工場化が実施されるに至った。

学校工場化の方式は、学校校舎や敷地などを特定工場の分工場化する場合と、学校自身が工場または事業所の委託を受けその設備を活用して生産修理を行う方法とがある。いずれも当該学校の生徒を動員し、その動員は一般の学徒動員と同一に取扱うものである。熊本工業学校では、その年の夏休みを利用して機械の搬入が行われた。当時の状況について「場内狭きまでに運ばれてきた怪物のような機械類、（中略）雑然たる中で働く逞しい学徒の額から糸を引いて滴る汗、それを拭う暇もない忙しさだ。機械を満載したトラックは一日四、五回も往復して工場化の日程を縮めてゆく」（『熊本日日新聞』昭和一九・七・二六）と報じられた。また昭和二〇年三月には熊本、済々黌、鎮西、九州の各中学校と尚絅高等女学校の五校に兵器工場化が決定した。体育館には生産機械が何十台も備え付けられ、校庭に防空壕・運動場に麦畑の風景があるのみであった（『熊中・熊高八十年史』）。

学制改革期における教育の諸相

はじめに

既成教育秩序への反発

昭和二〇年（一九四五）の暮れ、敗戦直後の混乱のなかの一一月、先月着任したばかりの知事平井章を迎えて熊本県通常県会が開かれました。県会運営はまだ戦時中の形式をとっていたので、「戦争終結ノ秋臣等益々隠忍自重道義立国ノ皇謨《こうぼ》ニ遵ヒ外盟約ヲ守リ内建設ニ努メ以テ大御心ニ応ヘ奉ラムコトヲ期ス」といった文言を内容とする、「天機奉伺」の案文の採決から会議が開かれるという、今の憲法下では考えられない議会風景でありました。各議員の発言の奥にある教育観にしても、教育勅語肯定論はもちろん、戦争中菊池精神の意義を強調した「熊本県教育是」は、敗戦になってもその存在理由を失うものではない、といったことが多くの議員の共通認識でありました。

しかし、敗戦に伴う新事態に対処しなければならない県会です。いろいろな質疑が交わされました。その中の一つに、学校騒動のことがありました。今県下各地の中等学校で同盟休校が続出しているが、その原因は何か、教職員は生徒への対応をどう考えているだろうか、県は教職員にどのような指導を与えているか、というのでした。この質問に対して平井知事は次のように答弁しています。

私ハ斯《こ》ウ思フノデアリマス。学徒ハ戦時中本当ニ能ク働イテ呉レマシタ。学業ヲ捨テ、校門ヲ外ニシテ、或ハ工場ニ進出シ、或ハ食糧増産ニ本当ニ真剣ニ学徒ガ働イテ呉レタト思フノデアリマス。然ルニモ拘ラズ戦ハ敗戦ニ終リマシタ。シテ見レバ若イ学徒ノ心ハ納ラナイノデアリマス。血ノヤリ場ガナイノデアリマス。其ノ捌口《はけ》ガナイノデアリマス。…先生ハ努力スルケレドモ若イ学徒ニ従《つ》イテ行ケナイ、ソコデ悪ク云ヘバ馬脚ヲ現ハスト云フ所ニ真ノ原因ガアルト思フノデアリマス。其ノ気持ガ或ハ農産物ノ配給分配ノ問題ヲ攫《つかま》ヘテ見タリ、或ハ先生ノ教育態度ヲ攫ヘテ見タリ或ハ報償金ノ分配ノ点ヲ攫ヘテ見テ騒動ガ起ルノデアリマス。全国的ニ学校騒動ハ起キテ居リマス。又本県ニ於キマシテモ先頃起キタノデアリマス。之ニ対シマシテ私ハ学校教職員の方々ニ能ク話シテ居ルノデアリマス。此ノ若キ学徒ノ気持ヲ能ク汲ンデ問題ヲ解決スルヤウニシナケレバナラヌ、過去ニヤッタヤウニカヤ弾圧ニ依ッテ学校騒動ヲ解決シテハイカヌゾト。（『熊本県会会議録』）

県政の責任者としてのこの平井知事の答弁は、まず常識的であって、取り立てて優れた内容とは思いません。しかし今の中・高等学校に当たる旧制中等学校の生徒たちが、勤労奉仕や学徒動員によって農村、工場から帰ってきて、たとえその理由は幼稚であっても、同盟休校という形で、既成の教育秩序、あるべき教育原理が全く否定された軍国主義、天皇制教育に異議申し立てをしている事実、それが広範に全国的に提起されていること、そのことをこの引用文から汲《く》みとりたいと思うのです。若い学徒の心は納らない、血のやり場がない、そのはけ口がない、と平井知事によって表現された生徒たちの心情は、言葉の真の意味においてそうであったろうし、またそうでなければならなかったと思います。

しかし、ここで指摘された学校騒動は、敗戦直後の極度の物心両面にわたる不安な世相を直接に反映した性格のもので、表面的には間もなく鎮静していきました。ところがその一年後、五カ月に及ぶ学園紛争が熊本市で提起されます。このことをやや詳細に述べることによって、与えられた学制改革期の教育の実態をみる手がかりにしたいと思います。

一　上林学園の学校紛争

生徒の断髪で四教諭が辞表

上林学園の校舎

上林学園（現信愛女学院）はカトリック系のミッションスクール、高等女学校でありました。昭和二一年（一九四六）一〇月一一日の新聞は、この学園でのストの状況を「学校長の独裁排撃、四教諭の復職を要求した上林学園の三、四年八学級のうち七学級の生徒三百名は十日朝から同盟休校に入った」（『熊本日日新聞』）と報道しています。この記事からストの原因は分からないが、別に報じられたものによると次の通りです。「ことのおこりは十日ほど前、山本耕造校長が生徒の髪型を、下級生は断髪、上級生（三、四年）はこれまでどおり結髪を決めたところ、三年生の一部で髪を切るものが現われた。間もなくこれは体育担任の宇野正人が無断で許可したとわかり、生徒朝会のさい校長が宇野に〝校則を破った〟と責めたことがきっかけとなった」（毎日新聞社『激動二十年』）。そこで宇野は辞表を提出、ところが同僚の若い教師三人が宇野に同調、結局四人が辞表を提出することになりました。もともと四人の若い教師グループは、カトリック的教育方針を固持する学校側の姿勢を批判、新しい教育への脱皮、改革をことあるごとに校長に進言していたといいます。事件の進行過程では学校側の四教諭断罪、校長の更迭、父兄側の積極的な紛争介入、授業管理と銘うった寺子屋式授業の設定、文部大臣への紛争解決への直訴など多彩な出来事があり、結局地方労働委員会のあっ旋による四教諭ならびに生徒首謀者の依願退職、依願退学という形で事件は終息するのですが、この間約五カ月が経過していました。

当時の新聞はこの事件の顚《てん》末を連日報道しており、大きな社会的出来事であったことを証明していますが、注目したいことは、事件の過程で戦前には見られなかった幾つかの学校騒動の特徴があり、そのことが敗戦後の新教育形成期の姿をよく反映していると思うのです。

占領軍内の見解対立でこじれる

この第一は、アメリカ占領軍が介入していること。敗戦後の熊本における教育担当者は軍政官ピーダーセン(W.S.Pedersen)でありました。彼はこの事件発生直後に校長と当該四教諭を招いて、事情聴取の上、次のように申し渡したというのです。

ピーダーセン

校長は断髪許可をなす場合協議の上でやるべきだといったといふがこれは旧思想も甚だしい。校則などを楯に生徒の自由を束縛することは民主々義的でない。髪や着物など学校における生徒の服装はどこ迄も生徒自身の自由意志にもとづくべきで、服装問題は家庭教育の圏内だ。学校は生徒に対して学業についてのみしか注意する資格を持たない。例へば数学は嫌ひだから止めて呉れといふ生徒があったら注意してよろしい。校長が飽くまで旧思想を改めぬといふなら適格審査委員会に諮って別な人と代って貰ふ。四先生方のやり方は民主的で非常によかった。なほ四教諭の休職間の俸給を学校側は支払はねばならぬ。(『熊本日日新聞』

右のような軍政官の申し渡しにより六日間の実力行使は解決し、事件は白紙還元となって一時的に収束に向かったようです。戦後の教育行政における軍政官の命令は絶対的でありました。余談ですが右の引用文には、文化的異質性に基づく教育観の特異性が表現されていて興味深いものがあります。その後一時学園には静けさが戻ってきましたが、一〇日後また紛争が再燃、今度はピーダーセンの上役であるハートマン軍政長官が登場。彼は「カトリック教徒だったところから学校側に同情的態度をみせたので、さきの白紙還元を（学校側は）取消し、宇野ら四人を懲戒解雇処分にした。上林学園ストは進駐軍の再度の介入で火がつけられた形となった」（『激動二十年』）というのであります。その命令の絶対性にもかかわらず、この例からも理解できるように占領軍の命令は決して首尾一貫したものではなく、個人的恣《し》意性は否定すべくもなく存在していました。原因のすべてではないにしても矛盾する二つの方向からの占領軍の見解が、上林学園ストを長期化させる原因になっていることも事実であります。

教員組合が紛争に参加

争議過程で見られる第二の特徴は、教員労働組合がこの争議に加担していること。そして教員組合の活動はやはり戦後の特徴でありました。新聞は次のように伝えています。

全国的にも珍らしい事件として社会の注目を浴びた上林争議が生んだ波紋の一つ—日教労では上林四教諭の首切りを勤労者の重大脅威として争議開始以来スト側絶対支持の態度に出たが、春日校西山訓導は日教労熊本支部委員長としてスト応援のため街頭に進出した。西山訓導談「日本が真の民主主義にめざめて独立国となるには国民のひとりびとりが民主的な自覚を得なければならないが、そのためには組合運動を推進する外にない。学級経営と組合運動は二つではなく一つだ。私が組合のため奮闘するのは私の受持ち児童ばかりでなく大衆の民主主義教育を指向しているからだ。教育とは教室でする授業ばかりではない。多くの人が組合運動に理解がないのが残念だ。」（『熊本日日新聞』）

右引用記事は「忘れられた教室」と題する記事の一部でありますが、全日本教員労働組合（日教労）県支部委員長西山進の授業を放棄しての上林争議参加の態度の非難が記事の主な内容となっています。西山が担当する春日小学校高等科二年の父兄たちが、西山の行動を批判しているのです。恐らくこのようなことが春日小で起きたことは事実でしょう。西山の行動は確かに行き過ぎであったかもしれません。ただ教員組合が組織として学校紛争に参加していること、このような傾向は戦時中には例のないことであり、上林争議の特徴であります。

新学制誕生前夜の象徴的な争議

第三は、争議解決に当たって地方労働委員会の存在があることです。二二年三月一日付の新聞は次のように報じています。

髪型問題に端を発した上林高女の学園ストは問題発生から四カ月、揉《も》めに揉め抜いてきのう二八日地方労働委員会の斡旋で無事に解決した。

覚書

（四教諭側）一、社会を騒がしたことに責任を感じ学校側に遺憾の意を表する。一、今後本問題についての一切の闘争は行わない。

（学校側）一、四教諭の懲戒解職を取消し即時依願退職とする。二、生徒の放学処分を取消し依願退学とする。尚四教諭は白紙還元により更生のスタートを切ることになったが就職は未定である。（『熊本日日新聞』）

以上戦後の早い時期に提起された学園争議、上林高等女学校のいわゆる「断髪スト」の概略を述べ、幾つかの特徴を整理してみました。そもそも女子学園でこのような大規模な紛争が起こること自体めずらしいことです。しかも長期に及ぶ争議には、それに必要な組織の存在が前提になるでしょう。軍政官の介入、労働組合の支援、労働委員会のあっ旋、すべては戦後のものであり、その争議は構造的でありました。伝統を重視し教育秩序を厳守する学校当局、戦後の新しい波にもまれる若い生徒群像、新旧二つの思想が、女子学園を舞台として繰り広げる、いわゆる「学園民主化」の実態がそこに見られたのです。新学制が誕生する前夜の、必然的、象徴的な学園争議でありました。

二　教員組合の結成

背景に先駆的な運動の歴史

敗戦による天皇制教育の崩壊は、日本の教師たちに人民主権の主体的自覚を保証する契機を与えてくれたという意味で、まさに圧倒的意義をもっています。

教員組合の結成はＧＨＱ（連合国総司令部）による指令に基づく側面もありますが、実はこの指令前の敗戦の年の一一月、はやくも京都、徳島、東京で結成のための準備会が持たれ、一二月一日には全日本教員組合（全教）が、翌二日には賀川豊彦の日本教育者組合（日教）が結成されました。このように、戦後間もなく自主的に教員組合結成のきざしが見られることは、大正期の啓明会の成立や昭和初期新興教育運動など、先駆的な日本の教師たちの組合運動の歴史があればこその現象だと思います。新興教育運動では、熊本においても田代官次など小国地方で主体的な動きを見せており、そのことについては本書「軍国主義、教育への投影」の項に記した通りであります。

昭和二〇年一二月二六日の新聞は教師集団の主体的な動きについて、「県下のトップを切って教職員生活擁護運動の烽火《のろし》を挙げた熊本市春日国民学校訓導西山進、松村一郎の両氏は、現在の諸物価高に対する教員の俸給が如何に低位であるかを指摘、更に他職業との不均衡から生ずるギャップが今日の生活苦を招来してゐるとなし、待遇改善運動への手始めとして〝食なくて真の教育は出来ない〟と同校農園三反歩を職員へ解放すべしと校長へ要求、逼迫《ひっ》した食糧事情を慮って校長も遂にこれを承諾した。よって同校では職員のみが授業時間の合間や休日或は夜間を利用して農作物を作ることになった。西山訓導は更に全県下の訓導達に呼び掛けて当局への善処方を要望、本格的に教育者の生活擁護運動を開始することになった」（『熊本日日新聞』）と報じております。この記事が敗戦後の教師たちの生活擁護を自主的に主張した最初のものでした。

資料（熊本県教職員組合編『十年のわだち』）の示すところによると、二〇年一一月には玉名教員組合が、翌二一年二月には飽託、荒尾、矢部において、そして鹿本など各地に教員組合がぞくぞくと誕生しております。地域単位で発足した教員組合は二一年一一月には「熊本県教員組合連合会」となり、委員長に西田一隆を選出し、組合員総数は四〇〇〇人となりました。連合会の最初の仕事は全国的に低位にあった給与をA級並みに引き上げることでありました。すでに福岡がA級闘争に成功していたことが励みになって二二年一月「戦いは見事に功を奏して遂にA級獲得は成った。今まで、組合加入に二の足をふんでいた慎重派も、今さらながら団結の力の強さと、組合の真の意義に目ざめ、争ってその加入を急いだのであった」（同）ということになっております。さらにまた六・三制が発足した二二年四月、戦後初の統一選挙では、組合は「教育民主連盟」という政治結社を結成し、七人の県会議員候補全員を当選させるという成果を生み、政治活動への素地を作り上げていきました。

五福小で県教職員組合結成大会

中央において、複数の系統から成る教員組合が一本化されたのは、二二年六月でありました。奈良の橿原において結成大会は開催され、教師たちは背中のリュックに食糧を詰め込んで各県から参集し、ここに日本教職員組合（日教組）が創設されたのでした。熊本ではこれを受けて橿原大会の一二日後の六月二〇日、熊本市五福小学校で熊本県教職員組合の結成大会が開かれました。その模様を『十年のわだち』は次のように描写しています。

A級闘争、市議、県議選を通じての県教連、中教組、青教連の統一行動は、ここに県下全教職員大同団結の気運醸成となり、昭和二十二年六月二十日午前十時から、熊本市五福小学校で記念すべき熊本県教職員組合の結成大会をもつに至った。松田一吉開会を宣し、代議員五〇〇名中四八七名の出席で議事は成立、熊本市と飽託郡からは、二百名の傍聴者もあった。正副議長の決定は木部次郎の推薦どおり議長に緒方晨也、副議長矢嶋三義、田代なみの三名、合同に至る経過の報告を行っているとき、軍政官ピーダーセンが拍手の中に臨席した（当時は場内に来るときは拍手するならわしを強制されていた）。次に六月八日行われた日本教職員組合結成の状況を荒牧武が熱血溢るる口調でのべ、県教組も速かに加入すべきであると要望した。組合の綱領並びに規約は組合員の憲法ともいえるものだけに慎重な審議が行われ、原案一部修正の後一括上程、満場一致で可決された。

この席で確認された綱領は次の通りで、全国大会のそれとほとんど同じものです。

一、われらは重大なる職責を完了するため、経済的、社会的、政治的地位を確立する。
一、われらは教育の民主化と研究の自由の獲得に邁進する。
一、われらは平和と自由を愛する民主国家の建設のために団結する。

大会は西田一隆を委員長とする役職全般を選出、日本教職員組合加入を可決、機関紙「熊本教育新聞」の発行を承認決定して、以降日教組全国組織の一環として活動を開始することになったのです。そして八月一日には知事桜井三郎と労働協約を締結しました。

かくて教職員組合は独自の機能を発揮する段階となり、生活擁護のための経済闘争はもちろん、文化運動、個々の職場で生起する民主化運動、六・三制発足に伴う教育復興運動に大きな力を発揮いたしました。一例を示せば、学校民主化の一環として、労働協約に基づき校長選出には組合の推薦を参考にするという約束がありましたが、これを無視して県が一方的に校長を発令するという市立工業事件が起きました。この事件が発生するや、組合は労働協約違反として当然強く抗議しました。結果的には知事桜井三郎の名義で、「熊本市立工業校長任免に関し、光島学務課長の採りたる処置が組合との間に紛争を惹起せしめたることは真に遺憾であった。今後かかることなきよう学務課長を訓戒して善処する」という組合長あての詫《わび》証文が提示されて、組合意思が貫徹された事件でもありました。

占領政策転換で組合弾圧へ

しかしながら昭和二三年(一九四八)になると組合運動は早くも後退のきざしを示します。七月公務員の争議行為を禁止する政令二〇一号が発せられました。県教組には労働協約廃止の桜井通達が発せられ、労働三権のうち団体交渉権、争議権がはく奪され、わずかに団結権のみが残される結果となりました。政令二〇一号は芦田均首相に送ったマッカーサー書簡に起因するもので、この書簡は、公務員が国民全体の奉仕者であるという理由のもとに国家公務員法を改訂して、二百数十万の官業労働者から争議権、団体交渉権をはく奪する、という内容のものでした。この書簡は、占領軍が労働組合育成策を変更し、組合弾圧政策に方向転換した象徴的指令でありました。政令二〇一号を背景にして県当局は、一、県との共同折衝の際の組合代表者は三名以内とする。一、勤務時間中の組合活動はできない。一、組合専従者は職場に復帰すること。一、組合の人事権介入は許されない。一、県と組合との協約書や覚書の手交はできない―など数項目からなる厳しい内容を伝えてきました。組合にとっては実に政令二〇一号は過酷な組合活動制限令であり、これによって組合弱体化の方向は明確になったのでありました。このような情勢の中で県教組がとった闘争は、第一回県教育委員会選挙において、組合員を立候補させ教育委員の一部の位置を確保しようとする計画でありました。このことについては別の項で記述したいと考えます。

全国的にレッドパージの波紋

昭和二四年（一九四九）になると組合弾圧はいよいよ厳しくなりました。いわゆるレッドパージ事件です。一〇月一日付の『熊本日日新聞』は、熊本大学鰐淵学長事務取扱が突然医学部の事務職員、看護婦など十数人に対し国家公務員としての行為にもとるとの理由で辞職を勧告したことを報じています。さらに一〇月三日熊本県教育委員会は、教員として不適格であるとの理由で、高校三、中学一三、小学二一、計三七人の教員に対して辞職勧告を発しました。このうち六人の女性が含まれております。このことについて、横田教育長は談話のかたちで次のように述べております。

今日までいろいろな情報を総合し教員として適当でないと認められるものについて今回とりあえずその一部三七名に対し辞職を勧告した。これに応じない者については現行法規（官吏分限令第十一条第一項第四号及び助教に対する教育委員会規則）にもとづいてそれぞれ休職（二級官は二年、三級官一年）または退職（助教に対し）を発令して本人に通達したわけである。あくまでも教員としての適否を中心として調査したのだから、これらの中にはいろんな人達が含まれていることは当然である。通達を受けた人の中でもし辞令受領を拒否したものがあったとしても既に教育委員会で決定されているからにはその効力には何の影響もなく他の方法をとるまでだ。

（『熊本日日新聞』）

教員の追放は熊本だけではありません。九月三〇日佐賀で二一人、一〇月一日京都五一人、熊本三七人、二日岩手四〇人、福島一四人、二二日兵庫二六人…という具合に全国的に展開されました。文部省はすでに九月段階で全国教育長会議を開き、各県教委の責任において、文部省と連絡のうえで「赤色教員」の追放を行うことを要請しておりました。これら一連の教員追放をレッドパージと呼んでおります。もちろんパージは教育界のみではなく、全労働界に及びました。幾多の組合活動家が組合を去り、その結果労働組合活動は大きな打撃を受けて後退せざるを得ない状況となりました。

三　教育委員会の発足

第一回選挙に教組は総力を結集

昭和二三年（一九四八）七月「教育委員会法」が成立しました。教育委員会制度は、戦前の中央集権的官僚主義的な教育行政の批判として設けられた制度であって、地域住民の教育意思を直接反映させるべくその委員を公選（住民の直接投票制）にしたこと、教育予算の原案送付権を委員会に与えたことなどにその民主的特徴がありました。「教育基本法」第一〇条「教育は、不当な支配に服することなく、国民全体に対し直接に責任を負って行われるべきものである」という条文の理念を、具体的な教育行政に具現するという性格を、教育委員会制度は持っていました。だから、制度的な不馴《な》れに伴う戸惑いはあったにしても、新しい教育を創造していかなければならない状況において、多くの識者から歓迎されたものでした。

第一回教育委員会選挙は昭和二三年一〇月五日が投票日、定員七人（うち一人は県議会から選出）に対して立候補者は一八人の多くに達しました。選挙の模様を新聞は「選挙戦高潮へ、六金的を誰が射る」という見出しで次のように報じています。「あと十日に迫った熊本県教育委員選挙はすでに立候補者も出尽し六つの金的狙う三倍強の濫立は早くも各地で激烈な選挙戦を展開している。…なお熊本市城東校ＰＴＡでは各候補の信念、抱負を直接聞いて正しい審判を下そうと全県下にさきがけて十月三日午前九時から二時間新世界映画劇場において全候補の立会演説会を開くことになった。」(『熊本日日新聞』)

教員組合がこの選挙に異常な関心を寄せたことはよく理解できます。その理由は、何よりも教育委員会が教職員の直接の支配機関となり交渉相手となるからです。政治ボスの手に教育が握られたり、政党色が教育界に濃くなりはしないか、委員会はその目的を十分に達成できるものなのだろうか、「政令二〇一号で団交権、争議権をうばわれた教組にとって、教育委員会が保守的ボス勢力によって支配されるようになっては、手も足も出ないことになる」(『十年のわだち』)のではないだろうか。そこで熊本県教組は、矢嶋三義、浜又七、上土井松芳の三人を立候補させました。そして政治結社「熊本教育復興会」を結成し、総力を結集して選挙に臨んだのです。当時立候補の条件として有権者六〇人以上の推薦署名を必要としましたが、県教組は一大署名運動を起こして、三候補の署名合計七万人に及んだのでした。この七万という数字が問題をはらんでいました。

占領政策で立候補辞退強要

アメリカの占領政策が教育面で反共的色彩を濃くするのは、第二次アメリカ教育使節団の報告書(昭和二五年九月)の「極東において共産主義に対抗する最大の武器の一つは、日本の啓発された選挙民である」との文言が提示された以降とするのが普通指摘される時期ですが、その先ぶれは第一回教育委員会選挙のころすでに見ることができます。確かに占領初期、GHQは、日本の超国家、軍国主義者に厳しい態度で臨み、半面民主的労働組合の育成に積極的姿勢を示しましたが、このころになると成長する労働組合が、かえってアメリカの極東政策の遂行に必ずしも望ましい存在ではないことを意識し、組合干渉を強化していく傾向を示しました。この事例は熊本の教育委員選挙でも明確になりました。

まず占領軍の組合干渉は、教育委員選挙に現職教員の立候補は望ましくない、という形で提示されました。教育委員会は教員を支配指導するものであるから、教員が委員になるのは教育を教員の勝手に左右する結果になって面白くない、というのでした。占領軍の指示は絶対的ですから、教組もこれに従わざるを得ない。結局、今次の選挙については白紙に還元する、従って政治結社「熊本教育復興会」は解散する、解散に伴い選挙費用は当日までの分を清算して残金は寄付者へ返済する、立候補者の今後の進退は本人の自由に任せる（『熊本教育新聞』）ことを確認しました。実はこの間、軍政官ピーダーセンは、「自分の通訳の一人を立候補させるから矢嶋三義を立候補から辞退させて欲しい、通訳が立候補するに当りその選挙資金と地盤とを提供し、組合組織にのせて運動をやれ」（『十年のわだち』）と迫ったと伝えられています。そしてさらに追い打ちをかけて「こんどはウィットマー軍政長官から内田（委員長）、村田（書記長）に呼び出しがかかり、桜井知事立ち会いのもとに、むし暑い昼下がり、熱っぽい応酬が続いたが、軍政部は強硬、二人はしかりとばされて帰ってきた。さらに〃現職教員の立候補はとりやめ、本部専従の矢嶋候補は辞退せよ〃という最後通告をつきつけてきた」（毎日新聞社『激動二十年』）というのです。結局軍政部の命令で熊本県教組は、矢嶋候補を立候補辞退させ、浜、上土井両候補は教職を退いて立候補させました。そしてピーダーセンが示唆した彼の通訳は選挙には出ませんでした。立候補辞退に当たり、矢嶋三義は次のように述べています。

今回の教育委員選挙立候補に際しましては、組合員皆様の物心両面にわたっての多大な御支援をいただき感謝感激にたえません。実運動に入りまして上益城、荒尾、玉名と十数日山野をかけめぐりましたが、皆様の御厚情には涙の出る思いがいたしました。屋内や街頭に於ける演説会での応援演説、徒歩、自転車あるいはオート三輪による宣伝戦等、その戦いの跡を回顧しますとほんとに涙が出てまいります。組織の力の偉大さをこのたびほど痛切に感じたことはありません。皆様の御支援によって当選を期し一意選挙戦に臨んでまいりましたが、諸般の情勢上残念ながら立候補を辞退し、御期待に副うことが出来ませず真に申訳なく存じます。当時の収拾策としてはやむを得なかったことを御了承下さい。浜、上土井両候補の当選心から喜んでおります。私どもはいよいよ団結を堅くして所期の目的達成へ邁進しなければならないと思います。（『熊本教育新聞』）

右引用文に明らかなように、第一回教育委員選挙には浜、上土井が当選、しかも一、二位の得票数でした。「予想外の得票で、選挙における県教組の力を世人に印象づけた事例」（『十年のわだち』）であったといいます。ところが突如、教組は選挙違反で問われることになりました。すでに述べておいたように三候補者の推薦署名を七万人以上も進めたことが事前運動に該当し、また法定外の文書である名刺を多数配布したことが選挙法に違反するということで、官憲の手入れを受けたのです。このような状況で、二人が当選を辞退するならば違反問題は問わないといった風評が流れ、結局教組はせっかく当選させた二人を辞退させました。しかも事態はそれで終わったわけではなく、教組委員長をはじめ役員四人が選挙違反容疑で、熊本検察庁に起訴されました。結果はそれぞれ二万円以下の罰金が科せられましたが、控訴もできず刑が確定いたしました。

昭和 24 年の県教育委員会
一番福田令寿、二番金栗四三、三番家入ミツエ、四番原本一利、五番工藤義修、六番河野喜代治、七番斉藤亀齢

公選制から知事の任命制へ

かくて第一回県教育委員会選挙は、その選出の過程で軍政官による教員組合活動への干渉という出来事を抱え込みながら、紆《う》余曲折を経て昭和二四年（一九四九）一月、二人の教組出身当選者辞退の中で、繰り上げ当選二人を含め次の通り委員が選出されました。家入ミツエ、池辺（金栗）四三、斉藤亀齢、原本一利、福田令寿、工藤義修、そし

て規定により県議会から河野喜代治が選ばれ、初代委員長には金栗四三が選任されました。

教育委員会制度は県のみでなく、市町村段階でも作られていきます。その制度の目的には、地域住民の教育要求を現実の公教育体制の中に生かしていこうとする民主的意義の自覚がありました。しかし、この目的は十分な成果を生む時間もなく、制度自体が絶えず批判にさらされ、結局昭和三一年（一九五六）「地方教育行政の組織及び運営に関する法律」の成立によって「教育委員会法」は廃止されてしまいます。教育委員会の名称は残りますが、委員選出の方法は知事の任命制度となって、公選制教育委員会は教育の歴史から消えていきました。

四　新制中学校の発足

教育再興に燃える国民的情熱

明治四〇年（一九〇七）以来義務教育年限は六年間でした。以降年限延長は幾度となく論議されましたが、実現しませんでした。周知のように昭和一六年（一九四一）小学校という名称が消えて、国民学校となったとき、制度を作りあげた教育審議会は、明確に義務教育年限八年制をうたい、国民学校初等科（六年制）の上に、同高等科（二年制）も繰り込むはずでありました。当時国民学校初等科を終えたものは、「卒業證書」ではなく「終了證書」をもらっているはずです。このことは国民学校高等科も含めて義務教育八年生が考えられていたことを意味します。しかし戦争が激しくなり、また不利になった昭和一九年「国民学校等戦時特例」が公布され、義務教育八年制は結局実現せず、敗戦を迎えることとなりました。

従って義務教育六年制を一挙に九年制にしようとする新制中学校の発足は、ある意味で新学制の理念を最もよく象徴するものでありました。しかも初等教育を三年間延長しようとするものではなく、中等教育を義務制として万人に解放しようというのです。理念的にも制度的にも、まさに画期的変革でありました。

戦後混乱期、教育再建を使命とする教育刷新委員会が、学校体系に関する議論を始めたのが昭和二一年（一九四六）一〇月、正式に六・三制学校制度の採用を決定したのが同一二月の末でありました。新制中学校は翌二二年四月に発足するわけですから、六・三制の採用決定から発足までわずかに数ヵ月の期日しかない、全く無理な計画であって、恐らく諸外国にもその例は多く見られないと思います。アメリカにそのサンプルはある、とはいえ、国情も教育的伝統も違う日本において、短期間に新教育制度を創設することは実に困難なことでありました。しかし、結果的には既定の線に沿って軌道に乗せることに成功しました。戦後の教育再興に燃える当時の国民的情熱があってのことと思います。以下熊本県における中学校の「早期出産」の状況を素描してみたいと思います。

青空教室や分散授業で発足

「県新制中学対策審議会」が設置されたのは二二年一月のことでありました。当時の第一高等女学校の一室において、菊池高等女学校長下条靖、宇土中学校長永井一男が中核となって、「一体生徒が何人居るだろうか、町村別には一体何人の男女の生徒が居るだろうか、今後数年に亘ってどういう風になるだろうか、何人ぐらいの規模の中学校を造ったらいいだろうか、そして全県的には何校の中学校を造ったらいいか、そしてまた、各教科別には一体先生は何人ぐらい要るだろうか、またその先生をどこからもってくるか」（『熊本県中学校十年の歩み』）という、暗中模索の中で学校造りが始まったとされております。「手弁当で自分で旅費を自腹を切って、そして三カ月ばかりやりました」と下条靖は語っております。事実この審議会は県の条例に基づく法的基礎もなく、当時の学務課長が個人的に委員を選定したものでした。その慌てぶりがうかがえるというものです。

まず中学校の発足に当たっては、生徒を収容する校舎がなければならない。文部省では教室建築費に四二億二七〇〇万円を予算計上していましたが、大蔵省はこれを全額削ってしまいました。「これまで小学校（当時は国民学校）高

窓ガラスも割れたままで湯浦中第一回卒業式
（昭和23年・山本定信氏提供）

等科、青年学校、中学校を含めて、児童の進学率は、九七%であり、義務制によって、僅か二%増の九九%であるから、これまで平均五〇名収容のところを、五二名収容すれば、一学年度のみ実施するに於ては、教室増加の必要は全くない」（大田尭『戦後日本教育史』）というのが大蔵省の見解でありました。しかし青年学校にしても、もともと独立した校舎はなく、小学校や事業所の建物に仮住まいをしていたわけですから、大蔵省の見解は全くの誤算でした。統計によると一五九万人分の教室が全国で不足したといわれています。当時戦災地はおおむね焼け野原で、防空壕《ごう》住まいや穴居生活の人も多い時代で、その上建築資材も極度に不足していました。閣議では中学校は独立校舎にするということを決定していましたが、できる話ではありません。従って中央から予算も下りてこない状況では、必然的に地元負担にならざるを得ないことになります。「当時の町村長さんはこれを苦にして辞職された方も随分沢山ございましたし、中には命を絶たれた人もあった」（『熊本県中学校十年の歩み』）ということです。また校長になった人の校舎建築への努力も記しておかなければなりません。師範学校教授の地位から中学校長になった加恵静雄は、「どういう運命の巡り合せか、十年間に学校を二つ代りましたが、次々に建築という仕事がのしかかって、西山中学（熊本市）では二六〇万円の募金で四四〇坪の平屋建を造りますし、二九年白中で又建築が待っていますし、今度は二〇〇〇万円で約一〇〇〇坪の二階建を造りました。更に江原中学校に移りましたが、ここでもまた校舎建築が待ち受けていました」（同）と語っています。かくて旧制の中学校、女学校、実業学校は併設という形で中学を抱え込み、小学校の間借り、青空教室、分散授業、二部、三部授業で新制の中学校は県下で二七六校が発足いたしました。

教員構成に大きな悩み

次の問題は教員構成をどうするかということでした。突如生まれ出た二七六校の新制中学にどこから教師を持ってくるか、当時各市町村にも新学制対策協議会ができていろいろ工夫されたようです。予想される供出先は旧制中学校か国民学校、さらにその不足を新規採用で補うということでした。何しろ海のものとも山のものとも分からない新制中学へ好んで飛び込む人もそうざらにはありません。そこで旧制中学校から教員の三分の一を持ってくる案が提起されたのでした。これには旧制中学校の校長はその人選に頭を悩ましたと伝えられております。小学校からは教育力が優れている優秀な教師が引き抜かれました。そうなると今度は小学校が弱体になる、そのため小学校では非常に経験の浅い、若い、しかも女教師が集まってしまうという現象も起きたといわれています。さらに教員がこれでも不足するので、専門学校卒業以上の学力を有する民間人も数多く採用されました。これらの教師は、教職の経験もなく、学力はあっても教育技術が伴わない。しかも新制中学は義務教育ですから、旧制中学のように選抜された生徒ではないのでなかなか難しい面がある。従って中学の教育が軌道に乗るまでには相当の時間が必要でありました。新制中学校の校長を選ぶのも県学務課では大変苦心したようです。発令も四月半ばに延び、その顔触れは国民学校教師が大部分で、旧制中学から転じたものが三分の一、中には師範学校、旧制高等学校教授、旧制中学校長からの転身もあり、多彩なにぎやかさでありました。

新学制の発足に伴う教員異動は四月一八日に発令され、県下新制中学、小学校（四月より国民学校は再度小学校となる）、青年学校を含めて異動総数六四〇七人となり、県教育界未曽有の大異動となりました。このうち中学校の職員組織は二六八四人中、中等学校から三〇二人、小学校から一一八五人、青年学校から四六五人、新規採用四四六人、その他となっております。（『熊本日日新聞』）

困難乗り越えて開校式

校舎、教職員組織が一応曲がりなりにも整ったとしても、教育内容、教具、教材をどうするか、これらがまた大問題でした。加恵静雄は次のように語っています。

各市町村の予算措置が間に合わぬうちに中学が早産したので困ったのは教具、教材の不足である。もとよりまだ父兄会も無く教師が金を出し合せて紙やチョークを求めるといったひどい学校もあり、すべてに不自由を感じたが就中困ったものが教科書の無いことである。戦時中から教科書は統制になっていて中学校のは中教出版株式会社が取扱っていたが用紙不足、出版制限等の悪条件で中学開校までに配本は間に合わず、新教育で登場した職業家庭科は之から教科書を作らねばならぬ始末で現場の当惑は想像以上であった。タブロイド形三六頁、ろくに綴じてもないシロモノが熊本県に届いたのは二二年六月頃であったが、これも部数が足らず二人に一冊か三人に一冊当るぐらいで敗戦文化の貧困がしみじみと感じられた。（『熊本県中学校十年の歩み』）

話は前後しますが、とにかく、新制中学校が熊本市で開校式が挙行されたのは四月二二日でした。当時の『熊本日日新聞』は慶徳中学校（現・藤園中学校）開校式の風景を写真入りで報道し、「教育の均等化へ」という見出しで、福田市長の式辞を次のように要約して報じています。

我々が日夜身近に迫る困苦と戦いながらも等しく希ふことは文化の誇り高い道義の国平和日本の建設でこの基盤をなすのは教育であるが、従来の教育は制度、方法、内容に幾多の欠陥があった。これを完全に払拭して教育の常道へ引直したいというのが今回の制度改正の眼目で、諸君は十分之を認識し強い決意で逞しく教育道を進んでもらいたい。

五　熊本女子大学の誕生

女子教育振興で県会に建議案

昭和二〇年敗戦の年、歳の暮れもおしつまった一二月四日、幣原喜重郎内閣は、ＧＨＱ（連合国総司令部）の強い内面指導による「女子教育刷新要綱」を閣議了解事項として公布いたしました。この要綱は、その目的に「男女間ニ於ケル教育ノ機会均等及教育内容ノ平準化並ニ男女ノ相互尊重ノ風ヲ促進スルコト」とうたい、女子に対して高等教育機関を開放し、高等女学校と男子中学校の教科目や教育水準を対等なものにし、大学での男女共学を認める、という三つの具体的方針を掲げた女子教育改革の教育方策であります。女子と大学教育の関係については「差当リ女子ノ入学ヲ阻止スル規定ヲ改廃シ女子大学ノ創設並ニ大学ニ於ケル共学制ヲ実施ス」と記しております。

当時、大学進学はいわゆる旧制高等学校か大学予科を終えた者しか不可能でありましたし、いずれも女子の入学を認めていなかったので、必然的に大学の門は女子には閉ざされておりました。だから高等女学校の卒業者はもちろん、女子高等師範学校や女子専門学校を終了した者も、例外を除いて官公私立大学へ進学することはほとんどできませんでした。こうした状況にあって、女子の大学入学を認め、女子大学の創設を決定し、さらに大学での男女共学の原則をうたった同要綱は、日本女子教育史上画期的なものであったといえるのです。

中央でのこのような女子教育振興の空気は、地方にも急速に反映し、この年暮れに開かれた熊本県会では次のような建議案を上程可決しております。

一、時局ニ即応シ女子高等教育機構整備ノ為女子専門学校ヲ速カニ創設セラレンコトヲ望ム

〔理由〕　我熊本ガ教育県ノ嘖々タル名声ヲ誇ルヤ久シ、然レドモ従来女子高等教育ノ機構ニ見ル可キモノ少シ。今ヤ時局ハ急角度ノ転換ヲ告ゲ女子ノ社会的活動ノ任重且大ナルノ秋、本県ニ於テモ速カニ女子専門学校ノ創設

ヲ企画シ、男子偏重ノ弊ヲ是正以テ本県女子教育ノ水準ヲ向上セシムルハ県民多年ノ要望ニ応フル所以也。而シテ県立第一高等女学校高等科ノ内容改善拡充ト相俟テ、新日本文化建設ニ邁進スルハ寔《まこと》ニ喫緊事ナリト云ハザル可カラズ。

右ノ事態ニ鑑ミ速カニ女子高等教育ノ整備拡充ヲ要望シテ止マザル処也。右建議ス

昭和二十年十二月二十二日

この建議案の趣旨説明に当たったのは、三年後の二三年三月熊本市長に当選した佐藤真佐男でありました。彼は女専創設の必要性を、「今後は女子の社会的活動は一層重要な意義を加えるに違いない。それには女子教育の質的向上に留意しなければならない。本県には女専に学びたい希望の者が多いが、教育機関がないので福岡、長崎、あるいは遠く東京、京都の専門学校に入学している。このような実情にかんがみ、女専の設立は急務中の急務と考えられる。その設立を県当局に強く要望し、経済的理由で万《ばん》やむを得ない場合は県立第一高等女学校の高等科の内容を充実されたい」と、このように熱っぽく説いております。福岡県はすでに大正期の高等教育機関拡張の波に乗って、大正一二年（一九二三）、公立の女子専門学校としては全国で最初の県立女子専門学校を創設し、その後も維持してきておりました。福岡独自の婦人運動の高まりが大正期には見られ、これを背景として女専が創設されるという事情があるのですが、熊本にはそのような社会的背景がない。従って、第一高等女学校高等科が県内最高の女子教育機関でありました。絶えず福岡との比較で行政の姿勢を修正していく熊本としては、敗戦後の改革期のこの時こそ、福岡に追いつけとの意識が働いた、その結果としての女専創設、ということになったのではないかと思います。熊本県会は満場一致で建議案を可決いたしました。

第一高女内に女専開校

その後、女専創設運動は順調に進展したようです。昭和二一年七月には「県立女専設立期成会」が発会し、会長には福田虎亀熊本市長を選出、校地校舎の選定、県市当局および県会市会その他要路に設立助成を懇請するという実働にはいります。翌二二年三月、文部省から認可され、校舎は県立第一高等女学校内に仮校舎を設け、五月開校ということになりました。英文科、保健科、被服科各四〇人の定員でした。ここに熊本県は史上初めて女子の高等教育機関を持つことになったのです。そしてこの年一〇月には、県会は女子専門学校を女子大学に昇格する建議案を可決しています。その案文は次の通りです。

熊本県立女子専門学校を大学に昇格する建議

今次の学制改革に当面して現在の熊本県立女子専門学校を昭和二十四年度から新制による熊本県立女子大学に昇格するよう方針を決定し且つ其の実現を促進するよう建議致します。

〔理由〕本県に独立の最高女子教育機関を設置したいとの要望は既に多年に亘り県民多数の間に熾烈《しれつ》でありましたが諸種の事情に阻まれて実現の機会に恵まれず、…昭和二十一年はじめて通常県議会の議決を経て熊本県立女子専門学校が設立せられ、時恰《あたか》も本邦未曽有の学制改革に直面しつつも茲《ここ》に一応県下に於ける女子高等教育機関の実現をみた次第であります。

さて叙上の如き女子専門学校創設の経過に鑑みるとき新大学制の発足期たる昭和二十四年度を機として更にこれを県立女子大学に昇格せしめ以て本県に女子教育最高学園を建設するという県民の意図を継承すべきであると信じます。今後男女共学制の実施により一般大学の門戸は女性に対して解放されるとは云へ女性の天職と智能とに即した女性の為めの大学は女子教養の向上に対する一般社会の要求と相俟って愈々其の設置の必要性が痛感せられるのであります。…由来本県は文教の伝統を誇り教育適地として自他共に許したのである。…女子高等学園の設置についても少くとも他府県に先んじて雄県たるの実を示すと共に茲に本県女性教育百年の大計を樹立せんことを切望する次第であります。右建議する。

昭和二十二年十月二十七日

建議案の趣旨提案は河野喜代治が行い、満場一致で可決しました。

熊本女子大の開校記念パーティー（野田慰子氏提供）

県立女子大として輝くスタート

この年七月には熊本に「総合大学誘致期成会」が設置され、現在の熊本大学の創設準備が緒についた時期でありました。客観的に見れば、女専は総合大学に加えても不都合はなかったのでありますが、右の建議案では、あくまでも女子だけの大学を意図し、最初から「女子大学」の構想をもっていることを指摘しておきたいと思います。かくて翌二三年六月には大学の大体構想がまとまりました。内容的には一学部二学科制をとり、家政学科は生活科学、生活芸術、文学科は英文学、国文学で構成され、校舎は当分の間熊本城内の財務局建物を利用するというものでした。文部省で開かれた大学設置委員会で、正式に認可が下りたのは昭和二四年（一九四九）三月のことでありました。このような過程を踏まえて、熊本女子大学が県立大学として誕生したのは二四年五月でありました。当時の新聞は、「教育県熊本の面目にかけてもと昨年暮から県と学校側とが一丸となって猛運動を続けていた県立熊本女専の女子大学昇格が本ぎまりとなり新学期からさっそうとスタートを切ることになった。喜びにわく学校側では北村校長が自から筆をとった〝熊本女子大学〟の大看板を同校玄関前にかかげ、五月二日からの開校を前に準備に大童となっている」（『熊本日日新聞』）と報じ、その看板の写真を載せています。さらに「現在まで同校に手続きをとった入学志願者は福岡女専生など他県からの志望者を含めて十七名だが、各学校からの問合せや申込みは日毎に数を増しており、二十日の締切りまでには定員をはるかに越えるのではないか」と記しております。福岡女専が女子大に昇格するのは一年後の二五年ですから、熊本女子大学はまさに九州で最初の公立女子大学であったわけです。そして創立後の一年間は九州唯一の女子大学として存在したことにもなります。「教育県熊本」の面目躍如たるものがありました。事実全国的にみても、実に数少ない公立女子大学の誕生でありました。

熊本大学の発足で形態整う

この年九月総合大学として国立熊本大学も発足します。両大学が発足して、熊本における新制度の高等教育機関は一応形を整えたわけですが、熊本大学では教育学部を除き、女子学生の入学は二〇人にも足りぬありさまでした。そしてまた定員を超える志願者を予想していた熊本女子大学は、実際第一回の入試を実施してみると定員割れの実態でした。せっかくの女性解放の声に乗って男女同権の大学教育は開設されたのですが、女性の大学就学率は全く世間の期待を裏切るものでありました。大学開設の翌二五年になると、新聞は「最近県民の間に熊女大の存在価値を批判する声がたかまってきた」（『熊本日日新聞』昭和二五年一一月九日）と報じ、次のような女子大生の投書を掲載しております。

一般女子大の存在価値については、男女共学の本家米国ですら数十の女子大があり、極めて繁栄していること、又わが国でも新制大学として全国に約四十の女子大が生まれたことを考えていただき度いのです。私共は男女共学には賛成ですがしかし、熊大では教育学部を除き他の学部を通じて現在女子在学生は二十名にも足らぬ淋しさで、これは女子志願者に対する入学の狭き門と所要学科が存在しないことを物語るもので、果して看板通り共学の実があげられているといえるでしょうか。熊大は熊大としての充実と発展を祈りますが、私共女子大学の前途も大きな気持で祝福して欲しいと思います。

女子大存在に対する疑問は、県議会でも開陳されました。二六年三月定例会において、県会議員岩尾豊は、「私はなにも女子大そのものが眼の仇というわけではありませんけれども、どうもこの現在の女子大の在り方というものが面白くないではないか」と前置きして、次の点を指摘しております。

①県費の出費が女子大にかかり過ぎること。②学生数が定員に満たず、特権的な有閑婦人養成所的性格を強めていること。③女子大への純県費の支出額が、他の大学なり、あるいは県立学校に比較して多過ぎ、知事の予算編成方針と矛盾していること。④女子大の体質補強策として看護婦養成機関を併設する案がでているが、いかにも学校の体裁を保つための弥縫《びほう》策というような感じがすること―以上の四点を挙げて女子大批判を展開しているのであります。このような批判に対して桜井三郎知事は、「教育県として自負しております熊本としまして、やはり女子大学くらいは折角建てたことではありますし、もう少し育てていただいてはどうか」と苦しい答弁をしているのです。

その後も女子大学をめぐる県議会の論議は活発に展開されました。熊本大学への合併ないしは吸収論、農業大学への転換論、男女共学大学への組織替え、そして夜間大学設置などが議論されました。かくして熊本女子大学は、発足までの論議は戦後女性の社会的地位向上を目指す女性解放論に乗り、華麗に発足するのですが、開設翌年からその存在価値に対する疑問が提出され、それは設置者としての県の教育行政をめぐる問題に発展し、廃止論を潜在的に内包しながら、まさに〝風にそよぐ葦《あし》〟のごとき歩みを、戦後間もない教育の歴史に刻印しているように思われるのであります。

要請される改革期の正しい分析

第二次世界大戦終結に伴うわが国の学制改革は、明治五年（一八七二）の近代日本における国民教育制度の創設を意味する「学制」の公布にも匹敵するもので、そのスケール、その意義はまさに民族的規模のものでありました。従って、日本国憲法、教育基本法、学校教育法、あるいは米国教育使節団報告書、教育勅語に関する衆・参院の無効確認、天皇の人間宣言など、戦後の教育を規定する国家レベルでの法律、あるいは諸事実を説明、確認した上で与えられた標題に対する記述を進めるべきでありました。このことは十分理解しつつも紙幅の関係で、一切ふれられなかったことをお詫びしなければなりません。また学制改革には大学、高等学校、幼児教育、障害者教育、福祉との関係等についても言及しなければなりませんでした。これもまた省略せざるを得ませんでした。

最近問題になりました高校日本史教科書のことなど、戦後教育の見直しが政治レベルで深化しているように思います。学制改革期の教育の諸相の正しい分析が要請されなければならない、という意味で、この拙文が少しでも役立つならばと念じております。

初出一覧

第一部　論文

・熊本英学校
　田中啓介編『熊本英学史』本邦書籍、一九八五年九月
・熊本における教育と宗教との衝突
　『近代熊本』一七号、熊本近代史研究会、一九七五年九月。同一八号、一九七六年一二月。同一九号、一九七七年一二月
・柏木義円と熊本――奥村事件との関連において
　『熊本女子大学学術紀要』第二九号、熊本女子大学、一九七七年三月
・明治二十年代の横井時雄――教育・宗教衝突論争に寄せて
　『熊本展望』五号、田水社、一九七六年一月
・明治中期排耶運動の展開
　熊本近代史研究会編『近代における熊本・日本・アジア』一九九一年三月
・「教育宗教衝突論争」と中西牛郎
　『近代熊本』二九号、熊本近代史研究会、二〇〇五年九月
・明治中期における中等教育機関の党派的性格について――九州学院成立を中心として――
　『熊本女子大学学術紀要』三一号、熊本女子大学、一九七九年三月

・教育勅語体制の確立過程に関する一考察
『九州教育学研究紀要』第六巻、一九七八年
・明治憲法体制成立期における地方教育の展開
『熊本近研会報』四二四号、熊本近代史研究会、二〇〇七年三月
・中村六蔵の世界
中村六蔵の世界（一）『近代熊本』二六号、一九九七年一一月
中村六蔵の世界（二）熊本近代史研究会編『近代の黎明と展開―熊本を中心に』、二〇〇〇年八月
中村六蔵の世界（三）『近代熊本』二八号、熊本近代史研究会、二〇〇三年九月
・原内閣の教育政策と志垣寛
熊本近代史研究会編『大正デモクラシー期の体制変動と対抗』、一九九六年三月
・志垣寛『ソウェート・ロシア新教育行』について
『近代熊本』三〇号、熊本近代史研究会、二〇〇六年一二月
・志垣寛と『教育新聞』
『熊本近研会報』三四九号、熊本近代史研究会、二〇〇〇年五月
・熊本第一高女におけるダルトン・プランについて
『熊本近研会報』三七四号、熊本近代史研究会、二〇〇二年九月
・戦後学制改革期における女子高等教育機関の設置事情―熊本県議会資料を中心にして
『生活文化研究』第一巻第一号、熊本女子大学、一九八三年三月
・「熊本女子大学郷土文化研究所」について
『熊本県立大学文学部紀要』第九巻第二号、熊本県立大学、二〇〇三年三月

・勤務評定反対闘争
『熊本県労働運動史』熊本県総評、一九八四年九月
・学力テスト反対闘争
右　同

第二部　覚え書き・資料紹介

・澁江家私塾について
『会報』二四四号、熊本近代史研究会、一九九〇年一一月
・桃節山『西遊日記』『肥後見聞録』について
『熊本近研会報』三〇八号、熊本近代史研究会、一九九六年九月
・「教育勅語」の定着過程─小国町役場史料に触れて
『会報』八九号、一九七六年一〇月
・第二回衆議院議員総選挙と憲兵派遣請願と予戒令
『会報』一一八号、一九七九年五月
・〈資料紹介〉明治廿四年十月三十日紀念日勅語奉読式挙行ノ実況報告
『会報』一六四号、一九八三年七月
・『同志社文学』と熊本
『会報』六六号、一九七四年八・九月合併号
・第二次教育勅語案について

『熊本近研会報』三二九号、一九九八年七月

・義務教育無償制の確立について

『熊本近研会報』三三七号、一九九九年四月

・内村鑑三の非戦論素描

『熊本近研会報』四〇〇号、二〇〇五年一月

・〈資料紹介〉『文部省思想局　思想調査資料集成』（熊本県関係）

『熊本近研会報』三〇九号、一九九六年一〇月

第三部　近代熊本教育の展開

・熊本と教育勅語

『新・熊本の歴史6　近代㊤』、熊本日日新聞社、一九八〇年八月

・教育と宗教の衝突

『新熊本市史　通史編　第五巻　近代Ⅰ』、熊本市、二〇〇一年三月

・私学の発展

右　同

・新教育運動広がる

『新・熊本の歴史7　近代㊥』、熊本日日新聞社、一九八一年一月

・第一高等女学校におけるダルトン・プランの導入

『新熊本市史　通史編　第七巻　近代Ⅲ』、熊本市、二〇〇三年三月
・軍国主義、教育への投影
『新・熊本の歴史8　近代㈦』、熊本日日新聞社、一九八一年七月
・陸軍現役将校の学校配属
『新熊本市史　通史編　第七巻　近代Ⅲ』、熊本市、二〇〇三年三月
・皇国の道・国民学校
右　同
・ミッションスクールの苦悩
右　同
・青年学校
右　同
・学徒動員と学校工場
右　同
・学制改革期における教育の諸相
『新・熊本の歴史9　現代』、熊本日日新聞社、一九八三年二月

あとがき

上河一之さんは一九三一（昭和六）年大牟田市生まれ、旧制三池中学校二年生のとき敗戦を迎えた世代である。戦時下の工場動員や大牟田空襲の体験を聞く機会がなかったのがくやまれる。戦後の学制改革で三池高校を卒業、九州大学教育学部に進学された。九大の教育学部は教員養成課程の教育学部と違い、学問としての教育学研究の学部である。その卒業後、大学院修士課程へ進み一層研鑽を積まれた。熊本市に職を得て高校・大学に勤務された（奥付の略歴参照）。

学齢が一年下の私が上河さんに出会ったのは一九六〇年一月に発足した熊本近代史研究会の例会の時であった。それがいつだったか記憶にないが、五〇余年お付きあいしていただいたことになる。特に上河さんが熊本近代史研究会会長の時代（一九九六年四月-二〇〇七年二月）の前後、私が同会の事務を担当していたので、いろいろ相談をして運営に当った。

上河さんは大学では教育学の講義のほか学生の教育実習の指導のため実習校へも足を運ばれていた。図書館長、文学部長として大学運営にも関与されていた。そして多忙のなか熊本の近代教育史を新しい視点から考察され論文化していかれた。

上河さんは「究極の研究課題を天皇制教育の地方的確立過程においている」と記している（「明治中期における中等教育機関の党派的性格について」、『熊本女子大学学術紀要』三一号、一九七九年三月刊）。これから考えると、日本の明治教育体制＝教育勅語体制がどのような過程で成立し、どのような構造をもって機能したのか、それが大正期の新教育運動、および第二次世界大戦後の教育改革で、どのように変化・変容・変革されたのか、これが上河さんの日本教育史に対する視点ではなかったかと思う。その点から書名は『近代熊本における国家と教育』とした。

内容は三部だてとした。第一部は論文として書かれたものをテーマにグループわけし、時代順に配列した。本論文集の中心をなす部分である。第二部は熊本近代史研究会の『会報』『熊本近研会報』に執筆されたものから、研究ノート・資料紹介のうち捨てがたいものを集めた。後進の者にとってはこんな課題や資史料があるのだと示唆をうけるところが多いと思う。第三部は『新熊本市史』通史篇近代（熊本市刊）、『新・熊本の歴史』近代・現代（熊本日日新聞社刊）に執筆されたものである。明治期から大正・昭和戦前期そして戦後に至る熊本教育史が一般向けに書かれている。それを時代順に配列し「近代熊本教育の展開」と題をつけた。

上河さん自身が論文集を編纂されるとすれば第二部・第三部はおそらく収録されなかったと思われる。それをあえて収録したのは上河さんの近代熊本の教育史像や上河さんの人間像がより正確にわかると思ったからである。

上河さんは自分の論文集をまとめて出版することに抵抗感があったようであるが、三度目の入院末期に著書出版のことを奥様に遺言されたと聞いている。それが果たせることでほっとしている。

校正は『熊本近研会報』五二四号（二〇一五年八月一日刊）に追悼文を寄せた梅林誠爾・堤克彦・江藤伸子（書名の提案者）・水野公寿が担当した。この『近研会報』には上河さんの執筆文献目録も掲載されている。

なお、校正の最後の段階になったころ、「二〇一六年熊本地震」に遭遇し、熊本県立図書館は全面休館、熊本市立図書館は一部開館となったため諸資料の確認ができず、校正に不充分なところがあることをお詫びする。

一周忌を前に　　水野　公寿

上河一之　略歴

1931（昭和6）年6月28日大牟田市生まれ。
旧制三池中学校入学、新制三池高校卒業、
九州大学教育学部大学院修士課程卒業。
尚絅高校、県立保母養成所、県立女子大学、県立大学勤務、
同大学図書館長、文学部長を歴任。同大名誉教授。崇城大学勤務。
2015（平成27）年6月16日没　享年84

近代熊本における国家と教育

2016年6月28日　初版

著者　上河　一之
編集　上河一之著作集刊行会
発行　熊本出版文化会館
熊本市西区二本木3丁目1-28
☎096（354）8201（代）
発売　創流出版株式会社
【販売委託】武久出版株式会社
東京都新宿区高田馬場3-13-1
☎03（5937）1843　http://www.bukyu.net

印刷・製本／モリモト印刷株式会社

※落丁・乱丁はお取り換え致します。

ISBN978-4-906897-35-3　C1021

定価はカバーに表示してあります